香水藏家

收藏·赏鉴·选购·图典

世界品牌研究课题组 | 主编

中国出版集团
现代出版社

Giorgio
BEVERLY HILLS®
Gold

前 言

人类是一种嗅觉动物，与精心修饰的容貌和身着的华服相比，更容易记住的是人身上具有鲜明个人印记的香水味道。

随着香水制造业的发展，越来越多的香水爱好者乃至藏家，对世界知名的香水品牌及其优秀之作越来越关注。

这本《香水藏家收藏赏鉴选购图典》因此诞生，它全面介绍了 101 个具有广泛影响力的香水品牌和旗下的 2500 余款香水，其中既包括大名鼎鼎的商业香水，也包括广受香水藏家推崇的沙龙香水。

从充分满足香水藏家的需要出发，本书特别设置了四个栏目："镇店名香"栏目介绍了香水品牌历史中最具影响力的香水单品或系列；"收藏优选"栏目按时间顺序，介绍了品牌重要时间节点推出的值得收藏的香水单品或系列；"寻香名店"栏目中的购买途径介绍极具实用性。特别需要指出的是，正文部分的"藏香年谱"中完整地列出了我们所能查找到的品牌旗下香水的推出时间、名称的中外文对照信息及香水类别，读者尽可按图索骥地查询淘香。

此外，我们还精心编辑了五大专题：香水世界的十大著名调香师；集色瓶控必入的经典香水推荐；不同场合香水使用推荐；不同香调经典香水推荐；"菲菲奖"香水名人堂奖获奖香水（2000—2016 年）。通过这五大专题介绍，你会获得更翔实、专业的信息。

可以说，这是国内第一本全面、翔实介绍香水收藏、赏鉴、选购的指南性图典，相信它会给喜欢香水、收藏香水的你提供有益的帮助，其中不足之处，望不吝指正。

目　录

002 …………………… Acqua Di Parma / 帕尔玛之水

004 …………………… Alfred Sung / 沈云门

006 …………………… Amouage / 爱慕

010 …………………… Anna Sui / 安娜苏

012 …………………… Annick Goutal / 安霓可·古特尔

016 …………………… Balenciaga / 巴黎世家

018 …………………… Banana Republic / 香蕉共和国

020 …………………… Benetton / 贝纳通

024 …………………… Bijan / 陛尚

026 …………………… Bois 1920 / 波斯 1920

028 …………………… Bond No.9 / 邦 9 号

034 …………………… Boucheron / 宝诗龙

038 …………………… Burberry / 博柏利

042 …………………… Bvlgari / 宝格丽

048 …………………… Byredo Parfums / 拜里朵

050 …………………… Cacharel / 卡夏尔

054 …………………… Calvin Klein / 卡文克莱

060 …………………… Carolina Herrera / 卡罗琳娜·海莱拉

063 …………………… Caron / 卡朗

066 …………………… Cartier / 卡地亚

070 …………………… Cerruti / 卓诺迪

072 …………………… Chanel / 香奈儿

077 …………………… Chloé / 蔻依

079 …………………… Chopard / 萧邦

082 …………………… Christian Dior / 迪奥

092 …………………… Clinique / 倩碧

094 …………………… Clive Christian / 克莱夫·克里斯蒂安

096 …………………… Comme Des Garcons / 川久保玲

100 …………………… Creed / 克雷德

104 ······ Davidoff / 大卫杜夫

109 ······ Diesel / 迪赛

112 ······ Diptyque / 蒂普提克

114 ······ Dolce & Gabbana / 杜嘉班纳

120 ······ Dsquared^2 / D 二次方

122 ······ Elizabeth Arden / 伊丽莎白·雅顿

126 ······ Elizabeth Taylor / 伊丽莎白·泰勒

128 ······ Emanuel Ungaro / 伊曼纽尔·温加罗

131 ······ Escada / 爱斯卡达

136 ······ Estée Lauder / 雅诗兰黛

142 ······ Ferrari / 法拉利

145 ······ Fragonard / 花宫娜

148 ······ Floris / 佛罗瑞斯

152 ······ Frederic Malle / 斐德瑞克·马尔

156 ······ Giorgio Armani / 阿玛尼

162 ······ Givenchy / 纪梵希

170 ······ Gucci / 古驰

174 ········ Guerlain / 娇兰

182 ········ Hermès / 爱马仕
187 ········ Histoires De Parfums / 香水故事
190 ········ Houbigant / 霍比格恩特
192 ········ Hugo Boss / 胡戈·波士

196 ········ Issey Miyake / 三宅一生

201 ········ Jaguar / 捷豹
204 ········ Jean Patou / 让·巴度
206 ········ Jean Paul Gaultier / 高缇耶
212 ········ Jennifer Lopez / 珍妮弗·洛佩兹
216 ········ Jesus Del Pozo / 波索
220 ········ Jimmy Choo / 吉米·周

222 ································ Jo Malone / 祖·玛珑

228 ································ Juicy Couture / 橘滋

230 ················ Juliette Has A Gun / 配枪朱丽叶

232 ··········· Karl Lagerfeld / 卡尔·拉格菲尔德

234 ···················· Keiko Mecheri / 凯科·麦彻瑞

238 ···································· Kenzo / 高田贤三

244 ·· Lalique / 莱俪

248 ·· Lancome / 兰蔻

254 ··· Lânvin / 浪凡

257 ·············· L'Artisan Parfumeur / 阿蒂仙之香

262 ································ La Prairie / 莱珀妮

264 ·· Loewe / 罗意威

270 ···························· Lolita Lempicka / 洛俪塔

274 ································ Marc Jacobs / 莫杰

278 ······················ Miller Harris / 米勒·哈瑞斯

281 ································ Moschino / 莫斯奇诺

284 ······························· Nina Ricci / 莲娜丽姿

288 ········· Oscar De La Renta / 奥斯卡·德拉伦塔

291 ································· Paco Rabanne / 帕高

294 ···························· Penhaligon's / 潘海利根

300 ················· Pierre Balmain / 皮埃尔·巴尔曼

302 ·· Prada / 普拉达

305 ………………………… Ralph Lauren / 拉夫·劳伦
310 ……………… Roberto Cavalli / 罗伯特·卡沃利
314 …………………… Robert Piguet / 罗伯特·贝格
318 ………………………… Roja Dove / 罗嘉·德芬

323 ……………… Salvador Dali / 萨尔瓦多·达利
328 ……………… Salvatore Ferragamo / 菲拉格慕
332 ………………………… Serge Lutens / 芦丹氏
336 ……………………………… Shiseido / 资生堂
339 ……………………………… Sisley / 希思黎

342 …………………… Teo Cabanel / 提尔·肯伯纳
344 ……………… Thierry Mugler / 蒂埃里·穆勒
352 ………………………… Tom Ford / 汤姆·福特
356 …………………………………… Tous / 桃丝熊

360 ……………………………… Valentino / 瓦伦蒂诺
362 …………………… Van Cleef & Arpels / 梵克雅宝
367 ……………………………… Vera Wang / 王薇薇
370 ………………………………… Versace / 范思哲
374 ………………………… Viktor & Rolf / 维果罗夫
378 …… Vivienne Westwood / 维维安·韦斯特伍德

380 ……………………………… Ys-Uzac / 伊苏之眉
382 ……………………… Yves Saint Laurent / 圣罗兰

392 …… 香水世界的十大著名调香师 专题一
394 …… 集色瓶控必入的经典香水推荐 专题二
404 ………… 不同场合香水使用推荐 专题三
413 ………… 不同香调经典香水推荐 专题四
421 …………… “菲菲奖”香水名人堂奖获奖香水（2000–2016 年） 专题五

FLASH
JIMMY CHOO

Acqua Di Parma
帕尔玛之水

来自意大利的香水品牌帕尔玛之水诞生的时代，男香主流市场被德国式的辛辣浓烈霸占。而帕尔玛之水以轻盈薄透的克罗尼亚古龙水面貌出现，以独特的清新一炮而红，这款古龙水很快就成为意式优雅的重要标志，被盛誉为“时代之水”。直到今天，它纯净而清新的香调仍然选材于珍贵的天然原材料，成分和香调从未改变过，成为帕尔玛之水品牌香水中必收的一款。

可以说原版的克罗尼亚古龙水是整个品牌的灵魂，在此基础上帕尔玛之水推出的其他香水作品也一脉传承了意大利经典香水所具备的特征，气味典藏、高贵鸢尾、高贵木兰、高贵茉莉、蓝色地中海系列等香水同样是不可错过的品牌口碑热评款。

镇店名香

克罗尼亚古龙水 Colonia

被赞誉为“世上最经典的古龙水”，因为它的诞生和风靡，古龙水开始在 20 世纪 30 年代大行其道，掀起了一个时代的开端。柑橘香调，前调为西西里岛柑橘；中调为薰衣草，迷迭香、马鞭草、保加利亚玫瑰；后调为香根草、檀香木、广藿香。

参考价格：￥1 150 / 100ml EDC

气味典藏 Profumo

著名的西普调香水，对西普调香水做出了全新而独特的诠释。囊括了顶级香水的全部名贵品质和经典传统，香水中名贵稀有精华的含量高达 80%。前调为佛手柑、依兰、牡丹；中调为茉莉、保加利亚玫瑰、劳丹脂；后调为麝香、檀木、香根草、广藿香。

参考价格：￥2 000 / 100ml EDP

收藏优选

1999

蓝色地中海西西里岛杏仁

Blu Mediterraneo – Mandorlo Di Sicilia

帕尔玛之水蓝色地中海系列推出的第一款香水，打响了此系列的知名度。从此，这一系列的香水带着地中海的清新，为世界各地的香迷们送去了地中海上的一份唯美。东方花香调，前调为青杏仁、八角茴香、佛手柑、橙；中调为茉莉、白桃、依兰；后调为波旁香草、雪松、白麝香、妥鲁香脂。

参考价格：￥950 / 75ml EDT

2003

克罗尼亚清新古龙水　Colonia Assoluta

原版克罗尼亚古龙水的第一款衍生古龙水，虽名为衍生作品但不平庸呆板，将帕尔玛之水古龙水的经典清新加以现代诠释，平衡了传统与时尚。柑橘芳香调，由著名调香师博传德·达朝佛尔和让-克劳德·艾列纳调制。前调为佛手柑、苦橙、甜橙、柠檬马鞭草；中调为茉莉、香根草、依兰、雪松、豆蔻、粉色胡椒、辣椒；后调为广藿香、橡苔、白麝香、树脂。

参考价格：￥1 150 / 100ml EDC

2004

高贵鸢尾　Iris Nobile

淡香水史上一次独特的创作，引领了帕尔玛之水品牌重新走向辉煌。花香木质麝香调，由著名调香师弗朗西丝·库尔吉安和弗朗索瓦丝·卡朗调制，前调为佛手柑、橙、橘子、鸢尾、八角茴香；中调为含羞草、晚香玉、橙花、朱槿、依兰、雪松；后调为琥珀、香草。

价格请店洽 EDT

寻香名店

北京　新光天地

上海　久光百货

成都　仁和春天百货·国金中心

沈阳　卓展购物中心

2009

高贵木兰　Magnolia Nobile

帕尔玛之水女香中特别适合温婉典雅的女性使用的一款。香水本身极富女性魅力，也是大热款。花果香调，前调为佛手柑、柠檬、雪松、木兰花；中调为玫瑰、茉莉、晚香玉；后调为檀香、广藿香、岩兰草、香草。

参考价格：￥1 650 / 100ml EDP

2014

高贵茉莉特别版

Gelsomino Nobile Edizione Speciale

瓶身装饰以纯金打造的精细丝印，同时采用几何型图纹镶嵌于瓶身，突显了品牌装饰艺术风格的价值。花香木质麝香调，前调为橘子、粉色胡椒；中调为茉莉、晚香玉、橙花；后调为雪松、麝香。

价格请店洽 EDP

藏·香·年·谱

推出时间	名　称		类 别	推出时间	名　称		类 别
1916	Colonia	克罗尼亚古龙水	中性香	2010	Magnolia Nobile Edizione Speciale	高贵木兰特别版	女　香
1930	Profumo	气味典藏（旧版）	女　香	2010	Blu Mediterraneo –Bergamotto Di Calabria	蓝色地中海佛手柑	中性香
1999	Blu Mediterraneo – Mandorlo Di Sicilia	蓝色地中海西西里岛杏仁	中性香	2011	Colonia Assoluta Edizione Speciale 2011	克罗尼亚清新古龙水 2011 特别版	中性香
1999	Blu Mediterraneo – Arancia Di Capri	蓝色地中海卡普利岛橙	中性香	2011	Colonia Designer Edition	古龙设计版	中性香
1999	Blu Mediterraneo–Fogile Di Basilico	蓝色地中海罗勒	中性香	2011	Gelsomino Nobile	高贵茉莉	女　香
1999	Blu Mediterraneo–Quercia Marina	蓝色地中海海洋之水	中性香	2012	Iris Nobile Sublime	高贵鸢尾精粹版	女　香
2003	Colonia Assoluta	克罗尼亚清新古龙水	男　香	2012	Magnolia Nobile Edizione Speciale	高贵木兰特别版	女　香
2004	Iris Nobile	高贵鸢尾	女　香	2012	Colonia Intensa Oud Eau De Cologne Concentree	乌木古龙水	男　香
2005	Blu Mediterraneo – Cipresso Di Toscana	蓝色地中海托斯卡纳柏	中性香	2013	Colonia Assoluta Edizione Speciale 2013	克罗尼亚清新古龙水 2013 特别版	中性香
2006	Blu Mediterraneo – Fico Di Amalfi	蓝色地中海阿玛菲无花果	中性香	2013	Acqua Nobile Gelsomino	高贵水漾茉莉	女　香
2006	Iris Nobile	高贵鸢尾 EDP 版	女　香	2013	Acqua Nobile Iris	高贵水漾鸢尾	女　香
2007	Colonia Assoluta Edizione Riviera	克罗尼亚清新古龙水左岸版	女　香	2013	Acqua Nobile Magnolia	高贵水漾木兰	女　香
2007	Colonia Intensa	克罗尼亚绅士古龙水	男　香	2014	Gelsomino Nobile Edizione Speciale	高贵茉莉特别版	女　香
2008	Iris Nobile Edizione Speciale 2008	高贵鸢尾 2008 年特别版	女　香	2014	Iris Nobile 10th Anniversary Special Edition	高贵鸢尾 10 周年特别版	女　香
2008	Blue Mediterraneo – Mirto Di Panarea	蓝色地中海情侣	中性香	2014	Rosa Nobile	高贵玫瑰	女　香
2008	Profumo	气味典藏	女　香	2014	Blu Mediterraneo – Ginepro Di Sardegna	蓝色地中海撒丁杜松	中性香
2009	Colonia Assoluta In Villa	克罗尼亚清新古龙水奢华版	中性香	2014	Colonia Leather Eau De Cologne Concentrée	克罗尼亚皮革古龙水精粹	男　香
2009	Magnolia Nobile	高贵木兰	女　香	2015	Colonia Club	克罗尼亚俱乐部	中性香
2010	Essenza Di Colonia	克罗尼亚黑调古龙水	男　香	2015	Acqua Nobile Rosa	高贵水漾玫瑰	女　香
2010	Iris Nobile Edizione Speziale	高贵鸢尾限量版	女　香	2015	Colonia Ambra	克罗尼亚琥珀	男　香

Alfred Sung
沈云门

montres
ALFRED SUNG

镇店名香

沈云门是华裔设计师沈云门 (Alfred Sung) 创立的同名品牌，作为加拿大著名设计师，沈云门的作品多次获奖，其设计的香水、婚纱和腕表尤为出名，被称为加拿大的“非正式大使”。

沈云门所创造的香水充满艺术气息，更因为品牌创始人有独特的东西方的教育及生活背景，沈云门推出的香水风格往往兼具东方的典雅和西方的简约现代于一身，因此一上市就收获了无数好评，尤其受到北美地区香水爱好者的追捧，在香水界中也有极高的评价，有许多香水爱好者更是将沈云门的香水当成艺术品般收藏。其中水、冰钻、气息等是为沈云门赢得无数赞誉的代表性香水。

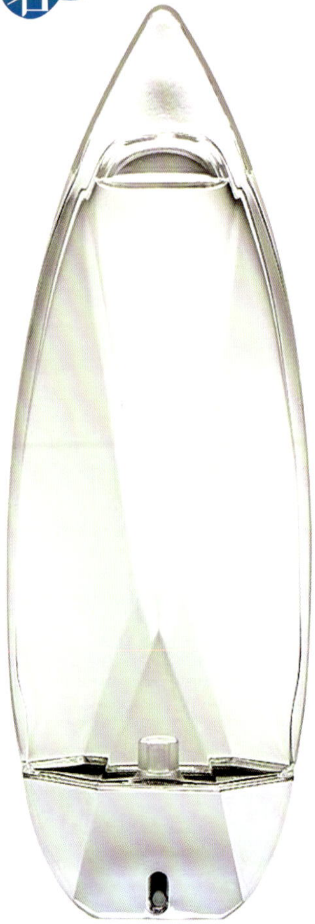

冰钻　Jewel

香水瓶身由沈云门与知名香水瓶设计师杰罗姆合力设计。以金属材质包覆着透明瓶身底部，如同宝石的镶嵌底座一般，突显了无比的华贵感，特别适合送给女友以及在婚礼上使用。花香调，前调为黑醋栗、梨、奈若利橙花；中调为橙花、茉莉、赤素馨花；后调为椰奶、黑色洋槐花、李子。

参考价格：￥700 / 100ml EDP

水　Shi

沈云门香水走向兼具典雅与现代的风格的代表作品。以自然界的生命元素“水”为题材，设计灵感源自于古老的中国风水哲学，水的宁静可以让人内心灵达到平衡与和谐的境界，在动静之间，达到平和和静谧，禅意十足，是沈云门的经典香水。花果香调，前调为稻叶、睡莲、橘子；中调为橙花、赤素馨花；后调为桦树叶、麝香。

参考价格：￥700 / 100ml EDP

收藏优选

1995

永远　Forever

沈云门颇受好评的女香，被赞为“花朵的叙事诗”，在北美首发。花香调，前调为李子、牡丹、泰莓；中调为小苍兰、铃兰、玫瑰、水仙；后调为檀木、琥珀。

参考价格：

￥350 / 125ml EDP

1997

纯洁　Pure

沈云门女香中非常独特而经典的一款，以清新闻名，适合办公室使用。花香绿色调，前调为蜜橘、万寿菊、兰花；中调为牡丹、百合、栀子花、小苍兰、桂花、菠萝；后调为肉桂、 木质元素、琥珀。

参考价格：￥700 / 100ml EDP

2002

气息男士　Hei

沈云门男香中的大热款，精确捕捉到现代男士精髓，此款香水完美的表现了现代男性的性感气质，特别适合日间使用。芳香森林调，由著名调香师大卫•阿佩尔调制。前调为紫罗兰叶、竹、薄荷、佛手柑；中调为薰衣草、茉莉、莳萝、奈若利橙花、豆蔻、水因子、茴香；后调为桃花心木、琥珀、零陵香豆、麝香、雪松。

参考价格：￥550 / 100ml EDT

2003

天堂男士　Paradise Homme

沈云门男香中的大热款，特别适合生性开朗的男士日常使用。芳香森林调，调香师为大卫•阿佩尔。前调为迷迭香、海洋元素、番木瓜、八角茴香、豆蔻；中调为康乃馨、白琥珀；后调为檀木、广藿香、麝香。

参考价格：￥550 / 100ml EDT

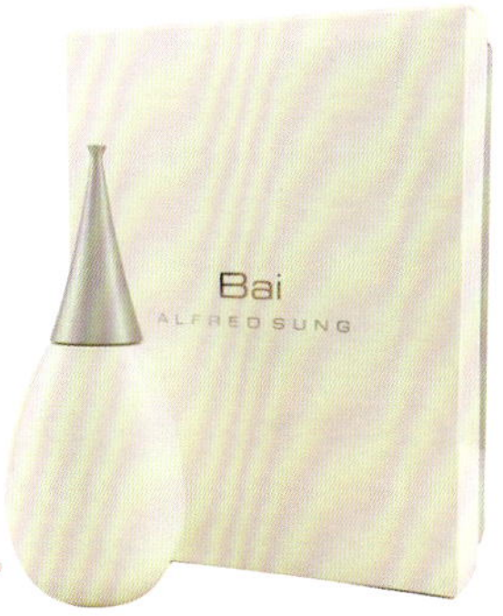

2006

白　Bai

沈云门香水中以白花为主花材的代表作，也是 2006 年“水”女香的限量版，因为香调主要来自中国的白色花卉系，所以瓶子的造型很像中国瓷器，可谓构思精巧。花香调，前调为晚香玉，柚子、睡莲；中调为含羞草、栀子花、茉莉；后调为广藿香、焚香、白麝香。

价格请店洽　EDT

2009

永恒　Always

著名设计师设计师葛丽丝•凯莉以婚礼为灵感设计而成的作品，由调香大师克莱门特•格瓦利调制，颇具纪念意义。花香调，前调为金橘、睡莲、奈若利橙花；中调为金银花、鸢尾根、粉色牡丹；后调为檀木、广藿香、麝香锦葵。

参考价格：￥500 / 100ml EDP

寻香名店

多 伦 多　The Bay 百货公司
shoppers Drug mart 药妆店•西尔斯百货

卡尔加里　shoppers Drug mart 药妆店

藏·香·年·谱

推出时间	名称		类别	推出时间	名称		类别
1986	Sung	同名女士	女香	2003	Paradise	天堂女士	女香
1989	Sung Homme	同名男士	男香	2003	Paradise Homme	天堂男士	男香
1990	Encore	别克	女香	2003	Sha	女仕	女香
1992	Sung Spa	逊水	女香	2005	Jewel	冰钻	女香
1995	Forever	永远	女香	2005	Mei	美	女香
1997	Pure	纯洁	女香	2006	Bai	白	女香
1999	Pure Moment	纯洁时刻	女香	2006	Bijou	珠宝	女香
2000	Shi	水	女香	2006	Joya	牛奶巧克力	女香
2002	Hei	气息男士	男香	2009	Always	永恒	女香
2003	Sung Day Mist	薄雾	女香				

Amouage
爱慕

如果你想收藏真正的阿拉伯香水，爱慕会是你的正确选择。爱慕是一个真正的阿拉伯香水品牌，是纯粹的香料主义的象征，品牌成立的目的就是为了复兴有“香料天堂”美誉的中西亚地区在顶尖香水制造业中的空白，因此创立伊始实施的就是国际精品路线。

爱慕每款香水的生产均采用传统的中东香料，将奢华贯穿在每一细节之中。爱慕香水瓶最初由英国奢侈品牌爱丝普蕾设计，采用金、银和半宝石点缀瓶身。如今，爱慕由法国的王室御用级水晶品牌巴卡拉打造，在保留了早期设计元素的同时，风格变得更为简洁、时尚和个性化。

爱慕将阿拉伯传统与西方元素融合于时尚的设计中，并习惯将同主题的男女对香同时推出，逐渐形成了独有的精湛、昂贵、奢华的风格，因此于高端香水市场独占鳌头近三十年，可以说每推出一款就会引发香水爱好者的收藏潮流，其中的黄金、回忆录、史诗等都是不可错过的人气佳品。

黄金女士旧版

镇店名香

黄金女士　Gold Woman

爱慕推出的第一款香水，它被称为“世界上最有价值的香水”，含有超过 120 种天然香料成分。由著名调香大师纪·罗伯特调制。最老版的黄金女士被盛放在以阿拉伯建筑为灵感的水晶瓶里，瓶盖及外壁饰以 24K 金，因此香水被取名为 Gold。花香醛味调，前调为焚香、铃兰、玫瑰；中调为鸢尾根、茉莉、没药；后调为琥珀、檀木、麝香、果子狸、雪松。

参考价格：￥2 900 / 100ml EDP

黄金女士新版

邬巴尔　Ubar

以《一千零一夜》中的香料天堂——邬巴尔古城为创作灵感并命名，香水瓶身犹如昔日屹立于沙石之上的传奇古城邬巴尔，中东风格极为浓厚。东方花香调，前调为蜜橘、橙、山苍子、紫罗兰叶；中调为茉莉、橙花、依兰、晚香玉、小苍兰、铃兰、黑黄花梨木；后调为檀木、香草、广藿香、香根草、苦配巴香膏、黑龙涎香。

参考价格：￥2 600 / 100ml EDP

回忆录女士　Memoir Woman

非传统意义上的典型西普女香，使用了大量香辛、皮革及熏香，调制手法打破了传统禁锢，令人震惊，值得收藏。西普香调，前调为豆蔻、橘子、粉色胡椒、苦艾；中调为丁香、焚香、胡椒、木质元素、茉莉、玫瑰、白色花朵；后调为麝香、法国劳丹脂、橡树苔、苏合香、皮革、海狸香。

参考价格：￥2 600 / 100ml EDP

回忆录男士　Memoir Man

爱慕非常著名的暗黑系的代表男香，整体呈现深厚，独特，强烈，神秘，长久的风格，这种另类的馥奇风格，极为上品。皮革香调，前调为罗勒、薄荷、苦艾；中调为薰衣草、焚香、玫瑰；后调为檀木、愈创木、橡树苔、琥珀、香草、烟草、皮革、香根草、麝香。

参考价格：￥2 400 / 100ml EDP

收藏优选

2003

天空女士　Ciel Woman

顶级水晶与充满阿拉伯神秘风情的典雅白金电镀雕刻瓶身完美结合，让此款女香成为顶级阿拉伯香水艺术的代表，极具收藏价值。花香调，前调为仙客来、栀子花、紫罗兰叶；中调为桃花、茉莉、睡莲、玫瑰；后调为檀木、琥珀、麝香、焚香、雪松。

参考价格：￥2 600 / 100ml EDP

2007

镜中倒影女士　Reflection Woman

以明亮剔透的瑰丽外形成为品牌的热卖款。香水瓶身镀上闪亮纯银装饰，配以精心雕琢的瓶盖，使得整瓶香水唤发着浓重的大都会华丽魅力。花香调，调香师为莫里斯·鲁塞尔，前调为小苍兰，绿叶、水堇；中调为玉兰、茉莉；后调为檀木、琥珀、雪松。

参考价格：￥2 400 / 100ml EDP

镜中倒影男士　Reflection Man

镜中倒影的男香，爱慕香水中难得的清新之作，适合夏季使用。木质花香麝香调，调香师为卢卡斯·苏萨克。前调为迷迭香、甘椒、五月玫瑰；中调为鸢尾根、茉莉、奈若利橙花；后调为檀木、广藿香、香根草、雪松。

参考价格：￥2 300 / 100ml EDP

2008

月之咏叹女士 Jubilation 25 Women

为庆祝品牌成立 25 周年而推出的男女对香中的女士版。以安东•德沃夏克笔下著名歌剧《鲁沙卡》中《月之咏叹》咏叹调为灵感调制。东方花香调，前调为依兰、玫瑰、龙蒿、柠檬；中调为劳丹脂、玫瑰、艾蒿、焚香；后调为琥珀、广藿香、麝香、香根草、没药。

参考价格： ￥2 600 / 100ml EDP

月之咏叹男士 Jubilation 25 Men

与女香表现的水精灵被囚于森林沼泽，在月光下希冀着被解救不同；男香反映的是坐拥财富而具有的奢华质感，整体风格非常华丽。东方森林调，前调为橙、香菜、劳丹脂、龙蒿、乳香、黑莓；中调为愈创木、肉桂、月桂叶、蜂蜜、兰花、玫瑰、丁香、芹菜籽；后调为愈伤草、广藿香、没药、雪松、麝香、橡苔、龙涎香、沉香木、蜡菊。

参考价格： ￥2 600 / 100ml EDP

2009

史诗女士 Epic Woman

以东方丝绸之路的神话传说为灵感调制，将阿拉伯的传奇与中国悠久的历史文化融入其中，呈现出一股蕴含东方神秘魔力与古朴气息。镀金瓶盖上则镶有名贵的施华洛世奇水晶石，展现阿拉伯的贵族情调。东方花香调，前调为香芹籽、肉桂、粉色夹竹桃；中调为玫瑰、老鹳草、茉莉、茶；后调为琥珀、香草、焚香、鸢尾根、广藿香、沉香木、麝香、檀木、愈创木、乳香。

参考价格： ￥2 700 / 100ml EDP

史诗男士 Epic Man

以皮革旅行箱为设计概念，衬托出香水之中的皮革气息。相较于同款女香的妖娆，男香更为悠远沉静。东方木质调，前调为粉色胡椒、豆蔻、藏红花、肉豆蔻核仁、香芹籽、桃金娘、肉豆蔻皮、乳香；中调为老鹳草、没药；后调为沉香木、广藿香、焚香、皮革、檀木、苏合香、雪松、麝香、海狸香。

参考价格： ￥2 700 / 100ml EDP

蔷薇魅语男士 Lyric Man

创作总监克里斯托弗•庄亲自监督，是一款现代风格与古典艺术完美交融的著名男香，适合自信型男使用。瓶身为深红色并带有青铜色装饰，瓶盖镶有施华洛世奇水晶。东方香料调，前调为佛手柑、青柠；中调为玫瑰、当归、橙花、波斯树脂、肉豆蔻核仁、生姜、藏红花；后调为松树、檀木、焚香、香草、麝香。

参考价格： ￥2 700 / 100ml EDP

蔷薇魅语女士 Lyric Woman

爱慕非常著名的一款玫瑰为主调的女香，风格温暖而干净。由创作总监克里斯托弗•庄亲自监督而成，东方花香调，前调为佛手柑、豆蔻、肉桂、生姜；中调为玫瑰、当归、茉莉、依兰、老鹳草、鸢尾根；后调为橡苔、麝香、木质元素、广藿香、香根草、檀木、零陵香豆、焚香、香草。

参考价格： ￥2 800 / 100ml EDP

2012

间奏曲男士 Interlude Man

传统的乳香和没药在香水调配上多用于表现灵魂与宗教感觉，但在间奏曲中，它们却呈现出成熟而现代的香水特色，值得入手。东方木质调，前调为佛手柑、牛至、胡椒；中调为焚香、琥珀、劳丹脂、愈伤草；后调为皮革、广藿香、沉香木、檀木。

参考价格： ￥2 600 / 100ml EDP

间奏曲女士 Interlude Woman

爱慕口碑颇佳的女香，整体风格沉稳而不失优雅，适合气场强大的女性使用。蓝色的瓶身与金色瓶盖搭配相得益彰，施华洛世奇的蓝水晶装饰又提升了华贵感。西普花香调，前调为佛手柑、生姜、葡萄柚、金盏草；中调为焚香、玫瑰、橙花、茉莉、核桃、咖啡、奇异果、檀木、蜂蜜、蜡菊、愈伤草；后调为香草、皮革、橡苔、琥珀、安息香、零陵香豆、麝香、沉香木、檀木。

参考价格： ￥2 800 / 100ml EDP

2012

宠爱女士　Beloved Woman

爱慕以甜蜜的爱情为灵感创作的热卖款女香，由风头正劲的调香师伯纳德•埃列娜调制。花香调，前调为薰衣草、茉莉、玫瑰、快乐鼠尾草、春黄菊、丁香、豆蔻；中调为蜡菊、劳丹脂、依兰、广藿香、安息香、乳香、紫罗兰；后调为麝香、檀木、雪松、香草、海狸香、果子狸、皮革、龙涎香。

参考价格：￥2 600 / 100ml EDP

2014

阳光　Sunshine

具有突破精神的一款女香，一改品牌重口、浓郁的香水风格，呈现出田园般清新与温暖的香调特色。花香调，前调为杏仁、艾蒿、黑醋栗；中调为桂花、茉莉、玉兰、香草；后调为纸莎草、白烟草、广藿香、杜松果。

参考价格：￥2 600 / 100ml EDP

寻香名店

台北　Cyrano 旗舰店•丽晶精品店

悉尼　大卫琼斯百货•哈罗德百货

伦敦　Les Senteurs 香水店•哈罗德百货

藏·香·年·谱

推出时间	名称		类别	推出时间	名称		类别
1983	Gold Woman	黄金女士	女香	不详	Oudh Al Khaloud	奥卡洛	中性香
1995	Ubar	邬巴尔	女香	2010	Al Mas	阿玛斯	中性香
1998	Gold Man	黄金男士	男香	2010	Memoir Woman	回忆录女士	女香
2002	Dia Woman	迪亚女士	女香	2010	Memoir Man	回忆录男士	男香
2002	Dia Man	迪亚男士	男香	不详	Molook	摩洛克	男香
2002	Silver Cologne	银色	男香	不详	Musk Abyadh	阿比亚蒂麝香	中性香
2003	Ciel Woman	天空女士	女香	不详	Ohood	奥德	中性香
2003	Ciel Man	天空男士	男香	2010	The Library Collection Opus I	图书馆收藏 1	中性香
2003	Eau D´Amouage	爱慕之水	女香	2010	The Library Collection Opus II	图书馆收藏 2	中性香
2004	Esprit D´Amouage	精神	女香	2010	The Library Collection Opus III	图书馆收藏 3	中性香
不详	Asrar	阿斯拉	中性香	2010	The Library Collection Opus IV	图书馆收藏 4	中性香
不详	Ayoon Al Maha	马哈	女香	不详	Tahani	塔哈妮	中性香
不详	Badr Al Badour	巴度尔	中性香	不详	Taifi Rose	塔伊夫玫瑰	中性香
不详	Basmah	巴斯马	中性香	不详	Tayyiba	塔伊巴	中性香
不详	Bahjah	巴嘉	中性香	2011	The Library Collection Opus V	图书馆收藏 5	中性香
2006	Arcus	弓	男香	2011	Honour Woman	化蝶女士	女香
2007	Reflection Woman	镜中倒影女士	女香	2011	Honour Man	化蝶男士	男香
2007	Reflection Man	镜中倒影男士	男香	2012	The Library Collection Opus VI	图书馆收藏 6	中性香
不详	Rose	玫瑰	中性香	2012	Interlude Woman	间奏曲女士	女香
不详	Salamah	萨拉马	中性香	2012	Interlude Man	间奏曲男士	男香
不详	Sandal	檀香	中性香	2012	Ajwad	阿瓦德	男香
不详	Shams Al Doha	山姆多哈	中性香	2012	Beloved Women	宠爱女士	女香
2008	Homage	致敬	中性香	不详	Afrah	阿弗拉赫	中性香
2008	Lyric Woman	蔷薇魅语女士	女香	不详	Al Andalus	安达卢斯	女香
2008	Lyric Man	蔷薇魅语男士	男香	2013	Beloved Man	宠爱男士	男香
2008	Jubilation 25 Women	月之咏叹女士	女香	2013	The Library Collection Opus VII	图书馆收藏 7	女香
2008	Jubilation 25 Men	月之咏叹男士	男香	2013	Fate Women	命运女士	女香
不详	Majan	麦吉安	中性香	2013	Fate Men	命运男士	男香
不详	Mawaddah	玛瓦达	中性香	2014	The Library Collection Opus VIII	图书馆收藏 8	中性香
2009	Epic Woman	史诗女士	女香	2014	Journey Woman	旅程女士	女香
2009	Epic Man	史诗男士	男香	2014	Journey Man	旅程男士	男香
2009	Tribute	致敬	中性香	2014	Sunshine	阳光	女香
不详	Al Shomoukh	夏默克	女香	2015	The Library Collection Opus Ⅸ	图书馆收藏 9	中性香
不详	Amber	琥珀	中性香	2015	Sunshine Men	阳光男士	男香

Anna Sui
安娜苏

ANNA SUI

安娜苏这个没有男士香水的香水品牌，有着近乎妖艳的色彩，有着魔女般迷幻的力量，她的浮华中带着纯真，她的无邪中带着诱惑。这就是安娜苏，你被她张扬的个性吸引，却能发现她有一颗天真的心。安娜苏香水的理念在于颠覆传统，时髦前卫又有强烈对比。充满创意又不缺少怀旧感，香水的风格，集奇想、梦幻、性感、天真、摇滚和都市风格于一身。

从 1999 年的安娜苏同名香水到波希米亚香水及其衍生系列，短短十几年，安娜苏香水以其独特的魔幻风格，受到了香水迷的热捧。当时，安娜苏同名女香的瓶身设计像中国古代仕女用的手镜，这种设计风格让人耳目一新。随后，甜美梦境女香问世，更以独特的造型给人留下了深刻印象。自这款香水开始，安娜苏的香水一改最初的花香调风格，开始走花果调路线。通常人们认为安娜苏是极具少女气质的品牌，其实其风格更确切来讲是成熟女人的身体中蕴藏一颗少女的心。能够在性感与清纯中自由游走，是安娜苏最大的特点。能做到这一点的人不妨收藏几瓶安娜苏香水。

镇店名香

许愿精灵　Secret Wish

安娜苏香水中非常著名的一款，充满魔幻色彩，适合少女使用。瓶身采用三切面造型。清新花果香调，前调为柠檬、万寿菊、甜瓜；中调为黑醋栗、菠萝；后调为雪松、琥珀、白麝香。

参考价格：￥565 / 50ml EDT

安娜苏同名　Anna Sui

又名魔镜女士，是安娜苏第一瓶以品牌名命名的香水，也是能够体现安娜苏古典浪漫、高贵时髦的品牌精神的香水。外瓶设计形似魔镜，瓶身和包装完美地展现了安娜苏天马行空的风格。花果香调，前调为树莓、杏、佛手柑；中调为保加利亚玫瑰、沙漠茉莉花和佛罗伦萨鸢尾；后调为雪松、檀香、粉质黑香豆。

参考价格：￥450 / 30ml EDT

洋娃娃　Dolly Girl

品牌创始人安娜•苏最钟爱的香水，洋娃娃香水瓶延续了安娜•苏著名的时装模特娃娃头形，是安娜苏香水中很有收藏价值的一款。花果香调，前调为佛手柑、肉桂、苹果、甜瓜、海风气息、绿叶气息；中调为木兰、紫罗兰、玫瑰、马樱丹、铃兰、茉莉；后调为 香根草、柚木、树莓、琥珀、麝香。

参考价格：￥510 / 50ml EDT

收藏优选

2000

甜蜜梦境　Sui Dreams

瓶身的设计灵感源自一款手包，手包是女人展现性感的配件，最能偷偷地反映女人潜藏的个性，将香水瓶设计为手包，是这款强调实现梦想的香水最引人注目之处。松蓝色的磨砂椭圆瓶上，有着浮雕的莲花及莲叶雕纹，特别符合东方的审美理念。清甜花果香调，前调为佛手柑、柑橘、油桃、苦橙；中调为牡丹、小苍兰、桃子、玫瑰；后调为香草、檀香、雪松、白麝香。

参考价格：¥450 / 30ml EDT

2002

蝶之恋　Sui Love

在该款香水中安娜苏毫不隐藏地表达了对 20 世纪 60 年代理想和主张的向往——爱与和平，这是“蝶之恋”的创意源头。蝴蝶香水瓶身的造型精巧浪漫，推出后广受追捧。花香调，前调为日本桂花、西番莲果、橙、西西里岛佛手柑；中调为橙花、意大利紫罗兰、晚香玉、粉色胡椒、白玫瑰、睡莲、埃及茉莉；后调为肉豆蔻、核仁、麝香、香草、麝香、锦葵。

参考价格：¥650 / 75ml EDT

2007

逐梦翎雀　Flight Of Fancy

安娜苏香水中非常让人惊艳的一款。象征重生的开屏的孔雀装饰与华丽的黄金色香水液与包装盒形成完美调和，整体风格自信、青春洋溢，散发着甜美气息。花香果味调，前调为爪哇柠檬、柚子、荔枝；中调为玫瑰花、星木兰、紫雨小苍兰；后调为白木、安息香、白麝香、水晶琥珀。

参考价格：¥565 / 50ml EDT

2012

波希米亚　La Vie De Bohème

安娜苏第一次将波希米亚风格实现于香水的成功作品，也是波希米亚风格的代表香水。清新花果香调，前调为火龙果、土耳其玫瑰、梨、红浆果；中调为牡丹、小苍兰、玉兰；后调为麝香、檀木、木质元素、黑香草壳、覆盆子。

参考价格：¥598 / 50ml EDT

寻香名店

北京　新世界百货·汉光百货

上海　高岛屋百货·虹桥机场 T2 航站楼

香港　崇光百货

藏·香·年·谱

推出时间	名称		类别	推出时间	名称		类别
1999	Anna Sui	安娜苏同名	女香	2009	Rock Me!	摇滚天后	女香
2000	Sui Dreams	甜蜜梦境	女香	2010	Forbidden Affair	紫镜魔钥	女香
2002	Sui Love	蝶之恋	女香	2010	Rock Me! Summer Of Love	摇滚甜心	女香
2003	Dolly Girl	洋娃娃	女香	2012	Fairy Dance Secret Wish	漫舞精灵	女香
2004	Dolly Girl Ooh La Love	我爱洋娃娃	女香	2012	La Vie De Bohème	波希米亚	女香
2005	Secret Wish	许愿精灵	女香	2013	Tin House Fairy Dance	铁盒小屋漫舞精灵	女香
2006	Secret Wish Magic Romance	魔恋精灵	女香	2013	Tin House Flight Of Fancy	铁盒小屋逐梦翎雀	女香
2006	Dolly Girl On The Beach	度假洋娃娃	女香	2013	Tin House Forbidden Affair	铁盒小屋幻境绮缘	女香
2007	Flight Of Fancy	逐梦翎雀	女香	2013	Tin House Secret Wish	铁盒小屋许愿精灵	女香
2007	Dolly Girl Bonjour L´Amour	巴黎恋爱洋娃娃	女香	2014	La Nuit De Bohème	波希米亚女神	女香
2008	Dolly Girl Lil´Starlet	好莱坞巨星洋娃娃	女香	2014	La Nuit De Bohème Eau De Parfum	波希米亚之夜	女香
2008	Night Of Fancy	迷夜翎雀	女香	2014	Sui Dreams In Pink	粉色甜蜜梦境	女香
2009	Live Your Dream	梦境成真	女香	2015	Sui Dreams In Green	绿色甜蜜梦境	女香

Annick Goutal
安霓可·古特尔

ANNICK GOUTAL
PARIS

安霓可·古特尔是出自法国闻名全球的香水品牌，从香水到外包装的制作，都完全以传统的手工方式进行，原料都是纯天然的原料成分，从最优质的原材料中获得。

安霓可·古特尔由最初一直沿用至今的包装从不改变，典雅的金色修身瓶身系有蝴蝶结，唯一的变化就是瓶上的蝴蝶结颜色。讲求品质、追求原始气息，是品牌的坚持。除了此类蝴蝶结版本外，安霓可·古特尔还有蝴蝶瓶版本和蝴蝶瓶手绘版本。通常来说，安霓可·古特尔家的蝴蝶瓶版本好过普通 EDP，EDP 好过 EDT 版本。

因为品牌创始人安霓可·古特尔夫人一生钟爱玫瑰， 尤为重视以玫瑰为主调的香水的研发，因此安霓可·古特尔最著名的香水就包括以玫瑰为主调的今夜或不再和绝对玫瑰。 除此之外，如哈德良之水、雨后栀子花、橙花等在香水迷心中也占据着重要地位。

哈德良之水蝴蝶瓶版

哈德良之水蝴蝶瓶手绘版

镇店名香

哈德良之水　Eau D'Hadrien

安霓可·古特尔为纪念古罗马帝国国王哈德良而推出的，是 2008 年菲菲奖名人堂的获奖香水，在品牌的历史上地位非凡。柑橘芳香调，由调香师安霓可·古特尔和弗朗西斯·凯美调制，含有丝柏、葡萄柚、柠檬、西西里岛柠檬、香橼、橘子、醛类、依兰。

参考价格： ￥1 250 / 100ml EDT

绝对玫瑰　Rose Absolue

玫瑰控香水爱好者必收的一款。属于花香调，集东西方最珍贵的玫瑰于一身，成分中包括五月玫瑰、土耳其玫瑰、保加利亚玫瑰、大马士革玫瑰、埃及玫瑰及摩洛哥玫瑰，不同质感的玫瑰香混集于一身，交织出更高层次的玫瑰女人香。

参考价格：￥1 200 / 100ml EDP

今夜或不再　Ce Soir Ou Jamais

又名微醺玫瑰。安霓可·古特尔将毕生对玫瑰的挚爱，都包容在这个香水作品中，整体香调尤其是前调散发着浸渍着玫瑰精华的浓浓酒香，令人沉醉。适合轻熟女在晚宴上使用。花香调，调香师是安霓可·古特尔。香水成分选用了朱槿、土耳其玫瑰、琥珀、麝香锦葵。

参考价格：￥600 / 50ml EDP

收藏优选

1983

卡米娅之水　Eau De Camille

安霓可·古特尔为女儿调制的香水，初衷是为满足女儿对雨后花园青草清芬的回忆及向往而制的，十分有纪念价值。花香绿色调，成分选用了金银花、素馨、紫丁香、常春藤、草。

参考价格：￥750 / 100ml EDT

激情　Passion

由安霓可·古特尔女士亲自调制，也是其本人非常喜欢并且自用的香水，充满安霓可·古特尔的个人风格。花香调，前调为晚香玉、番茄叶；中调为茉莉、依兰、香草；后调为橡苔、广藿香。

参考价格：

￥1 550 / 100ml EDP

1989

雨后栀子花

Gardenia Passion

安霓可·古特尔旗下著名的栀子花主题的女香，在香水迷中口碑颇佳。花香调，调香师为为安霓可·古特尔，前调为栀子花、茉莉；中调为晚香玉、橙花；后调为香草。

参考价格：

￥1 150 / 100ml EDT

1985

尊爵之香　Sables

安霓可·古特尔女士与其法籍大提琴家丈夫同游科西嘉岛后，应其请求，创造出的独特香水，是品牌为数不多的男香中非常受推崇的一款。东方木质，前调为蜡菊、肉桂；中调为胡椒、红茶；后调为檀木、琥珀。

参考价格：￥1 250 / 100ml EDT

1996

致爱　Grand Amour

安霓可·古特尔著名的以爱情为主题的女香，封装了他们夫妻间的宁静与激情，表达了品牌创始人对丈夫的浓烈的爱，非常适合有一定阅历的女性使用。此款的蝴蝶瓶版尤为值得珍藏。东方花香调，前调为金银花、百合、风信子、土耳其玫瑰；中调为印度含羞草、皮革、茉莉、吕底亚金雀花；后调为琥珀、麝香、香草、没药。

参考价格：￥1 550 / 100ml EDP

1998

小甜心　Petite Ch érie

安霓可·古特尔为了纪念女儿从女孩蜕变成女人推出的女香，满溢着母亲对于女儿的爱与关怀，适合年轻女性使用。花果香调，成分选用了桃、草、香草、玫瑰、梨。

参考价格：￥1 130 / 100ml EDT

小甜心蝴蝶瓶手绘版

小甜心蝴蝶瓶版

2002

忍冬　Le Chèvrefeuille

香水的创作灵感来自卡米娅·古特尔回忆小时与表姐妹们漫步在法国普罗旺斯的家中的花园头戴忍冬花冠扮公主时的时光。香水捕捉了这种情感，是安霓可·古特尔花香香水中很著名的一款，有着清晨露珠的清新，又带点白花的柔美，是一朵有灵性的忍冬。花香绿色调，调香师为卡米娅·古特尔和伊莎贝尔·杜瓦扬。成分选用了金银花、茉莉，苦橙水仙、柠檬、绿色元素。

参考价格：￥700 / 50ml EDT

2003

橙花　Neroli

安霓可·古特尔2003年推出的限量版，以纯净气息著名。适合浪漫的女孩使用，调香师为卡米娅·古特尔。成分选用了橙花、苦橙叶、丝柏、雪松。

参考价格：

￥500 / 100ml EDT

2007

火焰乳香

Encens Flamboyant

调香师为卡米娅·古特尔和伊莎贝尔·杜瓦扬。前调为焚香、粉色胡椒、胡椒、红浆果；中调为肉豆蔻核仁、焚香、豆蔻、鼠尾草；后调为香树膏冷杉、焚香、玛蹄脂。

参考价格：

￥1 150 / 100ml EDT

2006

曼陀罗　Mandragore

安霓可·古特尔第一款采用曼陀罗草为香料的香水，其独特可想而知。木质芳香调，调香师为卡米娅·古特尔和伊莎贝尔·杜瓦扬。前调为佛手柑、胡椒；中调为薄荷、八角茴香、生姜、鼠尾草、鸢尾；后调为黄杨、劳丹脂。

参考价格：

￥1 200 / 100ml EDT

没药微焰

Myrrhe Ardente

隶属安霓可·古特尔东方系列，与以往精致风格不同，此款香水更深沉大气。东方调，含有没药、安息香、香豆、香草、蜂蜡、愈创木。

参考价格：

￥1 150 / 50ml EDT

2009 雨后清晨蝴蝶瓶手绘版

雨后清晨 Un Matin D'Orage

安霓可·古特尔推出的具有独特栀子花香味的香水，具有日式和风的风格，如雨后的日本花园。木质芳香调，前调为香橼、阿马尔菲柠檬、波斯树脂、苦橙叶、苦橙；中调为无花果叶、玛蹄脂；后调为木质元素。

参考价格：￥700 / 50ml EDT

2010

宁法花园 Ninfeo Mio

灵感来自于一座有着河流围绕的罗马花园。在香水迷心中对此款爱恨都到极致。木质芳香调，前调为香橼、阿马尔菲柠檬、波斯树脂、苦橙叶、苦橙；中调为无花果叶、玛蹄脂；后调为木质元素。

参考价格：

￥1 200 / 100ml EDT

寻香名店

香　港　海港城·又一城·新世界大厦

纽　约　安霓可·古特尔布利克街精品店

巴　黎　安霓可·古特尔卡斯迪格里恩街精品店

悉　尼　大卫琼斯百货伊丽莎白店

墨尔本　大卫琼斯百货墨尔本店

蒙特利尔　La Maison Ogilvy 商场

2012

星夜 Nuit Étoilée

安霓可·古特尔推出的非常富有浪漫气息的香水，其香气仿佛使人体验到冷冽的星夜中自然的美好，无限恢弘。木质芳香调，调香师为卡米娅·古特尔和伊莎贝尔·杜瓦扬，前调为香橼，橙、薄荷；中调为松树、冷杉；后调为蜡菊、当归、零陵香豆。

参考价格：￥900 / 50ml EDT

藏·香·年·谱

推出时间	名称		类别
1980	Eau De Monsieur	绅士之水	中性香
1981	Eau D´Hadrien	哈德良之水	中性香
1981	Eau De Lavande	薰衣草	女　香
1981	Folavril	四月天	女　香
1982	Eau De Charlotte	夏洛特之水	女　香
1983	Eau De Camille	卡米娅之水	女　香
1983	Passion	激情	女　香
1984	Heure Exquise	精美时刻	女　香
1984	Rose Absolue	绝对玫瑰	女　香
1984	Tubereuse	晚香玉	女　香
1985	Sables	尊爵之香	男　香
1985	Vetiver	香根草	男　香
1986	Eau Du Ciel	菩提树下	女　香
1989	Gardenia Passion	雨后栀子花	女　香
1996	Eau Du Sud	南方之水	中性香
1996	Grand Amour	致爱	女　香
1998	Petite Chérie	小甜心	女　香
1999	Ce Soir Ou Jamais	今夜或不再	女　香
2000	Eau Du Fier	荣耀之水	男　香
2001	La Muguet	铃兰	女　香
2001	La Violette	紫罗兰	女　香
2002	Le Chèvrefeuille	忍冬	女　香
2002	Quel Amour!	那一份爱!	女　香
2003	Des Lys	百合	女　香
2003	Duel	决斗	男　香
2003	Les Nuits D´Hadrien	哈德良之夜	中性香
2003	Neroli	橙花	女　香
2004	Le Jasmin	清秀茉莉	女　香
2004	Vanille Exquise	精致香草	女　香
2005	Songes	小夜曲	女　香
2006	Mandragore	曼陀罗	中性香
2007	Encens Flamboyant	火焰乳香	中性香
2007	Ambre Fétiche	琥珀信仰	中性香
2007	Myrrhe Ardente	没药微焰	中性香
2008	Musc Nomade	游牧麝香	中性香
2009	Mandragore Pourpre	紫色曼陀罗	中性香
2009	Un Matin D´Orage	雨后清晨	女　香
不详	Hadrien Absolu	绝对哈德良	男　香
2010	Ninfeo Mio	宁法花园	中性香
2010	Rose Splendide	灿烂玫瑰	女　香
2011	Le Mimosa	含羞草	女　香
2011	Mon Parfum Cheri, Par Camille	我亲爱的	女　香
2012	Nuit Étoilée Eau De Parfum	星夜 EDP 版	中性香
2012	Nuit Étoilée	星夜	中性香
2013	Eau De Monsieur	完美柑橘(新版)	男　香
2013	Eau D´Hadrien	哈德良之水古龙水版	中性香
2013	Neroli	橙花古龙水版	中性香
2013	Vetiver	香根草古龙水版	中性香
2014	Vent De Folie	疯狂的风	女　香
2015	Eau De Ciel Eau De Toilette	天空之水	女　香
2015	L´Ile Au Thé	茶岛	中性香
2015	Vanille Charnelle	香草纯香	中性香

Balenciaga
巴黎世家

BALENCIAGA

巴黎世家虽然旗下的香水并不多，但却是一个有着悠久历史的香水品牌。首款香水乐迪克斯诞生于 1947 年，而早期为其赢得赞誉、现已停产的序幕女香，甚至被誉为永恒的经典女香。巴黎世家推出的香水多呈现出经典的优雅风格，而香水包装也以高贵简约著称，即使近年来巴黎世家更多的把品牌发展重点倾向于手袋等产品线上，但每款新香水的推出还是保持了一贯的高水准，同名女士、玫瑰精粹等香水均为香水迷津津乐道，而花之密语女香甚至还荣获了有“香水奥斯卡”之称的菲菲奖 2013 年度的重量级奖项。

镇店名香

同名女士　Balenciaga Paris

巴黎世家重回香水市场的力作，充满复古风格，更为难得的是调香师创造性地选择了清新的紫罗兰叶作为香调主打。西普花香调，由著名的调香师奥利维耶·波巨调制。具体成分选用康乃馨、广藿香、弗吉尼亚州雪松、紫罗兰和紫罗兰叶。

参考价格：￥1 250 / 75ml EDP

花之密语　Florabotanica

荣获了菲菲奖 2013 年度最佳女香和年度最佳包装奖项。延续巴黎世家香水包装一直秉承的高贵简约风格，精致的瓶身搭配永恒经典的黑白条纹，低调优雅中难掩名家风范，现代感十足，适合白天及温暖气候时使用。花香绿色调，调香师为奥利维耶·波巨和让-克利斯朵夫·埃罗。前调为薄荷；中调为玫瑰、康乃馨、大麻；后调为香根草、琥珀。

参考价格：￥900 / 50ml EDP

收藏优选

1989

伦巴舞　Rumba

巴黎世家中最具气场的一款经典女香，即使是淡香水，但留香一流，远超过大多数女香，特别适合热情开朗的女性使用。东方木质调，前调为橙花、李子、覆盆子、桃、罗勒、黄香李、佛手柑；中调为蜂蜜、玉兰、康乃馨、晚香玉、栀子花、兰花、茉莉、金盏草、天芥菜 、铃兰；后调为皮革、檀木、李子、零陵香豆、琥珀、广藿香、麝香、香草、橡苔、雪松、苏合香。

参考价格：￥700 / 100ml EDT

2011

精粹　L'Essence

精粹不仅具有巴黎世家香水独特的传统要素，而且风格更为浓郁，并大胆挑战香水制造的规律，撼动了香水调制的传统理念，选用了女香中较为稀少的绿色调，是值得收藏的一款女香。花香绿色调，调香师是奥利维耶·波巨，成分选用了香根草、广藿香、紫罗兰、紫罗兰叶、绿色元素、檀木、雪松。

参考价格：￥1 250 / 75ml EDP

2013

玫瑰之水　L'Eau Rose

巴黎世家女香中最具少女气质的一款，延续了巴黎世家一贯的香水瓶标志性设计，以多重切割的瓶子配上亚黑色的瓶盖，与柔和的淡粉色香水构成对比。西普花香调，前调为黑莓；中调为紫罗兰、玫瑰、广藿香；后调为丝柏、雪松、麝香。

参考价格：￥1 100 / 75ml EDT

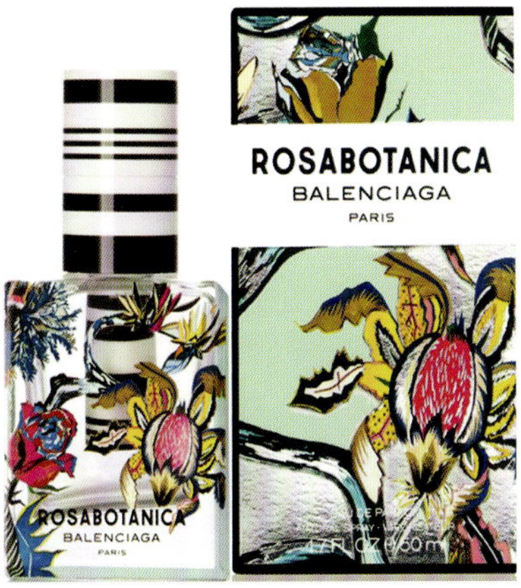

2013

玫瑰精粹　Rosabotanica

香水瓶身及外包装以色彩斑斓的花朵及树叶为背景，质地柔和，晶莹剔透，焕彩而夺目的设计具有极强的冲击力，是巴黎世家女香中风格最为热情的一款。花香绿色调，前调为风信子、无花果叶、苦橙叶；中调为玫瑰、粉色胡椒、豆蔻、葡萄柚；后调为白琥珀、雪松、香根草、广藿香、木质元素。

参考价格：￥900 / 50ml EDP

2014

巴黎倒影版　L'Edition Reflets

作为限量版被推出，口碑颇佳。它的创造灵感来自闪光的、经典的巴黎世家手袋和时尚配饰。花香木质调，调香师为奥利维耶·波巨，前调为胡椒、紫罗兰叶；中调为紫罗兰精华；后调为广藿香、德克萨斯雪松、香根草。

参考价格：￥1 200 / 75ml EDP

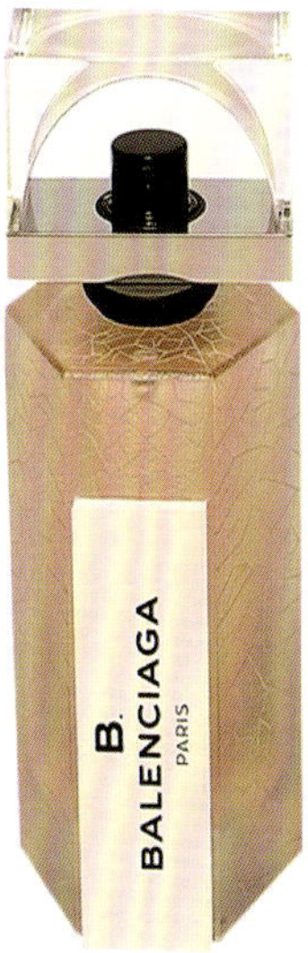

同名 B 香　B. Balenciaga

著名时尚设计师亚历山大·王担任巴黎世家创意总监后推出的首款香水，具有纪念价值。带有龟裂感的磨砂玻璃材质的香水瓶，浅金色的液体透过冰晶感的玻璃若隐若现，极具特色。木质芳香调，前调为铃兰、紫罗兰叶；中调为雪松、鸢尾草；后调为麝香锦葵、喀什米尔木。

参考价格：

￥1 500 / 75ml EDP

寻香名店

香港　崇光百货·哈维·尼克斯百货

纽约　布鲁明戴尔百货·巴尼斯纽约精品店·萨克斯第五大道精品百货

伦敦　哈罗德百货

藏·香·年·谱

推出时间	名	称	类别	推出时间	名	称	类别
1947	Le Dix Perfume	乐迪克斯	女香	1996	Talisman Eau Transparent	透明护身符	女香
1949	La Fuite Des Heures (Fleeting Moment)	瞬间	女香	1998	Cristobal	克里斯托巴尔	女香
1955	Quadrille	四对舞	女香	2000	Cristobal Pour Homme	同名男士	男香
1962	Eau De Balenciaga	巴黎世家之水	男香	2003	Eau De Cristobal	水晶之水	女香
1971	Ho Hang	浩航	男香	2010	Balenciaga Paris	同名女士	女香
1973	Cialeng	西林嘉	女香	2010	L´Essence	精粹	女香
1973	Eau De Balenciaga Lavande	巴黎世家之水薰衣草	男香	2012	Florabotanica	花之密语	女香
1979	Michelle	米歇尔	女香	2013	L´Eau Rose	玫瑰之水	女香
1980	Portos	珀托斯	男香	2013	Rosabotanica	玫瑰精粹	女香
1982	Prelude	序幕	女香	2014	L´Edition Reflets	巴黎倒影版	女香
1987	Ho Hang Club	浩航俱乐部	男香	2014	B. Balenciaga	同名 B 香	女香
1988	Rumba	伦巴舞	女香	2015	B. Balenciaga Skin	同名 B 香轻柔	女香
1990	Balenciaga Pour Homme	同名男士	男香	2015	Balenciaga Paris I´Edition Mer	同名女士特别版	女香
1994	Talisman	护身符	女香				

Banana Republic
香蕉共和国

BANANA REPUBLIC

镇店名香

香蕉共和国是美国大众普遍接受且喜欢的品牌，素有“美国生活方式的代表”之称，其香水委托法国香水集团 Inter Parfums，特别针对香蕉共和国的风格来制造，香水风格走的是高雅都会路线，以奢华及简约精致为创作的宗旨，风格简洁、自然、洒脱。在其所推出的香水作品中经典女香、香蕉共和国 W 等都是口碑甚佳的香水，雪莲花女香在欧美人气一直居高不下，而黑胡桃男香甚至为其获得过菲菲奖最佳男士香水奖的殊荣，都是该品牌的必入香水。

经典　Classic

香蕉共和国香水风格的最佳代表，展现了简单、现代、清新、和谐与自然的美。柑橘芳香调，调香师是让-克劳德·德维勒。前调为佛手柑、葡萄柚、克莱门氏小橘、绿色元素；中调为金银花、紫丁香；后调为生姜、木质元素、麝香。

参考价格： ¥450 / 75ml EDT

黑胡桃　Black Walnut

荣获香水奥斯卡菲菲奖 2007 年度最佳男士香水奖项，香蕉共和国香水的巅峰力作。香调以成熟和稳重取胜，适合风度翩翩、知性成熟的稳重迷人男性。木质芳香调，调香师为哈利·弗里蒙特。前调为干邑白兰地酒；中调为烟草；后调为弗吉尼亚州雪松。

参考价格： ¥700 / 100ml EDT

收藏优选

1995

香蕉共和国 W　Banana Republic W

香蕉共和国香水中口碑极佳的白花香水，由小白花和天然植物提炼而成。整体包装呈现了奢华的精致感。花香调，初调为佛手柑、忍冬、小柑橘；中调为铃兰、睡莲、绿叶香气；后调为白麝香、龙涎香、桃心木。适合日间和在办公室使用。

参考价格： ¥450 / 100ml EDP

2006

雪莲花　Alabaster

香蕉共和国女香中最具气韵的一款香水，婉约典雅的香水调制风格，以及性感、澄澈透净的时尚水晶香水瓶的设计特别适合气质女人使用。花香木质麝香调，前调为荷花；中调为玫瑰；后调为麝香。

参考价格：

¥750 / 100ml EDP

2007

孔雀石　Malachite

香水名字源自世上最天然珍贵的矿物孔雀石，墨绿色的香水瓶质感浑厚圆融，香水包装盒采用了美国红橡木，整体非常高贵典雅。东方香调，成分选用了牡丹、水葫芦、檀木、麝香、胡椒、香草、青芒果。

参考价格：¥600 / 500ml EDP

2011

盛放时芬　Wildbloom

品牌大热女香，整体设计风格简洁而通透、精细。香水瓶身拥有完美无暇的线条和品质，而瓶口周边系上一朵花则是点睛之笔。西普花香调，调香师为让-克劳德•德维勒。前调为葡萄柚、金橘、番石榴、梨；中调为兰花、黄兰花、茶花、绣球花；后调为麝香、檀木、广藿香、零陵香豆、沉香木、绒面革。

参考价格：¥550 / 50ml EDP

2012

蓝调　Wildblue

香蕉共和国香水中特别适合喜好冒险的勇敢男性使用的香水，整体风格清新自然，在夏天使用效果颇佳。木质芳香调，调香师为让-克劳德•德维勒，前调为鼠尾草、茶；中调为木质元素、雪松；后调为香根草、麝香。

参考价格：¥450 / 100ml EDT

2012

盛放时芬嫣花

Wildbloom Rouge

香水瓶身的设计沿袭了盛放时芬原版香水的设计风格，加以新的色彩和装饰，增添了女性的娇媚感，推出后赢得了无数好评。花香调，前调为青苹果、克莱门氏小橘、李子；中调为玉兰花束、茉莉、小苍兰；后调为琥珀、开司米麝香、檀木。

参考价格：

¥800 / 100ml EDP

寻香名店

北京　新中关购物中心

香港　海运大厦•卓悦化妆品店

藏·香·年·谱

推出时间	名称		类别	推出时间	名称		类别
1995	Classic	经典	中性香	2010	Republic Of Women Essence	典藏女士	女　香
1995	Banana Republic W	香蕉共和国 W	女　香	2011	Alabaster Eau Fraiche	雪花石	女　香
1996	Banana Republic M	香蕉共和国 M	男　香	2011	Malachite Special Edition	孔雀石特别版	女　香
2006	Black Walnut	黑胡桃	男　香	2011	Slate Eau Fraiche	云淡风轻	男　香
2006	Jade	翡翠	女　香	2011	Wildbloom	盛放时芬	女　香
2006	Alabaster	雪莲花	女　香	2012	Republic Of Men Essence	典藏男士	男　香
2006	Rosewood	香木	女　香	2012	Wildbloom Vert	盛放时芬绿之谷	女　香
2006	Slate	淡蓝	男　香	2012	Wildblue	蓝调	男　香
2007	Malachite	孔雀石	女　香	2013	Wildbloom Rouge	盛放时芬嫣花	女　香
2008	Classic Limited Edition	经典限量版	中性香	2013	Wildblue Noir	绅夜蓝调	男　香
2009	Republic Of Men	共和国男士	男　香	2014	Modern Woman	现代女士	女　香
2009	Republic Of Women	共和国女士	女　香	2014	Modern man	现代男士	男　香
不详	Cordovan	狂野骑士	男　香				

Benetton
贝纳通

镇店名香

贝纳通公司成立于 1965 年，最初以生产手工编织套衫为主，后来陆续推出服饰、文具、居家用品等产品，贝纳通第一款香水于 1987 年上市。贝纳通香水与品牌其他产品一样更倾向于面对年轻消费族群，充分满足年轻人审美需求。因此，贝纳通喜欢推出男女对香，香水香调多采用为年轻人喜欢的清新花果香调，瓶身设计多走简约路线，而香水瓶身的颜色也喜欢用繁复鲜艳的色彩来体现独特的活力之美。在贝纳通推出的众多香水中，部落女香、寒流与热能男女对香，以及缤纷色彩精粹、涂鸦香水系列都是获得过热评的明星款香水。

部落　Tribu

此款香水的瓶身设计在 1994 年荣获全球广告界最高设计大奖克里奥奖，由日本著名设计大师八木保设计。花香调，由著名调香师伯纳德•埃列娜调制。前调为黑醋栗、紫罗兰叶、意大利橘子；中调为摩洛哥茉莉、依兰、老鹤草、春黄菊、保加利亚玫瑰；后调为塔希提香根草、檀木、橡苔、安息香。

参考价格：￥900 / 100ml EDT

寒流　Cold

贝纳通的热销香水，曾荣获香水奥斯卡菲菲奖的年度最佳包装设计大奖。柑橘芳香调，前调为佛手柑、醛类、香芹籽；中调为香菜、薰衣草、老鹤草；后调为广藿香、香根草、白麝香。

参考价格：

￥600 / 100ml EDT

热能　Benetton Hot

与寒流对应推出，与寒流的少许蓝色配搭不同，红色成为设计的亮点，透明的瓶身上用粗体红色书写“HOT”的字样，更有火红的瓶盖加以强化，特别适合运动时使用。东方香调，前调为橘子、佛手柑、巴西花梨木、柠檬；中调为杏、鸢尾、水茉莉、铃兰；后调为檀木、琥珀、麝香、香草、橡苔、雪松。

参考价格：

￥600 / 100ml EDT

收藏优选

蓝色温度计　Paradiso Inferno Blue

这款与粉色温度计女香构成男女对香，风格清新、简约，非常适合男性日常释放压力时使用。成分中含有香柠檬、茉莉、檀香木和龙涎香。

参考价格：￥500 / 100ml EDT

2004

粉色温度计　Paradiso Inferno Pink

用独具匠心的设计元素，将温度计的特征嫁接到香水的设计当中，融合成精致奇特的“粉色温度计”形状香水。通透的瓶身设计，令人眼前一亮，少女的最佳夏日用香。花香调，前调为柠檬、橙、绿叶；中调为茉莉、玫瑰、依兰；后调为雪松、麝香、檀木。

参考价格：￥500 / 100ml EDT

2005

酷比亚之彩男士　Cumbia Colors Man

被公认的将贝纳通香水热情、活力展现得最好的男女对香的男士版本。木质香调，前调为香辛料、八角茴香；中调为尤加利、甜瓜；后调为麝香、木质元素。

参考价格：￥600 / 100ml EDT

2007

拥有爱男士　B. United Jeans Man

整体设计风格简约、直接而明显，适合开朗男士在约会时使用。花香木质麝香调，前调为常春藤、粉色胡椒、橘子；中调为茉莉、铃兰；后调为檀木、琥珀、麝香、香草、雪松。

参考价格：￥450 / 100ml EDT

拥有爱女士　B. United Jeans Woman

拥有爱对香的女款，与男款并列摆放可以拼成完整的图案，独具匠心的浪漫设计让它成为一款值得入手的情侣主题香水。花香绿色调，前调为醛类、桃、橘；中调为仙客来、茉莉、风信子；后调为檀木、麝香、龙涎香。

参考价格：￥450 / 100ml EDT

酷比亚之彩女士　Cumbia Colors Woman

酷比亚之彩男女对香的女士版本，适合开朗的年轻女性日常使用。花果香调，成分中含有仙客来、百合、麝香、香草。

参考价格：￥600 / 100ml EDT

2008

缤纷色彩精粹女士

Essence Of United Colors Of Benetton Woman

缤纷色彩精粹男女对香的女款，瓶身从象征女性柔媚的橘子色过渡到粉红色，活力而耀眼，演绎着女性的优雅和时尚，适合热情开朗的女性使用。花果香调，前调为桃、橙、佛手柑；中调为小苍兰、茉莉、玫瑰；后调为广藿香、香根草、麝香。

参考价格： ￥900 / 100ml EDT

缤纷色彩精粹男士

Essence Of United Colors Of Benetton Man

充分体现了贝纳通品牌一贯坚持的对鲜艳色彩的偏爱和大胆使用的设计理念，由半圆形的瓶身引出缤纷世界的本质意念，从象征男子气概的蓝色过渡到绿色，清新而阳光，展现出男性的刚阳与魅力。芳香果味调，前调为薰衣草、豆蔻；中调为蜜橘、菠萝、肉豆蔻核仁、老鹳草；后调为橡苔、琥珀。

参考价格： ￥900 / 100ml EDT

2010

湛蓝男士　Benetton Blu Man

隶属贝纳通涂鸦香水系列，蓝色涂鸦是牛仔裤、海洋、自由以及和平的代表。木质芳香调，前调为薰衣草、阿马尔菲柠檬；中调为迷迭香、罗勒、快乐鼠尾草；后调为广藿香、弗吉尼亚州雪松、可可。

参考价格： ￥500 / 100ml EDT

火红女士　Benetton Rosso Woman

隶属贝纳通涂鸦香水系列，该系列由贝纳通联手各地的年轻天才艺术家及设计师共同推出。不同版本瓶身的涂鸦为不同颜色，瓶盖则都是简单的银色圆形瓶盖，而外盒包装均和瓶身呈反色彩涂鸦。造型看似极简，但摩登感十足，红色暗示着红莓、力量、激情、玫瑰。花果香调，前调为阿马尔菲柠檬、橘子、西番莲果；中调为茉莉、牡丹、紫丁香；后调为广藿香、苏合香、香草。

参考价格： ￥500 / 100ml EDT

森绿男士　Benetton Verde Man

隶属贝纳通涂鸦香水系列，绿色象征着希望、橄榄球、自然、薄荷叶。森绿男士是传统和摩登的完美结合。木质芳香调，前调为豆蔻、葡萄柚、甜瓜；中调为老鹳草、肉豆蔻核仁、紫罗兰叶；后调为愈创木、弗吉尼亚州雪松、安息香。

参考价格： ￥500 / 100ml EDT

2012

黄金热　Hot Gold

烫金的瓶身突显精品质感，完美衬托出摩登的时尚感，推出后好评如潮。花果香调，前调为佛手柑、桃、红苹果；中调为杨桃、玫瑰、含羞草；后调为琥珀、麝香、檀木。

参考价格：

￥600 / 100ml EDT

亮黄女士　Benetton Giallo Woman

隶属贝纳通涂鸦香水系列，黄色涂鸦寓意着夏季、星辰、活力以及黄金。花果香调，前调为水因子、红浆果、八角茴香、薄荷；中调为荷花、玫瑰、紫罗兰、桃；后调为麝香、零陵香豆、香草、木质元素。

参考价格： ￥500 / 100ml EDT

酷银　Cold Silver

瓶身设计延续了寒流香水的经典元素，但一改其使用的蓝色调，而是以更简约纯粹的黑白色调打造，进一步提升了时尚感。木质芳香调，前调为柚子、香菜、生姜；中调为豆蔻、鼠尾草、浮木；后调为苔藓、琥珀、麝香。

参考价格：

￥600 / 100ml EDT

2012

动感　Let's Move

一款号称可以用清新的香气为使用者提供强大的能量和愉快心情的男香，适合运动型男士。芳香森林调，前调为佛手柑、橘子、胡椒；中调为薰衣草、老鹤草、雪松；后调为琥珀、零陵香豆、香草。

参考价格： ¥600 / 100ml EDT

动心　Let's Love

与动感为对应的女款对香，特别为年轻的、现代的、浪漫且怀抱爱情梦想的女性所设计，具有收藏价值。花果香调，前调为竹、菠萝、铃兰；中调为覆盆子、西番莲花、星芒茉莉；后调为是喀什米尔木、麝香、雪松。

参考价格： ¥600 / 100ml EDT

寻香名店

北京　西单大悦城
上海　久光百货
纽约　西尔斯百货

2013

一起飞　Let's Fly

创作灵感源自爱嬉戏、生机勃勃并向往冒险的一代，特别适合年轻男性使用，在年轻的香水爱好者中口碑颇佳。木质海洋调，前调为佛手柑、克莱门氏小橘、西瓜；中调为海洋元素、薰衣草、老鹳草；后调为雪松、麝香、琥珀。

参考价格： ¥600 / 100ml EDT

藏·香·年·谱

推出时间	名称		类别	推出时间	名称		类别
1987	Colors De Benetton Men	色彩男士	男香	2008	White Night Man	白夜男士	男香
不详	Colors De Benetton	色彩	女香	2008	White Night Woman	白夜女士	女香
1993	Tribu	部落	女香	2008	Silver Man	银色男士	男香
1997	Cold	寒流	中性香	2008	Energy Man	能量男士	男香
1997	Benetton Hot	热能	中性香	2008	Energy Woman	能量女士	女香
2000	Funtastic Sweet Fruits For Girls	缤纷甜果	女香	2008	Energy Games Man	喜动活力男士	男香
2000	Funtastic Wild Citrus For Boys	野生柑橘	男香	2008	Energy Games Woman	喜动活力女士	女香
2001	Benetton Sport Man	运动男士	男香	2008	Essence Of United Colors Of Benetton Woman	缤纷色彩精粹女士	女香
2001	Benetton Sport Women	运动女士	女香	2008	Essence Of United Colors Of Benetton Man	缤纷色彩精粹男士	男香
2001	Paradiso Inferno Woman	灰色温度计	女香	2010	Benetton Rosso Woman	火红女士	女香
2001	Paradiso Inferno Man	黑色温度计	男香	2010	Benetton Blu Man	湛蓝男士	男香
2002	B. Clean Energy	洁净能量	中性香	2010	Benetton Giallo Woman	亮黄女士	女香
2002	B. Clean Fresh	洁净清新	中性香	2010	Benetton Verde Man	森绿男士	男香
2002	B. Clean Relax	洁净放松	中性香	2011	Benetton Bianco	纯白	女香
2002	B. Clean Soft	洁净柔软	中性香	2011	Benetton Nero	炫黑	男香
2004	Paradiso Inferno Pink	粉色温度计	女香	不详	Benetton Pure Sport Men	纯洁运动男士	男香
2004	Paradiso Inferno Blue	蓝色温度计	男香	不详	Benetton Pure Sport Women	纯洁运动女士	女香
2004	B. United Man	联结男士	男香	2012	Hot Gold	黄金热	女香
2004	B. United Woman	联结女士	女香	2012	Cold Silver	酷银	男香
2005	Cumbia Colors Man	酷比亚之彩男士	男香	2012	Let´s Move	动感	男香
2005	Cumbia Colors Woman	酷比亚之彩女士	女香	2012	Let´s Love	动心	女香
2006	Gold	黄金	男香	2013	Let´s Fly	一起飞	男香
2006	United Colors Of Benetton Man	缤纷色彩男士	男香	2014	United Dreams Live Free	美国梦自由生活	女香
2006	United Colors Of Benetton Unisex	缤纷色彩中性	女香	2014	United Dreams Love Yourself	美国梦爱自己	女香
2006	United Colors Of Benetton Woman	缤纷色彩女士	女香	2014	United Dreams Stay Positive	美国梦积极态度	女香
2007	B. United Jeans Woman	拥有爱女士	女香	2015	United Dreams Open Your Mind	美国梦敞开心扉	女香
2007	B. United Jeans Man	拥有爱男士	男香	2015	United Dreams Men Be Strong	美国坚强男士	男香

Bijan
陛尚

陛尚的香水有“液体钻石”之称，自从面世以来，一直受到香水界极高的评价，成为美国香水的一个传奇。它是由有波斯血统的美国设计师陛尚创立的，1981 年，陛尚限量推出首款也是第一款古龙水，香水瓶就是巴卡拉公司制作的水晶瓶，目前这款古龙水 6 盎司规格的市价为 3000 美元。几年后，陛尚推出了“陛尚同名”男女款香水，销售时选用了高品质的环形香水瓶，这种香水是当时市场上气味最浓烈，价格最昂贵的，也是至今陛尚最为之骄傲的香水，陛尚将香水界的多项殊荣揽入囊中，其中就包括香水奥斯卡菲菲奖在内的各大奖项及荣誉，更是长期保持了在全球范围内销量第一的成绩。几乎每一款陛尚香水都能成为各大精品店的畅销款，除陛尚同名外，黑色陛尚、风格等都是口碑香款。

值得一提的是陛尚香水以独特的中空环形包装为显著标志，当用到一半的时候，瓶内不满的香水会成为各自分开的两部分，从视觉上挑战了万有引力定律，这个香水瓶的设计也受到专利保护。

镇店名香

陛尚同名女士　Bijan Classic Women

陛尚推出的首款同名香水，获得香水奥斯卡菲菲奖 1987 最佳包装设计。由公司的创始人陛尚·帕克萨德与调香师彼德·伯姆联手打造，在陛尚香水史上具有里程碑意义。东方花香调，前调为罗勒、奈若利橙花、依兰、佛手柑、橙花、水仙；中调为蜂蜜、康乃馨、晚香玉、茉莉、鸢尾根、铃兰、保加利亚玫瑰；后调为橡苔、檀木、零陵香豆、琥珀、广藿香、麝香、安息香、香草、天芥菜、雪松。

参考价格：￥850 / 75ml EDT

陛尚同名男士　Bijan Classic Men

此款香水获得菲菲奖 1987 年男士香水最佳包装设计提名，并获得了该年度的最佳男士香水大奖。东方森林调，前调为肉豆蔻核仁、水果元素、薰衣草、橘子、麝香、橡苔、鼠尾草、佛手柑、柠檬；中调为蜂蜜、康乃馨、鸢尾、檀木、冷杉、琥珀、肉桂、龙蒿、茉莉、依兰、玫瑰；后调为迷迭香、丁香、皮革、零陵香豆、广藿香、麝香、安息香、香草、香根草、雪松。

参考价格：￥750 / 75ml EDT

收藏优选

2004

陛尚风格女士　Bijan Style Women

陛尚推出的香水中最适合年轻女性的香水，整款香水充分体现出高贵纯净的女人味及不经意流露的小性感。花果调，前调为橙、仙客来、佛手柑；中调为紫罗兰、小苍兰、桃；后调为麝香、雪松。

参考价格：￥750 / 75ml EDT

2006

黑色陛尚女士　Bijan Black Women

入围了 2007 年香水奥斯卡菲菲奖最受欢迎女香名单，东方花香调，前调为佛手柑、石榴；中调为茉莉、栀子花、玫瑰；后调为麝香、檀木、零陵香豆。

参考价格：￥750 / 75ml EDT

陛尚风格男士　Bijan Style Men

与陛尚风格女士组成男女对香，是专为年轻男性推出的，亮眼的香水液体展示出特有的年轻与激情。木质芳香调，前调为薰衣草、丁香、佛手柑；中调为青柠、麝香、香根草；后调为檀木、柠檬、雪松。

参考价格：￥750 / 75ml EDT

2009

精美女士　B Exquisite Women

打破了原有陛尚香水瓶身的设计理念，呈现全新的视觉效果。搭配了由手工吹制的百家乐玻璃瓶。东方香草调，香水成分选用了麝香、茉莉，檀木、琥珀、肉豆蔻核、香草、佛手柑、葡萄柚和红浆果。

参考价格：￥1 400 / 100ml EDP

2005

黑色陛尚男士　Bijan Black Men

香水瓶身的形状设计继承了陛尚一贯的作风，而瓶身色彩则采用了神秘深沉的黑色调，提升了香水的男性化和阳刚的特质。芳香森林调，成分选用了松树、橙花、檀木、琥珀、薰衣草、麝香、香草、茉莉、香根草、佛手柑。

参考价格：￥750 / 75ml EDT

精美男士　B Exquisite Men

与精美女士构成男女对香，风格沉稳而神秘。东方香料调，成分选用了麝香、法国劳丹脂、广藿香、弗吉尼亚州雪松、豆蔻、香草、佛手柑、八角茴香、罗勒、紫罗兰叶以及皮革和朗姆酒。

参考价格：￥660 / 50ml EDT

寻香名店

洛杉矶　罗迪欧大道陛尚精品店

拉斐特　科尔士百货

布雷登顿　贝尔斯百货

藏·香·年·谱

推出时间	名称		类别	推出时间	名称		类别
1981	Bijan cologne	陛尚古龙水	男香	2005	Bijan Black Men	黑色陛尚男士	男香
1986	Bijan Classic Women	陛尚同名女士	女香	2005	Bijan Wicked Women	淘气的陛尚女士	女香
1987	Bijan Classic Men	陛尚同名男士	男香	2005	Bijan Wicked Men	淘气的陛尚男士	男香
1992	DNA Men	DNA 男士(旧版)	男香	2006	Bijan Black Women	黑色陛尚女士	女香
1993	DNA Women	DNA 女士(旧版)	女香	2007	Bijan Nude Women	陛尚本色女士	女香
2001	Bijan With A Twist Women	陛尚转折女士	女香	2007	Bijan Nude Men	陛尚本色男士	男香
2001	Bijan With A Twist Men	陛尚转折男士	男香	2008	Bijan VIP Men	陛尚贵宾男士	男香
2004	Bijan Style Women	陛尚风格女士	女香	2008	Bijan VIP Women	陛尚贵宾女士	女香
2004	Bijan Style Men	陛尚风格男士	男香	2009	B Exquisite Women	精美女士	女香
2004	DNA Women	DNA 女士	女香	2009	B Exquisite Men	精美男士	男香
2004	DNA Men	DNA 男士	男香				

Bois 1920

波斯 1920

波斯 1920 是一个意大利家族创立的香水品牌，1920 年，品牌的创始人圭多·加拉迪在佛罗伦萨开创了 Bottega Italiana Spigo 公司制作香水等产品，其孙子恩佐·加拉迪 1985 年进入到家族商业领域，并在 2005 年重开了祖父的香水店，担任品牌的主要调香师。随后陆续用当时的工艺还原了当年的八只经典老香。这八只老香分别是：大和玫瑰、诱人香草、佛罗伦萨夜曲、佛经依兰、西西里柑橘、寿司帝国、香根草琥珀、月亮女神，一时间震惊了香水界，获得好评无数。

波斯 1920 品牌主张以艺术的形式呈现香水的形态，因此选用最好的原料，香水瓶身也呈现出简约而大气的美感。因此，除了 1920 极致版以及复刻还原的老香值得收藏外，后来推出的风花、“奢华迷恋”系列等也是难得的优质香水作品。

镇店名香

风花　Vento Di Fiori

入围 2010 年德国香水奖——“香水之星”的独特女性香水提名名单。西普香调，前调为西西里岛柠檬、豆蔻、龙蒿；中调为茉莉、波斯树脂、广藿香；后调为琥珀、橡苔、桦木。

参考价格：￥1 600 / 100ml EDT

1920 极致版　1920 Extreme

波斯 1920 的经典香水，畅销至今，人气始终不衰。木质西普调，调香师为恩佐·加拉迪。前调为佛手柑、鼠尾草、薰衣草；中调为茉莉、老鹳草；后调为檀木、雪松、零陵香豆、香草。

参考价格：￥1 400 / 100ml EDT

收藏优选

寿司帝国　Sushi Imperiale

特别适合秋冬季使用的一款香水，特有的香气让人感到安慰和温暖。东方香料调，调香师为恩佐·加拉迪。前调为佛手柑、橘子、柠檬；中调为胡椒、肉豆蔻核仁、茉莉、玫瑰、八角茴香、肉桂；后调为檀木、香根草、广藿香、零陵香豆、马达加斯加香草。

参考价格：￥1 400 / 100ml EDT

2008

月亮女神　Come La Luna

虽然该款香水的味道不会被大众普遍接受，但在内涵上却十分深厚，香材在三调里的搭配具有强烈矛盾冲突而引发的感染力。木质香料调，前调为橘子、甜橙、柠檬；中调为香菜、粉色胡椒、巴西花梨木；后调为琥珀、广藿香、焚香、雪松。

参考价格：￥1 400 / 100ml EDT

2010

大和玫瑰　Le Voluttuose　Kimono Rose

"奢华迷恋"系列中的热销款，选用天然成分制作。粉色系的香水瓶突出了柔美性感的特点。东方花香调，调香师是恩佐·加拉迪。前调为佛手柑、蜜橘、黑醋栗、荔枝；中调为竹、玫瑰、铃兰；后调为鸢尾、广藿香、弗吉尼亚州雪松、琥珀。

参考价格：￥1 600 / 100ml EDT

2013

性感夜来香　Sensual Tuberose

波隶属波斯 1920 艺术珍藏系列，限量发行，是一款很具特色的以晚香玉为主题的香水。花香调，前调为桃、晚香玉、香菜；中调为椰子、天芥菜、茉莉、橙花；后调为鸢尾、麝香、安息香，广藿香、檀木。

参考价格：￥1 600 / 100ml EDP

风中的风

Vento Nel Vento

隶属波斯 1920 艺术珍藏系列，限量发行。东方花香调，前调为牡丹、榄香、粉色胡椒；中调为乳香、白麝香、黑色甘草；后调为沉香木、檀木、广藿香、劳丹脂、龙涎香、安息香。

参考价格：

￥1 600 / 100ml EDP

斯波购 1920　Spigo 1920

波斯 1920 中最具神秘感的香水，粉紫色的香水液体在整个香水界也很少见。芳香森林调，前调为柠檬、佛手柑、豆蔻、菠萝、蜜橘、薰衣草、杜松浆果；中调为罗勒、金属元素、海洋元素、乳香、老鹳草、快乐鼠尾草；后调为麝香、麝香锦葵、喀什米尔木、香豆素、没药、檀木、雪松、香草、琥珀。

参考价格：￥1 600 / 100ml EDP

杜迪焦尔诺　Dolce Di Giorno

波斯 1920 艺术珍藏系列中最有代表性也最受欢迎的中性香水，属于限量发行的版本。木质芳香调，前调为葡萄柚、佛手柑、肉桂、胡椒；中调为李子、莎草油、百里香、豆蔻；后调为广藿香、喀什米尔木、檀木、香根草、雪松、劳丹脂、香草、愈创木。

参考价格：￥1 600 / 100ml EDP

寻香名店

在草莓网、美国亚马逊均可购买到波斯 1920 香水，除此之外也可到国外专业的香水、化妆品网站海淘。

http://www.fragrancex.com

http://www.beautyencounter.com

http://www.luckyscent.com

藏·香·年·谱

推出时间	名称		类别	推出时间	名称		类别
1920	1920 Extreme	1920 极致版	中性香	2011	Oltremare	群青	中性香
1920	Classic 1920	经典版	中性香	2011	Come L´Amore	来爱吧	中性香
1920	Sushi Imperiale	寿司帝国	中性香	不详	Sandalo E The	檀香	中性香
2008	Come La Luna	月亮女神	女　香	2013	Dolce Di Giorno	杜迪焦尔诺	中性香
2008	Vento Di Fiori	风花	女　香	2013	Oro 1920	奥罗 1920	中性香
不详	Real Patchouly	纯真广藿香	中性香	2013	Relativamente Rosso	相对红色	中性香
2010	Le Voluttuose Kimono Rose	大和玫瑰	女　香	2013	Sensual Tuberose	性感夜来香	中性香
2010	Le Voluttuose La Vaniglia	诱人香草	女　香	2013	Vento Nel Vento	风中的风	中性香
2010	Le Voluttuose Notturno Fiorentino	佛罗伦萨夜曲	女　香	2014	Aethereus	爱瑟拉斯	中性香
不详	Sutra Ylang	佛经依兰	中性香	2014	Spigo 1920	斯波购 1920	中性香
不详	Agrumi Amari Di Sicilia	西西里柑橘	中性香	2014	Verde Di Mare	绿海	中性香
不详	Vetiver Ambrato	香根草琥珀	中性香	2015	Come Il Sole	仿如骄阳	中性香

Bond No.9
邦 9 号

邦 9 号属于香水中的沙龙品牌，近年来在香水界大红大紫，业界地位在稳固中逐渐提升。

邦 9 号香水名字基本都来自纽约都市的街道或场所，品牌名字就来源于纽约 NOHO 地区的 Bond 街 9 号。无论是香水命名方式，还是香水瓶的设计包装都充满了大都市的时尚与前卫感。它炫目的瓶子和好记的名字使每款邦 9 号香水都充满着乐趣与激情。其中的热销款巴勒克街、和平的香味、麦迪逊公园等都是曾入围香水奥斯卡菲菲奖各大奖项的著名香水，而其以纽约地标建筑为主题灵感推出的华盛顿广场香水、与哈罗德百货联合推出的一众香水，以及多款香水瓶身以施华洛世奇装饰的奢华限量版香水都是邦 9 号值得收藏的香水品种。

镇店名香

河边大道　Riverside Drive

现代经典男香，也是邦 9 号男香中的大热款。木质调，由著名调香师莫里斯·鲁塞尔调制。成分选用了菠萝、檀木、广藿香、紫罗兰、罗勒、橡苔和雪松。

参考价格：￥1 700 / 100ml EDP

高架公园　High Line

世界上第一款铁路主题香水，风格清新和暖而感性，极具收藏价值。花香海洋调，前调为佛手柑、草、大黄；中调为非洲橙花、风信子、玫瑰酊剂、粉色郁金香；后调为橡树。

参考价格：￥1 750 / 100ml EDP

巴勒克街　Bleecker Street

曾入围 2006 年度香水奥斯卡菲菲奖小规模销售渠道（250 门店以下）最佳香水的提名名单。灵感来自纽约设计师的聚集地巴勒克街，是一款适合全天使用的香水。东方木质调，由著名的调香师大卫·阿佩尔调制。前调为紫罗兰叶、蓝莓、百里香、黑醋栗叶；中调为雪松、茉莉、肉桂；后调为橡苔、绒面革、广藿香、琥珀、香草、焦糖。

参考价格：￥1 800 / 100ml EDP

和平的香味　The Scent Of Peace

入围了 2007 年香水奥斯卡菲菲奖年度香水之星奢华女性香水的五个提名名单之列，也是邦 9 号最畅销的女香之一。花香木质麝香调，由著名调香师米歇尔·艾麦瑞克调制。前调为葡萄柚、黑醋栗；中调为铃兰；后调为麝香、弗吉尼亚州雪松。

参考价格：￥1 800 / 100ml EDP

麦迪逊公园　Madison Square Park

入围了 2012 年度菲菲香水奖最佳包装设计女士香水大奖。以纽约麦迪逊公园为创作灵感调制。花香调，前调为风信子、蓝莓、草；中调为玫瑰、粉色郁金香；后调为柚木、香根草。

参考价格：￥1 850 / 100ml EDP

收藏优选

2003

麦迪逊晚会　Madison Soiree

香水灵感来自在高级购物大道流连的女性，用香水模拟出为大都会而设的高贵、世故的香水，特别适合都市时尚女性使用，同时也是邦 9 号的口碑款。花香调，成分选用了金银花、栀子花、茉莉、橡苔、醛类。

参考价格： ¥1 700 / 100ml EDP

非常纽约　So New York

以经典的美食调闻名的香水，可以说是专为巧克力爱好者而设的香味，因其特别的香调而值得拥有。成分选用了可可、咖啡、黄香李。

参考价格： ¥1 700 / 100ml EDP

2004

小意大利　Little Italy

邦 9 号香水中清新香调的代表作，多层次的柑橘、橙子气息混杂组合却不乏新意，值得入手收藏。柑橘芳香调，前调为克莱门氏小橘、橘子、葡萄柚；中调为奈若利橙花；后调为麝香。

参考价格： ¥1 600 / 100ml EDP

2006

火阳岛　Fire Island

邦 9 号香水中的口碑款，也是识别度、扩散度很高的香水。香水名字取自接近曼哈顿岛隐蔽的一个小岛。金黄色香水瓶的骄阳图案尤其突显了香水的温暖休闲风格。东方调，前调为小豆蔻、臭氧；中调为橙花油、白麝香；后调为麝香皮、晚香玉、广藿香。

参考价格： ¥1 700 / 100ml EDP

2008

安迪·沃霍尔莱星顿大街

Andy Warhol Lexington Avenue

为纪念波普艺术大师安迪·沃霍尔 80 岁生日而推出的限量版香水。香水的瓶身以欢乐活力的彩绘装饰，刻画出香水轻快愉悦的香调。瓶口以纯银项链及高跟鞋吊坠装饰。西普香调，调香师克劳德·迪尔。前调为丝柏、豆蔻、八角茴香、茴香；中调为牡丹、鸢尾根、杏仁、焦糖布丁；后调为广藿香、檀木。

参考价格： ¥3 600 / 100ml EDP

2005

唐人街　Chinatown

以曼哈顿南区的充满活力的生活氛围为灵感，发扬了在 20 世纪风行的东方香水的悠久传统并加以创新。它是把纽约的美学增加到香水中的第一款香水。香水瓶身的梅花图案极具中国特色。东方花香调，前调为佛手柑、桃花；中调为牡丹、晚香玉、栀子花、橙花；后调为广藿香、弗吉尼亚州雪松、檀木、愈创木、豆蔻、香草。

参考价格： ¥1 850 / 100ml EDP

2009

哈罗德施华洛世奇限量版

Harrods Swarovski Limited Edition

奢华收藏限量版香水，香水瓶身镶嵌了 1600 粒施华洛世奇水晶。东方香调，香水成分选用了香根草、琥珀、没药、沉香木、香芹籽、胡椒、藏红花、玫瑰。

参考价格： ¥3 950 / 100ml EDP

2009

同名　Bond No. 9 Signature Perfume

邦9号为了纪念10周年品牌盛典而推出的限量版香水，金色的色调展现了奢华高雅的气质，香水融合了东方和西方、迪拜和纽约的特殊风情，既古典又现代，在东西方国家都广受欢迎。东方花香调，成分选用了麝香、零陵香豆、玫瑰、沉香木。

参考价格：￥2 200 / 100ml EDP

2010

库珀广场　Cooper Square

以纽约市的热点新形象库珀广场为主题，具有时代感及时尚感，值得入手收藏。东方森林调，前调为干邑白兰地酒、香辛料、杜松浆果；中调为薰衣草、广藿香、乳香、没药；后调为香根草、喀什米尔木、法国劳丹脂、麝香。

参考价格：￥1 700 / 100ml EDP

华盛顿广场　Washington Square

特别适合在假日的休闲场合使用的香水，灵感来自于华盛顿广场这个纽约市最波希米亚的自由与颓废环绕着的地标。香味成分对比如此明显，花香木质麝香调，成分选用了香根草、龙蒿、玫瑰、皮革、佛手柑、老鹳草、白蜂蜜、琥珀、麝香。

参考价格：￥1 850 / 100ml EDP

德克萨斯　Texas

邦9号香水公司与萨克斯第五大道精品百货店合作推出，专为德克萨斯州设计，也是作为限量版发售的，只有400瓶。香水瓶本身展示了德克萨斯州的旗帜形象，由红色、蓝色和白色的施华洛世奇水晶组合而成，配有蓝色瓶盖。柑橘调，前调为佛手柑、橘子、黑醋栗、菠萝；中调为茉莉、奈若利橙花、栀子花、铃兰、二氢茉莉酮酸甲酯分子；后调为香根草、麝香、橡树苔、豆蔻、香草。

参考价格：￥2 250 / 100ml EDP

2011

安迪·沃霍尔　Andy Warhol

为纪念20世纪杰出的波普艺术大师安迪·沃霍尔而推出的以其名字命名的同名香水，瓶身印有安迪·沃霍尔的经典墨镜自拍照，是非常难得的纪念版香水。木质芳香调，前调为柑橘、佛手柑、丝柏、李子；中调为茉莉、法国劳丹脂、广藿香、玫瑰、沉香木；后调为麝香、檀木、香草、乳香。

参考价格：￥1 500 / 100ml EDP

2011

哈罗德龙涎香　Harrods Amber

邦9号与英国顶级商场哈罗德联合推出的香水，整体风格充满着完美的典雅主义色彩。香水瓶身哈罗德英文字头大写字母H交织成网状，金色字母加上琥珀色的背景，极具设计感和艺术感，收藏价值颇高。东方香料调，前调为藏红花、肉豆蔻核仁、佛手柑、胡椒；中调为桂花、茉莉、玫瑰；后调为檀木、琥珀、安息香、没药、沉香木、麝香。

参考价格：￥1 950 / 100ml EDP

2012

英王伊丽莎白二世　Queen Elizabeth II

为祝贺英王伊丽莎白二世登基 60 周年，邦 9 号联合英国哈罗德百货推出的限量版香水，仅在哈罗德百货销售。花香调，前调为枣、马缨丹叶、肉豆蔻皮；中调为晚香玉、鸢尾根、玫瑰；后调为麝香、琥珀。

参考价格： ￥2 750 / 100ml EDP

纽约麝香翡翠施华洛世奇流星
New York Musk Emerald Swarovski Shooting Star

限量版香水，瓶身以奢华的施华洛世奇水晶装饰，整体风格大气华贵，适合多种场合。花香木质麝香调，前调为葡萄柚花、黑醋栗；中调为桂花、绿色百合、肉豆蔻核仁；后调为麝香、广藿香、香根草、檀木。

参考价格： ￥6 250 / 100ml EDP

中央公园西路　Central Park West

邦 9 号以纽约城市广场为主题的香水中热卖的一款，气息如同那华丽而宽广的街道，风格大气。淡绿色的香水瓶上装饰着紫色的犬牙花纹，100ml 装香水的粉色花朵装饰还可拆分成手镯，在设计上颇具匠心。花香木质麝香调，前调为水仙、依兰、胡椒；中调为茉莉、栀子花、菩提花、鸢尾根；后调为香根草、橡树苔、橡树、麝香。

参考价格： ￥1 850 / 100ml EDP

和平的香味超级明星版
The Scent Of Peace The Incandescent Shooting Super Star

限量版香水，其优雅的曲线和耀眼的瓶身布满了施华洛世奇水晶，极具华贵感和收藏价值。花香木质麝香调，前调为葡萄柚、黑醋栗；中调为铃兰；后调为麝香、雪松。

参考价格： ￥6 250 / 100ml EDP

寻香名店

东京　伊势丹百货
纽约　邦德街邦 9 号精品店·布利街邦 9 号精品店·麦迪逊大街邦 9 号精品店·萨克斯第五大道百货
伦敦　哈罗德百货

2014

哈德森大院　Hudson Yards

以时尚感著称的女香，香水瓶身选择了新潮而现代感十足的黄绿色，并用激光雕刻出呈网状分布的"Bond No.9"圆形标识。瓶颈部以布花装饰，起到了完美吸睛的效果。花香调，前调为铃兰、小苍兰、粉色胡椒；中调为牡丹、保加利亚玫瑰、荔枝；后调为橙花、鸢尾、白麝香。

参考价格： ￥1 850 / 100ml EDP

谢尔特岛　Shelter Island

香水界第一款混合着海水和沉香木气味的香水。木质海洋调，前调为柠檬、黑胡椒；中调为白色百合、海藻；后调为沉香木、檀木、琥珀、没药、麝香。

参考价格： ￥1 750 / 100ml EDP

推出时间	名称		类别	推出时间	名称		类别
2003	Broadway Nite	百老汇之夜	女香	2010	Washington Square	华盛顿广场	中性香
2003	Chelsea Flowers	切尔西花朵	女香	2010	Harrods Rose	哈罗德玫瑰	女香
2003	Chez Bond	邦德之家	男香	2010	Andy Warhol Montauk	安迪·沃霍尔·蒙托克	中性香
2003	Eau De Noho	纳夫之水	中性香	2010	Nuits De Noho Chandelier	纳夫之夜吊灯	中性香
2003	Fashion Avenue	时尚大道	女香	2011	I Love New York For All	我爱纽约	中性香
2003	Gramercy Park	纪念公园	中性香	2011	I Love New York For Her	我爱纽约女士	女香
2003	Great Jones	大琼斯	男香	2011	I Love New York For Him	我爱纽约男士	男香
2003	H.O.T. Always	永远的热情	男香	2011	Madison Square Park	麦迪逊公园	女香
2003	Madison Soiree	麦迪逊晚会	女香	2011	Andy Warhol	安迪·沃霍尔	中性香
2003	New Haarlem	新哈勒姆	中性香	2011	Harrods Amber	哈罗德龙涎香	中性香
2003	New York Fling	纽约掷球	女香	2011	New York Amber	纽约龙涎香	中性香
2003	Nouveau Bowery	露维奥凉亭	女香	2011	New York Oud	纽约旧城区	中性香
2003	Nuits De Noho	纳夫之夜	女香	2012	Central Park West	中央公园西路	中性香
2003	Park Avenue	公园大道	女香	2012	I Love New York Earth Day	我爱纽约地球日	女香
2003	Riverside Drive	河边大道	男香	2012	I Love New York For Mothers	我爱纽约母亲	女香
2003	So New York	非常纽约	中性香	2012	I Love New York For Fathers	我爱纽约父亲	男香
2003	West Broadway	西部百老汇	中性香	2012	I Love New York For Marriage Equality	我爱纽约婚姻平等	中性香
2004	Central Park	中央公园	中性香	2012	New York Musk Emerald Swarovski Shooting Star	纽约麝香翡翠施华洛世奇流星	中性香
2004	Eau De New York	纽约之水	中性香	2012	The Scent Of Peace The Inca-scent Shooting Super Star	和平的香味超级明星版	女香
2004	Little Italy	小意大利	中性香	2012	Sag Harbor	萨格港	中性香
2004	Wall Street	华尔街	中性香	2012	Harrods Oud Patchouli	哈罗德乌木与广藿香	中性香
2005	Bleecker Street	巴勒克街	中性香	2012	New York Musk	纽约麝香	中性香
2005	Chinatown	唐人街	中性香	2012	Manhattan	曼哈顿	中性香
2005	Hamptons	汉普顿	中性香	2012	Queen Elizabeth II	英王伊丽莎白二世	女香
2006	Fire Island	火阳岛	中性香	2013	Perfumista Avenue	香水大道	女香
2006	West Side	西区故事	中性香	2013	I Love New York For Holidays	我爱纽约假日	中性香
2007	Bryant Park	布赖恩特公园	女香	2013	BondNo9.com	官网	中性香
2007	Coney Island	康尼岛	中性香	2013	Central Park South	中央公园南路	女香
2007	Saks Fifth Avenue For Her	萨克斯第五大道女士	女香	2013	Saks New York Oud	萨克斯纽约旧城区	中性香
2007	Saks Fifth Avenue For Him	萨克斯第五大道男士	男香	2013	Lexington Avenue	莱克星顿大街	中性香
2007	The Scent Of Peace	和平的香味	女香	2013	Montauk	蒙托克	中性香
2007	Andy Warhol Silver Factory	安迪·沃霍尔银色工厂	中性香	2013	Success	成功	中性香
2008	Brooklyn	布鲁克林	中性香	2013	The Scent Of Peace For Him	和平的香味男士	男香
2008	Andy Warhol Union Square	安迪·沃霍尔联合广场	女香	2013	Union Square	联合广场	女香
2008	Andy Warhol Lexington Avenue	安迪·沃霍尔莱克星顿大街	中性香	2013	Harrods Agarwood	哈罗德沉香	中性香
2009	Andy Warhol Success Is A Job In New York	安迪·沃霍尔在纽约获得成功	中性香	2013	New York Patchouli	纽约广藿香	中性香
2009	Harrods Swarovski Limited Edition	哈罗德施华洛世奇限量版	中性香	2013	Perfumista Avenue Swarovski Solo Stunner	香水大道施华洛世奇万人迷	中性香
2009	Swarovski Crystallized Amphora	施华洛世奇水晶柱	中性香	2014	Hudson Yards	哈德森大院	女香
2009	Harrods For Her	哈罗德女士	女香	2014	Queens	优雅女王	中性香
2009	Harrods For Him	哈罗德男士	男香	2014	Saks Fifth Avenue Miami-Dade	萨克斯第五大道迈阿密戴德	中性香
2009	Bond No. 9 Signature Perfume	同名	中性香	2014	Shelter Island	谢尔特岛	中性香
2009	New Orleans	新奥尔良	中性香	2014	Harrods Royal Rose	哈罗德皇家玫瑰	女香
2009	Astor Place	阿斯特坊	中性香	2014	Harrods Agarwood Pure Tola Oil	哈罗德沉香香水油	中性香
2010	Cooper Square	库珀广场	中性香	2014	Harrods Oud Pure Tola Oil	哈罗德乌木香水油	中性香
2010	High Line	高架公园	中性香	2014	Bond No9 Perfume Pure Tola Oil	邦 9 号香水油	中性香
2010	Saks En Rose	萨克斯玫瑰	女香	2014	New York Amber Pure Tola Oil	纽约龙涎香香水油版	中性香
2010	Saks Fifth Ave. Las Vegas	萨克斯第五大道拉斯维加斯	中性香	2014	New York Oud Pure Tola Oil	纽约乌木香水油	中性香
2010	Texas	德克萨斯	中性香	2014	New York Sandalwood	纽约檀香	中性香

Boucheron
宝诗龙

宝诗龙一直是法国乃至世界上最光彩夺目的珠宝品牌之一，当这个家族的第四代传人，阿兰·宝诗龙推出第一代香水时，宝诗龙又成了珠宝与香水这两种时尚艺术的合成体。宝诗龙香水始终坚持品牌独特的传统内涵，其香水的灵感常源自品牌推出的首饰体现出的东方文化主题，香水的风格也多走优雅路线，更适合成熟男女使用。

在宝诗龙推出的香水中，尤为著名的是宝诗龙同名、斋浦尔，它们的成功和热销促使宝诗龙后续推出了一系列的衍生香水，并收获了良好的口碑。除此之外，初遇、烦恼、芳登广场等香水也是宝诗龙的代表香水，值得推荐收藏。

同名男士　Boucheron Pour Homme

与同款钟表系列完美呼应，是宝诗龙第一款专为稳重高雅男士开发的香水。香水瓶采用品牌标志性的椭圆纹图案，向传奇腕表Reflet致敬，彰显男士的阳刚之美。柑橘芳香调，前调为橙、薰衣草、橘子、罗勒、柠檬马鞭草、佛手柑、柠檬；中调为康乃馨、鸢尾根、茉莉、依兰、铃兰、玫瑰；后调为檀木、零陵香豆、琥珀、麝香、安息香、橡苔、香根草、焚香。

参考价格：￥850 / 100ml EDT

镇店名香

同名女士　Boucheron

宝诗龙推出的第一款香水，极具纪念意义。香水的设计灵感来自巴黎芳登广场上的金匠艺术。东方花香调，前调为杏、万寿菊、蜜橘、阿魏、决明子、罗勒、橙、佛手柑、苦橙、柠檬；中调为茉莉、晚香玉、马达加斯加依兰、鸢尾根、吕底亚金雀花、铃兰、雪松、橙花、老鹳草、水仙；后调为檀木、印度香草、琥珀、麝香、安息香、果子狸、橡苔、零陵香豆。

参考价格：￥850 / 100ml EDT

斋浦尔　Jaïpur

宝诗龙推出的斋浦尔系列的第一款女香，具有浓郁的异国风情，以此为开端让整个斋浦尔系列打开了香水市场。花果香调，调香师为索菲亚·葛萝丝曼和让-皮埃尔·玛丽。前调为李子、桃、杏、菠萝、小苍兰；中调为牡丹、康乃馨、黑色洋槐花、兰花、玫瑰、鸢尾根、茉莉、铃兰；后调为檀木、琥珀、麝香、安息香、香草、天芥菜、弗吉尼亚州雪松、苏合香。

参考价格：￥900 / 50ml EDT

斋浦尔男士　Jaïpur Homme

以印度王公贵族们的美妙花园为设计灵感，同时保留了宝诗龙品牌所有珍贵标志；金色的椭圆纹突显了具有东方特色的华贵感。东方香料调，调香师是安霓可·美伊娜多。前调为青柠、佛手柑、豆蔻、柠檬；中调为康乃馨、肉桂、茉莉、玫瑰；后调为零陵香豆、广藿香、安息香、雪松。

参考价格：￥850 / 50ml EDT

初遇　Initial

结合了珠宝与香水两种时尚艺术，以珠宝为香水包装的设计灵感，瓶身设计成珍珠坠饰形状，集贵气和清雅于一身。香水瓶身设计由乔伊尔·德斯格里普斯完成。花香调，调香师为大名鼎鼎的雅克·卡瓦里埃。前调为黑醋栗叶、红醋栗叶、橘子、胡椒；中调为野花、广藿香、茉莉、玫瑰；后调为蜂蜜、杏仁、麝香。

参考价格：￥1 900 / 50ml EDT

收藏优选

1999

斋浦尔蓝宝石　Jaïpur Saphir

以印度手镯为造型，外形高雅华贵，蓝色与金色巧妙的融为一体，非常具有东方风情。东方香草调，前调为橘子、柚子、白桃、豆蔻；中调为玉兰、肉桂、茉莉、天芥菜；后调为琥珀、麝香、安息香、香草。

参考价格：￥2 800 / 100ml EDT

2004

烦恼　Trouble

宝诗龙香水设计中最具突破性的一款，热辣而又直接的设计风格颠覆了宝诗龙的固有印象。东方花香，调香师为雅克·卡瓦里埃。前调为染料木、柠檬；中调为茉莉；后调为雪松、琥珀。

参考价格：￥1 100 / 50ml EDT

2005

烦恼轻柔之水　Trouble Eau Legere

宝诗龙推出的限量版女香，适合优雅自信的女性日常使用。东方花香调，前调为佛手柑；中调为荷花；后调为琥珀、香草。

参考价格：￥1 400 / 100ml EDT

2006

斋浦尔男士清新版

Jaïpur Homme Fraicheur

宝诗龙成功推出的一款限量版男香，整体香气体现了现代男士具有的冒险而感性的气息。东方香调，成分选用了肉豆蔻核仁、广藿香、佛手柑。

参考价格：￥1 000 / 100ml EDT

2007

宝诗龙小姐　Miss Boucheron

宝诗龙专为年轻女性而量身定制的一款香水，在 25 岁—35 岁的女性香水爱好者口中评价甚高。花香调，前调为石榴、粉色胡椒、佛手柑；中调为仙客来、紫罗兰、保加利亚玫瑰；后调为弗吉尼亚州雪松、白绒面革、鸢尾、麝香。

参考价格：￥850 / 50ml EDP

2008

宝诗龙 B　Boucheron B

宝诗龙公司为了庆祝品牌创立 150 年和宝诗龙香水上市 20 年而特别推出的女香。香水瓶身设计灵感来自宝诗龙著名的 Exquises Confidences 珠宝系列。花香木质麝香调，香水成分选用了雪松、檀木、广藿香、桂花、玫瑰、橙花、杏、香辛料。

参考价格：￥1 000 / 100ml EDP

2010

巴卡拉女士限量版

Boucheron Femme Baccarat Limited Edition

限量版女香，香水的指环造型的瓶身采用巴卡拉水晶制作，再饰以总重 1.25 克拉的 40 颗小钻石及总重 0.85 克拉的 24 颗蓝宝石。东方花香调，前调为杏、万寿菊、蜜橘、阿魏、决明子、罗勒、橙、佛手柑、苦橙、柠檬；中调为茉莉、晚香玉、马达加斯加依兰、鸢尾根、吕底亚金雀花、铃兰、雪松、橙花、老鹳草、水仙；后调为檀木、印度香草、琥珀、麝香、安息香、果子狸、橡苔、零陵香豆。

价格请店洽 EDP

2012

斋浦尔手链　Jaïpur Bracelet

以来自斋浦尔梦幻的城堡传说为灵感设计了香水瓶，淡粉色的雕刻玻璃阶梯、镶嵌瓶口的金色环圈，相衬着紫晶瓶盖，唯美而神秘，颇具艺术及收藏价值。花香调，前调为罗勒、柠檬马鞭草、紫罗兰叶、苦橙、苦橙叶；中调为风信子、铃兰、康乃馨；后调为鸢尾、丝柏、开司米木麝香。

参考价格：￥1 300 / 100ml EDP

同名女士 2012 限量版

Boucheron Femme Eau De Parfum 2012

限量版的香水采用了中央透明的黑色玻璃香瓶，不透明的部分为波浪造型，颈口有着金色的圆环。香瓶中央的金色设计正表现了香水那种阳光般的色泽，与黑色形成鲜明对比，突显了典雅与成熟的韵味。花香调，前调为橘子、橙花；中调为茉莉、依兰、晚香玉；后调为琥珀、檀木、香草。

参考价格：￥1 000 / 100ml EDP

2013

斋浦尔手链限量版

Jaïpur Bracelet Limited Edition

宝诗龙斋浦尔限量男女对香中的女版，以凸圆型宝石、光滑的环瓶及红花雕纹设计为亮点，突显了女香的浪漫特质。花果香调，前调为红醋栗、覆盆子、橘子；中调为风信子、荔枝、玫瑰；后调为鸢尾、喀什米尔木。

参考价格：￥950 / 100ml EDT

宝石龙女士25周年限量版

Boucheron Limited Edition 25th Anniversary

为纪念宝诗龙香水问世25周年而推出的限量版。风格甜美而时尚、温暖诱人，特别适合现代女性使用。东方木质调，前调为蜜橘、橙花、黑醋栗叶、橙；中调为茉莉、晚香玉、依兰、水仙、老鹤草、铃兰；后调为橡苔、檀木、零陵香豆、琥珀、麝香。

参考价格： ¥1 500 / 100ml EDP

芳登广场 Place Vendôme

宝诗龙向其位于芳登广场工作室的能工巧匠致敬的香水作品，玲珑精致的玻璃瓶身，圆润的立体造型，以及品牌标志性的Cabochon蛋面切割晶石瓶盖，将品牌的优雅精致风格演绎得淋漓尽致。东方花香调，前调为粉色胡椒、橙花、玫瑰、蜜橘；中调为茉莉、蜂蜜、牡丹、果仁糖；后调为安息香、雪松。

参考价格： ¥850 / 50ml EDP

寻香名店

香港 海港城海运大厦

台北 丽晶精品店·台北101

巴黎 丝芙兰旗舰店

伦敦 哈罗德百货

斋浦尔男士限量版

Jaïpur Homme Limited Edition

宝诗龙斋浦尔限量男女对香中的男版，以有力的线条与方正的几何瓶身，彰显了特有的深度内涵与脱俗魅力，蓝绿的玉髓石瓶身的色彩具有的王者气势，更为慑人心魂。木质海洋调，前调为水因子、甜瓜、丁香；中调为肉豆蔻核仁、肉桂；后调为琥珀、木质元素、香草。

参考价格： ¥850 / 100ml EDT

藏·香·年·谱

推出时间	名称		类别	推出时间	名称		类别
1988	Boucheron	同名女士	女香	2007	Miss Boucheron	宝诗龙小姐	女香
1991	Boucheron Pour Homme	同名男士	男香	2008	Boucheron B	宝诗龙 B	女香
1994	Jaïpur	斋浦尔	女香	2008	Miss Boucheron Jeweler Edition	小姐珠宝 EDP 版	女香
1998	Jaïpur Homme	斋浦尔男士	男香	2008	Boucheron Homme Eau De Toilette Fraicheur 2008	同名男士清新 2008	男香
1999	Jaïpur Saphir	斋浦尔蓝宝石	女香	2010	Boucheron Femme Baccarat Limited Edition	巴卡拉女士限量版	女香
2000	Initial	初遇	女香	2012	Boucheron Femme Eau De Parfum 2012	同名女士 2012 限量版	女香
2000	Trouble Joaillier	烦恼珠宝商	女香	不详	Jeweler Boucheron Edition	同名珠宝版	女香
不详	Initial Perle De Soleil	明珠	女香	2012	Jaïpur Bracelet	斋浦尔手链	女香
2004	Jaïpur Homme Fraicheur Epicee	斋浦尔男士清新香辣版	男香	2013	Boucheron Pour Homme Collector Eau De Parfum	男士珍藏版	男香
2004	Fraicheur Florale	清新花香	女香	2013	Jaïpur Bracelet Limited Edition	斋浦尔手链限量版	女香
2004	Trouble	烦恼	女香	2013	Jaïpur Homme Limited Edition	斋浦尔男士限量版	男香
2005	Trouble Eau Legere	烦恼轻柔之水	女香	2013	Boucheron Limited Edition 25th Anniversary	宝诗龙女士 25 周年限量版	女香
2005	Trouble Iridescent Eau Legere	幻虹烦恼清新水	女香	2013	Place Vendôme	芳登广场	女香
2005	Boucheron Eau Legere 2005	轻柔之水 2005	女香	2013	Place Vendôme Eau De Toilette	芳登广场 EDT 版	女香
2006	Boucheron Eau Legere	轻柔之水	女香	2014	Place Vendôme Elixir	芳登广场极致版	女香
2006	Boucheron Eau Legere 2006	轻柔之水 2006	男香	2015	Boucheron Quatre	四色金	女香
2006	Jaïpur Homme Fraicheur	斋浦尔男士清新版	男香	2015	Boucheron Quatre Pour Homme	四色金金男士	男香

Burberry
博柏利

博柏利被英国女王伊丽莎白二世和威尔士亲王授予了“皇家御用品牌”的荣誉称号，成为了英伦文化的完美体现。其招牌的格子图案也被广泛用于博柏利香水瓶身和包装上，以彰显特有的品牌身份。可以说，在世界上的众多香水品牌中，恐怕没有哪个香水品牌如同博柏利那般，既具备乡村风情又有城市格调，并且将流行和经典元素完美统一的了。

博柏利香水古典但不追求传统，优雅但不刻意，把华丽、尊贵、清新等各种互不相干的元素完美地融合在一起。其经典香水多是在20世纪90年代后推出的，其中就包括广被世人熟知并大受好评的伦敦、周末、英伦迷情、玲珑等多款香水作品。

BURBERRY
LONDON

镇店名香

玲珑

Body For Women

博柏利香水产品里，最让人惊喜的一款，也是博柏利香水中最具女性魅力的产品。以博柏利经典风衣为灵感，精致的瓶身如珠宝一样高贵，具有强烈的英伦风格。前调为清新的绿色苦艾酒、金色蜜桃及小苍兰；中调是以玫瑰与鸢尾花交织而成的柔和花香；后调为木质喀什米尔、奶油香草、琥珀及麝香。

参考价格：￥630 / 35ml EDP

英伦迷情女士 Brit

具有浓郁的英伦风情和贵族气质，与以往最大的不同是以方形瓶身取代之前一贯的圆柱型瓶身，第一次把标志格子印在瓶身上，非常具有纪念意义。清新花果香调，前调为意大利莱姆、冰梨、青绿扁桃仁；中调为甜味杏仁糖、白色芍药；后调为香草、顿加豆、琥珀、桃花心木。

参考价格：￥780 / 50ml EDP

英伦迷情男士 Brit For Men

这款男香被认为是英伦风尚的代表。烟熏灰的瓶身被赋予创新的包装手法，突出了博柏利的品牌特色。清新的东方木质调，使男人的性感与阳刚味得以同时呈现，特别适合走雅痞路线的男士收藏。前调为绿柑橘、佛手柑、姜、霜冻豆蔻；中调为野玫瑰、雪松、肉豆蔻；后调为东方木材、灰麝香、熏草豆。

参考价格：￥630 / 50ml EDT

伦敦女士 London

此款香水是博柏利香水瓶中瓶身设计非常特别的一款，具有很好的收藏价值。香水瓶不是常见的透明玻璃或者水晶材质，而是在瓶身上覆上了具有博柏利特色的格纹图案，具有强烈的英伦风格，适合大部分场合使用。前调为克莱门氏小柑橘、英国蔷薇、忍冬；中味为大溪地花朵、牡丹、茉莉；后调为檀香、麝香、广藿香。

参考价格：￥720 / 50ml EDP

伦敦男士 London For Men

香水瓶身装饰了具有代表性的博柏利格纹布料。布料上的 Burberry London 标志，与博柏利高级订制服的英伦风格一脉相承。东方香料调，是由著名调香师安托万•麦桑迪亚调制而成。前调为薰衣草、佛手柑、肉桂；中调为含羞草、皮革；后调为愈伤草、烟草叶、愈创木、橡苔。

参考价格：￥630 / 50ml EDP

收藏优选

1997

周末女士 Weekend For Wome

周末女士香水推出之后，在香水市场一直屹立不倒，同时受到了国内外众多大牌明星的喜爱。它是一款清爽、充满活力的清新花果香调香水，具有橙子的香味，温和中略带正统的端庄，适合带着温文气息的女子。

参考价格：￥460 / 30ml EDP

周末男士 Weekend For Men

这款香水被公认为非常能表现男士活力，展现男子豪迈的气概，而热销不衰。永恒典雅的瓶身上，饰以轻微的曲线纹路，金属的瓶盖装饰更趋自然。柑橘香调，前调为香柠檬、柑橘；中调为檀香、常春藤叶、橡木苔；后调为玛瑙、麝香、蜜糖。

参考价格：￥480 / 50ml EDT

2000

情缘男士 Touch For Men

香水瓶身设计概念来自线轴，以纪念博柏利经营高级裁缝的丰富历史，颇具收藏价值。厚重的玻璃瓶顶缀有木盖，不同的素材结合成典雅的造型。这款男士淡香水强调了百分百的阳刚气息。清新木香调，香水带来的爽快感，适合运动后使用。

参考价格：￥460 / 100ml EDT

2004

英伦迷情正红限量版 Brit Red

英伦迷情女香2004年的限量版，风格前卫大胆，与原版英伦迷情的风格截然不同，适合狂野热情的女子使用。天才设计师法比恩•贝伦设计了这款香水瓶，调香师以松脆的大黄搭配多汁的柑橘、优雅的茉莉表现出前调的清新。鲜红的玫瑰与温暖的香草完美结合，非常值得收藏。

参考价格：￥658 / 50ml EDP

2005

英伦迷情金色晚宴 Brit Gold

英伦迷情女香2005年的限量版。天才设计师法比恩•贝伦设计的这款香水瓶。华丽优雅的金色瓶身，搭配博柏利的经典格纹更显得气质高贵不凡。属于优雅花香调，前调为木兰花、橙花、茶藨子、佛手柑；中调为粉红鸢尾花、香草；后调为麝香、檀香。

参考价格：￥520 / 50ml EDP

2007

红粉恋歌 Brit Sheer

博柏利在亚洲市场推出的著名香水，香水瓶身仿照英伦迷情香水瓶设计，具有代表性的格子设计更能展示香水的柔美，前调为柚子、柑桔、菠萝叶、荔枝、葡萄；中调为粉红牡丹、桃花、甜豌豆；后调为白麝香和阿米香树。

参考价格：￥650 / 50ml EDT

2008

动感节拍 The Beat For Men

这款香水在年轻男性群体中非常著名。金属色调的灰色、木炭及烟熏石墨，符合年轻男性的气质和个性。香水瓶身和外包装都采用了创新性的博柏利格子蚀刻工艺。清新木质调，含有柑桔、胡椒、紫罗兰、薰衣草和香根草的混合香调，适合时尚而优雅的男士使用。

参考价格：￥630 / 50ml EDT

2011

型动冰沁男士 Sport Ice For Men

型动男士淡香水周年纪念特别限量版。香水瓶及外包装闪烁着博柏利运动香水的金属光泽，橡胶凹纹腕套环绕于香水瓶身，优雅且时尚。前调为充满活力的柑橘香调与冰爽的水晶气息；中调为海风气息与冰冻生姜的融合；后调为琥珀、麝香与木香和谐的融合。

参考价格：￥815/ 75ml EDT

2012

玲珑巴卡拉水晶珍藏版

Body Crystal Baccarat

全球限量156瓶，每瓶均镌刻单独编号，以欢庆博柏利自1856年创立156周年。水晶瓶身是由博柏利全球创意总监亲自设计，巴卡拉工匠们手工制作，以多面切割工法制作的瓶身。前调为玫瑰、绿苦艾、桃子；中调为鸢尾花、天然玫瑰精华；后调为香豆、克什米尔木香、香草及麝香。

参考价格：￥18 888 / 45ml EDP

型动冰沁女士 Sport Ice

型动女士淡香水周年纪念特别限量版。纯白晶莹的瓶身设计，隐隐之中透出银色的质感，完美传达出冰沁限量版的冷调设计风格。前调为生姜、中国柑橘；中调为木兰花、金银花、苦橙叶精油；后调为麝香、雪松木。

参考价格：￥815/ 75ml EDT

寻香名店

北京 乐天银泰百货•赛特购物中心•东方广场•新光天地•西单大悦城

上海 国金中心商场•太平洋百货

杭州 杭州大厦购物中心

成都 仁和春天百货

广州 丽柏广场

2013

玲珑柔情　Body Tender

此款香水在博柏利玲珑系列的香水中尤其能表达出淡雅愉悦的特点。独特的瓶身设计，加上光线透过瓶身的折射，将玫瑰粉红色的香水展现出柔美的气息。香气低调而柔媚，充满英伦气息。前调为柠檬、苹果、绿色苦艾酒；中调为玫瑰、白茉莉；后调为克什米尔木、琥珀、麝香。

参考价格：￥660 / 60ml　EDT

风格摇滚男士　Brit Rhythm

博柏利英国伦敦总公司接手后推出的第一款香水作品。设计灵感来自于摇滚乐手常穿的铆钉皮外套，香水瓶身上蚀刻设计营造出铆钉的金属感。前调为罗勒马鞭草、辛香豆蔻、杜松浆果；中调为黑色皮革、广藿香、安息香树脂；后调为雪松、熏香、暖熏草豆。

参考价格：￥650 / 50ml　EDT

2014

我的博柏利　My Burberry

典雅的瓶身借鉴了博柏利经典 Trench 风衣的设计元素，瓶盖仿如牛角质感更添华贵感，用英国精纺棉质嘎巴甸制作的蝴蝶结装饰瓶口。前调为甜豌豆、佛手柑；中调为天竺葵叶、金榅桲、小苍兰；后调为大马士格玫瑰、千叶玫瑰、广藿香。

参考价格：￥1 445 / 90ml　EDT

藏·香·年·谱

推出时间	名	称	类　别	推出时间	名	称	类　别
1981	Burberrys Burberry For Men	博柏利男士 1981 版	男　香	2010	Brit New Year Edition Pour Femme	英伦迷情女士新年版	女　香
1991	Society Burberry For Women	社交女士	女　香	2010	Brit New Year Edition Pour Homme	英伦迷情男士新年版	男　香
1991	Society Burberry For Men	社交男士	男　香	2010	Burberry Summer For Women 2010	博柏利 2010 夏日限量女士版	女　香
1995	Burberry Men	博柏利男士	男　香	2010	Burberry Summer For Men 2010	博柏利 2010 夏日限量男士版	男　香
1995	Burberry Women	博柏利女士	女　香	2010	Sport For Men	型动男士	男　香
1997	Weekend For Women	周末女士	女　香	2011	Sport For Women	型动女士	女　香
1997	Weekend For Men	周末男士	男　香	2011	Sport Ice	型动冰沁女士	女　香
1998	Touch For Women	情缘女士	女　香	2011	Sport Ice For Men	型动冰沁男士	男　香
2000	Touch For Men	情缘男士	男　香	2011	Burberry Summer For Men 2011	博柏利 2011 夏日限量男士版	男　香
2002	Baby Touch	绵羊宝宝中性香水	中性香	2011	Burberry Summer For Women 2011	博柏利 2011 夏日限量女士版	女　香
2003	Brit	英伦迷情女士	女　香	2011	Body	玲珑	女　香
2003	Tender Touch	触感柔情	女　香	2011	Body Intense	玲珑极致	女　香
2004	Brit For Men	英伦迷情男士	男　香	2012	Body Eau de Toilette	玲珑 EDT 版	女　香
2004	Brit Red	英伦迷情正红限量版	女　香	2012	Body Rose Gold	玲珑玫瑰金	女　香
2005	Brit Gold	英伦迷情金色晚宴	女　香	2012	Burberry Summer For Men 2012	博柏利 2011 夏日限量男士版	男　香
2006	London	伦敦女士	女　香	2012	Burberry Summer For Women 2012	博柏利 2011 夏日限量女士版	女　香
2006	London For Men	伦敦男士	男　香	2012	Body Rose Gold	玲珑玫瑰金	女　香
2007	Brit Sheer	红粉恋歌	女　香	2012	Brit Summer For Women	英伦迷情夏日女士	女　香
2007	Burberry Summer For Women 2007	博柏利 2007 夏日限量女士版	女　香	2012	Brit Summer For Men	英伦迷情夏日男士	男　香
2007	Burberry Summer For Men 2007	博柏利 2007 夏日限量男士版	男　香	2012	Body Crystal Baccarat	玲珑巴卡拉水晶珍藏版	女　香
2008	London For Men Special Edition 2008	伦敦特别限量 2008 版男士	男　香	2013	Burberry Summer For Women 2013	博柏利 2013 夏日限量女士版	女　香
2008	London For Women Special Edition2008	伦敦特别限量 2008 版女士	女　香	2013	Burberry Summer For Men 2013	博柏利 2013 夏日限量男士版	男　香
2008	The Beat For Men	动感节拍	男　香	2013	Body Gold Limited Edition	玲珑金色限量版	女　香
2008	The Beat	动感节拍女士	女　香	2013	Body Tender	玲珑柔情	女　香
2009	The Beat EDT	动感节拍女士 EDT 版	女　香	2013	Brit Rhythm	风格摇滚男士	男　香
2009	London For Men Special Edition 2009	伦敦特别限量 2009 版男士	男　香	2014	Brit Rhythm For Women	风格摇滚女士	女　香
2009	London For Women Special Edition 2009	伦敦特别限量 2009 版女士	女　香	2014	My Burberry	我的博柏利	女　香
2009	Burberry Summer Women 2009	博柏利 2009 夏日限量女士版	女　香	2015	Brit Rhythm For Her Floral	风格摇滚花香	女　香
2009	Burberry Summer Men 2009	博柏利 2009 夏日限量男士版	男　香	2015	Brit Rhythm For Him Intense	风格摇滚男士极致	男　香

Bvlgari 宝格丽

宝格丽是当代意大利的珠宝世家，自从 1993 年 2 月宝格丽在瑞士 Neuchâtel 成立香水部以来，其香水就沿袭了宝格丽珠宝的高贵精致的特点。像雅克·卡瓦里埃、阿尼克·梅纳多、艾伯特·莫瑞拉斯、让-克劳德·艾列纳等大牌调香师都曾为宝格丽调制过广受好评的香水。宝格丽的“茶”系列香水在众多香水产品中独树一帜，堪称经典，成为整个品牌香水的鲜明代表。而其中 Omnia 系列更以其独有的双环设计一举成名。

在 2006 年，宝格丽针对旗下的经典香水全面推出新改版产品，瓶身和外盒设计更趋精致。

BVLGARI

大吉岭　Bvlgari Pour Homme

宝格丽推出的首款男用淡香水，获得香水奥斯卡菲菲奖 1997 年度男香之星的殊荣。简单的瓶身线条、搭配清透的颜色，让这款以茶为名的香水成为香水市场的常青树。该香水以绿茶和花香等为基调，再加入柑橘等成分。

参考价格： ¥460 / 30m EDT

蓝茶　BLV Pour Homme

此款香水一举囊获第 13 届香水 Accademia Del Profumo Awards 奖最佳男性香水、最佳香水包装、最佳意念传达三项大奖。木质辛香调，前调为姜、姜根、小豆蔻；中调为杜松、烟叶、银杏；后调为柚木、檀香、香柏、麝香。

参考价格： ¥800 / 100ml EDT

白晶　Omnia Crystalline

宝格丽首款以亚洲女性特质而创作的香水，也只限售于亚洲。淡香水融合了花香、果香与莲花的幽香，清新花果香调。

参考价格： ¥825 / 65ml EDT

紫晶纯香　Omnia Amethyste

鸢尾花根是香水调制中的重要素材，但是鸢尾花香的使用却十分罕见。紫晶纯香的香调让人仿佛进入了迎风摇曳的鸢尾花及朝露点点的玫瑰花园，在香水的表现上清新有活力，木质基调加上红葡萄柚香味的点缀，活力十足，适合年轻女性使用。

参考价格： ¥830 / 65ml EDT

白茶　Eau Parfumée Au Thé Blanc

香水名鼻雅克·卡瓦里埃著名的西派化香水作品，以白茶为主要成分。雾面玻璃，银色镶饰，衬托出白茶的珍贵。前调展现了艾属植物的平衡与自然，中调白茶是这瓶香水的精华，搭配后调的白胡椒、麝香等温暖香调。中性香，具有知性范儿，适合走文艺路线的人士使用。

价格请店洽 EDC

碧蓝　Aqva Pour Homme

宝格丽碧蓝为全球畅销的经典男香，创下了十年的成功销售纪录。海洋清新调，清新的柑橘搭配水生植物，表现出男人的清爽自在。是调香大师雅克·卡瓦里埃为自信男士精心打造的香水。

参考价格： ¥625 / 50ml EDT

收藏优选

1992

绿茶

Eau Parfumée Au Thé Vert

宝格丽“茶香家族”系列的第一款香水。绿色茶香中透出柑橘的清香，清晨使用全天精神欢愉。由著名的调香师让-克劳德·艾列纳调制，最初在是宝格丽店内喷洒，却得到了顾客的热烈好评，于是宝格丽的香水产品线也应运而生，具有特别意义。

参考价格：

￥470 / 75m EDC

1994

黄茶 Bvlgari Pour Femme

宝格丽最出名的一款经典女香。采用生花科技制成，是将新鲜花朵香味直接抽取融入配方制成，融合新鲜的佛手柑、含羞草，及圣巴克茉莉花茶的香气。茉莉花的摄人芳香采集自清晨前几个小时。适合内敛以及走奢华路线风格的女性使用。

参考价格：￥850 / 100ml EDP

1996

绿茶极致

Bvlgari Eau Parfumée Au Thé Vert Extrême

在原版古龙水成功后再度推出的极致版，味道更浓，留香更长。宝格丽品牌创立 125 周年时此款香水还作为纪念芳香推出了香水容量为 450 毫升的限量香水，并搭配了一个装有黑色喷雾器、容量为 355 毫升的华丽瓶身。

价格请店洽 EDT

1998

黑茶 Bvlgari Black

此款香水不同以往香水的三层式香味结构，它的香味是以块状散发，为红茶香调，在宝格丽香水中非常特别。香气感性而热烈。

参考价格：￥680 / 75ml EDT

2004

蓝茶夜色撩人 BLV Notte Pour Femme

木质辛香调。以生姜为主要香调，加上其他成分如紫藤、麝香、檀香、亚麻花、香草与洋葵架构出意想不到的嗅觉体验。适合融合强烈情感又能掌握得宜的年轻女子，是款非常适合收藏的浪漫香水。

参考价格：￥600 / 75ml EDP

蓝茶夜色撩人 BLV Notte Pour Homme

非常男性化而优雅的夜用香水，东方木质香调。蓝茶夜色撩人男香的瓶身，一别以往方正的设计，带着如新月般的线条。银色镀铝瓶盖上篆刻着宝格丽的经典符号，搭配着尊贵高雅的琉璃蓝，更具深沉的质感！

参考价格：￥520 / 50ml EDT

1999

大吉岭极致 Bvlgari Pour Homme Extrême

经典男香大吉岭的强烈版，维持了原始香味经典而现代的特色，专为喜好浓烈香味的男士所设计。如果说大吉岭适合于办公室使用的话，大吉岭极致带给人的是双肩放松给你休息日的感觉。

参考价格：￥560 / 100ml EDT

2006

玫香 Rose Essentielle Eau De Parfum

使用了华贵的玫瑰花种奥图曼玫瑰及 Prelude 玫瑰，值得收藏。属于馥郁花香调。前调为黑莓、紫罗兰叶、大马士革玫瑰；中调为小花茉莉、合欢花、南法玫瑰；后调为麝香、檀香、广藿香。适合优雅细致、充满柔情的女性。

参考价格：￥670 / 30ml EDP

宝格丽茉莉 Voile De Jasmin

以茉莉为主题的一款非常有特色的香水，喜欢此香调主题的人士可以收藏。适合优雅细致、充满柔情的女性使用。前调为合欢花、绿叶精华、佛手柑；中调为小花茉莉、玫瑰与铃兰；后调为鸢尾草、麝香、檀香。

参考价格：￥640 / 50ml EDT

2006

宝格丽夜幽　Bvlgari Pour Homme Soir

创新性地融入了评价甚高的大吉岭红茶作为前调，佛手柑、橙花油的加入使得香味更加清新自然。适合自然优雅、充满自信的男性，香水中隐藏着无比魅力，那沉稳而果决的风格与出人意料的性感让夜幽男香更具质感。

参考价格：￥860 / 100ml　E D T

2008

宝格丽夜茉莉　Jasmin Noir

出自卡洛斯•奔领与苏菲•拉韦两位调香师之手，具有了复杂、迷人又性感的特质。含有茉莉、栀子花、杏仁味道，混入珍贵木香、欧亚甘草与零陵香豆。香水瓶的设计融合女性气质的精髓——柔软脆弱的内心，大胆迷人的外在。标志性的 Bulgari–Bulgari 蚀刻双 LOGO 成为瓶盖和外包装上的独特标志。

参考价格：￥670 / 30ml　EDP

海蓝　Aqva Pour Homme Marine

生动芬芳的气息是宝格丽海蓝男香独特的个性。纯粹的特点最为适合个性强烈的男性。混合有海洋味调和木香精髓。香水瓶以弧形曲线为特点，水绿色毫无疑问模仿着海洋的色调，成为全新美学法则的标志。

参考价格：￥625 / 50ml　EDT

红茶

Eau Parfumée Au Thé Rouge

瓶身的银色金属镶边，富有现代感，突显出此款香水的与众不同；透明感和光亮度交互在闪亮多彩的表面。选用温暖的南非 Rooibos 红茶与醇厚的中国云南红茶加以调配。清柔的淡雅的香调，传递出耐人寻味的欢愉气氛。

参考价格：

￥510 / 100ml　EDC

2009

晶翠纯香　Omnia Green Jade

花香调。洋溢着活泼自然的性感，先以翠绿柑橘和清新山泉水的强烈气味开场。中调为像清新的白色花瓣雨，带着白牡丹、梨花和茉莉花瓣的清新，精美。柔和的后调混合了开心果、麝香的幼滑魅力以及白木的木香。适合年轻女性使用。

参考价格：￥680 / 40ml　EDT

沁蓝　BLV Eau De Parfum II

又称为蓝茶二代，延续了第一代香水的成熟优雅的气质。清新的柑橘加入优雅的紫罗兰香调，混合茴香和甘草的气息，率先给人明媚自然之感，鸢尾、香根草和广藿香的味道令女性气质慢慢挥发，精致的后调特地用蔷薇花香延续女性的特质，并用暖暖的麝香和龙涎香使香味持久芬芳。

参考价格：￥835 / 50ml　EDP

2010

沁蓝夏日限量版　BLV Eau D'Ete

由调香大师雅克•卡瓦里埃设计，除了融入沁蓝的独特香味，还添加清新的香调成分，属于清爽花香调。前调为意大利柠檬、薄荷；中后调含有龙涎香、鸢尾花精华、肉桂。

参考价格：￥550 / 50ml　EDT

绅士　Bvlgari Man

硬质男人香的代表力作，东方木质香调。瓶身由知名的设计工作室 Atelier Oï 与宝格丽共同创作完成。前调为莲花、佛手柑、紫罗兰叶；中调为纸沙木、荳蔻；后调为克什米尔木、安息香胶、蜂蜜、龙涎香、麝香。适合公务场合使用。

参考价格：￥465 / 60ml　EDT

BVLGARI

宝格丽珍宝瓶版　Jewel Charms

宝格丽很懂得在香水产品中融入自家的珠宝元素，珍宝瓶版将品牌大热款香水黄茶、夜茉莉、玫香、白晶、紫晶纯香、晶翠纯香、沁蓝、我的夜茉莉、晶艳纯香重新换成 25ml 的小容量包装推出。香水瓶的设计灵感源于品牌经典的椭圆形宝石切割法，不同颜色代表了不同的香水，每瓶还附带与之匹配的丝缎手包，售价是 515 元人民币。

2011

宝格丽夜茉莉精华　Jasmin Noir L'Essence

属于宝格丽夜茉莉系列香水中的限量版。前调有红胡椒与佛手柑，带出中调茉莉纯香及杏仁，后调则以没药香气及木香作终结。瓶身的几何线条与黑、金色形成强烈对比，而瓶盖和包装上的全新图案，则来自宝格丽 Bvlgari clutch 上的刺绣。

参考价格： ￥990 / 50ml EDP

绅士银色限量版

Bvlgari Man The Silver Limited Edition

虽然它的香调及香型与绅士原版男香一致，但因为是为了配合新款男士手表的发售而生产的限量版因此颇具收藏价值。适合都市型男、白领精英男士使用。

价格请店洽 EDT

2012

水漾夜茉莉　Mon Jasmin Noir L'Eau Exquise

水漾夜茉莉香水延续我的夜茉莉香水瓶圆润妩媚的优雅外型，添上更精致的装饰，多切面的瓶身，精致银丝细雕而成的茉莉花图案，如蕾丝一般镶嵌在瓶底。

参考价格： ￥1 010 / 75ml EDT

2013

极致当代绅士　Bvlgari Man Extreme

宝格丽男香系列的经典之作，清新白色木香调。瓶身设计仿佛罗马建筑材质的方形大理石，坚硬，沉重，更彰显出王者风范，

参考价格： ￥625 / 60ml EDT

晶澈　Omnia Crystalline L'Eau De Parfum

由获奖调香大师艾伯特·莫瑞拉斯调制。为木质花香调。以莲花为主调，但全然不同其他调香师以清雅的莲花香作为香调的惯用手法，香气浓郁，极具突破性和收藏价值。

参考价格： ￥795 / 40ml EDP

2014

晶灿　Omnia Indian Garnet

东方花香调。此款香水的发布晚宴由 Diya Kumari 公主在斋普尔的城市宫殿举办，彰显了香水的奢华身份，值得入手收藏。由宝格丽和艾伯特·莫瑞拉斯所创造，以柑橘味的香味开头，香水的中心则满带着桂花的香气，再以琥珀味烘托。

参考价格：￥400 / 40ml　EDT

海韵　Aqva Amara

古铜色的瓶身给人耳目一新的感觉，在蓝、黑外观遍布的众多男香中独树一帜。木质海洋调的男用香水。调香师是雅克·卡瓦里埃。前调为西西里岛橘子，中调为奈若利橙花、水因子，后调为印度尼西亚广藿香、乳香。

参考价格：￥695 / 50ml　EDT

寻香名店

北京　王府半岛饭店·国贸商城·新光天地·世贸天阶店·首都机场 T3–E（免税店）

上海　恒隆广场·国际金融中心·虹桥机场 T2 航站楼 14/44

广州　丽柏广场·太古汇

成都　仁和春天百货

长沙　友谊商店

济南　贵和购物中心

藏·香·年·谱

推出时间	名称		类别	推出时间	名称		类别
1992	Eau Parfumée Au Thé Vert	绿茶	中性香	2010	BLV Eau D´Ete	沁蓝夏日限量版	女　香
1994	Bvlgari Pour Femme	黄茶	女　香	2010	Bvlgari Man	绅士	男　香
1996	Bvlgari Eau Parfumée Au Thé Vert Extrême	绿茶极致	中性香	2011	Aqva Pour Homme Marine Toniq	海蓝 Toniq 版	男　香
1996	Bvlgari Pour Homme	大吉岭	男　香	2011	Aqva Pour Homme Toniq	碧蓝 Toniq 版	男　香
1997	Bvlgari Pour Femme Eau Fraîche	黄茶清新版	女　香	2011	Jasmin Noir L´Essence	宝格丽夜茉莉精华	女　香
1997	Petits Et Mamans	甜蜜宝贝	女　香	2011	Mon Jasmin Noir	我的夜茉莉	女　香
1998	Bvlgari Black	黑茶	中性香	2011	Bvlgari Man The Silver Limited Edition	绅士银色限量版	男　香
1999	Bvlgari Pour Homme Extrême	大吉岭极致	男　香	2011	Bvlgari Jewel Charms Pour Femme	珍宝黄茶	女　香
2000	BLV	蓝茶	女　香	2011	Jewel Charms Jasmin Noir	珍宝夜茉莉	女　香
2001	BLV Pour Homme	蓝茶男士	男　香	2011	Jewel Charms Rose Essentielle	珍宝玫香	女　香
2002	BLV Absolute	完美蓝茶限量版	女　香	2011	Jewel Charms Omnia Crystalline	珍宝白晶	女　香
2003	Omnia	天之骄女	女　香	2011	Jewel Charms Omnia Amethyste	珍宝紫晶纯香	女　香
2003	Eau Parfumée Au Thé Blanc	白茶	中性香	2011	Jewel Charms Omnia Green Jade	珍宝晶翠纯香	女　香
2004	BLV Notte Pour Femme	蓝茶夜色撩人女士	女　香	2011	Jewel Charms BLV Eau De Parfum II	珍宝沁蓝	女　香
2004	BLV Notte Pour Homme	蓝茶夜色撩人男士	男　香	2011	Jasmin Noir L´Elixir	宝格丽极致夜茉莉	女　香
2004	Aqva Pour Homme	碧蓝	男　香	2012	Mon Jasmin Noir L´Eau Exquise	水漾夜茉莉	女　香
2005	Omnia Crystalline	白晶	女　香	2012	Mon Jasmin Noir L´Elixir Eau De Parfum	极致夜茉	女　香
2006	Omnia Amethyste	紫晶纯香	女　香	2012	Omnia Coral	晶艳纯香	女　香
2006	Rose Essentielle Eau De Parfum	玫香	女　香	2012	Jewel Charms Mon Jasmin Noir	珍宝我的夜茉莉	女　香
2006	Voile De Jasmin	宝格丽茉莉	女　香	2012	Jewel Charms Omnia Coral	珍宝晶艳纯香	女　香
2006	Bvlgari Pour Homme Soir	宝格丽夜幽	男　香	2012	Omnia Crystalline L´Eau De Parfum	晶澈	女　香
2006	Eau Parfumee Au Thé Rouge	红茶	中性香	2013	Bvlgari Man Extreme	极致当代绅士	男　香
2007	Rose Essentielle Eau De Toilette	玫香淡香水	女　香	2013	Omnia Indian Garnet	晶灿	女　香
2007	Aqua Pour Homme Edition Limitee	碧蓝夏日限量版	男　香	2014	Aqva Amara	海韵	男　香
2008	Aqva Pour Homme Marine	海蓝	男　香	2014	Opera Prima	限量版	女　香
2008	Jasmin Noir	宝格丽夜茉莉	女　香	2014	Bvlgari Man In Black	黑色绅士限量版	男　香
2009	Jasmin Noir Eau De Toilette	宝格丽夜茉莉淡香水	女　香	2015	Aqva Divina	神圣之水	女　香
2009	Omnia Green Jade	晶翠纯香	女　香	2015	Eau Parfumée Au Thé Bleu	蓝茶	中性香
2009	BLV Eau De Parfum II	沁蓝	女　香	2015	Goldea	黄金女神	女　香

Byredo Parfums
拜里朵

BYREDO PARFUMS

镇店名香

拜里朵是来自瑞典的顶级香水品牌，虽然属于新兴品牌，旗下香水不多，但是与其合作的调香师皆为大牌，所出香水皆为精品。拜里朵用以调配香水的原料都是最优质的，而对工艺和质量皆有严格控制，所有产品均在瑞典制造。

拜里朵创造了别具一格的香水风格，无论是香料的调配、制香工序无不沿袭手工传统，同时避免使用过于复杂、使香气不和谐的香料，使得整体香水配方更为合理。瓶身设计也简单到仅用一种定制字体，无处不洋溢着灵性、低调得体的特质。

拜里朵的中性香水尤为著名，其中吉普赛之水、黑玫瑰、双面墨香、不朽乌木等都是不可错过的优质香水。

不朽乌木　Oud Immortel

钟爱乌木的拜里朵创始人本•戈勒姆以自己在印度河中东地区闻到过的乌木气息受到的启发而推出的中性香水，具有着浓烈的异国情调，也是本•戈勒姆本人推崇的香水。木质西普调，前调为豆蔻、焚香、柠檬酒；中调为广藿香、沉香木、纸莎草、巴西花梨木；后调为橡树苔、烟草。

参考价格：￥1 400 / 100ml EDP

白色　Blanche

拜里朵香水公司为创始人本•戈勒姆而创建的香水，也是公司首度为某个特定的人开创的香水，非常具有纪念价值。花香醛味调，前调为粉色胡椒、玫瑰、醛类；中调为非洲橙花、紫罗兰、牡丹；后调为木质元素、檀木、麝香。

参考价格：￥1 400 / 100ml EDP

吉普赛之水　Gypsy Water

拜里朵香水中非常出色的休闲风格的代表作，气味看似随意但却让人有很多回味。木质芳香调，前调为佛手柑、柠檬、胡椒、杜松；中调为焚香、松针、鸢尾根；后调为琥珀、香草、檀木。

参考价格：￥1 400 / 100ml EDP

收藏优选

2008

黑玫瑰　Rose Noir

香调灵活而变化多变的香水，扩散与留香都属于上品，整体风格很中东化，异域感十足，非常值得收藏。花香木质麝香调，前调为葡萄柚、小苍兰；中调为大马士革玫瑰；后调为劳丹脂、橡苔和麝香。

参考价格： ¥1 400 / 100ml EDP

2009

非洲之旅　Bal D'Afrique

香水的创作灵感来自巴黎后现代艺术与非洲本土文化的结合，更为难得的是此款香水的调配原料多来自非洲本土，非常值得入手收藏。东方木质调，前调为佛手柑、阿马尔菲柠檬、非洲橙花、万寿菊、黑醋栗；中调为紫罗兰、茉莉、仙客来；后调为琥珀、麝香、香根草、弗吉尼亚州雪松。

参考价格： ¥1 400 / 100ml EDP

2010

双面墨香　M/Mink

拜里朵品牌的创始人本•戈勒姆与法国创意平面设计师双人组马赛厄斯和迈克尔跨界合作而成。这款香水以“怪”闻名，它混合着各种难以轻易臆断的香味，并随其特性变幻，刚开始有点墨香，之后又变化为另一种香味。香水的主要成分包括：广藿香、琥珀、熏香、白色蜂蜜。

参考价格： ¥1 400 / 100ml EDP

2011

七纱舞　Seven Veils

香水的调配灵感来自歌剧《莎乐美》，整款香水在拜里朵香水中以极具神秘感闻名。香水成分选用了胡萝卜、粉色胡椒、香草、玫瑰、紫藤、兰花、檀木。

参考价格： ¥1 000 / 50ml EDP

寻香名店

纽约　巴尼斯百货

伦敦　哈罗德百货•利伯提百货

2012

黑色藏红花　Black Saffron

藏红花主题是西方香水的潮流，此款香水是此主题香水中不容忽视的佼佼者。东方香料调，前调为中国葡萄柚，杜松浆果、藏红花；中调为黑色紫罗兰、皮革；后调为开司米木麝香、香根草、覆盆子。

参考价格： ¥1 400 / 100ml EDP

2014

新娘花环　Flowerhead

以印度传统婚礼为灵感调制推出的香水，也是拜里朵香水的口碑款。整体风格热情、自信，适合时尚女性日常使用。花香调，前调为当归、蔓越莓、柠檬；中调为沙巴茉莉、绿色元素、晚香玉、玫瑰花瓣；后调为绒面革、龙涎香。

参考价格： ¥1 400 / 100ml EDP

藏·香·年·谱

推出时间	名称		类别	推出时间	名称		类别
2008	Encens Chembur	焚香阁	中性香	2011	Mister Marvelous	神奇先生	男　香
2008	Fantastic Man	梦幻男士	男　香	2011	Seven Veils	七纱舞	中性香
2008	Green	绿意	中性香	2011	Sunday Cologne	星期日古龙水	中性香
2008	Gypsy Water	吉普赛之水	中性香	2012	Bullion	比利翁	中性香
2008	Pulp	纸浆	中性香	2012	Black Saffron	黑色藏红花	中性香
2008	Rose Noir	黑玫瑰	中性香	2013	1996 Inez & Vinoodh	伊内兹与维努德	中性香
2009	Bal D´Afrique	非洲之旅	中性香	2013	Inflorescence	花序	女　香
2009	Baudelaire	波德莱尔	男　香	2014	Flowerhead	新娘花环	女　香
2009	Blanche	白色	女　香	2014	Mojave Ghost	莫哈维幽灵	中性香
2010	La Tulipe	郁金香	女　香	2014	Gypsy Water Eau De Cologne	吉普赛之水古龙水版	中性香
2010	M/Mink	双面墨香	中性香	2014	Mister Marvelous Eau De Cologne	非凡古龙水	男　香
2010	Oud Immortel	不朽乌木	中性香	2014	Sunday Cologne Eau De Cologne	星期日古龙水古龙水版	中性香
2010	Palermo	帕勒莫	女　香	2015	Eau De Parfum Oliver Peoples	奥利弗•皮中白斯	中性香
2010	Accord Oud	乌木	中性香	2015	Russell Westbrook	拉赛尔•威斯布鲁克	中性香

Cacharel
卡夏尔

卡夏尔是法国的高级香水品牌，如果用卡夏尔香水和其他法国大牌香水相比，香奈儿像雍容的中年贵妇，迪奥像风情万种的社交名媛，娇兰像冷艳的冰山美人，兰蔻像温柔甜美的少妇，圣罗兰像奔放性感的尤物，卡夏尔则像天真烂漫的邻家女孩，自然、柔美又可爱。由此可见，卡夏尔香水主推女香，而且多数香水更适合年轻人使用。

在卡夏尔推出的香水中，有广泛影响力值得入手收藏的是安妮、露露、露雅等香水，它们不但是卡夏尔的热销及口碑款，而且卡夏尔后续推出的多款香水多为在此基础上的衍生版本。

镇店名香

露露　LouLou

卡夏尔非常著名的一款女香，香水名字取自电影《潘多拉魔盒》中的一位精灵的名字。设计灵感来源于20世纪二三十年代的迪考艺术风格。东方花香调，调香师是让·吉拉尔。前调为含羞草、鸢尾、百合、李子、中国肉桂木、紫罗兰、决明子、茉莉、八角茴香；中调为晚香玉、橙花、鸢尾根、天芥菜、依兰；后调为檀木、麝香、安息香、香草、焚香。

参考价格：￥550 / 50ml EDP

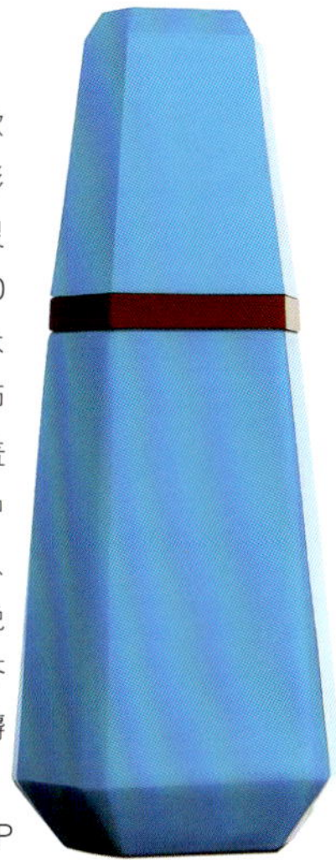

伊甸园　Eden

卡夏尔最出名的香水之一，水滴造型瓶身清爽感十足。花香调，由著名调香师让·吉拉尔调制。前调为橘子、桃、佛手柑、柠檬；中调为含羞草、菠萝、晚香玉、甜瓜、石榴花、茉莉、睡莲、铃兰、荷花、玫瑰；后调为檀木、零陵香豆、广藿香、黑色洋槐花、雪松。

参考价格：￥550 / 50ml EDP

安妮　Anaïs Anaïs

卡夏尔推出的专为少女设计的香水，也是第一款以适中价格出售的高档香水，一直是世界上最畅销的香水之一。花香调，前调为橙花、薰衣草、波斯树脂、金银花、风信子、柠檬、佛手柑、黑醋栗、白色百合；中调为摩洛哥茉莉、金银花、康乃馨、晚香玉、鸢尾、百合、石榴花、鸢尾根、依兰、铃兰、玫瑰；后调为皮革、檀木、琥珀、广藿香、麝香、橡苔、香根草、焚香和雪松。

参考价格：￥450 / 50ml EDT

露雅　Noa

卡夏尔的热销女香，曾被巴黎著名大型化妆品连锁店丝芙兰公布为最畅销女香排名榜第一名，在英国《Vogue》时尚杂志更评为当年度最具代表的女香。花香木质麝香调，调香师是奥利维耶·克莱斯普。前调为李子、绿色元素、小苍兰、桃、牡丹、白麝香；中调为青草、百合、茉莉、依兰、铃兰、玫瑰；后调为香菜、檀木、零陵香豆、香草、咖啡、焚香、雪松。

参考价格：￥650 / 100ml EDT

收藏优选

2003

爱神丘比特　Amor Amor

鲜艳的大红色包装，让人有喜悦的感觉，特别适合约会时使用。花果香调，前调为黑醋栗、橙、橘子、决明子、葡萄柚、佛手柑；中调为杏、百合、茉莉、铃兰、玫瑰；后调为琥珀、零陵香豆、香草、弗吉尼亚州雪松、麝香。

参考价格：￥600 / 100ml EDT

2005

清新爱神2005版

Amor Amor Eau Fraiche 2005

限量版香水。无论从瓶身还是香调调配上都以清新见长，值得入手收藏。花果香调，前调为橙、黑醋栗、白桃；中调为仙客来、茉莉、玫瑰；后调为天芥菜、雪松。

参考价格：￥400 / 50ml EDT

爱的承诺　Promesse

以清香宜人的浪漫香调风靡全球，重新诠释了春天的气息，香水瓶身设计由意大利设计大师蒂埃里·德·巴西马科夫担纲。花果香调，调香师为卡洛斯·本纳姆和苏菲·拉韦调制。前调为橘子、佛手柑、黑莓；中调为兰花、茉莉、紫罗兰；后调为檀木、琥珀、麝香、雪松。

参考价格：￥500 / 50ml EDT

2003

爱神青春热情　Amor Amor Elixir Passion

卡夏尔香水的口碑款，以留香长闻名，瓶身通体红色象征着爱情的火热。东方花香调，前调为黑醋栗、血橙、橘子；中调为铃兰、印度尼西亚茉莉、佳雷花；后调为檀木、安息香。

参考价格：￥900 / 50ml EDP

安妮轻盈之水　Anaïs Anaïs Eau Légère

安妮香水的衍生版本，走的路线依然是柔美芳香的风格，在香水爱好者中口碑颇佳。花香调，前调为依兰、佳雷花、赤素馨花、百合、白蜂蜜；中调为茉莉、非洲橙花、金银花；后调为麝香、香草、巧克力花。

参考价格：￥650 / 100ml EDT

蓝紫珍珠　Noa Perle

露雅香水的衍生版，沿袭露雅香水的一贯风格并进行突破，外包装颜色由象牙色和金色变成了浅淡的粉紫色。香水瓶底部的珠子随着角度的不同，会幻化出不同的紫色。造型简洁大方。花果香调，前调为金橘、粉色胡椒；中调为非洲橙花、小苍兰、牡丹；后调为榛子。

参考价格：￥700 / 50ml EDP

2007

安妮花朵版　Anaïs Anaïs Flower Edition

安妮香水的衍生版本，整体风格散发终极女人味和娇嫩感性气息，以绽放的花香著名。花香调，香水成分含有百合、金银花、橙花、依兰、巧克力花。

参考价格：￥400 / 50ml EDT

2008

爱神诱惑女士　Amor Amor Tentation

卡夏尔香水中极具现代感的一款女香，神秘的紫色瓶身增添了神秘气息与时尚感，适合热情、自信的女士使用。东方花香调，前调为橘子、常春藤；中调为茉莉、佳雷花；后调为弗吉尼亚州雪松，香草、香辛料。

参考价格：￥1 000 / 100ml EDP

2009

斯嘉丽　Scarlett

香水的灵感来自电影《乱世佳人》的女主角斯嘉丽·约翰森，是一款被年轻女性格外推崇的女香。香水体现出了青春的活力与时尚光彩。花香木质麝香调，前调为阿马尔菲柠檬、茶、梨；中调为茉莉、非洲橙花、金银花；后调为麝香、檀木、白蜂蜜。

参考价格：￥650 / 80ml EDT

2011

爱神禁恋之吻

Amor Amor Forbidden Kiss

适合年轻人，并被年轻的香水爱好者拥护的香水，香水瓶身的黑红颜色的强力对比让叛逆和禁恋的主题得到了强化。东方香草调，前调为葡萄柚、橘子、粉色胡椒、水果元素；中调为咖啡、赤素馨花、牡丹；后调为麝香、香草、木质元素。

参考价格：￥550 / 100ml EDT

2012

爱恋

Amor Amor By Lili Choi

限量版香水，卡夏尔特约韩国化妆师及纹身艺术家崔莉莉以纹身图案为原型设计了香水瓶的瓶身图案，新的设计既具有东方元素又彰显了爱与自由的主题。花果香调，前调为黑醋栗叶；中调为美拉提；后调为龙涎香。

参考价格：￥550 / 50ml EDP

2012

爱神之夏 2012 版

Amor Amor Summer 2012

瓶身外观采用了温暖的黄色、红色和橙色作为色彩基调，突出香水的明亮感与时尚感。花果香调，前调为葡萄柚、菠萝、石榴；中调为橙花、玫瑰、赤素馨花；后调为檀木、广藿香、雪松、琥珀。

参考价格： ¥400 / 50ml EDT

捕捉我 Catch...Me

创作灵感来源于生动有趣的仲夏之夜，是最好的夏夜用香之一。花香调，前调为意大利橘子、苦橙叶；中调为意大利茉莉、突尼斯橙花；后调为杏仁奶，琥珀、木质元素。

参考价格： ¥550 / 50ml EDP

寻香名店

台　北　宝丽广场

新加坡　LaPrendo 店

纽　约　OTTE 店

2014

露雅之水 Noa L'Eau

露雅香水的衍生版本，设计灵感来自清新的海风，芳香的夏季花卉，新摘的红色浆果，鸡尾酒，以及被阳光亲吻过的肌肤的味道，浪漫感十足。而碧绿粉红色相间的香水瓶，给人以清凉感，特别适合夏日使用。花果香调，前调为青苹果、黑醋栗芽；中调为茉莉、牡丹；后调为安息香、白麝香。

参考价格： ¥450 / 50ml EDT

藏·香·年·谱

推出时间	名称		类别	推出时间	名称		类别
1978	Anaïs Anaïs	安妮	女　香	2008	Amor Pour Homme Tentation	爱神诱惑男士	男　香
1981	Cacharel Pour Homme	同名男士	男　香	2009	Amor Amor Sunrise	爱神拂晓	女　香
1987	LouLou	露露	女　香	2009	Noa Dream	露雅之梦	女　香
1994	Eden	伊甸园	女　香	2009	Scarlett	斯嘉丽	女　香
1995	Lou Lou Blue	露露蓝色	女　香	2010	Amor Amor Absolu	爱神精粹	女　香
1996	Eau De Eden	伊甸园情缘	女　香	2010	Amor Amor Delight	粉色爱神	女　香
1998	Noa	露雅	女　香	2011	Amor Amor Forbidden Kiss	爱神禁恋之吻	女　香
2000	Nemo	奈莫	男　香	2011	Amor Amor Summer 2011	爱神之夏 2011 版	女　香
2000	Noa Gold	金色露雅	女　香	2011	Noa Summer Edition	露雅 2011 夏日版	女　香
2000	Amor Amor Shine	闪耀爱神	女　香	2011	Amor Amor	爱神丘比特 Le Jardin 版	女　香
2001	Noa L´Eau De Parfum	露雅 EDP 版	女　香	2011	Anaïs Anaïs	安妮 Le Jardin 版	女　香
2002	Gloria	格洛里亚	女　香	2011	Eden	伊甸园 Le Jardin 版	女　香
2003	Amor Amor	爱神丘比特	女　香	2011	Lou Lou	露露 Le Jardin 版	女　香
2003	Noa Fleur	露雅花蕾	女　香	2011	Noa	露雅 Le Jardin 版	女　香
2005	Amor Amor Eau Fraiche 2005	清新爱神 2005 版	女　香	2011	Scarlett	斯嘉丽 Le Jardin 版	女　香
2005	Promesse	爱的承诺	女　香	2012	Amor Amor By Lili Choi	爱恋	女　香
2006	Amor Amor Eau Fraiche 2006	清新爱神 2006 版	女　香	2012	Amor Amor Summer 2012	爱神之夏 2012 版	女　香
2006	Amor Amor Elixir Passion	爱神青春热情	女　香	2012	Catch...Me	捕捉我	女　香
2006	Amor Pour Homme	爱神男士	男　香	2012	Noa Summer 2012	露雅 2012 夏日版	女　香
2006	Anaïs Anaïs Eau Légère	安妮轻盈之水	女　香	2013	Amor Amor In A Flash	爱的瞬间	女　香
2006	Noa Perle	蓝紫珍珠	女　香	2014	Anaïs Anaïs L´Original Eau De Parfum	安妮原版 EDP 版	女　香
不详	Amor Pour Homme Sunshine	爱神阳光男士	男　香	2014	Anaïs Anaïs L´Original Eau De Toilette	安妮原版 EDT 版	女　香
2007	Amor Amor Sunshine	爱神阳光女士	女　香	2014	Catch Me...L´Eau	捕捉我之水	女　香
2007	Anaïs Anaïs Flower Edition	安妮花朵版	女　香	2014	Noa L´Eau	露雅之水	女　香
2007	Liberte	自主	女　香	2015	Anaïs Anaïs Premier Delice L´Eau	阿纳斯精粹	女　香
2007	Promesse Eau Fraiche	爱的承诺清新版	女　香	2015	Amor Amor L´Eau	爱神丘比特之水	女　香
2008	Amor Amor Tentation	爱神诱惑女士	女　香	2015	Noa L´Eau	露雅之水限量版	女　香

Calvin Klein
卡文克莱

Calvin Klein

镇店名香

永恒 Eternity

荣获“最成功女性香水奖”，特别的香味，中性的包装，特别受事业型女性推崇。花香调，由著名调香师索菲亚·葛萝丝曼调制。前调为柑橘香、绿色元素、橘子、小苍兰、鼠尾草；中调为百合、康乃馨、紫罗兰、茉莉、金盏草、铃兰、玫瑰、水仙；后调为檀木、琥珀、广藿香、麝香、天芥菜。

参考价格：￥700 / 100ml EDP

卡文克莱是当之无愧为全美最具知名度的时尚品牌，除了广为人知的内衣、牛仔服饰外，香水也是其重要的产品线之一。“现代、极简、舒适、华丽、休闲又不失优雅气息”，是卡文克莱的品牌哲学，它颠覆了传统香水的华丽形象，开创了香水制造的新风格。

“激情”、“永恒”、“逃避”这三款香水被称为创始人卡文·克莱先生的人生香水三部曲，为其赢得了无数赞誉，而品牌最被人熟知的当属卡莱优香水，它是第一款真正改变了消费者对香水固有概念的中性香水，对于香水使用者来说几乎人手一支，而之后推出的莱比同样影响巨大，两者当之无愧地成为卡文克莱香水中永恒的经典。除此之外，矛盾、真理、以及每年夏天都会推出的卡莱优的衍生系列——夏日系列等香水都是卡文克莱香水中的佼佼者，颇为值得入手收藏。

永恒男士 Eternity For Men

推出后即荣获年度最成功男用香水奖，在卡文克莱香水中享有极高人气。芳香森林调，由著名调香师卡洛斯·本纳姆调制。前调为薰衣草、橘子、佛手柑、柠檬；中调为香菜、百合、橙花、杜松浆果、罗勒、茉莉、鼠尾草、铃兰、老鹳草；后调为檀木、琥珀、麝香、香根草、巴西花梨木。

参考价格：￥490 / 50ml EDT

卡莱优 CK One

全球最为知名和畅销的中性香水，荣获香水奥斯卡菲菲奖，问世不久即创造了销售纪录。以打破香水使用上的性别藩篱，颠覆传统香水的华丽形象而热卖。柑橘芳香调，由艾伯特•莫瑞拉斯和哈利•弗里蒙特调制。前调为菠萝、绿色元素、橘子、番木瓜、佛手柑、豆蔻、柠檬；中调为肉豆蔻核仁、紫罗兰、鸢尾根、茉莉、铃兰、玫瑰；后调为檀木、琥珀、麝香、雪松、橡苔。

参考价格： ￥710 / 200ml EDT

莱比 CK Be

与卡莱优双峰并峙。体现了现代的平等、自由、开放精神。香水的瓶身采用少有的全黑色调的黑色磨砂玻璃瓶，干脆俐落，适合都市男女使用。花香木质麝香调，由安•戈特利布调制。前调为薰衣草、绿色元素、薄荷、橘子、杜松、佛手柑；中调为青草、玉兰、兰花、小苍兰、桃、茉莉；后调为檀木、琥珀、愈伤草、麝香、雪松、香草。

参考价格： ￥510 / 100ml EDT

自由 CK Free

香水瓶倾斜和多角度的结构设计强调了香水的阳刚感与灵动性，与其他主流男性香水不同，现代果香的气息融合于木本中，看似常见的芬芳中又隐藏着不一样的情调。适合年轻向往自由的男士。木质芳香调，前调为苦艾、八角茴香、杜松浆果、菠萝蜜；中调为绒面革、咖啡、烟草；后调为橡树、弗吉尼亚州雪松、广藿香、木质元素。

参考价格： ￥490 / 50ml EDT

收藏优选

1985

激情 Obsession

卡文克莱推出的香水中以性感著名的女香，在西方尤为受欢迎。东方香料调，调香师是大名鼎鼎的让•吉拉尔。前调为绿色元素、橘子、香草、桃、罗勒、佛手柑、柠檬；中调为香辛料、香菜、檀木、橙花、茉莉、橡苔、雪松、玫瑰；后调为琥珀、麝香、果子狸、香草、香根草、焚香。

参考价格： ￥700 / 100ml EDP

1986

激情男士 Obsession For Men

曾荣获了香水奥斯卡菲菲奖大奖殊荣，瓶身设计是由香水瓶设计大师皮埃尔•迪能德以印度祈祷石为灵感来源设计的，特别适合内向人士使用。东方木质调，调香师是鲍勃•斯拉特里。前调为香菜、薰衣草、橘子、葡萄柚、佛手柑、青柠、肉桂；中调为肉豆蔻核仁、康乃馨、茉莉、鼠尾草、巴西花梨木、松树、没药、红浆果；后调为琥珀、檀木、广藿香、麝香、香草、香根草。

参考价格： ￥400 / 200ml EDT

1991

逃避 Escape

卡文克莱最为著名的香水，与激情香水、永恒香水齐名。在一股清新舒爽的气氛之下，它既有清爽凉感，也有成熟女性的热情性感。花香海洋调，前调为杏、香菜、黑醋栗、甜瓜、春黄菊、万寿菊、橘子、橡苔、决明子、荔枝、风信子、苹果、金盏草、依兰；中调为丁香、康乃馨、桃、茉莉、铃兰、玫瑰；后调为檀木、琥珀、麝香、香草、橡苔、香根草、雪松。

参考价格： ￥700 / 100ml EDP

1993

逃避男士　Escape For Men

经典男香，清爽自然的香水不仅吸引了男人，还征服了女人，适合男士在办公场合使用。芳香绿色调，前调为尤加利、甜瓜、杜松、葡萄柚、芒果、佛手柑；中调为迷迭香、丝柏、冷杉、鼠尾草、桦木、海洋元素；后调为檀木、琥珀、广藿香、橡苔、香根草。

参考价格：￥500 / 100ml EDT

1998

矛盾　Contradiction

荣获1998年香水奥斯卡菲菲奖年度女香之星大奖。融合完全相反特质于一体，混合着女孩与女人的矛盾。命名、配方和瓶装设计均极具现代感。花香木质麝香调，调香师为安•戈特利布。前调为牡丹、百合、素馨、兰花、铃兰、玫瑰；中调为黑莓、尤加利、梨花、紫丁香、茉莉；后调为檀木、零陵香豆、麝香。

参考价格：￥450 / 50ml EDP

矛盾男士

Contradiction For Men

独特的成分使香水混合着男孩与男人的矛盾，既感性又温暖。瓶身设计方正有型，具有不凡的气质。东方木质调，由调香师卡洛斯•本纳姆和皮埃尔•瓦格涅调制。前调为柠檬、青柠、薰衣草、橘子、快乐鼠尾草；中调为肉豆蔻核仁、香菜、胡椒、豆蔻；后调为檀木、麝香、黑檀木、香根草。

参考价格：￥550 / 50ml EDT

2000

真理　Truth

卡文克莱香水中的口碑款。瓶身设计由大师法比恩•贝伦担纲。东方木质调，三大调香师艾伯特•莫瑞拉斯、雅克•卡瓦里埃、蒂埃里•瓦瑟联手调制。前调为香根草、广藿香、竹、佛手柑、柠檬、四叶草；中调为檀木、牡丹、百合、含羞草、黑莓、合欢树花；后调为麝香、琥珀、香草。

参考价格：

￥600 / 100ml EDP

2002

欲望　Crave

深受年轻香水爱好者推崇，香水的侧边按压式橘色按钮属于前所未有的设计，让香水进入了新的纪元。芳香森林调，前调为海星、佛手柑；中调为罗勒、香菜、甘椒；后调为肉豆蔻核仁、檀木、零陵香豆、麝香、橡苔、香根草、桦木。

参考价格：

￥250 / 40ml EDT

2005

诱惑　Euphoria

荣获菲菲奖2006年度女香之星大奖，瓶身设计由卡文克莱与设计大师法比恩•贝伦一起合作设计，光滑的瓶身曲线与奢华的抛光结构，无异是一种精致典雅的表达。东方花香调，前调为石榴；中调为荷花、兰花；后调为紫罗兰、琥珀、麝香、桃花心木。

参考价格：￥600 / 50ml EDP

2006

电流快感　Ck One Electric

限量版香水，香水颜色采用大胆的荧光绿，充满年轻的活力。特别适合年轻人在夏日使用。柑橘芳香调，前调为柠檬、青柠、橘子、柠檬、马鞭草、雪松、佛手柑；中调为紫罗兰叶、睡莲、奈若利橙花；后调为琥珀、麝香、雪松。

参考价格：￥100 / 100ml EDR

花开诱惑　Euphoria Blossom

卡文克莱首次为亚洲女性特别设计的独特香水，它以清澈透亮的全新面貌阐示了香水在设计上的丰富性，线条优美又轻盈、简单却极具奢华感。东方花香调，前调为石榴、金橘；中调为兰花、粉色牡丹、荷花；后调为麝香、白木、白琥珀。

参考价格：￥700 / 50ml EDT

诱惑男士　Euphoria Men

卡文克莱与设计大师法比恩•贝伦合作之作。将诱惑男香构思成男子气概的现代化诠释，整体的精巧设计足以成为精致典雅的现代代名词。木质芳香调，前调为生姜、胡椒；中调为黑罗勒、鼠尾草、雪松；后调为琥珀、广藿香、巴西红木、绒面革。

参考价格：￥550 / 50ml EDT

夏日 2004 版 夏日 2005 版 夏日 2006 版 夏日 2007 版 夏日 2008 版 夏日 2009 版 夏日 2010 版 夏日 2011 版 夏日 2012 版 夏日 2013 版 夏日 2014 版 夏日 2015 版

2004

卡莱优夏日系列 CK One Summer

卡文克莱从 2004 年开始，每年的夏季都会推出夏日限量版香水，它们隶属于卡文克莱卡莱优的分支系列，因此均为中性香水，香调以清新取胜，造型充满夏日活力，容量多为 100ml，香水迷能够逐年收藏也是一大乐事。

参考价格： ¥510 / 100ml EDT

2007

喜欢你女士 CK In2U For Her

承袭卡文克莱卡莱优香水的简洁与实用设计，时尚的瓶身设计融合数字时代的概念。瓶身上的字体刻划，让香水的色泽能随着光线移动透映出光芒，整体设计风格非常巧妙。东方花香调，前调为西西里岛佛手柑、粉葡萄柚、红醋栗叶；中调为兰花、仙人掌；后调为琥珀、红雪松、香草。

参考价格： ¥350 / 150ml EDT

喜欢你男士 CK In2U For Him

限量版，与喜欢你女香构成男女对香，也是很受年轻人青睐的香水。芳香森林调，前调为柠檬、番茄叶；中调可可豆；后调为香根草、雪松、白麝香。

参考价格： ¥350 / 150ml EDT

2010

绝色 Beauty

香水以剔透晶莹、充满高贵质感的玻璃瓶身展现出女性的曲线，瓶口带金属感的流线设计将女人的自信展露无遗。花香调，调香师是苏菲·拉韦。前调为麝香锦葵；中调为茉莉；后调为弗吉尼亚州雪松。

参考价格： ¥600 / 100ml EDP

2010

卡莱优磁铁版

CK One We Are One Magnets

限量版香水，随珍藏包装带附赠磁珠，象征“你我连结在一起”，这款中性香水口碑极佳，在全美乃至世界的香水界里掀起一阵旋风。前调为薰衣草、豆蔻、佛手柑、橘子、小苍兰；中调为非洲橙花、玫瑰、茶、紫罗兰；后调为麝香、琥珀。

参考价格：￥350 / 100ml EDT

2011

青春禁忌男士　CK One Shock For Him

香水瓶由知名设计师法比恩·贝伦亲自操刀打造。以各式的香料组合而成，呈现出男性雄性迷人的味道。东方香料调，前调为薰衣草、克莱门氏小橘、黄瓜；中调为桂花、豆蔻、罗勒、胡椒；后调为麝香、广藿香、琥珀、烟草、木质元素。

参考价格：￥350 / 100ml EDT

青春禁忌女士　CK One Shock For Her

有别于卡莱优香水倡导的分享概念，青春禁忌男女对香强调的是男女之间的性感，这使得它们在卡文克莱香水中非常别致。瓶身设计以代表大胆反叛的涂鸦为其设计灵感，在经典的卡莱优香水的设计上，加上鲜艳抢眼的色彩涂鸦，表达出强烈的独特个人风格。东方香料调，前调为西番莲花、红色罂粟花、牡丹；中调为茉莉、水仙、墨西哥巧克力、黑莓；后调为麝香、广藿香、琥珀、香草。

参考价格：￥350 / 100ml EDT

2012

青春禁忌男士街头版

CK One Shock Street Edition For Him

限量版男香。黑色瓶身的涂鸦花纹使得整体造型兼具动感和艺术感，具有收藏价值，适合充满活力的年轻男性使用。前调为莫吉托鸡尾酒、柑橘；中调为香辛料、老鹳草；后调为可可。

参考价格：￥400 / 100ml EDT

青春禁忌女士街头版

CK One Shock Street Edition For Her

限量版女香。设计灵感源自于深植在每个大城市里的街头涂鸦文化，香水充满自信的青春的活力。前调为佛手柑、橘子、李子；中调为水果、黑巧克力、焦糖；后调为广藿香、檀木、麝香、琥珀。

参考价格：￥400 / 100ml EDT

寻香名店

北京　北辰购物中心·东方广场·大悦城

上海　久光百货·新世界城·正大广场

成都　仁和春天百货

邂逅　Encounter

瓶身以高质感的厚重玻璃制成，玻璃表面以独特的碎裂设计做为独特的纹路，并以饱和的深蓝色缔造出时髦的奢华感。瓶盖下的不对称深灰色斜边，增添整体瓶身的阳刚和神秘气息。东方木质调，由著名调香师奥诺丽娜·布兰科和皮埃尔·内格林调制。前调为豆蔻、橘子、朗姆酒；中调为干邑白兰地酒、胡椒、茉莉、广藿香；后调为麝香、雪松、沉香木。

参考价格：￥950 / 100ml EDT

推出时间	名	称	类 别	推出时间	名	称	类 别
1978	Calvin Klein	同名女士	女 香	2009	CK One Summer 2009	夏日 2009 版	中性香
1981	Calvin	卡文	男 香	2009	Eternity Summer 2009	永恒夏日 2009 版	女 香
1985	Obsession	激情	女 香	2009	Eternity Summer For Men 2009	永恒夏日 2009 版	男 香
1986	Obsession For Men	激情男士	男 香	2009	Euphoria Eau De Toilette	诱惑 EDT 版	女 香
1988	Eternity	永恒	女 香	2009	Euphoria Spring Temptation	春天诱惑	女 香
1990	Eternity For Men	永恒男士	男 香	2009	CK Free	自由	男 香
1991	Escape	逃避	女 香	2010	Beauty	绝色	女 香
1993	Escape For Men	逃避男士	男 香	2010	CK Be We Are One Magnets	莱比磁铁版	中性香
1994	CK One	卡莱优	中性香	2010	Ck IN2U Heat For Her	喜欢你女士	女 香
1996	CK be	莱比	中性香	2010	Ck IN2U Heat For Him	喜欢你男士	男 香
1998	Contradiction	矛盾	女 香	2010	CK One Summer 2010	夏日 2010 版	中性香
1998	Contradiction For Man	矛盾男士	男 香	2010	CK One We Are One Magnets	卡莱优磁铁版	中性香
2000	Truth	真理	女 香	2010	Eternity Aqua For Men	永恒之水男士	男 香
2002	Crave	欲望	男 香	2010	Eternity Summer 2010	永恒夏日 2010 版	女 香
2002	Eternity Rose Blush	永恒玫瑰	女 香	2010	Eternity Summer For Men 2010	永恒夏日男士 2010 版	男 香
2002	Truth For Men	真理男士	男 香	2011	CK One Shock For Her	青春禁忌女士	女 香
2002	Truth Lush	醉人	女 香	2011	CK One Shock For Him	青春禁忌男士	男 香
2002	Obsession Sheer	彻底迷恋	女 香	2011	CK One Summer 2011	夏日 2011 版	中性香
2003	Ck One Graffiti	涂鸦	中性香	2011	Eternity For Men Summer 2011	永恒夏日男士 2011 版	男 香
2003	Eternity Purple Orchid	永恒紫罗兰	女 香	2011	Eternity Summer 2011	永恒夏日 2011 版	女 香
2003	Truth Sensual Bedtime Fragrance	枕边细语	女 香	2011	Forbidden Euphoria	禁忌诱惑	女 香
2004	CK One Summer	夏日	中性香	2011	CK Free Blue	自由蓝色	男 香
2004	Eternity Love	永恒粉爱	女 香	2012	CK One Shock Street Edition For Her	青春禁忌女士街头版	女 香
2004	Eternity Moment	永恒时刻	女 香	2012	CK One Shock Street Edition For Him	青春禁忌男士街头版	男 香
2005	CK One Scene	狂欢派对	中性香	2012	CK One Summer 2012	夏日 2012 版	中性香
2005	CK One Summer 2005	夏日 2005 版	中性香	2012	Encounter	邂逅	男 香
2005	Eternity Summer	永恒夏日	女 香	2012	Eternity Aqua	永恒之水女士	女 香
2005	Eternity Summer For Men 2005	永恒夏日男士 2005 版	男 香	2012	Eternity For Men Summer 2012	永恒夏日男士 2012 版	男 香
2005	Euphoria	诱惑	女 香	2012	Eternity Summer 2012	永恒夏日 2012 版	女 香
2005	Obsession Night For Men	激情之夜男士	男 香	2012	Sheer Beauty	绝色魅影	女 香
2005	Obsession Night For Woman	激情之夜女士	女 香	2013	CK One Summer 2013	夏日 2013 版	中性香
2006	Ck One Electric	电流快感	中性香	2013	Downtown	真我都会	女 香
2006	CK One Summer 2006	夏日 2006 版	中性香	2013	Encounter Fresh	邂逅清新	男 香
2006	Eternity Summer 2006	永恒夏日 2006 版	女 香	2013	Eternity For Men Summer 2013	永恒夏日男士 2013 版	男 香
2006	Eternity Summer For Men 2006	永恒夏日 2006 版	男 香	2013	Eternity Summer 2013	永恒夏日 2013 版	女 香
2006	Euphoria Blossom	花开诱惑	女 香	2013	Sheer Beauty Essence	纯净雅致精粹	女 香
2006	Euphoria Luminous Lustre	诱惑 2006 限量版	女 香	2013	Dark Obsession	黑色激情	男 香
2006	Euphoria Men	诱惑男士	男 香	2014	CK One Red Edition For Her	卡莱优女士红色版	女 香
2007	CK In2U For Her	喜欢你女士	女 香	2014	CK One Red Edition For Him	卡莱优男士红色版	男 香
2007	CK In2U For Him	喜欢你男士	男 香	2014	CK One Summer 2014	夏日 2014 版	中性香
2007	CK One Summer 2007	夏日 2007 版	中性香	2014	Endless Euphoria	无尽诱惑	女 香
2007	Eternity Summer 2007	永恒夏日 2007 版	女 香	2014	Eternity 25th Anniversary Edition For Men	永恒 25 周年男士纪念版	男 香
2007	Eternity Summer For Men 2007	永恒夏日 2007 版	男 香	2014	Eternity 25th Anniversary Edition For Women	永恒 25 周年女士纪念版	女 香
2007	Euphoria Crystalline	诱惑水晶	女 香	2014	Eternity For Men Summer 2014	永恒夏日男士 2014 版	男 香
2007	Man	超凡男士	男 香	2014	Eternity Night	永恒之夜女士	女 香
2008	CK IN2U POP For Her	因为你流行女士	女 香	2014	Eternity Night For Men	永恒之夜男士	男 香
2008	CK IN2U POP For Him	因为你流行男士	男 香	2014	Eternity Summer 2014	永恒夏日 2014 版	男 香
2008	CK One Collector Bottle 2008	卡莱优收藏版	中性香	2014	Euphoria Gold	诱惑金色	女 香
2008	CK One Summer 2008	夏日 2008 版	中性香	2014	Euphoria Gold Men	诱惑金色男士	男 香
2008	Eternity Summer 2008	永恒夏日 2008 版	女 香	2014	Liquid Gold Euphoria	诱惑流金	女 香
2008	Eternity Summer For Men 2008	永恒夏日 2008 版	男 香	2014	Liquid Gold Euphoria Men	诱惑流金男士	男 香
2008	Euphoria Crystal Edition	诱惑璀璨版	女 香	2014	Reveal	性感展露	女 香
2008	Euphoria Men Intense	诱惑男士极致	男 香	2014	CK Free Sport	飞跃	男 香
2008	Secret Obsession	秘密爱恋	女 香	2015	CK One Summer 2015	夏日 2015 版	中性香
2009	CK In2U Heat For Her	喜欢你女士	女 香	2015	Eternity For Men Summer 2015	永恒夏日男士 2015 版	男 香
2009	CK In2U Heat For Him	喜欢你男士 2009	男 香	2015	Eternity Summer 2015	永恒夏日 2015 版	女 香
2009	CK In2U Her Collectables	喜欢你女士收藏版	女 香	2015	Reveal Men	性感展露男士	男 香
2009	CK In2U Him Collectables	喜欢你男士收藏版	男 香	2015	CK Free Energy	自由能量	男 香

Carolina Herrera
卡罗琳娜·海莱拉

CH

CAROLINA HERRERA

香水品牌卡罗琳娜·海莱拉来自纽约，它的创始人就是卡罗琳娜·海莱拉女士本人，2005 年她还获得有香水奥斯卡之称的菲菲香水大奖中的终生成就奖。

在纽约，卡罗琳娜·海莱拉香水代表着一种真正自我风格的展现。卡罗琳娜·海莱拉香水强调个人的时尚品味，其香水有许多爱好者，品味不凡的美国前第一夫人杰奎琳·欧纳西斯就是卡罗琳娜·海莱拉的忠实粉丝。自 1988 年推出第一款香水卡罗琳娜·海莱拉同名女香后，卡罗琳娜·海莱拉与她的女儿小卡罗琳娜，一起合作推出过多款香水，其中比较出名的就是以男女对香闻名的 212 系列，还有 CH 系列，以及别致等。现今其香水在阿根廷、墨西哥、拉丁美洲等地都跻身前 5 大品牌，在竞争激烈的美国市场，也常位列前 20 大香水品牌之列。

镇店名香

212 女士　212

212 是美国纽约地区的电话区域号码，卡罗琳娜·海莱拉的 212 系列香水是香水家族中唯一采用数字命名的香水，具有特别意义。香水瓶以金属与磨砂玻璃制成，状若胶囊状，科幻感十足。花香调，前调为栀子花、红橙、柠檬；中调为玫瑰、山茶花、白色百合；后调为印度椴木、麝香。

参考价格：￥800 / 100ml EDT

212 男士　212 Men

212 男香金属与磨砂玻璃制成的瓶身充满着时尚都会的流行气息，瓶身中间更镶嵌着琉璃的 212 标志，更显有型。木质的香调融入了葡萄柚、姜、鲜橙、柑橘叶、愈疮木、檀香木、白麝香的味道，与 212 女士可作为男女对香使用。

参考价格：￥640 / 100ml EDT

别致　Chic

别致女香的香水瓶受“极简主义”雕塑大师唐纳德·贾德的微型雕塑和抽象派画家马克·罗斯科的彩色矩形的启发，呈超现代的棱型造型，瓶身色彩即能透过切面和结构体向外传递，在卡罗琳娜·海莱拉香水中占据重要地位。温暖花香调，前调为保加利亚玫瑰花瓣、红色小苍兰；中调为柑桔花、橙花；后调为檀香木、香草、白麝香。特别适合都市独立女性使用。

参考价格：￥500 / 50ml EDP

收藏优选

2005

212 性感　212 Sexy

这款香水在卡罗琳娜•海莱拉香水中特别适合高雅、真诚、沉稳却不乏性感的成熟女性使用。玫瑰红色调的瓶身设计，赋予 212 性感香水一种极致浪漫性感的风情。东方花香调，前调为桔子、佛手柑、粉红胡椒；中调为新鲜花瓣、栀子花、棉花糖；后调为檀香、白麝香、香草。

参考价格： ¥800 / 100ml EDP

2007

红色贵族　CH

风格设计非常精巧，瓶身的灵感主要来自帽盒，它展现出既高雅又十分简单的设计风格。前调为佛手柑、葡萄柚、柠檬、热带水果；中调为茉莉、非洲橙花、肉桂、果仁糖；后调为檀木、广藿香、喀什米尔木、弗吉尼亚州雪松、麝香、绒面革、琥珀。

参考价格： ¥540 / 50ml EDT

2010

金色派对　212VIP

瓶身是炫目的金色，使产品散发耀眼光芒。瓶身设计有吸引力，磁性上盖设计，优美而令人爱不释手，值得入手收藏。前调为莱姆酒、百香果；中调为麝香、栀子花；后调为香草、薰草豆。

参考价格： ¥700 / 80ml EDP

CH 花园派对　CH Garden Party

此款淡香水属于限量发售，它将 CH 香水系列进行了新颖的改变，瓶身是由充满质感的淡粉红皮革包覆。瓶侧悬挂镶嵌着红色与紫色的金色坠饰进行巧妙点缀。其颜色与形状象征瓢虫、花与喷水壶，充满自然的野趣。前调为葡萄柚、凤梨、柠檬；中调为茉莉花、玫瑰花瓣；后调为檀香、雪松。

价格请店洽 EDT

2009

红色贵族男士　CH Men

瓶身的设计比例高雅华丽，瓶身暗色与红色的互相映衬使香水瓶更具神秘感。前调为佛手柑、葡萄柚；中调为藏红花、肉豆蔻核仁、木质元素、茉莉、紫罗兰；后调为橡苔、琥珀、香草、皮革、香根草、檀木、绒面革、喀什米尔木。

参考价格： ¥540 / 50ml EDT

2012

212 华丽男士　212 Glam Men

卡罗琳娜•海莱拉男香中接受度非常高的一款香水。特别适合自信、性感、风趣、精力充沛的男人。东方木质调，前调为可可、黑巧克力；中调为零陵香豆、烟草；后调为麝香、木质元素。

参考价格： ¥1000 / 100ml EDT

2012

CH 粉色的爱　CH Pink Love

CH 系列 2012 年的限量版淡香水。此款香水的销售利润的一部分会作为公益捐献，入手此香也就同时为公益项目做了奉献。瓶身采用独具特色的粉色皮革包装，瓶颈处悬挂着金色的品牌 Logo 以及心型吊坠。花果美食调，前调为柠檬、佛手柑；中调为玫瑰、沙巴茉莉、果仁糖、肉桂；后调为檀木、雪松、广藿香、喀什米尔木、麝香、琥珀。

价格请店洽 EDT

寻香名店

上海　嘉里中心·高岛屋

香港　哈维·尼克斯百货

2013

CH 紫蝶漫舞　CH Sublime

CH 系列中最优雅高贵的一款香水。香水瓶身的 CH 手提包的造型美得令人难以抗拒；深紫色的压纹皮革、玫瑰金的瓶盖既高贵又奢华；紫色蝴蝶结和金色 CH 标志起到画龙点睛的作用。前调为佛手柑、百香果花；中调为玫瑰、兰花；后调为广藿香、皮革。适合成熟、女人味十足、感性、多情细腻同时拥有幽默感的女人使用。

参考价格： ￥1 050 / 80ml EDP

藏·香·年·谱

推出时间	名称		类别	推出时间	名称		类别
1988	Carolina Herrera	卡罗琳娜·海莱拉同名	女　香	2007	212 Men Splash	212 喷溅男士	男　香
1991	Herrera For Men	海莱拉男士	男　香	2008	212 Splash 2008	212 喷溅 2008	女　香
1994	Flore	花	女　香	2008	212 Men Splash 2008	212 喷溅男士 2008	男　香
1997	Aqua Flore	水上花	女　香	2009	CH Men	红色贵族男士	男　香
2000	212	212 女士	女　香	2009	212 On Ice 2009	212 冰冻时刻 2009	女　香
2000	212 Men	212 男士	男　香	2009	212 Men On Ice 2009	212 冰冻时刻男士 2009	男　香
2002	Herrera For Men Refreshing Ginger	海莱拉男士清爽生姜	男　香	2010	212 Ice	212 冰	女　香
2002	Herrera For Men Sensual Vetiver	海莱拉男士感性香根草	男　香	2010	212 Men Ice	212 冰男士	男　香
2003	212 a Summer on Ice 2003	212 夏日冰爽 2003	女　香	2010	CH Garden Party	CH 花园派对	女　香
2003	212 Men a Summer on Ice 2003	212 夏日冰爽男士 2003	男　香	2010	CH Red & Gold	CH 红与金	女　香
2003	Carolina	卡罗琳娜	女　香	2010	212 VIP	金色派对	女　香
2003	212 H2O	212 水	女　香	2011	212 VIP Men	金色派对男士	男　香
2003	212 H2O Men	212 水男士	男　香	2011	212 Pop!	212 流行！	女　香
2003	212 White	212 白	女　香	2011	212 Men Pop!	212 流行男士	男　香
2003	212 Men White	212 白男士	男　香	2011	CH L`Eau	CH 之水	女　香
2004	Chic	别致	女　香	2011	CH Marine	CH 海洋	女　香
2004	Chic For Men	别致男士	男　香	2012	212 NYC Body Spray	212 纽约城身体喷雾	女　香
2004	Crystal Chic	别致的水晶	女　香	2012	212 Men NYC Body Spray	212 纽约城男士身体喷雾	男　香
2004	212 on Ice 2004	212 冰冻时刻 2004	女　香	2012	212 Glam	212 华丽	女　香
2004	212 Men on Ice 2004	212 冰冻时刻男士 2004	男　香	2012	212 Glam Men	212 华丽男士	男　香
2004	Herrera Aqua	海莱拉之水	女　香	2012	CH Men Sport	CH 男士运动版	男　香
2005	212 on Ice 2005	212 冰冻时刻 2005	女　香	2012	CH Pink Love	CH 粉色的爱	女　香
2005	212 Men on Ice 2005	212 冰冻时刻男士 2005	男　香	2013	212 Summer	212 夏季	女　香
2005	Chic Limited Red Edition	别致红色限量版	女　香	2013	212 Men Summer	212 夏季男士	男　香
2005	212 Sexy	212 性感	女　香	2013	CH Sublime	CH 紫蝶漫舞	女　香
2006	212 Sexy Men	212 性感男士	男　香	2013	CH Pink Limited Edition make a wish	CH 粉色的爱打造希望版	女　香
2006	212 on Ice 2006	212 冰冻时刻 2006	女　香	2014	212 Surf For Her	212 浪潮女士	女　香
2006	212 Men on Ice 2006	212 冰冻时刻男士 2006	男　香	2014	212 Surf For Him	212 浪潮男士	男　香
2006	So Chic Limited Edition	非常别致限量版	女　香	2014	212 VIP Rosé	212VIP 玫瑰	女　香
2007	CH	红色贵族	女　香	2015	CH Africa	CH 非洲版	女　香
2007	212 Splash	212 喷溅	女　香	2015	CH Men Africa	CH 非洲版男士	男　香

Caron
卡朗

CARON
PARIS

卡朗是来自法国巴黎的沙龙香水品牌，它拥有悠久的制香历史，还保留着真正的调香工作室和专属调香师。由于产品中融入的珍稀花草萃取精华和异国自然香氛使卡朗享誉全球。

卡朗香水时至今日依然坚持使用天然香材，最出名的是他家的香水喷泉，最经典的香水在其精品店内用巴卡拉的水晶瓶装盛，顾客可以拿空瓶子去接，就好像在喷泉中接水一样。

不同于一般香水先命名再调香的顺序，卡朗的每一款香水都是先由调香师收集味道、调出香味后，才设计香水瓶身，最后再为香水命名。因为要经过调香师严格地试香、调配，因此一款香水的推出历时冗长，至今卡朗推出的香水不多且以老香居多，但却以质取胜，也不轻易停产。其中尤为知名的就是黑水仙、洛可可之花、卡朗小姐等香水，非常值得入手收藏。

镇店名香

黑水仙　Narcisse Noir

卡朗最为经典的香水之一，也是由创始人欧内斯特·达尔多夫本人调制，并非常喜欢的香水，他把其作为追求女性的求爱用香。卡朗以此款香水起家。东方花香调，前调为非洲橙花、水仙；中调为茉莉、橙、玫瑰酊剂；后调为香根草、麝香、檀木。

参考价格：￥800 / 50ml EDT

洛可可之花　Fleurs De Rocaille

被时尚大师卡尔·拉格斐赞誉为“世界上最好的香水”，是永远适合女人的香水。也是著名影片《闻香识女人》中让男主角念念不忘的香气。花香醛味调，调香师是欧内斯特·达尔多夫，前调为茉莉、玫瑰酊剂、紫丁香、醛类；中调为康乃馨、依兰、铃兰、紫罗兰；后调为麝香、檀木、橡树苔、弗吉尼亚州雪松。

参考价格：￥850 / 50ml EDT

收藏优选

1919

金色烟草　Tabac Blond

卡朗最杰出的香水之一，诞生虽早却也一点不过时。造型复古别致，尤其是瓶子是巴卡拉的水晶制品，一旦拥有即是不可多得的珍藏。皮革香调，调香师为欧内斯特·达尔多夫，前调为康乃馨、皮革、菩提花；中调为香根草、鸢尾、依兰；后调为麝香、广藿香、弗吉尼亚州雪松、香草。

参考价格：￥1 500 / 50ml EDP

1932

翱翔　En Avion

娇兰名香午夜飞行的学习范本，以飞行为主题的香水，用香味向勇于飞上蓝天的女性致敬。东方花香调，调香师是欧内斯特·达尔多夫，前调为奈若利橙花、玫瑰、康乃馨、橙；中调为茉莉、橙花、紫丁香；后调为琥珀、愈伤草、檀木、麝香。

价格请店洽 EDP

1996

爱我　Aimez-Moi

卡朗香水中非常特别的一款，不像其他卡朗香水那样走老香路线，整体风格更趋时尚，与之相对应的是香水瓶身设计得也十分简约。东方花香调，前调为豆蔻、佛手柑、八角茴香、紫罗兰、薄荷；中调为鸢尾、茉莉、玫瑰酊剂、玉兰、桃；后调为木质元素、琥珀、麝香、檀木、香草。

参考价格： ¥600 / 50ml EDT

2007

蒙田　Montaigne

卡朗最为著名的东方调香水，名字来源其在巴黎蒙田大道上的精品店，非常有纪念价值。香水对香辛感觉把握得分寸极佳，具有东方的雍容感。东方花香调，前调为茉莉、香菜、苦橙、含羞草、蜜橘；中调为水仙、黑醋栗；后调为檀木、琥珀、香草。

参考价格：

¥1 200 / 50ml EDP

1934

卡枫女士

Pour Une Femme De Caron

瓶身设计风格前卫时尚，S 曲线、橙色纱带的设计使香水更为女性化，是卡朗女香中的佼佼者。西普花香调，前调为非洲橙花、橘子、橙；中调为焚香、玫瑰酊剂；后调为香根草、麝香、檀木、琥珀。

参考价格：

¥900 / 75ml EDP

2000

煽动　L'Anarchiste

香水瓶摒除了一般香水瓶身惯用的颜色，采以古铜色的铜金属为包装，是男士倔强自由性格的最好体现。木质调，调香师是理查德·布兰森。前调为非洲橙花、薄荷；中调为香根草、檀木、愈创木、弗吉尼亚州雪松、肉桂；后调为麝香。

参考价格： ¥600 / 100ml EDT

2010

圣物极致

Parfum Sacré　Eau De Parfum Intense

该香水旨在表达女性的权力和力量，紫色香水瓶身设计更突显了神秘感。东方香料调，前调为豆蔻、肉桂、胡椒；中调为香辛料、玫瑰、茉莉；后调为麝香、香草、没药。

价格请店洽 EDP

1981

夜曲　Nocturnes De Caron

在香水制作中把白花运用得非常得心应手的一款，是卡朗对旧时光的缅怀之作，是其坚守自我精神的最后屏障。花香醛味调，前调为橙、玫瑰酊剂、奈若利橙花、醛类；中调为茉莉、依兰、晚香玉；后调为香根草、麝香、檀木，特别适合浪漫时刻使用。

参考价格： ¥700 / 50ml EDT

2004

洛可可精灵　Miss Rocaille

响应 21 世纪女性对甜美事物的渴望而诞生的香水。清新而甜美，纯洁却不乏灵动，特别适合年轻女性使用。花香绿色调，前调为非洲橙花、罗勒、蜜橘；中调为睡莲、海水、铃兰；后调为麝香、开心果。

参考价格： ¥850 / 100ml EDT

2011

玫瑰狂想

Delire De Roses

这是一款出色的玫瑰香水，也是卡朗香水中的口碑款。花香调，成分选用了茉莉、荷花、玫瑰、铃兰、荔枝、绿色元素。

参考价格：

¥1 200 / 50ml EDP

柚子男士 Yuzu Man

香水的创作灵感来自日本柑橘类植物柚子，它是专门为热爱自然的男人设计，特别适合男士在夏季使用。柑橘芳香调，调香师为理查德·弗雷斯，前调为柚子、柠檬马鞭草、罗勒；中调为黑无花果、水果元素、开心果；后调为弗吉尼亚州雪松、檀木、香辛料、柚子、马鞭草、印度尼西亚罗勒、无花果、雪松、檀香、乳香。

参考价格：¥700 / 125ml EDT

2014

卡朗小姐 2014 版 Lady Caron (2014)

原版卡朗小姐的重新推出版，新版采用几何形状的包装，而原版是被装在带有自由女神像浮雕的玻璃瓶里的。这款香水的特别之处在于其包括极不寻常的花香和水果的结合，花香味被放在前调，而水果味则贯穿了整个香水的中心。花香柑苔调，前调为玉兰、橙花、白茉莉；中调为玫瑰、晚香玉、桃子、覆盆子；后调为檀木、橡树、橡树苔藓。

参考价格：¥2 000 / 100ml EDP

寻香名店

巴黎 蒙田大道卡朗精品店·圣奥诺雷街精品店·圣日耳曼大道精品店

纽约 莱克星顿大道精品店

藏·香·年·谱

推出时间	名称		类别	推出时间	名称		类别
1911	Narcisse Noir	黑水仙	女香	1993	Fleur De Rocaille (1993)	洛可可之花 1993 版	女香
1913	Violette Précieuse	紫色珍宝	女香	1996	Aimez-Moi	爱我	女香
1916	N`Aimez Que Moi	只爱我	女香	1996	Eaux De Caron Pure	纯净之水	中性香
1919	Tabac Blond	金色烟草	女香	1997	Eaux De Caron Fraiche	清爽之水	女香
1922	Nuit De Noel	圣诞夜	女香	1999	Eaux De Caron Forte	浓烈之水	中性香
1923	Narcisse Blanc	白水仙	女香	2000	Lady Caron	卡朗小姐	女香
1924	Acaciosa	阿卡西奥萨	女香	2000	L´Anarchiste	煽动	男香
1927	Bellodgia	甜心	女香	2003	Tubereuse	夜来香	女香
1927	Pois De Senteur	香豌豆	女香	2004	Miss Rocaille	洛可可精灵	女香
1932	En Avion	翱翔	女香	2005	Impact Pour Un Homme	冲击男士	男香
1934	Fleurs De Rocaille	洛可可之花	女香	2006	Eau De Reglisse Liquorice By Caron	甘草	中性香
1934	Pour Un Homme De Caron	卡朗同名男士	男香	2007	Montaigne	蒙田	女香
1934	Pour Une Femme De Caron	卡枫女士	女香	2008	Les Plus Belles Lavandes De Caronn	完美薰衣草	男香
1936	French Cancan	法国康康舞	女香	2010	Parfum Sacre Eau De Parfum Intense	圣物极致	女香
1939	Alpona	阿波娜	女香	2011	Delire De Roses	玫瑰狂想	女香
1941	Royal Bain De Caron	皇室香浴	中性香	2011	L´Accord Code 119	119 协议	女香
1947	Farnesiana	含羞草	女香	2011	Secret Oud	秘密乌木	中性香
1949	Or Et Noir	黑金	女香	2011	Yuzu Man	柚子男士	男香
1949	Rose	玫瑰	女香	2013	Aimez-Moi (2013)	爱我 2013 版	女香
1952	Muguet Du Bonheur	幸福铃兰	女香	2013	My Ylang (2013)	我的依兰	女香
1954	Poivre	辛辣	女香	2013	Nocturnes (2013)	夜曲 2013 版	女香
1970	Infini	不羁	女香	2013	Parfum Sacré (2013)	圣物 2013 版	女香
1978	Yatagan	亚特罕	男香	2013	Più Bellodgia (2013)	白洛吉亚	女香
1980	Eau De Caron	卡朗之水	女香	2014	L´Eau Cologne	古龙水	中性香
1981	Nocturnes De Caron	夜曲	女香	2014	L´Eau Pure (2014)	纯粹之水	中性香
1985	Le 3´Homme De Caron	卡朗 3 号男士	男香	2014	Lady Caron (2014)	卡朗小姐 2014 版	女香
1991	Parfum Sacré	圣物	女香	2015	Pour Un Homme De Caron Sport	卡朗同名男士运动	男香

Cartier
卡地亚

镇店名香

卡地亚与香水有着不解之缘，自卡地亚创立以来，香水就是卡地亚血脉中不可分割的一部分。自19世纪末期卡地亚开始承接显贵皇室香水盛装瓶的制作订单，由此开启了卡地亚香水的传奇。卡地亚不满足只生产香水瓶，同时也把触角延伸到香水的调制当中，同样获得了极大的成功。1981年推出的山度士男士和唯我女香，一推出就受到香水迷的好评而且畅销至今。

因为是钟表及珠宝制造商起家，卡地亚更加看重香水的设计品质，其创作灵感均源自卡地亚绝美的珠宝作品和最具代表性的主题设计，香水瓶格外精美颇具大家风范。如宣言、龙之吻、卡地亚之水、偷吻等香水都是其中的佼佼者，也为香水迷推崇备至。

唯我　Must De Cartier

卡地亚首款颠覆业界的香水，呈现出一种新的香水理念，即作为夜用型香水，其香味可以覆盖在日用型之上，并且相得益彰。绿色东方香调，调香师是让-贾克·迪纳。前调为醛类、菠萝、青橘、波斯树脂、桃、佛手柑、巴西花梨木、柠檬；中调为康乃馨、皮革、黄色水仙、麝香、兰花、鸢尾根、茉莉、香根草、奈若利橙花、依兰、玫瑰；后调为琥珀、檀木、零陵香豆、香草、香根草、果子狸。

参考价格：￥800 / 50ml EDT

山度士　Santos De Cartier

卡地亚推出的第一款香水，也是路易·卡地亚献给好友巴西飞行员山度士·杜蒙的香水。东方木质调，前调为薰衣草、杜松浆果、罗勒、柠檬、马鞭草、佛手柑；中调为迷迭香、肉豆蔻核仁、胡椒、香根草、老鹳草；后调为檀木、琥珀、广藿香、椰子、香草、雪松。

参考价格：￥700 / 50ml EDT

宣言　Déclaration

卡地亚非常著名的一款男香，斜面造型与金属设计的玻璃香水瓶充满高贵的现代感。能够展现出使用者强烈的自我风格。木质花香麝香调，由著名调香师让-克劳德·艾列纳调制。前调为艾蒿、香芹籽、香菜、桦木、橘子、佛手柑、奈若利橙花、苦橙；中调为鸢尾、生姜、肉桂、胡椒、杜松、鸢尾根、茉莉、危地马拉豆蔻；后调为皮革、琥珀、茶、塔希提香根草、橡苔、雪松。

参考价格：￥900 / 100ml EDT

收藏优选

1986

豹女郎　Panthère De Cartier

豹子造型装饰是卡地亚的经典符号，以豹子造型装饰的豹女郎香水也堪称卡地亚的经典香水，而香水瓶身上的水晶装饰则显示出华贵感。东方花香调，由著名调香师艾伯特·莫瑞拉斯调制。前调为劳丹脂、生姜、橙子花、橘子、胡椒、葡萄柚、玫瑰；中调为肉豆蔻核仁、康乃馨、晚香玉、鸢尾、栀子花、小苍兰、茉莉、卡罗卡拉第花、香根草、天芥菜、依兰、水仙；后调为檀木、零陵香豆、琥珀、广藿香、麝香、果子狸、香草、橡苔、焚香、雪松。

价格请店洽 EDP

2001

卡地亚之水　Eau De Cartier

卡地亚第一款男女皆宜的中性香水，瓶身设计得简洁利落，摆脱传统构思的喷头，在光线的反射下，散发出层叠分明的宁静感，具有极致品味，是一款颇具收藏价值的香水。柑橘芳香调，由著名调香师克里斯汀·纳格尔调制。前调为香菜、柚子、佛手柑；中调为紫罗兰叶、薰衣草、紫罗兰；后调为雪松、广藿香、麝香、白琥珀。

参考价格： ￥850 / 100ml EDT

1992

派仕　Pasha De Cartier

时尚永恒的瓶身设计，瓶盖镶嵌 Trinity 三色金环，经典大方。同时采用了经典的馥奇调，将薰衣草的瑰丽发挥得淋漓尽致。调香师是著名的雅克·卡瓦里埃。前调为薰衣草、橘子、薄荷、香芹籽、八角茴香；中调为香菜、巴西花梨木；后调为劳丹脂、檀木、广藿香、橡苔。

参考价格： ￥900 / 100ml EDT

2003

龙之吻　Le Baiser Du Dragon

瓶子的外观设计除了延续现代感与质感并重的卡地亚传统精品路线外，更充分体现出浓厚的中国文化特征，黑色的线条切割与当中的寿字型柔和融合，一阴一阳、一刚一柔巧妙平衡。东方木质调，由艾伯特·莫瑞拉斯调制。前调为栀子花、苦杏仁、杏仁香甜酒、奈若利橙花；中调为鸢尾、麝香、茉莉、雪松、玫瑰；后调为琥珀、广藿香、息香、黑巧克力、焦糖、香根草、雪松。

参考价格： ￥1 300 / 100ml EDP

1995

美丽佳人　So Pretty

卡地亚公司为了纪念创始人与其太太结婚 100 周年而特别推出的女香，非常具有纪念意义，由著名调香师让·吉拉尔调制。花香绿色调，前调为黑莓、橘子、桃、奈若利橙花、佛手柑；中调为鸢尾、兰花、鸢尾根、茉莉、铃兰、玫瑰；后调为麝香、檀木、安息香、橡苔、香根草、雪松。

参考价格：

￥2 150 / 50ml EDP

2006

欢欣　Delices

香水瓶极具设计感，采用了让人不可抗拒的深邃红色与女性化的圆弧线条；瓶身的切割工艺采用的是与钻石切割相同的工艺，极大的提升了收藏价值。花果香味调，克里斯汀·纳格尔调制，前调为粉色胡椒、樱桃、佛手柑；中调为紫罗兰、小苍兰、茉莉；后调为檀木、零陵香豆、琥珀、香草。

参考价格： ￥800 / 50ml EDT

2008

路仕达　Roadster

秉承路仕达腕表的设计理念，流线型的外型动感十足，呈现大胆简约、品味尊贵的不凡气质。芳香森林调，调香师是玛蒂尔德·劳伦，该香水成分选用了法国劳丹脂、广藿香、香草、佛手柑、薄荷、香根草。

参考价格： ￥1 000 / 100ml EDT

2010

橙香精粹

Eau De Cartier Essence D'Orange

一款活泼阳光的香水，橘色调的瓶身设计温暖平和，尤其适合夏天使用，是卡地亚中性香中很受推崇的一款。前调为佛手柑、橙；中调为紫罗兰；后调为广藿香、弗吉尼亚州雪松。

参考价格：￥800 / 100ml EDT

2012

木之精华

Eau De Cartier Essence De Bois

继承了原版卡地亚之水的中性风格，而风格更为清新芬芳，也是喜欢卡地亚之水的香水迷的心中所好。木质芳香调，前调为佛手柑、柚子、紫罗兰叶；中调为薰衣草、紫罗兰；后调为广藿香、沉香木、龙涎香、麝香。

参考价格：￥950 / 100ml EDT

2011

月光　Cartier De Lune

卡地亚专门为浪漫的、爱幻想的女人设计的香水。香水瓶造型优美，瓶子的颜色从月夜蓝色到白色渐渐过渡，透露着优雅的气息。花香木质麝香调，由著名的调香师玛蒂尔德•劳伦调制。前调为粉色胡椒、杜松浆果；中调为金银花、玫瑰、铃兰、仙客来；后调为木质元素、麝香。

参考价格：￥900 / 75ml EDT

宣言之夜　Déclaration D'Un Soir

香水瓶身造型极具创新风格，瓶身的斜角线条、抛光边缘及雕刻琢面具有现代美感。木质花香麝香调，前调为黑胡椒、豆蔻、香芹籽；中调为玫瑰、肉豆蔻核仁；后调为檀木。此款男香非常适合男士出席晚宴时使用。

参考价格：￥1 000 / 100ml EDT

寻香名店

北京	国贸商城•银泰中心•百盛购物中心•王府半岛酒店
上海	恒隆广场•国金中心
杭州	万象城•杭州大厦购物中心
长春	卓展购物中心
长沙	友谊商店
重庆	时代广场

偷吻　Baiser Vole

在香水调配中选用了皇家花卉百合花调配而成，在香水制造中实属罕见。香水瓶身的设计非常精巧，使用时需要轻按雕刻上“Stolen Kiss”标志的按钮，仿如深情一吻，浪漫的设计让人叹为观止。花香调，调香师为玛蒂尔德•劳伦，前调为百合、柑橘香；中调为百合；后调为绿色百合、绿色元素。

参考价格：￥900 / 50ml EDP

2013

派仕黑色版

Pasha De Cartier Edition Noire

对原版派仕男香重新进行演绎，尽显男士的典雅之气。木质芳香调，成分选用了柑橘香、雪松、琥珀。

参考价格：￥1 000 / 100ml EDT

2014

美洲豹　La Panthère

采用了前所未有的香水瓶设计，瓶身内部创意雕琢了美洲豹的造型，可谓香水业手工工艺制造的一大创举。西普花香调，由著名调香师是玛蒂尔德•劳伦调制，前调为大黄、草莓、干果；中调为栀子花；后调为麝香、橡苔、广藿香、皮革。

参考价格：￥1 000 / 50ml EDP

沉香和沉香　Oud & Oud

隶属于卡地亚香水最高的高级订制香水系列，由著名调香师玛蒂尔德•劳伦调制，成分选用了昂贵的沉香木。

参考价格：

￥3 700 / 75ml EDP

藏·香·年·谱

推出时间	名称		类别
1981	Santos De Cartier	山度士	男香
1981	Must De Cartier	唯我	女香
1986	Panthère De Cartier	豹女郎	女香
1987	Panthère De Cartier Eau Legere	豹之魅	女香
1989	Santos Eau De Sport	山度士运动	男香
1992	Pasha De Cartier	派仕	男香
1992	Pasha De Cartier Edition Prestige Acier	派仕钢瓶珍藏版 1992	男香
1993	Must II	唯我 2 号	女香
1995	So Pretty	美丽佳人	女香
1998	Déclaration	宣言	男香
1999	So Pretty Eau D'Or Blanc	美丽佳人白金版	女香
1999	Pasha De Cartier Fraicheur Menthe	派仕清新薄荷	男香
2000	Must De Cartier Pour Homme	唯我男士	男香
2000	Must Cartier Pour Homme Essence	精髓	男香
2000	So Pretty Sirop Des Bois	美丽佳人树莓	女香
2000	So Pretty Eau Fruitee	果漾美艳	女香
2001	So Pretty Rose Verte	绿色玫瑰	女香
2001	Déclaration Bois Bleu	宣言蓝调	男香
2001	Déclaration Essence	行动宣言	男香
2001	Eau De Cartier	卡地亚之水	中性香
2002	Eau De Cartier Concentree	自信之水	中性香
2003	Eau De Cartier Concentree Édition Limitée	自信之水限量	中性香
2003	Le Baiser Du Dragon	龙之吻	女香
2003	So Pretty Eau Fine	美丽佳人清淡版	女香
2006	Delices	欢欣	女香
2007	Delices De Cartier Eau Fruitee	欢欣果漾	女香
2007	Eau De Cartier Concentree Édition Limitée 2007	自信之水 2007 限量版	中性香
2008	Delices De Cartier Eau De Parfum	欢欣 EDP 版	女香
2008	Déclaration Édition Limitée	宣言限量版	男香
2008	Déclaration Essence Limited Edition	宣言精华限量版	男香
2008	Roadster	路仕达	男香
2009	Roadster Sport	路仕达运动	男香
2009	La Treizieme Heure XIII	第十三时	中性香
2009	L´Heure Brilliant VI	时之辉煌	中性香
2009	L´Heure Folle X	时之疯狂	中性香
2009	L´Heure Mysterieuse XII	时之神秘	中性香
2009	L´Heure Promise I	时之承诺	中性香
2010	Roadster Black	黑色路仕达	男香
2010	Delices De Cartier Édition Limitée 2010	欢欣 2010 限量版	女香
2010	Déclaration Cologne	宣言古龙水	男香
2011	Eau De Cartier Essence D´Orange	橙香精粹	中性香
2011	Eau De Cartier Essence D´Orange Limited Edition 2011	橙香精粹 2011 限量版	中性香
2011	Cartier De Lune	月光	女香
2011	Baiser Volé	偷吻	女香
2011	L´Heure Convoiteé II	时之魅惑	女香
2011	L´Heure Defendue VII	时之抗辩	女香
2011	L´Heure Diaphane VIII	时之透明	女香
2011	L´Heure Fougueuse IV	时之昂扬	中性香
2012	Eau De Cartier Essence De Bois	木之精华	中性香
2012	Déclaration D'Un Soir	宣言之夜	男香
2012	Baiser Volé Eau De Toilette	偷吻 EDT 版	女香
2012	Baiser Volé Extrait De Parfum	偷吻精粹	女香
2012	Baiser Volé Shimmering Eau De Parfum Spray	偷吻微光 EDP 版	女香
2012	L´Heure Vertueuse III	时之至真	中性香
2013	Roadster Sport Speedometer Limited Edition	路仕达运动速度表限量版	男香
2013	Eau De Cartier Zeste De Soleil	激爽阳光	中性香
2013	Goutte De Rose	心之水玫瑰	女香
2013	Pasha De Cartier Edition Noire	派仕黑色版	男香
2013	Baiser Volé Essence De Parfum	偷吻精华	女香
2014	Déclaration D´Un Soir Intense	宣言之夜极致	男香
2014	Déclaration L´Eau	宣言之水	男香
2014	La Panthère	美洲豹	女香
2014	La Panthère Extrait	美洲豹香精	女香
2014	Baiser Volé Lys Rose	虏获香吻玫瑰	女香
2014	Oud & Musc	沉香和麝香	中性香
2014	Oud & Oud	沉香和沉香	中性香
2014	Oud & Rose	沉香和玫瑰	中性香
2015	Eau De Cartier Vetiver Bleu	心之水悠蓝	中性香
2015	La Panthère Legere	美洲豹特别版	女香
2015	L´Heure Perdue XI	时之怀旧	中性香

Cerruti
卓诺迪

CERRUTI

卓诺迪是来自意大利的时尚服饰品牌，香水是卓诺迪品牌的重要组成部分，具有着优雅的格调与意大利式的时尚风情。

卓诺迪香水主要由卓诺迪和卓诺迪 1881 两大支线系列组成，其推出的产品特别适合走简约舒适、低调优雅路线的人群。虽然其推出的香水作品不多，但制作保持了较高的水平，并没有特别失败的香水作品，其中的卓诺迪 1881 女士、黑色 1881 等都是值得入手的香水作品。

卓诺迪 1881 女士　Cerruti 1881

卓诺迪 1881 系列的首款女香，也是卓诺迪非常流行的女香，特别适合现代并具有典雅气质的女性。花香调，前调为含羞草、鸢尾草、紫罗兰、佛手柑、亚麻花；中调为橘花、洋甘菊、天竺葵、茉莉、紫檀、亚麻花；后调为香柏、琥珀、麝香、檀香。

参考价格：￥600 / 100ml EDT

印象女士　Image Woman

采用造型出众的磨砂玻璃瓶和独特的喷嘴设计，设计风格充满创造力与前瞻性，特别适合都市女人日常使用。柑橘馥奇调，前调为葡萄柚、胡椒、绿叶；中调为薄荷；后调为桦木、雪松、琥珀、皮革。

参考价格：￥500 / 75ml EDT

2006

黑色 1881　1881 Black

限量版，国内少见。与原版相比味道更为清新，更适合东方人，也适合夏日使用。东方木质调，前调为薰衣草、胡椒、苦橙；中调为肉豆蔻核仁、香芹籽、雪松；后调为沉香木、愈创木、杏仁蛋白软糖。

参考价格：￥600 / 100ml EDT

2006

白色 1881　1881 Blanc

限量版。与黑色 1881 组成男女对香，颇具收藏价值。花香木质麝香调，前调为醛类、梨、白葡萄柚；中调为小苍兰、栀子花、棉花；后调为香草、白麝香。

参考价格：￥1 250 / 100ml EDP

2007

夏日之水　Lumi ères D'Ete

限量版香水。设计风格独特、雅致、简洁，极具现代典雅气息。花香柑苔调，前调为佛手柑、橘子、桃子；中调为木兰、玫瑰、牡丹；后调为白麝香、广藿香。

参考价格：￥850 / 100ml EDT

2009

纯水

L'Essence De Cerruti

以优雅兼具性感而备受卓诺迪香水的香水迷推崇。麝香皮革调，前调为佛手柑、胡椒；中调为皮革、藏红花、木质元素；后调为麝香、琥珀、雪松。

参考价格：

￥400 / 50ml EDT

2011

风格　Fairplay

1881 男士香水的自然延续，以充满男性阳刚气息并动感十足著称。木质香料调，前调为香菜、阿马尔菲柠檬、胡椒；中调为迷迭香、肉豆蔻核仁、罗勒；后调为檀木、广藿香、零陵香豆。

参考价格：￥600 / 100ml EDT

2013

水之韵味　Acqua Forte

展现了经典古龙水的现代风格。气息强烈且提神，由法国著名吉他手托马斯·杜特朗代言。水生馥奇调，前调为柚子、小豆蔻；中调为罗勒；后调为玫瑰木、克什米尔木。

参考价格：

￥450 / 70ml EDT

2014

贝拉晚报女士　Bella Notte Woman

瓶身设计保留了原版香水的风格，同时又大胆地进行了创新，深蓝色的色彩为此款女香增加了神秘色彩，是卓诺迪近年来不可多得的香水佳作。花香木质麝香调，前调为黑莓、佛手柑；中调为橙花；后调为琥珀、麝香、香草。

参考价格：￥350 / 30ml EDP

寻香名店

除法国各地的丝芙兰能购得卓诺迪香水外，网购也是收藏卓诺迪香水的方便途径。

草莓网 http://cn.strawberrynet.com

亚马逊 http://www.amazon.com

Theperfumespot 网　http://www.theperfumespot.com

藏·香·年·谱

推出时间	名称		类别	推出时间	名称		类别
1881	Amber Pour Homme	琥珀男士	男香	2007	Lumières D´Ete	夏日之水	女香
1979	Nino Cerruti	尼诺男士	男香	2007	Cerruti Pour Homme	同名男士	男香
1987	Nino Cerruti Pour Femme	尼诺女士	女香	2008	1881 Intense Pour Homme	极致 1881 男士	男香
1990	Cerruti 1881 Men	卓诺迪 1881 男士	男香	2008	En Fleurs	花语	女香
1995	Cerruti 1881	卓诺迪 1881 女士	女香	2008	Cerruti Pour Homme Couture Edition	同名男士高端限量版	男香
1998	Image	印象男士	男香	2008	Image Fresh Energy	清新活力	男香
2000	Image Woman	印象女士	女香	2009	1881 Fraîcheur D´Ete	1881 夏日清新	女香
2000	Image Harmony	怡然之景	男香	2009	L´Essence De Cerruti	纯水	男香
2003	Eau D´Ete	夏日之水	女香	2011	Fairplay	风格	男香
2003	CerrutiSi	卓诺迪 si	男香	2012	Série Limitée	2012 限量版	男香
2004	Eau D´Ete 2004	夏日之水 2004 版	女香	2013	Acqua Forte	水之韵味	男香
2004	Summer Fragrance Pour Homme	夏日男士	男香	2014	Bella Notte Man	贝拉晚报男士	男香
2005	1881 Collection	1881 珍藏版	女香	2014	Bella Notte Woman	贝拉晚报女士	女香
2006	1881 Black	黑色 1881	男香	2015	Edition Blanche	布兰奇	女香
2006	1881 Blanc	白色 1881	女香	2015	Edition Blanche Pour Homme	布兰奇男士	男香

Chanel
香奈儿

曾经有一种说法在香水爱好者中十分盛行：如果你不曾用过香奈儿的香水，那么你就称不上用过香水。可以说香奈儿香水不但是品牌旗下最出名的产品类型，更创造了整个香水界的神话。

香奈儿只同世界上最优秀的调香师合作，其中就包括恩尼斯·鲍、贾克·波巨等人，可以说他们的名字就是香水品质的保证。更为难得的是，与其他品牌的香水比较，香奈儿的香料一直是不可取代的，香奈儿香水中经常用到的五月玫瑰、格拉斯茉莉等香料都遵循着严格的采摘原则，甚至形成了特有的采摘文化。

毫无疑问，香奈儿最著名的香水非恩尼斯·鲍调制的5号香水莫属，迄今为止它不但为香奈儿香水赢得了无数赞誉，更成为一种文化现象让世人瞠目结舌。而香奈儿珍藏系列香水在原材料的选择与产量的珍稀性上，更体现着香奈儿香水的精致奢华，它们只在香奈儿香水空间和精品店中销售，想收集齐全更需要花费一番心思。

镇店名香

香奈儿5号　Chanel N°5

香奈儿5号香水是史上第一瓶以设计师命名的香水，也是历史上最赚钱的香水，影响力早已超出了香水的范畴，化身为现代精神的象征。由著名的调香师恩尼斯·鲍调制，花香醛味调，前调为醛类、奈若利橙花、依兰、佛手柑、柠檬；中调为鸢尾、鸢尾根、茉莉、铃兰、玫瑰；后调为琥珀、檀木、广藿香、麝香、果子狸、香草、橡苔、香根草。

参考价格：￥1 400/100ml EDP

香奈儿19号
Chanel N°19

以香奈儿女士的生日8月19日命名，在香水界以独特的成分造成轰动，也是香奈儿女士最后一支亲自推荐的香水，更是香奈儿女士最常用的香水。适合年轻、自主、思想前卫的都会女子。花香绿色调，调香师是亨利·罗伯特。前调为波斯树脂、风信子、奈若利橙花、佛手柑；中调为鸢尾、鸢尾根、茉莉、依兰、铃兰、玫瑰、水仙；后调为皮革、檀木、麝香、橡苔、香根草、雪松。

参考价格：

￥1 050/100ml EDT

邂逅　Chance

邂逅是香奈儿外包装及瓶身摆脱了过往的设计，有别于香奈儿经典香水的方形瓶身，是香奈儿史上第一款圆形香水瓶香水。调香师为贾克·波巨，西普花香调。前调为菠萝、鸢尾、广藿香、粉色胡椒、风信子；中调为茉莉、柠檬；后调为麝香、广藿香、香草、香根草。

参考价格：￥750/50ml EDT

收藏优选

1981

力度　Antaeus

香奈儿调香师贾克·波巨创造的第一款男香，也是香奈儿男香中最为粗犷的一款。是一款极度复杂的香水，包含超过 95 种原料，风格浓郁又低调。木质西普调，前调为香菜、佛手柑、阿马尔菲柠檬、青柠、快乐鼠尾草、没药；中调为茉莉、百里香、玫瑰、罗勒；后调为法国劳丹脂、广藿香、橡苔、海狸香。

参考价格：￥650 / 50ml EDT

1984

可可　Coco

以创始人香奈儿的昵称命名，也是为纪念香奈儿女士推出的，由著名调香师贾克·波巨调制，将果香、花香、草香、龙涎香有机结合。东方香调，前调为香菜、石榴花、橘子、桃、茉莉、保加利亚玫瑰；中调为含羞草、丁香、橙花、四叶草、玫瑰；后调为劳丹脂、琥珀、檀木、零陵香豆、愈伤草、果子狸、香草。

参考价格：￥1 200 / 30ml EDP

1990

自我　Égoïste

很受女性欢迎的一款香奈儿男香，香奈儿抓住了女性奥妙的心态，用逆向的思考的方式设计了自我香水的香味，轻易掳获女性的心。适合都市雅痞男士使用。木质调，前调为桃花心木、西西里岛橘子、巴西花梨木、香菜；中调为康乃馨、肉桂、大马士革玫瑰；后调为皮革、檀木、香草、烟草、琥珀。

参考价格：￥750 / 100ml EDT

1996

魅力　Allure

香奈儿经过 10 年时间研制而出，与传统的香水比较，魅力女香没有前、中、后调之分，也无种族、年龄、个性的限定，而是将各种风情的女郎结合起来，散发女人的魅力。由调香师贾克·波巨调制，东方花香调，成分中含有茉莉、睡莲、香草、柠檬、橘子、金银花、小苍兰、玉兰、西番莲果。

参考价格：￥500 / 75ml EDT

1998

香奈儿之花　Une Fleur De Chanel

纽约香奈儿专卖店限定品，为纪念 1998 年香奈儿设计师卡尔·拉格斐举办的切尔西花展而推出，仅一个月就全部售罄，堪称一代传奇女香。2004 年 12 月纽约香奈儿专卖店再度限定推出，尤显珍贵。花香绿色调，成分中含有茉莉、绿色元素、柑橘香。

参考价格：￥1 300 / 35ml EDT

1999

魅力男士　Allure Pour Homme

1999 年推出的当年即获得香水奥斯卡菲菲奖年度男香之星大奖，以四种独立且各具特色的气味层次突显现代男士面貌。东方木质调，前调为生姜、薰衣草、橘子、桃、佛手柑、柠檬；中调为栀子花、广藿香、小苍兰、茉莉、香根草、八角茴香、雪松、胡椒、玫瑰、巴西花梨木；后调为皮革、檀木、零陵香豆、琥珀、麝香、安息香、椰子、橡苔、香草。

参考价格：￥650 / 50ml EDT

2001

可可小姐　Coco Mademoiselle

可可小姐不是从可可香水衍生而来，而是香奈儿对于井然有序、庄重与含蓄精神的全新诠释，将香奈儿女士的精神，以现代的风味重新诠释。这款女香曾荣获菲菲奖最佳香水广告大奖，整体风格呈现现代色彩，值得入手收藏。西普花香调，前调为橙、橘子、橙子花、佛手柑；中调为含羞草、茉莉、土耳其玫瑰、依兰；后调为零陵香豆、广藿香、愈伤草、香草、香根草、白麝香。

参考价格：￥550 / 50ml EDT

香奈儿5号低调奢华版

Chanel N° 5 Eau Première

沿袭了经典5号的优点，使用了经典5号的原有香料，同时更为清新，更符合现代潮流。在包装上沿用了香奈儿一贯的简洁风格，删减所有不必要的包装设计，只留下简单的Logo标志，形成强大的极简的美学力量。花香醛味调，前调为奈若利橙花、依兰、醛类；中调为茉莉、玫瑰酊剂；后调为香根草、檀木、香草。

参考价格：￥1 300 / 150ml EDP

2007

珍藏系列东方屏风

Les Exclusifs De Chanel Coromandel

以香奈儿女士钟爱的东方屏风为设计灵感，具有浓郁的东方风情，值得入手收藏。东方木质调，由贾克·波巨调制。前调为柑橘香、苦橙、奈若利橙花；中调为茉莉、玫瑰、广藿香、鸢尾草；后调为焚香、乳香、安息香、木质元素、麝香、塔希提香草、白巧克力。

参考价格：￥2 400 / 200ml EDP

邂逅清新　Chance Eau Fraiche

2007夏季限量版，是香奈儿邂逅香水中最清新的一款女香，非常适合春夏使用，一举打破了人们习惯认为的香奈儿只出浓香的偏见。西普花香调，调香师是贾克·波巨。前调为柠檬、雪松；中调为粉色胡椒、水葫芦、茉莉；后调为柚木、鸢尾、琥珀、广藿香、香根草、白麝香。

参考价格：￥750 / 50ml EDP

珍藏系列岛屿森林

Les Exclusifs De Chanel Bois Des Iles

1926年推出的岛屿森林是史上第一瓶女性木质调香水，调香师为恩尼斯·鲍，2007年香奈儿推出了此款女香的复刻版，收入珍藏系列中，且只在香奈儿的香水空间和精品店发售。东方木质调，前调为醛类、香菜、桃、佛手柑、奈若利橙花、橘子；中调为鸢尾、紫丁香、鸢尾根、茉莉、依兰、铃兰、玫瑰；后调为琥珀、檀木、零陵香豆、愈伤草、麝香、安息香、香根草、香草。

参考价格：

￥1 500 / 75ml EDT

2008

珍藏系列梧桐影木

Les Exclusifs De Chanel Sycomore

以香根草为主调的顶级香水。1930年，香奈儿女士曾提议创作一款木香调的香水，但最终没有产生批量制作的成品，而珍藏系列梧桐影木就是调香师贾克·波巨与克里斯多夫·谢爵克对香奈儿女士心愿的跨时空实现。木质花香麝香调，成分选用了香根草、檀木、醛类、烟草、紫罗兰、丝柏、杜松、粉色胡椒、香辛料系元素。

参考价格：￥2 400 / 200ml EDT

眼魅力的女香，调香师为贾克·波巨和克里斯多夫·谢爵克。花香木质麝香调，前调为葡萄柚、佛手柑；中调为茉莉、玫瑰、水仙、老鹳草；后调为零陵香豆、广藿香、檀木、香草、白麝香、乳香。

参考价格： ￥1 150 / 50ml EDP

2010

邂逅柔情　Chance Eau Tendre

香奈儿香水中以花果香调闻名的一款女香，不是香奈儿香水中常见的成熟稳重香味，更适合喜欢浪漫香味的年轻女性。前调为葡萄柚、木梨；中调为茉莉、风信子；后调为麝香、鸢尾、弗吉尼亚州雪松、琥珀。

参考价格： ￥1 050 / 100ml EDT

蔚蓝　Bleu De Chanel

香奈儿辨识度极高的标志性男香，也是香奈儿打破既有规则的男性香水代表作。香奈儿第一款芬芳木香调的香水，适合内敛优雅、自信开朗的年轻男性。木质芳香调，调香师为贾克·波巨，成分选用了劳丹脂、肉豆蔻核仁、生姜、檀木、广藿香、薄荷、茉莉、葡萄柚、柠檬、香根草、焚香、雪松和粉色胡椒。

参考价格： ￥750 / 50ml EDT

寻香名店

北京　新世界百货·老佛爷百货·双安商场·君太百货·汉光百货·王府井百货·华联百货·赛特购物中心

上海　新世界百货·久光百货·国金中心·梅陇镇伊势丹百货·第一八百伴

成都　国金中心商场·仁和春天百货

厦门　巴黎春天百货

广州　太古汇商场

香港　时代广场·太子大厦

澳门　四季酒店·永利酒店

台北　101 购物中心·新光三越百货·崇光百货

藏·香·年·谱

推出时间	名称		类别	推出时间	名称		类别
1921	Chanel N°5	香奈儿 5 号	女 香	2007	Les Exclusifs De Chanel N°18	珍藏系列 18 号	女 香
1921	Chanel N°5 Eau De Toilette	香奈儿 5 号 EDT 版	女 香	2007	Les Exclusifs De Chanel Gardénia	珍藏系列栀子花	女 香
1921	Chanel N°5 Eau De Cologne	香奈儿 5 号古龙水	女 香	2007	Les Exclusifs De Chanel N°22	珍藏系列 22 号	女 香
1921	Chanel N°5 Parfum	香奈儿 5 香精	女 香	2007	Les Exclusifs De Chanel 28 La Pausa	珍藏系列法式别墅 28 号	女 香
1946	Chanel N°46	香奈儿 46 号	女 香	2007	Les Exclusifs De Chanel 31 Rue Cambon	珍藏系列康鹏街 31 号	女 香
1655	Pour Monsieur	绅士	男 香	2007	Les Exclusifs De Chanel Bois Des Iles	珍藏系列岛屿森林	女 香
1970	Chanel N°19	香奈儿 19 号	女 香	2007	Les Exclusifs De Chanel Bel Respiro	珍藏系列绿色气息	女 香
1970	Chanel N°19 Parfum	香奈儿 19 号香精	女 香	2007	Les Exclusifs De Chanel Coromandel	珍藏系列东方屏风	女 香
1974	Cristalle	水晶恋	女 香	2007	Les Exclusifs De Chanel Cuir De Russie	珍藏系列俄罗斯皮革	女 香
1981	Antaeus	力度	女 香	2007	Les Exclusifs De Chanel Eau De Cologne	珍藏系列清新古龙水	女 香
1981	Chanel N°19 EDP	香奈儿 19 号 EDP	女 香	2008	Les Exclusifs De Chanel Beige	珍藏系列米色时尚	女 香
1984	Coco	可可	女 香	2008	Les Exclusifs De Chanel Sycomore	珍藏系列梧桐影木	女 香
1989	Pour Monsieur Concentree	绅士浓缩版	男 香	2009	Allure Homme Edition Blanche	白色魅力男士	男 香
1990	Égoïste	自我	男 香	2010	Cristalle Eau Verte	水晶恋绿意	女 香
1992	Égoïste Cologne Concentree	自我浓缩古龙水	男 香	2010	Coco Mademoiselle Parfum	可可小姐香精	女 香
1993	Égoïste Platinum	白金	男 香	2010	Bleu De Chanel	蔚蓝	男 香
1996	Allure	魅力	女 香	2011	Chance Eau Tendre	邂逅柔情	女 香
1998	Une Fleur De Chanel	香奈儿之花	女 香	2011	Chanel N°19 Poudre	香奈儿 19 号淡雅倾心版	女 香
1999	Allure Eau De Parfum	魅力 EDP 版	女 香	2012	Les Exclusifs De Chanel Jersey	珍藏系列自由旅程	女 香
1999	Allure Pour Homme	魅力男士	男 香	2012	Allure Homme Sport Eau Extreme	魅力极限运动	男 香
2001	Coco Mademoiselle	可可小姐	女 香	2012	Coco Mademoiselle L´Extrait	可可小姐精粹版	女 香
2002	Coco Mademoiselle Eau De Toilette	可可小姐 EDT 版	女 香	2012	Coco Noir	可可小姐黑色	女 香
2002	Allure Eau Fraichissante Pour L´Ete	魅力女士清新之水夏季版	女 香	2013	Les Exclusifs De Chanel 1932	珍藏系列 1932	女 香
2002	Allure Homme Eau Fraichissante Pour l´Ete	魅力男士清新之水夏季版	女 香	2014	Allure Homme Edition Blanche Eau De Parfum	白色魅力男士 EDP 版	男 香
2003	Chance	邂逅	女 香	2014	Bleu De Chanel Eau De Parfum	蔚蓝 EDP	女 香
2004	Chanel N°5 Elixir Sensuel	香奈儿 5 号诱惑	女 香	2014	Coco Noir Extrait	可可小姐黑色精粹版	女 香
2004	Allure Homme Sport	魅力男士运动	男 香	2014	Les Exclusifs De Chanel 1932 Parfum	珍藏系列 1932 香精	女 香
2005	Allure Sensuelle	感性魅力	女 香	2014	Les Exclusifs De Chanel Beige Parfum	珍藏系列米色时尚香精	女 香
2006	Allure Sensuelle Eau De Toilette	感性魅力 EDT 版	女 香	2014	Les Exclusifs De Chanel Jersey Parfum	珍藏系列自由旅程香精	女 香
2006	Allure Sensuelle Parfum	感性魅力香精	女 香	2015	Chance Eau Vive	邂逅活力之水	女 香
2007	Chance Eau Fraiche	邂逅清新	女 香	2015	Chance Parfum	邂逅香精	女 香
2007	Chanel N°5 Eau Première	香奈儿 5 号低调奢华版	女 香	2015	Chanel N°5 Eau Preniére (2015)	香奈儿 5 号低调奢华版 2015 版	女 香
2007	Allure Homme Sport Cologne Sport	魅力男士运动古龙水	男 香	2015	Les Exclusifs De Chanel Misia	珍藏系列米西亚	女 香

Chloé
蔻依

Chloé

在香水界，蔻依旗下的香水虽然不多，但并不影响其成为顶尖的香水品牌。时任蔻依设计师的卡尔·拉格菲尔德推出的蔻依同名女香，刚一推出不但迅速掳获了美国女性的心，至今仍是世上销量最佳的香水之一。而且吸引了众多香水品牌争相模仿“蔻依的味道”，创造了香水史上的传奇。裹挟着同名的声威，新版的蔻依同名依然好评无数，也是香水迷应该收藏的蔻依香水之一。

在步入新世纪之初，蔻依与著名的科蒂香氛集团合作，请出首席调香师迈克尔·艾麦瑞克和阿曼戴·马瑞捕捉品牌的俏皮特质，重新诠释“蔻依的味道”，推出大受欢迎的以玫瑰为主调的香水，瓶身多以各色丝带做装饰点缀，这些被香水迷俗称的寇依各种丝带女香，将经典的玫瑰香味，转化成光采活跃的香气，极大地提升了蔻依香水的时尚感，多为爱好者推崇，也属于不可不入的蔻依香水。

镇店名香

爱之颂　Love

具有古典气息的香水，现代创作中难能可贵的复古之作，复古的瓶身设计值得玩味。香水瓶身采用镶金设计并挂有金链提升了奢华感。花香调，前调为非洲橙子花、粉色胡椒；中调为鸢尾、风信子、天芥菜、紫丁香、紫藤；后调为麝香、大米、粉香元素。

参考价格：￥850 / 50ml EDP

蔻依同名　Chloé

蔻依同名女香的原版，由“老佛爷”卡尔·拉格菲尔德主持下推出，调香师为贝蒂·巴斯，荣获香水奥斯卡菲菲奖最佳设计奖。配方中含有178种芬芳花香香精，花香调，前调为醛类、金银花、橙子花、椰子、紫丁香、桃、风信子、依兰、佛手柑；中调为康乃馨、晚香玉、鸢尾根、茉莉、玫瑰、水仙；后调为檀木、琥珀、麝香、安息香、橡苔、雪松。

参考价格：￥600 / 90ml EDT

蔻依浓郁　Chloé Eau De Parfum Intense

延续了蔻依玫瑰花香的经典主题，是蔻依女香中以浪漫著称的名香，尤其适合冬季使用。花香调，成分选用了玫瑰、粉色胡椒、檀木、零陵香豆。

参考价格：￥950 / 50ml EDP

收藏优选

1992

自恋　Narcisse

“老佛爷”卡尔·拉格菲尔在蔻依工作时的推出的另一款香水杰作，口碑极佳。东方花香调，调香师来自IFF国际香料公司。前调为菠萝、杏、橙子花、紫罗兰、桃、金盏草；中调为香辛料、康乃馨、栀花、茉莉、玫瑰精油、玫瑰、水仙；后调为妥鲁香脂、檀木、麝香、香草、雪松。

参考价格： ￥600 / 50ml EDT

2008

蔻依同名EDP版　Chloé Eau De Parfum

蔻依重归香水市场的标志，也是很受欢迎的经典女香，呈现出法式的优雅、自信和女性魅力。这款女香由迈克尔·艾麦瑞克和阿曼戴·马瑞调制，以玫瑰调为主，与原版同名以晚香玉为主不同，香调更为时尚清新，适合日常使用。东方花香调，前调为牡丹、小苍兰、荔枝；中调为玫瑰、铃兰、玉兰；后调为琥珀、弗吉尼亚州雪松。

参考价格： ￥1 070 / 75ml EDP

蔻依精纯　Chloé Lisy

以其精致的瓶身，体现了蔻依独特的标志性魅力。平滑的玻璃瓶代替了经典香水瓶上的垂直皱褶，刻有蔻依标志的美丽镀银瓶盖完美保留了蔻依的经典神韵，而包装盒的限量版皮革外盒更显奢华，极具收藏价值。花香调，前调为牡丹、荔枝、小苍兰；中调是玫瑰、玉兰、铃兰；后调为琥珀、弗吉尼亚州雪松、白蜂蜜。

参考价格： ￥1 300 / 15ml Parfum

寻香名店

北京　国贸商城·金融街购物中心

上海　中信泰富广场·港汇广场·环贸广场·K11购物艺术中心·丝芙兰

杭州　杭州大厦

成都　美美力诚百货

深圳　万象城

台北　微风广场

香港　海港城·国际金融中心商场·太古广场

2010

金莲花

Eau De Fleurs Capucine

蔻依经典花香系列中大热的一款女香，无论是香水本身，还是外形，都体现出简约不失细腻、奢华与高雅并存的品牌特点。由著名调香师路易丝·特纳调制，花香绿色调，前调为绿色元素、佛手柑、阿马尔菲柠檬、奈若利橙花、波斯树脂、杜松浆果、鼠尾草；中调为玫瑰酊剂、铃兰、茉莉；后调为麝香、5-环十六烯-1-酮。

参考价格： ￥1 200 / 100ml EDT

2013

玫瑰　Roses De Chloé

为了庆祝品牌诞辰50周年而推出。包装呈现典雅的玫瑰色调，以蔻依特有的经典透明的瓶身设计做搭配，以粉红缎带衬托出香水的优雅与娇贵，适合少女使用。花香调，前调为佛手柑；中调为大马士革玫瑰、玉兰花；后调为白麝香、琥珀。

参考价格： ￥700 / 50ml EDT

藏·香·年·谱

推出时间	名称		类别	推出时间	名称		类别
1975	Chloé	蔻依同名	女香	2010	Love	爱之颂	女香
不详	Fleur De Narcisse	水仙花	女香	2011	Love Eau Intense	浓爱之水	女香
1992	Narcisse	自恋	女香	2011	Chloé Rose Edition	限量版玫瑰	女香
1995	Innocence	纯真	女香	2012	Love Purse Spray	挚爱	女香
2005	Chloé Collection 2005	蔻依2005收藏版	女香	2012	Love Chloé Eau Florale	爱在花漾	女香
2008	Chloé Eau De Parfum	蔻依同名EDP版	女香	2012	L´Eau De Chloé	纯翠	女香
2008	Chloé Lisy	蔻依精纯	女香	2012	See By Chloé	俏女士	女香
2009	Chloé Eau De Parfum Intense	蔻依浓郁	女香	2013	Roses De Chloé	玫瑰	女香
2009	Chloé Eau De Toilette	蔻依同名EDT版	女香	2014	See By Chloé Eau Fraîche	俏女士清新版	女香
2010	Eau De Fleurs Capucine	金莲花	女香	2014	Love Story	爱情故事	女香
2010	Eau De Fleurs Lavande	薰衣草	女香	2015	Chloé Eau De Toilette 2015	蔻依同名EDT2015版	女香
2010	Eau De Fleurs Neroli	橙花	女香	2015	See By Chloé Si Belle	裙摆女孩	女香

Chopard
萧邦

Chopard

萧邦以专业生产怀表和精密时计起家，而后凭借着卓越的钟表、珠宝制作工艺而成为世界上最著名的钟表品牌之一。而后，凭借其在时尚领域的巨大声名，萧邦将品牌版图拓展到香水市场，并赢得了不俗的口碑。萧邦香水多从品牌系列珠宝的设计中汲取灵感，瓶身的设计风格华美浪漫，与珠宝相得益彰，香调也非常适合都市男女的口味。

萧邦推出的香水虽不多，但其中也不乏精品，如愿望之光蓝钻、永恒、恋恋紫水晶、粉红心钻、高贵雪松等都是其长盛不衰的香水。

镇店名香

愿望之光蓝钻　Wish

由著名设计师法布里斯·勒格罗设计的瓶身光灿夺目，模仿多面切割的钻石形状，用夜空般的深蓝色做包装色，标新立异，具有独特的魅力。东方香草调，由娜塔莉·劳森调制。前调为洋梨、黑加仑子、中国醋栗、日本柚子；中调为广霍香花、木兰、茉莉、新鲜桂花；后调为薰香、龙涎香、香草豆、太妃、零陵香豆。

参考价格： ￥750 / 75ml EDP

恋恋紫水晶　Happy Spirit

香水瓶身线条来自萧邦“Happy Spirit”珠宝的设计概念，以精致的两颗心相互交迭的造型，寓意两个人相遇并坠入爱河的甜美时光，整体设计精巧别致。花香调，调香师为多米尼克·如宾。前调为覆盆子、苦橙；中调为金银花、桂花；后调为琥珀，麝香、喀什米尔木。

参考价格： ￥650 / 75ml EDT

永恒　Infiniment

具有划时代意义的香水，水晶球型香水瓶上的皇冠饰物镶着如白金般的金属，显得性感而独特。花香木质麝香调，由著名调香师艾伯特·莫瑞拉斯调制。前调为苦橙叶、佛手柑、四川花椒；中调为晚香玉、荷花、保加利亚玫瑰；后调为檀木、麝香、安息香。

参考价格： ￥750 / 50ml EDP

收藏优选

2005

粉红心钻　Wish Pink Diamond

萧邦针对亚洲市场特别设计推出的女香，将充满浪漫气氛的粉红花香与晶莹闪耀的钻石造型瓶身结合，在日本上市期间创下了38家百货香水类销售排行第一的空前佳绩。花香果味调，调香师为亚历山德拉·儒埃。成分选用了杏、檀木、琥珀、橘子、麝香、小苍兰、桂花、梨、奈若利橙花、玫瑰。

参考价格： ¥550 / 30ml EDT

2009

恋恋红水晶　Happy Spirit Elixir D'Amour

香水瓶的设计灵感来源于最浪漫的萧邦Toi et Moj钻戒：两颗交相辉映的宝石面对面，仿佛即将拥抱。精致的心形瓶身代表了爱人间的和谐共处。半透明的萧邦"丝带"围绕着瓶身，努力将两颗心紧紧联系在一起，多面瓶盖更是点睛之笔。花香调，前调为黄色小苍兰；中调为沙巴茉莉；后调为喀什米尔木、琥珀、白麝香。

参考价格： ¥900 / 50ml EDP

2007

绿色心钻　Wish Turquoise Diamond

瓶身设计沿袭经典的钻石造型，自然清透的年轻气息却不失优雅，加入了更多比重的果香，特别适合年轻女性在夏季使用。花香调，调香师是厄休拉·万德尔。前调为荔枝、小苍兰、桃、梨；中调为玉兰、樱花；后调为檀木、琥珀、白麝香。

参考价格： ¥650 / 50ml EDT

2010

高贵香根草　Noble Vetiver

萧邦为了纪念品牌诞生150周年而推出的男香，它代表了萧邦品牌一贯的优雅、精确的形象。香水瓶是以亮灰色为主色调，瓶盖上两圈金色的金属装饰给人干净利落的感觉。造型设计质感十足，适合品位型男使用。木质香料调，前调为香根草、豆蔻、佛手柑、辣椒；中调为桃花心木、快乐鼠尾草；后调为烟草、皮革。

参考价格： ¥450 / 50ml EDT

2009

瀑布　Cascade

瀑布是萧邦为了庆祝康城电影节开幕而特别推出的女香，非常具有纪念价值。瓶身以瀑布状的珠宝镶嵌而成，宛如流水般晶莹透彻。花香木质麝香调，前调为葡萄柚花、橘子、粉色胡椒；中调为昙花、兰花；后调为琥珀、木质元素、麝香。

参考价格： ¥650 / 75ml EDP

天才热望　Brilliant Wish

采用时尚的多面瓶设计方式，配有珍贵的金色瓶颈和娇柔的香槟色香气，突显了香水的高贵气质，在香水爱好者中口碑颇佳。东方花香调，前调为粉色胡椒、水果元素；中调为星芒茉莉、紫罗兰叶；后调为琥珀、麝香、木质元素。

参考价格： ¥450 / 30ml EDP

2011

高贵雪松 Noble Cedar

整体风格现代、清新、潇洒及性感，充满贵族气息，在萧邦男香中属上品之作，特别适合男士在休闲时使用。木质香调，前调为桦木；中调为鼠尾草；后调为法国劳丹脂、弗吉尼亚州雪松。

参考价格：￥650 / 80ml EDT

2012

乌木 Oud Malaki

乌木男香淋漓尽致地体现萧邦香水调制过程中东西合璧的艺术，由法国香水大师多米尼克•如宾调制，充满着遥远的东方神秘主义风格。木质香料调，前调为葡萄柚、薰衣草、艾蒿；中调为烟草、香辛料、皮革；后调为沉香木、黑木、龙涎香。

参考价格：￥900 / 80ml EDT

2013

纯金魔幻奇缘

Enchanted Golden Absolute

金色的指环中镶嵌的三颗钻石设计，整体风格兼具传统及摩登的风格特点，充满了让人叹为观止的艺术感。其主打的白花花香与木材香调不断提升魔力感，让女性在举手投足之间散发魅力。东方花香调，前调为李子、茉莉；中调为依兰、广藿香；后调为愈创木。

参考价格：￥950 / 75ml EDP

恋恋粉水晶

Happy Spirit Bouquet D'Amour

洋溢着浪漫和温柔感觉的香水以线条柔和的弧形香水瓶装载，并饰以石榴石和粉红碧玺色方形宝石。粉红色的色调充满爱的幸福感，是萧邦女香中非常受欢迎的一款。花果美食调，成分选用了柚子、牡丹、玫瑰、覆盆子、开司米木麝香、麝香、香草、牛扎糖、糖。

参考价格：￥590 / 75ml EDP

1000 英里赛事

1000 Miglia

萧邦品牌为合作伙伴Mille Migla老爷车赛特别推出的纪念男香，以阳刚、自信的风格在品牌的男香中独树一帜，值得入手收藏。调香师是奥利维耶•波巨和布鲁诺•约万诺维奇，前调为薰衣草、佛手柑、刺柏果；中调为紫罗兰叶、鼠尾草、皮革、沥青；后调为咖啡、干木、琥珀、零陵香。

参考价格：￥900 / 75ml EDP

寻香名店

北京 东方新天地

上海 恒隆广场•环贸广场•国金中心

广州 友谊商店

深圳 万象城

沈阳 恒隆广场

藏·香·年·谱

推出时间	名称		类别	推出时间	名称		类别
1992	Casmir	绒感	女香	2008	Happy Spirit Magical Nights	恋恋水晶魔法之夜	女香
1992	Casmir Fragrance Festival Blue	蓝色绒感	女香	2008	Wish Magical Nights	愿望心钻魔幻之夜	女香
1992	Casmir Fragrance Festival Pink	粉红绒感	女香	2009	Cascade	瀑布	女香
1992	Casmir Fragrance Festival White	白色绒感	女香	2009	Happy Spirit Elixir D´Amour	恋恋红水晶	女香
1994	Heaven	天堂	男香	2010	Brilliant Wish	天才热望	女香
1998	Mira-Bai	米拉柏	女香	2010	Noble Vetiver	高贵香根草	男香
1999	Wish	愿望之光蓝钻	女香	2011	Noble Cedar	高贵雪松	男香
2000	Casran	卡士伦	男香	2012	Enchanted	魔幻	女香
2000	Wish Pure	纯洁之钻	女香	2012	Oud Malaki	乌木	男香
2001	Madness	疯摩	女香	2013	1000 Miglia	1000 英里赛事	男香
2004	Infiniment	永恒	女香	2013	Enchanted Golden Absolute	纯金魔幻奇缘	女香
2005	Wish Pink Diamond	粉红心钻	女香	2013	Happy Spirit Bouquet D´Amour	恋恋粉水晶	女香
2006	Chopard Pour Homme	同名男士	男香	2014	Rose Malaki	马拉基玫瑰	中性香
2007	Happy Spirit	恋恋紫水晶	女香	2014	Enchanted Midnight Spell	魔力午夜法术	女香
2007	Madness Natural Black	疯摩自然黑色	女香	2015	1000 Miglia Extreme	1000 英里赛事极致版	男香
2007	Wish Turquoise Diamond	绿色心钻	女香	2015	Happy Spirit Amira D´Amour	恋恋紫水晶幻爱	女香

Christian Dior
迪奥

Dior

1947年2月，迪奥颠覆了传统的“优雅”定义，引领了一场革命性的“新风貌”时装风格，并打造了自己的首款香水——迪奥小姐，伴随其曲线玲珑的“新风貌”高级时装一起发布，大胆开启了“时装香氛”的全新理念。

20世纪50年代，随着浪漫主义时尚的兴起，迪奥“茉莉花”终于面世；它将迪奥心爱的铃兰花香精心演绎，给这个浪漫年代刻画出一个全新标志。20世纪60年代兴起中性浪潮，迪奥便率先推出富于中性气味的“清新之水”，继而于1970年面世的“蕾拉”便更具中性姿态。20世纪80年代，大胆的迪奥“毒药”香水出现，采用苹果形（禁果）瓶身的整体形象，并且成为迪奥甚至整个香水领域中的一大经典，这款香水都代表了当时最性感、神秘的女性，其划时代形象可谓不言而喻。属于20世纪90年代的“快乐之源”反映出当时女性追求自主进取的生活态度。而另一款作品“沙丘”因为加入了一种海洋的气息而成为时尚宠儿，并且获得了1993年菲菲奖的最佳女香。

对于迪奥而言：“香水是女性个性不可或缺的补充，只有它才能点缀我的衣裳，让它更加完美，它和时装一起使得女人们风情万种。”

镇店名香

顶级香精系列　Les Extraits

2014年，迪奥推出了5款顶级香精，其中包括了经典的毒药、迪奥小姐、真我、迪奥茉莉花和迪奥小姐原版香精。

参考价格：￥1 400 / 15ml Parfum

限量典藏版系列 La Collection Privée

该系列采用了传统手工高级定制形式，以花香调为主题，至 2010 年一共推出过 10 款，包括 1947、缪斯魅惑、格兰维尔、蒙田柑香、米利森林、银影清木、迷雾香根草、琥珀幽夜、黑色魅力、暗木之革，这些名字大多来源于迪奥的经典历史瞬间。近年来，又有圆舞香颂、蒙田沙龙、广霍尊爵、暗木幽香等新款问世。

参考价格：￥1 800 / 125ml EDC

特别版 La Collection Particulière

这三款香水推出于第一款迪奥香水诞生 60 年之际，设计灵感来自于迪奥的三位传奇名模——France、Lucky、Victoire，三款珍稀液体存放于珠光乳白、午夜深蓝和烟花深红色复古感渐变色的华丽瓶身中，曲线玲珑优雅，极富美感。该系列仅在 30 家精选的迪奥专卖店中发售。

参考价格：￥3 150 / 75ml EDP

真我纯香艺术限量版

J'Adore L'Absolu Othoniel's Artist Edition

瓶身由法国当前最具代表性的著名艺术家让-米歇尔·欧托尼耶设计，限量发行 300 瓶。

参考价格：￥20 000 / 40ml

精油系列 Les Élixir Precieux

这 4 款 3ml 装高度浓缩精油分别为乌德琴木、玫瑰、麝香、琥珀，源自中东的古老调香工艺——层叠法，可将其点于脉搏位置，如颈部、手腕或锁骨位置。

价格请店洽 Perfume Oils

收藏优选

1966

清新之水系列　Eau Sauvage

1966 年，迪奥专为年轻男士创制了一款特别香水，瓶身设计来源于便携酒瓶并装饰垂曼式褶皱。作为迪奥的首款男香，它也是在男香中引入花香的先锋，希蒂莺的花香调中调入一丝阳刚气息，前所未有。该系列近年来作品不断，最新加入的作品是 2015 年的清新之水古龙水。

参考价格：￥600 / 100ml EDT

1985

毒药（紫毒）Poison

它是迪奥极致诱惑的终极武器，其独特的着香艺术归功于丰富的香料成分，果味和琥珀香调同诱人蜂蜜和麝香味相互交织。前调为芫荽、李子、森林水果、茴芹、巴西红木；中调为康乃馨、茉莉、橙花、晚香玉、红没药、肉桂、焚香、玫瑰、蜂蜜；后调为香根草、麝香、檀香木、雪松、琥珀、香草、天芥菜。

参考价格：￥1 000 / 100ml EDT

1991

沙丘　Dune

这款淡香水是为了缅怀迪奥先生的故乡格兰维尔，那里海陆相连，风景宜人，所以这款香水兼具东方花香和海洋香调，百合、紫罗兰花、牡丹代表天空，金雀花、地衣、琥珀代表大海，让人仿佛置身海边花园。1997 年推出了绿色芳香结合海洋香调的男款。

参考价格：￥750 / 100ml EDT

1994

快乐之源　Dolce Vita

光彩夺目的木质花香调，融入木兰和肉桂的感性香味。看似这种香调稍显阳刚，却恰恰为这款浓郁香水增添了不少前卫现代感。

参考价格：￥500 / 30ml EDT

1994

温柔奇葩（绿毒）Poison Tendre

前调为橘子、香柠檬、巴西红木；中调为蜂蜜、晚香玉、橙花、小苍兰、玫瑰；后调为檀香木、麝香、香草、天芥菜。

价格请店洽 EDT

1998

蛊媚奇葩（红毒）Hypnotic Poison

它完美展现出四个富有强烈对比的层面——令人迷醉的苦杏、丰富的茉莉、神秘的蓝花楹和感性的香草及麝香，营造出无可抵抗的诱人香薰，迷醉而奢华。

参考价格：￥800 / 100ml EDT

1998

华氏系列　Fahrenheit

华氏男香面世于 1988 年，灵感来自波普艺术大师詹姆斯•罗森奎特的两幅画作，洋溢着咄咄逼人又令人着迷的混染红色。此后又陆续推出了 2007 年的华氏清新、2009 年的华氏极限以及 2014 年的华氏香精等多款。

参考价格： ¥750 / 75ml EDT

1999

真我　J'Adore

这款淡香水为女性呈现最极致的迪奥花香，科摩罗群岛依兰花、大马士革玫瑰及沙巴茉莉，这些来自迪奥花园的珍稀名卉，其芳香成分在这款淡香水中实现了曼妙平衡。细颈瓶流畅而迷人的线条，使之成为香水中的传奇。

参考价格： ¥1 100 / 100ml EDT

2002

魅惑系列　Addict

以迪奥魅惑唇膏为瓶身设计灵感，迪奥推出了著名的魅惑香水。它以突尼斯橙花精华引奏欢快前调，一袭沙巴茉莉开启浓郁而生机涌动的芳香之旅，柔和却又性感撩人。由精巧细腻的波旁香草谱写后调，透着丝丝蜜漾暖意。此后，该系列不断有新作问世，2012 年和 2014 年又推出了两款新版本。

参考价格： ¥450 / 30ml EDP

2003

超越能量　Dior Higher Energy

这款男香极富现代感，明亮而灵动的果香调与充满活力的香料气息相互交融，散发都市感的芳香能量。前调为菠萝、香瓜、杜松子、薄荷、葡萄柚；中调为肉豆蔻、焚香、胡椒；后调为劳丹脂、檀香木、麝香、橡木苔、香根草、雪松。

参考价格： ¥800 / 100ml EDP

2004

冰火奇葩（白毒）　Pure Poison

前调为橙子、橘子、香柠檬、茉莉；中调为橙花、栀子花；后调为檀香木、雪松、琥珀。丰盈的麝香和以橙花为主的白色花朵完美结合，相得益彰。

参考价格： ¥1 200 / 100ml EDP

青铜夏日限量版　Sweet Sun

这是一款东方型花香调的女性香水，温和的气息散透出阳光的灿烂。前调为橙、柑橘；中调为生姜、茉莉、橙花；后调为香草、麝香。

价格请店洽 Eau De Bienfait

2005

魅惑 2　Addict 2

作为魅惑的姐妹篇，2005 年问世的魅惑 2 系列是专为亚洲地区推出的清新版，在魅惑的原香调上稍作调整，更为清新，其所呈现的花果香调代表着光芒、温柔与感性，将你舒适地包裹在精致的芬芳中。

参考价格： ¥600 / 50ml　EDT

2006

万能毒药　Pure Poison Elixir

前调为苦橙叶、茉莉、香柠檬、橘子；中调为橙花、栀子花，后调为琥珀、香草、可可果。

价格请店洽　EDP

2007

华氏 32 度

Fahrenheit 32 Degree

经典木质花香调，揉合突尼斯橙花，为其增添东方水晶般的剔透感，混合了马达加斯加香草的温润香气和海地岩兰草的木质男性气息，舒爽纯粹，清甜辛辣。

参考价格：

¥600 / 100ml　EDT

午夜奇葩（蓝毒）Midnight Poison

前调为天竺薄荷，充满着异域格调，能够在众香中脱颖而出，清新而不冷冽；中调为经典的玫瑰，不会夹杂着其他的味道，只是单纯的玫瑰馨香；后调为黄金琥珀，醇厚自然。

价格请店洽　EDP

2008

桀骜运动　Dior Homme Sport

前调为葡萄柚、香柠檬、柠檬、榄香脂；中调为香根草、雪松、生姜；后调为檀香木、迷迭香、薰衣草。

参考价格： ¥550 / 50ml　EDT

真我纯香　J'Adore L'Absolu

真我纯香于芳香之中极致提升花香调的浓郁、诱人气息，令多种花香精油谐美交融：香甜、活力的大马士革玫瑰，明丽诱人的沙巴茉莉，以及浓郁、撩人的印度晚香玉。

参考价格： ¥1 600 / 100ml　EDP

2008

巡航系列　Les Escales De Dior

该系列包括 2008 年的意大利波托菲诺（Portofino）、2009 年的印度本地治里（Pondichéry）、2010 年的马库萨斯群岛（Marquises）以及 2012 年的里约热内卢帕拉蒂（Parati）。前三款为女香，第四款为中性香，每一款香水都是当地香料升华而成的赞美诗。

参考价格： ¥800 / 75ml　EDT

2009

经典系列 Les Créations De Monsieur Dior

该系列汇集了迪奥的多款经典名香，瓶身设计深得迪奥高级时装之真谛，晶莹剔透的瓶塞蚀刻有“CD”LOGO，银丝绕裹的颈部是在向女装设计师的作品致敬，瓶身上的经典元素——椭圆过目难忘。

参考价格：￥1 000 / 100ml EDT

2009

甜心精灵 Miss Dior Cherie L'Eau

这是一款清新、愉悦而活泼明快的香水，前调为苦橙；中调为栀子花；后调为麝香，散发出自然随性的气息。

价格请店洽 EDT

2010

蛊媚奇葩性感红毒

Hypnotic Poison Eau Sensuelle

醇和柔软的香草兰花瓣融合了美味的水果清香，这个香味在大马士革玫瑰的衬托下更显生动活泼，并加入了清新的香草、晚香玉、绿叶和植物茎。此外，小茉莉、依兰、柑橘花精华增添了充实、感性、灿烂的气息。后调为檀香、麝香。

参考价格：￥1 100 / 100ml EDT

甜心小姐 Miss Dior Cherie

前调为铃兰、小苍兰、茉莉、橙花、晚香玉、果香；中调为香草、果仁糖、爆米花；后调为广藿香。

参考价格：￥550 / 50ml EDT

2011

魅惑紫恋 Addict To Life

这款香水甜甜的花香分外迷人，前调为黄桃、覆盆子和石榴，散着着属于夏末的果香；中调为茉莉、玫瑰和铃兰；后调为持久悠长的麝香和弗吉尼亚雪松。简单透明的外型适合喜欢简约的女孩。

参考价格：￥850 / 100ml EDT

迪奥小姐原版

Miss Dior Originale

这是第一款将清新的初调与沉香的深度对比共存的香水，体现女性的典雅高贵气质。前调为白松香；中调为茉莉；后调为广藿香。同年还推出了迪奥小姐复古版。

参考价格：￥1 200 / 100ml EDT

2011

2011 年版迪奥桀傲　Dior Homme

在 2005 年的原版迪奥桀骜男香的成分上有所改变后重新上市。宛若一件优雅的套装，着香之后立即散发辛辣、阳刚的草木香调和优雅的香料气息。中调里的鸢尾花纯香是十分珍贵的香料成分之一，提取过程漫长繁复，它的根茎必须经过预先处理后干燥放置至少三年。

参考价格： ¥550 / 50ml EDT

2011 年版迪奥桀骜浓烈版

Dior Homme Intense

迪奥桀骜在 2007 年推出了一款浓烈版，这款 2011 年也对成分做了改变。前调为薰衣草；中调为鸢尾、麝香锦葵、梨；后调为香根草、弗吉尼亚雪松。

参考价格： ¥550 / 50ml EDP

甜心小姐 2011 年版

Miss Dior Cherie Eau De Parfum

前调为橘子、草莓；中调为茉莉、玫瑰；后调为香根草、檀香木、广藿香、橡木苔、琥珀。

价格请店洽 EDP

2012

迪奥小姐纯香　Dior Miss Le Parfum

温暖的柑橘调领舞着花香果前调，土耳其玫瑰精华与保加利亚玫瑰精华形成的花香组曲紧随其后逐渐释放。印尼琥珀与饱满的广藿香相互交融，还有清甜而柔曼的香草，为香水中的全新东方香调增添一丝感性气息。

参考价格： ¥1 200 / 75ml EDP

2013

2013 年版迪奥桀骜古龙水

Dior Homme Cologne

佛手柑纯净馥郁的气息完美诠释迪奥桀傲的现代时尚风格，而独特麝香芳香宛若经典永恒的纯白衬衫般，毫无造作之感。

参考价格： ¥500 / 75ml EDT

魅惑甜悦

Dior Addict Eau Delice

这款香水的一抹鲜亮而诱惑的珊瑚红色，勾勒出身穿性感红裙的魅惑女孩。其前调为蔓越莓、佛手柑、橙和樱桃，甜美而微酸的蔓越莓是这款香水的灵魂；中调的印度及埃及大花茉莉与珍罕的马约特岛依兰谐美交融；后调为白麝香、雪松和香草，稠密、独特而柔美。

参考价格： ¥650 / 50ml EDT

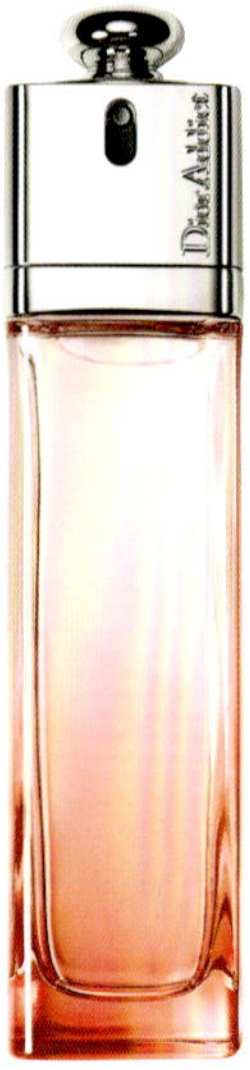

真我情柔淡香　J'Adore Voile De Parfum

以托斯卡纳鸢尾花开启优雅前调，随后，大马士革玫瑰的馥郁感性的芳香尽情释放，最后以白麝香的清渺香调完美收笔。鸢尾花精华是极致臻罕的香氛调配成分之一。它的萃制过程异常繁复、漫长。鸢尾花的根茎在收割后要封闭干燥至少三年，其释放出的细腻花香带有一丝独特、鲜明甚至略突兀的青木香调，赋予其与真我家族经典芳香一丝微妙的不同。

参考价格： ¥600 / 50ml EDT

2013

蛊毒秘水　Hypnotic Poison Eau Secrete

前调为橘子、香柠檬、橙子；中调为茉莉、橙花油；后调为香草。

参考价格： ￥1 100 /100ml EDT

2014

蛊媚奇葩（红毒）EDP 版

Hypnotic Poison Eau De Parfum

这款香水绝对是魅惑魔力禁果的化身，瓶身犹如被熔岩炼成的红宝石。香调以迷人的阿拉伯茉莉原精揉合具亲切感的橙花原精，柔滑的顿加豆气息紧紧包裹著，然后以圆润的甘草收尾。

参考价格： ￥1 250 /100ml EDP

魅惑清新之水 2014 版

Addict Eau Fraiche

以明亮的柑橘前调领舞着甜美、微酸的葡萄柚芳香，其馥郁香气来自质地丝滑的卡拉布里亚佛手柑。中调中交织着花香和微酸气息，丝丝透现小苍兰和铃兰花的芬芳香气。

参考价格：

￥450 / 30ml EDT

魅惑 2014 版　Addict

西西里柑橘精华开启欢快前调，饱满酸爽的柑橘果香焕发迷人气息。洁白的沙巴茉莉与突尼斯橙花融入感性精致的檀香后调，更有丝丝香草点缀非凡木香调。

参考价格：

￥1 000 / 100ml EDT

迪奥小姐花漾甜心 2014 年版

Miss Dior Blooming Bouquet

白麝香基调柔如丝绒，高贵的牡丹作为全新灵魂精华，与清甜柑橘谐美领舞香氛中调。萦绕其后的大马士革玫瑰花香，沁入丝丝水果气息，令人沉醉于自然天成的芳香诱惑。广藿香贯穿了迪奥小姐家族，构成了经典的后调。

参考价格： ￥520 / 30ml EDT

2015

迪奥限量典藏版旅行装

迪奥限量典藏版香水推出一系列精美摩登的旅行装典藏版。真正为旅行专属定制的香水系列。15 毫升装的迪奥限量典藏版香水（琥珀幽夜、1947、银影清木以及蒙田沙龙等）。

价格请店洽 EDC

寻香名店

北京　新光天地·国贸商城·银泰中心·金融街购物中心·王府半岛酒店

上海　国金中心·恒隆广场·尚嘉中心

香港　时代广场·北京道·太古广场·海港城·置地广场·利园二期·圆方商场·华懋广场

推出时间	名称		类别
1947	Miss Dior	迪奥小姐	女香
1947	Miss Dior Extrait De Parfum	迪奥小姐香精版	女香
1949	Diorama	西洋镜	女香
1953	Eau Fraiche	清净之水	女香
1956	Diorissimo	茉莉花	女香
1963	Diorling	迪奥之魅	女香
1966	Eau Sauvage	清新之水	男香
1970	Diorella	蕾拉	女香
1976	Dior Dior	迪奥迪奥	女香
1979	Dioressence	精华之韵	女香
1980	Jules	茱莉	男香
1984	Eau Sauvage Extreme	清新之水(黑瓶)	男香
1985	Poison	毒药(紫毒)	女香
1988	Fahrenheit	华氏	男香
1991	Dune	沙丘	女香
1994	Poison Tendre	温柔奇葩(绿毒)	女香
1994	Dune Esprit De Parfum	沙丘香精版	女香
1994	Dolce Vita	快乐之源	女香
1995	Eau Svelte	纤柔之水	女香
1997	Dune Pour Homme	沙丘男士	男香
1998	Eau De Dolce Vita	水之欢	女香
1998	Hypnotic Poison	蛊媚奇葩(红毒)	女香
1998	Hypnotic Poison Diable Rouge	蛊媚奇葩(红毒)魔爵红限量版	女香
1999	Lily	百合	女香
1999	J´Adore	真我	女香
2000	Hypnotic Poison Extrait De Parfum	蛊媚奇葩香精版	女香
2000	J´Adore Extrait De Parfum	真我香精版	女香
2000	J´Adore Adoration En Or Limited Edition	真我灿金限量版	女香
2000	Diorever	情系永恒	女香
2000	Eau De Dior Coloressence Energizing	愉悦之水	女香
2000	Eau De Dior Coloressence Relaxing	彩色心情	女香
2000	Remember Me	勿忘我	女香
2001	Higher	超越	男香
2002	I Love Dior	我爱迪奥	女香
2002	Forever And Ever	永恒的爱	女香
2002	Dior Addict	蓝色魅惑	女香
2002	Fahrenheit Summer	华氏夏日版	男香
2002	J´Adore Eau De Toilette	真我淡香水	女香
2002	Higher Black	超越黑色限量版	男香
2003	Fahrenheit 0 Degree	华氏零度	男香
2003	Dune Sun	沙丘夏日限量版	女香
2003	Higher Energy	超越能量	男香
2003	Chris 1947	Chris 1947 珍藏版	女香
2004	J´Adore Anniversaire En Or	真我灿金	女香
2004	J´Adore Summer Fragrance	真我宣言夏日限量版	女香
2004	Pure Poison	冰火奇葩(白毒)	女香
2004	Dior Me,Dior Me Not	蓝色情谜	女香
2004	Sweet Sun	青铜夏日限量版	女香
2004	Lily Dior	迪奥百合	女香
2004	Dior Addict"Dior Twist"	魅惑双生限量版	女香
2004	Dior Addict Eau Fraiche	魅惑精灵	女香
2004	Bois D´Argent	银影清木	中性香
2004	Cologne Blanche	白古龙	中性香
2004	Eau Noire	黑色魅力	中性香
2005	Miss Dior Cherie	迪奥甜心小姐烫金版	女香
2005	Miss Dior Cherie Extrait De Parfum	迪奥甜心小姐香精	女香
2005	Dior Star	迪奥之星	女香
2005	Dior Addict 2	粉红魅惑	女香
2005	Dior Homme	桀骜男士(新版)	男香
2006	Forever And Ever Dior	地久天长	女香
2006	Midnight Charm	午夜魅惑圣诞限量版	女香
2006	Dior Addict 2 Summer Breeze	粉红魅惑夏日微风	女香
2006	Dior Addict 2 Logomania	粉红魅惑限量版	女香
2006	Pure Poison Elixir	万能毒药	女香
2006	Fahrenheit Summer 2006	华氏夏日版 2006 年版	男香
2006	J´Adore Gold Supreme (Divinement Or)	真我黄金至尊限量版	女香
2007	J´Adore Le Jasmin	真我茉莉花开	女香
2007	Fahrenheit 32 Degree	华氏 32 度(冰点)	男香
2007	J´Adore L´Absolu	真我纯香	女香
2007	L´Or J´Adore The Absolute Perfume	真我金瓶纯香	女香
2007	Fahrenheit Summer 2007	华氏夏日版 2007 年版	男香
2007	Miss Dior Cherie 2007	迪奥甜心小姐(烫金版 EDT)	女香
2007	Midnight Poison	午夜奇葩(蓝毒)	女香
2007	Midnight Poison Extrait De Parfum	午夜奇葩香精版	女香
2007	Eau Sauvage Fraicheur Cuir	清新之水皮革限量版	男香
2007	Dior Addict Shine	晶采魅惑	女香
2007	Dior Passage No.4	特别版 4 号	女香
2007	Dior Passage No.8	特别版 8 号	女香
2007	Dior Passage No.9	特别版 9 号	女香
2007	Dior Addict Summer Peonies	粉红魅惑夏日牡丹限量版	女香
2007	Dior Homme Cologne	桀骜男士古龙水	男香
2007	Dior Homme Intense	极致桀骜男士	男香
2008	Dior Homme Sport	桀骜运动	男香
2008	Cruise Collection-Escale A Portofino	巡航之波托菲诺	女香
2008	Dior Addict 2 Summer Litchi	瘾诱甜心夏日荔香	女香
2008	L´Elixir Hypnotic Poison	蛊毒毒剂	女香
2008	Elixir Midnight Poison	午夜毒剂	女香
2008	Miss Dior Cherie Blooming Bouquet	花漾甜心	女香
2008	Miss Dior Cherie Eau De Printemps	迪奥甜心小姐 2008 年春季限量版	女香
2009	Miss Dior Cherie L´Eau	甜心精灵	女香
2009	Fahrenheit Absolute	华氏极限	男香
2009	J´Adore L´eau Cologne Florale	真我古龙水	女香
2009	Ambre Nuit	琥珀幽夜	中性香
2009	J´Adore Collector Anniversary Edition	真我系列周年纪念版	女香

藏·香·年·谱

推出时间	名	称	类 别	推出时间	名	称	类 别
2009	Dior Homme Voyage	迪奥桀骜之旅	男 香	2012	Miss Dior Le Parfum	迪奥小姐纯香	女 香
2009	Cruise Collection Escale A Pondichéry	巡航之印度本地治里	女 香	2012	Miss Dior Eau De Parfum	迪奥小姐 2012 年新版	女 香
2009	Dior Addict 2 Eau Fraiche	魅惑精灵珍藏版	女 香	2012	Cruise Collection Escale A Parati	巡航之帕拉蒂	中性香
2009	Les Creations De Monsieur Dior Diorissimo Eau De Parfum	珍藏系列之茉莉花	女 香	2012	Dior Addict Eau De Parfum	魅惑 2012 EDP 版	女 香
2009	Les Creations De Monsieur Dior Diorissimo Eau De Toilette	珍藏系列之茉莉花 EDT 版	女 香	2012	Dior Addict Eau Sensuelle	紫恋魅惑	女 香
2009	Les Creations De Monsieur Dior Diorissimo Extrait De Parfum	珍藏系列之茉莉花顶级香精	女 香	2012	Dior Addict Eau Fraiche	魅惑精灵新版	女 香
2009	Les Creations De Monsieur Dior Dioressence	珍藏系列之精华之韵	女 香	2012	Dior Homme Sport	2012 桀骜运动	男 香
2009	Les Creations De Monsieur Dior Diorella	珍藏系列之蕾拉	女 香	2012	Eau Sauvage Parfum	清新之水香精	男 香
2009	Les Creations De Monsieur Dior Eau Fraiche	珍藏系列之清净之水	女 香	2013	Dior Addict Eau Delice	魅惑甜悦	女 香
2009	Les Creations De Monsieur Dior Forever And Ever	珍藏系列之永恒的爱	女 香	2013	Dior Homme Cologne	桀骜古龙水	男 香
2010	Les Creations De Monsieur Dior Diorama	珍藏系列之西洋镜	女 香	2013	Miss Dior Eau De Toilette	迪奥小姐 2013 版	女 香
2010	La Collection Couturier Parfumeur Cologne Royale	蒙田柑香	中性香	2013	Miss Dior Le Parfum Edition D´Exception	迪奥小姐香精杰出版	女 香
2010	La Collection Couturier Parfumeur Granville	格兰维尔	女 香	2013	Hypnotic Poison Eau Secrete	蛊毒秘水	女 香
2010	La Collection Couturier Parfumeur Leather Oud	暗木之革	男 香	2013	J´Adore Voile De Parfum	真我情柔	女 香
2010	La Collection Couturier Parfumeur Milly-la-Foret	米利森林	女 香	2013	J´Adore L´Absolu Othoniel´s Artist Edition	真我纯香艺术限量版	女 香
2010	La Collection Couturier Parfumeur Mitzah	缪斯魅惑	女 香	2013	Gris Montaigne	蒙田沙龙	女 香
2010	La Collection Couturier Parfumeur New Look 1947	1947	女 香	2014	Hypnotic Poison Eau De Parfum	蛊媚奇葩(红毒) EDP 版	女 香
2010	La Collection Couturier Parfumeur Vetiver	迷雾香根草	男 香	2014	Miss Dior Blooming Bouquet	花漾甜心 2014 年版	女 香
2010	Cruise Collection Escale Aux Marquises	巡航之马克萨斯群岛	女 香	2014	Ambre Elixir Precieux	琥珀精油	中性香
2010	J´Adore L´Or	真我顶级金致	女 香	2014	Musc Elixir Precieux	麝香精油	中性香
2010	Miss Dior Cherie	甜心小姐	女 香	2014	Oud Elixir Precieux	乌德琴木精油	中性香
2010	Hypnotic Poison Eau Sensuelle	蛊媚奇葩性感红毒	女 香	2014	Rose Elixir Precieux	玫瑰精油	中性香
2011	Addict To Life	紫色魅惑	女 香	2014	Diorissimo Extrait De Parfum	迪奥茉莉花顶级香精	女 香
2011	Dior Homme	桀骜新版	男 香	2014	J´Adore Extrait De Parfum	真我女士顶级香精	女 香
2011	Dior Homme Intense	极致桀骜新版	男 香	2014	Miss Dior Extrait De Parfum	迪奥小姐顶级香精	女 香
2011	Aqua Fahrenheit	华氏水漾清新	男 香	2014	Miss Dior Original Extrait De Parfum	迪奥小姐原版香精	女 香
2011	Miss Dior Blooming Bouquet Couture Edition	花漾甜心限量版	女 香	2014	Poison Extrait De Parfum	毒药顶级香精	女 香
2011	Miss Dior Cherie Blooming Bouquet	花漾甜心夏季版	女 香	2014	Dior Addict Eau De Parfum (2014)	蓝色魅惑香精版	女 香
2011	Miss Dior Originale	迪奥小姐原版	女 香	2014	Dior Addict	魅惑 2014 版	女 香
2011	Miss Dior Cherie Eau De Parfum	甜心小姐 2011 年版	女 香	2014	Dior Addict Eau Fraiche (2014)	魅惑清新之水 2014 版	女 香
2011	Miss Dior Couture Edition	迪奥小姐 2011 年蝴蝶结限量版	女 香	2014	Dior Homme Eau For Men	桀骜之水	男 香
2011	Miss Dior Esprit De Parfum	迪奥小姐复古版	女 香	2014	Dior Homme Parfum	桀骜男士香精版	男 香
2011	La Collection Couturier Parfumeur Patchouli Imperial	广霍尊爵	男 香	2014	Fahrenheit Le Parfum	华氏香精	男 香
2011	Eau Sauvage Parfum	清新之水香精	男 香	2014	Cuir Cannage	经典藤格纹	中性香
2011	J´Adore Eau De Toilette	真我淡香水 2011 年版	女 香	2015	Eau Sauvage Cologne	清新之水古龙水	男 香
2012	Grand Bal	圆舞香颂	女 香	2015	Fève Délicieuse	蜜豆奇缘	中性香
2012	Oud Ispahan	暗木幽香	中性香	2015	Miss Dior Edition D´Exception	迪奥小姐 2015 年新版	女 香
2012	Les Creations De Monsieur Dior Diorling	珍藏系列之迪奥之魅	女 香	2015	Eau Sauvage Cologne	旷野古龙水	男 香
2012	Miss Dior Eau Fraiche	迪奥小姐清新版	女 香	2015	Sauvage 2015	旷野 2015 版	男 香

Clinique
倩碧

倩碧是由雅诗·兰黛夫人与美国时尚杂志《Vogue》的主编卡罗尔·菲利普斯于1968年在美国纽约共同创立的世界知名化妆品品牌之一。倩碧旗下的香水同其护肤品、彩妆一样都经过严格把关，每一款香水都必须通过过敏性测试才推向市场，因此它是对易过敏人群的最佳选择。

虽然倩碧品牌香水不如其护肤品更为知名，但是其中也不乏精品之作，如芳香不老药香水就为倩碧奠定了在香水市场的一席之地，而快乐女香甚至为其多次获得了有香水奥斯卡之称的菲菲奖的重要奖项，其他的简约女香、心悦繁花系列也获得了众多香水爱好者的称赞，也是非常好的香水作品。

芳香不老药　romatics Elixir

倩碧的第一款香水，也是惊世骇俗之作，被誉为世界上最好的木香调香水之一，是想要突破甜腻花果香调包围的女性的首选。西普花香调，调香师是伯纳德·钱特。前调为醛类、香菜、春黄菊、快乐鼠尾草、柠檬马鞭草、佛手柑、巴西花梨木、老鹤草；中调为康乃馨、晚香玉、橙花、鸢尾根、茉莉、依兰、玫瑰；后调为檀木、广藿香、麝香、橡苔、香根草、焚香。

参考价格：￥750 / 100ml　EDP

快乐　Clinique Happy

充满时尚感的女香，深受香水迷欢迎。荣获香水奥斯卡菲菲奖1998年度的最佳女士香水大奖，在2014年还荣膺了名人堂香水大奖，为倩碧品牌赢得了无上荣光。花果香调，调香师让-克劳德·德维勒和罗德里奥·弗洛雷斯-鲁调制的。前调为橙、印度橘子、李子、红葡萄柚、苹果、佛手柑；中调为兰花、小苍兰、铃兰、玫瑰；后调为含羞草、百合、玉兰、琥珀、麝香。

参考价格：

￥500 / 50ml　EDP

简约　Clinique Simply

倩碧推出的第一款东方调香水，延续了快乐香水的透明风格，回归到更为简单的意境。用现代生活意念演绎东方香调香水给人的神秘莫测的感觉。瓶身设计的风格简单、优雅、洁净，在倩碧香水中口碑颇佳。东方香调，前调为白花、豆奶、熏木；中调为香子兰、白茉莉、桃、白木；后调为香草、大豆、琥珀、麝香。一气呵成的美丽搭配，让女性充满奢华与魅力，散发着深夜的诱惑力。

参考价格：￥650 / 50ml　EDP

收藏优选

2005

快乐自我　Clinique Happy To Be

整体设计风格展现了现代又随性的优雅气质，特别采用的涂鸦瓶身设计，传达出具有个人标志感的随性与愉悦。香气清新、自然，全天使用都很适合。花果香调，调香师为奥利维耶·克莱斯普。前调为梨、水因子；中调为紫丁香、紫丁香、朱槿、玫瑰；后调为檀木、可可。

参考价格： ￥650 / 50ml EDP

2006

心悦繁花系列　Clinique Happy in Bloom

从 2006 年开始，倩碧基本上每年都会在春季推出限量版心悦繁花女香，其丰富多彩、玩趣十足的花样瓶身设计非常让人有收藏的欲望，香调也多走清新路线。这一系列成为倩碧香水家族中最迷人的成员之一，等待这一系列的发售往往成为香水迷最为盼望的事，

参考价格： ￥550 / 50ml EDP

2012

心悦 2012 版　Clinique Happy Heart

以清新取胜，整理风格清香、温暖，外包装的涂鸦设计更为香水增添了俏皮的意味，适合年轻女性在夏季使用，是倩碧香水中的热销款。花果香调，前调为橘子；中调为水葫芦；后调为白木。

参考价格： ￥450 / 30ml EDP

2013

花盏　Calyx

花盏的香调调制挑战了当时的香水界，一反当时流行的以轻盈的前调开始，中调和后调愈加馥郁浓烈的调制方式，前调开篇就以清冽的香味惊艳世人，是一款非常有特色的热带花果香调香水，由著名调香师索菲亚·葛萝丝曼调制。前调为橘子、葡萄柚、西番莲果、芒果、番木瓜、番石榴、绿叶；中调为铃兰、小苍兰、奈若利橙花、百合、茉莉、玫瑰、金盏草；后调为橡苔、香根草、檀木、鸢尾根。

参考价格： ￥420 / 50ml EDP

寻香名店

北京　王府井百货·双安商场·新光三越百货·新世界百货·君太百货

上海　久光百货·新世界百货·芮欧百货

东莞　海雅百货

藏·香·年·谱

推出时间	名　称		类　别	推出时间	名　称		类　别
1971	Aromatics Elixir	芳香不老药	女　香	2009	Clinique Happy Summer Spray 2009	快乐夏日 2009 版	女　香
1990	Clinique Wrappings	外袍	女　香	2010	Clinique Happy In Bloom 2010	心悦繁花 2010 版	女　香
1994	Chemistry	气味密码	男　香	2010	Clinique Happy Summer Spray 2010	快乐夏日 2010 版	女　香
1998	Clinique Happy	快乐	女　香	2011	Aromatics Elixir Perfumer´s Reserve	芳香不老药调香师收藏版	女　香
1998	Clinique Happy Smile Click	快乐的微笑点击	女　香	2011	Clinique Happy In Bloom 2011	心悦繁花 2011 版	女　香
1999	Clinique Happy For Man	快乐男士	男　香	2012	Clinique Happy Heart 2012	心悦 2012 版	女　香
2003	Clinique Happy Heart 2003	心悦 2003 版	女　香	2012	Clinique Happy In Bloom 2012	心悦繁花 2012 版	女　香
2004	Clinique Simply	简约	女　香	2012	Clinique Happy Summer Spray 2012	快乐夏日 2012 版	女　香
2005	Clinique Happy Heart 2005	心悦 2005 版	女　香	2013	Calyx	花盏	女　香
2005	Clinique Happy To Be	快乐自我	女　香	2013	Clinique Happy In Bloom 2013	心悦繁花 2013 版	女　香
2005	Aromatics Elixir Sheer Velvet Philtre Sensuel	芳香不老药柔情诱惑版	女　香	2013	Clinique Happy Summer Spray 2013	快乐夏日 2013 版	女　香
2006	Clinique Happy In Bloom 2006	心悦繁花 2006 版	女　香	2014	Aromatics In White	白色芳香	女　香
2007	Clinique Happy Holiday	快乐假日	女　香	2014	Clinique Happy In Bloom 2014	心悦繁花 2014 版	女　香
2008	Clinique Happy In Bloom 2008	心悦繁花 2008 版	女　香	2014	Beyond Rose	超越玫瑰	女　香
2009	Clinique Happy Glimmering	快乐闪耀	女　香	2015	Clinique Happy In Bloom 2015	心悦繁花 2015 版	女　香

Clive Christian
克莱夫·克里斯蒂安

克莱夫·克里斯蒂安（Clive Christian）香水公司前身是创立于1872年的王冠香料店，由于制造的香水品质出众，维多利亚女王特许他们在标志上使用王冠图案。香料店被英国设计师克莱夫·克里斯蒂安收购后，将传统与稀有原料和异域风情结合，从而推出一系列优雅精致的香水。

品牌对香水的研发及推出不吝成本，以高价格高品质闻名香水界，甚至屡屡刷新世界最贵香水的纪录，尤其受到名流富贾的推崇。从收藏角度来看，其面向高档百货商场的香水版本更易入手，整体品质同样不俗，如1872男女对香，1号男女对香等都是非常能彰显品味和身份的优质香水。

镇店名香

1872 女士　1872 For Women

1872男女对香采用原品牌王冠香料店香水的配方加以微调。以王冠香料店成立的年份命名，以大气与品质出众闻名于世，也是辣妹维多利亚最钟情的女香之一。花果香调，前调为迷迭香、蓝莓、菠萝、佛手柑、蜜橘、阿马尔菲柠檬；中调为紫罗兰、玫瑰、小苍兰、茉莉、铃兰、桂花、兰花；后调为檀木、广藿香、麝香、橡苔、弗吉尼亚州雪松、愈创木。

参考价格：￥2 000/100ml EDP

1872 男士　1872 For Men

品牌重振声威之作。柑橘芳香调，前调为波斯树脂、葡萄柚、青柠、佛手柑、橘子、苦橙叶、菠萝、桃、薰衣草、迷迭香、胡椒、肉豆蔻核仁；中调为仙客来、快乐鼠尾草、小苍兰、万寿菊、茉莉；后调为弗吉尼亚州雪松、广藿香、乳香、法国劳丹脂、琥珀、麝香。

参考价格：￥1 200/30ml EDP

收藏优选

1号男士　No 1 For Men

使用了最稀有、最珍贵的天然原料，因为合成方法复杂，产生的香味给人更多的是回味悠长的感觉。东方木质调，前调为青柠、橘子、葡萄柚、豆蔻、肉豆蔻核仁、辣椒、香芹籽、艾蒿；中调为铃兰、玫瑰、茉莉、鸢尾、依兰、天芥菜；后调为弗吉尼亚州雪松、檀木、香根草、香草、零陵香豆、琥珀、麝香。

参考价格：￥5 400/50ml EDP

1 号女士

No 1 For Women

1 号系列获得 2006 年度香水奥斯卡菲菲奖的最佳包装设计奖。东方花香调，前调为菠萝、李子、杏、桃、佛手柑、阿马尔菲柠檬、豆蔻、辣椒；中调为玫瑰、茉莉、依兰、鸢尾、康乃馨、兰花；后调为香草、安息香、零陵香豆、弗吉尼亚州雪松、檀木、琥珀、麝香。

参考价格：

￥7 700 / 50ml EDP

2010

C 男士　C For Men

延续了品牌一贯的奢华制作风格，香料调配精致复杂。香水的关键成分是藏红花等香料和稀有的雪莲花。前调为阿马尔菲柠檬、绿色元素；中调为茉莉、玫瑰；后调为琥珀、零陵香豆、沉香木。

参考价格：

￥2 100 / 50ml EDP

C 女士　C For Women

与 C 男士的香味是互相完善的，可以留香 24 个小时左右，值得收藏。前调为佛手柑、橘子、香菜、干邑白兰地酒、水仙、老鹳草、金盏草；中调为茉莉、晚香玉、玫瑰、紫罗兰、桂花、广藿香、皮革、焚香、依兰、橙花；后调为香根草、麝香、琥珀、香草、零陵香豆、檀木。

参考价格：

￥4 200 / 50ml EDP

V 女士　V For Men

经典的白花女香，充满浪漫诱惑，适合现代女性。花香木质麝香调，成分选用了橙花、桃、佛手柑、茉莉、康乃馨、玫瑰、依兰、栀子花、春黄菊、胡椒、蛇鞭菊、薰衣草、天芥菜、香菜、劳丹脂、蜂蜜、檀木、麝香锦葵、安息香、龙涎香、橡苔、广藿香、乳香、麝香、皮革。

参考价格：

￥4 200 / 50ml EDP

2014

1 号香水特别版　No1 Passant Guardant

为纪念沙龙香水精品在伦敦百货公司开幕而推出。香水瓶被制作成了维多利亚女王王冠的形状，完全使用手工打造，并在其上镶嵌了 24 克拉黄金和钻石。东方花香调，前调为菠萝、李子、桃、杏、佛手柑、柠檬、豆蔻、甘椒；中调为玫瑰、茉莉、依兰、鸢尾、康乃馨、兰花；后调为香草、安息香、零陵香豆、雪松、檀木、琥珀、麝香。

价格请店洽　30ml EDP

2012

V 男士　V For Men

克莱夫·克里斯蒂安男香中的大热款，整体气味沉稳脱俗，特别适合都市成功人士使用。东方木质调，成分选用了榄香树脂、柑橘香、胡椒、粉色胡椒、肉豆蔻核仁、鸢尾、龙涎香、乳香、雪松、香根草、沉香木、香草。

参考价格：￥2 600 / 50ml EDP

寻香名店

纽约　波道夫·古德曼百货·萨克斯第五大道精品百货

伦敦　哈罗德百货·福特纳姆 & 梅森百货

藏·香·年·谱

推出时间	名	称	类别	推出时间	名	称	类别
2001	1872 For Men	1872 男士	男香	2012	No 1 Imperial Jubilee For Men	帝国 1 号喜庆	男香
2001	1872 For Women	1872 女士	女香	2012	No 1 Imperial Jubilee For Women	帝国 1 号喜庆	女香
2001	No 1 For Men	1 号男士	男香	2013	No 1 Imperial Coronation For Men	帝国 1 号加冕	男香
2001	No 1 For Women	1 号女士	女香	2013	No 1 Imperial Coronation For Women	帝国 1 号加冕	女香
2001	X For Men	X 男士	男香	2014	No 1 15th Year Anniversary Men	1 号 15 周年男士	男香
2001	X For Women	X 女士	女香	2014	No 1 15th Year Anniversary Women	1 号 15 周年女士	女香
2005	No1 Imperial Majesty	帝国尊严 1 号	男香	2014	No1 Passant Guardant	1 号香水特别版	女香
2010	C For Men	C 男士	男香	2014	L For Men	L 男士	男香
2010	C For Women	C 女士	女香	2014	L For Women	L 女士	女香
2012	V For Men	V 男士	男香	2014	No1 Imperial For Women	帝国 1 号女士	女香
2012	V For Women	V 女士	女香	2015	No1 Imperial For Men	帝国 1 号男士	男香

Comme Des Garcons
川久保玲

COMME des GARÇONS

川久保玲香水沿袭了品牌一贯崇尚的自我风格，品牌创始人川久保玲女士认为香水是十分个人化的东西，喜欢的人觉得一嗅难忘，不喜欢的人也会觉得一嗅难忘，所以味道的存在感优于大众的接受度。在这种理念的指导下，川久保玲推出了很多很具收藏价值的个性香水，如气味 53 香水，即是由 53 种生活中的气味组成，堪称匠心别具之作。

川久保玲热衷与其他公司或机构联手推香，同时也乐于将香水开发系列化，从而推出了广受欢迎的联合香水及系列香水，其中的佼佼者有月桂树、熏香系列、蓝色入侵系列等，它们非常能代表川久保玲的个性化风格，都是值得入手收藏的香水。

镇店名香

2 号男士　Comme Des Garcons 2 Man

整体风格充满男性力量，个性和谐，是川久保玲香水中非常具有特色的一款。木质西普调，调香师为马克·巴克斯顿。前调为醛类、肉豆蔻核仁、香芹籽、金橘、薄荷；中调为鸢尾、香根草、藏红花；后调为皮革、焚香、桃花心木。

参考价格：￥650 / 100ml　EDT

气味 53　Odeur 53

彻底颠覆了香水在传统上的三角形香味结构，用最新技术从无机原料制造的中性香水，其后现代主义的意象概念让人惊呼。香水包含 53 条“注解”，如磨亮的指甲、暴走的橡皮等等。花香木质麝香调，成分选用了金属元素、沙、鹅卵石、陶土。

参考价格：￥1 850 / 200ml　EDT

奇迹之木　Wonderwood

铁灰色系流线瓶身、粗糙木纹表面的设计印刷元素，充满了劲酷之感。人工合成的木香气味还原度极佳。香水成分选用了香根草、檀木、广藿香、愈创木、弗吉尼亚州雪松、沉香木、丝柏、马达加斯加胡椒、佛手柑、焚香、肉豆蔻核仁、开司米木麝香、香芹籽。

参考价格：￥950 / 100ml　EDT

收藏优选

阿维尼翁　杰伊尔梅尔　京都　瓦尔扎扎特　扎哥斯克

2002

熏香系列　Comme Des Garcons Series 3 Incense

川久保玲推出的第三个香水系列，也是其香水中非常受欢迎的系列。这个系列的五款香水都是以宗教为主题创作的，每款香水都力图展示一个国度、一个城市、一个宗教的文明。这五款香水分别是阿维尼翁香水（来自天主教）、杰伊尔梅尔香水(来自印度教)、京都香水（来自佛教和日本神道教）、瓦尔扎扎特香水（来自伊斯兰教）和扎哥斯克香水（来自基督教）。

参考价格： ￥600 / 50ml EDT

2008

8 88　8 88

为了纪念 2008 年 8 月 8 号北京奥运会开幕而推出的，金色的瓶身搭配红色的字体，充满浓厚的中国风，同时也象征了幸福、财富、幸运。东方香料调，前调为香菜、姜黄、纸莎草；中调为焚香、藏红花、老鹳草；后调为琥珀、广藿香。

参考价格： ￥850 / 100ml EDP

香樟木　Hinoki

川久保玲与杂志《Monocle》协作推出的男香，完美表现出木本香味的韵味，是款优质而典型的日式风格男香。木质香调，成分选用了丝柏、樟脑、雪松、百里香、松、木质元素、乳香、橡苔、香根草、桧木。

参考价格： ￥750 / 50ml EDT

2009

丹佛街　Dover Street Market

为了庆祝英国伦敦丹佛街百货公司 5 周年庆，也推出的纪念版香水，由川久保玲本人亲自设计，以丹佛街的招牌标记为设计中呈现的专门元素，在包装外盒上及瓶身上也做了辨识度极高的设计。前调为佛手柑、橘子、胡椒；中调为香菜、焚香、杜松浆果；后调为法国劳丹脂、广藿香、弗吉尼亚州雪松。

参考价格： ￥600 / 100ml EDT

闪耀　Glitter

限量版香水，瓶身延续了川久保玲二号中性香水的瓶身设计理念，同时从外包装盒到瓶身都有闪耀亮眼的特殊紫色风格存在，磨砂的瓶身质感宛如闪烁的紫色晶石黏附在瓶身。东方香调，调香师是马克·巴克斯顿。前调为醛类、橘子、茶、当归；中调为肉豆蔻核仁、玉兰、香菜、肉桂、西印度月桂叶；后调为广藿香、雪松。

价格请店洽 EDP

2010

圣与美

Comme Des Garcons x Undercover Holygrace

川久保玲与 Undercove 公司推出的联名香水，以优雅如肥皂般干净清新而闻名香水界。东方香料调，前调为佛手柑、生姜、粉色胡椒、豆蔻；中调为茉莉、焚香、金雀花、甘椒；后调为香草、琥珀、香根草、苏合香。

参考价格： ￥650 / 50ml EDT

葡萄藤

Comme Des Garcons x Undercover Holygrapie

川久保玲与 Undercove 公司推出的联名香水，据称是“宝宝玩具”的味道，微妙、温柔、柔滑，广受称赞。东方香料调，前调为生姜、橘子、大黄、黑胡椒；中调为鸢尾草、焚香、依兰、肉豆蔻核仁；后调为檀木、雪松、广藿香、苏合香、香根草。

参考价格： ￥650 / 50ml EDT

月桂树

Comme Des Garcons x Monocle Scent Two: Laurel

川久保玲与英国杂志《Monocle》合作推出了的联名香水。香水的灵感来自贝卡河谷之旅，气味清新自然，是增加个人魅力的利器。香水选用了广藿香、弗吉尼亚州雪松、波斯树脂、琥珀、肉桂、阿马尔菲柠檬、百里香、月桂叶、胡椒、橡树、焚香、紫罗兰。

参考价格： ￥650 / 50ml EDT

2013

蓝色入侵系列 Blue Invasion

蓝色系列是川久保玲推出的优质香水系列，口碑颇佳，至今已出三款，包括蓝柠、蓝香、蓝檀，均为中性香。瓶身沿袭了其一贯个性独特又自然舒适的设计风格。根据香型不同，瓶身的颜色渐变也会随之不同，给人阵阵海风扑鼻而来的舒缓之感。蓝柠混合了香橼与当归的香气，气味自然；蓝香带有艾草、小豆蔻、黑胡椒香味，气味较浓厚；蓝檀混合了异国情调的自然气味，包括中国的檀香、地中海的松香和澳大利亚的柏木香，气味最淡。

参考价格： ￥800 / 100ml EDT

蓝柠　蓝香　蓝檀

2015

波点 Dot

大胆采用了黑白波点为主要元素，在香味方面营造了森林深处的神秘氛围。东方花香调，成分选用了桂花、水果、绿色元素、琥珀木、乳香、胡椒、苦橙。

参考价格： ￥850 / 100ml EDP

寻香名店

北京 金融街购物中心
香港 川久保玲中环店
伦敦 丹佛街集市店

推出时间	名称		类别	推出时间	名称		类别
1994	Comme Des Garcons	同名	中性香	2005	Comme Des Garcons Series 7 Sweet: Sticky Cake	甜美系列糯米糕	中性香
1994	Comme Des Garcons Eau de Cologne	同名古龙水版	男　香	2005	Comme Des Garcons Series 7 Sweet: Wood Coffee	甜美系列咖啡木	中性香
1998	Comme Des Garcons White	酷白	女　香	2005	Pearly Monster	穿珠链	女　香
1998	Odeur 53	气味 53	中性香	2006	Comme Des Garcons Series 8 Guerrilla: Guerrilla 1	游击系列游击队 1	中性香
不详	Comme Des Garcons Happy Pillow	快乐枕头	中性香	2006	Comme Des Garcons Series 8 Guerrilla: Guerrilla 2	游击系列游击队 2	中性香
1999	Comme Des Garcons 2	2 号女士	中性香	2007	Comme Des Garcons 2 Bijou	2 号宝石	女　香
2000	Comme Des Garcons Series 1 Leaves: Mint	绿叶系列薄荷	中性香	2007	Comme Des Garcons Series Luxe: Champaca	豪华系列黄兰花	中性香
2000	Comme Des Garcons Series 1 Leaves: Calamus	绿叶系列菖蒲	中性香	2007	Comme Des Garcons Series Luxe: Patchouli	豪华系列广藿香	中性香
2000	Comme Des Garcons Series 1 Leaves: Lily	绿叶系列百合	中性香	2007	Luxe Champaca Eau de Toilette	豪华系列黄兰花 EDT 版	中性香
2000	Comme Des Garcons Series 1 Leaves: Shiso	绿叶系列紫苏	中性香	2007	Luxe Patchouli Eau de Toilette	豪华系列广藿香 EDT 版	中性香
2000	Comme Des Garcons Series 1 Leaves: Tea	绿叶系列茶	中性香	2007	Comme Des Garcons Play	爱心	中性香
2000	Odeur 71	气味 71	中性香	2008	8 88	8 88	中性香
2001	Comme Des Garcons Series 2 Red: Carnation	红色系列康乃馨	女　香	2008	Comme Des Garcons 2 Silver Words	2 号银字	中性香
2001	Comme Des Garcons Series 2 Red: Harissa	红色系列辣椒酱	中性香	2008	H&M	H&M	中性香
2001	Comme Des Garcons Series 2 Red: Palisander	红色系列花梨木	男　香	2008	Hinoki	香樟木	男　香
2001	Comme Des Garcons Series 2 Red: Rose	红色系列玫瑰	女　香	2008	Energy C Grapefruit	能量 C 系列葡萄柚	中性香
2001	Comme Des Garcons Series 2 Red: Sequoia	红色系列红杉	中性香	2008	Energy C Lemon	能量 C 系列柠檬	中性香
2002	Comme Des Garcons 3	3 号	中性香	2008	Energy C Lime	能量 C 系列酸橙	中性香
2002	Comme Des Garcons Series 3 Incense: Avignon	熏香系列阿维尼翁	中性香	2009	Comme Des Garcons x Stephen Jones	斯黛芬·琼斯	女　香
2002	Comme Des Garcons Series 3 Incense: Jaisalmer	熏香系列杰伊尔梅尔	中性香	2009	Daphne	达芙妮	女　香
2002	Comme Des Garcons Series 3 Incense: Kyoto	熏香系列京都	中性香	2009	Dover Street Market	丹佛街	中性香
2002	Comme Des Garcons Series 3 Incense: Ouarzazate	熏香系列瓦尔扎扎特	中性香	2009	Glitter	闪耀	中性香
2002	Comme Des Garcons Series 3 Incense: Zagorsk	熏香系列扎哥斯克	中性香	2009	Standard	标准	中性香
2002	Comme Des Garcons Series 4 Cologne : Anbar	古龙系列琥珀	中性香	2010	Comme Des Garcons x Monocle Scent Two: Laurel	月桂树	男　香
2002	Comme Des Garcons Series 4 Cologne : Citrico	古龙系列柑橘	中性香	2010	Comme Des Garcons x Undercover Holygrace	圣与美	女　香
2002	Comme Des Garcons Series 4 Cologne : Vettiveru	古龙系列香根草	中性香	2010	Comme Des Garcons x Undercover Holygrapie	葡萄藤	女　香
2003	Comme Des Garcons Series 5 Sherbet: Cinnamon	果霜系列肉桂	中性香	2010	Wonderwood	奇迹之木	男　香
2003	Comme Des Garcons Series 5 Sherbet: Peppermint	果霜系列薄荷	中性香	2011	Comme Des Garcons 2011	川久保玲 2011	中性香
2003	Comme Des Garcons Series 5 Sherbet: Rhubarb	果霜系列大黄	中性香	2012	Amazingreen	惊艳绿	中性香
2004	Comme Des Garcons 2 Man	2 号男士	男　香	2012	Black	黑心	中性香
2004	Comme Des Garcons Series 6 Synthetic: Dry Clean	人工系列干洗	中性香	2012	Green	绿心	中性香
2004	Comme Des Garcons Series 6 Synthetic: Garage	人工系列车库	中性香	2012	Red	红心	中性香
2004	Comme Des Garcons Series 6 Synthetic: Skai	人工系列人造革	中性香	2013	Black	酷黑	中性香
2004	Comme Des Garcons Series 6 Synthetic: Soda	人工系列苏打	中性香	2013	Comme Des Garcons x Monocle Scent Tree: Sugi	杉木	中性香
2004	Comme Des Garcons Series 6 Synthetic: Tar	人工系列柏油	中性香	2013	Blue Cedrat	蓝柠	中性香
2005	Comme Des Garcons 2 Flower Power	2 号花之力量	女　香	2013	Blue Encens	蓝香	中性香
2005	Comme Des Garcons 2 Love Hurts	2 号爱的伤害	中性香	2013	Blue Santal	蓝檀	中性香
2005	Comme Des Garcons Series 7 Sweet: Burnt Sugar	甜美系列焦糖	中性香	2014	Serpentine	蛇纹	中性香
2005	Comme Des Garcons Series 7 Sweet: Nomad Tea	甜美系列游牧茶	中性香	2014	Wonderoud	神奇沉香	中性香
2005	Comme Des Garcons Series 7 Sweet: Spicy Cocoa	甜美系列辛辣可可	中性香	2015	Dot	波点	中性香

Creed
克雷德

克雷德属于年代久远但依然备受人们青睐的香水之一，在香水界有“贵族之香”的美誉。它是英国王室御用香水品牌，欧美政要明星们最爱的香水坊。克雷德至今还保留着手工提炼精油的传统。这点可是一般品牌的香水无法取代的地方。所选材料均产自世界公认的最顶级区域。克雷德至今依然采取家族经营，调香师代代相传，保持着传统的手工艺，优质原料和最高天然原料比例。

如今品牌一年只接 15 个私人定制，3 万美金起价，客户需在 5 年内最少续单一次。亦可花 3 千美金从现有的 240 款香型中做“私人调配”，顾客有一个独享权。

克雷德香水瓶外观差不多，唯一的区别在于材质和瓶盖。这也是很多传统香水或者沙龙香水返璞归真的风格表达（不靠绚丽的包装而是用真正的香水本质吸引你）。克雷德香水整体接受度很高，其中的爱尔兰绿花呢、银色山泉、战营、王者之香等都是其中的著名香款。

镇店名香

爱尔兰绿花呢　Silver Mountain Water

克雷德风靡全球的最畅销的香水，一开始是为好莱坞著名男星加里•格兰特度身定制的名香，查尔斯王子与影星乔治•克鲁尼也是拥护者，是业界公认影响最悠久的男香，将亲切、性感、神秘拿捏得恰如其分，整体风格极具男性刚阳的运动气息。木质花香麝香调，调香师是第六代掌门人奥利维耶•克雷德。前调为鸢尾、柠檬马鞭草；中调为紫罗兰叶；后调为檀木、龙涎香。

参考价格：￥1 800 / 120ml EDT

银色山泉　Silver Mountain Water

调制灵感来源于清新的山间空气，是克雷德最受欢迎的一款香水，同时也是品牌第六代掌门人奥利维耶•克雷德调制并最喜爱的香水。芳香调，前调为佛手柑、橘子；中调为绿茶、黑醋栗；后调为波斯树脂、麝香、檀木、苦橙叶。

参考价格：￥1 800 / 120ml EDT

白色的爱　Love In White

克雷德的明星香水，含有来自五大洲的珍贵优质原料，是影星安吉丽娜•茱莉大爱的一款，适合场合广泛。东方花香调，调香师为奥利维耶•克雷德和埃尔温•克雷德。前调为橙皮；中调为埃及鸢尾、法国黄水仙、危地马拉木兰、越南稻米皮、意大利白茉莉、保加利亚玫瑰；后调为檀木、香草、龙涎香。

参考价格：￥1 600 / 75ml EDP

收藏优选

1956

花期　Fleurissimo

克雷德公司为摩纳哥王妃葛丽丝•凯莉大婚而开发的香水，具有纪念意义而深受女性欢迎。花香调，调香师是品牌第五代掌门詹姆斯•亨利•克雷德。前调为佛手柑；中调为鸢尾、晚香玉、紫罗兰、保加利亚玫瑰；后调为龙涎香。

参考价格：￥1 800 / 75ml EDP

1995

王者之香　Impérial Millésime

为阿拉伯国王沙特国王费萨尔量身订制的香水，也是为了庆祝品牌作为欧洲王室御用香水 142 周年而上市的香水。木质花香麝香调，由奥利维耶•克雷德调制。前调为水果元素、海盐；中调为鸢尾、橘子、西西里岛柠檬、佛手柑；后调为麝香、木质元素、海洋元素。

参考价格：￥1 800 / 120ml EDT

2000

战营　Tabarome Millésime

具有浓厚的英伦风格，非常有魔力的一款成熟男香，给人以权力的掌控感，特别适合成熟男士使用。芳香森林调，调香师是奥利维耶•克雷德。前调为佛手柑、蜜橘；中调为生姜；后调为广藿香、龙涎香、檀木、烟草、皮革。

参考价格：￥1 800 / 120ml EDT

2002

喜马拉雅　Himalaya

奥利维耶·克雷德西藏之旅后的香水作品，以被冰雪覆盖的象征着辉煌、美丽、权力与永恒的喜马拉雅山为灵感，把山峰的特质转移到香水上，整体风格高雅、独立。东方木质调，调香师为奥利维耶·克雷德和埃尔温·克雷德。前调为葡萄柚、卡拉布里亚佛手柑、西西里岛柠檬；中调为檀木；后调为麝香、龙涎香、雪松。

参考价格：￥1 800 / 120ml EDT

2006

春日花香　Spring Flower

克雷德香水公司为了庆祝粉色春天的到来而特别推出的女香，曾是为著名影星奥黛丽·赫本量身订制的香水，完美结合了果味花香，展现出女孩轻松愉悦的玩味心情，适合年轻女性日常使用。花香果味调，由奥利维耶·克雷德调制。前调为甜瓜、桃、苹果；中调为茉莉、玫瑰；后调为麝香、龙涎香。

参考价格：￥1 600 / 75ml EDT

2007

维尔京岛之水　Virgin Island Water

香水的调制灵感来源于品牌第六代掌门人兼调香师奥利维耶·克雷德和埃尔温·克雷德以及王室友人在维尔京群岛的生姜岛度假时的感悟，以浪漫、热情的风格闻名香水界。柑橘香调，调香师为奥利维耶·克雷德和埃尔温·克雷德。前调为青柠、椰子、西西里岛橘子、白佛手柑；中调为生姜、印度茉莉、朱槿、依兰；后调为麝香、甘蔗、白朗姆酒。

参考价格：￥1 800 / 120ml EDT

2009

佛罗伦萨之水　Acqua Fiorentina

以 15 世纪文艺复兴时期佛罗伦萨为灵感，用香水去描摹佛罗伦萨的美丽。主题虽看似复古，但香水风格却非常清新，接受程度高，适合年龄层较广，颇为值得入手收藏。花果香调，调香师为奥利维耶·克雷德和埃尔温·克雷德。前调为李子、苹果；中调为玫瑰、梨、佛手柑、西西里岛佛手柑、柠檬；后调为弗吉尼亚州雪松、檀木、白葡萄柚。

参考价格：￥1 800 / 120ml EDT

高贵香草　Sublime Vanille

克雷德公司最具雄心的中性香水，品质和价值都堪称为香水中的艺术品：香水瓶身采用了皇家奢华的雕刻艺术，以水晶玻璃的瓶身突显出香水的华丽与高雅。香水顶部的瓶塞以白色的意大利皮革制成，保证了的香水的原味。东方香草调，调香师为奥利维耶·克雷德。前调为波旁香草、香草兰；中调为零陵香豆；后调为麝香、佛手柑、柠檬。

参考价格：￥3 900 / 250ml EDT

2010

拿破仑之水　Aventus

香水的创作灵感来源于拿破仑·波拿巴超凡的个性和其征战的历史，香气清新，展现了男性的阳刚、力量、智慧与能力，属于克雷德香水的口碑款。西普果味调，由调香师奥利维耶·克雷德和埃尔温·克雷德调制。前调为佛手柑、黑醋栗、菠萝、苹果；中调为桦木、广藿香、玫瑰、摩洛哥茉莉；后调为麝香、橡树苔、香草、龙涎香。

参考价格：￥2 000 / 125ml EDP

2011

原版古龙水　Original Cologne

限量版，也是为庆祝品牌成立 250 周年而特别推出的。呈现出强悍、馥郁、典雅、迷人的色彩。柑橘芳香调，调香师为奥利维耶·克雷德。前调为葡萄柚、柠檬、西西里岛佛手柑；中调为奈若利橙花、波斯树脂、梨；后调为大米、龙涎香、白麝香、粉香元素。

参考价格：¥3 900 / 250ml EDT

2014

原著之源系列　Creed Acqua Originale

克雷德香水公司近年来重点主推的香水系列，从 2014 年至今推出了五款香水，均为中性香，分别是亚洲绿茶、白色雪松、阿伯丁薰衣草、鸢尾晚香玉、香根草天竺葵。

亚洲绿茶带有柑橘气味，并融合了令人放松的花香和茶香；白色雪松带有奶油般柔滑的木质香；阿伯丁薰衣草带有东方调专属的蕨类植物的香气；鸢尾晚香玉带有醉人的蜂蜜甜味、诱惑的晚香玉香味，以及温柔镇静的鸢尾粉末味；香根草天竺葵是伴着微妙的水果味的木质花香调香水。

参考价格：¥1 900 / 100ml EDP

寻香名店

香港　Joyce Beauty 海港城店

纽约　克雷德精品店

藏·香·年·谱

推出时间	名称		类别	推出时间	名称		类别
1781	Royal English Leather	皇家英国皮革	中性香	1995	Silver Mountain Water	银色山泉	中性香
1845	Fleurs De Bulgarie	保加利亚皇室玫瑰	女　香	1997	Royal Water	皇室之水	中性香
1850	Santal Imperial	帝国檀香	男　香	1999	Green Valley	绿谷	男　香
1856	Royal Scottish Lavender	苏格兰皇家薰衣草	中性香	2000	Tabarome Millésime	战营	男　香
1862	Fantasia De Fleurs	花之幻想曲	女　香	2001	2000 Fleurs	2000 朵花	女　香
1862	Imperatrice Eugenie	欧仁妮皇后	女　香	2002	Himalaya	喜马拉雅	男　香
1875	Bois De Cedrat	枸橼树	中性香	2004	Original Vetiver	原始香根草	中性香
1890	Fleur De The Rose Bulgare	保加利亚玫瑰花	女　香	2005	Love In White	白色的爱	女　香
1901	Citrus Bigarrade	酸橙	中性香	2005	Original Santal	原始檀香	中性香
1933	Angelique Encens	天使	女　香	2006	Feuille Verte	绿叶	中性香
1948	Cypres Musc	西普麝香	男　香	2006	Royal Ceylan	皇家锡兰	女　香
1948	Vetiver	香根草	男　香	2006	Spring Flower	春日花香	女　香
1949	Ambre Cannelle	琥珀肉桂	中性香	2007	Amalfi Flowers	阿马尔菲花	女　香
1950	Orange Spice	辛辣柑橘	男　香	2008	Les Floralies	花卉	女　香
1953	Cuir De Russie	俄国皮革	男　香	2008	Love In Black	黑色的爱	女　香
1956	Fleurissimo	花期	女　香	2009	Acqua Fiorentina	佛罗伦萨之水	女　香
1959	Jasmal	摩洛哥玫瑰	女　香	2009	Sublime Vanille	高贵香草	中性香
1965	Aubepine Acacia	刺茴香	女　香	2010	Aventus	拿破仑之水	男　香
1965	Epicea	云杉	男　香	2010	Spice And Wood	辛香木本	中性香
1968	Irisia	鸢尾花	女　香	2011	Royal Oud	皇室乌木	中性香
1973	Acier Aluminium	钢铝	男　香	2011	Jardin D´Amalfi	阿马尔菲花园	中性香
1980	Tubereuse Indiana	印第安晚香玉	女　香	2011	Original Cologne	原版古龙水	中性香
1982	Baie De Genievre	桧果	中性香	2011	Royal Service	皇家军队	女　香
1982	Chevrefeuille	金银花	中性香	2011	White Flowers	白花	女　香
1985	Green Irish Tweed	爱尔兰绿花呢	男　香	2012	Fleurs De Gardenia	高贵栀子花	女　香
1987	Bois Du Portugal	葡萄牙之木	男　香	2013	Millesime 1849	米利塞蒙 1849	中性香
1987	Vanisia	瓦尼斯淡	女　香	2014	Aberdeen Lavander	阿伯丁薰衣草	中性香
1989	Jasmin Imperatrice Eugenie	皇室玫瑰	女　香	2014	Asian Green Tea	亚洲绿茶	中性香
1991	Selection Verte	绿色选择	中性香	2014	Cedre Blanc	白色雪松	中性香
1992	Erolfa	艾罗花	男　香	2014	Iris Tuberose	鸢尾晚香玉	女　香
1993	Royal Delight	皇家之悦	中性香	2014	Vetiver Geranium	香根草天竺葵	男　香
1994	Neroli Sauvage	藤花油	中性香	2015	Royal Mayfair	皇家梅费尔	中性香
1995	Impérial Millésime	王者之香	中性香	2015	Royal Princess Oud	皇家公主乌木	女　香

Davidoff
大卫杜夫

DAVIDOFF

“以高质环绕周身，偶尔用纯粹奢华纵容自己。”是大卫杜夫一贯秉承的宗旨。不论是雪茄、香水还是干邑，或浓或淡的香气铸就了大卫杜夫的香味传奇，也为我们构筑了一个关于香味的美梦。它不仅是世界雪茄十大品牌，更是世界香水十大品牌，其男士香水尤为著名。

自从大卫杜夫 1984 年推出以大卫杜夫同名香水之后，陆续推出许多受香水迷喜爱的香水，其中最著名的当属冷水香水，它是大卫杜夫的得意之作，在香水市场中拥有无数的拥趸，从诞生那一刻畅销至今，堪称香水界的不朽传奇。自此开始，大卫杜夫的香水似乎与“水”结下了不解之缘。 冷水女士香水在冷水推出 8 年后问世，同样获得了极大的成功。 除冷水香水外，大卫杜夫的回声、银影、追风骑士也在大卫杜夫香水迷的心目中占据重要位置，属于必收款。

镇店名香

冷水　Cool Water

大卫杜夫男香的经典之作，在欧美市场它已成为香水线的主流男香产品，是经得起时间考验的畅销男香。特别适合性格自信的时髦雅痞使用。芳香海洋调，调香师是皮埃尔·布尔顿，前调为海水、薄荷、绿色元素、薰衣草、香菜、迷迭香、西瓜酮；中调为檀木、茉莉、奈若利橙花、老鹳草；后调为麝香、橡苔、雪松、烟草、琥珀。

参考价格：￥600 / 75ml EDT

冷水女士　Cool Water Women

大卫杜夫女香中著名的走清新路线的女香，也是必入的大卫杜夫的女香之一。清爽简洁的水晶长颈细口瓶，酷似矿泉水的包装，幽幽的蓝与纯净的水，恰如其分地体现了冷水女士的灵魂。此款同样出自调香师皮埃尔·布尔顿之手。前调为菠萝、榅桲、黑醋栗、百合、甜瓜、柠檬、荷花、西瓜酮；中调为蜂蜜、山楂、茉莉、睡莲、铃兰、荷花、玫瑰；后调为黑莓、紫罗兰根、檀木、麝香、覆盆子、香草、桃、香根草。

参考价格：￥510 / 50ml EDT

银影　Silver Shadow

被香水爱好者公认的大卫杜夫男香中最能体现成熟男性魅力的经典香水，将极简风格发挥到极致。东方木质调，由著名的调香师弗朗西丝•库尔吉安调制。前调为弗吉尼亚州雪松、香菜、苦橙；中调为广藿香、藏红花、丁香；后调为橡树苔、琥珀、安息香、肉桂。

参考价格： ￥850 / 100ml EDT

季诺·大卫杜夫　Zino Davidoff

大卫杜夫以品牌创始人命名的男香，不但具有特殊的纪念价值，同时以其醇厚和层次感俘虏了众多香水迷的心。东方木质调，前调为薰衣草、快乐鼠尾草、佛手柑、巴西花梨木；中调为茉莉、铃兰、玫瑰、老鹳草；后调为檀木、广藿香、香草、雪松。

参考价格： ￥550 / 125ml EDT

追风骑士　Adventure

极富男性个性魅力的香水，瓶身设计坚固、充满阳刚之气，外形雅致的银色金属与香水散发的暖色光交相辉映。它的创作灵感源自世界上广阔的荒漠和粗犷的男性豪情。木质香调，前调为茶叶、橘子、佛手柑、胡椒、柠檬、马黛茶；中调为甘椒、芝麻；后调为雪松、香根草、白麝香。

参考价格： ￥550 / 100ml EDT

收藏优选

2003

回声　Echo

大卫杜夫男香中非常适合都市男人使用的香水，瓶身彷如打火机的设计体现了男性的硬朗风格与设计的极简美学，整体造型大气自然。木质香调，成分选用了肉豆蔻核仁、檀木、麝香、雪松、胡椒、辣椒、绒面革。

参考价格： ￥450 / 50ml EDT

2004

回声女士　Echo Woman

香水呈现了柔和的色彩美学，以意大利覆盆子的颜色为基调，圆润具线条美的香水瓶身柔和而温润，加上喷嘴部分的磨砂银，搭配浪漫的粉红，具有舒适优雅的美感。西普花香调，前调为伏特加酒、白麝香；中调为牡丹、鸢尾、紫罗兰、桂花；后调为肉桂、木质元素、琥珀结晶。

参考价格： ￥430 / 30ml EDP

深泉　Cool Water Deep

大卫杜夫除冷水外的另一款经典男香，与原版冷水相比，无论是瓶身设计还是香调都更为成熟。香水瓶身映着淡蓝而透明的色彩，搭配简单的线条设计，更适合商务及成熟男士使用。木质调，前调为奇异果、橘子、仙人掌、杜松、苹果；中调为冷杉树脂、快乐鼠尾草、雪松松针；后调为劳丹脂、桧木、愈创木、白麝香、榄香树脂。

参考价格： ￥650 / 50ml EDT

2006

冷水游戏女士

Cool Water Game For Women

大卫杜夫推出的限量版男女对香的女士版，是在大卫杜夫重新设计品牌字样之后所推出的第一款香水，重新设计之后的大卫杜夫Logo，更能突显品牌本身时尚多元的个性。花果香调，前调为苹果、柠檬；中调为小苍兰、睡莲、热带水果；后调为檀木、麝香、雪松。

参考价格：￥650 / 100ml EDT

冷水游戏男士

Cool Water Game For men

大卫杜夫推出的限量版男女对香的男士版，瓶身造型是取材于冲浪板的形象，印有不规则状的流线花纹，时尚感极强，适合年轻男士使用。芳香海洋调，前调为罗勒、葡萄柚、柠檬马鞭草、西瓜；中调为黑醋栗、薰衣草、紫罗兰叶；后调为广藿香、木质元素。

参考价格：￥500 / 100ml EDT

2008

银影私享　Silver Shadow Private

与银影相比，整体香调更为细腻成熟，更适合个性自信的男士使用。东方香调，前调为柠檬、佛手柑、豆蔻；中调为薰衣草、紫罗兰；后调为麝香、皮革、木质元素。

参考价格：￥850 / 100ml EDT

2009

热水　Hot Water

与大卫杜夫大热款冷水清新的香调特点迥然不同，它更为激情四射，香水的瓶身十分诱人，暗红中闪烁着鲜艳的色彩，是大卫杜夫拓展香水风格的成功之作。东方香调，前调为苦艾、罗勒；中调为辣椒、广藿香；后调为苏合香、安息香。

参考价格：￥550 / 60ml EDT

2010

王者之风　Champion

该款男香最为收藏者欣赏的就在于新颖的瓶身设计，整款香水看起来如同一个哑铃，具有鲜明的力量感和运动性。瓶盖采用金属材质，瓶身的斜纹处理为这款香水增添了更为粗旷阳刚的性感气息。木质芳香调，前调为佛手柑、柠檬；中调为波斯树脂、快乐鼠尾草；后调为橡苔、雪松。

参考价格：￥670 / 90ml EDT

王者之霸　Champion Energy

延续王者之风男香独特的哑铃香水瓶身设计，瓶盖与底座作成哑铃般的银色杠片，搭配高质感的亮白瓶身与鲜明红色 Logo 相映，衬托出瓶身的大胆与充满趣味的设计。这种对比鲜明的配色极有吸睛效果。芳香调，前调为佛手柑、葡萄柚；中调为波斯树脂、香辛料；后调为橡树苔、弗吉尼亚州雪松。

参考价格：￥670 / 90ml EDT

2012

冷水感性精纯　Cool Water Sensual Essence

冷水系列的一款口碑极佳的后续作品，因为是调香师以金色的夕阳在海面折射的光芒为灵感调制完成的，因此整体香调气息更为明亮、诱人，可作为与冷水香水的对比香水收藏。花果香调，前调为佛手柑、红浆果；中调为赤素馨花、兰花；后调为木质元素、香草、麝香。

参考价格：￥800 / 100ml EDP

勇者之弈　The Game

以造型别致成为大卫杜夫男香中的佼佼者，香水瓶身的设计灵感来自博弈游戏中扑克筹码。瓶身以厚重的透明玻璃打造，显示出内在香气的独特与贵重。木质调，由调香大师伯纳德·埃列娜和大卫杜夫创意团队携手设计，前调为琴酒、杜松浆果；中调为鸢尾、珍贵木质；后调为黑檀木。

参考价格：￥600 / 100ml EDT

2013

红粉丽人　Cool Water Sea Rose

非常富于浪漫气质的一款女香，与大卫杜夫的其他女香有很大差异，它给人的感觉是敏感且娇贵，气质清新而纯真。香水瓶身设计灵感源于水滴的形状。它与众不同的粉色让人联想起黎明的第一道曙光，特别适合纯洁而自然的女性使用。花香调，前调为梨；中调为粉色牡丹；后调为麝香。

参考价格：￥510 / 50ml EDT

2014

冷水夜潜　Cool Water Night Dive

与原版冷水男香的水气以及自然的特性相比更为冷峻，是大卫杜夫近年香水中非常受欢迎的男香。芳香海洋调，前调为薄荷、乳香、开心果木；中调为开司米木麝香、黑胡椒、鼠尾草、烟草；后调为琥珀、麝香、木质元素、绒面革。

参考价格： ￥500 / 75ml EDT

寻香名店

北京　北辰购物中心·长安商场·当代商城·君太百货·汉光百货

上海　大悦城·来福士广场

杭州　万象城·解百购物广场

南京　大洋百货

成都　广百百货

重庆　远东百货·茂业百货·瑞成商都

藏·香·年·谱

推出时间	名　　称		类 别	推出时间	名　　称		类 别
1984	Davidoff	大卫杜夫同名	男 香	2009	Adventure Amazonia	亚马逊探险	男 香
1988	Cool Water	冷水	男 香	2009	Cool Water Man Cool Summer	冷水清凉夏日男士	男 香
1988	Zino Davidoff	季诺·大卫杜夫	男 香	2009	Cool Water Women Cool Summer	冷水清凉夏日女士	女 香
1990	Relax	放松	男 香	2009	Hot Water	热水	男 香
1996	Cool Water Women	冷水女士	女 香	2010	Adventure Eau Fraiche	清新雨林	男 香
1998	Good Life	美好生活	男 香	2010	Champion	王者之风	男 香
1999	Good Life Woman	美好生活女士	女 香	2010	Cool Water Women Ice Fresh	冷水冰泉女士	女 香
2001	Cool Water Women Frozen	冷水冰冻女士	女 香	2010	Cool Water Men Ice Fresh	冷水冰泉男士	男 香
2003	Cool Water Ocean Radiance	深海闪耀	女 香	2011	Cool Water Summer Dive Man	冷水夏日潜水男士	男 香
2003	Echo	回声	男 香	2011	Cool Water Summer Dive Woman	冷水夏日潜水女士	女 香
2004	Cool Water Frozen	冷水冰冻	男 香	2011	Champion Energy	王者之霸	男 香
2004	Echo Woman	回声女士	女 香	2012	Cool Water Sensual Essence	冷水感性精纯	男 香
2004	Cool Water Deep	深泉	男 香	2012	Cool Water Pure Pacific for Her	冷水纯净太平洋女士	女 香
2005	Cool Water Deep Sea Scent and Sun	深海烈日男士	男 香	2012	Cool Water Pure Pacific for Him	冷水纯净太平洋男士	男 香
2005	Cool Water Sea Scent and Sun	大海阳光男士	男 香	2012	Hot Water Night	热水之夜	男 香
2005	Cool Water Women Sea Scent and Sun	冷水海水香气与太阳女士	女 香	2012	The Game	勇者之弈	男 香
2005	Silver Shadow	银影	男 香	2013	The Game Intense	勇者之弈馥郁版	男 香
2005	Silver Shadow Pure Blend	银影纯香	男 香	2013	Cool Water Sea Rose	红粉丽人	女 香
2006	Cool Water Deep Summer Fizz	深泉夏日微声	男 香	2013	Cool Water Into The Ocean For Men	冷水海洋男士	男 香
2006	Cool Water Game For Women	冷水游戏女士	女 香	2013	Cool Water Into The Ocean For Women	冷水海洋女士	女 香
2006	Cool Water Game For Men	冷水游戏男士	男 香	2014	Cool Water Night Dive	冷水夜潜	男 香
2006	Cool Water Woman Summer Fizz	冷水夏日微声女士	女 香	2014	Cool Water Night Dive Woman	冷水夜潜女士	女 香
2006	Echo Summer Fizz	回声夏日微声	男 香	2014	Cool Water Man Coral Reef Edition	冷水珊瑚礁版	男 香
2006	Echo Women Summer Fizz	回声夏日微声女士	女 香	2014	Cool Water Sea Rose Coral Reef Edition	冷水海洋玫瑰珊瑚礁版	男 香
2007	Cool Water Wave	冷水波浪	男 香	2014	Cool Water Woman Coral Reef Edition	冷水珊瑚礁版女士2014	女 香
2007	Cool Water Game Happy Summer For Women	冷水游戏欢乐之夏女士	女 香	2014	Leather Blend	皮革混合	中性香
2007	Cool Water Game Happy Summer For Men	冷水游戏欢乐之夏男士	男 香	2014	The Brilliant Game	精彩博弈	男 香
2007	Silver Shadow Altitude	银影高度	男 香	2015	Cool Water Tender Sea Rose	海洋玫瑰轻柔	女 香
2008	Silver Shadow Private	银影私享	男 香	2015	Cool Water Man Summer Seas	冷水夏日海洋男士	女 香
2008	Adventure	追风骑士	男 香	2015	Cool Water Sea Rose Summer Seas	冷水海洋玫瑰夏日海洋	女 香
2008	Cool Water Woman Freeze Me	神秘水女士	女 香	2015	Cool Water Woman Summer Seas	冷水夏日海洋女士	女 香
2008	Cool Water Freeze Me	神秘水	男 香	2015	Agar Blend	琼脂混合	中性香

Diesel
迪赛

迪赛的第一款香水是一款同名中性香水，于1996年上市。2006年，迪赛开始与欧莱雅合作，在此之前，迪赛一直是与MARBERT（慕柏婷）合作推出香水。

迪赛的目标人群主要是年轻人，其设计风格甚至广告都一直是桀骜不驯、特立独行的。值得注意的是，迪赛善于把不经常被用到的造型应用在香水的设计上。例如，“勇者无畏”（又译“光荣战士”）系列香水的瓶身是一个拳头的造型。并且经常推出特别主题的限量版香水，如美国队长、钢铁侠，很符合年轻人的口味。而迪赛的“逆爱”系列香水则采用了心型瓶身，可以通过另外三种不同位置倾斜摆放，别具一格。

镇店名香

勇者无畏美国队长

Only The Brave Captain America

前调为柠檬、橘子；中调为雪松、香菜、紫罗兰；后调为劳丹脂、琥珀、安息香、安息香脂、皮革。

参考价格：￥1 900 / 100ml EDT

逆爱红吻　Loverdose Red Kiss

这款香水所要表达的是：“一个能让你心跳加速的最完美的吻，准备好了吗?!”开头带来的是感性的橙花芳香，之后进入可可豆构成的中调，以及广藿香的后调。

参考价格：￥850 / 75ml EDP

勇者无畏钢铁侠　Only The Brave Iron Man

前调为柠檬、橘子；中调为雪松、香菜、紫罗兰；后调为劳丹脂、琥珀、安息香、安息香脂、皮革。

参考价格：￥1 900 / 100ml EDT

2007

燃动　Fuel For Life Homme

前调为葡萄柚、茴芹；中调为薰衣草、树莓；后调为木质香、天芥菜。

参考价格： ¥550 / 100ml EDT

燃动女士 Fuel For Life Femme

前调为橘子、粉红胡椒；中调为肉豆蔻、茉莉；后调为广藿香、香根草。

参考价格： ¥900 / 100ml EDP

2008

燃动无限版　Fuel For Life Unlimited

这款女香的造型灵感来自于酒瓶，每瓶的蕾丝外衣都是手工缝制。成分中含有香柠檬、柠檬、甘草、八角、白色花系。

参考价格： ¥1 000 / 100ml EDP

2009

勇者无畏　Only The Brave

前调为柠檬、橘子；中调为雪松、香菜、紫罗兰；后调为劳丹脂、琥珀、安息香、安息香脂、皮革。

参考价格： ¥700 / 125ml EDT

勇者无畏班卡　Only The Brave By Bunka

纹身设计大师班卡为这款香水设计瓶身，前调为柠檬、橘子；中调为雪松、香菜、紫罗兰；后调为劳丹脂、琥珀、安息香、安息香脂、皮革。

价格请店洽 EDT

2011

逆爱　Loverdose

这款香水又译为“爱情灵药”。前调为橘子、八角；中调为茉莉、栀子花、甘草；后调为琥珀、香草、木质香。2012 年推出 EDT 版。

参考价格： ¥700 / 100ml EDP

燃动牛仔收藏版

Fuel For Life Denim Collection

这是一款对香，男香前调为柑橘；中调为薰衣草、树莓；后调为木质香。女香前调为树莓；中调为茉莉；后调为木质香、琥珀。

参考价格： ¥700 / 75ml EDT

2012

勇者无畏刺青　Only The Brave Tattoo

前调为红苹果、橘子；中调为鼠尾草、胡椒；后调为安息香脂、木质香、广藿香、烟草。

参考价格：¥600 / 75ml EDT

2013

逆爱纹身　Loverdose Tattoo

前调为香柠檬、橘子、醋栗叶；中调为玫瑰、橙花、茉莉；后调为顿加豆、大米、香草、牛奶。

参考价格：¥700 / 100ml EDP

燃动精神　Diesel Fuel For Life Spirit

前调为香柠檬、肉桂；中调为鸢尾花、橙花；后调为琥珀、木质香、焚香。

参考价格：¥700 / 100ml EDT

2014

逆爱纹身 EDT 版
Loverdose Tattoo Eau De Toilette

前调为茶叶、醋栗叶、橘子、柠檬；中调为玫瑰、木兰；后调为顿加豆、大米。

参考价格：¥600 / 100ml EDT

勇者无畏狂野版
Diesel Only The Brave Wild

前调为香茅、葡萄柚、胡椒；中调为肉豆蔻、薰衣草、老鹳草、香豆素；后调为雪松、香根草、橡木苔、椰子。

参考价格：¥900 / 100ml EDT

寻香名店

北京　东方广场·新光天地
上海　恒隆广场
南京　德基广场

藏·香·年·谱

推出时间	名称		类别	推出时间	名称		类别
1996	Diesel	同名	中性香	2009	Only The Brave By Bunka	勇者无畏班卡	男 香
1997	Plus Plus Feminine	牛奶瓶	女 香	2010	Fuel For Life Summer	燃动夏日	女 香
1997	Plus Plus Masculine	牛奶瓶	男 香	2010	Fuel For Life Summer	燃动夏日	男 香
2000	Zero Plus Feminine	水深火热	女 香	2010	Only The Brave Iron Man	勇者无畏钢铁侠	男 香
2001	Green Feminine	爱情园丁	女 香	2010	Only The Brave Music Animation	勇者无畏音乐动画	男 香
2001	Green Masculine	爱情园丁	男 香	2011	Loverdose	逆爱	女 香
2003	Zero Plus Masculine	水深火热	男 香	2011	Fuel For Life Denim Collection Femme	燃动牛仔收藏版	女 香
2003	Green Feminine Special Edition	爱情园丁特别版	女 香	2011	Fuel For Life Denim Collection Homme	燃动牛仔收藏版	男 香
2003	Green Masculine Special Edition	爱情园丁特别版	男 香	2011	Only The Brave Captain America	勇者无畏美国队长	男 香
2007	Fuel For Life Femme	燃动女士	女 香	2012	Only The Brave Tattoo	勇者无畏刺青	男 香
2007	Fuel For Life Homme	燃动男士	男 香	2012	Fuel For Life l´Eau	燃动之水	男 香
2008	Fuel For Life Cologne For Men	燃动男士古龙水	男 香	2012	Loverdose L´Eau De Toilette	逆爱 EDT 版	女 香
2008	Fuel For Life Cologne For Women	燃动女士古龙水	女 香	2013	Fuel For Life Spirit	燃动精神	男 香
2008	Fuel For Life Unlimited	燃动无限版	女 香	2013	Loverdose Tattoo	逆爱纹身	女 香
2009	Fuel For Life He Summer	燃动夏日版	男 香	2014	Only The Brave Wild	勇者无畏狂野版	男 香
2009	Fuel For Life She Summer	燃动夏日版	女 香	2014	Loverdose Tattoo Eau De Toilette	逆爱纹身 EDT 版	女 香
2009	Only The Brave	勇者无畏	男 香	2015	Loverdose Red Kiss	逆爱红吻	女 香

Diptyque
蒂普提克

镇店名香

蒂普提克以制作芳香蜡烛闻名于世，其制作出的香水同样有着非凡的品质。品牌追求用料天然和品质纯粹，因此在对嗅觉狂热的香水迷心中，拥有无法动摇的地位，几乎每款香水都能成为香水爱好者的珍藏。青绿感与异域风格是蒂普提克香水最突出的风格，因此往往显得仙气十足。其中影中之水、谭道、杜桑等都是必收款。

影中之水　L'Ombre Dans L'Eau

蒂普提克非常特别的一款香水。花香调，成分选用了玫瑰、黑醋栗叶、黑醋栗、佛手柑、橘子、龙涎香，麝香、黑醋栗叶。调香师是赛尔日·克罗君。令人想起在水岸边翠绿繁茂的英式花园，结合了玫瑰的新鲜甜美与黑醋栗叶的绿色香调。

参考价格：￥1 250 / 75ml EDP

谭道　Tam Dao

蒂普提克最出名的一款香水，少见的采用了檀香为主调，香水名字来自越南的一个地名。花香木质麝香调，前调为玫瑰、桃金娘、意大利丝柏；中调为檀木、雪松；后调为香辛料，琥珀、白麝香、巴西花梨木。整体风格非常简练。

参考价格：￥1 250 / 75ml EDP

杜桑　Do Son

蒂普提克非常著名的一款晚香玉香水，名字也同样取自越南的地名。完美展示了女子既纯真无邪却又充满了性感魅力的特质。花香调，调香师是法布里·佩勒格兰。前调为非洲橙子花、玫瑰、鸢尾；中调为晚香玉、粉色胡椒；后调为安息香、麝香。

参考价格：￥1 250 / 75ml EDP

收藏优选

1996

希腊无花果　Philosykos

木质芳香调，前调为无花果叶、无花果；中调为椰子、绿色元素；后调为雪松、木质元素、无花果树。这款香能让人仿佛感受到悠闲愉悦的希腊假期，看见被阳光暖暖晒着的无花果树，非常适合日常休闲场合使用。

参考价格：￥1 250 / 75ml EDP

1999

小苍兰　Ofrésia

花香调，前调为胡椒；中调为小苍兰；后调为木质元素。风格优雅、干净。这款香水是蒂普提克香水中接受度很高的香水，值得入手收藏。

参考价格：￥1 250 / 75ml EDP

2010

杜耶尔　Eau Duelle

东方香料调，调香师是法布里·佩勒格兰，香水成分选用了豆蔻、榄香树脂、乳香、佛手柑、粉色胡椒、杜松、藏红花、红茶、麝香、龙涎香、波旁香草。整体风格飘逸、神秘，口碑颇佳。

参考价格：￥1 250 / 75ml EDP

维堤里欧　Vetyverio

调制风格混合了男性阳刚气息和女性柔美特质，展现出多变的魅力。花香木质麝香调，前调为佛手柑、葡萄柚、阿马尔菲柠檬、橘子；中调为老鹳草、依兰、玫瑰、胡萝卜种子、肉豆蔻核仁、丁香；后调为香根草、麝香、弗吉尼亚州雪松。

参考价格：￥1 080 / 100ml EDT

2013

圣日尔曼大道 34 号之水　Eau De 34

以品牌在巴黎左岸圣日尔曼大道 34 号精品店命名，非常具有纪念意义。东方香料调，前调为苦橙、柠檬、马鞭草、葡萄柚、薰衣草、杜松浆果、肉豆蔻核仁、肉桂、桦树叶；中调为老鹳草、晚香玉；后调为雪松、广藿香、焚香、劳丹脂、苔藓。

参考价格：￥1 280 / 100ml EDT

2014

天竺葵　Geranium odorata

香气圆满立体，如实描绘出花卉和木林之间的美丽和谐。花香调，香水成分选用了佛手柑、老鹳草、粉色胡椒、零陵香豆、香根草、雪松。

参考价格：￥950 / 100ml EDT

寻香名店

北京　连卡佛百货·国贸商城
上海　连卡佛百货
成都　连卡佛百货
香港　IFC 精品店

藏·香·年·谱

推出时间	名称		类别	推出时间	名称		类别
1968	L´Eau	水	中性香	2008	L´Eau De Neroli	橙花	中性香
1973	L´Autre	性感东方	中性香	2008	L`Eau Des Hesperides	海丝佩拉蒂	中性香
1975	L´Eau Trois	北希腊药本风情	中性香	2009	L`Eau De Tarocco	塔罗科	中性香
1975	Vinaigre De Toilette	香醋微醺	中性香	2010	Eau Duelle	杜耶尔	中性香
1983	L´Ombre Dans L´Eau	影中之水	女　香	2010	Vetyverio	维堤里欧	中性香
1986	Eau Lente	缓流	中性香	2011	34 boulevard Saint Germain	圣日尔曼大道 34 号	中性香
1988	Olene	清晨百合	女　香	2011	Eau Mage	魔术师	中性香
1988	Eau D´Elide　1988	罗马森林之神	中性香	2012	Particuliere Eau Parfume	薄荷清晨花园	中性香
1990	Virgilio	罗马幽静辛甘药香	中性香	2012	Eau Rose	玫瑰	女　香
1996	Philosykos	希腊无花果	中性香	2012	Volutes	维路德	中性香
1999	Ofrésia	小苍兰	女　香	2013	Eau De 34	圣日尔曼大道 34 号之水	中性香
2000	Oyedo	东京	中性香	2013	Eau Moheli	依兰	中性香
2001	Opone	番红玫瑰花	中性香	2014	Eau De Lavande	薰衣草	中性香
2003	Tam Dao	谭道	中性香	2014	Geranium odorata	天竺葵	中性香
2003	Jardin Clos	禁闭庭院	中性香	2014	Essences Insensées	繁花	中性香
2005	Do Son	杜桑	女　香	2015	Eau Plurielle	青藤玫瑰	中性香
2006	Eau De Lierre	利埃尔	女　香	2015	Florabellio	春日风景	中性香
2008	L´Eau De L´Eau	水中之水	中性香	2015	Oud Palao	帕劳沉香	中性香

Dolce & Gabbana

杜嘉班纳

杜嘉班纳于 1992 年正式跨足香水产业，推出了品牌同名女性香水。这款散发着优雅高贵气息的香水十分畅销，并获得了菲菲奖 1993 年度最佳女用香水奖的殊荣。在当时的意大利香水界，已有阿玛尼、费雷、范思哲三大巨头，而杜嘉班纳的异军突起却展示了别样的风格。

在女性香水获得成功之后，杜嘉班纳于 1994 年又推出品牌同名男性香水。虽然种类并不多，但杜嘉班纳的香水没有任何一款会给人似曾相识的感觉，款款都是精美艺术和高贵品质的结晶，其中比较经典的有 1997 年的放纵男香，1999 年的真性男香、2001 年的逸蓝女香，以及近年来推出的唯我女香，每一款都独具一格，不但凝结了西方传统文化的精髓，而且具有独特的意大利特色。

镇店名香

丝绒系列　The Velvet Collection

该系列香水最初共有 6 款不同的香气，包括 2 款女香和 4 款中性香，丝绒质地的瓶盖给人尊贵、冷艳的感觉。该系列在 2013 年和 2014 年又各自新增了 2 款，而且，所有属于该系列的香水都由哈罗德百货独家销售。

参考价格： ¥1 600 / 50ml EDP

唯我　The one

唯我是杜嘉班纳的经典之作，在 2006 年首次推出，细颈瓶身十分经典，而同款男香 2008 年问世。它们是兼具感性的成熟和强大精神力量的香水，代表着多样的个性、永远的时尚、自然的魅力。

参考价格：女香￥600 / 50ml EDP

男香￥500 / 50ml EDT

杜嘉　Dolce

这是一款温柔并且女人味十足的花香型香水，在 2014 年推出。前调为木瓜花、苦橙叶；中调为水仙花、白百合、白孤挺花（这种产自南非的花朵有史以来从未被用于香水调制）；后调为麝香。

参考价格：￥800 / 50ml EDP

收藏优选

1992

杜嘉班纳同名女士　Dolce & Gabbana

这款杜嘉班纳同名女香为花香醛味调，它是该品牌推出的首款香水，并获得了菲菲奖 1993 年度最佳女用香水奖。

价格请店洽 EDP

1994

杜嘉班纳同名男士

Dolce & Gabbana Pour Homme

这款品牌同名男香选择了芳香森林调，获得了菲菲奖 1995 年度最佳男士香水、最佳男士香水包装设计、最佳男士香水广告奖等奖项，现在杜嘉班纳的男香作品依然在沿用这款经典的瓶身造型。

价格请店洽 EDP

1997

放纵　By

女香（EDP）绚丽的豹纹寓意着女性难以捉摸的特质，香调中铺陈出西西里小柑桔、山谷的新鲜百合以及麝香等馥郁香气。1999 年推出的男香（EDT）的斑马纹代表男性的狂野，香调由辛辣而阳刚的胡椒、薰衣草与檀香木混合而成，适合上班族。

价格请店洽

1999

真性　Masculine /Feminine

这款香水的男香款（Masculine）与女香款（Feminine）表现迥异：男香强调柑橘及木香的清新活力，充满了生命力，征服了大批的年轻人；女香则充满了麝香及迷人的花香，具有甜美的感染力。

参考价格：￥400 / 50ml EDT

2001

逸蓝　Light Blue

作为菲菲奖2006年度欧洲最畅销女香，它将清淡的西西里柠檬、青苹果、风铃草融合成前调，浓烈的茉莉、清新的竹子、性感的白玫瑰构成的中调使女性更加性感，而香柏、麝香的沉静深远则让这趟地中海香氛之旅余味缭绕，散发着更持久的芬芳。

价格请店洽 EDT

2003

西西里　Sicily

这款香水请来了莫妮卡·贝鲁奇代言，富于变化的香气突出了热烈成熟的女人味，无论你想要高冷或甜美，都不要选择这款香水，因为它只能简单明了地表达女人的热情。

价格请店洽 EDP

2007

逸蓝男士　Light Blue Pour Homme

这款香水是菲菲奖2008年度最佳奢华男香的得主，雾面瓶身与充满清新现代感的天空蓝瓶盖完美结合。这款香水可以说是性感与现代感兼具，其前调融合了佛手柑、西西里柑橘、葡萄柚皮的纯净香气，中调释放出迷迭香的辛辣，后调则结合麝香、香薰与橡木苔展现出属于地中海的迷人气息

参考价格： ¥760 / 75ml EDT

塔罗牌系列　Anthology

2009年，杜嘉班纳推出了塔罗牌系列全新香水，首批5款，这一系列是塔罗牌爱好者绝对想要收藏的目标，其成员还在陆续增加中。

价格请店洽 EDT

2009

唯我玫瑰　Rose The One

这款香水没有放弃任何的诱人的特质，前调为粉红葡萄柚、柑橘和黑醋栗；中调为牡丹、百合、荔枝和保加利亚玫瑰；后调为香草、琥珀和麝香。

参考价格： ￥680 / 50ml EDP

2010

唯我绅士　The One Gentlemen

这款香水是为了纪念杜嘉班纳首个男装系列诞生 20 周年，青铜色的瓶盖与灰蓝色的香水相辉映，散发出浑然天成的艺术感，东方熏苔调极具典雅魅力，带着成熟男士的自信及阳刚气息。

参考价格： ￥640 / 50ml EDT

2011

唯我蕾丝　The One Lace

这款瓶身印上了精美的黑色蕾丝花朵，妩媚性感，又带着奢华的诱惑，展现了成熟女性无限性感与自信的魅力。前调为柑橘、佛手柑、荔枝、水蜜桃；中调为圣母百合、铃兰、茉莉、梅子；后调为香根草、香草、琥珀、麝香和李子。

价格请店洽 EDP

2012

杜嘉班纳同名女士 2012 版

Dolce & Gabbana Pour Femme

前调为奈若利橙花、覆盆子和橘子；中调为茉莉和橙子花；后调为棉花糖（蛋白软糖）、香草、天芥菜和檀木。

参考价格： ￥850 / 100ml EDT

杜嘉班纳同名男士 2012 版

Dolce & Gabbana Pour Homme

这是一款芳香森林调的男香。前调为佛手柑、奈若利橙花、柑橘香和橘子；中调为薰衣草、鼠尾草和胡椒；后调是零陵香豆、雪松和烟草。

参考价格： ￥360 / 40ml EDT

唯我运动　The One Sport

这是一款木质芳香调的男香，在 2012 年推出。前调为水因子和迷迭香；中调为豆蔻和红杉；后调为麝香和广藿香。

参考价格： ￥460 / 50ml EDT

2012

逸蓝迷情对香　Light Blue Living Stromboli / Light Blue Dreaming In Portofino

创作灵感源自意大利里维埃拉地带的两个人间天堂：Stromboli 和 Portofino。其中，男香融合了清新与性感，从沁入心脾的柑桔和粉红胡椒的前调自然过渡到清新的水生植物的香味，而这种香味又因天竺葵清晰的味道而厚重，烟熏琥珀搭配广藿香与熏苔香根草则调动了全部的感官，纯洁、强劲且富有阳刚之气。而女香以阳光沐浴下的荔枝和富有麝香味的秋葵子，融入奶油色的鸢尾花和醉人木桂的花香气息，树脂味琥珀和木质广藿香味悠然飘过。

参考价格：男香￥950 / 125ml EDT

女香￥1 100 / 100ml EDT

唯我金装限量版对香　The One

这款对香包括金色版女香和白金版男香，它们延续了唯我系列的初始香调，但将原来的包装进行了华丽升级，金属质感配合几何感的线条，更显华贵、大气。

参考价格：女香￥750 / 75ml EDP

男香￥650 / 100ml EDT

2013

热情　Intense

香水瓶如宝石切割般的造型，配合饱满的紫色调和金色的瓶颈，散发都市熟女的魅力，叫人动心。前调从活泼甜梨味变成浪漫优雅的紫罗兰，中调依然是甜豌豆和牡丹花的组合香气，后调则是香草与广藿香的结合。

参考价格：￥900 / 100ml EDP

寻香名店

北京　王府半岛酒店·银泰中心

上海　恒隆广场·国金中心

纽约　萨克斯第五大道精品百货

伦敦　哈罗德百货

2013

唯我祈愿 The One Desire

这是一款东方型花香调的女用香水，宝石感的瓶盖，结合黑色细颈瓶身和金色手写字体，低调中又性感十足，较适合夜用。前调为佛手柑、橘子、荔枝和铃兰；中调为晚香玉；后调为檀木、香草、焦糖和琥珀，诱人却有带有一丝丝舒心的温暖气息。

参考价格：￥900 / 75ml EDP

2014

热情 Intenso

这是一款木质芳香调的男用香水，前调为水因子、罗勒和薰衣草；中调为烟草、干草；后调为劳丹脂、檀木和丝柏。

参考价格：￥650 / 75ml EDP

唯我收藏家版限量版对香

The One Collector's Edition

这两款香水的瓶身饰以金币头像，限量2014套。女香的前调为橘子、佛手柑、荔枝和桃；中调为百合；后调为香草、琥珀和麝香。男香前调为葡萄柚、香菜和罗勒；中调为豆蔻和生姜；后调为烟草、琥珀和雪松。

参考价格：女香￥600 / 50ml EDP

男香￥450 / 50ml EDT

逸蓝 2014 年限量版对香

Light Blue Escape To Panarea

Light Blue Discover Vulcano

这款对香包括逃离到帕纳雷阿（Escape To Panarea）女香以及发现武尔卡诺（Discover Vulcano）男香，灵感起源于意大利北部岛屿上的风景胜地——帕纳雷阿及武尔卡诺，那里以火山景色闻名，是享受地中海夏日黄昏的佳选。其中，女香展露了甜美而清新的感受，而男香弥漫着浓厚的地中海阳刚气息。

参考价格：女香￥650 / 50ml EDT

男香￥400 / 75ml EDT

藏·香·年·谱

推出时间	名称		类别	推出时间	名称		类别
1992	Dolce & Gabbana	杜嘉班纳同名女士	女香	2011	Velvet Wood	丝绒木质	中性香
1994	Dolce & Gabbana Pour Homme	杜嘉班纳同名男士	男香	2011	Velvet Patchouli	丝绒广藿香	中性香
1997	By Woman	放纵女士	男香	2011	The One Lace	唯我蕾丝	女香
1999	By Man	放纵男士	女香	2012	The One Sport	唯我运动	男香
1999	Masculine	真性男士	男香	2012	Light Blue Dreaming In Portofino	逸蓝迷情女士	女香
1999	Feminine	真性女士	女香	2012	Light Blue Living Stromboli	逸蓝迷情男士	男香
2001	Light Blue	逸蓝	女香	2012	Anthology L´Empereur 4	塔罗牌 4 号	男香
2003	Sicily	西西里	女香	2012	Dolce & Gabbana Pour Homme	杜嘉班纳同名男士 2012 版	男香
2006	The One	唯我	女香	2012	Dolce & Gabbana Pour Femme	杜嘉班纳同名女士 2012 版	女香
2007	Light Blue Pour Homme	逸蓝男士	男香	2013	Velvet Tender Oud	丝绒温柔沉香木	中性香
2008	The One For Man	唯我男士	男香	2013	Velvet Desert Oud	丝绒沙漠沉香木	中性香
2009	Anthology Le Bateleur 1	塔罗牌 1 号魔法师	男香	2013	Intense	热情	女香
2009	Anthology L´Imperatrice 3	塔罗牌 3 号皇后	女香	2013	The One For Men Platinum Limited Edition	唯我男士白金装限量版	男香
2009	Anthology L´Amoureaux 6	塔罗牌 6 号恋人	女香	2013	The One Golden Limited Edition	唯我金色装限量版	女香
2009	Anthology La Roue De La Fortune10	塔罗牌 10 号命运之轮	男香	2014	Dolce	杜嘉	女香
2009	Anthology La Force 11	塔罗牌 11 号王者风范	女香	2014	Velvet Rose	丝绒玫瑰	女香
2009	Anthology La Lune 18	塔罗牌 18 号月亮	女香	2014	Velvet Bergamot	丝绒佛手柑	男香
2009	Anthology Le Fou 21	塔罗牌 21 号疯狂	女香	2014	Escape To Panarea	逸蓝 2014 年限量版	女香
2010	The One Gentlemen	唯我绅士	男香	2014	Discover Vulcano	逸蓝 2014 年限量版	男香
2011	Anthology La Temperance 14	塔罗牌 14 号和谐之爱	女香	2014	Intenso	热情	男香
2011	Velvet Desire	丝绒渴望	女香	2014	The One Collector´s Edition	唯我收藏家版	对香
2011	Velvet Love	丝绒爱情	女香	2015	Dolce Floral Drops	杜嘉花漾	女香
2011	Velvet Vetiver	丝绒香根草	中性香	2015	Dolce Rosa Excelsa	杜嘉玫瑰棕竹	女香
2011	Velvet Sublime	丝绒卓异	中性香				

Dsquared²

D二次方

D二次方是一对加拿大双胞胎兄弟创立的意大利品牌，性感、浪漫、张扬是其时装设计风格的最大特点，很前卫，在时尚潮人一族中很受追捧。然而，这个品牌的香水则完全反其道而行之，它的气息不会在你还没进入房间之前就让别人感觉得到，只肯隐隐约约地透露出那么一点点儿性感的小玄机，带着极为恰当的舒适感。

目前，D二次方的香水家族有“木缘”和“药剂”两大系列，木质元素在其香水作品上被运用得十分独到，香水瓶配以木质封边，很有生命的质感，唤醒忙碌的都市人所要追寻的大自然、舒适的能量。如果从该品牌的自我角度来解读，“我们的香水不是甜蜜而且孩子气的香水，而是既摩登又极有女人味的香水”。

镇店名香

木缘系列男香　He Wood

加拿大特色的赤杨木外框散发着浓浓的自然气息，纹理的千差万别令每款都是独一无二的。跟任何的木质调香水不同，它很空灵、很写意的芬芳隐藏着那么点私密的性感，带着梦幻的、淡淡的漂浮的感觉。该系列作品是夏日的佳选。

参考价格：￥700 / 50ml EDT

心愿　Want

D二次方的最新力作，前调为橘子、生姜和粉色胡椒；中调为大马士革玫瑰、天芥菜和奈若利橙花；后调为马达加斯加香草、香草纯香和木质元素。

价格请店洽 EDP

收藏优选

木缘系列女香　She Wood

该系列原本是为那些爱用男香的酷女打造的，但其实很女人，带有一种低调得近乎于体香的芬芳。

参考价格： ￥850 / 100ml EDT

2011

药剂　Potion For Men

采用了复古怀旧的药水瓶身，香调中破格加入中草药成分，前调为当归、百里香和薄荷；中调为肉桂、玫瑰、胡椒和秦艽；后调为喀什米尔木、广藿香、琥珀和麝香。

参考价格：

￥500 / 50ml EDP

2013

黑色皇家药剂　Potion Royal Black

这是一款木质香料调的男用香水，前调为佛手柑、甘椒、熏香；中调为玫瑰、皮革、烟草；后调为喀什米尔木、麝香、愈创木。

价格请店洽 EDP

药剂女香　Potion For Women

前调为佛手柑、新鲜野生紫莓、紫罗兰；中调为带露水的玫瑰花瓣、茉莉花、幽谷百合、大黄；后调为黑麝香、白麝香、黑琥珀、天竺薄荷、香子兰，主要适合向往自由、内心强大的女性。

参考价格： ￥650 / 50ml EDP

药剂绅蓝

Potion Blue Cadet

它拥有新鲜木香调，前调为佛手柑、葡萄柚、柑橘；中调为独特的蓝色铁杉木芬芳和冷杉；后调为香柏、麝香、零陵熏草豆。

参考价格：

￥600 / 100ml EDP

2014

我愿意木缘浓情版　Intense He Wood

前调为紫罗兰、焚香和代表“水”的海洋调；中调为以香根草、雪松及零陵香木的“木”调，再以檀木、代表“空气”的琥珀和冷杉为后调，让忙碌的都市男士能从中汲取大自然中蕴藏的力量。

参考价格： ￥700 / 100ml EDP

狂野　Wild

这款男香象征了自由、速度和尊严。瓶身戴有紧紧围绕着的黑色皮带装饰，香调成分有：散头菊芦、圣约翰草、树脂调协、丝柏、新劳丹脂、愈疮草、蔬菜琥珀和土壤酊剂。

参考价格： ￥600 / 100ml EDP

寻香名店

北京　三里屯

上海　国金中心

香港　中环安兰街·九龙海港城港威商场

藏·香·年·谱

推出时间	名称		类别	推出时间	名称		类别
2007	He Wood	我愿意木缘	男香	2011	Potion	药剂	男香
2008	She Wood	我愿意木缘	女香	2012	Potion For Women	药剂女士	女香
2009	He Wood Rocky Mountain Wood	落基山木缘	男香	2013	Potion Blue Cadet	绅蓝药剂	男香
2009	She Wood Velvet Forest Wood	丝绒森林木缘	女香	2013	Potion Royal Black	黑色皇家药剂	男香
2010	He Wood Ocean Wet Wood	温润海洋木缘	男香	2014	Intense He Wood	我愿意木缘浓情版	男香
2010	She Wood Crystal Creek Wood	晶澈木缘	女香	2014	Wild	狂野	男香
2011	She Wood Golden Light Wood	黄光木缘	女香	2015	Want	心愿	女香
2011	He Wood Silver Wind Wood	银风木缘	男香				

Elizabeth Arden
伊丽莎白·雅顿

Elizabeth Arden
NEW YORK

伊丽莎白·雅顿在 20 世纪的香水发展史上占有重要地位，曾被誉为“众香之巢”。 雅顿早期制造的比较引人注目的香水是单一花香调的雅顿茉莉花、雅顿玫瑰、意大利丁香，以及经典的青青芳草香水，这款香水的 1989 年复刻版依然风评颇佳。在 20 世纪三四十年代，仙客来香水、就是你香水也为其赢得了很好的口碑。

而伊丽莎白·雅顿最让当代香水迷热捧的，还是它推出的为其获得过有“香水奥斯卡”菲菲奖之称的香水作品，如红门、太阳花、挑逗女士这些经典款，而第五大道香水也是不能不提的伊丽莎白·雅顿最畅销的香水，至于绿茶及其衍生系列在香水迷中几乎也做到了人手一款，可见其影响力之大。

镇店名香

红门　Red Door

雅顿最具代表意义的香水，创意来自举世闻名的雅顿沙龙。瓶体如同一扇带有红色拱形门楣的神秘之门，标志着雅顿作为国际品牌的辉煌。由著名调香大师卡洛斯·本纳姆调制，东方花香调，前调为橙花、李子、紫罗兰、桃、八角茴香、玫瑰；中调为蜂蜜、康乃馨、晚香玉、兰花、小苍兰、百合、茉莉、依兰、铃兰、玫瑰；后调为檀木、琥珀、麝香、安息香、香根草、天芥菜、雪松。适合独立大胆的现代女性。

参考价格：￥550 / 50ml EDT

绿茶　Green Tea

雅顿影响深远的一款女香，很多女性习惯把它当做自己的第一瓶香水。对于全世界雅顿的忠实用户来说，它不仅仅是一种香水，更是一种生活方式。柑橘芳香调，调香师为弗朗西丝·库尔吉安，前调为大黄、薄荷、橙皮、佛手柑、柠檬；中调为康乃馨、麝香、茉莉、橡苔、白琥珀、茴香；后调为香芹籽、琥珀、麝香、绿茶、茉莉、丁香、橡苔、芹菜籽。

参考价格： ¥250 / 30ml EDT

第五大道　5th Avenue

瓶身设计线条简洁大方，颇具现代节奏感，以纽约曼哈顿的摩天大楼为瓶侧的线条，充分展现了雅顿充满现代感的形象，成为历久不衰的经典香水。适合现代都市中自信、时尚又追求个人风格的女性。花香调，调香师为安·戈特利布，前调为玉兰、菩提花、橘子、紫丁香、铃兰、佛手柑；中调为肉豆蔻核仁、康乃馨、晚香玉、紫罗兰、桃、茉莉、依兰、保加利亚玫瑰；后调为丁香、鸢尾、琥珀、檀木、香草、麝香。

参考价格： ¥550 / 75ml EDP

收藏优选

1993

太阳花　Sunflowers

开 20 世纪花果香调的时代先河，荣获 1994 年香水奥斯卡菲菲奖的最佳女香奖。调香师是大卫·阿佩尔。花果香调，前调为橙花、甜瓜、橘子、桃、佛手柑、巴西花梨木、柠檬；中调为仙客来、桂花、鸢尾根、茉莉、玫瑰；后调为檀木、琥珀、麝香、橡苔、雪松。

参考价格： ¥400 / 50ml EDT

1994

真爱　True Love

结合了玫瑰的柔美与莲花的精髓，同时通过粉红色的香水液体与瓶盖上立体的双指环，强化了浪漫气质，成为雅顿香水中最适合送给恋人的女香。东方花香调，前调为杏、绿色元素、小苍兰、桃；中调为鸢尾、鸢尾根、茉莉、天芥菜、铃兰、玫瑰；后调为檀木、琥珀，香草、雪松。

参考价格： ¥550 / 100ml EDT

1998

灿动　Splendor

雅顿香水中经久不衰的畅销款，瓶身设计充满古罗马风格，具有古典主义的特色。东方花香调，前调为菠萝、紫藤、小苍兰、牡丹、风信子、苹果、香豌豆、佛手柑；中调为玉兰、茶玫瑰、百合、罂粟花、兰花、茉莉、铃兰、玫瑰；后调为檀木、琥珀、黑木、麝香、雪松、巴西花梨木。

参考价格： ¥450 / 75ml EDP

2001

红茶　Spiced Green Tea

在原有绿茶淡香水清新的香味中延伸而来，同时延续绿茶淡香水的叶子图腾，而香调更为温暖特别。调香师为弗朗西丝·库尔吉安，东方香料调，前调为生姜、大黄、柠檬马鞭草、八角茴香、柠檬；中调为茉莉、茶、豆蔻；后调为劳丹脂、檀木、广藿香、焚香。

参考价格： ¥500 / 100ml EDP

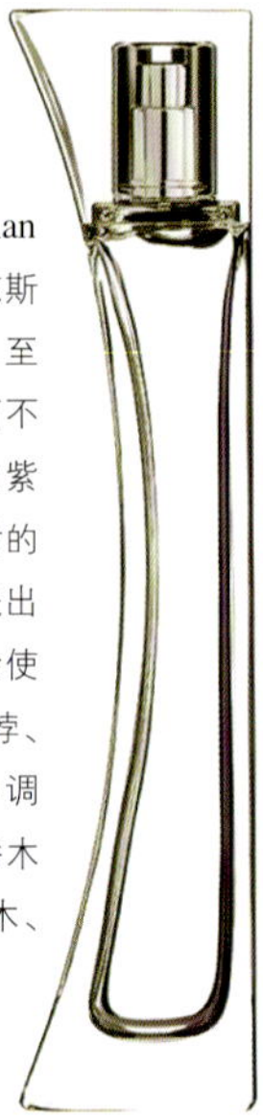

2004

挑逗女士 Provocative Woman

国际巨星凯瑟琳·泽塔-琼斯为此款女香代言，造型简单至极，但又传承了经典，简约而不失优雅 ，包装盒采用魅惑的紫色，上面还有着可以反光折射的条纹，黑紫相间的颜色，衬托出神秘之美。适合休闲或者约会使用。东方花香调，前调为榅桲、覆盆子、生姜、桃、荷花；中调为杏、粉色小苍兰、兰花、番木瓜；后调为琥珀、檀木、桧木、雪松、白茶、红琥珀。

参考价格： ￥450 / 50ml EDP

2005

情归第五大道

5th Avenue After Five

第五大道香水上市10周年推出的，极具纪念意义。香调更为年轻，明亮，温暖，适合在派对上使用。花香木质麝香调，前调为金银花、香莱、李子、佛手柑；中调为印度荷花、茉莉、藏红花、铃兰；后调为桦木、檀木、零陵香豆、麝香。

参考价格：

￥450 / 70ml EDP

2006

蕾丝情迷 Provocative Interlude

情人节限量版香水，瓶身设计灵感取材自女人背部的婀娜曲线，在瓶身曲线的边缘处，有薰衣草紫色的蕾丝图样，华美而具有诱惑力，令人充满瑕想。东方香草调，前调为水果、香槟酒、番石榴；中调为玫瑰、兰花、芒果花；后调为开司米(羊绒)麝香、桃花心木、白巧克力。

参考价格： ￥550 / 100ml EDP

红门丝绒 Red Door Velvet

由全球顶尖的美国IFF香水研究室研发，瓶身设计则仍维持经典的深红玻璃瓶身，镶着白金色的字体。如果说红门代表着典雅，象征着那年代女子聪慧的雍容华贵；粉漾红门象征浪漫；而红门丝绒则是性感欢愉的化身。此款女香适合充满自信的都市女性。花果香调，调香师为苏菲·拉韦，前调为佛手柑、茶、铃兰、仙客来；中调为茉莉、小苍兰、牡丹；后调为麝香、广藿香、香草、白蜂蜜。

参考价格： ￥250 / 25ml EDP

2007

蔚蓝地中海 Mediterranean

瓶身简单而不失高雅，具有极为女性化线条的椭圆形天蓝色玻璃瓶身，增加了重量感。时尚、多面捶银的瓶盖与玻璃瓶身成了细致的对比。木质花香麝香调，前调为西西里岛橘子、李子、桃；中调为玉兰、兰花、紫藤；后调为檀木、琥珀、麝香。

参考价格： ￥550 / 50ml EDP

2008

红门闪烁

Red Door Shimmer

限量版女香，透明的瓶身上散布着点点金色，金色的拱形瓶盖，与红色的横条搭配，尽显高贵与迷人。适合活泼的女性。花果香调，前调为粉色胡椒、梨、黑莓；中调为牡丹、栀子花、卡萨布兰卡百合；后调为檀木、零陵香豆、麝香、香根草、红琥珀。

参考价格：

￥300 / 50ml EDP

2009

可人 Pretty

香瓶灵感来源于蓓蕾花瓶，类似含苞待放的花朵。优雅的玻璃瓶身，拥有柔和圆润的曲线，刻上了伊丽莎白·雅顿的标识，充满着简洁与清爽的美感。同时，这款女香也是雅顿香水中将柑橘香、桃花香、花香融合得最好的一款，值得收藏。花香调，前调为橘子，橙花、桃；中调为茉莉，百合，牡丹、鸢尾；后调为麝香，琥珀、木质元素。

参考价格： ￥650 / 100ml EDP

寻香名店

北京 汉光百货·崇光百货·百盛购物中心

上海 太平洋百货·东方商厦·友谊商城

南京 大洋百货·金鹰国际购物中心

沈阳 新玛特商场

成都 茂业百货

2010

绿茶薰衣草　Green Tea Lavender

雅顿绿茶系列的第 8 款限量版香水。绿茶系列的整体风格是清新、淡雅的，而通常薰衣草的加入会使香水呈现出低沉、性感、浓厚的风格，容易与绿茶整体风格对立，但此款女香却能够把两者交融得非常和谐，此款是绿茶系列中值得收藏的一款。芳香调，前调为阿马尔菲柠檬、橘子、春黄菊、薄荷；中调为薰衣草、茶、玉兰；后调为麝香、麝香锦葵、桦木。

参考价格：￥450 / 100ml EDT

2012

绿茶樱花　Green Tea Cherry Blossom

雅顿绿茶系列第 11 款限量版香水，也是夏日限量。最具东方柔美风情的绿茶樱花香水，调制灵感源自于经典日本樱花季，同时采用 ScentTrek 专利香萃技术萃取樱花，也是绿茶系列中非常著名的女香。花香木质麝香调，前调为佛手柑、柠檬、蜜橘、苦橙叶、绿茶、甜杏仁；中调为茶、樱花、李子、杏、牡丹；后调为桦木、橡苔、麝香、天芥菜、白色百合。

参考价格：￥450 / 100ml EDT

2013

谜恋　Untold

雅顿 2013 年度最令人惊艳的香水作品。细致如订制精品的钻石菱格瓶身，充满无限晶透感的切面让瓶身呈现微妙的迷人曲线，无论从哪个角度去欣赏，都是一件精美绝伦的艺术珍品。香水出自于 IFF 知名调香师格瓦利之手。花果香调，前调为粉色胡椒、佛手柑、梨、黑醋栗叶；中调为埃及茉莉、栀子花；后调为广藿香、琥珀、麝香。

参考价格：￥650 / 50ml EDP

藏 · 香 · 年 · 谱

推出时间	名	称	类别	推出时间	名	称	类别
1922	Arden Jasmine	茉莉花	女 香	2007	Mediterranean	蔚蓝地中海	女 香
1922	Arden Rose	玫瑰	女 香	2008	Red Door Shimmer	红门闪烁	女 香
1922	Italian Lilac	意大利丁香	女 香	2008	5th Avenue Nights	第五大道之夜	女 香
1936	Blue Grass Perfume	青青芳草	女 香	2008	Green Tea Lotus	绿茶清莲	女 香
1938	Cyclamen	仙客来	女 香	2008	Mediterranean Breeze	情定地中海	女 香
1938	It's You	就是你	女 香	2009	5th Avenue Style	第五大道风格	女 香
1956	Arden Men Sandalwood	檀香	男 香	2009	Pretty	可人	女 香
1977	Cabriole	滑稽	女 香	2009	Green Tea Exotic	异国风情绿茶	女 香
1986	Eau Fraiche	清新之水	女 香	2010	Green Tea Lavender	绿茶薰衣草	女 香
1989	Blue Grass	青青芳草(新版)	女 香	2010	Pretty Eau De Cologne	可人古龙水	女 香
1989	Red Door	红门	女 香	2010	5th Avenue Gold	第五大道金色纪念版	女 香
1993	Sunflowers	太阳花	女 香	2011	Pretty Hot	火热甜心	女 香
1994	True Love	真爱	女 香	2011	Pretty Limited Edition	可人限量版	女 香
1996	5th Avenue	第五大道	女 香	2011	Green Tea Camellia	绿茶山茶花	女 香
1998	Splendor	灿动	女 香	2011	Red Door Limited Ediiton	红门限量版	女 香
1999	Green Tea	绿茶	女 香	2012	Red Door Aura	红门香气	女 香
2001	Spiced Green Tea	红茶	女 香	2012	Green Tea Cherry Blossom	绿茶樱花	女 香
2001	Iced Green Tea	冰绿茶	女 香	2012	Sunflowers Dream Petals	盛开的太阳花	女 香
2002	Arden Beauty	美人	女 香	2013	Untold	谜恋	女 香
2003	Red Door Revealed	粉漾红门	女 香	2013	Green Tea Honeysuckle	绿茶金银花	女 香
2004	Provocative Woman	挑逗女士	女 香	2013	5th Avenue NYC Limited Editon	第五大道纽约限量版	女 香
2005	5th Avenue After Five	情归第五大道	女 香	2014	Green Tea Bamboo	绿茶青竹	女 香
2005	Green Tea Summer	夏日风情限量绿茶	女 香	2014	Green Tea Yuzu	绿茶柚子	女 香
2006	Daytona 500	戴托那 500	男 香	2014	Red Door 25 Eau De Parfum	红门 25 周年限量版	女 香
2006	Green Tea Intense	绿茶激情版	女 香	2014	Sunflowers Summer Bloom	太阳花夏日版	女 香
2006	Green Tea Revitalize	绿茶苏活	女 香	2014	Untold Absolu	谜恋绝对版	女 香
2006	Provocative Interlude	蕾丝情迷	女 香	2014	Untold Eau Legere	谜恋清淡版	女 香
2006	Red Door Velvet	红门丝绒	女 香	2015	5th Avenue Nyc Premiere	纽约第五大道初演	女 香
2007	Green Tea Tropical	热带风情绿茶	女 香	2015	Green Tea Cucumber	绿茶黄瓜	女 香

Elizabeth Taylor
伊丽莎白·泰勒

Elizabeth Taylor

著名香水品牌伊利莎白·雅顿与好莱坞影星伊丽莎白·泰勒合作，自 1987 年开始陆续推出以其命名的品牌香水，在 1988 年，伊丽莎白·泰勒推出个人的第一款香水——激情，性感而霸道的香味，不论男女都无法抗拒。而说起伊丽莎白·泰勒最成功的香水，不得不提到 1991 年推出的伊莉沙白·泰勒白钻女性淡香水。任何有权势的女人都会喜欢这个味道，它性感而完美，穿上这款香水参加晚宴，会让你成为最亮眼的一颗星。

如今，伊丽莎白·泰勒已成功推出男士古龙水、女士激情、白钻、钻石与蓝宝石、钻石与翡翠以及黑珍珠等多个香水系列，包装设计风格雍容华贵，带着高贵、优雅、性感的气味。无可否认，优雅而精致的伊丽莎白·泰勒香水是跨时代的经典，即使到了今天，它的香水系列仍然深受爱戴。

镇店名香

白钻　White Diamonds

以白色钻石为创作的中心概念，优雅高贵，调和着性感温暖氛围，香水最初以印度玫瑰的奢华与魅力，散发深夜的诱惑力；中调则由高雅的茉莉花瓣、深度性感的素兰与白色风信子纯净的诱惑融合；后调则选用琥珀、广藿香、麝香、橡木苔以及檀香木。这是一瓶会让女性全身散发自信及迷人风采的香水，它不仅展现了女性与生俱来的性感风华，更展现出女人对白钻的爱恋！

参考价格：￥550 / 50ml EDT

钻石与宝石系列　Diamonds And Gem

该系列包括三款淡香水：钻石与蓝宝石、钻石与红宝石以及钻石与翡翠。钻石与蓝宝石唤发出混合新鲜花香和玫瑰的味调，细致独特的清新香氛，适合休闲日使用。钻石与红宝石蕴含天然成分如麝香葡萄和甜豆，缔结出和谐及浪漫的环境气氛，晚间使用效果最理想。而钻石与翡翠则是一种清新、独特及柔和的香水，混合新鲜花卉及自然精华，味道更为持久。

参考价格：钻石与蓝宝石￥550 / 50ml EDT　**钻石与红宝石**￥770 / 100ml EDT

钻石与翡翠￥550 / 50ml EDT

收藏优选

1988

激情 Passion

东方调，前调为醛、艾蒿、香菜、栀子花、香柠檬、依兰、铃兰；中调为蜂蜜、晚香玉、檀香木、广藿香、鸢尾根、茉莉、天芥菜、雪松、玫瑰以及辛香料；后调为麝香、椰子、麝猫香、香草、橡木苔、檀香木和雪松。

参考价格： ¥680 / 100ml EDT

1989

激情男士 Passion For Men

木质调，前调为橙子、白松香、香柠檬、橙花油、薰衣草；中调为康乃馨、檀香木、广藿香、肉桂、冷杉、茉莉、雪松、老鹳草以及肉豆蔻；后调为顿加豆、琥珀、安息香脂、橡木苔、香草、安息香、麝香和香根草。

参考价格： ¥570 / 120ml EDP

1996

黑珍珠 Black Pearls

一种有魔力的、优质的花卉香气。混合香料、白玫瑰及琥珀。蕴含柑橘及甜瓜的水果气味。表现出纯正独特的气息。适合日间使用。

价格请店洽 EDP

1999

闪亮白钻

Sparkling White Diamonds

闪耀，高雅，性感，这就是人们对于闪亮白钻的第一印象。前调为晚香玉与柑橘；中调为康乃馨与保加利亚玫瑰；后调为檀香、麝香与香草。

参考价格： ¥540 / 50ml EDT

2002

永恒 Forever Elizabeth

这款女香感性成熟，具有高贵热情的女人味。散发丰润木莓、茉莉、龙涎香和麝香的香气。特别适合日间及夜间使用。

参考价格： ¥550 / 50ml EDP

2003

栀子花 Gardenia

花香调，散发清新甜美的感性气息。带有牡丹、柑橘、兰花的气息，混合有麝香、白花以及铃兰。适合日常使用。

参考价格：

¥480 / 50ml EDP

2010

紫罗兰之眼 Violet Eyes

为现代女性而设计的花香调香水。性感优雅，充满迷人的女性气息，留香持久。前调为白桃；中调为茉莉和紫玫；后调为牡丹、雪松和龙涎香。

参考价格： ¥700 / 100ml EDP

2014

白钻光泽

White Diamonds Lustre

这款2014年推出的女香，前调为清新怡人的香柠檬、橘子、梨以及树莓；中调为芬芳的水仙花、香橙花、茉莉混和鸢尾根。最后以檀香、琥珀、麝香和香根草收尾。

价格请店洽 EDT

寻香名店

网络购买较为方便，可在如下网站购买到该品牌香水

草莓网：

http://cn.strawberrynet.com/main.aspx

Fragrancex 网：

http://www.fragrancex.com/

藏·香·年·谱

推出时间	名	称	类 别	推出时间	名	称	类 别
1988	Passion	激情	女 香	2001	Brilliant White Diamonds	灿烂白钻	女 香
1989	Passion For Men	激情男士	男 香	2002	Forever Elizabeth	永恒	女 香
1991	White Diamonds	白钻	女 香	2003	Gardenia	栀子花	女 香
1993	Diamonds And Gem	钻石与宝石系列	女 香	2010	Violet Eyes	紫罗兰之眼	女 香
1996	Black Pearls	黑珍珠	女 香	2014	White Diamonds Lustre	白钻光泽	女 香
1999	Sparkling White Diamonds	闪亮白钻	女 香				

Emanuel Ungaro
伊曼纽尔·温加罗

emanuel ungaro

来自法国的时尚品牌伊曼纽尔·温加罗，以打破了服装界的黄金规律：绝不要将格子和条子混在一起，因此脱颖而出。典型的伊曼纽尔·温加罗系列是波卡圆点、斑马条纹、苏格兰方块和艳丽花朵的自由组合。

镇店名香

1977 年，品牌开拓全新领域，推出品牌同名香水，以混合着玫瑰、鸢尾花和檀木香的木质东方调完美征服众多女性。旗下另一款名香便是裸色，在设计上展现出设计师对女性的感觉——神秘而迷人，妩媚而大胆，以东方花香为主调，味道轻柔而明快。特别设计的瓶子，可直接喷出喷雾，或以附上的刷子涂抹在身上，带来嗅觉以外的触觉享受。目前，与伊曼纽尔·温加罗合作过的调香师有弗朗索瓦丝·卡朗、弗朗西丝·库尔吉安、奥利维耶·波巨以及薇罗尼卡·尼伯格等。

蒂花　Diva

繁复的香味，适合时髦浪漫的女人。蕴含红木、荷兰石竹及茉莉花的香剂，让人的肌肤沐浴于高贵优雅而独特的气味中。香气清新、温馨及诱人，适合日间或晚间选用。

参考价格：￥550 / 50ml EDP

裸色　Desnuda

东方花香调，前调为晚香玉、血橘、胡椒、西西里岛佛手柑、白桃和豆蔻；中调为仙客来、鸢尾、李子、玫瑰、小苍兰和茉莉；后调为含羞草、檀木、零陵香豆、肉桂、麝香、香草和桂花。

参考价格：￥550 / 50ml EDP

瓶中精灵　Apparition

瓶中精灵经过时尚大师巧妙设计，拥有精细的，充满玩味的喷头设计。用树脂着上紫罗兰、金色、绿色如镜般的面板，制造出层层排列下闪烁的多彩镜面。花果香调，前调为树莓、甜椒；中调为西香莲、玫瑰；后调为广藿、天芥菜、香草、琥珀、顿加豆。

参考价格：￥550 / 50ml EDP

收藏优选

1993

温加罗男士3　Ungaro Pour L'Homme III

带有绿草芳香的男香，也是品牌的第三款男香。唤醒了极度性感的男人味。前调为橘子、红木、香菜、薰衣草、伏特加酒、鼠尾草和柠檬；中调为茉莉、山谷百合、玫瑰和天竺葵；后调为檀香木、广藿香、麝香、橡苔、香根草和雪松。

参考价格： ￥530 / 50ml EDP

2006

多变精灵

Apparition Facets

包装设计延续瓶中精灵女香的瓶身造型，以绿野仙踪的灵感赋予多变精灵更活泼的生命力。绿色、金色及紫萝兰的炫丽镜面镶嵌于瓶身，自然流泻，如在阳光下的瀑布般闪烁耀眼，巧夺天工的炫烂。

参考价格： ￥530 / 50ml EDP

2007

天空　Apparition Sky

明亮的蓝宝石琢面，使瓶身与光灿的天蓝色相互辉映，定义出全新的非凡曲线。清澈的花香调，香水的明亮感渗出源源不绝的喜悦，唤起舒服和灿烂的新感受。

参考价格：

￥530 / 50ml EDP

2009

派对　Party

这是专为年轻女性而量身订制的香水，香水的成分囊括了西瓜、柠檬、铃兰、莲花、麝香和檀香木。瓶身采用了金黄色的透明玻璃点缀着粉色的花瓣。让整款香水由内到外散发着清新与迷人的情调。

参考价格： ￥310 / 30ml EDT

2009

纯蓝幻想　Apparition Cobalt

木质馥奇调。前调为香柠檬、橘子；中调为薰衣草、肉豆蔻；后调为广藿香、雪松。整体香调醇厚浓郁，却又不失清爽。

价格请店洽 EDP

2008

U男士　U By Ungaro For Him

木质馥奇调，前调为葡萄柚、石榴；中调为不凋花、雪松和小豆蔻；后调为广藿香、香根草、秘鲁香脂以及顿加豆。

参考价格： ￥790 / 90ml EDT

粉红幻想　Apparition Pink

十足的感官享乐和魅力风格，不失优雅和创新感。瓶身幻化炫目，从各种角度散发着温润光辉，粉红幻想女香是人人想拥有的“幸福香味”。花与果香的协奏曲，鲜甜闪耀的前调包覆在精致的花心，留下滑顺和典雅的后味。

参考价格： ￥600 / 50ml EDT

2011

幻影野橙　Apparition Wild Orange

幻影异域清新　Apparition Exotic Green

这两款香水有着与春天相关的恰当的名字：幻影异域清新和幻影野橙。幻影野橙是给男性准备的，有着狂野而辛辣的气息，包含了木质调、柑橘调和草本植物芬芳，玻璃的香瓶呈现出橙色。幻影异域清新是为女性准备的，有着柑橘的清新和绿植的味道，香水瓶类似于瓶中精灵香水，香水瓶上是异国的绿叶和粉色的花朵图案。

参考价格： 幻影野橙 ￥890 / 90ml EDT　幻影异域清新 ￥910 / 90ml EDT

2011

玫瑰女伶　Diva Rose

以成熟的玫瑰花香及绿植木质调展现女伶另一个新的面貌。这首香调交响乐以佛手柑与荔枝的多汁香调结合了玫瑰花瓣的清新为序曲。保加利亚玫瑰在小苍兰与丁香的微妙音调之间脱颖而出。天鹅绒麝香丰富了琥珀与木质的珍贵特性，赋予优雅与性感的最终形象。

参考价格：￥370 / 30ml EDP

2012

为爱疯狂　L'Amour Fou

东方花香调女香，复古的瓶身设计以爱情灵药为灵感，水晶瓶身裹着优雅神秘的渐层灰调，瓶盖上则镶著俏皮的桃红水钻；黑色外盒以天鹅绒质感的黑色印花衬上柔美的粉红边框，这样的完美组合烘托了香水低调内敛却浓烈醇厚的特质。

参考价格：￥340 / 30ml EDP

2013

为爱疯狂　L'Amour Fou

瓶身的设计上延续了“为爱疯狂”的设计风格。东方花香调，味道更加沁心自然。前调为黑加仑、红浆果、红苹果；中调为牡丹、玫瑰、紫罗兰；后调为鸢尾根、麝香、香草。

参考价格：￥320 / 30ml EDT

温加罗同名 2013 版对香　Ungaro

男女对香。木质馥奇调男香，混和了葡萄柚、花椒、茶叶、没药、薄荷以及顿加豆、烟草。花果香调女香则以葡萄柚、橘子、粉红胡椒开启前调，紧随木槿、茉莉、玫瑰的芬芳，最后以香草、雪松和天芥菜结束。

价格请店洽 EDP

寻香名店

巴黎　蒙田大道 2 号

藏·香·年·谱

推出时间	名	称	类别	推出时间	名	称	类别
1977	Ungaro	温加罗同名	女香	2009	Ungaro Party	派对	女香
1983	Diva	蒂花	女香	2010	Apparition Cobalt	纯蓝幻想	女香
1991	Ungaro Pour L´Homme	温加罗男士	男香	2010	Apparition Pink	粉红幻想	女香
1992	Ungaro Pour L´Homme II	温加罗男士 2	男香	2010	Diva Limited Edition	蒂花限量版	女香
1993	Ungaro Pour L´Homme III	温加罗男士 3	男香	2011	Apparition Wild Orange	幻影野橙	男香
1997	Fleur De Diva	蒂花之花	女香	2011	Apparition Exotic Green	幻影异域清新	女香
2000	Divas	歌剧	女香	2011	Diva Rose	玫瑰女伶	女香
2001	Desnuda	裸色	女香	2012	L´Amour Fou	为爱疯狂	女香
2004	Apparition	瓶中精灵	女香	2012	Ungaro Blue Ice	蓝冰	男香
2005	Apparition Parfum Revelation	启示	女香	2012	Ungaro Love Kiss	爱之吻	女香
2006	Apparition Facets	多变精灵	女香	2013	L´Amour Fou	为爱疯狂	女香
2006	Apparition Sun	太阳	女香	2013	Ungaro	温加罗同名 2013 版	对香
2007	Apparition Sky	天空	女香	2014	Ungaro Masculin	温加罗男士	男香
2007	Apparition Homme Intense	火红磁力	男香	2014	Ungaro Feminin	温加罗女士	女香
2007	Ungaro	温加罗同名 2007 版	女香	2015	Ungaro Cologne Extreme	温加罗古龙极致	男香
2008	U By Ungaro For Him	U 男士	男香	2015	Fruit D´Amour Gold	金色爱之果	女香
2008	U By Ungaro For Her	U 女士	女香	2015	Fruit D´Amour Green	绿色爱之果	女香
2008	Ungaro Man	温加罗男士	男香	2015	Fruit D´Amour Pink	粉红爱之果	女香

Escada
爱斯卡达

ESCADA

爱斯卡达的时装属于时尚界的顶级地位，而它的香水在时尚界也占据着重要地位，甚至在 1990 年就获得了香水基金会大奖。其在香水界的奠基之作是“玛格里莎雷女士”。这款香水不仅一直销量不错，而且其优雅的心型水晶瓶设计风格，对其后续推出的香水设计的影响也极深，很多款香水中都能找到此款香水的身影。

从 20 世纪 90 年代开始，爱斯卡达就有计划地推出一系列“服装香水”，德国慕尼黑总部会从当季服装中选出一个主题作为中心概念，从布料的材质与颜色出发设计香水瓶身与包装，香味全部以各式花果香调传达度假情绪，并在服装发表后的 5 个月内完成上市工作。这种传统始于 1993 年推出的雪纺果汁冰女香，这种新旧香水的更迭不但让香水爱好者对爱斯卡达始终保持新鲜感，而且也使历年香水因其数量所限常常一香难求。

镇店名香

爱斯卡达同名女士 2005　Escada 2005

爱斯卡达同名女士的新版，在香水的表现及瓶身的设计上，将爱斯卡达带入到一个崭新的境界。在包装设计上别具用心，纸盒上散发出有如钻石般闪耀的光泽，极其奢华。西普花香调，前调为黑醋栗、油桃、绿叶、决明子、黄瓜、佛手柑、柠檬；中调为牡丹、玉兰、橙子花、小苍兰、茉莉、铃兰、玫瑰；后调为鸢尾、檀木、琥珀、广藿香、麝香、香草、蜜橘。

参考价格：￥550 / 30ml EDP

玛格里莎雷女士　Margaretha Ley

爱斯卡达以品牌创始人命名的香水，也是品牌第一款女香，心型的瓶身设计在推出后便成为爱斯卡达香水最经典的造型。东方花香调，前调为风信子、佛手柑、桃、椰子；中调为鸢尾、茉莉、非洲橙花、依兰、丁香；后调为麝香，檀木、香草。

参考价格：￥1 350 / 50ml EDP

雪纺果汁冰　Chiffon Sorbet

爱斯卡达第一代服装香水，在其品牌发展史上占有特别地位，值得入手收藏。花果香调，前调为黑醋栗、红苹果、覆盆子、芒果；中调为茉莉、玫瑰、紫罗兰、李子、黑无花果；后调为麝香、檀木、弗吉尼亚州雪松、琥珀、香草。

参考价格：￥1 000 / 50ml EDP

收藏优选

1995

缠绵 2　Acte 2

缠绵香水黄金色螺旋造型瓶盖的设计极为惊艳，在爱斯卡达香水中缠绵 2 获得了香水爱好者的一致好评。花香醛味调，前调为绿色元素、橘子、桃和佛手柑；中调为含羞草、鸢尾、小苍兰、茉莉和玫瑰；后调为檀木、肉桂、香草、雪松。

参考价格：￥1 100 / 100ml EDP

1996

阳光花园　Jardin De Soleil

爱斯卡达香水中以性感著名的一款女香，仿佛捕捉住了所有的花香和沁人的热带水果的果香，令人有走进热带雨林中的欣喜。适合开朗热情的女性使用。花香调，前调为晚香玉、栀子花、覆盆子、桃子、奈若利橙花；中调为橙花、风信子；后调为檀木、橡苔。

参考价格：￥650 / 100ml EDT

郊外周末　Sport Country Weekend

爱斯卡达著名的运动香水，瓶身延续了爱斯卡达运动系列香水的设计理念，展现了流线动感之美。木质香料调，前调为苹果、金盏草；中调为桃花心木、月桂叶、肉桂、茉莉；后调为肉豆蔻核仁、喀什米尔木、雪松。

参考价格：￥750 / 100ml EDT

1997

万岁　Que Viva Escada

限量版女香，花果香调，前调为西番莲果、菠萝；中调为红苹果、梨、花香元素；后调为木质元素、麝香。适合走甜美路线的女性。

参考价格：￥600 / 50ml EDT

1998

阳光果实　Sunny Frutti

爱斯卡达 1998 年的限量品，也是爱斯卡达比较出色的花果香调香水的代表作。前调为菠萝、香蕉、黑醋栗、素馨、桂花、梨、柠檬；中调为仙客来、杏、小苍兰、鸢尾根、茉莉、铃兰、玫瑰；后调为麝香、橡苔、香草和雪松。

参考价格：￥850 / 100ml EDT

1999

爱的花球　Loving Bouquet

限量版女香，花香调，调香师是阿尼克·梅纳多。这款香水的前调为紫罗兰叶、橘子、桃、佛手柑、柠檬；中调为鸢尾、紫罗兰、鸢尾根、茉莉、茶、铃兰、玫瑰；后调为檀木、麝香、雪松。

参考价格：￥900 / 50ml EDT

2001

热带风情 Tropical Punch

爱斯卡达第 9 代服装香水，也是限量版香水。以萨尔萨舞的舞者为形象蓝本，完美地用味道勾勒出火辣热情的热带风情，值得收藏。花果香调的女用香水，前调为石榴、番木瓜、梨；中调为小苍兰、朱槿、白桃、铃兰；后调为琥珀、白麝香。

参考价格： ¥600 / 30ml EDT

2002

性感香迹 Sexy Graffiti

爱斯卡达公司推出的限量版香水，非常具有纪念价值。花果香调，前调为黑醋栗、决明子、覆盆子、粉葡萄柚、野草莓；中调为百合、红色牡丹、紫罗兰、铃兰；后调为麝香、喀什米尔木、香草。

参考价格： ¥650 / 100ml EDT

2003

触电女士 Magnetism

触电女士女香推出时曾以粉红色的风暴席卷了香水市场，以简单、优雅的概念征服了众多香水爱好者，影响极其深远。粉红水晶般的瓶身精致而浪漫耀眼，整体气息甜美，适合恋爱中的女子使用。东方香草调，前调为菠萝、黑醋栗、甜瓜、红浆果、决明子和荔枝；中调为玉兰、鸢尾、绿叶、小苍兰、罗勒、茉莉、香芹籽、天芥菜、铃兰、玫瑰、杏仁花；后调为檀木、琥珀、广藿香、麝香、安息香、焦糖、香根草、香草。

参考价格： ¥650 / 75ml EDP

嬉痞假期 Ibiza Hippie

爱斯卡达推出的限量版女香，虽然香水瓶在造型上延续了以往的外型，在香水的调配上延续了果香路线，但味道却更为清淡脱俗。而外盒包装的设计在热情中流露素雅，以热带花朵与象征嬉痞的牛仔服饰为图腾非常有自身特色。花香调，前调为黑醋栗、决明子、桃、荔枝、梨；中调为蔓越莓、小苍兰、风信子；后调为檀木、琥珀、麝香。

参考价格： ¥750 / 50ml EDT

2004

触电男士 Magnetism For Men

与触电女士组成男女对香，该款香水彰显了男性摄人的性感魅力，深紫色的香水瓶更以其深邃、神秘成为了收藏者的至爱。东方木质调，前调为木质元素、藏红花；中调为皮革、檀木、雪松；后调为妥鲁香脂、琥珀、麝香。

参考价格： ¥1 200 / 100ml EDT

2005

摇滚桑巴 Rockin' Rio

香水瓶身延续了爱斯卡达时尚香水限定版系列一贯的心型瓶身，在色彩上以性感的粉红色渐变为黄色，渐变元素的加入让香水更有独特风格。花果香调，前调为菠萝、橘子、番木瓜；中调为桃、甘蔗；后调为椰子、檀木、麝香。

参考价格： ¥750 / 100ml EDT

2006

深蓝　Into The Blue

爱斯卡达香水中备受好评的气质女香，瓶身具有明朗、椭圆而极具女性化的线条，三调中都含有水漾元素，特别适合夏日使用。花香海洋调，前调为青草、杨桃、绿叶、金盏草；中调为牡丹、蓝色荷花、西瓜；后调为琥珀、麝香、木质元素、雪松。

参考价格：￥1 200 / 50ml EDP

月光派对男士　Moon Sparkle Pour Homme

与月光派对女香组成男女对香的限量版，成为爱斯卡达男女对香中最奢华的代表作。平滑而有光泽的曲线和刻有 ESCADA 字样柔滑的不锈钢瓶盖，突破了传统的心形香水瓶设计。男香香水瓶简洁利落的线条和女香香水瓶的性感曲线互补成为最完美的配对。外包装纸盒插图由著名的日本插画家 Hiroshi Tanabe 所绘，在细微处展现时尚感。木质芳香调，前调为生姜、橘子、胡椒、佛手柑；中调为花香元素、伏特加酒、紫罗兰；后调为香根草、雪松。

参考价格：￥550 / 100ml EDT

2007

舞魅　Escada S

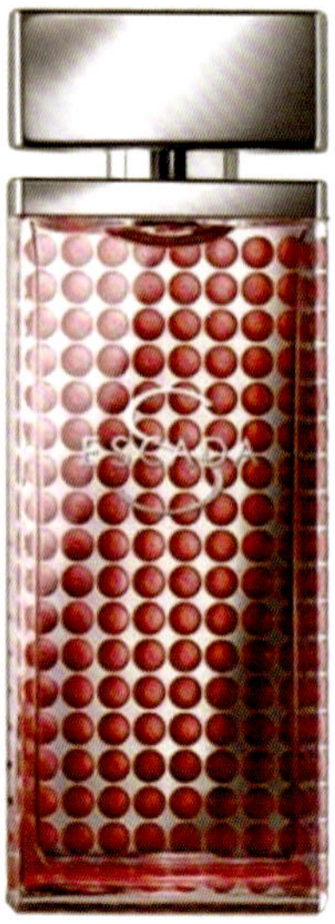

整体的包装设计极为独特，结合鲜明的色彩，象征女性鲜明的性格，瓶身背后亮眼的红点创造出无限可能的感觉。花果香调，前调为黑醋栗、李子、玫瑰；中调为杏仁花、甘椒、铃兰、玫瑰；后调为榛子、檀木、麝香、桃花心木。

参考价格：

￥450 / 50ml EDP

2008

极致幻我　Incredible Me

首度将爱斯卡达的 Logo 用于瓶身，浮雕勾勒的线条设计更为生动，瓶盖如宝石般耀眼的黑色皇冠突显尊贵。东方花香调，前调为克莱门氏小橘；中调为兰花、牡丹；后调为乳蛋糕、巧克力、咖啡、糖果元素。

参考价格：￥550 / 50ml EDP

2009

渴望　Desire Me

爱斯卡达大热的一款女香。花果美食调，前调为柑橘香、橘子、克莱门氏小橘；中调为牡丹、绿色元素、金银花、兰花；后调为糖果元素、黑巧克力、咖啡、乳蛋糕。

参考价格：￥550 / 50ml EDP

月光派对　Moon Sparkle

爱斯卡达推出的限量版香水，特别适合时尚女性出席大型晚宴等重要场合使用，是口碑较好的派对女香。花果香调，前调为黑醋栗、柑橘香、野草莓、红苹果；中调为小苍兰、香豌豆、茉莉、玫瑰；后调为檀木、琥珀、麝香、覆盆子。

参考价格：￥700 / 100ml EDT

2011

秘密花园　Especially Escada

爱斯卡达的经典香水之一，也是爱斯卡达将玫瑰香调调配得异常出色的一款。玫瑰花香调，前调为麝香、锦葵、梨；中调为依兰、玫瑰、水因子；后调为麝香。

参考价格：￥750 / 75ml EDP

寻香名店

北京　王府半岛酒店
上海　恒隆广场·华润时代广场
杭州　万象城·杭州大厦
西安　世纪金花购物中心

2013

弥漫樱桃　Cherry In The Air

以樱桃为主题，甜美而充满活力，展现了仲夏来临的感觉。瓶身渐变的鲜明色彩设计印有甜美可爱的樱桃，满足女性夏日慵懒而愉悦的情绪。花果香调，前调为酸樱桃、覆盆子、橘子；中调为棉花糖、栀子花、兰花、香草；后调为檀木、橡树、麝香、白绒面革。

参考价格：￥450 / 30ml EDT

2014

喜悦　Joyful

香水瓶身是经典的“双E”标志，这是爱斯卡达品牌创始人最初设计的，具有纪念意义。国际超模米兰达·可儿担任代言人。此款香特别适合都市女性使用。前调为黑醋栗冰沙、橘子、甜瓜；中调为紫罗兰叶、粉牡丹、玉兰油、仙客来、小苍兰；后调味苔藓、檀木、蜂蜜。

参考价格：￥550 / 50ml EDP

2015

碧绿夏天　Turquoise Summer

限量版女香，调制灵感来自夏日静谧的气氛，以及果树和蝴蝶飞舞的活泼景象。花果香调，前调为菠萝、草莓、水果元素；中调为花香；后调为黑醋栗、香草。

参考价格：￥700 / 100ml EDT

藏·香·年·谱

推出时间	名称		类别	推出时间	名称		类别
1990	Margaretha Ley	玛格里莎雷女士	女香	2003	Ibiza Hippie	嬉痞假期	女香
不详	Escada	爱斯卡达同名女士	女香	2004	Island Kiss	热情岛 2004 版	女香
1993	Chiffon Sorbet	雪纺果汁冰	女香	2004	Magnetism For Men	触电男士	男香
1993	Escada pour Homme	同名男士	男香	2005	Escada 2005	爱斯卡达同名女士 2005	女香
1994	Un Ete En Provence	普罗旺斯的夏天	女香	2005	Rockin´ Rio	摇滚桑巴	女香
1995	Ocean Blue	蔚蓝海岸	女香	2006	Into The Blue	深蓝	女香
1995	Acte 2	缠绵 2	女香	2006	Pacific Paradise	火热天堂	女香
1995	Blue Romance	蓝玫瑰	女香	2007	Moon Sparkle	月光派对	女香
1996	Escada Sport Country Weekend	郊外周末	中性香	2007	Escada S	舞魅	女香
1996	Escada Sport Feeling Free	自由如风	中性香	2007	Moon Sparkle Pour Homme	月光派对男士	男香
1996	Escada Sport Sport Spirit	运动精神	中性香	2007	Sunset Heat	情定夕阳女士	女香
1996	Jardin De Soleil	阳光花园	女香	2007	Sunset Heat For Men	情定夕阳男士	男香
1997	Escada Pour Homme Light Silver Edition	银亮版	男香	2008	Incredible Me	极致幻我	女香
1997	Escada Collection	珍藏版	女香	2008	Ocean Lounge	夏日闲情	女香
1997	Escada En Fleurs	爱斯卡达之花	女香	2009	Desire Me	渴望	女香
1997	Que Viva Escada	万岁	女香	2009	Marine Groove	海浪激情	女香
1998	Sunny Frutti	阳光果实	女香	2010	Absolutely Me	绝对真我	女香
1999	Tender Light	温柔之光	女香	2011	Island Kiss 2011	热情岛	女香
1999	Casual Friday	休闲周五	男香	2011	Rockin´ Rio 2011	摇滚桑巴 2011	女香
1999	Loving Bouquet	爱的花球	女香	2011	Sexy Graffiti 2011	性感香迹 2011	女香
2000	Sentiment	粉红物语女士	女香	2011	Especially Escada	秘密花园	女香
2000	Lily Chic	百合	女香	2011	Taj Sunset	泰姬情缘	女香
2001	Escada Collection 2001	珍藏版 2001 版	女香	2012	Especially Escada Delicate Notes	蔷薇花漾	女香
2001	Tropical Punch	热带风情	女香	2013	Especially Escada Elixir	别样精粹	女香
2002	Sexy Graffiti	性感香迹	女香	2013	Cherry In The Air	弥漫樱桃	女香
2002	Sentiment Pour Homme	粉红物语男士	男香	2014	Born In Paradise	天堂出生	女香
2003	Magnetic Beat	触电迷香	女香	2014	Joyful	喜悦	女香
2003	Magnetism	触电女士	女香	2015	Turquoise Summer	碧绿夏天	女香

Estée Lauder
雅诗兰黛

ESTĒE LAUDER

镇店名香

雅诗兰黛品牌从1953年开始涉足香水业，可以说是香水使得雅诗兰黛成为全美乃至世界家喻户晓的品牌。她推出的第一款雅诗兰黛香水“青春之露”，虽然在今天看来它是更介于香水与沐浴品之间的一种东西，但这款香水上市后大获成功，推动了香水的普及化发展，打破了法国香水一统天下的局面，因此这款香水及其衍生款对于雅诗兰黛香水意义重大。

雅诗兰黛至今已经推出了多款香水，尤为难得的是，尽管雅诗·兰黛本人并没有学过调香，但是一直到20世纪70年代，大部分雅诗兰黛香水都是她自己调制的，并且品质都不低。这不能不让人惊叹其非凡的香水调制天分，也使这一时期的雅诗兰黛香水更显珍贵。雅诗兰黛后来推出的香水同样不乏精品，“美丽”、“欢沁”、“感性”、“现代缪斯”等都备受时尚界推崇。

欢沁　Pleasures

大热的现代花香，清新，清澈，清洁，自然沉静不失妩媚的女性香水，一直是香水排行榜畅销的经典女香之一，特别适合气质女人使用。花香调，前调为香草、百合、紫罗兰；中调为紫丁香、茉莉、粉红莓；后调为薄荷油、印度紫檀。

参考价格：¥640/ 50ml EDP

霓彩伊甸　Beyond Paradise

雅诗兰黛的第一款“梦幻式”的香水，打破雅诗兰黛品牌一贯给人成熟女性的诉求形象。以独特的香气、水滴状瓶身、多变的色彩与精美的设计，展现了品牌的新风格。法国名导演吕克·贝松亲自执导该款香水的全球广告片。花香调，前调为柑橘类精粹、蓝风信子、哈密瓜花蜜；中调为狗牙花、嘉德丽雅兰、卡特莉亚兰；后调为斑马木、白千层树树皮、黄葵籽。

参考价格：¥690/ 50ml EDP

感性　Sensuous

用东方木本香调的香味重新诠释了华丽的东方气息，贴近任何年龄层的女性。当红名模希拉里·洛达、奥斯卡影后格温妮斯·帕特洛、国际超模卡洛琳·摩菲、好莱坞巨星伊莉莎白·赫莉四位巨星共同为其代言。木香调，以熔岩木和琥珀的香味为核心，包裹着丰富花香，少许黑胡椒和蜂蜜，让女人的性感优雅由内散发出来。

参考价格：¥780/ 50ml EDP

我心深处　Intuition

雅诗兰黛美国总公司与欧洲商品研发中心协力完成的著名的香水作品。有别于传统香水的前中后调的金字塔结构，我心深处将琥珀暖香、仿肤自然香和层次花香三者整合为一同时持续地释放。东方调，前调以琥珀调为主；中味为银枫、檀香木；后调为栀子花、东方杜鹃、玫瑰、小苍兰。

参考价格：￥660/ 50ml EDP

美丽　Beautiful

美丽香水的广告一直以新娘为主角。据说，此款香水的创作灵感源自兰黛夫人此生最美好的回忆以及令人感动的誓言，也因此特别具有收藏价值。木质花香调，前调为保加利亚玫瑰、百合、法国夜来香、金盏花、肉桂皮、新鲜水果；中调为茉莉花、香油树、柑橘花、荷兰石竹；后调为没药、鸢尾花、橡木、琥珀、东加豆、白檀香。特别适合即将成为新娘，或是举行婚礼、处在蜜月期的新婚人士使用。

参考价格：￥765/ 75ml EDP

收藏优选

1969

金沙水蓝　Azurée

一款蕴含地中海风情的香水，极富魅力地演绎了地中海娇宠奢华的生活方式，推出时受到极度欢迎，成为70年代最时尚的奢华象征之一。香水成分中含有罗勒、茉莉花、柑橘、香根草、玫瑰、广藿香、苔藓和琥珀。

参考价格：

￥430/ 65ml EDP

1972

合金运动版

Alliage Sport Spray

运动型的女性香水。它的推出成为了20世纪70年代一个革命性的创举。柑桔香调的清新芬芳，给无数女性的运动时光带来了意想不到的喜悦。前调为茉莉、柑桔；中调为玫瑰、胡桃；后调为橡苔、香根草、雪松。

参考价格：

￥450/ 50ml EDT

1988

尽在不言中　Knowing

香水界中西普花香调的代表作，温和优雅，却不失馥郁的香气让人无法忽略涂香者的存在，适合气场强而自信的成功女性。前调为玫瑰、晚香玉、含羞草；中调为茉莉花、广藿香及橙花；后调为栎苔、香根草、檀香木及琥珀。

参考价格：￥760/ 75ml EDP

1998

目眩神迷金版　Dazzling Gold

伊芙琳•兰黛的得意之作，将既调和又相对矛盾的两种调性混合，是浪漫而经典的香水类型。花香调，前调为西番莲、无花果；中调为兰花、百合；后调为檀香、琥珀、香子兰。适合 20–45 年龄段女士使用。

参考价格：￥920 / 50ml EDP

目眩神迷银版　Dazzling Silver

与目眩神迷金版堪称绝配，适合一起收藏。该款也是伊芙琳•兰黛的重要作品，风格更加内敛、含蓄。木质辛香调，前调为香柠檬、姜；中调为紫藤、胡麻花；后调为檀香木、香草、麝香、金合欢。

参考价格：￥1 820 / 80ml EDP

2002

欢沁馥郁　Pleasures Intense

在原版欢沁的基础上，第一次融合了清透及馥郁两种元素，增添了更多的鲜花精华，以及独家的香料和原木质调，层次更加丰富。花香调，前调为黑加仑子、牡丹、绿百合、茉莉、依兰、黑醋栗；中调茉莉花、摩洛哥玫瑰；后调是枫木、香草、苏合香、安息香。

参考价格：￥660 / 50ml EDP

2006

美丽的爱　Beautiful Love

延续了美丽香水的美好幸福主题，以淡雅的花香延续雅诗兰黛美丽香水系列中爱情的永恒。清新花香调，前调为柑橘、黑醋栗、菠萝、蜜瓜、荷花、莲花；中调为五月玫瑰、茉莉；后调鸢尾兰、香草、檀香木、栗树、琥珀。

参考价格：￥480 / 30ml EDP

纯净如风　Pure White Linen

雅诗兰黛香水中最能够诠释出当今休闲和奢华的内涵的一款，用极其现代的方式阐释了“简约的时尚，随意的优雅”这一全新概念。以其纯粹的透明和简约风格彰显了香水的深邃与神秘。瓶身贝壳图标焕发出新的光彩。醛香花香调，前调为葡萄柚、意大利柑橘、冰玫瑰茶、树莓、梨子、绿苹果、百合、小苍兰、野姜花、豆蔻；中调为红郁金香、玫瑰、栀子花瓣、晚香玉、茉莉、鸢尾、桂花；后调为白雪松、广藿、白色天芥菜花。

参考价格：￥710 / 100ml EDP

2008

巴厘岛之梦　Bali Dream

浪漫的花香调女性香水。其特别在于除了是以巴厘岛为名外，还是只能在机场免税店里出售的香水，因此更具稀缺性。前调为蝴蝶兰、木兰花和生姜；中调为栀子花、中国肉桂，胡椒、苹果、依兰、铃兰、印尼茉莉；后调为木本香、香草。

参考价格：￥800 / 50ml EDP

私人珍藏琥珀依兰　Private Collection Amber Ylang Ylang

选用了依兰花、琥珀这两种调香师秘方中最稀有、最昂贵的成分，让香水更具有暖和、诱人和亮泽特色。香水瓶盖饰以虎睛石、烟水晶和红玛瑙等，华美异常。东方花香调，前调为依兰、意大利佛手柑、天竺葵精油；中调为玫瑰、肉桂和锡兰香；后调为檀香、云呢拿和琥珀。

参考价格：￥1 470 / 75ml EDP

2010

欢沁花雨　Pleasures Bloom

设计灵感源自欢沁女香，但整体风格更加俏皮有趣，香气更为清新，更适合年轻女性使用。花果香调香水，包含了许多夏季水果的气息，例如桑椹、荔枝、葡萄柚，同时带有花香及比较浓郁的香草味，是一款不可多得的夏季香水。

参考价格：￥640 / 50ml EDP

黑色感性　Sensuous Noir

与原版感性香水相比，黑色感性的香味更趋温暖感性，它融合了木质香、花香和西普香调，整体风格更趋华丽。成分包括：紫色玫瑰、茉莉、黑胡椒、木质精油、奶油、广藿香、百合、安息香、香草、蜂蜜和琥珀。

参考价格：￥700 / 50ml EDP

2011

赤裸的感性　Sensuous Nude

木质麝香调，创新突破的气雾式喷瓶设计，使得气雾比其他香水更为细化，使用后更像使用者的体香，极大地提升了用香的层次。瓶身具有雾面质感，更具有神秘感。

参考价格：￥800 / 50ml EDP

古铜女神太阳版　Bronze Goddess Soleil

此款女香在雅诗兰黛香水中以清新取胜，在古铜女神系列中更以配方的成分搭配特别而为香水迷推崇。柑橘芳香调，前调为柠檬、佛手柑、橘子、薰衣草、苦橙叶油；中调为橙花油、海桐、印度小茉莉、摩洛哥橙花、柚子花、粉色百合花蜜；后调为黄葵种子、木质香成分、鸢尾、水晶麝香。

价格请店洽　Eau Fraîche

2011

木之奥秘　Wood Mystique

雅诗兰黛旗下第一款中性香水，专为中东市场推出，具有神秘和奢华感。后调中的采用新的科技手法萃取的雪松精华，是首次在香水中使用，具有特别的价值。木香调，前调为牡丹、粉红胡椒；中调为格拉斯玫瑰、埃及茉莉、普罗旺斯含羞草、摩洛哥鸢尾花、依兰；后调为广藿香、皮革、印尼安息香、沉香、愈创木、覆盆子、雪松。

参考价格：￥1 260 / 100ml EDP

现代缪斯　Modern Muse

雅诗兰黛为重振其在香水界地位重磅打造的一款香水，荣获了 2014 香水奥斯卡菲菲奖年度魅力女士香水大奖。木质花香调，前调为异域柑橘、金银花花蜜、晨露花瓣；中调为中国小花茉莉纯精油、晚香玉花、清新百合；后调为双重广藿香混合物、龙涎木、麝香、马达加斯加香草。

参考价格：￥890 / 50ml EDP

2013

琥珀的奥秘　Amber Mystique

神秘的琥珀色是中东文化的象征，长颈细口瓶也具有中东风格。整体风格非常异域化，适合对中东文化感兴趣的香水爱好者收藏。东方木香调，含有的成分为琥珀、塔伊夫玫瑰、沉香木、黑醋栗、覆盆子、粉色胡椒、依兰、保加利亚玫瑰、茉莉、焚香、檀木、广藿香、劳丹脂、皮革、麝香。

参考价格：￥1 260 / 100ml EDP

2013

青春之露限量版

Youth-Dew Limited Edition

青春之露限量版是纪念该款香水上市 60 周年而推出的，瓶身仿佛女性躯体，在腰上系着一条缀满奢华水晶的蝴蝶结，简约而精致优雅，堪称不可多得的香水精品。东方调，前调为保加利亚玫瑰、薰衣草、洋甘菊、佛手柑；中调为茉莉花、铃兰、依兰、康乃馨；后调为广藿香、香根草、檀香、苔藓、琥珀。

参考价格：￥590 / 100ml EDP

寻香名店

北京　中友百货·双安商场·新光三越·王府井百货·赛特购物中心

上海　东方商厦·久光百货·梅龙镇伊势丹

苏州　美罗商城

广州　友谊商店·正佳广场·天河城

厦门　巴黎春天

2014

欢沁鲜花　Pleasures Flower

欢沁女香的 2014 年限量版，也是最能代表现代年轻女子的一款香水。此款香将清新与活力两种特质加以融合，表现出万物复苏的春日气息主题，因此非常适合在春日中外出使用。花果香调，前调为柠檬、佛手柑、橙花和黑醋栗叶；中调为茉莉、牡丹、玫瑰、铃兰和椰子甘露；后调为香根草、焚香和降龙涎香醚。

参考价格：￥590 / 100ml EDP

藏·香·年·谱

推出时间	名称		类别
1953	Youth-Dew	青春之露	女 香
1968	Estée	雅诗	女 香
1969	Azurée	金沙水蓝	女 香
1969	Azurée Pure	蓝色地中海	女 香
1972	Aliage	合金	女 香
1972	Alliage Sport Spray	合金运动版	女 香
1973	Private Collection	私人珍藏	女 香
1978	Celadon	青瓷	女 香
1978	Cinnabar	辰砂	女 香
1978	Pavilion	阁楼	女 香
1978	White Linen	白色亚麻布	女 香
1978	White Linen Breeze	纯净微风	女 香
1985	Beautiful Sheer	绝对美丽	女 香
1985	Lauder For Men	兰黛男士	男 香
1987	Metropolis	大都会	男 香
1986	Beautiful	美丽	女 香
1988	Knowing	尽在不言中	女 香
1995	Pleasures	欢沁	女 香
1997	Pleasures For Men	欢沁男士	男 香
1998	Dazzling Gold	目眩神迷金版	女 香
1998	Dazzling Silver	目眩神迷银版	女 香
1998	Pleasures in the Garden Moon Lily	欢沁花园月光百合	女 香
1998	Pleasures in the Garden Lilac	欢沁花园紫丁香	女 香
1998	Pleasures in the Garden Peony	欢沁花园牡丹	女 香
2000	Body Power	身体能量	女 香
2000	Honeysuckle Splash	金银花	女 香
2000	Intuition	我心深处	女 香
2000	Pleasures Intense	欢沁馥郁	女 香
2003	Beyond Paradise	霓彩伊甸	女 香
2003	Intuition For Men	我心深处	男 香
2004	Beyond Paradise For Men	霓彩伊甸男士	男 香
2004	Intuition Summer In Bloom	我心深处夏日花开	女 香
2004	Pleasures Exotic	欢沁异域风情	女 香
2005	Pleasures Intense For Men	欢沁馥郁	男 香
2005	Youth-Dew Amber Nude	青春之露琥珀流金	女 香
2005	Beyond Paradise Summer Waters For Her 2005	霓彩伊甸夏日水域	女 香
2006	Pleasures Artist´s Edition2006	欢沁时尚艺术限量版 2006	女 香
2006	Pleasures Gwyneth Paltrow Limited Edition	欢沁葛妮丝派特萝限量版	女 香
2006	Emerald Dream	叠翠飘香	女 香
2006	Beautiful Love	美丽的爱	女 香
2006	Beautiful Precious Drops	美丽之滴	女 香
2006	Beautiful Summer Bouquet	美丽夏日花束	女 香
2006	Beyond Paradise Blue	霓彩伊甸蓝版	女 香
2006	Pure White Linen	纯净如风	女 香
2007	Azurée Soleil Eau Fraîche Skinscent	蓝色阳光	女 香
2007	Beautiful Summer Fun 2007	美丽缤纷夏日 2007	女 香
2007	Beyond Paradise Summer Fun 2007	霓彩伊甸缤纷夏日 2007 限量版	女 香
2007	Private Collection Tuberose Gardenia	私人珍藏晚香玉栀子花	女 香
2008	Private Collection Amber Ylang Ylang	私人珍藏琥珀依兰	女 香
2007	Pure White Linen Light Breeze	清新如风	女 香
2007	Pleasures Delight	欢沁蜜语	女 香
2007	Pleasures Exotic 2007	炽情欢沁 2007 限量版	女 香
2007	Pleasures Summer Fun 2007	欢沁缤纷夏日 2007 限量版	女 香
2008	Pleasures Summer Fun 2008	欢沁缤纷夏日 2008 限量版	女 香
2008	Bronze Goddess Eau Fraîche Skinscent	古铜女神	女 香
2008	Bali Dream	巴厘岛之梦	女 香
2008	Brasil Dream	金矿之梦	女 香
2008	Beautiful Summer Fun 2008	美丽缤纷夏日 2008	女 香
2008	Sensuous	感性	女 香
2008	Pure White Linen Summer Fun	纯净如风缤纷夏日	女 香
2008	Pleasures Artist´s Edition 2008	欢沁时尚艺术限量版 2008	女 香
2009	Beautiful Spring Veil	美丽春日面纱	女 香
2009	Brasil Dream For Him	金矿之梦男士	男 香
2009	Pleasures In The Garden Baie Rose Peony Splash	欢沁花园玫瑰牡丹	女 香
2009	Pleasures In The Garden Jasmine Violet Splash	欢沁花园紫罗兰	女 香
2009	Pleasures In The Garden Sandalwood Musk Splash	欢沁花园之檀香	女 香
2009	Private Collection Jasmin White Moss	私人珍藏茉莉白苔	女 香
2009	Pure White Linen Limited Edition 2009	纯净如风限量版	女 香
2009	Pure White Linen Pink Coral	纯净如风粉色珊瑚	女 香
2009	Tuscany Per Donna	歌剧女主角	女 香
2010	Bronze Goddess Eau Fraîche	古铜女神 2010	女 香
2010	Pleasures Bloom	欢沁花雨	女 香
2010	Sensuous Noir	黑色感性	女 香
2010	Sensuous Parfum	感性香精	女 香
2010	Adventurous	冒险	女 香
2011	Bronze Goddess 2011	古铜女神 2011	女 香
2011	Bronze Goddess Soleil	古铜女神太阳版	女 香
2011	Sensuous Nude	赤裸的感性	女 香
2011	Sensuous Eau De Toilette	感性 EDT	女 香
2011	Wild Elixir	自然仙露	女 香
2011	Wood Mystique	木之奥秘	女 香
2012	Bronze Goddess Capri	古铜女神卡普里岛	女 香
2012	Pleasures Eau Fraîche	欢沁冻香版	女 香
2012	Very Estée	非常雅诗	女 香
2013	Amber Mystique	琥珀的奥秘	中性香
2013	Bronze Goddess Eau Fraîche Skinscent 2013	古铜女神清新体香 2013	女 香
2013	Modern Muse	现代缪斯	女 香
2013	Pleasures Pop	欢沁流行	女 香
2013	Youth-Dew golden anniversary Limited Edition	青春之露金婚限量版	女 香
2013	Youth-Dew Limited Edition	青春之露限量版	女 香
2014	Bronze Goddess Eau Fraîche Skinscent 2014	古铜女神清新体香 2014	女 香
2014	Modern Muse Chic	现代缪斯时尚	女 香
2014	Pleasures Flower	欢沁鲜花	女 香
2015	Bronze Goddess Eau Fraîche Skinscent	古铜女神清新体香 2015	女 香
2015	Modern Muse De Rouge	现代缪斯魅意浓情	女 香
2015	Pleasures Florals	快乐花香	女 香
2016	Modern Muse Eau De Rouge	现代缪斯红色香液	女 香
2016	Pleasures Acqua	欢沁之泉	女 香

Ferrari
法拉利

镇店名香

法拉利是世界上知名的赛车和运动跑车的生产厂家，创建于1929年，创始人是世界赛车冠军、划时代的汽车设计大师恩佐·法拉利。1999年，法拉利首次涉足到全新的领域，发布了它的第一款香水——黑色男士香水，独特的东方韵味以及甜蜜的香调使它一上架就获得了巨大成功。而法拉利1号男香在2001年10月份正式在台上市，为纪念2001年世界一级方程式赛事中，舒马赫为法拉利车队赢得双料冠军，特别推出的全新造型纪念香水。由享誉国际的设计大师皮埃尔·丹尼德精心设计的红色动力男香，灵感来源于1995年出厂的F50。

法拉利跑车虽然对于大多数人而言遥不可及，但法拉利香水让消费者们有了买下世界奢侈品牌产品的满足感。

红色动力　Red Power

献给真正的法拉利男人的一款香水，是一款馥奇芳香辛香调香水。此款香水在外观的设计上保持着前作的精髓，整个瓶身以红银双色为主调，带来了一如既往的奢华感。散发出的清新柑橘前调、热烈辛辣的中调和充满力量的温暖后调。在社交场合使用，会使人更加风度翩翩而又激情四射。

参考价格：￥700 / 125ml EDT

黑色　Black

这款黑色香水披上王者的风衣，神秘的力量更是让人不容忽视，赋予车手新的灵魂与蓬勃的活力。耐人寻味的清香柠檬、佛手柑、苹果给人果香的宁静，而深刻的茉莉、玫瑰、肉桂、豆蔻，更是勾起男人潜在的灵魂，后劲有力的云呢拿、琥珀、麝香，更是让法拉利在永恒之间，快意奔驰。

参考价格：￥390 / 75ml EDT

极致风云　Extreme

是一款充满魅力与活力的热情绅士香水。瓶身设计运用碳纤维与钛金属材质，表现出高科技与充满动感的强烈视觉感受。馥奇调，前调为蜂香薄荷、小豆蔻；中调为为柏树、肉豆蔻、雪松、老鹳草；后调为麝香、橡木苔。

参考价格：￥370 / 75ml EDT

收藏优选

2009

法拉利　Uomo

这款同名男士香水由香水界中最知名的调香师艾伯特•莫瑞拉斯操刀，瓶身设计古典透彻而富有质感。辛辣木质调，前调为西西里柠檬、卡拉布里亚佛手柑和杜松；中调则采用皮革加入肉豆蔻和维吉尼亚雪松香；后调为岩蔷薇、零陵和藿香。适合野性狂热的男士。

价格请店洽 EDT

2012

沉香　Essence Oud

一款拥有属于东方味道的男性香水，以沉香带出前调，中调由揽香脂、乳香、玫瑰、香菜、藏红花组合而成，最后以劳丹脂、皮革作后调，为香调作一个回味无穷的结尾。瓶身鲜红色的设计，跟法拉利汽车表面烤漆所呈现出来的光泽与光滑度相似，搭配红鬃烈马的品牌象征，更突显香水的高贵。

参考价格： ¥500 / 75ml EDP

2010

劲速法拉利　Scuderia Ferrari

这是一款由法拉利传奇车手费尔南多•阿隆索代言的香水，为冒险家而设的全新香型。瓶身的设计抓住赛车的灵魂，冷金属的上盖与红色的线条闪耀着，浮雕式 Logo 很微妙、优雅地压印在上盖。前调由蜜柑、柠檬及薄荷叶等清新香气混合而成；中调采用天竺葵、迷迭香、黑胡椒及豆蔻，散发刚阳爽朗的气息；后调用上雪松木、琥珀及麝香的香调，展露男士果敢自信的动人魅力。

参考价格： ¥510 / 75ml EDT

皮革精华　Leather Essence

这款皮革调的男用香水的调香师是亚历山德拉•卡林。前调为苦橙、佛手柑和丁香；中调为皮革、零陵香豆和肉桂；后调为广藿香、愈创木、雪松和香草。

价格请店洽 EDP

2011

黑炫　Black Shine

在黑色与银色中呈现丝柔与炫目阴影。加强成功男士的独特性格魅力。亮泽，迷人男性香气可唤醒感官。适合各种场合。

参考价格： ¥380 / 75ml EDT

银影　Silver Essence

这款气息冰凉的木质东方辛香调香水表现了男人的强悍、活力与奢华的气质。为了与银色金属风格呼应，这款香水的前调选择了银色鼠尾草、灰色胡椒、肉豆蔻、肉桂和百里香的叶子，表现了冰凉而酷劲十足的风格；其中调选择了同样有冰凉感觉的银色白桦、薰衣草、果香和椰子粉；后调是带有魔幻色彩的焚香、无机麝香、阿特拉斯雪松和愈创木。

参考价格： ¥350 / 75ml EDP

2013

极速红　Scuderia Ferrari Racing Red

为男性而设的果香木质调香水。柔和时尚，带有香料的清爽活力。前调为柠檬、薰衣草和薄荷香气；中调为迷迭香、胡椒、红茶和天竺葵香气；后调为雪松、麝香、薰草豆和龙涎香香气。适合温暖季节使用。

参考价格： ¥620 / 125ml EDT

2013

劲速联盟　Scuderia Ferrari Scuderia Club

这款香水大胆地以鲜明的红色金属瓶盖作为装饰，与酷炫的银色香氛形成强烈对比。现代的西普香调呈现赛车极致的速度感。前调以锐利的柠檬、生姜、以及薄荷展开序幕；中调则为薰衣草、天竺葵、迷迭香及肉豆蔻等芳香香调；后调为香根草、冬加豆、以及愈创木展现温暖且具有力量的余韵。

参考价格：￥620 / 125ml EDT

雪松精华　Cedar Essence

这款男香以蓝色为主题，海蓝色烤漆瓶身，配以银色跃马标徽及香水名号，突显出男士高雅、智慧、自信的形象。

价格请店洽 EDP

黑色签章　Scuderia Ferrari Black Signature

这款芳香森林调的男用香水的前调为葡萄柚、青苹果和八角茴香；中调为肉豆蔻核仁、开司米(羊绒)麝香、皮革和海洋元素；后调为香根草、雪松和麝香锦葵。

参考价格：￥620 / 125ml EDT

极致黑色限量版

Scuderia Ferrari Black Limited Edition

芳香森林调的极致法拉利黑色限量版男用香水，前调展现一种令人兴奋的、融合的力量：和谐的柑橘调，青柠和佛手柑混合着明亮圆润触动着苹果和李子的清新。中调探索心灵深处的秘密：豆蔻、肉桂带来一丝温暖，环绕着珍贵的茉莉与玫瑰。后调的音符透露着一种强烈的男性性感气息：优雅的雪松木香和檀香木，柔软的香草和麝香形成强烈的对比。

价格请店洽 EDP

2014

光速　Light Essence

这一次，法拉利穿上了清爽的蓝色，让人们有一种耳目一新的感觉！瓶身有金属合金质感，展现了独一无二的优雅。第一次的清新，从加州柠檬的新鲜香气开始，轻飘着荔枝愉悦的气息，搭配橙花和小苍兰的透明优雅中调，纯真的性格展现了人们对于法拉利的热爱，后调则转为洁净爽朗的柚木、岩兰草、琥珀和柏木。独具的芬芳呈现出法拉利魅力、清新的一面，是一款极佳的中性香水。

参考价格：￥380 / 75ml EDT

寻香名店

北京　中友百货•新东方天地•国贸大厦•新中关购物中心•首都国际机场

上海　永安百货•来福士广场

天津　海信广场

藏·香·年·谱

推出时间	名　称		类　别	推出时间	名　称		类　别
1999	Black	黑色	男　香	2013	Leather Essence	皮革精华	男　香
2001	Ferrari No.1	法拉利 1 号	男　香	2013	Essence Musk	麝香精华	男　香
2003	Racing	极速	男　香	2013	Scuderia Ferrari Racing Red	极速红	男　香
2005	passion Unlimited	无限热情	男　香	2013	Scuderia Ferrari Black Signature	黑色签章	男　香
2006	Extreme	极致风云	男　香	2013	Scuderia Ferrari Scuderia Club	劲速联盟	男　香
2007	Light Essence	氢元素	男　香	2014	Cedar Essence	雪松精华	男　香
2009	Uomo	法拉利	男　香	2014	Scuderia Light Essence Acqua	光速	中性香
2010	Scuderia Ferrari	劲速法拉利	男　香	2014	Scuderia Ferrari Black Limited Edition	黑色限量版	男　香
2010	Scuderia Ferrari Red	红色	男　香	2015	Man In Red	法拉利车手	男　香
2011	Black Shine	黑炫	男　香	2015	Red Power Ice 3	红色冰动力 3	男　香
2012	Silver Essence	银影	男　香	2015	Amber Essence	琥珀香精	男　香
2012	Essence Oud	沉香	男　香	2015	Bright Neroli	明媚橙花	中性香
2012	Red Power	红色动力	男　香	2015	Noble Fig	高贵无花果	中性香
2012	Scuderia Light Essence Bright	速清爽型	中性香	2015	Pure Lavender	纯净薰衣草	中性香

Fragonard
花宫娜

镇店名香

法国品牌花宫娜是个有300多年历史的骨灰级手工香水品牌，被称为制造香水的名家。该品牌香水的出众之处，就是采用植物花卉，弃用化学物质，香分闻起来分外清醇，独特的味道温顺典雅，令人心神荡漾。

花宫娜是世界上第一个成立香水工厂的品牌。经过世代相传，花宫娜家族企业得以不断壮大，它不再仅仅满足于直销的经营模式，开始向著名的包括美国伊丽莎白·雅顿在内的香水制造商提供制造香水用的原材料。如今，花宫娜已从一个小厂发展成为拥有三个厂址的大规模的香水制造厂，这三个工厂均对公众开放，许多品牌例如香奈儿、迪奥等都委托花宫娜工厂制作香水。

夜来香　Belle De Nuit

这款东方花香调女香融合了胭脂花、堇菜、天竺葵、玫瑰、李子、麝香、木香。香水融合了芬芳的花香与浓郁的果香，这种有魔力和珍贵的香味，带给人夜晚的感觉。

参考价格： ￥430 / 60ml　EDT

米兰达　Miranda

这款香水是非常有名的美食调香水，味道闻起来就和奶油糕点非常相似。前调为清新的佛手柑；中调为茉莉、玫瑰、依兰；后调为温暖的没药、香草、椰子和琥珀。是一款适合东方女性使用的淡香水。

参考价格： ￥430 / 60ml　EDT

太阳　Soleil

这是一款花果香调的女用香水。这款香水的调香师是让·吉拉尔。这款香水成分选用了鸢尾、橙花、檀木、琥珀、麝香、紫藤、茉莉、玫瑰和百合。清新之余又给人明媚之感。

参考价格： ￥499 / 60ml　EDP

收藏优选

2000

午休　Sieste

芳香香料调男用香水。前调为杜松和艾蒿；中调为肉桂、香菜和肉豆蔻核仁；后调为琥珀、焚香和广藿香。

参考价格：￥990 / 100ml EDT

跟随我　Suivez–Moi

这款柑橘芳香调的男用香水。前调为佛手柑和青柠；中调为薰衣草；后调为香草。

价格请店洽 EDT

2005

橙花　Fleur D'Oranger

这是一款花香调女用香水。这款香水成分选用了佛手柑、橙花、奈若利橙花、茉莉、麝香、橘子和蜂蜜，整体味道甜美清新，合适年轻女性日常使用。

参考价格：￥390 / 60ml EDT

紫罗兰　Violette

这款紫罗兰香水，以纯净、清澈的紫罗兰香带来欢喜。香瓶上面带着紫罗兰的图案。除了 EDT 淡香水，还提供了该系列的紫罗兰香皂、香烛和一个独特的礼盒。

参考价格：￥4 000 / 50ml EDT

2012

秘密　Confidentiel

这款芳香型森林调的男用香水，前调选用了葡萄柚、胡椒和粉色胡椒；中调是玉兰和焚香；后调是雪松、广藿香和檀木。

参考价格：

￥1 100 / 200ml EDT

2006

甜蜜方糖　Billet Doux

这是一款花香调女用香水。前调将佛手柑、阿马尔菲柠檬和橘子完美融合；中调为选取芬芳的牡丹、赤素馨花和康乃馨；后调由雪松和香草收尾。

参考价格：￥750 / 50ml EDP

2013

柑橘　Tilleul C édrat

这款花香调女用香水，成分选用了柑橘香、紫罗兰叶和菩提花。适合春夏季节使用。

参考价格：￥490 / 50ml EDP

铃兰　Muguet

这款花香绿色调的女用香水，前调选用了奈若利橙花和粉色胡椒；中调为茉莉、铃兰和小苍兰；后调为麝香、雪松、苔藓和琥珀。

价格请店洽 EDT

巴黎小姐 Mademoiselle Paris

这款花果香调的女香的前调选用了橘子和奈若利橙花；中调为沙巴茉莉、玉兰和橙花；后调为檀木和桃子。

参考价格： ￥306 / 30ml EDT

2014

甜豌豆 Pois De Senteur

花香调的女用香水。前调为佛手柑、橙、紫罗兰和桃子；中调为香豌豆、玫瑰和铃兰；后调为香草、檀木和麝香。

参考价格： ￥480 / 50ml EDT

2015

里维埃小姐 Mademoiselle Riviera

绿叶花香调女香。前调为佛手柑和紫罗兰叶；中调为橙花、玫瑰和黑醋栗叶；后调为香草。

参考价格： ￥306 / 30ml EDT

寻香名店

北京 国际机场免税店

香港 哈维·尼克斯百货·置地广场

藏·香·年·谱

推出时间	名	称	类 别	推出时间	名	称	类 别
1928	Lavande	薰衣草	中性香	2006	Santal	檀香	中性香
1932	Zizanie	姿姗妮	男 香	2006	Freesia	小苍兰	女 香
1979	Eau De Hongrie	匈牙利之水	男 香	2006	Eclat	光彩熠熠	女 香
1980	Vetyver	香根草	男 香	2007	Citron	柠檬	中性香
1990	Concerto	协奏曲	男 香	2007	Verveine	马鞭草	中性香
1995	Emilie	埃米莉	女 香	2008	Fleur De Vanille	香草	女 香
1996	Sorenza	索仁赞	女 香	2008	Caresse	爱抚	女 香
1997	Baroque	巴洛克	女 香	2008	Belle De Soleil	美丽太阳	女 香
1997	Soleil	太阳	女 香	2009	Etoile	星	女 香
1999	Grain De Soleil	盛夏的果实	女 香	2010	Mimosa	含羞草	女 香
2000	Eau Fantasque	水之幻想	女 香	2011	Desert	沙漠	男 香
2000	Premier Peche	总理佩什	女 香	2012	Bleu Riviera	蓝色海岸	女 香
2000	Sieste	午休	男 香	2012	Marche Aux Fleurs	花之漫步	女 香
2000	Melodie	美妙旋律	女 香	2012	Riviera Riviera	里维埃拉海岸	女 香
2000	Suivez-Moi	跟随我	男 香	2012	Mademoiselle Amour	爱情	女 香
2000	Murmure	私语	女 香	2012	Belle De Nuit Intense	夜来香极致版	女 香
2001	Belle De Nuit	夜来香	女 香	2012	Confidentiel	秘密	男 香
2004	Beau Gosse	美丽小孩	男 香	2012	Violette	紫罗兰	女 香
2005	Cette Nuit La Confidentiel	夜间秘密	女 香	2012	Frivole	窈窕淑女	女 香
2005	Juste Un Baiser	轻吻	女 香	2012	Reve Indien	印度奇缘	女 香
2005	Figuier Fleur	无花果	中性香	2012	Belle Cherie	亲密爱人	女 香
2005	Capucine	金莲花	女 香	2012	Toujours Fidele	我心依旧	男 香
2005	Les Naturelles: Vetiver	香根草	中性香	2013	Muguet	铃兰	女 香
2005	Cerisier En Fleurs	樱花	女 香	2013	Tilleul Cédrat	柑橘	女 香
2005	Fleur D´Oranger	橙花	女 香	2013	Eau De Seducteur	诱惑之水	男 香
2005	Mensonge	谎言	男 香	2013	Encens Fève Tonka	香薰豆	女 香
2005	Cedre	雪松	中性香	2013	Jasmin Perle De Thé	茉莉珍珠茶	女 香
2005	Miranda	米兰达	女 香	2013	Moment Vole	被偷走的时光	女 香
2005	Eau De Bonheur	疗心水	女 香	2014	Pois De Senteur	甜豌豆	女 香
2005	Ile D´Amour	爱之岛	女 香	2015	Mademoiselle Riviera	里维埃小姐	女 香
2006	F!	F!	男 香	2015	Mademoiselle Paris	巴黎小姐	女 香
2006	Diamant	钻石	女 香	2016	Iris	鸢尾花	女 香
2006	Billet Doux	甜蜜方糖	女 香				

Floris
佛罗瑞斯

作为英国老牌香水中的翘楚之一，佛罗瑞斯意味着历史悠久和品质无可挑剔。这一百年老店的名号绝非浪得虚名，其推出的香水的香味没有法国香水那般馥郁，也不像美国香水那样充满活力，而是以严谨内敛的风格著称，是品位高雅的最好证明，因而被诸多皇室和社会名流推崇。

1814 年，佛罗瑞斯选用玫瑰、天竺葵等高档香料调配而成的一款香水深受好评，从而建立了其在香水品牌中的重要地位。如今，伊丽莎白二世与查尔斯王子授予的王室御用许可书就摆在佛罗瑞斯位于伦敦杰明街 89 号的香水店里，两位王室成员的印章也被特许印刷在佛罗瑞斯产品的包装上。

FLORIS
LONDON

镇店名香

127 特别版 Special 127

127 淡香水最初是佛罗瑞斯品牌为俄罗斯公爵奥洛夫于 1890 年所专属调制的，在他辞世多年之后才得以公开配方，列入佛罗瑞斯的销售商品之中，多年来一直深受男女客户的喜爱。包括阿根廷第一夫人伊娃裴隆也是这款香水的忠实拥趸。佛手柑与橘子的清新混合了柑橘与苦橙叶的气息，带出了橙花、薰衣草与天竺葵的魅然中调，并借由广藿香及麝香增添了深度的个性。

参考价格： ¥850 / 100ml EDT

白玫瑰 White Rose

佛罗瑞斯早期的经典代表作之一，透过混合清新的白色花调以及诱人的温馨浪漫来真正呈现出独属于白玫瑰的动人魅惑。前调将充满时代气息的柔和玫瑰、混合着紫罗兰与康乃馨与中调的紫罗兰、茉莉、鸢尾花和辛香玫瑰相互呼应，被后调的鸢尾草、麝香及琥珀所紧密包覆。花香柔和适合成熟女士使用。

参考价格： ¥1 240 / 100ml EDP

莱姆 Limes

经典莱姆中性淡香水是在 18 世纪后期，为对抗闷热的城市夏季，由约翰·佛罗瑞斯所配制的消暑清香。充满活力的柠檬与苦橙叶引导出了令人耳目一新的莱姆花、橙花和铃兰香韵，并在麝香的辅助牵引之下续而不坠。

参考价格： ¥1 100 / 100ml EDT

罗意威之水 Agua De Loewe

这罗意威之水的灵感来自于大海，而在这款香水中，我们感觉到了地中海的精髓。瓶身设计就像海水一样透明，犹如地中海的颜色，通透无比。香水更表达出人们享受生活，自由自在的感觉。

参考价格： ¥550 / 50ml EDT

收藏优选

1847

山野铃兰 Lily Of The Valley

这是一款花卉青香调的女性香水，香水的设计师是佛罗瑞斯香水公司的创始人胡安·佛罗瑞斯，虽上市时间很早，但这款香水仍是佛罗瑞斯品牌香水中最受欢迎的一款。娇贵而持久的香气以绿叶作为前调，混合以柠檬的气息，增添了几许清新活力。茉莉、玫瑰和幽然的晚香玉簇拥着馥郁的铃兰高调登场，在麝香营造的虚幻感觉中，为那份甜美增添了柔和的深度。

参考价格： ¥850 / 100ml EDT

1901

爱德华花束 Edwardian Bouquet

为庆祝新世纪到来而特别推出的。首先释出的是气息细腻的风信子及其绿叶味道，与随之而来少许佛手柑与橘子的清甜，带出了茉莉花心、玫瑰及依兰的中调，并在广藿香及檀香的后调之中，另外搭配了橡苔与麝香的柔和粉感气息。

参考价格： ¥1 230 / 100ml EDT

1951

89 号　No.89

89 号男性淡香水取名自佛罗瑞斯总店的门牌号码。其中古典的香水特质来自于橘子与佛手柑所混合的薰衣草及橙花。这是一款典型的英国绅士之香，其中调的温润来自于辛香的肉豆蔻，并以檀香、雪松和香根草为主体的后调加以稳固。

参考价格：￥850 / 100ml EDT

1980

锐进　Elite

芳香木质调，前调为香柠檬、雪松、葡萄柚、杜松、苦橙叶；中调为冷杉、薰衣草、月桂叶；后调为琥珀、橡木苔、麝香、广藿香、香根草、雪松、皮革。

参考价格：￥650 / 100ml EDT

2000

皇家花园　Floris Fleur

皇家花园女香以佛手柑、葡萄柚与睡莲的清绿叶香混合了水蜜桃与哈密瓜的果香气息，为这款朝气蓬勃的花香香水增添了新鲜的甜美活力。中调的茉莉、玫瑰和依兰衬托着铃兰的气息、紧接着人们沉醉在檀香与麝香的诱人氛围之中。

参考价格：￥850 / 100ml EDT

2001

花语微风　Cefiro

以鲜嫩柠檬和莱姆来突出佛手柑与柑橘的清甜，由清新的茉莉花、豆蔻和肉豆蔻的辛辣来增添香气的温度，由此传递出新鲜的麝香、檀香调。是男女皆宜的中性香水。

参考价格：￥850 / 100ml EDT

1993

JF　JF

扑鼻而来的首先是令人为之一振的佛手柑、柠檬、莱姆和清新甘橘，混合着蒿草、胡荽与鼠尾草的浓郁芬芳。杜松子、松柏和苦橙叶为中调所带来的阳刚气息，在琥珀、雪松、青苔与麝香的后调之中获得了强化。适合商务男士日常使用。

价格请店洽　EDT

2002

檀香　Santal

这款香水在最初所呈现的鲜嫩佛手柑气息以及柠檬清香，穿越了绿草的清新气味，以及黑胡椒、丁香花蕾、绿色荳蔻和肉荳蔻的混合辛香气息。随着檀香、雪松、广藿香和香根草所带来感性木质香调的逐渐展现，辛香温暖地融合了薰衣草的幽韵与蕨类的青草气息，与乳香、麝香和香草一同组成了东方气息的后调。

参考价格：￥850 / 100ml EDT

2010

孤挺花　Amaryllis

孤挺花是一款散发活力的东方辛香调香水，创意灵感源自美丽的孤挺花，它代表了孤傲、决心和令人炫目的美。

参考价格：￥850 / 100ml EDP

婚礼花束　Wedding Bouquet

从最受欢迎的婚礼香水中获取灵感并以现代白花香调呈现出香水气息。婚礼花束运用了花语代表挚爱永恒的茉莉、代表"命中注定"的铃兰、代表纯美姻缘的栀子花、代表幸运喜悦的千金子藤。

价格请店洽 EDP

海妖　Sirena

这款香水有着明快的海洋花香调，清爽的海风带来了大海与海洋植物的气息。启发设计师设计灵感的是地中海的米诺卡岛，这里也是传说中美人鱼的家乡。香水的气息包含了海岛和阳光地中海的特质，这些设计元素同样在瓶身上也有表现。

参考价格： ￥1 100 / 100ml EDP

2011

马洪皮革　Mahon Leather

这款香水的灵感来自迷人的米诺卡岛以及那里的特产 Calent 香酒，这种酒用红酒和经过仔细筛选的香料调制而成，它代表了重回过去的时光。其中再加上米诺卡马皮革的迷人味道，共同组成了香水的主要气息。

参考价格： ￥850 / 100ml EDP

2015

我花园中的花瓣

Petals From My Garden

花香绿色调，前调为玫瑰、奈若利橙花、佛手柑；中调为康乃馨、老鹳草；后调为琥珀、麝香。

价格请店洽 EDP

寻香名店

伦敦　佛罗瑞斯旗舰店（杰明街 89 号）

藏·香·年·谱

推出时间	名称		类别	推出时间	名称		类别
1800	White Rose	白玫瑰	女　香	2002	Bouquet De La Reine	伊丽莎白花束	女　香
1821	Lavender	薰衣草	女　香	2006	Night Scented Jasmine	月夜茉莉	女　香
1882	Limes	莱姆	中性香	2009	Madonna Of The Almonds	杏香麦当娜	女　香
1847	Lily Of The Valley	山野铃兰	女　香	2009	Snow Rose	雪中蔷薇	女　香
1886	Stephanotis	千金子藤	女　香	2010	Amaryllis	孤挺花	女　香
1890	Special 127	127 特别版	中性香	2011	Wedding Bouquet	婚礼花束	女　香
1901	Edwardian Bouquet	爱德华花束	女　香	2011	Sirena	海妖	女　香
1951	No 89	89 号	男　香	2011	Mahon Leather	马洪皮革	男　香
1980	Elite	锐进	男　香	2012	Victorious	胜利凯旋	中性香
1987	Florissa	繁华似锦	中性香	2013	Malmaison Encore	新版马尔迈松	女　香
1992	Seringa	山梅花	女　香	2013	Cherry Blossom	樱花	女　香
1993	JF	JF	男　香	2013	Ebury Street	伊伯里街	中性香
1996	Gardenia	栀子花	女　香	2013	Patchouli	广藿香	男　香
2000	China Rose	中国玫瑰	女　香	2014	Leather Oud	皮革乌木	中性香
2000	Malmaison	马尔迈松	女　香	2014	Honey Oud	蜂蜜乌木	中性香
2000	Tuberose	晚香玉	女　香	不详	Zinnia	百日草	女　香
2000	Fleur	皇家花园	女　香	2015	Bergamotto Positano	波西塔诺佛手柑	中性香
2000	Vetiver	香根草	中性香	2015	Fume De Jasmin	茉莉云烟	中性香
2001	Cefiro	花语微风	中性香	2015	Petals From My Garden	我花园中的花瓣	女　香
2002	Santal	檀香	男　香	2015	Jermyn Street	杰明街	中性香

Frederic Malle
斐德瑞克·马尔

EDITIONS DE PARFUMS
FREDERIC MALLE

法国知名香水品牌斐德瑞克·马尔的创始人是迪奥香水创始人的孙子。2000年，他创造了用杂志概念来推出香水作品的理念，坚持“香水出版商”的角色，秉承不屈服于商业化的态度，调制出不同风格的香水。

或许许多品牌都能够提供香水定制的服务，但斐德瑞克·马尔汇聚了数十位来自各个顶级品牌的调香师，由他们打造具有大师签名的香水作品。这些大师的签名作品形式多样、各具特色。香水产品既没有气味种类的限制，也没有浓度高低的束缚。与通常那些香气浓郁的香水店完全不同，斐德瑞克·马尔香水店里完全没有一丝不自然的味道，任何香水的试用都在一个个封闭的玻璃通道中完成，以保证各种香水之间不会互相产生干扰。所有这些大师作品都采用像书籍包装一样的方式在店内进行推广，这里堪称一间香水出版社。

镇店名香

狂野麝香　Musc Ravageur

虽然名字叫狂野麝香，实际上却是肉桂、香草、丁香等当家的温暖香辛调。喷上后是轻微干燥的薰衣草气息，调和了少量柑橘在里面。紧跟着肉桂和丁香的气息。再以后调中的大量香草、顿加豆以及木质树脂，制造出一种压抑深沉的性感香辛调。

参考价格：¥1 240 / 100ml EDP

一轮玫瑰　Une Rose

这款花香调女香，在刚打开瓶盖的时候正是一轮玫瑰配红酒，涂上手腕之后酒味和玫瑰味反而瞬间消失了，随即皂感显现，并且持续很久，一直到皂感柔和下来，才隐隐约约再次感受到玫瑰的香味，但却更像是很多种花香和木香混杂在一起的感觉。

参考价格：¥1 600 / 100ml EDP

拥我入怀　Dans Tes Bras

开头是非常华丽的花香调，看成分应该是紫罗兰和天芥菜，带有一定的酸度和草本生腥，这一段表现得比较重头。几分钟后，花香渐渐平伏下来，木头的轮廓渐渐清晰，还有麝香的动物性气息，以及乳香类的熏感，后调转入木质，可以感受到松树的味道。整体是东方调花香，风格比较浓墨重彩。

参考价格：¥1 240 / 100ml EDP

收藏优选

2000

黑色香料　Noir Epices

整支香主体部分由玫瑰、广藿香以及香辛料组成，其间再夹杂了香草的甜润，稍带清凉感的玫瑰香辛调，小有个性的优雅。这款香最大特点是香甜和辛凉之间的平衡控制得非常好，增减一分似乎都会偏男或偏女，现在这样是男女都适用的中性香。

参考价格：¥1 300 / 100ml EDP

特丽莎之香　Le Parfum De Therese

前调为清香柑橘和甜瓜的香甜果味，活泼甜美。很快就出现了玫瑰的香气，略有几分老式香水之感，但甜润的水果香气和雪松稀释了这种感觉，表现出一种从甜美转到雍容的花果香调。

参考价格：¥1 400 / 100ml EDP

金合花　Une Fleur De Cassie

金合欢、槐花、茉莉、玫瑰、康乃馨纷至沓来，呈现出一番春季胜景。虽然品种较多，但每一种都能清晰地感受到，金合欢的明丽、玫瑰的甜美、康乃馨的粉感、茉莉的清秀、洋槐的香甜，抱成一团华丽明快的春日花香。随着时间推移，喧嚣的花香渐渐安静下来，其间出现几丝黑醋栗叶的青绿微酸的气息。最后以轻微的木质调衬底，明丽粉感的花香慢慢淡去。

参考价格：¥1 400 / 100ml EDP

2001

苦橙　Cologne Bigarade

开头清冽的苦橙味道很出色，慢慢散开后，玫瑰和柑橘融合着小豆蔻、胡椒的优雅气息。

参考价格：￥890 / 100ml EDP

2002

浓缩苦橙　Bigarade Concentree

柑橘馥奇调中性香。起头就是非常真实的苦橙味，像是橘皮的苦带着些酸，浮现出玫瑰淡淡的影子。清幽的香混合了背景里雪松和青草的爽冽。整体形象清新柔和，并不过分强调柑橘味道。

参考价格：￥1 200 / 100ml EDP

2003

冬之水　L'Eau D'Hiver

从十分透明微薄的味道开始，微微带有水质感觉。天芥菜和鸢尾的粉质味道出来，两者结合，粉感芳香比较突出，鸢尾土腥味也能感觉到，淡淡轻柔的气息中透着一丝丝的甜意和绿意。之后蜂蜜的融入，甜度很微弱地变强，控制得十分巧妙，感觉犹如把整团香气浓缩。整体散发清雅的暖意，与肌肤融合性很好。

参考价格：￥1 100 / 100ml EDP

2005

醉人晚香玉　Carnal Flower

从甜美芬芳融合了果味的白花香开始，并没有一般白花那种强调存在感的香，反而是那种乖巧灵动可人的清甜。悠悠的依兰不时露一下头，茉莉也只是星子般的点缀，只有晚香玉的柔软甜润自始至终平缓地发散，椰子的加入让白花没有半点喧嚣的机会，只留下一份牛乳般的甜润。

参考价格：￥1 700 / 100ml EDP

2007

法国恋人　French Lover

前调为微微凉爽的香辛，很快当归的药感发散出来，但一下又被树脂调和得轻柔，随后各种草本和木头的味道在周围升腾，笼罩着一层广藿香的清凉，既凉爽又奇妙地有点温暖。此款香是具有诗人气质的优雅男香。

参考价格：￥1 240 / 100ml EDP

非凡！　Outrageous！

以青绿草本开始，柑橘和青苹果的味道青涩甘苦、薄荷的清凉，以及轻薄微酸的气息，混合成一种清新气味，然后转淡。接着由橙花承接，依然是走清雅的路线，具有水质感的淡淡白花香气，若有若无地发散。最后雪松和麝香一脉相承主线，轻微的皂感以及熏感的干木气息贴合在肌肤上。

价格请店洽 EDP

2010

贵妇肖像　Portrait Of A Lady

这款女香玫瑰是核心，但玫瑰始终是以同香辛、木质、熏香等混合的姿态出现。从最开始的香辛玫瑰到木质玫瑰，再到熏香玫瑰，每一种表现都是强调了玫瑰成熟大气的一面。成分中的黑醋栗和树莓含量不高，广藿香在底子里倒铺得很开，因此这款玫瑰香水的甜度很低。

参考价格：￥1 700 / 100ml EDP

2009

天竺葵先生　Geranium Pour Monsieur

起初是强大的薄荷，有一点点香辛铺在后面，然后可以明显感受到薄荷的清新感更进一步，此时天竺葵也慢慢现出真身，淡淡的玫瑰味，融合了麝香和树脂。需要特别提一下的是，这款香水中的肉桂采用了超临界 CO_2 萃取术，薄荷精油则是利用分子蒸馏法提纯，算是天然香料和新时代炼香术的完美融合。

参考价格：￥1 300 / 100ml EDP

寻香名店

香港　海港城·百老汇商城

纽约　麦迪逊大街 898 号·格林大街 94 号

巴黎　37, Rue De Grenelle·140, Avenue Victor Hugo·21, Rue Du Mont Thabor

2013

干燥木香

Dries Van Noten Par Frederic Malle

木质东方调中性香水，气味融合了檀香木、愈疮木、顿加豆、香草、藏红花、茉莉、麝香、香柠檬、柠檬、肉豆蔻、公丁香、广藿香、木质香以及秘鲁香脂。

参考价格：￥1 400 / 100ml EDC

2014

木兰之水　Eau De Magnolia

2014 年推出的花香调中性香水，前调选用清新的香柠檬；中调为木兰、香根草以及广藿香；后调为雪松、橡木苔和琥珀。

价格请店洽 EDP

藏·香·年·谱

推出时间	名称		类别	推出时间	名称		类别
2000	Noir Epices	黑色香料	中性香	2003	Une Rose	一轮玫瑰	女　香
2000	Musc Ravageur	狂野麝香	中性香	2003	L´Eau D´Hiver	冬之水	中性香
2000	En Passant	紫丁香	女　香	2005	Carnal Flower	醉人晚香玉	中性香
2000	Iris Poudre	尘粉鸢尾	女　香	2007	French Lover	法国情人	男　香
2000	Lipstick Rose	口红玫瑰	女　香	2007	Outrageous！	非凡！	女　香
2000	Une Fleur De Cassie	金合花	女　香	2008	Dans Tes Bras	拥我入怀	中性香
2000	Le Parfum De Therese	特丽莎之香	中性香	2009	Geranium Pour Monsieur	天竺葵先生	男　香
2000	Lys Mediterranee	地中海百合	中性香	2010	Portrait Of A Lady	贵妇肖像	女　香
2000	Angéliques Sous La Pluie	雨后当归	中性香	2013	Dries Van Noten Par Frederic Malle	干燥木香	中性香
2001	Cologne Bigarade	苦橙	中性香	2014	Eau De Magnolia	木兰之水	中性香
2002	Bigarade concentree	浓缩苦橙	中性香	2015	Cologne Indélébile	永恒古龙	中性香
2002	Vetiver Extraordinaire	非凡香根草	男　香	2015	Monsieur	绅士	男　香

GIORGIO ARMANI

Giorgio Armani
阿玛尼

阿玛尼香水公司 1982 年创立，所推出的香水高雅简洁，庄重洒脱，具有十足的意大利大家风范，它给予女人的是魅力，给予男人的是自信。在这种优雅与古典中，乔治·阿玛尼香水透出一种诱人的自闭、一种品位化了的沉闷、一种压抑的性感与一种内敛的光华。

阿玛尼的服装实用性很强，这决定了其香水气息也真实而不招摇。选择乔治·阿玛尼香水的人，大多内敛但不缺乏激情，他们富有智慧和教养，表面上沉默寡言，其实他们的内心世界却是丰富多彩的。寄情水、男女印记香水是其中著名的香水，值得一提的是其高定系列香水也是很有特色的，但只能在全球最精品的阿玛尼专卖店内，见到高定系列香水的身影，例如巴黎左岸的乐蓬马歇百货、纽约萨克斯第五大道百货、米兰的潮店 Corso Como 等奢侈品聚点才能购买得到。

镇店名香

寄情水男士

Acqua Di Gio Giorgio Armani For Men

全球男士香水销量第一的男香，水生馥奇调，也是水生调香水中的传奇，磨砂雾玻璃表现了清新而感性的一面。适合事业有成的优雅男士使用。

参考价格：￥820 / 100ml EDT

绝度 Armani Attitude

瓶身被设计成经典的打火机造型，造型新颖颇受男士欢迎。此款男士香水由阿尼克·梅纳多、艾伯特·莫瑞拉斯和奥利维耶·克莱斯普三大调香师共同研发创造。前调以清新的柠檬加上香浓的咖啡开启序幕，接着为锡兰豆蔻与薰衣草香的舒服，后调留下中国香柏与印度广藿的沉稳，隐隐地衬出神秘又撩人的性感气息。

参考价格：￥840 / 75ml EDT

阿玛尼高定系列丝滑琥珀

Armani Privé Ambre Soie

获得2006年香水奥斯卡菲菲奖年度最佳包装设计和最佳口碑奖。是一款东方辛香调的古龙水。浓郁性感的琥珀，配合广藿香散发迷人的东方气息。

参考价格：￥3 000 / 50ml EDC

阿玛尼印记女士

Armani Code For Women

一款充满女人味，具现代视野，独一无二的经典香水，对橙花香气具有绝对的捕捉与诠释能量。温暖的东方花香调散发柔和蜂蜜与檀木香，带来丝绸一般的非凡体验。而瓶身如刺绣一般的图案，优雅展现而不暴露；魅惑而不招摇，与品牌精神极为契合，值得收藏。

参考价格：￥820 / 50ml EDP

阿玛尼高定一千零一夜系列

阿拉伯玫瑰金色沙漠

Armani Prive Rose D'Arabie L'Or Du Desert

阿玛尼高定一千零一夜系列阿拉伯玫瑰香水的限量版。将闪金流沙凝于香水瓶里，稍作摇动，微粒即上升旋转如流沙，散落在透明玻璃壁，闪闪生辉，如沙漠热风般飞转起舞。独具特色，极具收藏价值。

参考价格：￥3 000 / 100ml EDP

阿玛尼高定系列限量版暗纹

Armani Privé Nuances

全球限量1000瓶，每瓶都附有签名及对应编号。具有鸢尾花、佛手柑的馥郁芳香。

参考价格：￥6 800 / 100ml EDP

阿玛尼高定系列

最初由乔治·阿玛尼亲自调配设计，最初仅限于本人和密友们独家享用，后来禁不住朋友的盛情劝说，2004 年，阿玛尼才推出了香水的高定系列。香水被容纳在标志性的栎木瓶中，以黑、白等中性色彩为主，瓶身简单的线条，加上宛如玉石、琥珀般温润色泽的瓶盖，呈现层次丰富、自然流转的色彩、光影变化。

瓶身设计灵感来自于乔治·阿玛尼先生的日本木镇纸，瓶盖设计灵感来源于某种珍贵宝石的瓶盖，每个宝石分别代表不同含义。

收藏优选

1984

本色男士

Armani Eau Pour Homme

乔治·阿玛尼设计的第一款男士香水，也是阿玛尼迄今为止代言的唯一产品。本色在男性香水市场中占有一席之地，多年来深受品位男士的热爱，清新的柑橘香调散发男性特有的高贵。适合传统、典雅、内敛的男士使用。

参考价格：￥695 / 50ml EDT

2002

感官魅力 Sensi

充满神秘的东方情调，设计灵感来自阿玛尼的一袭长裙。糅合木香、东方花香调，与乔治·阿玛尼先生偏爱的东方造型和衣料遥相呼应。花香细腻，适合优雅感性的女性。这款香水的广告是由名导张艺谋跨刀执导。

价格请店洽 EDP

阿玛尼狂热男士 Armani Mania

为纪念阿玛尼品牌创立 25 周年而推出，传递出一种前卫的、由内至外的性感。清新木质调。扁长椭圆的磨砂玻璃瓶身，灰色的瓶盖延伸着瓶身的线条，表现出极简细致的质感。

参考价格：￥400 / 50ml EDT

2007

阿玛尼印记复古喷头版

Armani Code Elixir

瓶身刺绣般的深蓝色与珍贵刺绣金属箔片组合非常精致，喷头的设置又有着浓烈的复古风情。魅力花香调，结合了橙花萃取精华与突尼斯橙花油，这一非凡的组合使这款香水产生出一种艳丽奢华的吸引力。

价格请店洽 EDP

2008

E阿玛尼钻石馥郁版

Emporio Armani Diamonds Intense

东方花香调，含有克什米尔覆盆子、保加利亚玫瑰、香草精华、香根草与雪松。瓶身具有完美的对称切面，切割工艺与几何元素的运用完美展现出时尚感。在生产工艺上，珍钻香水系列拥有多个专利，能够一次成型出多种切面的玻璃制品。同时，在每个切面之间，又留有微小的弧度，让玻璃切割面能够轻易握在手中。

参考价格： ￥700 / 50ml EDP

2009

完美女人香　Idole D'Armani

绝对女性化的花果香调，通过不同香气分子的巧妙连接、转换，灵活地勾勒出完美的现代女性风貌。是一款适合女人的香水，它具有鲜明个性，却能与各种不同性格的女性完美契合，使用瞬间即融入肌肤深处，成为女人的体香。

参考价格： ￥600 / 50ml EDP

2010

新寄情女士

Acqua Di Gioia Giorgio Armani For Women

性感的海洋香调赋予这款女性香水坚强、高贵、自由以及自然的特点。前调为柠檬、薄荷；中调为茉莉、粉胡椒和牡丹；后调为红糖、雪松木和劳丹脂。

参考价格： ￥750 / 50ml EDP

2012

终极印记　Armani Code Ultimate

阿玛尼系列男士香水中的第一款东方香水。清新辛辣东方调，含有柠檬、橄榄花、烟草、黑香豆等，瓶身是精心打磨的蓝黑色玻璃，具有很高的收藏价值。

参考价格： ￥420 / 50ml EDT

阿玛尼印记节日定制版

Armani Code Couture Edition

此款属于阿玛尼印记女香2012年的限量版。瓶身以看不透的深邃暗黑色制成，缀以施华洛世奇水晶花饰，优雅而奢华。前调为佛手柑、血橙、姜、梨；中调为橙花、桂花、紫茉莉；后调为雪松、零陵香豆、皮革、香草、蜂蜜。

价格请店洽 EDP

2013

挚爱女士　Si

奥斯卡影后凯特·布兰切特是此款香水的代言人。整体造型有着阿玛尼典型的意式风格。极具设计感的方形棱角瓶身，搭配上黑色经典的圆弧形瓶盖，形成了一种硬朗中带着柔媚的对立感。它糅合了三种不同的香型，前调是带着酸甜黑加仑花蜜香；中调为极具现代化摩登风格的西普香；后调是轻柔的木质香。

参考价格：￥880 / 50ml EDP

E 阿玛尼钻石玫瑰

Emporio Armani Diamonds Rose

E 阿玛尼钻石 2013 年的限量版香水，特别为春夏季设计的，具有清新的柑橘水果气息，和花香调协调得非常好。

价格请店洽 EDT

夜之水　Eau De Nuit

含有小豆蔻、佛手柑、红胡椒、鸢尾花、琥珀、薰草豆。适合睿智与魅力的男性使用。

参考价格：￥720 / 50ml EDT

2014

阿玛尼之香　Armani Eau D'Aromes

喜欢阿玛尼本色淡香水的男士应该也会钟意并愿意收藏此款，很接近原版的意境。它依旧带有粗犷、男性化的特质。

价格请店洽 EDT

寻香名店

北京　新光天地·百盛购物中心·赛特购物中心

上海　梅陇镇伊势丹百货·八佰伴·久光百货

成都　仁和春天百货·王府井百货·连卡佛

杭州　杭州大厦购物中心·银泰百货

沈阳　中兴沈阳商业大厦

藏·香·年·谱

推出时间	名称		类别	推出时间	名称		类别
1982	Armani	阿玛尼同名	女　香	2004	Sensi White Notes	白色感官魅力	女　香
1984	Armani Eau Pour Homme	本色	男　香	2004	Armani Mania For women	阿玛尼狂热女士	女　香
1992	Giò	乔	女　香	2004	Armani Privé Ambre Soie	阿玛尼高定系列丝滑琥珀	中性香
1995	Acqua Di Giò Giorgio Armani For Women	寄情水女士	女　香	2004	Armani Privé Bois D´Encens	阿玛尼高定系列香薰之木	中性香
1996	Acqua Di Giò Giorgio Armani For Men	寄情水男士	男　香	2004	Armani Privé Eau De Jade	阿玛尼高定系列玉之水	中性香
1998	Emporio Armani Lei	E 阿玛尼她	女　香	2004	Armani Privé Pierre De Lune	阿玛尼高定系列月长石	中性香
1998	Emporio Armani Lui	E 阿玛尼他	男　香	2004	Armani Privé Cologne Spray Cuir Améthyste	阿玛尼高定系列皮革紫水晶	中性香
2000	Mania	狂热	女　香	2005	Emporio Armani City Glam For Her	E 阿玛尼城市魅惑女士	女　香
2001	Emporio Armani White For Her	E 阿玛尼白女士	女　香	2005	Emporio Armani City Glam For Him	E 阿玛尼城市魅惑男士	男　香
2001	Emporio Armani White For Him	E 阿玛尼白男士	男　香	2005	Armani Code For Women	阿玛尼印记女士	女　香
2002	Sensi	感官魅力	女　香	2006	Summer Mania Femme Giorgio Armani For women	夏日狂热女士	女　香
2002	Armani Mania	狂热男士	男　香	2006	Summer Mania Homme Giorgio Armani For men	夏日狂热男士	男　香
2003	Emporio Armani Night For Him	E 阿玛尼夜男士	男　香	2006	Emporio Remix For Her	E 阿玛尼混音女士	女　香
2003	Emporio Armani Night For Her	E 阿玛尼夜女士	女　香	2006	Emporio Remix For Him	E 阿玛尼混音男士	男　香
2004	Sensi Jewel	感官首饰	女　香	2007	Summer Mania Eau Fraich Pour Femme	夏日狂热清新之水	女　香
2004	Armani Code	阿玛尼黑色印记	男　香	2007	Summer Mania Eau Fraiche Pour Homme	夏日狂热清新之水	男　香

藏·香·年·谱

推出时间	名称		类别	推出时间	名称		类别
2007	Armani Code Elixir	阿玛尼印记复古喷头版	女香	2011	Acqua Di Giò – Acqua Di Life Edition	寄情生命之水	男香
2007	Armani Code Sheer	轻纱印记	女香	2011	Emporio Armani Diamonds Black Carat For Her	E 阿玛尼克拉黑钻女士	女香
2007	Armani Attitude	绝度	男香	2011	Emporio Armani Diamonds Black Carat For Him	E 阿玛尼克拉黑钻男士	男香
2007	Emporio Armani White For Her Red	E 阿玛尼白女士红	女香	2011	Armani Privé La Femme Bleue	阿玛尼高定系列女士蓝	女香
2007	Emporio Armani White For Him Red	E 阿玛尼白男士红	男香	2011	Armani Privé Cuir Noir	阿玛尼高定系列黑色皮革	中性香
2007	Emporio Armani Diamonds For Women	E 阿玛尼钻石女士	女香	2012	Armani Privé Nacre	阿玛尼高定系列螺钿	女香
2007	Armani Privé Éclat De Jasmin	阿玛尼高定系列华彩茉莉	中性香	2012	Armani Privé Figuier Eden	阿玛尼高定系列伊甸园无花果	中性香
2008	Armani Privé Oranger Alhambra	阿玛尼高定系列阿尔罕布拉苦橙	女香	2012	Acqua Di Giò Essenza	寄情水浓情版	女香
2008	Armani Privé Rose Alexandrie	阿玛尼高定系列亚历山大玫瑰	女香	2012	Acqua Di Gioia Eau De Parfum Satinee	新寄情限量缎光版	女香
2008	Armani Privé Vetiver Babylone	阿玛尼高定系列巴比伦香根草	男香	2012	Armani Code Couture Edition	阿玛尼印记定制	女香
2008	Emporio Armani For Her 2008	E 阿玛尼女士	女香	2012	Armani Code Luna	月亮印记	女香
2008	Emporio Armani For Him 2008	E 阿玛尼男士	男香	2012	Armani Code Ultimate	终极印记	男香
2008	Emporio Armani Diamonds Intense	E 阿玛尼钻石馥郁版	女香	2012	Armani Code Sport Athlete	阿玛尼印记运动选手	男香
2008	Emporio Armani Diamonds For Men	E 阿玛尼钻石男士	男香	2012	Emporio Armani Diamonds Summer Fraiche For Men	E 阿玛尼钻石夏季清新版男士	男香
2008	Onde Extase	销魂之波	女香	2012	Emporio Armani Diamonds Summer Fraiche For Women	E 阿玛尼钻石夏季清新版女士	女香
2008	Onde Mystère	神秘之波	女香	2013	Acqua Di Gioia Eau Fraiche	新寄情女士清新版	女香
2008	Onde Vertige	晕眩之波	女香	2013	Eau De Nuit	夜之水	男香
2008	Armani Code Casino Limited Edition2008	阿玛尼黑色印记赌场	男香	2013	Eau Pour Homme	新版本色新版	男香
2008	Armani Code Le Parfum	阿玛尼印记香精	女香	2013	Armani Code Golden Edition	阿玛尼印记男士黄金版	男香
2008	Armani Code Mirror Edition	阿玛尼镜花印记	女香	2013	Si	挚爱女士	女香
2009	Armani Code Summer Pour Femme	印记女士夏季版	女香	2013	Emporio Armani Diamonds Rose	E 阿玛尼钻石玫瑰	女香
2009	Armani Code Summer Pour Homme	印记男士夏季版	男香	2013	Armani Privé Nuances	阿玛尼高定系列暗纹	女香
2009	Armani Privé Cedre Olympe	高定系列奥林匹斯雪松	中性香	2013	Armani Privé Rose D´Arabie L´Or Du Desert	阿玛尼高定系列阿拉伯玫瑰金色沙漠	中性香
2009	Attitude Extreme	绝度浓情版	男香	2013	Armani Privé Myrrhe Impériale	阿玛尼高定帝国没药	中性香
2009	Idole D´Armani	完美女人香	女香	2014	Armani Privé Ombre & Lumière	阿玛尼高定系列影与光	女香
2009	Emporio Armani Diamonds Eau De Toilette	E 阿玛尼钻石淡香水	女香	2014	Armani Privé Encens Satin	阿玛尼高定系列熏香	女香
2009	Emporio Armani Diamonds He Limited Edition	E 阿玛尼钻石他限量版	男香	2014	Emporio Armani Diamonds Rocks	E 阿玛尼钻石摇滚	男香
2010	Armani Code Summer Pour Femme 2010	印记女士夏季版 2010	女香	2014	Sì Intense	Si 浓香	女香
2010	Armani Code Summer Pour Homme 2010	阿玛尼印记男士夏季版 2010	男香	2014	Acqua Di Gioia Eau De Toilette Giorgio Armani For Women	新寄情女士淡香水	女香
2010	Idole D´Armani Eau De Toilette	完美女人香淡香水	女香	2014	Acqua Di Giò Blue Edition Pour Homme	蓝色寄情水	男香
2010	Acqua Di Gioia Giorgio Armani For Women	新寄情女士香水	女香	2014	Armani Eau D´Arômes	阿玛尼之香	男香
2010	Emporio Armani Diamonds For Men Summer Edition	E 阿玛尼钻石男士夏季版	男香	2014	Armani Code Ice	冰之印记	男香
2010	Emporio Armani Diamonds For Women Summer Edition	E 阿玛尼钻石女士夏季版	女香	2015	Acqua Di Giò Profumo	寄情水普罗富莫	男香
2010	Armani Privé Ambre Orient	阿玛尼高定系列东方琥珀	中性香	2015	Acqua Di Giòia Jasmine	新寄情茉莉	女香
2010	Armani Privé Oud Royal	高定系列王室沉香	中性香	2015	Armani Code Turquoise For Men	青绿印记男士	男香
2010	Armani Privé Rose D´Arabie	高定系列阿拉伯玫瑰	中性香	2015	Armani Code Turquoise For Women	青绿印记女士	女香
2011	Armani Code Sport	印记运动版 2011	男香	2016	Armani Code Profumo	印记普罗富莫	男香
2011	Armani Code Summer Pour Homme 2011	阿玛尼印记男士夏季版 2011	男香	2016	Si Rose Signature	Si 玫瑰签名	女香
2011	Armani Code Summer Pour Femme 2011	阿玛尼印记女士夏季版 2011	女香	2016	Armani Privé Rouge Malachite	阿玛尼高定系列红色孔雀石	中性香
2011	Acqua Di Gioia Essenza	新寄情女士浓情版	女香	2016	Armani Privé Vert Malachite	阿玛尼高定系列绿色孔雀石	中性香

Givenchy 纪梵希

纪梵希是老字号香水生产商，在香水界极具影响力。纪梵希香水一直传承其受艺术、情调与奢华所熏陶的法国贵族气质，其奢华典雅的风格在世界各地均被视为时尚的终极代表。纪梵希多选择被大众所喜爱口碑极佳的名人为其代言。1957 年纪梵希推出的第一款香水“禁忌”的典雅高贵的风格，就是品牌创始人休伯特·纪梵希与著名影星奥黛丽·赫本共同定位的。

纪梵希善于通过不同的香水作品表达所处时代的特点以及人们的细腻情感，无论是 20 世纪 80 年代的依莎提斯香水，还是 90 年的爱慕香水、女神香水，都成功地演绎了它们所处时代独有的气质。而 2003 年的粉红魅力香水更是与 21 世纪标志性的全新奢华准则相协调，成为纪梵希重要的香水作品之一，并以此为基础陆续推出一系列衍生作品。

镇店名香

爱慕　Amarige

纪梵希的经典香水，瓶身设计典雅美观，有中东国家的神秘风格。花香调，前调呈现的虽说是清新柑橘调，不过还是偏向于老派的香调，有种老香水的复古感，没有现代香调的单纯感。

参考价格： ¥740 / 100ml EDT

依莎提斯　Ysatis

依莎提斯的出现引导了香水发展的新的潮流，至今仍是最畅销的香水之一，具有神秘的东方气息。前调为伊兰花、橘花、橘皮、及少许松香；中调为月下香、茉莉、玫瑰、及鸢尾；后调为橡苔、爪哇薄荷、白檀香、丁香、乳香、海狸香、灵猫香、龙涎香、麝香。

参考价格： ¥530 / 50ml EDT

魔幻天使　Ange Ou Démon

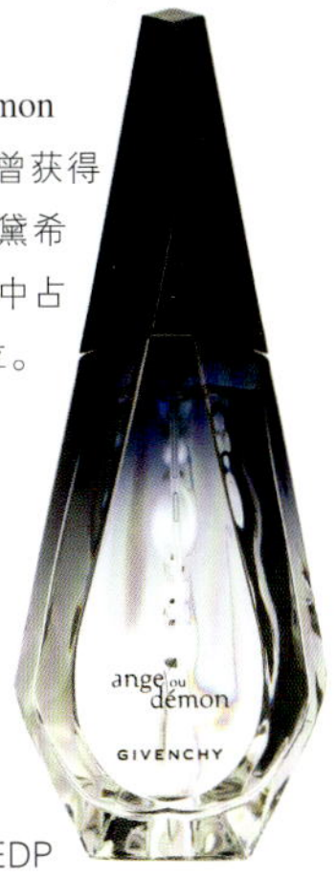

这款馥郁花香调香水曾获得法国前总理之女玛莉·史黛希现身代言，在纪梵希世界中占有不可动摇的新经典地位。魔幻天使从调制原料开始就呈现绝妙的对比：以原味翻制的新科技技术撷取百合香味，以传统萃取技术调制橡木精华，这种香味调制的手法是首次运用于高级香水之中。

参考价格： ¥620 / 50ml EDP

女神　Organza

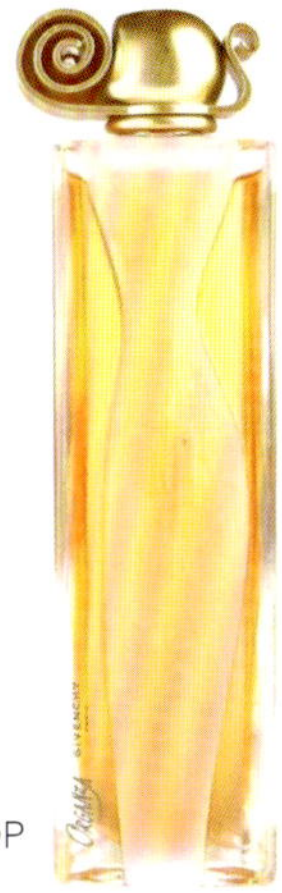

Organza 本意是透纱，是纪梵希先生最喜欢的一种面料。这款香水的瓶盖与外形非常有特色，具有女神般的庄严华丽外形，带着纯洁温暖的茉莉香与紫檀木香气。而远东香调更赋予用香人一种难以猜度的神秘感。适合办公室和社交场合。

参考价格： ¥620 / 50ml EDP

粉红魅力　Very Irrésistible

粉红魅力堪称纪梵希香水的世纪代表作，玫瑰香水控的必收款。融入了来自全球各大产地、各种不同属性的玫瑰，五种不同香味调性的玫瑰花，从纯真浪漫到强烈大胆的多变调性，展现女性的万千风情。融入了茴香的粉红魅力淡香水具有调和的作用，成功地释放五种玫瑰的风采，适合成熟又不乏纯真的女性。

参考价格： ¥560 / 30ml EDT

收藏优选

1974

纪梵希绅士　Givenchy Gentleman

非常经典的一款男士淡香水，2013 年纪梵希特别推出的其现代版本“唯一绅士”香水来缅怀它的辉煌。木质香调，前调为蜂蜜、肉桂、佛手柑、玫瑰、柠檬；中调为广藿香、鸢尾根、茉莉、雪松；后调为皮革、琥珀、广藿香、麝香、橡苔、香草、香根草。

参考价格： ¥1 250 / 100ml EDT

1987

小熊宝宝

Tartine Et Chocolat Ptisenbon

纪梵希与著名的童装品牌 Tartine Et Chocolat 合作推出的全世界第一款儿童香水，也是世界知名的儿童香水。设计灵感来自于宝宝身上散发出来的自然体香。绿叶花香调，前调为橙桔、酸橙、柠檬、薄荷；中调为铃兰、茉莉、金银花；后调为橡苔。

参考价格： ¥570 / 100ml EDT

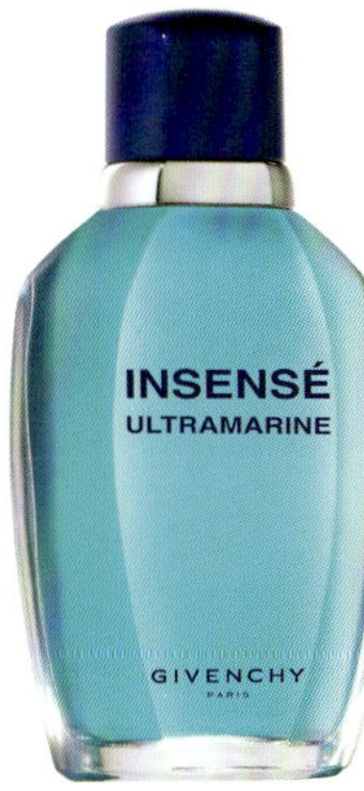

1995

海洋香榭　Insensé　Ultramarine

瓶身的设计灵感来源于爱慕淡香水，沿用了爱慕瓶身圆润的外形轮廓和瓶颈处的银环装饰。包装盒保留了肆意香水的外观设计。海洋木香调：清新、自由、活力的气质使这款淡香水满足了人们想要被海风拥抱的渴望，适合热情大方的男士使用。

参考价格： ¥400 / 50ml EDT

1998

圆周率　π

纪梵希的香水力作，具有很高的收藏价值。如金字塔般的外形线条清晰、简单而又完美的瓶身设计利用了几何学的原理，非常醒目，瓶盖为环形青铜色金属环。木质调，前调为中国柑桔、枫子香；中调为迷迭香、松针；后调为安息香、胶晶体。适合成熟稳重的男人。

参考价格：￥645 / 50ml EDT

2002

冰火共舞　Eau Torride

这款淡香水以芳香度高、持久性强、造型前卫而著名。气味纯粹但对比强烈，香味清新却不失精致。透明瓶身象征着瓶身女性的冷静，而红色的瓶盖寓意着心中的热情。外盒的火焰设计更是让人感叹设计师前卫的设计理念。

价格请店洽 EDT

2003

禁忌 2003　L'Interdit

禁忌初版于 1957 年推出，不但是休伯持•纪梵希为奥黛莉•赫本度身研制的，更是纪梵希的第一瓶香水，同年纪梵希香水品牌也正式创立。禁忌 2003 版延续了原版的优雅花香，汇入了更多的女性妩媚的气质，非常有纪念意义，值得收藏。

参考价格：￥535 / 100ml EDT

2004

魅力幸运星　Lucky Charms

2004 年的限量版香水，瓶身上的小星星装饰为这款淡香水增添了轻松活泼的趣味。花果香调，含有牡丹、香辛料、鸢尾、薰衣草、橘子、麝香、小苍兰、香草、桃、葡萄柚、苹果、木质元素、铃兰、玫瑰。

参考价格：￥340 / 50ml EDT

2004

女神初始之光

Organza First Light

延续了女神香水魔幻的神奇色彩，由著名调香师苏菲•拉韦调制。属于东方花香调，是一款融汇了古典与优雅的华丽芳香，在香水的塑造上融入了更多柔美的气质。

参考价格：

￥1 010 / 100ml EDT

2005

粉红魅力男士

Very Irrésistible For Men

这款男香整体风格华贵不凡，瓶身设计灵感源自于三棱镜，笔直流畅的瓶身，闪动着绿色的刚毅与自然。清新东方调，尤其是中调首次使用了芝麻及摩卡，极具特色。这款淡香水适合活力充沛与意志坚定的男士使用。

参考价格：￥615 / 50ml EDT

2006

绝对　Absolutely Givenchy

清新花果香调，这款淡香水混合了苹果、热带水果、甜豆和麝香木的香味，充满青春的清新气息，新鲜青芹绿色的香水与粉红色树莓形的金属环和瓶盖相互辉映，极具色彩的对应美感。方形的瓶子设计利落大方，加上高级玻璃的沉重感，简直就是纪梵希的象征。

参考价格：￥1 010 / 100ml EDT

迷雾花园

Jardin D'Interdit

专为亚洲女性设计的一款淡香水。香气精致而灵动，结合了以玫瑰香调为主的“花园气息”和绿色香调为主的“果园气息”。香水中每一种成分都经过反复配比得到，使它的香气恰到好处的发散。

参考价格：￥625 / 50ml EDT

2007

纪梵希收获2007粉红魅力大马士革玫瑰

Givenchy Harvest 2007 Very Irrésistible Rose Damascena

纪梵希2007年推出的一款限量版香水。属于玫瑰花香调香水。选择了在摩洛哥的达德斯河谷山谷找到的当年最优质的大马士革玫瑰园中的玫瑰作为香材。这种玫瑰在高级香水领域被誉为“花之皇后”，其珍贵不言自明。

价格请店洽 EDP

香水神话禁忌

Les Parfums Mythiques L'Interdit

属于纪梵希香水神话系列中的重点香水，把经典老香禁忌的配方进行了微调并重新包装发售，喜欢禁忌香水的人们不应遗漏该版本。

参考价格：

￥680 / 100ml EDT

粉红魅力纪梵希清新态度

Very Irrésistible Givenchy Fresh Attitude

风格清新富有活力。木质芳香调，前调为香菜、薄荷、葡萄柚、佛手柑；中调为薰衣草、罗勒；后调为雪松、咖啡。

价格请店洽 EDT

2008

新圆周率 π Neo

这款男香是圆周率系列的延续。继承了原始圆周率淡香水的玻璃瓶身，搭配银色的瓶盖。不同的是，这一次香水瓶身的设计不是采用了金字塔的外型，而选择线条简洁的正方形瓶身。在香调上不仅包含柠檬、雪松、安息香等男香常见成分，更难得的是有的成分甚至能让人感受到空间宇宙的味道。

参考价格： ￥615 / 100ml EDT

纪梵希玩转激情馥郁版

Givenchy Play Intense

流行巨星贾斯汀·汀布莱克为这款淡香水代言。东方木质调淡香水，香水瓶采用类似iPod的构想设计，瓶身为烟熏黑玻璃，瓶身比例精巧，触感细致光滑，构造极简纯净。

参考价格： ￥630 / 50ml EDT

绝对诱惑

Absolutely Irrésistible

香水瓶仿若一件奢华珠宝，璀璨宝石红的瓶体配以奢华的珠宝装饰，瓶身采用闪耀的时尚金属设计，灵感来源于纪梵希著名的棱镜风格。这款香水也有纪念纪梵希的代言人丽芙·泰勒从小女人蜕变成成熟有魅力的女星的意味在里面，纪念价值颇高。茉莉花香是这款香水的主调。

参考价格： ￥330 / 30ml EDT

2010

玩转激情女版

Play For Her

这款香水是纪梵希香水瓶中最具数位化的一款，让女性展现出科技时尚的一面。充满花香调的香水，并搭配温暖的木质调。

参考价格：

￥680 / 100ml EDT

纪梵希宫廷玉露

Eaudemoiselle De Givenchy

瓶身彻底突破纪梵希香水瓶惯用的现代风格，改用以简洁中透露精致奢华感的古董风格香水瓶，突显贵族华丽感。花香调，前调为中国柑橘与意大利冬柠檬紫苏叶；中调为土耳其玫瑰、依兰依兰和香橙花；后调为汤加豆、雪松木、黄葵籽、麝香。

参考价格： ￥500 / 50ml EDT

2011

黑色大丽花香水　Dahlia Noir

展现出“致命狂花”式的女性那令人迷恋的神秘气质。香水为脂粉气浓郁的西普花香调，香水瓶拥有着简洁线条和恰到好处的比例：实心瓶身与盒装上的粉底黑字，黑色的瓶盖搭配银色斜切边的镶包，具有明显的极简主义的矛盾感。

参考价格： ￥615 / 50ml EDP

粉红魅力纪梵希馥郁版
Very Irrésistible Givenchy L'Intense

香水瓶展现了纪梵希标志性的扭曲线条。瓶体从黑色过渡到紫色，散发着柔和的光彩。瓶身上还装饰了银色的玫瑰图案。比起原版，粉红魅力纪梵希馥郁版香水味道更加强烈，香水的味道融合了麝香、花香、西普香成分的柔软和力度。花香在这里散发着苦味和力量的感觉。适合性感、个性、锐利且充满自信的现代女性。

参考价格：

￥430 / 30ml EDT

魔幻天使的秘密药剂版
Ange Ou Démon Le Secret Elixir

比魔幻天使的秘密香水更为深邃、馥郁，把原版香水中诱人的一面展现到极致的顶点。以柔和的橙花与茉莉组成的崭新白色花香调，重新诠释让人难以捉摸的女性魅力。

参考价格：

￥590 / 50ml EDP

2012

仙乐飘飘 2012 版　Un Air D'Escapade

这款限量淡香水原本是在 2012 年夏季发行，只能在机场免税店才能买到，后来因为极受欢迎，所以从 2013 年春季开始在纪梵希其他专柜特别上架。采用具有宛如宝石切面的多角水晶玻璃瓶，花果香调，极具收藏价值。

参考价格： ￥615 / 50ml EDT

粉红魅力纪梵希电力玫瑰
Very Irrésistible Givenchy Electric Rose

2012 年作为限量版推出。白色玻璃瓶身上显得光芒四射、明亮无瑕，展现超越感官的惊艳感。独特的摇滚时尚风格，强烈表现出纪梵希香氛与摇滚精神的完美共鸣。玫瑰花香调淡香水，追求自由个性鲜明但不失感性的都市女性。

参考价格：

￥440 / 75ml EDT

2013

粉红魅力 10 周年纪念珍藏版
Very Irrésistible Collector Edition

粉红魅力 10 周年玫瑰限量纪念版，宝石红渐层瓶身布满十朵盛开的红玫瑰，银色缎带缠绕亮红包装的华丽轮廓。首次选取了 10 种来自于全球各地，产地、属性与香味都各具特色的玫瑰花，加入麝香玫瑰与茴香玫瑰，非常具有收藏价值。

参考价格：

￥810 / 75ml EDP

2013

纪梵希宫廷玉露琥珀天鹅绒
Eaudemoiselle De Givenchy Ambre Velours

将宫廷玉露系列的暗黑路线进行到底，丰富新鲜的花朵与变化无穷的东方木交织辉映，神秘的深紫红色暗示其高贵黑暗的属性。

参考价格： ￥700 / 100ml EIP

2014

梦之旅 Rêve D'Escapade

纪梵希 2014 年夏季限量版淡香水。是设计师想逃避现实世界去世界旅行的梦想和幻想的浪漫和温柔，用优雅而迷人的玫瑰香味进行展现的香水作品。花果香调，前调为柑橘、葡萄柚、桃子；中调为栀子花、桂花、玫瑰 。后调为雪松、檀香、麝香。

参考价格： ￥540 / 50ml EDT

粉红魅力玫瑰之水
Very Irrésistible L'Eau En Rose

纪梵希粉红魅力玫瑰系列最精致、最原始的特质的精致之作。瓶身是一眼就能轻易辨认的纤细扭形瓶身，高雅淡粉珊瑚色，散发着无比细致的女性之美。玫瑰花香调，前调为黑莓；中调为玫瑰；后调为麝香。

参考价格：

￥620 / 75ml EDT

寻香名店

北京 庄胜崇光 SOGO·汉光百货·新光天地·燕莎友谊商城
深圳 万象城
青岛 海信广场
沈阳 盾安新一城·卓展购物中心

藏·香·年·谱

推出时间	名称		类别	推出时间	名称		类别
1957	L´Interdit	禁忌	女香	2001	π Fraiche	圆周率清新水	男香
1957	Le De	去	女香	2002	Eau Torride	冰火共舞	女香
1959	Monsieur De Givenchy	纪梵希先生	男香	2002	Givenchy Pour Homme	纪梵希男士	男香
1959	Eau De Vetyver	香根草之水	男香	2002	Hot Couture White Collection	热流白色系列	女香
1970	Givenchy Ⅲ	纪梵希 3 号	女香	2002	Insensé Ultramarine Aromatic Ocean Coffret	海洋香榭芳香海洋套装	男香
1974	Givenchy Gentleman	纪梵希绅士	男香	2002	Into The Blue	沁蓝	中性香
1980	Eau De Givenchy	纪梵希之水	女香	2003	Insensé Ultramarine Ice Cube	海洋香榭冰块	男香
1984	Ysatis	依莎提斯	女香	2003	Amarige D´Amour	爱慕情歌	女香
1986	Xeryus	宙斯	男香	2003	L´Interdit	禁忌 2003 版	女香
1987	Tartine Et Chocolat Ptisenbon	小熊宝宝	中性香	2003	My Couture	我的霓裳	女香
1991	Amarige	爱慕	女香	2003	Only Givenchy	唯一纪梵希	女香
1993	Insensé	肆意	男香	2003	Very Irrésistible	粉红魅力	女香
1993	L´Interdit 2	禁忌 2	女香	2003	Ptisenbon Ma Belle	甜心小熊宝宝	女香
1994	Fleur D´Interdit	禁忌之花	女香	2004	Givenchy pour Homme Blue Label	纪梵希男士蓝标	男香
1995	Insensé Ultramarine	海洋香榭	男香	2004	Insensé Ultramarine Hawaii	海洋香榭夏威夷	男香
1995	Xeryus Rouge	红版宙斯	男香	2004	Insensé Ultramarine For Her	海洋香榭女版	女香
1995	Gransenbon	粉红小熊	女香	2004	Lucky Charms	魅力幸运星	女香
1996	Organza	女神	女香	2004	Organza First Light	女神初始之光	女香
1998	Extravagance D´Amarige	爱慕奢华版	女香	2004	π Metallic Collector	圆周率金属收藏版	男香
1998	π	圆周率	男香	2004	Ptisenbon Hello Kitty New Package	小熊宝宝凯蒂猫	女香
1999	Organza Indécence	纯真女神	女香	2004	So Givenchy	因此纪梵希 2004 限量版	女香
2000	Greenergy	绿能	男香	2004	Ysatis Iris	依莎提斯鸢尾	女香
2000	Hot Couture	热流	女香	2005	Amarige Mimosa De Grasse Millesime	爱慕含羞草格拉斯复古包装	女香
2000	Hot Couture Collection No.1	热流系列 1 号	女香	2005	Insensé Ultramarine Sport	海洋香榭运动版	男香
2000	Hot Couture Eau De Toilette	热流 EDT	女香	2005	My Givenchy!	我的纪梵希!	女香
2000	Oblique Fast Forward	倾斜快进	中性香	2005	Into The Blue	女神印度茉莉	女香
2000	Oblique Play	倾斜播放	中性香	2005	Insensé Ultramarine Ice Cube	小熊宝宝雪宝贝香水亚洲限定版	女香
2000	Oblique Rewind	倾斜倒带	中性香	2005	Amarige D´Amour	小熊宝宝柠檬派亚洲限量版	女香

藏·香·年·谱

推出时间	名称		类别
2005	Very Irrésistible Bulgarian Rose	粉红魅力保加利亚玫瑰限量版	女香
2005	Very Irrésistible For men	粉红魅力男士	男香
2005	Very Irrésistible Sensual	粉红魅力感性版	女香
2005	Very Irrésistible Eau D´Été Summer Fragrance	粉红魅力夏季淡香水夏季限量版	女香
2006	Absolutely Givenchy	绝对	女香
2006	Amarige Ylang-Ylang De Mayotte 2006	爱慕马约特岛依兰2006	女香
2006	Ange Ou Démon	魔幻天使	女香
2006	Ange Ou Démon (Perfume Extract)	魔幻天使（香水提取物）	女香
2006	Amarige Mariage	爱慕婚姻	女香
2006	Insensé Ultramarine Beach Boy	海洋香榭沙滩男孩	男香
2006	Insensé Ultramarine Beach Girl	海洋香榭沙滩女孩	女香
2006	Jardin D´Interdit	迷雾花园	女香
2006	Jardin D´Interdit Spring Melody	迷雾花园春天旋律	女香
2006	Jardin D´Interdit Treasure Porch	迷雾花园珍宝门廊	女香
2006	Lovely prism	可爱的棱镜	女香
2006	Organza Fleur D´Oranger De Nabeul 2006	女神纳布勒橙花2006	女香
2006	π Leather Jacket π	圆周率皮夹克限量版	男香
2006	π Original Code	圆周率源代码	男香
2006	Ptisenbon Peach Sorbet	小熊宝宝蜜桃雪芭	女香
2006	Very Irrésistible Summer For Men 2006	粉红魅力夏日男士2006夏季限量版	男香
2006	Very Irrésistible Rose Centifolia De Chateauneuf De Grasse 2006	粉红魅力格拉斯堡百叶蔷薇	女香
2007	Ange Ou Démon Tendre	魔幻天使柔情版	女香
2007	Amarige Mariage Lace Edition	爱慕婚姻蕾丝限量版	女香
2007	Givenchy Harvest 2007 Amarige Mimosa	纪梵希收获2007爱慕含羞草	女香
2007	Givenchy Harvest 2007 Organza Jasmine	纪梵希收获2007女神茉莉	女香
2007	Givenchy Harvest 2007 Very Irrésistible Rose Damascena	纪梵希收获2007粉红魅力大马士革玫瑰	女香
2007	Insensé Ultramarine Blue Sky	海洋香榭碧空	男香
2007	Les Parfums Mythiques Eau De Givenchy	香水神话纪梵希之水	女香
2007	Les Parfums Mythiques Extravagance D´Amarige	香水神话爱慕奢华版	女香
2007	Les Parfums Mythiques Givenchy Ⅲ	香水神话纪梵希3号	女香
2007	Les Parfums Mythiques Insensé	香水神话肆意	男香
2007	Les Parfums Mythiques L´Interdit	香水神话禁忌	女香
2007	Les Parfums Mythiques Le De Girenchy	香水神话纪梵希之香	女香
2007	Les Parfums Mythiques Monsieur De Givenchy	香水神话纪梵希先生	男香
2007	Les Parfums Mythiques Organza Indécence	香水神话纯真女神	女香
2007	Les Parfums Mythiques Vetiver	香水神话香根草	男香
2007	Les Parfums Mythiques Xeryus	香水神话宙斯	男香
2007	Ptisenbon Lovely Cheery	小熊宝宝可爱樱桃	女香
2007	Ptisenbon Sparkling Birthday	闪耀生日限定版	中性香
2007	Very Irrésistible Givenchy Fresh Attitude	粉红魅力纪梵希清新态度	男香
2007	Very Irrésistible Sensual Velvet	粉红魅力感性天鹅绒	女香
2007	Very Irrésistible Soleil D´Été	粉红魅力夏日阳光	女香
2008	Absolutely Irrésistible	绝对诱惑	女香
2008	Ange Ou Démon Diamantissime	魔幻天使永恒晶钻	女香
2008	Ange Ou Demon Tendre Diamantissime	魔幻天使温柔版永恒晶钻限量版	女香
2008	Givenchy Lights	光彩照人	女香
2008	Givenchy Play Eau De Toilette	纪梵希玩转激情EDT	男香
2008	Givenchy Play Intense	纪梵希玩转激情馥郁版	男香
2008	Givenchy Harvest 2008 Amarige Ylang-Ylang	纪梵希收获2008爱慕依兰	女香
2008	Givenchy Harvest 2008 Ange Ou Démon Jasmin Sambac	纪梵希收获2008魔幻天使茉莉花	女香
2008	Givenchy Harvest 2008 Organza Fleur D´ Oranger	纪梵希收获2008女神橙花	女香
2008	Givenchy Harvest 2008 Very Irrésistible Rosa Damascena	纪梵希收获2008粉红魅力大马士革玫瑰	女香
2008	Insensé Ultramarine Wild Surf	海洋香榭狂野冲浪	男香
2008	Jardin D´Interdit My Lovely Butterfly	迷雾花园我的可爱小蝴蝶	女香
2008	Jardin D´Interdit Dancing With Butterflies	迷雾花园与蝶共舞	女香
2008	My Givenchy Dream	我的纪梵希梦	女香
2008	π Neo	新圆周率	男香
2008	Ptisenbon In The Woods	小熊宝宝绿色森林	女香
2008	Very Irrésistible Givenchy Summer Cocktail Fresh Attitude For Men 2008	粉红魅力纪梵希夏日鸡尾酒清新态度男士2008夏季限量版	男香
2008	Very Irrésistible Givenchy Summer Cocktail For Women 2008	粉红魅力纪梵希夏日鸡尾酒女士2008夏季限量版	女香
2009	Ange Ou Démon Le Secret	魔幻天使的秘密	女香
2009	Be Givenchy	珍爱纪梵希限量版	女香
2009	Givenchy Pour Homme Adventure Sensations	纪梵希男士秘密冒险	男香
2009	Givenchy Harvest 2009 Amarige Mimosa	纪梵希收获2009爱慕含羞草	女香
2009	Givenchy Harvest 2009 Ange ou Démon Fleur D´Oranger	纪梵希收获2009魔幻天使橙花	女香
2009	Givenchy Harvest 2009 Organza Jasmin Sambac	纪梵希收获2009女神茉莉花	女香
2009	Givenchy Harvest 2009 Very Irrésistible Rose Centifolia	纪梵希收获2009粉红魅力百叶蔷薇	女香
2009	Insensé Ultramarine Blue Laser	海洋香榭蓝色激光	男香
2009	Jardin D´Interdit Sweet Swing	迷雾花园甜蜜摆动2009限量版	女香
2009	π Neo Ultimate Equation	新圆周率终极方程式	男香
2009	Ptisenbon Magic Bubbles	小熊宝宝奇幻泡泡	女香
2009	Very Irrésistible Fresh Attitude Summer Sorbet	粉红魅力清新态度夏日雪芭夏季限量版	男香

推出时间	名称		类别
2009	Very Irrésistible Summer Sorbet	粉红魅力夏日雪芭夏季限量版	女香
2010	Eaudemoiselle De Givenchy	纪梵希宫廷玉露	女香
2010	Givenchy Harvest 2010 Amarige Ylang Ylang	纪梵希收获 2010 爱慕依兰	女香
2010	Givenchy Harvest 2010 Ange Ou Démon Jasmin Sambac	纪梵希收获 2010 魔幻天使茉莉花	女香
2010	Givenchy Harvest 2010 Organza Neroli	纪梵希收获 2010 女神奈若利橙花	女香
2010	Givenchy Harvest 2010 Very Irrésistible Rose Damascena	纪梵希收获 2010 粉红魅力大马士革玫瑰	女香
2010	Ange Ou Démon Poesie D´un Parfum D´Hiver Santal D´Hiver	魔幻天使冬季香水之诗檀香	女香
2010	Dance With Givenchy	与纪梵希共舞	女香
2010	Dance With Givenchy (Green)	与纪梵希共舞(绿)	女香
2010	Givenchy Naturally Chic	自然别致限量版	女香
2010	Play For Her	玩转激情	女香
2010	Play For Her Intense	玩转激情女版馥郁版	女香
2010	Givenchy Play Summer Vibrations	纪梵希玩转激情夏日震荡	男香
2010	Insensé Ultramarine Spirit Of The Ocean Coffret	海洋香榭海洋精神套装	男香
2010	π Neo 2010	新圆周率 2010 限量版	男香
2010	Ptisenbon Into The Wind	小熊宝宝宝宝天空	女香
2010	Very Irrésistible Poesie D´un Parfum D´Hiver Cedre D´Hiver	粉红魅力冬季香水之诗雪松冬季限量版	女香
2010	Very Irrésistible Summer Vibrations	粉红魅力夏日振动夏季限量版	女香
2011	Ange Ou Démon Le Secret Poesie D´un Parfum D´Hiver	魔幻天使的秘密冬季香水之诗	女香
2011	Ange Ou Démon Le Secret Elixir	魔幻天使的秘密药剂版	女香
2011	Dahlia Noir	黑色大丽花	女香
2011	π Neo Tropical Paradise	新圆周率热带天堂	男香
2011	Le Bouquet Absolu	绝对花束	女香
2011	Organza Eau De Toilette	女神 EDT 版	女香
2011	Very Irrésistible Givenchy L´Intense	粉红魅力纪梵希馥郁版	女香
2011	Very Irrésistible Poesie D´un Parfum D´Hiver	粉红魅力冬季香水之诗冬季限量版	女香
2011	Very Irrésistible Tropical Paradise	粉红魅力热带天堂夏季限量版	女香
2012	Dahlia Noir Eau De Toilette	黑色大丽花 EDT 版	女香
2012	Eau De moiselle De Givenchy Bois De Oud	纪梵希宫廷玉露沉香	女香
2012	Eau de moiselle De Givenchy Eau Floralc	纪梵希宫廷玉露花意	女香
2012	Play Sport	活力玩酷	男香
2012	Un Air D´Escapade	仙乐飘飘 2012 版	女香
2012	Very Irrésistible Givenchy Electric Rose	粉红魅力纪梵希电力玫瑰	女香
2012	Les Creations Couture Ange Ou Démon Le Secret Lace Edition	创意高系列魔幻天使的秘密蕾丝版	女香
2012	Les Creations Couture Organza Lace Edition	创意高系列女神蕾丝版	女香
2012	Les Creations Couture Pi Leather Edition	创意高系列π皮革版	男香
2012	Les Creations Couture Play For Him Leather Edition	创意高订系列玩转激情皮革版	男香
2012	Les Creations Couture Very Irrésistible Givenchy Lace Edition	创意高系列粉红魅力纪梵希蕾丝版	女香
2013	Ange Ou Démon Le Secret Eau De Toilette	魔幻天使的秘密 EDT 版	女香
2013	Ange Ou Démon Le Secret Feather Edition	魔幻天使的秘密羽毛版	女香
2013	Eaudemoiselle De Givenchy Ambre Velours	纪梵希宫廷玉露琥珀天鹅绒	女香
2013	Eaudemoiselle De Givenchy Eau Fraiche	纪梵希宫廷玉露清新水	女香
2013	Bloom	繁花似锦	女香
2013	Dahlia Noir Le Bal Eau De Parfum	黑色大丽花球 EDP 版	女香
2013	Dahlia Noir Le Bal Eau De Toilette	黑色大丽花球 EDT 版	女香
2013	Dahlia Noir L´Eau	黑色大丽花之水	女香
2013	Gentlemen Only	唯一绅士	男香
2013	Givenchy Play For Her Eau De Toilette	纪梵希玩转激情女版 EDT 版	女香
2013	Givenchy Play In The City For Her	纪梵希都市玩酷女版	女香
2013	Givenchy Play In The City For Him	纪梵希都市玩酷男版	男香
2013	Givenchy Play For Her Arty Color Edition	纪梵希玩转激情女版彩画限量版	女香
2013	Un Air D´Escapade	仙乐飘飘 2013 版	女香
2013	Very Irrésistible Collector Edition	粉红魅力 10 周年纪念珍藏版	女香
2013	Very Irrésistible Givenchy Edition Croisiere	粉红魅力纪梵希游轮版春夏季限量版	女香
2014	Ange Ou Démon Le Secret (2014)	魔幻天使的秘密	女香
2014	Ange Ou Démon Le Secret Edition Croisière	魔幻天使的秘密巡航	女香
2014	Dahlia Divin	非凡大丽花	女香
2014	Gentlemen Only Intense	唯一绅士馥郁版	男香
2014	Rêve D´Escapade	梦之旅	女香
2014	Very Irrésistible L´Eau En Rose	粉红魅力玫瑰之水	女香
2014	Ambre Tigré	纪梵希工作室系列虎斑猫琥珀	中性香
2014	Bois Martial	纪梵希工作室系列武术木质	中性香
2014	Chypre Caresse	纪梵希工作室系列爱抚西普	中性香
2014	Cuir Blanc	纪梵希工作室系列白色皮革	中性香
2014	Néroli Originel	纪梵希工作室系列原始橙花	中性香
2014	Oud Flamboyant	纪梵希工作室系列艳丽沉香	中性香
2014	Ylang Austral	纪梵希工作室系列南国伊兰	中性香
2015	Live Irrésistible	活力魅力	女香
2015	Jardin Precieux	普雷西厄花园	女香
2015	Dahlia Divin Eau De Toilette	非凡大丽花 EDT 版	女香
2015	Eaudemoiselle de Givenchy Absolu D´Oranger	纪梵希宫廷玉露橙花纯香	女香
2015	Gentlemen Only Casual Chic	唯一绅士休闲时尚	男香
2015	Ange Ou Demon Le Parfum&Accord Llicite	魔幻天使的秘密非法协议	女香
2015	Immortelle Tribal	蜡菊部落	中性香
2015	Very Irresistible Mes Envies	粉红魅力欲望	女香
2016	Eaudemoiselle Rose A La Folie	纪梵希宫廷玉露疯狂玫瑰	女香

Gucci 古驰

镇店名香

GUCCI

古驰是全球知名时尚品牌，其香水也是世界十大品牌香水之一，一向以高档、奢华、性感闻名于世，成为上流社会身份与财富的象征，尤其被商界人士垂青，在时尚之余不失高雅。

古驰香水最辉煌的时期可以说是汤姆·福特担任古驰创意总监的时期。汤姆·福特创意推出的妒忌和狂爱香水成为古驰汤姆·福特时代的两款经典。而经典同名女士一代女香总结了古驰香水研发数十年来的成功经验，由创意总监汤姆·福特亲自创意、设计、制作，代表了古驰的品牌精髓。在弗里达·贾娜妮接棒创意总监一职之后推出的罪爱、花之舞系列等也为古驰在香水迷中赢得了不少赞誉，同样值得入手收藏。

妒忌　Envy

古驰香水史上非常重要的一款，香味调配灵感来源于花期只有一周的葡萄藤花，推出后不仅大卖，同时也在此基础上衍生出很多后续版本，影响深远。瓶身设计具有浓郁的大都会风格。花香绿植调，前调为菠萝，玉兰、小苍兰、桃、佛手柑；中调为鸢尾、紫罗兰、茉莉、风信子、铃兰、玫瑰；后调为檀木、麝香、茉莉、橡苔、雪松。

参考价格： ¥590 / 30ml EDT

狂爱　Rush

在古驰的香水中以气息鲜明大胆、识别度高而出名，无论是香水方正的外形、鲜红的配色，都充满了 20 世纪 70 年代的怀旧色彩和性感诱惑力，值得入手收藏。西普果香调，前调为小苍兰、桃、栀子花；中调为香菜、大马士革玫瑰、茉莉；后调为香草广藿香、香根草。

参考价格： ¥590 / 30ml EDT

经典同名女士一代　Gucci Eau De Parfum

非常典型的东方香调女香，在古驰的诸多香水中口碑颇佳。前调为橙花、天芥菜；中调为香芹籽、鸢尾、百里香；后调为焚香、皮革、檀木、麝香、香草、雪松。

参考价格： ¥500 / 50ml EDP

花之舞　Flora By Gucci

由古驰创意总监弗里达·贾娜妮亲自设计，设计灵感源于古驰经典的佛罗拉（Flora）印花式样，这也是这种设计风格被首次纳入香水的成功尝试。花香调，前调为柑橘、牡丹、橘子；中调为桂花、玫瑰；后调为檀木、广藿香、粉色胡椒。适合年轻、随性、优雅的女性日常使用。

参考价格： ¥840 / 50ml EDT

新同名男士运动版　Gucci By Gucci Sport

此款香水在不同男士运动香水中受到了广大香水爱好者的普遍赞誉，它既具有现代男香特色，又增加了休闲性感风格，整体风格迷人却不给人压力。适合成熟典雅却拥有赤子之心的男性使用。木质芳香调，前调为葡萄柚、橘子、丝柏；中调为豆蔻、杜松浆果、无花果；后调为香根草、广藿香、麝香、锦葵。

参考价格：￥755 / 90ml EDT

罪爱女士　Guilty

古驰的经典香水，也是品牌创作总监弗里达•贾娜妮的得意之作，口碑和销量极佳。瓶身设计使用了高科技和时尚结合的完美的技术，堪称大师级水准。透明玻璃与柔和的金色金属完美地融合在一起——透过它著名的"双G"标志所形成的透明窗口，诠释出散发着诱人讯息的迷人典雅芬芳。东方花香调，前调为橘子、粉色胡椒；中调为老鹤草、桃、紫丁香；后调为广藿香、琥珀。

参考价格：￥660 / 30ml EDT

收藏优选

2001

春光　Rush 2

延续了狂爱女香半透明方型瓶身的设计风格，简单而前卫、朴实而考究。桃红色高密度亚克力材质的方正瓶身，瓶身侧边更烙印上烫银色的GUCCI品牌标准字样，非常好的突出了女性热情与冷艳兼具的特质。此款很适合时尚女性使用。花香木质麝香调，前调为小苍兰、铃兰、玫瑰；中调为百合、栀子花、棕榈树、水仙；后调为黑醋栗、麝香、橡苔。

参考价格：￥800 / 50ml EDT

2004

经典同名女士二代亚洲版
Gucci Eau De Parfum II

此款香水具有很强的亚洲元素，可以说是为亚洲女性量身打造的，由汤姆•福特亲自设计，用水晶质感的玻璃瓶身装着粉红色的香水，充满梦幻色彩。花果香调，前调为黑醋栗、橘子、决明子、红浆果、苦橙；中调为牡丹、黑莓、紫罗兰、小苍兰、茉莉、铃兰；后调为麝香、天芥菜、雪松。

参考价格：￥600 / 50ml EDP

妒忌我　Envy Me

香水瓶身采用雾面包装和亮面Logo，并搭配了柔和的粉红色，呈现出明亮、清澈、透明的风格，使得这款香特别适合年轻女性使用，也成为了古驰香水中大热的一款。由著名调香大师卡琳•迪布勒伊调制，花果香调，前调为牡丹、菠萝、粉色胡椒、决明子、桃、茉莉 、芒果；中调为牡丹、麝香、白茶、石榴、荔枝、茉莉、玫瑰；后调为柚木、檀木、零陵香豆、麝香、烟草。

参考价格：￥590 / 30ml EDT

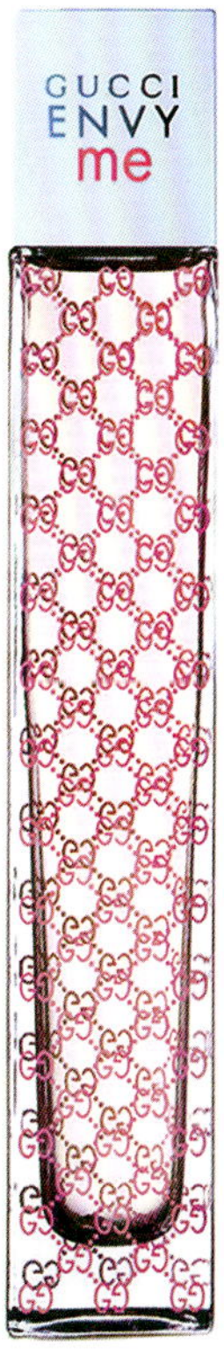

2008

新同名男士　Gucci By Gucci Pour Homme

古驰创意总监弗里达•贾娜妮亲自设计的第一款男士香水，将古驰男士的性感、力量与魅力发挥至极。光滑明透的外表镶嵌有古驰独特的马衔链标志，更显别致。木质西普调，前调为佛手柑、丝柏、罗兰；中调为烟草、茉莉；后调为广藿香、乳香、琥珀、榄香树脂、皮革。

参考价格：￥600 / 50ml EDT

新同名女士 EDT 版　Gucci By Gucci EDT

既承袭了新同名女士 EDP 版的奢华魅力，又将优雅与性感容纳其中。瓶身呈柔和的淡色调，更加亮丽，更加感性，也更为女性化。瓶身搭配华丽的玫瑰金马衔链设计，并印有品牌创办人的金色签名，很值得收藏。西普花香调，前调为番石榴、梨；中调为铃兰、橙花、大溪地蒂亚花蕾；后调为广藿香、麝香、蜂蜜。

参考价格：￥840 / 50ml EDT

2011

花之舞清新版

Flora By Gucci Eau Fraîche

古驰创意总监弗里达•贾娜妮亲自设计的第一款男士香水，将古驰男士的性感、力量与魅力发挥到极致。光滑明透的外表镶嵌有古驰独特的马衔链标志，更显别致。木质西普调，前调为佛手柑、丝柏、罗兰；中调为烟草、茉莉；后调为广藿香、乳香、琥珀、榄香树脂、皮革。

参考价格：￥780 / 50ml EDT

2012

雅致晚香玉

Flora By Gucci Gracious Tuberose

该款香水具有极佳的还原度，让人充分领略到晚香玉清新的绿芽嫩叶、洒满露珠的花瓣与挥之不去的余香的气韵，整体香调优雅脱俗，具有收藏价值。花香调，前调为桃、紫罗兰叶；中调为非洲橙子花、晚香玉、玫瑰；后调为法国劳丹脂、弗吉尼亚州雪松。

参考价格：￥1 210 / 100ml EDT

绚丽栀子

Flora By Gucci Gorgeous Gardenia

古驰花之舞花园系列极受推崇的一款女香，是古驰对完美栀子花的忠诚创作，还原度很好。瓶身传承了花之舞独具特色的六边形设计，透明瓶盖被别致的黑色蝴蝶结缠绕并且配以竹节流苏。花果香调，前调为梨、红浆果；中调为栀子花、赤素馨花；后调为广藿香、红糖。

参考价格：￥1 210 / 100ml EDT

2013

花舞殿堂　Flora By Gucci 1966

花之舞系列的限量版香水，为了纪念及致敬古驰标志着佛罗拉（Flora）图腾在 1966 年的诞生而推出的。瓶身高挑颀长，采用花之舞系列更为稳重的香水瓶设计，上面重新刻有黑色漆金印花。西普花香调，前调为佛手柑、波旁胡椒；中调为牡丹、玫瑰；后调为广藿香、香根草、麝香。

参考价格：￥1 500 / 100ml EDP

寻香名店

北京　卓展购物中心•新光天地

上海　国金中心•芮欧百货

成都　远洋太古里

深圳　万象城

厦门　磐基中心

罪爱惹火女士　Guilty Black Pour Femme

古驰推出的罪爱系列的男女对香中的女香，风格比原版更为大胆、诱人。香水瓶为黑色毛玻璃主体，带有红色的的玻璃装饰，代表大胆的作风，上市不久却好评无数。东方花香调，前调为粉色胡椒、红浆果；中调为覆盆子、桃、紫罗兰、紫丁香；后调为广藿香、琥珀。

参考价格：¥870 / 50ml EDT

2013

罪爱惹火男士　Guilty Black Pour Homme

与罪爱惹火女士组成男女对香，采用古驰一贯的双 G 设计风格，沿用了品牌惯用的不羁的绿色与深邃的经典黑色，极具神秘色彩。适合年轻、开朗的男士使用。男香为绿植馥奇香调。香水瓶为黑色与深绿色，充满神秘色彩。芳香森林调，前调为青香菜、薰衣草；中调为橙花、绿色元素；后调为广藿香和雪松。

参考价格：¥850 / 100ml EDT

2014

沉香　Gucci Oud

选用天然的沉香木制作，因其原料珍贵使得此款香水备显珍贵。木质麝香调，前调为梨、藏红花、覆盆子；中调为保加利亚玫瑰、橙花；后调为沉香木、广藿香、琥珀、麝香。

参考价格：¥1 500 / 75ml EDP

藏·香·年·谱

推出时间	名　称		类别	推出时间	名　称		类别
1974	Gucci No.1	古驰 1 号	女香	2010	Gucci By Gucci Sport	新同名男士运动版	男香
1976	Gucci Pour Homme 1976	经典同名男士 1976 年版	男香	2010	Flora By Gucci Eau De Parfum	花之舞 EDP 版	女香
1985	Gucci No.3	古驰 3 号	女香	2010	Guilty	罪爱女士	女香
1988	Gucci Nobile	贵族	男香	2011	Guilty Pour Homme	罪爱男士	男香
1991	L´Arte Di Gucci	艺术女神	女香	2011	Flora By Gucci Eau Fraîche	花之舞清新版	女香
1993	Eau De Gucci	古驰之水	女香	2011	Guilty Intense	罪爱燃情女士	女香
1995	Gucci Accenti	忘情巴黎	女香	2011	Guilty Intense Pour Homme	罪爱燃情男士	男香
1997	Envy	妒忌	女香	2012	Gucci Première	经典奢华	女香
1997	Envy Eau De Parfum	妒忌 EDP 版	女香	2012	Flora By Gucci Generous Violet	浓郁紫罗兰	女香
1998	Envy For Men	妒忌男士	男香	2012	Flora By Gucci Glamorous Magnolia	魅惑木兰	女香
1999	Rush	狂爱	女香	2012	Flora By Gucci Glorious Mandarin	绽放柑橘	女香
2000	Rush For Men	狂爱男士	男香	2012	Flora By Gucci Gorgeous Gardenia	绚丽栀子	女香
2001	Rush 2	狂爱 2	女香	2012	Flora By Gucci Gracious Tuberose	雅致晚香玉	女香
2002	Gucci Eau De Parfum	经典同名女士一代	女香	2013	Made To Measure	经典风范	男香
2003	Gucci pour Homme	经典同名男士一代	男香	2013	Guilty Black Pour Femme	罪爱惹火女士	女香
2003	Gucci Rush Summer	狂爱夏日版	女香	2013	Guilty Black Pour Homme	罪爱惹火男士	男香
2004	Gucci Eau De Parfum II	经典同名女士二代亚洲版	女香	2013	Guilty Studs Pour Femme	罪爱钉饰女士	女香
2004	Envy Me	妒忌我	女香	2013	Guilty Studs Pour Homme	最爱钉饰男士	男香
2006	Envy Me 2	妒忌我 2	女香	2013	Flora By Gucci 1966	花舞殿堂	女香
2007	Gucci By Gucci	新同名女士	女香	2013	Forever Now	瞬间永恒	中性香
2007	Gucci Pour Homme II	经典同名男士二代	男香	2014	Gucci Oud	沉香	中性香
2008	Gucci By Gucci EDT	新同名女士 EDT 版	女香	2014	Gucci Première Eau De Toilette	经典奢华 EDT 版	女香
2008	Gucci By Gucci Pour Homme	新同名男士	男香	2015	Gucci Bamboo	竹	女香
2009	Flora By Gucci	花之舞	女香	2016	Intense Oud	极致沉香	中性香

Guerlain
娇兰

以香水起家的美容护肤品牌娇兰，1828 年创建于巴黎。由于品质优异，娇兰很快风靡巴黎上流社会，并获得欧洲王室的青睐。1854 年被拿破仑三世皇后欧也妮钦选为御用香水。作为一个颇负盛名的国际品牌，娇兰香水创立 188 年以来，推出的香水品种超过 300 种。娇兰专注于创制不同种类的独特香水及香精，以配合不同人士的性格特质。在制造香水的选料中，大胆地选用了人工合成香料，如 1889 年上市的姬琪香水，这是第一款采用人工合成香料制成的香水。这个香水王国中最明艳的骄子以它那特有的贵族气质与优雅浪漫的品质保障，奠定了它在法国及世界香水界的品牌地位。

1996 年，迄今为止由让-保罗·娇兰出品的系列香水中最卓越的一款——香榭丽舍香水问世。香榭丽舍的香水瓶由罗伯特·格拉奈设计，他从 1959 年开始设计了娇兰所有的香水瓶。1998 年，娇兰又有限量的香水出售，那就是为了纪念娇兰的创始人诞辰 200 周年的“娇兰沉香”。随着时光流转而历久弥新的专有技术造就了辉煌的娇兰王国，也使得娇兰众多的香水产品散发出永恒的魅力。

爱朵系列 Idylle

娇兰的第五代调香师蒂埃里·瓦瑟如同一位花农般精心调制出爱朵系列香水。跟以往娇兰香水偏向于较为东方、神秘的特质相比，爱朵香水就像是 19 岁小女人，保有了女孩般的稚嫩、清纯与活力。瓶身设计师欧拉·伊托设计出“一滴泪”香水瓶，瓶身圆弧柔滑的曲线，就像是年轻女子曼妙的曲线。为了突出娇兰的王室背景，除了以大量的金色装饰瓶身，在瓶身中央处更以透明、厚实玻璃，打造有如水晶玻璃般的轻盈与活力感。

参考价格： 爱朵 Idylle ¥1 020 / 50ml EDP

爱朵二重奏茉莉与紫丁香 Idylle Duet Jasmin-Lilas ¥1 020 / 50ml EDP

其他款式价格请店洽

小黑裙系列　La Petite Robe Noire Collection

2009 年，娇兰第一次用裙子作为设计灵感推出小黑裙系列的首款香水，富有神秘感之余又显出其高贵感觉。该系列将最美妙的“黑色”香调集合，包括黑樱桃、黑玫瑰、广藿香和红茶。香水瓶具有设计感，水晶般透明，黑粉色调，轮廓类似一件小黑裙。时尚甜美，充满优雅的小黑裙系列是为现代女性量身设计的，适合场合广泛。

参考价格： 小黑裙　La Petite Robe Noire　￥650 / 30ml EDP

小黑裙 EDT 版　La Petite Robe Noire Eau De Toilette　￥1 130 / 100ml EDT

其他款式价格请店洽

收藏优选

1912

蓝调时光　L'Heure Bleue

蓝调时光香水是由调香师雅克·娇兰于 1912 年推出的，这是一款柔和的浪漫东方花香调女性香水。灵感来自夜幕下深蓝色的夜空和银色闪亮的繁星。

参考价格： ￥480 / 50ml EDP

1919

蝴蝶夫人　Mitsouko

这款香水由东方藓苔、水果及花香，混合在一种名贵的琥珀里，表现了东方女性的爱与美，以及迷人的温柔和神秘。

参考价格： ￥670 / 50ml EDP

1933

午夜飞行　Vol De Nuit

午夜飞行充满大胆创新，是一款极为精致复杂的作品。风格张扬，它的花香和木质调都呈现出明显的东方香调特点。烟色玻璃瓶上的浮雕令人想起旋转的螺旋桨，让人不禁想起飞行中的飞机机翼的图画。

参考价格： ￥820 / 50ml EDP

一千零一夜系列 Shalimar

以印度国王凄美的爱情故事为背景，娇兰在 1925 年创造出脍炙人口的首款一千零一夜香水。它不但是世界上第一瓶具有东方香调的香水，更被当时巴黎时尚界评为疯狂时代的代表作，偏木质又辛辣的香味，让当时的香水界为之惊艳，直到目前为止依旧是欧美香水销畅排行榜上的常胜军。雷蒙德·娇兰凭借其设计的一千零一夜香水瓶赢得巴黎装饰艺术展的一等奖。水晶花瓶般的瓶身，弯曲弧线形成柔和圆润之感，瓶盖好似蓝色宝石，灵感源自著名 Shalimar 花园的喷水池。

参考价格：一千零一夜新版 Shalimar ￥690 / 60ml EDT

一千零一夜初始天使之翼限量版

Shalimar Parfum Initial L'Eau Si Sensuelle ￥690 / 60ml EDT

其他款式价格请店洽

1936

天琴座 Vega

这款限量版天琴座是一款花香醛味调的女用香水。调香师是雅克·娇兰。前调为非洲橙花、佛手柑和醛类；中调为康乃馨、鸢尾、茉莉、依兰、玫瑰和黑醋栗花；后调为檀木、琥珀和香草。

价格请店洽 EDT

1965

满堂红 Habit Rouge

木质东方调男香，有着迷人的诱惑力。前调为佛手柑、柠檬、花梨木、罗勒、玉桂子；中调为茉莉、玫瑰、肉桂、雪松、檀香、广藿香、康乃馨；后调为安息香、香草、琥珀及橡木苔。

参考价格： ￥410 / 50ml EDT

1979

娜希玛 Nahema

香水是由调香师让-保罗·娇兰调制的，这是一款丰富而华丽的东方花香调女性香水。前调为玫瑰、桃、佛手柑、清新绿叶、乙醛；中调为保加利亚玫瑰、依兰、风信子、茉莉、莲花、铃兰；后调为香草、西番莲、秘鲁香膏、香根草、檀香木。

参考价格： ￥520 / 50ml EDP

1989

圣莎拉 Samsara

圣莎拉女香据说花了调香师让-保罗·娇兰11年的心血，香水全部采用天然香精配制而成。其特别之处是以檀香、茉莉花为主要原料，将檀香的芬芳混合于茉莉花的清香之中。圣莎拉女香瓶身以深红、金和黑三色为主色调，香水瓶以东方的佛塔为设计灵感，以塑造女性玲珑有致的曲线，温暖且蕴含无限活力造型，有着浓重的东方色彩。

参考价格：￥700 / 50ml EDP

花草水语系列 Aqua Allegoria

为了颂扬大自然花草蓬勃旺盛的生命力，熟悉各种香水配制的第四代调香师尚让-保罗·娇兰推出“花草水语”淡香水系列，开创印象派清新香水的新风潮。微妙而令人愉悦的香水呈现出甜蜜而令人愉悦的时光。

参考价格：月桂甘草 Aqua Allegoria Laurier-Reglisse ￥480 / 75ml EDT

茉莉花神 Aqua Allegoria Jasminora ￥560 / 75ml EDT

其他款式价格请店洽

2000

浪漫巴黎人系列 Le Parisiennes

浪漫巴黎人是法国娇兰历史上经典传承的香水，经过重新诠释而再次组合。此举是响应了粉丝们的号召，她们无法忍受没有这些经典香水的生活。它们是真正独一无二的香水财富。 将芬芳幻化成现实，这一系列令那些特别的香味重现眼前。

参考价格：￥1 740 / 100ml EDP

1996

香榭丽舍 Champs Elysée

清新而满溢花香的香榭里舍香水，舍弃了浓郁木香，改为极难萃取香味的含羞草作为主要香调，香水成分主要由玫瑰花瓣、含羞草叶和醉鱼花构成。整个瓶身造型由巴黎的地标建筑凯旋门形象转化而来，它充满建筑之美的形状由拱门、娇兰印章和三角组成，象征着进入娇兰的神秘殿堂。

参考价格：￥350 / 30ml EDT

猫眼 Mahora

此香又名日月星辰。带着北国性感空气和色彩绚烂花朵的香味，以及隐隐约约传来的潮声。是以梦中畅游神秘乐园为创意研制的。东方花香调，前调为橙、绿色元素、杏仁花；中调为晚香玉、茉莉、奈若利橙花、依兰；后调为檀木、香草、香根草。

价格请店洽 EDP

2003

瞬间 L'Instant De Guerlain

这款香水以性感华美的包装呈现，不同于以往香水前中后调的散发，瞬间以独特的双金字塔方式呈现崭新的香水艺术。瓶身采用奢华的透明玻璃切割而成，平滑、简洁的线条逐渐形成弧度，在光线的照射下，呈现出紫水晶般的光晕，加上在瓶颈上缠绕着金紫相间的丝线，展露脱俗不凡的气势，亮丽的设计宛如一颗晶莹剔透的宝石。

参考价格：￥850 / 50ml EDP

2004

瞬间男士　L'Instant De Guerlain Pour Homme

这款瞬间男香带出和暖，诱人的包裹感受。含有柑橘和巴贝多水晶的清凉香调。后调为广藿香、木槿籽。该香适合男士在日间使用。

价格请店洽 EDT

2005

白鲸皮革　Cuir Beluga

皮革调中性香水让这款白鲸皮革变得与众不同。前调为醛、蜜橘；中调为广藿香、不凋花；后调为香草、琥珀、绒面革和天芥菜。让女性更具干练魅力，使男性不失温柔气质。

参考价格：

￥1 600 / 100ml EDP

爱是全部　Love Is All

这款清新花香调香水针对年轻女孩儿设计，立体粉红透明瓶装设计，粉色优雅高贵的瓶身更让人爱不释手。前调新鲜，带有桃花味的清香，中调带着淡淡的奶香，给人的感觉是甜蜜柔媚，后调则带着麝香的缠绵。

参考价格：￥420 / 50ml EDT

2008

残酷栀子花

L'Instant Magic

瓶身线条简洁具现代感，侧面饰有高贵的金色印花，复古的囊式喷头增添了优雅感。花香调，前调为奈若利橙花、玫瑰、桃；中调为栀子花、依兰、紫罗兰；后调为麝香、檀木、零陵香豆、香草。

参考价格：

￥1 600 / 100ml EDP

2009

傲慢男士　Homme Intense

木质馥奇调男香，十分适合优雅的男士日常使用，低调又充满魅力。前调为薄荷、大黄、莫吉托；中调为花香、老鹳草、朗姆酒；后调为香根草、广藿香、雪松。

参考价格：￥520 / 50ml EDP

铃兰　Muguet

花香调，香水成分包含百合、铃兰、玫瑰、茉莉和香柠檬。香气淡雅清爽适合在春夏季节使用。

参考价格：￥590 / 50ml EDT

熠动系列　Insolence

熠动系列献给充满自由精神的活力女性。由雕塑家 Serge Mansau 打造的瓶身仿佛是用光和影雕刻而成。除了顶部的娇兰徽标和圆环上铭刻的香水名外，瓶身毫无其他冗物，光可以从水晶玻璃中自由跃动，瓶中香水的颜色也清晰可见。瓶身、瓶颈和瓶首三部分皆为半球形，它们仿佛盘旋上升，形成三个令人目眩的旋转体。

参考价格：熠动　Insolence ￥680 / 50ml EDT

熠动 EDP 版　Intense Eau De Parfum ￥830 / 50ml EDP

珍爱熠动　My Isolence ￥710 / 50ml EDT

2010

翼之蜂华　L'Abeille De Guerlain

这款翼之蜂华，传承了法国娇兰百年皇家御用调香师的历史，采用国际顶级巴卡拉水晶精雕细琢，宛若一颗精美的钻石。堪称完美的细节更好地衬托出瓶子本身所蕴含的简洁随意的气质。拥有真正独一无二的瓶身，中国仅有5瓶，且每件作品皆标示着不同的幸运数字，分别是：1、2、6、7、8五个数字。

价格请店洽 EDP

2011

一千零一夜系列夜之披纱

Shalimar Fourreau Du Soir

神秘优雅的东方花香调，挑选清新的香柠檬和柠檬作为前调，中调则选取充满女人味的茉莉和玫瑰，最后以鸢尾花、红没药、焚香、顿加豆以及香草结束。

价格请店洽 EDP

2012

小黑裙银饰巴卡拉瓶版

La Petite Robe Noire Flacon Baccarat Et Dentelle D'Argent

这款东方美食调女香由调香师蒂埃里·瓦瑟研制。精心挑选茶叶、酸樱桃、广藿香、鸢尾花、顿加豆、杏仁以及香草，悠然花香中透着顿加豆带来的点点苦涩，让人欲罢不能。

参考价格：￥690 / 50ml EDP

2012

夏木之梦

Songe D'un Bois D'Ete

辛辣木质调中性香水。其中含有的沉香并非一味的苦涩深沉，而是带有一种暗黑的华美。雪松辛香料在其中忽隐忽闪，展现出甘醇甜润，花香在适当时候增添厚度，仿佛将沉香、广藿香营造出的烟熏火燎用一袭极致长袍遮掩。

价格请店洽 EDP

2013

帝国古龙水　Eau De Cologne Impériale

这款作为娇兰160周年纪念款帝国古龙女香，采用了香水中少见的1000ml包装。柑橘芳香调，调香师是蒂埃里·瓦瑟。前调为柠檬、佛手柑、苦橙叶；中调为奈若利橙花；后调为零陵香豆、雪松、迷迭香。

价格请店洽 EDC

2013

一千零一夜系列印度和奇迹

Guerlain Shalimar Indes And Merveilles

这款香水出自调香大师蒂埃里·瓦瑟之手。瓶身由巴黎珠宝设计师希尔薇亚托雷达诺特别设计。这款镶着24K金的创作品，装饰着大量来自位于印度北部的大城斋浦尔的半宝石。

价格请店洽 EDP

寻香名店

北京　新光天地·百盛购物中心·王府井百货·双安商场·北辰时代名门商场·翠微百货·乐天银泰百货·金融街购物中心·崇光百货·中友百货

广州　友谊商城

深圳　芮欧百货·茂业百货·君尚百货·万象城

南京　金鹰国际购物中心·大洋百货

天津　米莱欧百货·友谊名都百货·友谊商厦

香港　太古广场·海港城·崇光百货

巴黎　香榭丽舍68号精品店

2014

皇家檀香　Santal Royal

这款木质香料调中性香水的调香师是蒂埃里·瓦瑟。香水成分选用了奈若利橙花、檀木、皮革、沉香木、肉桂、玫瑰、琥珀和麝香。

参考价格：￥1 250 / 120ml EDP

推出时间	名称		类别
1860	Eau De Cologne Imperiale	帝王之水	女香
1889	Jicky	姬琪	女香
1901	Voilette De Madame	紫罗兰女士	女香
1904	Mouchoir De Monsieur	手帕先生	男香
1906	Apres L´Ondee	雨过天晴	女香
1911	Kadine	卡蒂因	女香
1912	L´Heure Bleue	蓝调时光	女香
1919	Mitsouko	蝴蝶夫人	女香
1920	Eau De Fleurs De Cedrat	香橼花之水	女香
1922	Guerlain Candide Effluve	沉静之气	女香
1925	Shalimar	一千零一夜	女香
1925	Shalimar Eau De Cologne	一千零一夜古龙水	女香
1925	Guerlain Shalimar Yellow Gold Limited Edition	一千零一夜黄金限量版	女香
1927	Guerlain Djedi	吉蒂	女香
1929	Liu	柳儿	女香
1933	Vol De Nuit	午夜飞行	女香
1933	Sous Le Vent	在风中	女香
1936	Guerlain Vega	天琴座	女香
1937	Guerlain Coque D´Or	金色贝壳	女香
1955	Guerlain Ode	颂歌	女香
1959	Vetiver	原版香根草	男香
1959	Vetiver	香根草	女香
1962	Chant D´Aromes	花之乐章	女香
1965	Habit Rouge	满堂红	男香
1969	Chamade	爱之鼓	女香
1974	Guerlain Eau De Guerlain	娇兰之水	中性香
1975	Guerlain Parure	盛装	女香
1979	Nahema	娜希玛	女香
1983	Jardins De Bagatelle	百花乐园	女香
1985	Derby	德碧	男香
1989	Samsara	圣莎拉	女香
1989	Samsara Extrait	圣莎拉精粹	女香
1992	Heritage	传承	男香
1994	Petite Guerlain	小娇兰	中性香
1995	Un Air De Samsara	飘逸圣沙拉	女香
1996	Champs Elysées	香榭丽舍	女香
1996	Marie Claire	嘉人	女香
1998	Coriolan	克思诺	男香
1999	Aqua Allegoria Pamplelune	花草水语葡萄柚	女香
1999	Aqua Allegoria Herba Fresca	花草水语薄荷青草	女香
1999	Aqua Allegoria Ylang And Vanille	花草水语依兰香草	女香
1999	Guet Apens	销魂时光	女香
1999	Aqua Allegoria Lavande Velours	花草水语薰衣草	女香
1999	Terracotta Voile D´Ete	红陶夏日帆船	女香
1999	Aqua Allegoria Rosa Magnifica	花草水语绝色玫瑰	女香
1999	Chamade Pour Homme	爱之鼓男士	男香
2000	Mahora	猫眼	女香
2000	Aqua Allegoria Flora Nerolia	花草水语橙花	女香
2000	Vetiver	香根草 2000 版	男香
2000	Too Much?	太多?	女香
2000	Meteorites	幻彩流星	女香
2000	Metallica	金属	女香
2000	Philtre D´Amour	爱情魔药	女香
2000	Cherry Blossom Glittering	水晶樱花	女香
2000	Cherry Blossom	樱花	女香
2001	Samsara Shine	轮回之光	女香
2001	Secret Intention	秘密意图	女香
2001	Purple Fantasy	紫丁香	女香
2001	Aqua Allegoria Gentiana	花草水语龙胆草	女香
2001	Aqua Allegoria Lilia Bella	花草水语铃兰百合	女香
2002	Aroma Allegoria Aromaparfum Vitalising	花草水语活力馥郁	女香
2002	Aroma Allegoria Exalting Aromaparfum	花草水语振奋馥郁	女香
2002	Aroma Allegoria Aromaparfum Apaisant	花草水语舒缓馥郁	女香
2003	L´Instant De Guerlain	瞬间	女香
2003	Aqua Allegoria Foliflora	花草水语花漾	女香
2003	Shalimar Legere	一千零一夜之光	女香
2003	Aqua Allegoria Lemon Fresca	花草水语柠檬风情	中性香
2003	With Love	爱慕	女香
2004	L´Instant De Guerlain Pour Homme	瞬间男士	男香
2004	Precious Heart	珍贵之心	女香
2004	Vetiver Frozen Fragrance	香根草冰冻版	男香
2004	Aqua Allegoria Anisia Bella	花草水语洋茴香	女香
2004	Aqua Allegoria Mentafollia	花草水语薄荷茶	中性香
2004	Vetiver Eau Glacee	香根草冷水	男香
2005	Rose Barbare	玫瑰野蛮人	中性香
2005	Colours Of Love	爱的颜色	女香
2005	Love Is All	爱是全部	女香
2005	Cuir Beluga	白鲸皮革	中性香
2005	Aqua Allegoria Winter Delice	花草水语冬季恋歌	中性香
2005	Aqua Allegoria Orange Magnifica	花草水语活力香橙	女香
2005	Aqua Allegoria Grosellina	花草水语阳光浆果	女香
2005	Angélique Noire	黑当归	中性香
2005	Aqua Allegoria Pivoine Magnifica	花草水语夏之牡丹	女香
2005	Aqua Allegoria Tutti Kiwi	花草水语奇异果	女香
2005	Plus Que Jamais	前所未有	女香
2005	Shiny Cherry Blossom	霓光樱花	女香
2006	Insolence	熠动	女香
2006	Mayotte	马约特岛	女香
2006	Eau De Lit	欢乐之源	女香
2006	Nuit D´Amour	爱之夜	女香
2006	Eau De Cologne Du 68	68 号古龙水	中性香
2006	Bois D´Armenie	亚美尼亚之木	男香
2006	Lights Of Champs-Elysees	灯聚香榭丽舍	女香
2006	L´Instant D´un Ete Pour Homme	瞬间夏日男士	男香
2006	Vetiver Sport	香根草运动版	男香
2006	Lovely Cherry Blossom Gold Sparkles	粉柔樱花金沙飞舞	女香
2006	L´Instant D´Un Ete	夏日瞬间	女香
2007	Aqua Allegoria Mandarine Basilic	花草水语柑橘罗勒	女香
2007	Aqua Allegoria Angelique Lilas	花草水语欧白芷	女香
2007	Garden Sensuel	感性花园	女香
2007	Vetiver Extreme	香根草极致版	男香
2007	L´Instant Magic	瞬间魔力	女香
2007	Spiritueuse Double Vanille	香草甜酒	女香
2007	My Insolence	珍爱熠动	女香
2007	Iris Ganache	鸢尾	女香
2007	L´Instant De Guerlain Pour Homme Cristaux D´Agrumes	瞬间男士柑橘结晶	男香
2007	Shalimar Black Mystery	一千零一夜黑色神秘	女香
2007	Quand Vient La Pluie	风雨欲来时	女香

推出时间	名称		类别
2007	L`Instant De Guerlain Fleur De Mandarine	瞬间橙花	女香
2008	Elixir Charnel Gourmand Coquin	性感美食家	女香
2008	Elixir Charnel Chypre Fatal	致命西普	女香
2008	Cherry Blossom Delight	银色恋人樱花	女香
2008	Elixir Charnel Oriental Brulant	燃烧的东方	女香
2008	Aqua Allegoria Figue–Iris	花草水语无花果鸢尾	女香
2008	Insolence Eau De Parfum	熠动 EDP 版	女香
2008	Cruel Gardenia	残酷栀子花	女香
2008	Aqua Allegoria Laurier–Reglisse	花草水语月桂甘草	女香
2008	Guerlain Eau De Shalimar	一千零一夜之水	女香
2008	Guerlain Homme	傲慢男士	男香
2008	Insolence Shimmering Edition	熠动闪光版	女香
2009	L`Instant Magic Elixir	魔力瞬间极致版	女香
2009	Les Secrets De Sophie	索菲亚的秘密	女香
2009	Muguet	铃兰	女香
2009	Elixir Charnel Le Boise Torride	热带木香	女香
2009	Habit Rouge Sport	满堂红运动版	男香
2009	Fleur De Lotus	莲花	女香
2009	Idylle	爱朵	女香
2009	Insolence Blooming	熠动花开	女香
2009	Mon Precious Nectar Fountain Imperiale	珍贵的花蜜喷泉帝国	女香
2009	Insolence Eau Glacee	玉艳冰清	女香
2009	Aqua Allegoria Cherry Blossom	花草水语樱花	女香
2009	La Petite Robe Noire	小黑裙 2009 限量版	女香
2009	Aqua Allegoria Tiare Mimosa	花草水语栀子含羞草	女香
2009	Les Voyages Olfactifs 01 Paris–Moscow	嗅觉游记 01 巴黎–莫斯科	女香
2009	Guerlain Homme Intense	傲慢极致版	男香
2009	Shalimar Oiseau De Paradis	一千零一夜鸟的天堂	女香
2009	Terracotta Eau Sous Le Vent	赤土风之水	女香
2010	Idylle Eau De Toilette	爱朵 EDT 版	女香
2010	Arsene Lupin Dandy	花花公子	男香
2010	Guerlain Homme L´Eau	男士之水	男香
2010	Shalimar Ode A La Vanille	一千零一夜香草颂歌	女香
2010	Tonka Imperiale	顿加豆帝国	中性香
2010	L´Abeille De Guerlain	翼之蜂华	女香
2010	Aqua Allegoria Bouquet Numero 1	花草水语 1 号花束	女香
2010	Aqua Allegoria Flora Nymphea	花草水语睡莲	女香
2010	Shalimar Edition Charms Eau De Parfum	一千零一夜魅力 EDP 版	女香
2011	Aqua Allegoria Bouquet Numero 2	花草水语 2 号花束	女香
2011	Shalimar Parfum Initial	一千零一夜初始	女香
2011	Idylle Eau Sublime	精纯爱朵	女香
2011	Habit Rouge Habit De Cuir	满堂红皮外套	男香
2011	Guerlain Homme Intense Pininfarina Collector	傲慢男士极致收藏版	男香
2011	Aqua Allegoria Jasminora	花草水语茉莉花神	女香
2011	Les Voyages Olfactifs 04 Paris–London	嗅觉游记 04 巴黎–伦敦	中性香
2011	Aqua Allegoria Rosa Blanca	花草水语白玫瑰	女香
2011	Elixir Charnel Floral Romantique	花之浪漫	女香
2011	Muguet	铃兰	女香
2011	Shalimar Fourreau Du Soir	一千零一夜夜之披纱	女香
2012	La Petite Robe Noire	小黑裙舞动	女香
2012	Aqua Allegoria Lys Soleia	花草水语日光百合	女香
2012	Idylle Duet Jasmin–Lilas	爱朵二重奏茉莉与紫丁香	女香
2012	Songe D´un Bois D´Ete	夏木之梦	中性香
2012	Shalimar Initial L´Eau	一千零一夜初始之水	女香
2012	Shalimar Ode A La Vanille Sur La Rroute De Madagasca	一千零一夜世界之旅	女香
2012	Shalimar Parfum Initial A Fleur De Peau	一千零一夜娇肤胜雪	女香
2012	Aqua Allegoria Bouquet De Mai	花草水语五月花束	女香
2012	L´Heure De Nuit	午夜时光	女香
2012	Rose Nacree Du Desert	沙漠玫瑰色珍珠	中性香
2012	Les Voyages Olfactifs 05 Paris–Shanghai	嗅觉游记 05 巴黎–上海	中性香
2012	Shalimar Talisman Byzantin	一千零一夜拜占庭护身符	女香
2012	Myrrhe And Delires	没药狂想曲	中性香
2012	Reve De Lune	月之梦	女香
2012	Muguet 2012	铃兰 2012	女香
2012	Guerlain L´Heure Bleue 100 Anniversaire	蓝调时光诞辰 100 周年	女香
2012	Encens Mythique D´Orient	东方神话	中性香
2012	Mon Precieux Nectar	我珍贵的花蜜	女香
2012	L´Homme L´Eau Boisée	男士之水木香	男香
2012	Le Bolshoi Saison La Traviata	莫斯科大剧院茶花女	女香
2012	Derby	德比	女香
2012	Habit Rouge Edition Voyage	满堂红远航版	男香
2013	Eau De Cologne Impériale	帝国古龙水	女香
2013	Guerlain Place Rouge	红场	女香
2013	Aqua Allegoria Nerolia Bianca	花草水语白色橙花	中性香
2013	Aqua Allegoria Flora Rosa	花草水语蔷薇	女香
2013	Shalimar Parfum Initial L´Eau Si Sensuelle	一千零一夜初始天使之翼限量版	女香
2013	La Petite Robe Noire Eau De Parfum Collector Edition	小黑裙 EDP 珍藏版	女香
2013	La Petite Robe Noire Flacon Baccarat Et Dentelle D´Argent	小黑裙银饰巴卡拉瓶版	女香
2013	Cour Des Senteurs Versailles	香庭	女香
2013	Guerlain Shalimar Indes And Merveilles	一千零一夜印度和奇迹	女香
2013	La Petite Robe Noire Mon Eau De Lingerie	小黑裙内衣之水	女香
2013	Parfum Du 68	68 号	中性香
2014	La Petite Robe Noire Couture	小黑裙高端定制版	女香
2014	Santal Royal	皇家檀香	中性香
2014	Limon Verde	花草水语青柠	女香
2014	Petit	佩蒂特	中性香
2014	Mademoiselle	摩登女士	女香
2014	Idylle Duet Rose–Patchouli	爱朵二重奏玫瑰与广藿香	女香
不详	L´Âme D´Un Héros	英雄之心	男香
2015	Mon Exclusif	赐吾以名	女香
2015	Teazzurra	花草水语柑橘绿茶	中性香
2015	Flacon Tortue	小海龟	中性香
2016	Ambre Etrnel	永恒的琥珀	中性香
2016	Promenade Des Anglais	漫步大道	女香

Hermēs
爱马仕

早在20世纪50年代，爱马仕就成立了香水部门。1951年，爱马仕推出了散发着淡淡皮革味的首款香水——“爱马仕之水”。10年之后，爱马仕又推出了首款女性香水——“凯莱诗”，由于每30毫升售价170美元，这款香水也有“液体钻石”之称，被列入世界顶级名贵香水。

而后，1974年面世的爱马仕“亚马逊人”香水以大胆创新的水果味吸引了大群追随者，而1984年推出的“爱马仕香”则充满东方情调，也广受香水迷喜爱。另外，在1995年面世的“法布街24号”女香、1998年推出的“可乐宝”男香和1999年面市的“依瑞丝”女香也都被视为香水界的杰作。

自1987年至今，爱马仕每年都会确立一个年度主题，推出年度新品，从1992年起，几乎每年圣诞前夕，爱马仕还会根据当年的年度主题进行特殊的包装与设计，推出限量圣诞典藏香水。

镇店名香

闻香珍藏系列　Hermessence

该系列于2004年面世，首批4款，之后几乎每年都会新增1款，目前已经推出了12款作品，它们只在爱马仕大型旗舰店有售。

参考价格：¥1 500 / 100ml EDT

奢华皮革包装：¥3 300 / 100ml EDT

法布街 24 号　24 Faubourg

这款香水以巴黎总部地址圣奥奴法布街 24 号命名，方形瓶身的设计灵感源于时尚女性常用的方形丝巾，并以爱马仕最经典的产品——丝巾作为装饰图案，很有品牌特色。

参考价格：￥1 500 / 100ml EDP

￥900 / 100ml EDT

凯来诗 Kelly Calèche

这款香水的造型借鉴了爱马仕最著名的凯莉包，带有金属扣和精巧小锁，线条修长、优雅，厚玻璃瓶底的设计灵感来自马车车灯。

参考价格：￥1 450 / 100ml EDP

￥650 / 50ml EDT

橘彩星光　Eau Des Merveilles

该系列香水最初面市于 2004 年，别致的瓶身能以不同角度站立，力求营造一种用不一样的角度来观看宇宙星球的浪漫氛围。虽然是女香，但它却不带一丝花香调，而是以优雅的海洋龙涎香，搭配在男香中被广泛使用的木质橡木调，再加入一点与瓶身同色的柑橘香，营造出疼惜、暗恋自己的格调。

参考价格：￥1 250 / 100ml EDT

爱马仕香精版

包括凯来诗、爱马仕之光、法布街 24 号在内的这些爱马仕招牌款，都有十分奢华名贵的香精版。

参考价格：￥1 500 / 100ml Parfum

收藏优选

1951

爱马仕之水　Eau D'Hermes

这是爱马仕的首款香水，尽管经历了多年的岁月洗礼，它的古典气息依旧被许多香水迷念念不忘。皮革调，前调为肉桂、薰衣草、佛手柑、四叶草和豆蔻；中调为零陵香豆、香草、茉莉和波旁老鹳草；后调主要为木香。

参考价格：￥800 / 100ml EDP

1970

船员　Equipage

这是爱马仕真正意义上的首款男香，而现在市面上的是其在 1992 年重新推出后的版本。对于年轻人来说，它带着旧时代的痕迹，但适合比较正式的场合，给人以稳重、成熟的印象。

参考价格：￥600 / 100ml EDT

1979

古龙水系列　Les Colognes

1979 年，爱马仕推出了第一款古龙水橘绿之泉，瓶身借鉴了最早期的马车灯造型。2009 年以来，爱马仕将其沿着中性香的路线陆续推出多款新作，有的款还有浓度更高的 EDT 版。

参考价格：￥750 / 100ml EDC

2005

橘彩星光限量版

Eau Des Merveilles Limited Edition

从 2005 年的金属香精版开始，爱马仕橘彩星光系列推出了蓝色水晶香精版、飞马版、星座版、蜻蜓仙子等多款限量版。

价格请店洽

2003

花园系列　Jardin

该系列目前一共有五款香水：2003 年的“地中海花园 ”、2005 年的“尼罗河花园”，2008 年的“印度花园”、2011 年的“屋顶花园”、2015 年的“李先生花园”。该系列被设计成中性香，男女都适用。

参考价格：￥1 000 / 100ml EDT

2006

大地　Terre D'Hermès

这款水香是菲菲奖 2007 年度奢华男香的得主。它的成分全部为植物和矿物精华，拥有市面上柑橘调难以呈现的清新与明亮的生命力。此后，该款香水推出了多款限量版。

参考价格：￥950 / 100ml EDT

2010

爱马仕之旅 Voyage D'Hermès

这款香水以清新的木质调混合浓郁的麝香，表现旅行主题既清新又惊喜的味道。瓶身设计颇具玩味，瓶盖以瓶身的纽扣状 Logo 为中心，旋转式开合。继基本的 EDT 版本后，2012 年又推出了黑色香精版和白色限量版。

参考价格：￥530 / 35ml EDT　　￥900 / 100ml Parfum

2013

漂亮朋友香根草

Bel Ami Vétiver

这款香水是 1986 年创作的“漂亮朋友”的重新诠释，保留了原版的平衡感和自信优雅，同样经典的结构，但加大了香根草的戏份，使其成为主角，原本的西普皮革调顺势转化成全新的木质皮革调。

参考价格：￥950 / 100ml EDT

爱马仕之光　Jour

香水瓶厚实正方形底座呈现出稳健的造型，再慢慢向上变成圆弧的曲线，通过玻璃和水液的奇妙比例，来诠释关于光的故事。花香调前调为葡萄柚、柠檬和水因子；中调为栀子花、香豌豆、绿色元素和白色花朵；后调为麝香和木质元素。

参考价格：￥800 / 50ml EDT

2014

橘彩星光 2014 年限量版　Eau Des Merveilles Limited Edition

2014 年是橘彩星光系列诞生第十年，爱马仕推出了三款限量版，分别为 10 周年限量版、升级限量版和琥珀限量版。

价格请店洽

锁　Locks

锁是爱马仕包袋上的代表性元素，珠宝感的造型十分个性，可以搭配橘彩星光、凯来诗、爱马仕之光、法布街 24 号四大系列的 7.5ml 香精液芯，便于携带。

参考价格：￥1 250 / 7.5ml Parfum

经典系列　Des Classiques

2014 年，爱马仕挑选了 8 款自己最经典的香水，组成了一套经典系列，以飨热衷于收藏爱马仕经典款的香水迷们。

价格请店洽

大地清新之水

Terre D'Hermes Eau Tres Fraiche

这款新香水基于原版里感性的新鲜柑橘味和温暖木质味的对比，但整个气息在这款香水里显得更为放松随意，香味也更为新鲜水漾。

参考价格： ¥700 / 125ml EDT

寻香名店

香港 T 广场

纽约 萨克斯第五大道精品百货·波道夫·古德曼百货·尼曼·马库斯百货

伦敦 哈罗德百货

藏·香·年·谱

推出时间	名	称	类 别	推出时间	名	称	类 别
1951	Eau D´Hermès	爱马仕之水	中性香	2009	Eau Des Merveilles	橘彩星光长发女孩版	女 香
1955	Doblis	牛皮	中性香	2009	Eau De Pamplemousse Rose	粉红葡萄柚	中性香
1961	Calèche	凯来诗	女 香	2009	Eau De Gentiane Blanche	雪白龙胆	中性香
1970	Equipage	船员	男 香	2009	Hermessence Vanille Galante	雅致香草	中性香
1974	Amazone	亚马逊	女 香	2009	Eau Des Merveilles	橘彩星光星云版	女 香
1979	Eau D´Orange Verte	橘绿之泉	中性香	2010	Voyage D´Hermès	爱马仕之旅	中性香
1984	Parfum D´Hermès	爱马仕香	女 香	2010	Eau Claire Des Merveilles	橘彩星光花香版	女 香
1986	Bel Ami	漂亮朋友	女 香	2010	Hermessence Iris Ukiyoé	鸢尾浮世绘	中性香
1992	Calèche Soie De Parfum	凯来诗丝柔版	女 香	2011	Un Jardin Sur Le Toit	屋顶花园	中性香
1995	24 Faubourg	法布街 24 号	女 香	2011	Hermessence Santal Massoïa	檀香玛索亚	中性香
1998	Rocabar	可乐宝	男 香	2011	Eau Des Merveilles	橘彩星光蜻蜓仙子版	女 香
1999	Hiris	依瑞丝	女 香	2012	Voyage D´Hermès	爱马仕之旅香精	中性香
2000	Rouge Hermès	爱马仕红	女 香	2012	Voyage D´Hermès	爱马仕之旅限量版	中性香
2003	Un Jardin En Méditerranée	地中海花园	中性香	2013	24 Faubourg Chaine D´Ancre	法布街 24 号锚链	女 香
2003	Calèche Eau Delicate	凯来诗清新版	女 香	2013	Jour D´Hermès	爱马仕之光	女 香
2003	Calèche Fleurs De Mediterranee	凯来诗地中海之花	女 香	2013	Jour D´Hermès Parfum	爱马仕之光香精	女 香
2004	Eau Des Merveilles	橘彩星光	女 香	2013	Eau De Narcisse Bleu	蓝色水仙	中性香
2004	Hermessence Ambre Narguilé	琥珀云烟	中性香	2013	Eau De Mandarine Ambrée	琥珀柑橘	中性香
2004	Hermessence Vétiver Tonka	馨香芳果	中性香	2013	Hermessence Epice Marine	香料海洋	中性香
2004	Hermessence Poivre Samarcande	椒香丝路	中性香	2013	Bel Ami Vétiver	漂亮朋友香根草	女 香
2004	Hermessence Rosa Ikebana	玫瑰花道	中性香	2014	Jour D´Hermès Absolu	爱马仕之光纯香	女 香
2004	Doblis 2004	牛皮 2004 限量版	中性香	2014	Elixir Des Merveilles Limited Edition	橘彩星光升级限量版	女 香
2005	Un Jardin Sur Le Nil	尼罗河花园	中性香	2014	Eau Des Merveilles 10th Anniversary Edition	橘彩星光 10 周年限量版	女 香
2005	Hermessence Osmanthe Yunnan	云南桂花	中性香	2014	L´Ambre Des Merveilles Limited Edition	橘彩星光琥珀限量版	女 香
2005	Parfum Des Merveilles	橘彩星光金属香精版	女 香	2014	Hermessence Cuir D´Ange	皮革天使	中性香
2006	Paprika Brasil	红椒桑巴	中性香	2014	Terre D´Hermes Eau Tres Fraiche	大地清新之水	男 香
2006	Elixir Des Merveilles	橘彩星光 EDP 版	女 香	2014	Locks	锁	女 香
2006	Parfum Des Merveilles	橘彩星光蓝色水晶香精版	女 香	2015	24 Faubourg Eau De Parfum Edition Numero 24	法布街 24 号 2015 版	女 香
2006	Terre D´Hermès	大地	男 香	2015	Equipage Geranium	天竺葵船员	男 香
2006	Eau Des Merveilles Constellation	橘彩星光星座版	女 香	2015	Le Jardin De Monsieur Li	李先生的花园	中性香
2007	Kelly Calèche	凯来诗	女 香	2015	Jour D´Hermès Gardenia	爱马仕之花栀子花	女 香
2007	Hermessence Brin De Réglisse	薰衣草	中性香	2015	Terre D´Hermès Flacon H 2014	大地 14 年特别版	男 香
2007	Eau Des Merveilles Pegase	橘彩星光飞马版	女 香	2016	Eau De Nèroli Dorè	金色橙花	中性香
2008	Un Jardin Après La Mousson	印度花园	中性香	2016	Eau De Rhubarbe carlate	血色大黄	中性香

Histoires De Parfums

香水故事

香水故事是新晋的法国香水品牌，创始人是杰拉尔德·杰斯兰，他出生在法国南部，成长在摩洛哥，成长中他被地中海的文化气息熏陶，通过各种美食来训练自己的嗅觉，并学习各种气味的蒸馏及混合方法。香水和烹饪最重要的除了要有想象力和创造力外，还要有激情和精湛的技术，香水故事香水将法国香水制造工艺流传下来，集豪华、高贵、创造力于一身。

从香水的原料、瓶身设计、包装、市场运营等都采用了最高标准，杰拉尔德·杰斯兰正如作家用感情写作一般，他运用香味来引发共鸣。香水故事香水多用纯净单色的丝绸纸包装，以轮廓分明的透明玻璃瓶身，搭配上色彩鲜明的标签。

镇店名香

1889 红磨坊　1889 Moulin Rouge

花香调女香，灵感来自红磨坊里的康康舞，妖娆的气息没有过多的修饰与做作，显示出女性的真诚与坦然。柔媚的芬芳带着夜总会里灯红酒绿的诱惑，吐露出迷人而灿烂的芳香。透明的玻璃瓶身，淡黄色的香液，如同香槟。

参考价格：¥1 300 / 120ml EDP

香水故事 1828　Histoires De Parfums 1828

这款柑橘馥奇调男香的推出是为了纪念 19 世纪法国著名的科幻小说和冒险小说作家儒勒·凡尔纳而诞生的。前调为葡萄柚、柑橘、尤加利、蜜橘；中调为胡椒和肉豆蔻；后调为雪松、香根草、松树和焚香。15%的香水浓度使得留香时间超长并且尾调优美。

参考价格：¥1 300 / 120ml EDP

香水故事 1804　Histoires De Parfums 1804

东方花香调女香，前调为菠萝、桃子、栀子花；中调为茉莉、玫瑰、铃兰、公丁香和肉豆蔻；后调为檀香木、广藿香、安息香脂、香草和麝香。

参考价格：¥1 300 / 120ml EDP

收藏优选

2000

1740 萨德侯爵　1740 Marquis De Sade

木质东方调男香，前调为佛手柑和印蒿油；中调为广藿香、香菜、豆蔻；后调为雪松、榄香、皮革以及劳丹脂。

参考价格：￥1 300 / 120ml EDP

绿牡丹　Vert Pivoine

花香调女香，前调为玫瑰、牡丹、常春；中调为栀子花、含羞草、红浆果、牡丹和玫瑰；后调为麝香、檀香木、雪松和牡丹。

参考价格：￥1 300 / 120ml EDP

黑色广藿香　Noir Patchouli

木质馥奇调中性香，前调为广藿香、小豆蔻、芫荽；中调为花香、杜松子和广藿香；后调为麝香、皮革、广藿香和香草。

参考价格：￥1 300 / 120ml EDP

2001

香水故事 1725　Histoires De Parfums 1725

馥奇调男香，前调为香柠檬、柑橘、葡萄柚、甘草；中调为薰衣草、八角；后调为香草、杏仁、檀香木、雪松和琥珀。

参考价格：￥1 300 / 120ml EDP

琥珀 114　Ambre 114

东方辛香调中性香，前调为肉豆蔻、葛缕子；中调为檀香木、广藿香、香根草、雪松、玫瑰和老鹳草；后调为顿加豆、琥珀、安息香脂、香草、麝香。

参考价格：￥1 300 / 120ml EDP

复古 1969　1969 Parfum De Revolte

辛辣东方调女香，前调为桃子；中调为玫瑰、白色花系、小豆蔻和公丁香；后调为麝香、广藿香、黑巧克力和咖啡。

参考价格：￥1 300 / 120ml EDP

2010

晚香玉系列

Tubereuse Series

晚香玉 1 号是一款东方香草调女香，香味精致，表达了复杂的情感。晚香玉 2 号是一款东方美食调女香，融合了美好和谐的水果香。晚香玉 3 号为迷人的花香调，让人陶醉，给你带来不可抗拒的魔力气氛。

价格请店洽 EDP

2012

我至，我见，我胜系列　Veni, Vidi, Vici Series

香水故事品牌在 2012 年推出的精品版三部曲我至，我见，我胜可以说是冠压群芳，这三款香水之名取自凯撒大帝著名的豪言：“我至，我见，我胜。”我至为辛辣木质调中性香；我见为馥奇调中性香；而我胜则是木质花香调中性香。

价格请店洽 EDP

奥林匹亚音乐厅的传奇

L'Olympia Music Hall

继令人浮想联翩的红磨坊香水之后，品牌的创作灵感则转移到了同样著名的奥林匹亚音乐厅上。这款木质东方调女香的前调选用橘、香柠檬和橙子；中调为红浆果、藏红花、玫瑰、牡丹、小苍兰、紫丁香和胡椒；后调为木质、广藿香、焚香草、黑巧克力、甘草、麝香和绒面革。

参考价格： ￥1 300 / 120ml EDP

2013

制香而非制造战争

Make Perfume Not War

果香馥奇调中性香，前调为橙子、柠檬、葡萄柚、橘、香柠檬；中调为芒果、菠萝、桃子、小苍兰、紫丁香、仙客来；后调为麝香、香草、顿加豆、木质香。

参考价格： ￥1 300 / 120ml EDP

1899 海明威　1899 Hemingway

辛辣东方调中性香，前调为香柠檬、杜松、胡椒；中调为香橙、鸢尾花；后调为香草、香根、琥珀。

参考价格： ￥1 300 / 120ml EDP

寻香名店

可到品牌官网购买：

http://www.histoiresdeparfums.com

藏·香·年·谱

推出时间	名称		类别	推出时间	名称		类别
2000	1740 Marquis De Sade	1740 萨德侯爵	男香	2010	Tubereuse Series	晚香玉系列	女香
2000	Vert Pivoine	绿牡丹	女香	2010	1889 Moulin Rouge	1889 红磨坊	女香
2000	Noir Patchouli	黑色广藿香	中性香	2011	Ambrarem	野生琥珀	中性香
2000	Blanc Violette	白色紫罗兰	女香	2011	Rosam	玫瑰	中性香
2001	Histoires De Parfums 1725	香水故事 1725	男香	2011	Petroleum	汽油幻想	中性香
2001	Histoires De Parfums 1876	香水故事 1876	女香	2012	Veni, Vidi, Vici Series	我至，我见，我胜系列	中性香
2001	Histoires De Parfums 1828	香水故事 1828	男香	2012	L´Olympia Music Hall	奥林匹亚音乐厅的传奇	女香
2001	Histoires De Parfums 1873	香水故事 1873	女香	2013	1899 Hemingway	1899 海明威	中性香
2001	Histoires De Parfums 1826	香水故事 1826	女香	2013	Make Perfume Not War	制香而非制造战争	中性香
2001	Ambre 114	琥珀 114	中性香	2014	Histoires De Parfums 1875 Garmen Bizet	香水故事 1875 卡门比才	女香
2011	Histoires De Parfums 1804	香水故事 1804	女香	2015	This Is Not A Blue Bottle	这不是一个蓝瓶子	中性香
2001	1969 Parfum De Revolte	复古 1969	女香	2015	Fidelis	忠诚	中性香

Houbigant
霍比格恩特

PARFUMS
HOUBIGANT
PARIS

开创于1775年的霍比格恩特是香水界非常著名的老字号香水生产商推出的品牌。1829年，霍比格恩特品牌成为国王路易斯·菲利普的母亲钦点的香水品牌。1838年，品牌又成为英女王维多利亚的指定香水品牌。1890年，沙皇亚历山大三世指定它为俄罗斯皇室专用。至此，霍比格恩特真正奠定了其皇家香水的地位，无数追随者慕名而来。

1882年，品牌推出了皇族之花香水，并开创了一个新的香型——蕨香调，这种香调如今已经成为男士香水中十分重要的一个香调。1913年，品牌推出了著名的皇族之花香水，这款充满复杂花香气息的香水获得了空前的成功。

在1994年，该品牌出卖给了一家美国公司，不过万幸的是，霍比格恩特公司目前仍然存在，仍然在法国巴黎有自己的一片市场，公司旗下保留了两款香水的制售权，那就是皇族之花和朦胧。

镇店名香

皇族之花原版　Quelques Fleurs L'Original

瓶身设计以花瓣为主题，气质非凡。这款香水使用超过250种不同的原料制成，整体透着感性、高贵的奇香，既浓烈，又清新。适合初春或秋季使用。

参考价格：￥830 / 100ml EDP

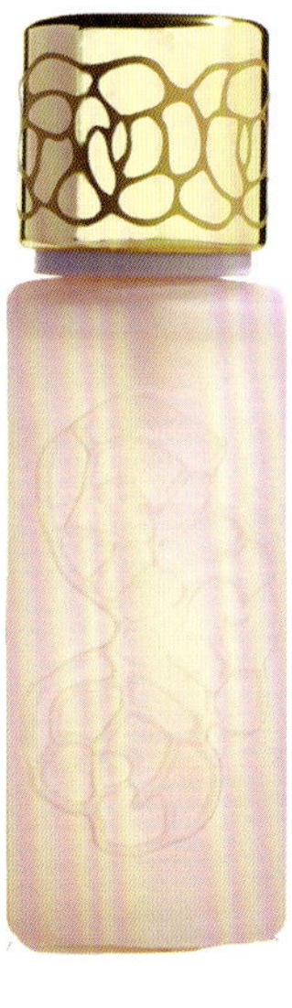

出色皇族之花
Quelques Fleurs Royale

这款女香拥有焦糖和蜂蜜一类的味道，熟暖的甜味很容易被捕捉到。但除了甜味以外还恰当地表达出贵族式的优雅和从容。撇除蜂蜜的话，其他香料的整合也十分柔顺迷人。

参考价格：
￥830 / 100ml EDP

收藏优选

1984

露特斯　Lutèce

东方花香调女香，前调为醛、橘子、巴西红木、老鹳草；中调为牡、迷迭香、鸢尾根、香根草、铃兰和雪松丹；后调为顿加豆、肉桂、麝香、香草以及天芥菜。

参考价格：￥790 / 100ml EDT

1991

韦尔万公爵 Duc De Vervins

皮革调男香，前调为柠檬、香柠檬、柑橘；中调为薰衣草和辛香料；后调为橡木苔和琥珀。

参考价格： ¥830 / 100ml EDT

1997

出色玫瑰 Quelques Rose

采撷自全世界各地的玫瑰，升华出这一瓶代表世界顶级女香的精华。同时混合了其他各种花卉的精华香味，堪称一场世纪豪华百花宴。后调选用成熟的果香，寓意着从花到果的一个完美蜕变过程。

价格请店洽 EDP

2000

轮廓 Apercu

西普调女香，前调为晚香玉、绿叶、茉莉、橙花油、香柠檬和柠檬；中调为肉桂、依兰、老鹳草；后调为檀香木、广藿香、公丁香、橡木苔、香根草以及醋栗叶。

价格请店洽 EDP

2012

橙花 Orangers En Fleurs

清新花香调香水，富含柔和花香，给人娇柔、感性、迷人的感觉。非常适合在浪漫场合使用。前调为玫瑰、香橙花、茉莉；中调为依兰、晚香玉、肉豆蔻；后调为雪松和麝香。

参考价格：

¥830 / 100ml EDT

2013

出色皇族之花限量版

Quelques Fleurs Royale Limited Edition

相对于原版来说，在瓶身的设计上做了全面的创新。椭圆形瓶身上布满琉璃感紫色花朵装饰，奢华质感不言而喻。全球限量 50 瓶。

价格请店洽 EDP

2010

皇家馥香 Fougere Royale

这款馥奇调男香的前调选用清新的香柠檬、洋甘菊以及薰衣草、绿叶；中调为康乃馨、老鹳草、肉桂、玫瑰、紫丁香，更加偏浓郁；后调为广藿香、橡木苔、琥珀、顿加豆、鼠尾草。适合绅士们在晚宴派对等场合使用。

参考价格： ¥2 900 / 100ml EDP

2014

野鸢尾 Iris Des Champs

木质花香调女香，瓶身低调却具现代感，深得大众喜爱。前调为香柠檬、粉红胡椒、玫瑰、铃兰和梨；中调为鸢尾花、茉莉和依兰；后调为檀香木、琥珀、木质香、香草和麝香。

价格请店洽 EDP

寻香名店

可到品牌官网购买

https://www.houbigant-parfum.com

藏·香·年·谱

推出时间	名 称		类 别	推出时间	名 称		类 别
1882	Fougere Royale	皇族之花	男 香	1996	Navigator	航海家	男 香
1913	Quelques Fleurs L'Original	皇族之花原版	女 香	1997	Quelques Rose	出色玫瑰	女 香
1928	Essence Rare	稀有精粹	女 香	2000	Apercu	轮廓	女 香
1941	Chantilly	轻歌	女 香	2004	Quelques Fleurs Royale	出色皇族之花	女 香
1962	Quelques Violettes	出色紫罗兰	女 香	2010	Fougere Royale	皇家馥香	男 香
1973	Monsieur Musk	麝香先生	男 香	2012	Orangers En Fleurs	橙花	女 香
1982	Raffinee	拉芬尼	女 香	2013	Orangers En Fleurs Limited Edition	橙花限量版	女 香
1984	Lutèce	露特斯	女 香	2013	Quelques Fleurs Royale Limited Edition	出色皇族之花限量版	女 香
1987	Demi-Jour	朦胧	女 香	2014	Iris Des Champs	野鸢尾	女 香
1991	Duc De Vervins	韦尔万公爵	男 香	2015	Cologne Intense	极致古龙	男 香

Hugo Boss
胡戈·波士

胡戈·波士的风格堪称任性而不出位，感性而不张扬的典型代表。胡戈·波士在20世纪80年代初开始进军香水世界。它的香水产品依然遵循胡戈·波士旗下三大系列Boss、Hugo和Baldessarini的特点，Boss系列香水更成熟更适合成功人士、Hugo系列香水更直率地标榜个性及创新，Baldessarini系列香水风格更优雅奢华。

胡戈·波士男士香水的知名度要高于女士香水，是众多男性的首选香水品牌之一。其男士香水系列十分多元化，它们分别适合都市男性在上班、休闲等不同场合使用，尤其是Boss男士系列香水搭配其典雅男装，一直被视为经典组合。很多名人如汤姆·克鲁斯、施瓦辛格、舒马赫等均为Boss的爱好者。

2000年胡戈·波士涉足女性香水市场，主要面向年轻女性，其女士香水更适合轻熟女使用，是年轻自信的新女性的时尚选择。

BOSS
HUGO BOSS

镇店名香

自信　Boss Bottled

全球男性香水市场最伟大的成就之一，自1998年至今，拥有60万销量并蝉联十大香水宝座。它温和的香草后调在当时独树一帜。前调为苹果、柑橘；中调为天竺葵属植物、肉桂、丁香；后调为檀香、香根草、雪松。

参考价格：￥450/30ml EDT

优客男士　Hugo Man

胡戈·波士旗下超越时间的永恒经典，创造了10秒卖出一瓶的惊人纪录，香水瓶也成为了香水瓶设计史上的现代经典。有着银色螺旋顶盖的立体玻璃瓶子其实以陆军军用水壶为原型。前调为苹果、柠檬、雪松叶、百里香；中调为薰衣草、天竺葵、鼠尾草和丁香；后调为白檀、香根草、雪松、橡木、苔藓。

参考价格：￥350/40ml EDT

动感　Boss In Motion

胡戈·波士中适合爱好运动的熟男使用的经典香水，在取得巨大成功后，品牌随后推出了多款限量版香水。东方调，在瓶身设计上，坚持简单、明快的利落感，线条流畅简单的玻璃半圆弧造型，搭配印有BOSS字样的盒盖。前调为柑橘、绿植；中调为粉椒、肉桂、小豆蔻；后调为木材、麝香。

参考价格：￥530/40ml EDT

风华　Essence De Femme

一款充满女性成熟气质的香水，紫红色白金镶饰圆弧瓶身，创造出女性的神秘气息，环绕瓶身的银色Logo则营造出时尚感。瓶身及瓶盖之间对角线设计也非常独到。前调为橘子、黑醋栗、小苍兰；中调为千金子藤、东方百合、保加利亚玫瑰；后调为杏树皮、椴木、软琥珀、麝香、琥珀

参考价格：￥720/50ml EDP

橙色橙钻　Boss Orange

创作灵感源自波士的橘标系列，瓶身设计融合金属与珠宝般的橘色钻石，创造出明亮充满现代感的风貌，同时也保有柔和的女性特质。七颗钻石排列的设计灵感来自人体的七脉轮，内含的香水宛如一股能量贯穿其中。前调为苹果香；中调为柑橘花，肉豆蔻；后调为香草和雪松木。

参考价格：￥490/30ml EDT

收藏优选

1994

自然力　Boss Elements

波士男香中特别适合出席正式场合使用的香水，尤其适合成功的商界男士使用。辛辣芳香调，前调为乙醛、柠檬、罗勒、薰衣草、蒿、佛手柑；中调为胡荽、紫罗兰、鼠尾草、茉莉、香菜、铃兰、玫瑰；后调为皮革、檀香木、琥珀、麝香、橡苔、雪松。

参考价格：￥550/50ml EDT

2005

绿光动感限量版　Boss In Motion Green

动感男香2005年特别推出的限量版，在动感男香的几款限量版中很受推崇。辛辣木质调，瓶身鲜绿的金属质感十分惊艳，此款香适合活力四射的年轻男士。前调为鼠尾草、柑橘、白兰地；中调为肉豆蔻、甘椒、小豆蔻；后调为广藿香、雪松、檀香木。

参考价格：￥550/50ml EDT

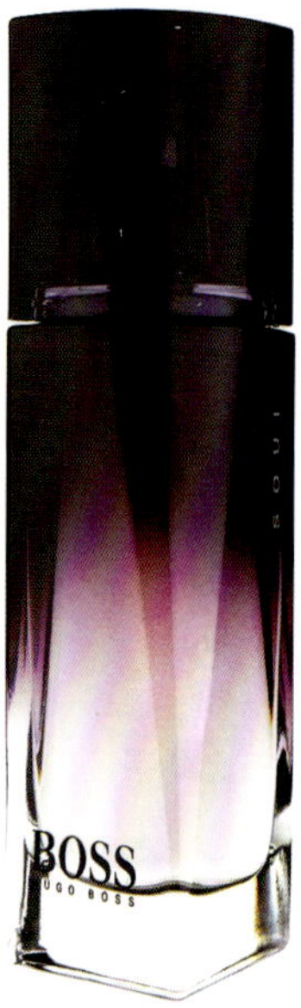

2005

灵魂魅惑　Boss Soul

瓶身的创意灵感来自弗兰克·盖里设计的毕尔包古根汉美术馆，富含现代主义风范。适合气质神秘内敛的男士使用。清新东方调，前调为佛手柑、鲜橘、八角茴香、小豆蔻、黑胡椒；中调为甜豆蔻、肉桂、薰衣草、香菜种子；后调为檀木、岩兰草、琥珀、麝香、零陵香豆。

参考价格：

¥750 / 90ml EDT

2006

波士精选　Boss Selection

以其特殊而非凡的香调调配，入围了2007香水奥斯卡菲菲奖最佳男性香水奖。适合自由洒脱的男士使用。绿草花香调，前调为葡萄柚、柑橘、粉红干胡椒；中调为雪松叶、广藿香；后调为檀香、麝香、香根草。

参考价格：¥760 / 90ml EDT

2007

爱火　Hugo XX

爱火与爱火男士是胡戈·波士推出的第一款男女对香，设计神秘独特而又对比鲜明。爱火受到了印度香米的启发，散发出诱人，刺激感官食欲的气息。木质花香调，前调为柑橘、荔枝、黑加仑；中调为印度香米、玫瑰、大花茉莉；后调为檀香木、琥珀、麝香。

参考价格：¥470 / 40ml EDT

2012

幻夜

Boss Nuit Pour Femme

此款香水并不针对特定人群与气味，却迎合了女性多方面的生活需求因而更值得收藏。黑色瓶身设计如同仿照一条圆滑的黑色连衣裙，金色装饰条是女子颈上的金属项链。简洁极致的线条却有淡淡的奢华感，精简却极具诱惑。前调为白桃、醛类；中调为茉莉、紫罗兰；后调为苔藓、檀香。

参考价格：¥740 / 50ml EDT

2010

午夜绅士　Boss Bottled Night

立体玻璃的瓶身搭配从底部延伸至黑色金属瓶盖的雾面深蓝色条纹，呈现出神秘感。尤其是所创新调配的蔷薇木质香调，将男性魅力香气在香调上发挥到最极致，前调以及中调由白桦叶以及小豆蔻组合而成。后调则是混合着浓郁的木质以及麝香调。

参考价格：¥610 / 50ml EDT

2010

真橙释放　Boss Orange Man

瓶身设计以坚固而稳重的方形结构，配以六层水晶块堆叠造型打造出男性坚定的阳刚气质。香草调，含有苹果、温暖的乳香、舒逸的香草和布宾加木的气息。国际著名影星奥兰多·布鲁姆担任此款香水代言人。特别适合都市自由乐观的型男使用。

参考价格：¥480 / 40ml EDT

2012

自信运动

Boss Bottled Sport

此款香水极具阳刚之气，既清新又带刺激性，是不容错过之选。香水瓶身包装延续自信男香的经典设计，雾面瓶身描绘其利落、清新的风格。前调为葡萄柚、醛类；中调为薰衣草、豆蔻；后调为香根草。

参考价格：

¥850 / 100ml EDT

2013

迷晨 Boss Jour Pour Femme

迷晨与幻夜香水的完美搭配，为女性提供了从早到晚的香水选择。花香调香水。时尚而质轻的瓶身配上典雅的水晶瓶盖，瓶身用一条金色的缎带装饰，增添了华贵感。奥斯卡影后格温妮丝·帕特洛为此款香水代言。前调为青柠和葡萄柚花；中调为白色花朵、小苍兰、金银花和铃兰；后调为桦木和琥珀。

参考价格： ￥740 / 50ml EDP

收藏系列织锦与乌得琴

BOSS The Collection Damask Oud

胡戈·波士顶级男香收藏系列发售的第 6 款古龙水，只在高档百货店及胡戈·波士专卖店发售。此款古龙水使用顶级原料制成，前调为白胡椒、藏红花；中调为玫瑰、香料味；后调为雪松、愈疮木、纸莎草。

参考价格： ￥850 / 50ml EDC

寻香名店

北京 西单大悦城·东方新天地·当代商城·百盛购物中心·乐天银泰·双安商场

上海 港汇中心·环贸广场·恒隆广场·第一八佰伴

沈阳 恒隆广场

藏·香·年·谱

推出时间	名称		类别	推出时间	名称		类别
1985	Boss Number One	波士 1 号	男香	2009	Boss Orange	橙色橙钻	女香
1987	Boss Sport	运动	男香	2009	Femme L´Eau Fraiche	悠柔光采	女香
1989	Boss Spirit	精神	男香	2009	Hugo By Karim Rashid	优客卡里姆拉·希德设计版	男香
1994	Boss Elements	自然力	男香	2010	Boss Orange Celebration Of Happiness	欢乐	女香
1995	Hugo Man	优客男士	男香	2010	Boss Bottled Night	午夜绅士	男香
1997	Hugo Woman	优客女士	女香	2010	Boss Orange Sunset	日落	女香
1997	Boss Elements Aqua	水珠	男香	2011	Boss Orange Man	真橙释放	男香
1998	Boss Bottled	自信	男香	2011	Hugo Just Different	优客颠覆	男香
1999	Hugo Dark Blue	深蓝男士	男香	2011	Boss In Motion Orange Made For Summer	炫橘动感	男香
2000	Boss Woman	波士女士	女香	2011	Boss The Collection Cashmere & Patchouli	收藏系列羊绒与广藿香	男香
2001	Deep Red	深红	女香	2011	Boss The Collection Cotton & Verbena	收藏系列棉花与马鞭草	男香
2002	Baldessarini	波帝萨里尼	男香	2011	Boss The Collection Silk & Jasmine	收藏系列丝绸与茉莉	男香
2002	Boss In Motion	动感	男香	2011	Boss The Collection Velvet & Amber	天鹅绒与琥珀	男香
2003	Boss Intense	悸动	女香	2011	Boss The Collection Wool & Musk	收藏系列羊毛与麝香	男香
2004	Boss Intense Shimmer Edition	悸动亮晶晶限量版	女香	2012	Boss Nuit Pour Femme	幻夜	女香
2004	Boss In Motion Blue	水蓝动感	男香	2012	Boss Bottled Sport	自信运动	男香
2005	Boss In Motion Green	绿光动感限量版	男香	2012	Boss Orange Charity Edition	橙色善举	女香
2005	Boss Soul	灵魂魅惑	男香	2012	Boss Orange Man Charity Edition	橙色善举男士	男香
2006	Boss Selection	波士精选	男香	2013	Boss Orange Eau De Parfum	橙色 EDP 版	女香
2006	Boss In Motion Black	黑色动感	男香	2013	Boss Orange For Man Feel Good Summer	橙色美好感觉夏季版	男香
2006	Femme	风尚	女香	2013	Boss The Collection Damask Oud	收藏系列织锦与乌得琴	男香
2006	Pure Purple	紫色狂想	女香	2013	Boss Jour Pour Femme	迷晨	女香
2007	Hugo XX	爱火	女香	2013	Hugo Red	极度新鲜	男香
2007	Hugo XY	爱火男士	男香	2014	Boss Ma Vie Pour Femme	我的生活	女香
2007	Essence De Femme	风华	女香	2014	Boss Nuit Pour Femme Intense	幻夜浓情	女香
2007	Boss In Motion Edition IV	第四版动感	男香	2014	Hugo Boss Unlimited	无极限	男香
2008	Hugo Spray	优客 2008 版	男香	2015	Boss Bottled Intense	自信极致	男香
2008	Boss Pure	澄劲	男香	2015	Boss Bottled Oud	乌木	男香
2008	Hugo Energize	能量	男香	2015	Boss Jour Pour Femme Lumineuse	晨曦女士天之光	女香
2009	Hugo Create Limited Edition	创建限量版	男香	2015	Boss The Scent	气息	男香
2009	Hugo XX Summer Edition	爱火夏日版	男香	2015	Hugo Woman Eau De Parfum	优客妇士 EDP 版	女香
2009	Hugo XY Summer Edition	爱火男士夏日版	女香	2016	Boss Ma Vie Pour Femme Intense	我的生活女士极致	女香
2009	Boss In Motion White	酷白动感限量版	男香	2016	Hugo Extreme	优客极致	男香
2009	Boss Element	优客元素	男香	2016	Hugo Woman Extreme	优客女士极致	女香

Issey Miyake
三宅一生

ISSEY MIYAKE

三宅一生总在有意或者无意间，将香水提升到哲理的高度，以最为简单的元素表现出最为惊人的创意。香水对于三宅一生来说是一个里程碑般的存在，他主张香水也不应该加入太过复杂的味道让它被玷污，他希望人们从他所创作的香水中体味得到水的芬芳。因为香水，他才被人们重新定义为“极简大师”。

品牌最出名的香水当然是1992年推出的一生之水女香，三宅一生为数不多的香水作品都以具有禅意和哲学思考的瓶身设计见长。女香多用花香和木香作为主调，男香主打广藿香。三宅一生想用香水表达出的是：女性柔软的内心和男性有条不紊的个性。虽然三宅一生香水的名字都用相当优雅的法语来命名来包装，但实质上，内里完全是日本底蕴。

镇店名香

一生之水女士EDT版
L'Eau D'Issey Eau De Toilette

一生之水以其独特的瓶身设计而闻名，在菲菲奖的香水盛会上，一举夺得女用香水最佳包装奖，还分别在纽约、巴黎等地获得各项大奖。清新花香调，前调为睡莲、玫瑰、鸢尾；中调为芍药、牡丹、百合、康乃馨；后调为水果花、月下香、木犀兰。

参考价格：¥790 / 50ml EDI

一生之水男版 L'Eau D'Issey Pour Homme

三宅一生推出的第一款男香。瓶身采用有张力的磨砂玻璃和不锈钢的组合。不仅折射出阳光穿过水的光影魅力，还折射出大师对美、自由及生存的观点与真我的风采，具有神秘的东方色彩。前调为日本柚子；中调为肉豆蔻；后调为烟草、琥珀、白檀。

参考价格：¥860 / 125ml EDT

一生之火 Le Feu D'Issey

作为限量版于1998年上市，香水的调香师是大名鼎鼎的雅克·卡瓦里埃。在这款香水中三宅一生彻底摒弃和颠覆了20世纪的香水制作传统，独创了属于21世纪的工艺。东方木质调，融汇甜美的花卉木本与浓郁的东方气息，让这一款如火焰般激情的芳香散发着浓浓的暧昧与柔情。

参考价格：¥2 450 / 75ml EDT

收藏优选

2000

一生之光　Le Feu D'Issey Light

第一次将琥珀、内酯和乳香相结合，创造出全新的乳香琥珀调香水。最先进的合成材料PCTA Waterclear创造出透明效果，使温暖、明亮的红色若隐若现。瓶子内部有精致切面的锥体能增加光的折射率。创造的“弹出式”结构，以按钮来控制香水喷雾。没有瓶塞和任何限制非常别致。

参考价格：￥1 780 / 50ml EDT

2001

一生之月　Lune D'Issey

由上向下逐渐渐变的深蓝色锥状瓶，充分展现了女性神秘浪漫的性感气质。花香调，前调为玫瑰、含羞草、八角茴香；中调为桂花、牡丹；后调为麝香、天芥菜。

参考价格：￥900 / 100ml EDT

一生之日　Soleil D'Issey

亮橘色锥状瓶表现了女性特质中的明亮与活泼，与一生之月女香相映成趣，值得入手收藏。花香绿色调，前调为奈若利橙花、小苍兰、柠檬；中调为沙巴茉莉、蜂蜡、紫罗兰、铃兰、玫瑰；后调为麝香、檀木。

参考价格：￥900 / 100ml EDT

2007

英腾　L'Eau D'Issey Pour Homme Intense

一生之水男士香水2007年的限量版。调香师雅克•卡瓦里埃个人很推崇的男香，前调为橘子、佛手柑、柚子和橘子；中调为蓝莲花、樟脑、豆蔻、肉桂和藏红花、肉豆蔻；后调为琥珀、安息香、纸莎草。

参考价格：￥630 / 75ml EDT

2008

一生之水仓俣史郎

L'Eau D'Issey Extract Edition Shiro Kuramata

为了纪念在三宅一生公司工作的日本著名设计师仓俣史郎而调制的花香调限量版香水，全球限量发售2 500瓶，并有对应编号。香水延续了东西方传统香水的制造工艺，融汇入莲花与玫瑰的优雅芳香，瓶身以独特而简约的正方体结构设计，使用高新的技术将如水滴般的玻璃瓶身镶入正方体中。

参考价格：￥2 020 / 20ml EDT

2004

蓝色一生之水

L'Eau Bleue D'Issey Pour Homme

为了庆祝一生之水男香上市10周年推出的限量版本，获得2005年菲菲奖最佳男士香水包装奖。前调为迷迭香、柠檬、橘子和橙木；中调为柏树、姜、杜松子、粉色胡椒和薰衣草；后调为檀香、琥珀、广藿香、北非雪松和栎扁枝衣。符合知性男人的高贵品味。

参考价格：￥340 / 75ml EDT

2008

一生之水瀑布仙境男女对香

L'Eau D'Issey Pour L'Été 2008

一生之水2008夏季限量版，整体风格比原版更加清澈轻盈。女香为花香调，成分选用了玫瑰、梨、牡丹、康乃馨和桂花。适合夏日使用，整体风格很具清凉感。男香为芳香调，香水成分选用了橘子、豆蔻、鼠尾草、琥珀。

参考价格：女香￥650 / 100ml EDT

男香￥650 / 125ml EDT

2009

气息 EDT 版

A Scent by Issey Miyake Eau De Toilette

充满绿叶、花香和木质的香调。以玻璃砖的造型呈现的瓶身及由纸质制成的包装,以及运用独有的高科技制造技术，刻在瓶身内壁的 Logo 呈现鲜明的设计感。前调为柠檬、马鞭草；中调为茉莉、风信子；后调为弗吉尼亚雪松、白松香。

参考价格：￥760 / 50ml EDT

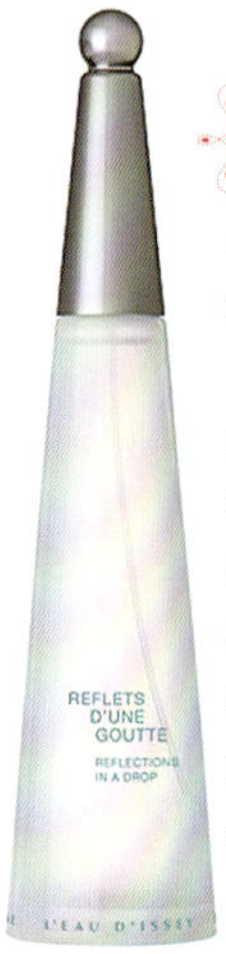

2008

一生之水露之影

L'Eau D'Issey Reflections In A Drop

一生之水女香 2009 年的限量版，三宅一生与调香师阿艾伯特•莫瑞拉斯和包装设计大家马修•雷汉尼尔两位艺术家的合作的成功作品，镂空包装干净、洁白、和镂空的设计，沿袭了三宅一生的简约风格。

参考价格：￥590 / 50ml EDT

2010

一生之水花之木裳男女对香

L'Eau D'Issey Bois 2010

三宅一生与 BPI 公司在 2010 年连手推出的限量版男女对香。瓶身古朴自然，堪称值得收藏的艺术品。女香含有雪松、小苍兰、含羞草、玫瑰和琥珀。男香为木质海洋调，调香师是雅克•卡瓦里埃。前调为香菜、丝柏、橘子、龙蒿、柚子、柠檬马鞭草、鼠尾草、佛手柑、柠檬；中调为肉豆蔻核仁、木犀草、锡兰肉桂、波旁老鹤草、藏红花、铃兰、蓝色荷花；后调为塔希提香根草、麝香、檀木、雪松。

参考价格：女香￥1 280 / 75ml EDT

男香￥1 000 / 100ml EDT

2011

一生之水夏日珊瑚男女对香

L'Eau D'Issey Pour L'Été 2011

一生之水 2014 年夏季限量版。以让人产生冰凉感的冰蓝色瓶身示人，让人如同感觉置身于海底世界，伴着和暖的阳光，探索海底的珊瑚美景。女香为水生花香调香水，前调为玫瑰花水、梨；中调为牡丹、康乃馨；后调为桂花、香木。男香前调为柚子、柑橘；中调为小豆蔻、鼠尾草；后调为香根草与龙涎香。

价格请店洽 EDT

一生之水极致黑金男女对香

L'Eau D'Issey Noir Absolu 2010

一生之水 2010 年圣诞限量男女对香版。保留了一生之水经典造型。神秘的黑色瓶身又彰显了香水高贵的风范。女香为花香调，前调为桂花；中调为茉莉，百合；后调为木香，琥珀。男香为木质香料调，成分选用了橘子、喀什米尔木、琥珀、肉桂、肉豆蔻核仁。

参考价格：女香￥755 / 50ml EDP

男香￥900 / 100ml EDT

2011

一生之花 L'Eau D'Issey Florale

重新演绎了女性美的两大时尚特征：玫瑰与粉红色。半透明的玻璃表面，镀上淡粉红的光釉，加添一抹柔和妩媚的气质。采用新颖的萃取法提炼而成，全面保存含蓄花香的细致感觉。散发着娇嫩的玫瑰花瓣和绿叶的温柔香味，含有玫瑰、百合和木质香精华。

参考价格：￥1 040 / 90ml EDT

2012

一生之水绿洲风情男女对香

L'Eau D'Issey Pour L'Été 2012

一生之水 2012 夏季限量版，融合了鲜花及水产元素，中国限量 600 瓶。有别于一生之水系列以往优雅的风格，这款香水更贴近自然，以“流水、沙漠、绿洲”为外型设计灵感。男版同步推出，可作为情侣香收藏。

价格请店洽 EDT

2013

褶皱花悦清新版 Pleats Please L'Eau

瓶身借用了潮流大热 Baobao 手袋系列的多切面设计，形成凹凸交错效果，瓶盖形如花萼，象征纯净的白花及“三宅褶皱”的特别布料。前调为野玫瑰；中调为保加利亚玫瑰、粉红胡椒、橙花油；后调为白麝香、广藿香和雪松。

参考价格： ¥370 / 30ml EDT

一生之水果漾乐园男女对香

L'Eau D'Issey Pour L'Été 2013

一生之水 2013 夏季限量版，调香师为艾伯特·莫瑞拉斯。女香为花果香调，前调为粉葡萄柚、荔枝；中调为番石榴、西番莲果、花香；后调为香草、稀有木质，适合充满活力的年轻女子使用。男香为芳香果味调的男用香水，前调为奇异果、葡萄柚、香菜；中调为菠萝、肉豆蔻核仁；后调为香根草、丝柏，接受度高，适合收藏。

参考价格：女香 ¥900 / 100ml EDT

男香 ¥800 / 125ml EDT

褶皱花悦极致 2013 圣诞限量版

Pleats Please L'Elixir Edition Noël 2013

褶皱花悦系列 2013 年圣诞推出的限量版香水。香调中含有宝石切面般的不规则瓶身，更是设计师的得意之作，极具收藏价值。

价格请店洽 EDP

2014

一生之水海洋之星男女对香

L'Eau D'Issey Pour L'Été 2014

一生之水 2014 年夏季限量版。用多汁的水果，积极的草本香味，以及水漾气息和珍贵的木质构建了一种让人喜悦的味道。女香含有葡萄柚、西番莲果，番石榴和荔枝，以及海洋元素、珍贵木质元素的香味。男香含有奇异果、菠萝，以及葡萄柚、肉豆蔻、香根草的味道。适合男士在日常休闲时使用。

价格请店洽 EDT

2015

褶皱盛放 Pleats Please In Bloom

限量版，花果香调，前调为覆盆子、荔枝；中调为玫瑰、牡丹；后调为广藿香、白麝香、雪松。风格妩媚，适合日常使用，可以为女性增添柔美气质。

价格请店洽 EDT

金花之夜 L'Eau D'Issey Absolue

一生之水 2013 年的限量版，延续一生之水的经典，仍以花香作为主要香调。但特别注入甜美的蜂蜜和雅致的夜茉莉，令香气层层缭绕，直至如融为花蜜一般，适合优雅、感性的女性。

参考价格： ¥890 / 50ml EDP

寻香名店

北京 新光天地·君太百货·新世界百货

上海 太平洋百货·伊势丹百货·高岛屋百货

南京 南京商厦·东方商城

香港 连卡佛时代广场店

澳门 新八佰伴百货

藏·香·年·谱

推出时间	名称		类别	推出时间	名称		类别
1992	L´Eau D´Issey Eau De Toilette	一生之水女士 EDT 版	女香	2010	L´Eau D´Issey Pour Homme Pour L´Été 2010	一生之水奥赛德之夏男士	男香
1994	L´Eau D´Issey Pour Homme	一生之水男士	男香	2010	L´Eau D´Issey Fleur De Bois	一生之水花之木裳	女香
1998	Le Feu D´Issey	一生之火	女香	2010	L´Eau D´Issey pour Homme Edition Bois	一生之水花之木裳男士	男香
2000	Le Feu D´Issey Light	一生之光	女香	2010	L´Eau D´Issey Noir Absolu	一生之水极致黑金	女香
2001	Lune D´Issey	一生之月	女香	2010	L´Eau D´Issey Pour Homme Noir Absolu	一生之水极致黑金男士	男香
2001	Soleil d`Issey	一生之日	女香	2011	L´Eau D´Issey Pour L´Été 2011	一生之水夏日珊瑚	女香
2002	L´Eau D´Issey Lumieres D´Issey	一生之水水光之恋	女香	2011	L´Eau D´Issey Pour Homme Pour L´Été 2011	一生之水夏日珊瑚男士	男香
2002	L´Eau D´Issey pour Homme Lumieres D´Issey	一生之水水光之恋男士	男香	2011	A Scent Soleil de Néroli	气息阳光橙子	女香
2004	L´Eau Bleue D´Issey Pour Homme	蓝色一生之水	男香	2011	L´Eau D´Issey Florale	一生之花	女香
2004	L´Eau D´Issey Summer Glimmer	一生之水夏夜曙光	女香	2011	L´Eau D´Issey Gold Absolute	金色之水	女香
2004	L´Eau D´Issey Pour Homme Summer Glimmer	一生之水夏夜曙光男士	男香	2011	L´Eau D´Issey Pour Homme Gold Absolute	金色之水男士	男香
2005	L´Eau D´Issey Pour L´Été 2005	一生之水光彩夺目	女香	2012	L´Eau D´Issey Pour L´Été 2012	一生之水绿洲风情	女香
2005	L´Eau D´Issey Pour Homme Pour L´Été 2005	一生之水光彩夺目男士	男香	2012	L´Eau D´Issey Pour Homme 2012	一生之水绿洲风情男士	男香
2005	Eau De Parfum With Holiday Decor	一生之水夏日女士	女香	2012	L´Eau D´Issey Pour Homme Sport	一生之水男士运动版	男香
2006	L´Eau Bleu D´Issey Eau Fraîche	一生之水清凉蓝色男士	男香	2012	Pleats Please	褶皱花悦	女香
2006	L´Eau D´Issey Eau De Parfum 2006	一生之水 EDP 版	女香	2012	Pleats Please Eau De Parfum	褶皱花悦 EDP 版	女香
2006	L´Eau D´Issey Pour L´Été 2006	一生之水仲夏午后	女香	2012	Pleats Please L´Elixir	褶皱花悦极致版	女香
2006	L´Eau D´Issey Pour Homme Pour L´Été 2006	一生之水仲夏午后男士	男香	2013	L´Eau D´Issey Pour L´Été 2013	一生之水果漾乐园	女香
2007	L´Eau D´Issey Pour Homme Intense	英腾	男香	2013	L´Eau D´Issey Pour Homme Pour L´Été 2013	一生之水果漾乐园男士	男香
2007	L´Eau D´Issey Une Goutte Sur Un Petale	一生之水花瓣飘零	女香	2013	Pleats Please L´Eau	褶皱花悦清新版	女香
2007	L´Eau D´Issey A Drop On A Petal	一生之水花与露	女香	2013	Pleats Please Eau De Parfum 2013	褶皱花喜悦 EDP 2013 版	女香
2007	L´Eau D´Issey Pour L´Été 2007	一生之水夏意漾然	女香	2013	Pleats Please L´Elixir Edition Noë 2013	褶皱花悦极致 2013 圣诞限量版	女香
2007	L´Eau D´Issey Pour Homme Pour L´Été 2007	一生之水夏意漾然男士	男香	2014	L´Eau D´Issey Lotus	一生之水莲花	女香
2008	L´Eau D´Issey Extract Edition Shiro Kuramata	一生之水仓俣史郎	女香	2014	L´Eau D´Issey Pour L´Été 2014	一生之水海洋之星	女香
2008	L´Eau D´Issey Reflections In A Drop	一生之水露之影	女香	2014	L´Eau D´Issey Pour Homme Pour L´Été 2014	一生之水海洋之星男士	男香
2008	L´Eau D´Issey Pour L´Été 2008	一生之水瀑布仙境	女香	2014	L´Eau D´Issey Pour Homme Sport Mint	一生之水男士运动薄荷	男香
2008	L´Eau D´Issey Pour Homme Pour L´Été 2008	一生之水瀑布仙境男士	男香	2014	L´Eau D´Issey Pour Homme Yuzu	一生之水柚子	男香
2009	A Scent by Issey Miyake Eau De Toilette	气息 EDT 版	女香	2014	Nuit D´Issey	努特	男香
2009	L´Eau D´Issey Pour L´Été 2009	一生之水盛放	女香	2015	L´Eau D´Issey City Blossom	一生之水城市之花	女香
2009	L´Eau D´Issey Pour Homme Pour L´Été 2009	一生之水盛放男士	男香	2015	Pleats Please In Bloom	褶皱盛放	女香
2009	L´Eau D´Issey Ettore Sottsass Edition	一生之水艾托雷索特撒斯	女香	2015	L´Eau D´Issey Pour L´Été 2015	一生之水缤纷夏日	女香
2009	L´Eau D´Issey Une Goutte De Nuage	一生之水云之印	女香	2015	L´Eau D´Issey Pour Homme Pour L´Été	一生之水缤纷夏日男士	男香
2010	A Scent by Issey Miyake Eau De Parfum	气息香水	女香	2015	Nuit D´Issey Parfum	努特香精	女香
2010	L´Eau D´Issey Pour L´Été 2010	一生之水奥赛德之夏	女香	2015	Nuit D´Issey Austral Expedition	努特南国远征男香	男香

Jaguar
捷豹

捷豹自 1922 年在英国成立以来，以 90 多年的历史享誉全球并获一致的肯定，全球 350 辆顶级限量捷豹手工房车更加证明了它的尊贵与荣耀。

20 世纪 80 年代中期，为满足捷豹品牌拥护者的需求，捷豹集团总裁华特·福雷心中浮起造就高品质服饰与香水的念头。凭借着世界排名第 17 名的高知名度，从而引伸出捷豹的系列产品：香水系列、皮件系列、服饰系列、休闲服系列、高尔夫系列。1988 年捷豹推出了第一款品牌同名的男性香水，一经上市便深得男士欢心，清新的气息，让男人在用速度与时间赛跑的同时，也能够细细品味传统与创新的兼容并蓄。而后推出的金色经典和黑爵更是不得不提的经典香水。

不断勇于创新赋予捷豹更激情的翅膀，不仅一如既往地延续了它的成熟稳重，且在时尚领域崭露头角。严谨的工艺和独树一帜为上流社会人士带来有如王室般的享受，使其迅速风靡整个欧洲。

镇店名香

捷豹　Jaguar

这款为男士而设计的馥奇调香水，丰盈辛辣，时尚而又带有丝丝烟熏味，增添男士的优雅迷人气息。前调为薰衣草、佛手柑、柑橘、罗勒、百里香和栀子花；中调为檀香、雪松、广藿香、肉豆蔻和康乃馨的浪漫花香；后调为麝香、烟草、皮革、龙涎香和蕨类植物的清爽稳重木质香气。搭配符合品牌形象的墨绿色，香水融入了迷人又典雅的气息，适合每个品味卓越且享有成就的男士。

参考价格：￥630 / 100ml EDT

金色经典　Classic Gold

男士适用的果香木质调香水，清爽怡人，带着果汁的诱人味道。前调为苹果、酸橙与佛手柑。中调转为橙花与柚木；后调为广藿香、香草与麝香。

参考价格：￥590 / 100ml EDT

黑爵　Classic Black

这是一款充满活力与能量的香水，独特有个性的男人味，适合对生活积极、有行动力的男人。黑爵延续尊爵男香迷人简洁的流线形瓶身，运用暗黑色调，和银色的边缘结构有强烈的视觉对比。

参考价格：￥630 / 100ml EDT

收藏优选

2002

非凡　Performance

作为品牌旗下第三款男性香水，非凡男香的瓶身设计明显地将有权利象征的跳跃美洲豹以充满阳刚、力量及高雅的感觉融入瓶身。以清爽的柑橘为前调；中调融糅了鼠尾草、紫罗兰叶的舒爽；麝香和薰草豆融合的温暖后调更让非凡男香清新出众。

参考价格：￥520 / 75ml EDT

2006

清新对香　Fresh

捷豹品牌在2006推出此款对香，男香味道浪漫欢愉，带来令人难忘的美好印象。带有柑橘花、玫瑰及其他花卉精华，完美适合日间使用。而女香则适合热爱自然的女士使用，混合丰富高贵的果香和花香。前调为葡萄柚、西瓜、凤梨、红莓、薄荷、柠檬、香梨；中调为百合、紫罗兰、番茄叶；后调为香草、琥珀、麝香。

参考价格：男香￥630 / 100ml EDT　**女香**￥740 / 100ml EDT

2009

威名精神　Prestige Spirit

新都市男士适用的东方馥郁香水。利落、香甜、性感、迷人。前调为黑加仑、柚子与苹果；中调为檀香、雪松与麝香；后调为香豆、龙涎香、橡苔与巴西玫瑰木。

参考价格：￥700 / 100ml EDT

2010

愿景　Vision

这款经典木质男士淡香水，灵感来自捷豹2010 XJ汽车。味道充满活力、迷幻、诱人的感受。前调为菠萝、柠檬、柚子和小豆蔻；中调为广藿香、苹果和白扁柏；后调为麝香、零陵香豆、龙涎香和巴西红木。

参考价格：￥630 / 100ml EDT

2008

威名　Prestige

威名男香以品牌最新型的汽车外型作为瓶身的设计概念，表现出阳刚的男子气概，却又不失利落及优雅风范。让人感受到捷豹品牌背后隐藏的贵族独有的尊贵气质。前调含有佛手柑、柠檬、柑橘、冻梨香；中调有粉椒、肉豆蔻、黑椒、金缕梅叶香；最后混合了胡荽、檀香木、雪松木、香根草、麝香及广藿香。

参考价格：￥700 / 100ml EDT

捷豹女士紫色版

Jaguar Woman Purple Edition

捷豹紫色女士香水是一款现代女士适用的花香木质麝调香水。利落，高雅，富有魅力，散发女性气息。前调为柠檬和小苍兰；中调为鸡血石、茉莉与白花。后调为广藿香、檀香、麝香与香草。适用于各种场合。

参考价格：￥490 / 75ml EDT

2011

琥珀 Jaguar Classic Amber

东方馥奇调，前调为苦橙叶、葡萄柚、 橘子、粉红胡椒；中调为肉桂、苹果、榄香脂、胡椒、橙花；后调为香根草、麝香、劳丹脂、广藿香、雪松、香草、皮革、琥珀。

价格请店洽 EDT

2012

卓越 Excellence

这款男香味道利落甘甜，带着异国情调的温暖与迷人。初调为葡萄柚、柑橘与粉椒；中调为铃兰、鸢尾与橙花；后调为是香草、琥珀和零陵香豆。适合夜间或寒冷季节使用。

参考价格： ¥670 / 100ml EDT

2013

红色经典 Classic Red

男士适用的东方果味调香水，甜美、清爽，散发迷人气息。前调为覆盆子、蓝莓与佛手柑；中调为茉莉、胡椒与臭氧；后调为雪松、龙涎香、香豆与香草。

参考价格： ¥590 / 100ml EDT

进化 Evolution

馥奇调男香，前调为香柠、薄荷、橙子、罗勒；中调为快乐鼠尾草、小豆蔻、薰衣草、苹果；后调为琥珀、檀香木和麝香。

参考价格： ¥480 / 100ml EDT

2014

革新 Innovation

为男士而设的木质果香。时尚辛辣，带有性感的烟熏气息。前调为西柚、青苹果和佛手柑；中调为鸢尾、广藿香和雪松；后调为皮革、麝香和海洋香气。

参考价格： ¥580 / 100ml EDC

寻香名店

上海 百联百货•恒隆广场
香港 太古广场

藏·香·年·谱

推出时间	名称		类别	推出时间	名称		类别
1988	Jaguar	捷豹	男 香	2010	Jaguar Woman Ivory Edition	捷豹女士象牙版	女 香
1993	Miss Jaguar	捷豹小姐	女 香	2010	Fresh Energy	清新活力	男 香
1995	Jaguar Marc II	捷豹 II	男 香	2010	Jaguar Woman Purple Edition	捷豹女士紫色版	女 香
1998	Essentially	本质	男 香	2011	Jaguar By Lalique	水晶瓶	男 香
2002	Jaguar	捷豹	男 香	2011	Classic Amber	琥珀	男 香
2002	Performance	非凡	男 香	2011	Jaguar Crystal I	水晶 I	男 香
2004	Jaguar Women	粉领贵族	女 香	2012	Excellence	卓越	男 香
2006	Fresh Woman	清新女士	女 香	2013	Classic Gold	金色经典	男 香
2006	Fresh Man	清新男士	男 香	2013	Classic Motion	经典运动	男 香
2008	Prestige	威名	男 香	2013	Classic Red	红色经典	男 香
2009	Prestige Spirit	威名精神	男 香	2013	Evolution	进化	男 香
2009	Classic Black	黑爵	男 香	2014	Innovation	革新	男 香
2010	Vision	愿景	男 香	2015	Vision Sport	愿景运动	男 香

Jean Patou
让·巴度

JEAN PATOU

让·巴度品牌在1887年创建于法国的诺曼底。其旗下的品牌香水诞生于1930年，之后在2001年被P&G公司收购。1925年，让·巴杜首次推出香水，接着就是喜悦、让·巴度1000号、傲慢。让·巴度的香水以坚持每一瓶香水都是由最佳花材与精油制作而闻名于世，每一款让·巴度的香水都因此而成为经典。全世界只有两家香水公司拥有专业的调香师，让·巴度就是其中一家。

1930年推出的喜悦香水富丽堂皇，号称世界上最昂贵的香水，仅30毫升的香水，就需要至少10600朵茉莉和300多朵玫瑰。瓶身设计遵循了古希腊建筑“黄金分割”准则，整个瓶身看似简单，却隐隐透出高贵典雅的大气，堪称一件艺术品。喜悦香水自1930年起就始终是香水界的明星，使得一代又一代的女性为之倾倒，连诸多名流人士也不例外，当中就有朱莉亚·罗伯茨、杰奎琳·肯尼迪、伊丽莎白·泰勒、索菲亚·罗兰等。

镇店名香

喜悦　Joy

喜悦香水是由让·巴度公司推出的一款花香调女性香水。这款香水以精良的纯天然原料和悉心的法国手工工艺创作而成，香水的香调中萃取了10600朵茉莉、300多朵保加利亚玫瑰和格拉斯五月玫瑰的精油加以炼制，是世界上最昂贵的香水之一。喜悦女香表达出经济大恐慌下,世人重拾喜悦的渴望，幽雅的芳香冲淡了经济大萧条恐慌年代的紧张气息。

参考价格：¥970 / 30ml　EDP

1000号　Jean Patou 1000

1972年出品的这款香水，使用了大量的花材制成丰富的香水，有如是大量花香及香精所吹奏出的交响乐，弥漫着一种不可思议的性感香气，含有紫罗兰、茉莉等花香，让本来就感情丰富的女性更让人怜爱无比。此款香水包括EDP和EDT两个版本。

参考价格：¥1 200 / 75ml　EDT

傲慢　Sublime

傲慢是一款西普花香调女性香水，于1992年上市。这款香水灵感来自20世纪90年代的女性独立的生活观与自由自主的生活态度。为充满生机及热情女性而设。

价格请店洽　EDT

收藏优选

1995

旅行家 Voyageur

这款木质馥奇调男香，是让·巴度品牌专门为优雅绅士打造的一款香水。由清新的橙子和葡萄柚打开嗅觉，紧随薰衣草和鼠尾草带来的独特味道，最后是檀香木、橡木苔、雪松带来的令人舒适的后调。

价格请店洽 EDT

1998

玫瑰情话 Un Amour De Patou

这款清新花果调女香的前调选用醛、桃花心木、绿叶和香柠檬；中调选用茉莉、铃兰、玫瑰；后调则为浑厚的檀香木和麝香。瓶身采用花朵造型，粉嫩可人。适合 30 岁以下的年轻女孩日常使用。

参考价格： ¥410 / 30ml EDP

永恒 Patou For Ever

这款果香西普调女香瓶身设计简洁却不失趣味，亲密性感的香气，散发绝对的女人味，以木质调和香根草围绕着你，推荐浪漫场合使用。

参考价格： ¥650 / 50ml EDP

2002

愉悦 Enjoy

这款花香西普调香水甜而不腻的香味，散发着细致而活泼的气息。瓶身延续着喜悦的优雅方正瓶身，颜色配上湛蓝偏紫的色调，感觉更加年轻。从香味到瓶身设计，完全是以少女的甜美姿态打造。适合日常使用。

参考价格： ¥410 / 30ml EDP

2013

恒久喜悦 Joy Forever

献给个性鲜明的现代年轻女子。香调传承喜悦的五月玫瑰和茉莉，但这次加入了现代的香调。感觉更明亮且充满活力，更能显示自己的个性。适合各种场合，无论是白天或黑夜，是现代女子必备的香水。

参考价格： ¥1 325 / 75ml EDP

寻香名店

上海 久光百货

巴黎 9 Rue Saint-Florentin·20 Av. De L'opera·69 Rue Du Rocher·50 Rue Pierre Charron·3 Rue Helder

图卢兹 5 Rue John Fitzgerald Kennedy

巴斯蒂亚 45 Boulevard Paoli

波尔多 10 Bis Allee De Tourny

藏·香·年·谱

推出时间	名称		类别	推出时间	名称		类别
1925	Adieu Sagesse	告别理性	女香	1992	Sublime	傲慢	女香
1925	Amour Amour	爱慕	女香	1994	Patou Pour Homme Prive	同名男士私家收藏版	男香
1925	Que Sais-Je?	我知道什么?	女香	1995	Voyageur	旅行家	男香
1927	Chaldée	沙尔	女香	1998	Patou For Ever	永恒	女香
1929	Le Sien	为了他	中性香	1998	Un Amour De Patou	玫瑰情话	女香
1929	Moment Supreme	巅峰时刻	女香	2001	Nacre	珍珠	女香
1929	Joy	喜悦	女香	2001	Paname	泛美	女香
1930	Cocktail Dry	干鸡尾酒	女香	2001	Hip	忧郁	女香
1930	Cocktail	鸡尾酒	女香	2002	Enjoy	愉悦	女香
1932	Invitation	邀请	女香	2006	Sira Des Indes	印度西拉	女香
1933	Divine Folie	神圣的疯狂	女香	2013	Jean Patou Eau De Patou	让·巴度之水	中性香
1935	Normandie	诺曼底	女香	2013	Chaldée	沙尔	女香
1936	Vacances	假日	女香	2013	Joy Forever	恒久喜悦	女香
1938	Colony	殖民地	女香	2013	Patou Pour Homme	同名男士香水	男香
1946	L´Heure Attendue	期盼时光	女香	2014	Joy Forever Eau De Toilette	恒久喜悦	女香
1956	Lasso	套索	女香	2014	Adieu Sagesse	告别理性 2014 版	女香
1961	Makila	马吉拉	女香	2014	Colony	殖民地 2014 版	女香
1964	Caline	可爱	女香	2014	Deux Amours	爱之双重奏	女香
1972	Jean Patou 1000	1000 号	女香	2014	L´Heure Attendue	期盼阳光 2014 版	女香
1976	Jean Patou Eau De Patou	让·巴度之水	女香	2014	Que Sais-Je?	我知道什么？ 2014 版	女香
1980	Patou Pour Homme	同名男士	男香	2014	Vacances	假日 2014 版	女香
1987	Ma Liberte	我的自由	女香	2015	Joy Collector Edition Eau De Parfum	喜悦 EDP 珍藏版	女香

Jean Paul Gaultier
高缇耶

让·保罗·高缇耶（简称高缇耶）的前卫、古典和奇风异俗混合的设计理念令人叹为观止。其旗下香水也有其独特的风格。高缇耶的香水持续带给人们各种惊奇，品牌的设计观点就认为香水的风格要更贴近人性，要体现女人和男人的真实特质，因此高缇耶香水瓶在设计上多以“人体”线条来代表男人和女人的特质。

1993 年，高缇耶公司第一款香水裸女经典的推出，宣布了高缇耶香水时代的到来，也促使了往后的十几年间裸女经典香水系列的不断完善和推出。而其裸男系列香水、易碎品香水在香水迷心中的地位也不遑多让，其以华丽、感性的东方调，深获时尚尖端族群的喜爱。

镇店名香

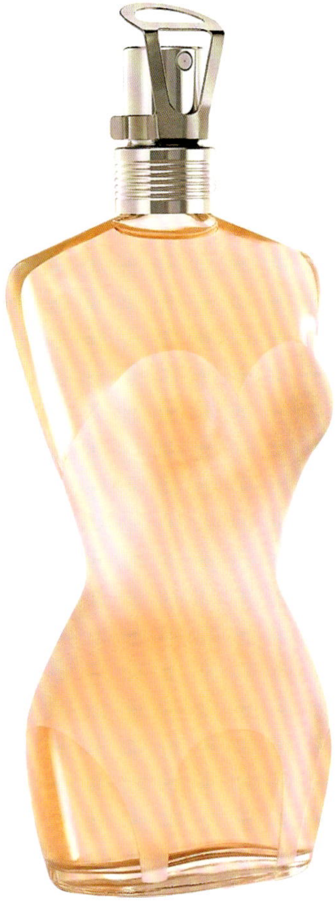

裸女经典　Classique

高缇耶公司旗下的第一款香水，至今影响依然深远，后续的版本的造型基本都是在其基础上演变的。调香师为著名的雅克·卡瓦里埃。东方花香调，前调为橙花、橘子、八角茴香、梨、玫瑰、佛手柑；中调为鸢尾、生姜、李子、兰花、依兰、晚香玉；后调为琥珀、麝香、香草、肉桂、檀木。

参考价格：￥450 / 50ml EDT

裸女经典 EDP 版　Classique Eau De Parfum

高缇耶经典的一款女香，也是著名的雅克·卡瓦里埃调制的。新包装蕾丝图案的瓶身，散发着浓重的女人味。东方花香调，前调为玫瑰酊剂、朗姆酒；中调为水仙、香草兰；后调为香草、琥珀、零陵香豆、檀木。

参考价格：￥850 / 100ml EDP

易碎品　Fragile

高缇耶香水中最适合用在派对场合中的一款。瓶身设计极为精巧，瓶盖被设计成闪耀金色光芒的雪花水晶球，非常别致。花香调，前调为意大利蜜橘、香菜、生姜、突尼斯橙花、佛手柑、八角茴香、保加利亚玫瑰；中调为康乃馨、晚香玉、鸢尾、茉莉、印度生姜、依兰、玫瑰；后调为琥珀、肉桂、麝香、香草、雪松。

参考价格：￥580 / 25ml EDP

高缇耶 2 号　Gaultier 2

高缇耶旗下第一款中性香水，入围了菲菲奖 2007 年最佳中性香水，是两性更别致的共享型香水，也是高缇耶香调回归传统之作。瓶身设计巧妙，在瓶身背后特殊琥珀色磁铁的牵引下，就可将两瓶香水吸附在一起。东方香草调，该款香水成分中选用了琥珀、麝香、香草。

参考价格：￥1 050 / 120ml EDP

裸男　Le Mâle

裸男推出时将横霸法国男香排行榜冠军 40 年的迪奥清新之水从冠军宝座上拉了下来，至今仍持续热销。东方森林调，前调为艾蒿、薰衣草、薄荷、佛手柑、豆蔻；中调为香芹籽、橙花、肉桂；后调是檀木、零陵香豆、琥珀、香草、雪松。

参考价格：￥650 / 75ml EDT

收藏优选

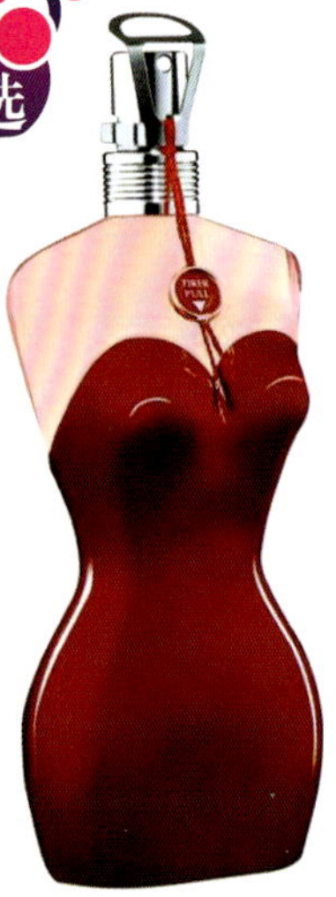

2001

中国旗袍　Classique La Robe Chinoise

将最能体现东方女性优雅的旗袍元素融入香水瓶身的设计中，中国红的鲜艳增添了此款香水的魅惑之美，在高缇耶的女香中独树一帜，非常值得入手收藏。东方花香调，前调为橘子、橙花、八角茴香、梨、玫瑰；中调为兰花、生姜、鸢尾、依兰、李子；后调为琥珀、香草、麝香。

价格请店洽 EDT

2006

裸女秋冬版　Classique Autumn Winter

高缇耶在 2006 年秋冬季推出的一款限量版香水，瓶身束衣图案的花色与季节非常协调，整体风格优雅高贵，是高缇耶限量版中比较难寻的一款。东方花香调，前调为玫瑰、八角茴香；中调为非洲橙花、生姜；后调为香草、琥珀。

价格请店洽 EDP

2007

纯白　Fleur Du Mâle

男士花香香水。为纪念现代派诗人波德莱尔而设计，香水名也取自其著名长诗《恶之花》。此款男香在欧洲格外受欢迎，常被用于女香及中性香的香橙花被大量用于该款香水中。馥奇芳香调，前调为苦橙叶；中调为橙花油；后调为甘菊、罗勒。

参考价格： ¥700 / 75ml EDT

2008

我爱　Ma Dame

内嵌裸女图案的工艺设计非常先进，无论是香水瓶身还是香调都打破了传统的裸女香水优雅端庄的格调，以更为年轻的青春气质，呈现出简约、现代、明媚之感，更适合年轻女性使用。花香调，前调为橙；中调为玫瑰、石榴浆；后调为麝香、雪松。

参考价格： ¥650 / 50ml EDT

高缇耶 2 号爱慕　Gaultier 2 Eau D'Amour

高缇耶 2008 年情人节推出的限量版中性香水，粉色雾面玻璃瓶身，展现两个彼此相吸的心形吸铁图案，心心相印是合二为一的独创设计，代表彼此吸引、彼此渴望。东方香草调，成分选用香菜、琥珀、橘子、麝香和香草。

参考价格： ¥500 / 60ml EDT

2008

圣母摇滚玫瑰　Ma Dame Rose'N' Roll

限量版香水，在包装设计上将摇滚意念放大，以黑胶唱片的设计元素进行点缀，极具现代感，非常适合热情开朗的女性日常使用。花果香调，前调为橙；中调为石榴、玫瑰；后调为麝香、雪松。

参考价格： ¥600 / 50ml EDT

2010

我爱 EDP 版　Ma Dame Eau De Parfum

香水的瓶身设计由著名的经典香水裸女演变而来的，同时延续了我爱 EDT 版女香的设计风格，香调更为浓郁。西普花香调，前调为粉色胡椒、橙；中调为广藿香、玫瑰；后调为麝香、弗吉尼亚州雪松。

参考价格：￥350 / 30ml EDP

坏男人　Le Mâle Terrible

正如该款香水的名字所暗示的，此款男香的味道独立而锐利，以澎湃的独特的味道挑逗人的感官。在高缇耶男香中因个性突出而备受香水迷喜爱。东方森林调，前调为葡萄柚、粉色胡椒；中调为薰衣草、香根草；后调为琥珀、香草。

参考价格：￥900 / 125ml EDT

裸女夏日经典 2010

Classique Summer 2010

沿用传统性感的香水瓶身设计，运用彩条的颜色搭配组合，突显了女性时尚、现代的一面。生动鲜艳的彩色条纹非常符合夏季的火热氛围，因此适合热情开朗的女性在夏季使用。花香调，前调为非洲橙花、阿马尔菲柠檬、克莱门氏小橘；中调为鸢尾、茉莉、依兰、铃兰、木质元素；后调为麝香、琥珀、香草。

参考价格：￥550 / 80ml EDT

2011

可可洛克　Kokorico

让-保罗•高缇耶以自己的侧面剪影作为可可洛克男香的香水瓶设计元素，让其在高缇耶的香水中占据特殊地位。黝黑的瓶身设计结合透视画风格、双面技法及变形特效，瓶身看似正在沉思的男性头部剪影，其头部后侧竟精巧重现高堤耶男香的经典性感曲线。木质调，前调为无花果叶；中调为可可；后调为香根草、雪松、广藿香。

参考价格：￥850 / 100ml EDT

银色裸女　Classique Silver My Skin

全新的香水瓶为亮粉色，金属色泽的香水瓶上布满粉色的文字，银色外盒，整体风格更为优雅。东方花香调，三调与原版一致。

参考价格：￥650 / 100ml EDT

裸女夏日经典 2011　Classique Summer 2011

裸女香水 2011 年夏季限量版，瓶身图案带有明显的图腾花纹的部落特色，香水散发花香、浪漫气息，充满叛逆个性色彩，那略黑的性感肌肤和上面图腾般的花纹引人注目。花香调，前调为非洲橙花、玫瑰；中调为茉莉、依兰；后调为麝香、香草。

参考价格：￥650 / 100ml EDT

2012

裸女经典 X 清新版　Classique X L'Eau

限量版香水。磨砂瓶身如水晶般通透，黑色的 X 标记为瓶身增添神秘美，而香水以更清新的淡香演绎轻柔细腻的性感。花香调，前调为橙花油、佛手柑；中调为香橙花、牡丹；后调为香草、鸢尾根。

参考价格：￥750 / 100ml EDT

斗剑者

Le Mâle Gladiator

创作的灵感源自古罗马帝国的盔甲，高缇耶巧妙的创作，把古典和现代男人的勇敢连接在一起。以骑士精神和强壮的"阿多尼斯（古希腊神话的美少年）"为创意设计的香水瓶身设计相当别致，香水瓶身采用蓝色的毛玻璃制成，盔甲为灰色金属，极具收藏价值。东方森林调，前调为薄荷；中调为薄荷、薰衣草；后调为香草、零陵香豆、琥珀。

价格请店洽　EDT

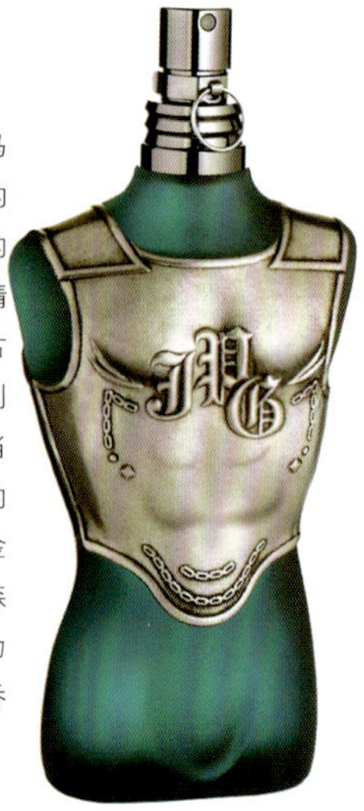

2013

美丽束身胸衣　Classique Belle En Corset

这款女香是裸女香水的 20 年限量收藏版，香水瓶身雕刻出漩涡形状的束身胸衣的工艺让人叹为观止，从外盒到瓶身，汇聚了高缇耶历年来的时尚元素。东方花香调，三调与原版没有明显差异。

价格请店洽　EDT

裸男 2014 夏日版　Le Mâle Summer 2014

限量版香水。与裸女夏日经典 2014 女香组成男女对香，瓶身上的索具与船锚图案彰显了此款男香的的狂野和自由气质。芳香森林调，前调为薰衣草、薄荷、豆蔻；中调为草、绿叶；后调为檀木、麝香、香草。

参考价格：￥550 / 125ml EDT

2014

裸女夏日经典 2014　Classique Summer 2014

限量版香水。瓶身及金属罐的外观完美传递出海底世界的氛围。瓶身图案为悠游在海里，令人无法抗拒的人鱼。构思相当奇妙，极具夏季香水的特色。东方花香调，前调为柠檬、橘子、玫瑰、橙花和克莱门氏小橘；中调为沙巴茉莉、依兰、白色鸢尾和铃兰；后调为香草纯香、琥珀和麝香。

参考价格：￥550 / 100ml EDT

裸女经典极致版　Classique Intense

由著名调香大师弗朗西丝·库尔吉安调制，该款香保留了百分之四十原版裸女的香味，而剩下的百分之六十则加入了新型的香味成分，这令香水风格更加活泼、馥郁、具有东方色彩。花香调，前调为佳雷花、石榴、美食元素；中调为橙花、玫瑰、茉莉；后调为广藿香、香草。

参考价格：￥1 400 / 100ml EDP

寻香名店

北京　新世界百货·汉光百货
上海　高岛屋百货·虹桥机场 T2 航站楼
香港　铜锣湾 SOGO

藏·香·年·谱

推出时间	名称		类别
1993	Classique Eau De Parfum	裸女经典 EDP 版	女香
1993	Classique	裸女经典	女香
1995	Le Mâle	裸男	男香
1997	Jean Paul Gaultier Summer	夏日香水	女香
1997	Classique L´Eau D´Eté	古典之水	女香
1998	Classique Robe Velours	天鹅绒礼服	女香
1999	Fragile	易碎品	女香
2001	Classique La Robe Chinoise	中国旗袍	女香
2001	Fragile Eau De Toilette	易碎品 EDT 版	女香
2003	Classique Summer 2003	裸女夏日经典 2003	女香
2003	Le Mâle Jean Paul Cool	清凉裸男	男香
2004	Classique L´Eau D´Eté Sans Alcohol	古典之水无酒精版	女香
2004	Le Mâle Eau D´Eté 2004	裸男 2004 版	男香
2005	Gaultier 2	高缇耶 2 号	中性香
2005	Classique Rock Star	摇滚之星	女香
2005	Classique Summer 2005	裸女夏日经典 2005	女香
2005	Classique Bien Roulee	曲线裸女	女香
2005	Classique Corset Couture	束身胸衣	女香
2005	Le Mâle Les D´Eté 2005	裸男 2005 夏日版	男香
2006	Classique Alcohol Free Summer Fragrance 2006	自由裸女夏日经典	女香
2006	Classique Autumn Winter	裸女秋冬版	女香
2006	Classique Prestige	珍贵	女香
2006	Le Mâle Kilt	短裙	男香
2007	Le Mâle Scuba Diver	潜水衣	男香
2007	Classique Summer 2007	裸女夏日经典 2007	女香
2007	Fleur Du Mâle	纯白	男香
2007	Le Mâle Tonique Cologne 2007	裸男汤力古龙水 2007	男香
2007	Ma Dame	我爱	女香
2008	Cologne Le Mâle Summer 2008	裸男 2008 夏日版	男香
2008	Classique Gold Collection	金色裸女	女香
2008	Classique Summer 2008	裸女夏日经典 2008	女香
2008	La Cologne Fleur Du Mâle	纯白古龙水	男香
2008	Gaultier 2 Eau D`Amour	高缇耶 2 号爱慕	中性香
2008	Monsieur Eau Du Matin	清晨之水	男香
2009	Ma Dame Eau Fraiche	我爱清新版	女香
2009	Ma Dame Rose´N´ Roll	圣母摇滚玫瑰	女香
2009	Classique Summer 2009	裸女夏日经典 2009	女香
2009	Le Mâle Limited Edition 2009	裸男 2009 限量版	男香
2009	Le Mâle Summer 2009	裸男 2009 夏日版	男香
2010	Le Mâle Terrible	坏男人	男香
2010	Le Mâle Summer 2010	裸男 2010 夏日版	男香
2010	Classique X	裸女经典 X	女香
2010	Classique Charm Edition	魅力经典 2010 版	女香
2010	Classique Summer 2010	裸女夏日经典 2010	女香
2010	Classique X Extrait	裸女经典 X 香精版	女香
2010	Eau Fraiche Ma Dame Summer 2010	我爱 2010 夏日清新版	女香
2010	Ma Dame Eau De Parfum	我爱 EDP 版	女香
2011	Ma Dame It Spray	圣之香水	女香
2011	Classique Silver My Skin	银色裸女	女香
2011	Classique Summer 2011	裸女夏日经典 2011	女香
2011	Classique Love Actually	裸女经典真爱至上	女香
2011	Classique X Jewel Edition 2011	裸女经典 X 2011 珍藏版	女香
2011	Classique X Love Actually	裸女经典 X 真爱至上	女香
2011	Le Mâle Terrible Shaker Limited Editon	坏男人调酒器版	男香
2011	Le Mâle Love Actually	裸男真爱至上	男香
2011	Le Mâle Shaker Limited Edition	裸男调酒器版	男香
2011	Le Mâle Silver My Skin	银色裸男	男香
2011	Le Mâle Summer 2011	裸男 2011 夏日版	男香
2011	Kokorico	可可洛克	男香
2012	Classique X L´Eau	裸女经典 X 清新版	女香
2012	Classique Summer 2012	裸女夏日经典 2012	女香
2012	Classique X Eau De Parfum	裸女经典 X EDP 版	女香
2012	Kokorico By Night	午夜可可洛克	男香
2012	Le Mâle Gladiator	斗剑者	男香
2012	Le Mâle Summer 2012	裸男 2012 夏日版	男香
2013	Le Mâle Summer 2013	裸男 2013 夏日版	男香
2013	Le Beau Mâle	冰风暴	男香
2013	Le Mâle Couple	情侣版之裸男	男香
2013	Classique Belle En Corset	美丽束身胸衣	女香
2013	Classique Summer 2013	裸女夏日经典 2013	女香
2013	Classique Couple	情侣版之裸女	女香
2014	Classique Edition Collector	裸女经典收藏版	女香
2014	Classique Intense	裸女经典极致版	女香
2014	Classique Summer 2014	裸女夏日经典 2014	女香
2014	Le Mâle Summer 2014	裸男 2014 夏日版	男香
2014	Le Mâle Capitaine Collector	裸男上尉收藏版	男香
2014	Le Mâle Limited Edition 2014	裸男 2014 限量版	男香
2014	Le Mâle Edition Collector	裸男特别收藏版	男香
2014	Le Beau Mâle Capitaine Collector	冰风暴三维版	男香
2014	Le Beau Mâle Edition Collector	冰风暴收藏版	男香
2015	Classique Pirate Edition	裸女海盗限量版	女香
2015	Ultra Mâle	超级男士	男香
2015	Classique Collector Glam Edition	华丽裸女	女香
2015	Classique Intense Collector Glam Edition	华丽裸女极致版女香	女香
2015	Classique Pirate Edition	裸女海盗	女香
2015	Classique Summer 2015	裸女夏日经典 2015	女香
2015	Le Mâle Pirate Edition	裸男海盗	男香
2015	Le Mâle Summer 2015	裸男 2015 夏日版	男香

Jennifer Lopez
珍妮弗·洛佩兹

JLO
by JENNIFER LOPEZ

镇店名香

被时尚杂志誉为“美国性感女神”的詹妮弗·洛佩兹在2002年夏末推出了自创同名品牌J.Lo之后，亲身参与设计，推出首款闪亮之星女香，创下了一年销售33亿元的惊人销售业绩。

在2005年春天，詹妮弗·洛佩兹对旗下畅销的香水闪亮之星重新诠释，推出了新款女性淡香水限量版。这款香水延续着品牌缤纷亮丽的设计风格，仿佛漫步在粉红色的云端，云雾般轻飘飘的花果香，就像恋爱中神魂颠倒的甜蜜滋味。瓶身延续着闪亮之星的柔美曲线，换上闪耀着珍珠萤彩光泽的粉红外衣，展现更抢眼的全新造型。细长瓶身上的晶亮粉红吊饰把小珍珠、粉红爱心与闪闪发亮的银色J.Lo坠饰巧妙地组合在一起，好似在随时宣告恋爱中的浪漫心情！

闪亮之星　Glow

清新花果调，融入了柑橘、葡萄柚、茉莉、香草及白麝香等元素，诉说着女人的性感与柔软。磨砂玻璃瓶身闪着柔柔的光，犹如裸露的皮肤的颜色。值得一提的是，这款香水瓶身上的J.Lo字母缀饰还可以拿下来，设计成项链或是手链，创意独特。

参考价格：￥508 / 50ml　EDT

珍爱系列　Live

珍妮弗·洛佩兹品牌强力主打的女香系列，延续着品牌以缤纷都市年轻女性为诉求的品牌精神，甜美浓郁的花果香呼应狂舞时逐渐上升的体温，打造性感的欢愉氛围，独特水晶玻璃瓶身以及女人味十足的曲线设计随着角度变换色彩让人不禁想忘情地旋转，融入那缤纷的彩色之中。

参考价格：￥1 100 / 100ml　EDP

定情石系列 Deseo

定情石系列包括两款女香与一款男香。两款女香均为木质花香调，清甜果香融合柔美花香，加上独一无二的矿石香调。水蓝裸钻瓶身，低调中难掩光芒，与神秘的香气一起让人坠入完美梦境。而男香则是木质馥奇调，调香师为艾伦尔内和吉姆·卡尔戴。香水包装十分特别，大部分以水果和树叶的造型呈现，有种原始的诱惑。

参考价格：女香 ¥350 / 50ml EDT　　¥950 / 100ml EDP

男香 价格请店洽 EDT

收藏优选

2003

故我 Still

这款香水以呈现成熟、优雅的韵味为诉求，性感的的花香调，融入了柑橘、玫瑰、茉莉、小苍兰、橙花等元素，表现出女性的性感与韵味。继闪亮之星香水瓶身上的 J.Lo 缀饰之后，品牌在这款瓶口处加上了戒指的设计，让香水瓶身更加华丽性感，而且还可以摘下戴在手上。

参考价格： ¥420 / 30ml EDP

2005

一见钟情 Love At First Glow

这款一见钟情限量版女香的前调糅合了佛手柑与橙花，加上甜桃的柔软果香，清新明亮、充满闪闪发光的活力；中调细致的粉红茉莉、木樨以及野生玫瑰等层层花香令肌肤散发无邪的性感魅力；后调感性的木质香以及诱人麝香仿佛情人温暖的拥抱，甜蜜滋味让人沉溺在爱情幸福的氛围里。

价格请店洽 EDT

迈阿密 Miami Glow

在 2005 年春天，品牌针对年轻女孩特别推出了这款迈阿密限量版。除了纽约之外，珍妮弗·洛佩兹最喜欢的城市就是迈阿密，伴随着草香的清新空气、热情海滩摇曳着的棕榈树，当然还有融合着多元文化的迈阿密生活。瓶身金色耀眼，以性感与夜光下的浪漫为设计诉求。清甜的水果花香调，融入了橙花、葡萄柚、椰子水、热带水果、香子兰、棕榈木、水晶麝香、金琥珀等元素，跟随着这个城市的步调散发着年轻的脚步。

参考价格： ¥490 / 50ml EDT

2006

午夜派对　Glow After Dark

Glow By JLO 系列香水中的第四款香水，充满魅力、活力而又性感，就像珍妮弗·洛佩兹本人一样。花果香调，带着淡淡的酸甜，俏皮中又不失性感的味道。

参考价格：￥360 / 50ml EDT

2009

阳光之吻　Sunkissed Glow

水果花香调的气息融汇着异国风情的芬芳，热情的橙花、幽香的睡莲与激情的西番莲融合着柔软的羊绒、琥珀和麝香。让这一款夏日芳香散发出无限的激情与诱惑。瓶身造型延续柔美曲线，换上充满热带风情的外衣。绿色的光影如同置身苍翠繁茂的热带丛林，温暖的渐变色彩，就像海滩灿烂的夕阳，让人如同置身于热带沙滩上般悠闲自在。除此之外，还有可配戴的贝壳手链攀附于上，增添夏日风情。

参考价格：￥450 / 50ml EDT

天使爱　Jennifer Lopez My Glow

天使爱女香，充满女人最单纯的幸福与喜悦，封存天使降临般的纯粹自然香气，柔软细致的薰衣草，伴随些许牡丹花散发的女性娇媚，再糅合温暖怡人的麝香。华丽的米金色瓶身，衬托可爱精致的天使瓶盖，与净透无瑕的动人气息，一同勾勒出最初的纯洁浪漫。

价格请店洽 EDT

2010

爱与魅力　Love And Glamour

由橘子、番石榴和油桃开启清新水果调；中调选用茉莉、香橙花、睡莲和兰花；后调则为麝香、檀香木、琥珀。调香师为哈利·菲蒙士。

参考价格：￥310 / 50ml EDP

天使之城　L.A. Glow

这款天使之城女性香水选用适合当代女性的花香混合水果香调，融合了性感的水果鸡尾酒和感性的花朵香味，包裹在温柔的麝香中。适合性感女性在夜晚使用。

参考价格：￥950 / 100ml EDT

蓝色之光　Blue Glow By JLO

瓶身延续闪亮之星经典的流畅曲线设计，换上神秘且内敛的海洋蓝，隐隐光亮的银饰，仿佛晴空中的星光。丰富的花果香调，明亮质感中带着温暖的柔情娇媚，瓦伦西亚柑橘和红醋栗花展现清新脱俗的气息，野生睡莲仿佛透亮的水珠再度落入深海之中，将热情的桃花心木、花香苔藓召唤而出，完美展现蓝色之光无可抵挡的魅力。

价格请店洽 EDT

2012

璀璨之星系列　Glowing

以洛佩兹最喜爱的香精蜡烛为灵感，以花香为整体香调，紧接着以沉稳且奢华的麝香、香草、檀香牵引着你的嗅觉，淡淡地流露着它的性感。圆柱型的瓶身加上垂直切割的镜面设计，以巴卡拉水晶的线条以及美感为灵感。水晶面的垂直切割设计，完美缔造出光线的反射效果：当按压瓶身的喷雾装置时，平身底座即会闪耀出 15 秒的美丽的光芒。

价格请店洽 EDP

2013

里约之耀　Rio Glow

这款香水散发出的是一种巴西式的激情与活力。闪亮的花果香开头，随之为苹果、桃子和梨的气味；而中心则带着新鲜绿色的气味，伴着橙花、李子和天荠菜的味道；琥珀的温暖，以及麝香，香草和白雪松的气味则为整个香味画上了圆满的句号。

参考价格：

￥370 / 50ml　EDT

J 爱　JLove

这款香水被装在简洁的方型香水瓶里，带有一个豹纹的装饰瓶盖。这款香水的组成，是带有甜蜜的柑橘香开头，以及性感的麝香结尾的清新的花果香。

参考价格：￥250 / 30ml　EDT

寻香名店

北京　友谊商场

上海　汇金百货·中环广场·南方商场·新世纪百货

深圳　假日广场·海雅百货·金光华广场·海岸城·嘉信茂购物中心

香港　新界屯门市广场·将军澳新都城商场·海港城·新都城

藏·香·年·谱

推出时间	名称		类别	推出时间	名称		类别
2002	Glow	闪亮之星	女香	2010	L.A. Glow	天使之城	女香
2003	Still	故我	女香	2010	Blue Glow By JLO	蓝色之光	女香
2005	Live	珍爱	女香	2010	Love And Glamour	爱与魅力	女香
2005	Love At First Glow	一见钟情	女香	2011	Love And Light	爱与光芒	女香
2005	Miami Glow	迈阿密	女香	2012	Eau De Glow	天使爱淡香水	女香
2006	Live Luxe	珍爱安可	女香	2012	Glowing	璀璨之星	女香
2006	Glow After Dark	午夜派对	女香	2013	Forever Glowing	永远闪耀	女香
2008	Deseo Forever	定情石	女香	2013	J Love	J 爱	女香
2008	Deseo	定情石金色限量版	女香	2013	Rio Glow	里约之耀	女香
2008	Deseo	定情石	男香	2014	Glowing Goddess	璀璨女神	女香
2008	Live Platinum	白金珍爱	女香	2014	Wild Glow	狂野闪亮	女香
2009	My Glow	天使爱	女香	2015	JLuxe	奢华	女香
2009	Sunkissed Glow	阳光之吻	女香				

Jesus Del Pozo

波索

JESUS DEL POZO

波索是西班牙非常著名的服装设计师，设计风格简洁梦幻，带着瑰丽的想象。同名奢侈品牌一贯以纯正高贵、神秘脱俗而被皇室贵族、名媛佳丽们所喜爱，无论是时装、首饰或是香水，都是世人追捧的对象。

波索相信香水是世界最迷人的设计之一，制造香水亦是魅惑的过程，尤其是香水的使用能帮助人们更好的提升时尚感。三十年的设计经验使得品牌不仅成为西班牙马德里的设计风格的领导者，也引起其他设计者的模仿。1997 年推出的紫屋魔恋香水，瓶身灵感来自于古罗马时代，清新花香调更体现出女性纯洁的心灵和朝气蓬勃的靓丽，自上市之后深受大众的喜爱。

镇店名香

类星体　Quasar

新鲜宜人的东方丛林香气，让男士更显淡定的绅士魅力。前调为芭蕉叶、果香、香蕉；中调为迷迭香、薰衣草、鼠尾草、老鹳草；后调为檀香木、广藿香、橡木苔、雪松。

参考价格： ￥510 / 50ml EDT

紫屋魔恋　Halloween

瓶身灵感来自于古罗马时代盛酒用的透明、摩登的玻璃瓶。紫屋魔恋穿上了清新的外衣，悠然的果香让人好像置身初恋时的清甜美好的氛围，前调为淡紫罗兰、阿拉斯加海洋、绿莱姆、青香蕉而成的水果香调；中调为萨布兰加木兰花、紫罗兰、云南胡椒而成的花香调；后调为白檀香、没药树。

参考价格： ￥510 / 50ml EDT

疯狂万圣节　Halloween Fever

灵感取自充满活力的纽约生活。这款香水是为那些现代、年轻的女孩而创作的，气息中包含了明快的柑橘、温柔娇美的花朵以及和谐温暖的后调。瓶身为紫罗兰色，带着银色的装饰。设计图案提示人们，这是纽约的风景线。而不同寻常的、耀眼的瓶盖则令香水瓶显得更加特别。

参考价格： ￥510 / 50ml EDT

收藏优选

1996

精灵之露　Esencia De Duende

以柑橘、甜瓜、茉莉、含羞草香味包裹着使用者，混合檀香与雪松香味，带出自信和女性化气息。完美适合日间使用。

参考价格： ￥390 / 50ml EDT

2005

好莱坞阳光　Halloween Sun

果味花香调女香，散发清新感性的芬芳。前调为佛手柑、酸橙、小豆蔻、柑橘和苹果；中调为小苍兰和百合；后调为麝香和檀香。非常适合日间使用。

参考价格： ￥680 / 100ml EDT

2006

黑色　In Black

为现代女性而推出的花果调香水。轻盈性感，优雅而又充满活力。初调为地中海西柚、玫瑰和黑樱桃；中调为黑百合、甜梨、埃及茉莉和紫罗兰；后调为马达加斯加香草、麝香和甘草，沉淀为印尼广藿香和摩洛哥雪松。

参考价格： ￥770 / 100ml EDT

2006

弗伦西亚万圣节　Halloween Fresia

以小苍兰的气息及颜色为主，瓶身延续者紫屋魔恋的经典时尚造型，将古希腊罗马式的细颈瓶形象注入当代概念加以重新诠释，轻盈的铝材质包围在底座及瓶口，赋予其热情鲜亮的酒红色，浪漫的设计十分引人喜爱。

参考价格：￥690 / 100ml EDT

2007

睡莲　Halloween Water Lily

东方花香的芬芳注入人心，瓶身的粉红钟状物仿佛就像是野生的风铃草一样。此款为 2007 年夏季限量版，特别适合迷人、魅力、热情又纯洁的天使般女人。

参考价格：￥550 / 100ml EDT

2008

万圣节之吻　Halloween Kiss

万圣节之吻延续紫屋魔恋的瓶身，镂空感的瓶身给人无限魅惑，性感的花果香调引领香水时尚，以更加性感的面貌呈现在你的眼前。

参考价格：￥550 /50ml EDT

2009

万圣节性感之吻　Halloween Kiss Sexy

外盒以粉红色与白色为主，展露清新的气息。打开外盒后，鲜艳的桃红色瓶身设计，热情的呼唤及性感的挑逗在按下喷头那一刻瞬间升华。这是一款充满细微层次差异的花果调香水。适合在春夏季节使用。

参考价格：￥560 / 50ml EDT

2010

一千零一夜　Arabian Nights

这款男香是专门献给阿拉伯文化和艺术的，它的灵感来自于“一千零一夜”故事的魔幻和神秘。这款东方木质调男香让人联想到炎热的沙漠之夜，它的目标人群是对美和独特性具有敏锐感觉的自信男性。光滑的黑色瓶面和金色的线条组合在一起，体现了阿拉伯宫殿和碑铭的伟大和特别。

参考价格：￥550 / 50ml EDT

2012

万圣节蓝色版　Halloween Blue Drop

这款香水融合了清爽的蓝天与水的倒影，香调包含了花香、柑橘以及精选的香料，而最终呈现的龙涎香与麝香又会给香水带来一个温暖、诱人的感觉。淡蓝色的毛玻璃香水瓶，清凉感十足。

参考价格：￥790 / 100ml EDT

琥珀　Ambar

琥珀女性淡香水的降临就如同一张能带领你通往夹杂着优雅、自然又真实的殿堂的邀请卡。瓶身的颜色完全仿照琥珀，瓶口系着一个像护身符一样的吊牌，刻有 AMBAR 字样。琥珀及鸢尾花是这款香水主要的两个成分，这两种成分在香水的调制过程中都被视为相当珍贵的材料，这也为这款香水增添了尊贵感。

参考价格：￥530 / 50ml EDT

2012

万圣节男士　Halloween Man

这是一款东方木质调的男用香水。前调为橘子、罗勒、紫罗兰叶和马提尼酒；中调为薰衣草、橙花、生姜花和肉桂；后调为麝香、琥珀、香草和皮革。

参考价格： ￥300 / 30ml EDT

2013

沙漠花朵系列　Desert Flowers

该系列中性香水包括牡丹花、百合花和大丽花三种，均为东方花香调。六边形瓶身简洁时尚，金色与彩色相搭配熠熠生辉。

价格请店洽 EDP

2013

万圣节之花　Halloween Fleur

这款新香动用了三位调香师卡洛斯•本纳姆、尼古拉斯•比尤利和奥利维耶•波巨。香水中使用了兰花、茉莉、紫罗兰等几种非常馥郁的花香，加上木质后调与麝香，目的是营造一种繁花似锦，色彩铺张的感觉，让使用者享受一场美妙的嗅觉盛宴。瓶身依旧沿袭万圣节香水系列的传统，但是这次小小的钟形瓶身变为优雅香槟色，还加了一朵紫色玫瑰蝴蝶结点缀。

参考价格： ￥270 / 30ml EDT

寻香名店

香港　太古广场•中环置地广场

2014

摇滚吧万圣节　Halloween Man Rock On

这是一款木质芳香调的男用香水。前调为粉色胡椒、豆蔻、竹和柠檬；中调为红苹果、薰衣草、迷迭香和紫罗兰叶；后调为苔藓、檀木、麝香和琥珀。

参考价格： ￥270 / 30ml EDT

藏·香·年·谱

推出时间	名称		类别	推出时间	名称		类别
1992	Duende	梦幻精灵	女　香	2008	Halloween Fatal Rose	致命玫瑰	女　香
1994	Quasar	类星体	男　香	2009	Halloween Kiss Sexy	万圣节性感之吻	女　香
1996	Esencia De Duende	精灵之露	女　香	2010	Arabian Nights	一千零一夜	男　香
1997	Halloween	紫屋魔恋	女　香	2010	Ambar	琥珀	女　香
1999	Adventure Quasar	星体冒险	男　香	2011	Halloween Fever	疯狂万圣节	女　香
2001	On Ella	艾拉	女　香	2012	Halloween Blue Drop	万圣节蓝色版	女　香
2001	On El	艾尔	女　香	2012	Halloween Man	万圣节男士	男　香
2006	In Black	黑色	女　香	2013	Desert Flowers	沙漠花朵系列	中性香
2005	Halloween Sun	好莱坞阳光	女　香	2013	Halloween Fleur	万圣节之花	女　香
2005	Halloween	紫屋魔恋	女　香	2014	Halloween Man Rock On	摇滚吧万圣节	男　香
2006	Halloween Tropical	魔法鹦鹉	女　香	2014	Arabian Nights Private Collection	天方夜谭私人收藏	男　香
2006	Halloween Fresia	弗伦西亚万圣节	女　香	2014	Arabian Nights Private Collection Woman	天方夜谭私人收藏女士	女　香
2007	Halloween Water Lily	睡莲	女　香	2015	Halloween Tattoo Man	万圣节纹身男士	男　香
2007	In White	珍珠雪白之恋	女　香	2015	Halloween Tattoo Woman	万圣节纹身女士	女　香
2008	Halloween Kiss	万圣节之吻	女　香				

Jimmy Choo 吉米·周

镇店名香

吉米·周同名　Jimmy Choo

此香水散发出极具现代感的果味花香，深具温暖、丰富、木本植物性的内涵。调制灵感来自现代女性的特质：强烈个性、充满活力、美丽诱人，隐约带着神秘的性感魅力气质。瓶身设计灵感来自珠光宝气的威尼斯穆拉诺玻璃，蚕茧形的多面瓶身设计呈现娇滴滴性感的女性气质，以此将感性香水拥抱在里面。银边黑色立方瓶帽，突出了现代设计感。运用蛇皮纹来装饰外盒，采用复古风玫瑰色调，配上高贵别致的品牌字母图案，暗示出包装在里面的香水是多么令人向往的高贵。此款香水有 EDP 和 EDT 两个版本供选择。

参考价格： ￥800 / 60ml EDP
￥680 / 60ml EDT

吉米·周是素以魅力十足、极具自信及风格别树一帜而驰名世界的奢侈品牌。女士鞋履系列是品牌核心产品，此外还有皮具、香水、太阳眼镜及男士鞋履等系列。

品牌曾在 2011 年推出第一款同名女士香水，凭借精美的瓶身设计、奢华的包装与清新迷人的香调，一经上市便获得忠实粉丝们的热捧。香水的推出是品牌生活风格系列的重要延伸，也是品牌完善女士配饰的重要。吉米·周香水举措完美地演绎出女性的高贵魅力、自信、欲望与细致感性，并将这些感觉统统装入珍贵的香水瓶中。简而言之，充满时尚感和奢华品味的吉米·周香水是专为独立、个性、自信的女士设计的。

现在，吉米·周所有都会型、时尚风和充满自信的品牌迷们，将领略到这一时尚王国扩展至香水世界的另一面精彩——短暂、转瞬即逝，却充满活力，香水揭开了隐藏在女性背后的隐秘魅力，能够成功捕捉到吉米·周品牌的另一面。

收藏优选

2011

吉米·周同名圣诞限量款

Jimmy Choo Limited Edition

让全球沉醉欢乐假期中的吉米·周同名香水圣诞版十分华美，透过瓶身光影与银白金属的亮采辉映，香味如太妃糖、虎兰与广藿香的融合。

参考价格： ¥1 000 / 40ml Parfum

2012

黑色限量版 Black

为现代女性而设的西普花香，深层清爽，甜美诱人。前调为橘皮蜜饯；中调为虎兰；后调为檀香、琥珀和广藿香。在 2012 年作为限量版推出。适合春夏使用。

参考价格： ¥1 300 / 40ml Parfum

2013

闪烁魅力 Flash

这是一款散发着白色花香调的香水，令人兴奋，感性而撩人。香水瓶的设计灵感来自一只 70 年代的颇具摩登气息的枝形吊灯，瓶身充分表现了光线迷人的闪亮效果，仿佛在香水瓶的三面都镶嵌有小型玻璃钉，将水晶反射的光线进行重组。香水的多面瓶盖上有一条非常光滑的金属带子，为这款香水瓶增添了一丝奢华气息，带给人们时髦而兴奋的感觉。

参考价格： ¥530 / 40ml EDP

Exotic 异国风情

这是一款闪亮、性感，充满原创气息的花果檀香调香水。创作灵感来自品牌精致的皮具产品用料，特别是蟒蛇皮，献给那些强势而充满乐趣的女性。外包装借鉴了蟒蛇花纹。其色彩为令人迷醉的橙色、粉色、黑色及白色。用明亮而富于触感的蛇皮效果令蟒蛇图案更加突出。

参考价格： ¥930 / 100ml EDT

舞夜伦敦 Flash London Club

适合当代女性的花果调香水。灵感源自伦敦舞会与上流高雅娱乐场所的绚丽多姿。前调为佛手柑与荔枝；中调变为晚香玉；后调为金木和麝香。在 2014 年作为限量版发布，适合各类场合使用。

参考价格： ¥670 / 60ml EDP

寻香名店

北京 国贸商城

上海 恒隆广场·港汇广场·环贸广场

天津 银河国际购物中心

南京 德基广场

长春 卓展购物中心

沈阳 卓展购物中心

2014

吉米·周同名男士 Jimmy Choo

这款同名男士香水为木质果香调，融合了蜜瓜、粉红胡椒、凤梨叶、薰衣草以及广藿香，味道轻盈淡爽。适合儒雅人士日常使用。

参考价格：

¥730 / 100ml EDT

藏·香·年·谱

推出时间	名称		类别	推出时间	名称		类别
2011	Jimmy Choo	吉米·周同名	女香	2014	Stars	星星	女香
2011	Jimmy Choo Limited Edition	吉米·周圣诞限量款	女香	2015	Blossom	花朵绽放	女香
2012	Black	黑色限量版	女香	2015	Exotic 2015	异国风情 2015	女香
2013	White	白色限量版	女香	2015	Love	爱	女香
2013	Flash	闪烁魅力	女香	2015	Stars Edition 2015	星星 2015	女香
2013	Exotic	异国风情	女香	2015	Illicit	非法	女香
2014	Jimmy Choo	吉米·周同名男士	男香	2016	Exotic 2016	异国风情 2016	女香
2014	Flash London Club	舞夜伦敦	女香	2016	Illicit Flower	违禁之花	女香
2014	Exotic 2014	异国风情 2014	女香				

Jo Malone
祖·玛珑

JO MALONE
LONDON

知名品牌祖·玛珑是一家位于伦敦的营销高档护肤和香水产品的公司，在西方有着“香水世界女王”的美誉。几乎所有的祖·玛珑香水都是以原料的名称来命名的，只有一款叫154号的古龙水，取名是为了纪念第一家门店的成立。祖·玛珑香水的香调简单优雅，包装多采用古朴的法式药剂师方瓶，婉约、低调，透露着浓厚的英伦风情。最大特色是可按照个人喜好叠穿，打造属于自己的独特香气。

祖·玛珑香水与一般香气最大不同之处，在于香气纯粹且接近真实，例如红玫瑰香水由包含保加利亚玫瑰等七种不同品种的玫瑰制作而成，散发出清新自然的感觉。祖·玛珑的第一款香水“豆蔻生姜”发行于1990年。目前与之合作过的调香师有克里斯汀·纳格尔和席琳·贝尔。

镇店名香

红玫瑰　Red Roses

1996 年上市的红玫瑰是品牌的经典款。妖娆、浪漫、纯净的红玫瑰堪称现代浪漫的极致经典，这款香水由 7 种世界最珍贵的玫瑰花种调制而成。搭配紫罗兰碎叶与柠檬芬芳，清新醉人，犹如一束刚采摘下的鲜花，无比纯粹，香气馥郁。

参考价格：￥1 200 / 100ml EDC

蓝风铃　Wild Bluebell

宝蓝色花蕾绽放出甜美而又充满活力的清新气息，轻载这铃兰与蔷薇的甘甜。是为现代女士适用的绿叶花香调香水，清爽，镇静，迷人。建议在春夏季节使用。

参考价格：

￥1 380 / 100ml EDC

橙花　Orange Blossom

克莱门橙花点缀着水仙的芳香，搭配暖调的鸢尾花和香根草基底香氛。这样令人愉悦的纯粹中性气息，十分适宜在春夏季全天使用。

参考价格：

￥1 400 / 100ml EDC

柠檬罗勒和柑橘　Lime Basil And Mandarin

这款经典的中性香水充满辛香的罗勒及芬芳的百里香，能为青柠香气带来出乎意料的转折，宛如吹拂着加勒比海的微风。可谓是经典时尚款的最佳之选。

参考价格：￥1 600 / 100ml EDC

收藏优选

1995

琥珀薰衣草

Amber & Lavender

细腻又带着刚强的气息。法国薰衣草和苦橙，能为珍贵的琥珀带来令人为之一亮的清新感受，将各式香水原料完美结合。

参考价格：￥660 / 30ml EDC

2001

154 号古龙　154 Cologne

以品牌在伦敦开设的第一家门店的街道号码而命名，154 号中性古龙水拥有变化多端的魅力，木质馥奇调带领人步入嗅觉世界中遨游，从品牌最爱用的柑橘素材掀开序幕，到草本的薰衣草和罗勒的草本芳香，最后是檀香木和香根草的木本余香。

参考价格：￥580 / 30ml EDC

2002

无花果与黑醋栗　Wild Fig And Cassis

木质花香麝香调。灵感源于在托斯卡纳采摘新鲜花果作早餐而诱发。阳光下温暖的无花果和黑醋栗香氛，与松树和雪松木的味道交缠与一起，仿佛被地中海的暖意萦绕。

价格请店洽 EDC

2008

黑琥珀与姜百合

Dark Amber And Ginger Lily

限量版香水，是由祖·玛珑公司于 2008 年母亲节推出的一支花香调古龙水。香水属于木本香水系列的一款，与莲花水百合香水组成对香。

参考价格： ¥720 / 30ml EDC

莲花水百合

Lotus Blossom And Water Lily

令人着迷的脱俗花香。前调为橘子、葡萄柚、香柠檬；中调为忍冬、小苍兰、茉莉、睡莲、莲花；后调为檀香木、琥珀、麝香、愈疮木以及焚香。

参考价格： ¥720 / 30ml EDC

2010

英国梨与小苍兰　English Pear And Freesia

香水的灵感来自于著名诗人济慈的诗歌《秋赋》。调香师是克里斯汀·纳格尔。犹如新鲜采摘的清新梨子，搭配白色小苍兰所绽放的花香，佐以琥珀、广藿香与木质香调的柔和芳香，利落，甜美，清新，焕发精神。适合女士日常使用。

参考价格： ¥1 100 / 100ml EDC

浓烈古龙系列　Cologne Intense Collection

2010 年 8 月开始推出的香水系列，其中玫瑰香草、琥珀与广藿香、乌木与佛手柑、鸢尾与白麝香这四款香水都具有浓郁的中东风情。这一系列在 2014 年推出了晚香玉与当归及其限量版；2015 年推出了熏香陈皮；2016 年推出了鸢尾草与檀香，极大的扩展了这一系列的香味类型。

参考价格： ¥1 100 / 100ml EDC

伦敦绽放系列　London Blooms Collection

此限量版系列名为伦敦绽放，灵感来自于古老的英国园林艺术，主要的香调都取材于英国花园里知名的花卉。这组系列有3款香水：牡丹与苔藓、白丁香与大黄、鸢尾花与天竺葵。这一系列以花卉为主的香水融合了自然界持久的成分，唤起幸福感、浪漫和好心情。包装采用古朴的法式药剂师方瓶，带有复古情调的花卉图案。

价格请店洽 EDC

2011

樱花　Sakura Cherry Blossom

调香师克里斯汀·纳格尔先用一层层的玫瑰花和含羞草带来丰富的层次感，再加上清新的佛手柑及柑橘，为樱花香水带来全新生命。樱花香水属于一种粉味香水，跟后调的麝香和香柏成了美妙配搭。

参考价格： ¥1 100 / 100ml EDC

2012

丝绒玫瑰与乌木

Jo Malone Velvet Rose & Oud

馥郁细致的大马士革玫瑰，笼罩于乌木烟熏迷香之中，以丁香激发出耀目的光芒，杏仁糖香调营造魅惑人心的璀璨情怀。瓶身设计一如既往地简单大气！

参考价格： ¥1 600 / 100ml EDC

梅花　Plum Blossom Cologne

调制灵感来自梅花初绽如露水般掀起遍野梅红，揭示着暖和日子来临的景象。以鲜嫩黄梅的果香满溢作为序幕，绽放出细致花香中调，醇厚檀木香与洁净白麝香衬托出迷人美景，构成这季节的醉人庆典。梅花独特的清新花香，单独使用让人有甜美的感觉，配合完美的香气糅合技巧，更增添柔软、蓓蕾初绽的气息，犹如空气般清透，鲜嫩得令人回味。

参考价格： ¥720 / 30ml EDC

2013

甜点香料系列　Sugar And Spice Collection

该品牌于 2013 年春天又推出一套限量版香水系列甜点香料。这个系列包括了 5 款以甜点为风味的香水，由调香师克里斯汀•纳格尔创作。其中包括柠檬塔、红醋栗与奶油、接骨木花与醋栗、苦橙与巧克力以及姜饼。适合年轻个性女孩儿日常使用。

价格请店洽 EDC

牡丹与胭红麂皮绒 Peony And Blush Suede

盛放的牡丹，精致而娇嫩，搭配多汁的红苹果诱人香气，以及茉莉、玫瑰和紫罗兰的馥郁芳香，再加上柔软胭红麂绒的感官气息交织其间，整体散发着奢华迷人的气息。

参考价格：￥1 200 / 100ml EDC

2014

桂花　Osmanthus Blossom

这款母亲节限量款桂花香水的灵感源自于布满精巧花瓣花蕾的明媚清晨。白色小花融合甜杏与皮革的特质，加上苦橙叶、白桃与橙花的衬托，羊绒木香的芬芳掀起鼻蕾的享受。

参考价格：￥750 / 30ml EDC

合欢花　Silk Blossom

百花盛放的诱人夏日，合欢花羽丝般的粉红花球，是蜂鸟与蝶都无法抗拒的甜美诱惑。娇嫩娇柔，极少作为香水成分的合欢花，被调香大师玛丽•莎拉梅格制成一款迷人香水。为了强调合欢花香的诱人之处，以杏脯蜜露与优雅清新的白胡椒以及佛手柑调和，这样前调能切实地唤醒这款花的辛辣特质，中调则搭配魔力和玫瑰，突出了合欢花本身的花香，并用芥菜和苔藓作为后调，强调出奢华柔软的感受。

价格请店洽 EDC

寻香名店

上海 港汇恒隆广场

香港 中环国际金融中心·时代广场·太古广场·海运大厦·港威商场

2014

伦敦雨系列　London Rain Collection

祖·玛珑于 2014 年 3 月发表这一系列以伦敦雨季为主题的香水，当中包含了以午夜的伦敦降雨为灵感的黑雪松及杜松、被暴雨打湿的鲜花花园的白茉莉与薄荷、象征柔和早晨降雨的紫藤与紫罗兰，以及清晨满布露珠的伦敦公园的雨与当归。该系列皆为男女生可用的中性香水，极具收藏价值。

价格请店洽 EDC

藏·香·年·谱

推出时间	名	称	类别	推出时间	名	称	类别
1990	Nutmeg And Ginger	豆蔻辛姜	中性香	2010	Cologne Intense Amber And Patchouli	浓烈古龙系列琥珀与广藿香	中性香
1991	Tuberose	晚香玉	女　香	2010	Cologne Intense Rose Water And Vanilla	浓烈古龙系列玫瑰香草	女　香
1992	Grapefruit	葡萄柚	中性香	2010	Cologne Intense Oud And Bergamot	浓烈古龙系列乌木与佛手柑	中性香
1995	Amber And Lavender	琥珀薰衣草	男　香	2011	Wild Bluebell	蓝风铃	女　香
1995	French Lime Blossom	法国菩提	女　香	2011	Sakura Cherry Blossom	樱花	女　香
1995	Vetyver	香根草	女　香	2011	Tea Collection	茶点系列	中性香
1995	Verbenas Of Provence	普罗旺斯马鞭草	女　香	2012	Velvet Rose And Oud	丝绒玫瑰与乌木	中性香
1999	Lime Basil And Mandarin	柠檬罗勒和桔	中性香	2012	London Blooms Collection	伦敦绽放系列	女　香
1999	Honeysuckle And Jasmine	忍冬茉莉	女　香	2012	Blackberry And Bay	黑莓与月桂叶	女　香
2001	Red Roses	红玫瑰	女　香	2012	Plum Blossom Cologne	梅花	女　香
2001	154 Cologne	154 号古龙	中性香	2013	Peony And Blush Suede	牡丹与胭红麂皮绒	女　香
2002	Wild Fig & Cassis	野无花果与黑醋栗	中性香	2013	Osmanthus Blossom	桂花	女　香
2003	Black Vetyver Café	黑色香根草咖啡	男　香	2013	Sugar And Spice Collection	甜点香料系列	女　香
2003	Orange Blossom	橙花	中性香	2013	Saffron Cologne Intens	藏红花	中性香
2004	Vintage Gardenia	经典栀子花	女　香	2014	Silk Blossom	合欢花	女　香
2005	Pomegranate Noir	黑石榴	中性香	2014	London Rain Collection	伦敦雨系列	中性香
2005	Nectarine Blossom And Honey	油桃花与蜂蜜	中性香	2014	Wood Sage And Sea Salt	鼠尾草和海盐	中性香
2006	Blue Agava And Cacao	龙舌兰可可	中性香	2014	Cologne Intense Tuberose Angelica	浓烈古龙香系列晚香玉当归	女　香
2007	White Jasmine And Mint	白茉莉与薄荷	中性香	2014	Cologne Intense Tuberose Angelice Limited Edition	浓烈古龙系列晚香玉与当归限量版	女　香
2008	Sweet Lime And Cedar	甜柠檬雪松	中性香	2014	Pomegranate Noir Co Dogne Christmas Edition 2014	黑石榴 2014 圣诞限量版	中性香
2008	Dark Amber And Ginger Lily	黑琥珀与姜百合	男　香	2015	Mimose & Gardamom	含羞草与豆蔻	中性香
2008	Lotus Blossom And Water Lily	莲花水百合	女　香	2015	Rock The Ages Collection	摇滚时代系列	中性香
2009	Vanilla & Anise	香草茴香	中性香	2015	Cologne Intense Incense & Cedrat	浓烈古龙系列熏香陈皮	中性香
2010	English Pear And Freesia	英国梨与小苍兰	女　香	2015	Cologne Intense Incense & Cedrat Limited Edition	浓烈古龙系列熏香陈皮限量版	中性香
2010	Cologne Intense Iris And White Musk	浓烈古龙系列鸢尾与白麝香	女　香	2016	Cologne Intense Orris & Sandalwood	鸢尾草与檀香	中性香

Juicy Couture
橘滋

镇店名香

新兴的橘滋是全世界公认的著名现代时尚休闲服饰品牌，也是全美女生挚爱的香水品牌。1997 年由帕米拉·思凯斯特–利维和吉拉·奈什创立，2006 年橘滋开始进军香水界，目前与之合作过的调香师有哈利·弗里蒙特和罗德吉哥·佛罗斯–侯。

橘滋香水极尽讲求华美装饰，香水瓶的设计上喜用鲜明色彩，香调整体走清新明艳的路线。橘滋推出的香水虽不多，但不乏为人津津乐道的明星香水：橘滋同名女士、甜美万岁、花香女士，以及脏话男香等都是值得入手的必收橘滋香水。

橘滋同名女士　Juicy Couture

该香荣获了香水奥斯卡菲菲奖 2007 年最华丽女性香水大奖。瓶身特别以精致的水晶玻璃打造，瓶盖上还有小皇冠吊饰，非常受到香水迷推崇。花果香调，前调为西番莲果、橘子、青苹果、风信子、西瓜、金盏草、绿叶；中调为晚香玉、百合、玫瑰果；后调为广藿香、香草、焦糖、珍贵木质、焦糖布丁。

参考价格： ￥710 / 50ml EDP

脏话男士　Dirty English For Men

橘滋男香中备受香水爱好者称赞的一款，完美地表现了“坏男人”的个性，以及强硬、敏捷、突出、现代的男香特点，藏银色的瓶盖设计更彰显了香水的不羁与狂傲的男性气质。木质调，前调为中国胡椒、蓝色丝柏、卡拉布里亚佛手柑、小茴香、小豆蔻；中调为马郁兰、皮革味、白檀、北非雪松、香根草；后调为沉香木、黑檀木、黑色苔藓、琥珀、麝香。

参考价格： ￥650 / 100ml EDT

和平与爱　Peace, Love And Juicy Couture

橘滋香水中非常有想象力的一款，嬉皮风格呈现出强力的自由意识。花香调，前调为风信子、阿马尔菲柠檬，黑醋栗叶、红苹果；中调为茉莉、玉兰、红色罂粟花、金银花、菩提花；后调为麝香、广藿香、鸢尾根。

参考价格： ￥650 / 100ml EDP

收藏优选

2008

甜美万岁　Viva La Juicy

位列全美十大畅销高级香水之列，该款香水的代言人是俄罗斯超模萨莎·彼福瓦洛娃。此款香水体现了橘滋清新可人而又不乏甜美的整体风格。粉色蝴蝶结装点瓶身前，并缀有金色 Logo。花果美食调，前调为橘子、野莓类元素；中调为金银花、栀子花、茉莉；后调为琥珀、焦糖、果仁糖、檀木、香草。

参考价格： ¥710 / 50ml EDP

2010

时尚女士豪华版

Couture Couture Luxury Edition

限量版女香，既保留了 2009 年原版时尚女士香水的外形及香调，同时又增添了新鲜的水果和木质调。黑色瓶身搭配造型精美的金色瓶盖，辅以瓶颈处的金色彩带和两个金色挂饰提升奢华感。东方花香调，前调为粉葡萄柚、橙花、柑橘；中调为李子、金银花、茉莉；后调为龙涎香、香草、檀香。

参考价格： ¥650 / 100ml EDP

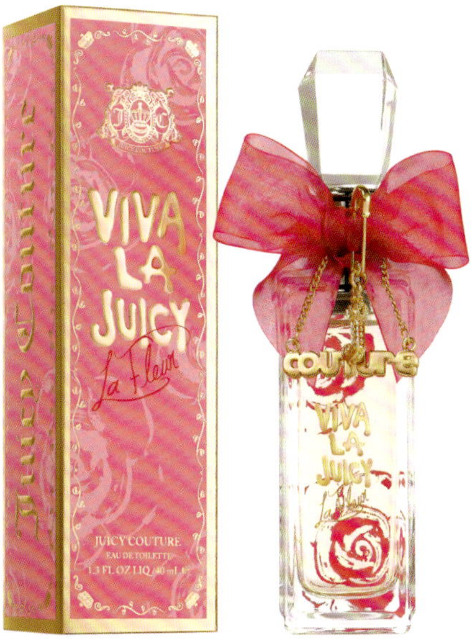

2012

花香女士　Viva La Juicy La Fleur

此款女香完整体现了时尚女性的气质，既淘气顽皮又带点阴柔、情感强烈却也很柔弱、热情又有些羞涩，恰到好处的冲突感使香水迷为之着迷不已，更适合甜美可爱的年轻女性日常使用。花果美食调，前调为橘子、红浆果、睡莲；中调为金银花、栀子花、茉莉；后调为香草、焦糖、檀木。

参考价格： ¥800 / 150ml EDP

2013

夜香版女士　Viva La Juicy Noir

此款香反映了橘滋女香大胆、感性、美艳的另一面。瓶身采用复杂的金属技术塑造出桃红色的玻璃瓶身效果，演绎出别样的性感。花果美食调，前调为野莓类元素、橘子；中调为栀子花、金银花、茉莉；后调为琥珀、焦糖、香草、檀木。适合出席宴会时使用。

参考价格： ¥1 000 / 100ml EDP

2014

马里布

Juicy Couture Malibu

以橘滋同名女香为基础推出的夏日限量版香水。多角面的透明瓶盖前面附以橘色的透明爱心装饰，增添品牌的甜美氛围，同时对应瓶身上亮橘色棕榈树图案，更显精致。花果香调，前调为西瓜、柑橘、黑醋栗、粉色百香果、青苹果；中调为野生玫瑰、水百合、茉莉、鸡蛋花；后调为麝香、珍贵的木材、栀子花。

参考价格： ¥500 / 75ml EDP

寻香名店

香港　崇光百货·达东路店

澳门　四季酒店

首尔　乐天免税店

纽约　肯尼迪机场 T1 航站楼

藏·香·年·谱

推出时间	名称		类别	推出时间	名称		类别
2006	Juicy Couture	橘滋同名女士	女香	2012	Viva La Juicy Nice Stuff For Nice Girl	可人儿	女香
2006	Juicy Girl	橘滋女孩	女香	2013	Viva La Juicy Luxe Parfum	甜美万岁奢华版	女香
2008	Viva La Juicy	甜美万岁	女香	2013	Viva La Juicy Noir	夜香版女士	女香
2008	Dirty English For Men	脏话男士	男香	2014	Viva La Juicy So Intense	甜美万岁极致	女香
2008	Frosty Couture Shimmering Eau De Parfum	冷艳光芒 EDP 版	女香	2014	Viva La Juicy Gold Couture	金色限量版	女香
2009	Couture Couture	时尚女士	女香	2014	Juicy Couture Malibu	马里布	女香
2010	Peace, Love And Juicy Couture	和平与爱	女香	2014	Couture La La Malibu	滋啦啦马里布	女香
2010	Couture Couture Luxury Edition	时尚女士豪华版	女香	2015	Hollywood Royal	好莱坞皇室	女香
2012	Couture La La	滋啦啦	女香	2015	I Am Juicy Couture	我是橘滋	女香
2012	Viva La Juicy La Fleur	花香女士	女香	2015	Viva La Juicy Rose	甜美万岁玫瑰	女香

Juliette Has A Gun
配枪朱丽叶

Juliette Has a Gun Parfums

新锐香水品牌配枪朱丽叶创建于2005年，品牌香水的创作灵感来自莎士比亚的戏剧，将朱丽叶这一人物浪漫又充满魅力的一面，结合现代女性的特点，展现出自己的个性与美丽。

迷人小姐香水和复仇女士香水是配枪朱丽叶品牌于2006年推出的首批香水，瓶身选用简明的黑白两色作品为主色调，颇具时尚大牌风范。两款香水全程以玫瑰为主，之后甜度增加，香味逐渐馥郁，层次感更为强烈。在深沉的木本气息中带着浓浓的玫瑰芬芳，香水随着层次的变化，低沉中不时散发着少女的甜美。

在香水领域，配枪朱丽叶可谓是新人，但凭借精益求精的工艺以及对香水时尚的敏锐嗅觉，仅仅成立11年便拥有了众多明星粉丝。与品牌合作过的不乏大牌调香师，如弗朗西丝·库尔吉安。

镇店名香

迷人小姐　Miss Charming

迷人小姐香水的香调囊括了摩洛哥玫瑰、麝香、野生草莓和荔枝。香调的层次变化明显，前调的玫瑰淡雅流畅，接踵而至的麝香散发着浓浓的温暖，覆盖了玫瑰的冷艳，水果的甜美，微酸的气息，显示着叛逆的个性。

参考价格：￥620 / 50ml EDP

复仇女士

Lady Vengeance

这是一款浪漫与摇滚风格集合的香水。调制灵感依旧来自莎士比亚文学。细碎的广藿香，化解了玫瑰的羞涩，同时也是木质调与玫瑰结合得很出色的香水作品。

参考价格：

￥620 / 50ml EDP

收藏优选

2008

公民皇后　Citizen Queen

为现代女性而设的木质花香调香水。带有神秘温暖的粉质香气。融入玫瑰、龙涎香、皮革、蜡菊、广藿香、鸢尾、乙醇、佛手柑和麝香香气。

参考价格：￥1 100 / 100ml EDP

2009

午夜乌木　Midnight Oud

配枪朱丽叶旗下的第四款香水。东方香调，前调为藏红花、纸莎草、香柠檬、玫瑰；中调为玫瑰、老鹳草、乌木、海狸香；后调为广藿香、檀香木、琥珀、麝香。

参考价格： ￥1 040 / 100ml EDP

灾难　Calamity J.

为现代女性而设的木质龙涎调香水。鲜明甜美，带有温柔的时尚感。含有广藿香、薰衣草、鸢尾、龙涎香、香草和麝香。

参考价格： ￥900 / 100ml EDP

2010

非香水　Not A Perfume

奇怪的名字就意味着它不是传统意义上的香水，而是一个瓶装的降龙涎醚产品。$C_{16}H_{28}O$，是降龙涎香醚的分子式，也是这款香水唯一的、关键的成分。作为后调主要成分的降龙涎香醚将主导这款产品的味道，也是唯一一款没有过敏原的香水。

参考价格： ￥560 / 50ml EDP

2011

罗曼尼娜　Romantina

适合现代女士的西普花香调香水。轻柔、清爽、迷人。前调为香柠檬、玫瑰；中调为鸢尾草、晚香玉、香根草、橙花与广藿香。后调为桂花、降龙涎醚、海狸香、波旁香草、香豆与麝香。

参考价格： ￥750 / 55ml EDP

极致复仇　Vengeance Extreme

这款极致复仇加重了广藿香的用量，更显深沉和性感。花香西普调，前调为香柠檬、薰衣草的清香；中调为玫瑰、广藿香；后调为降龙涎香醚、香草、麝香、顿加豆以及劳丹脂。

参考价格： ￥960 / 100ml EDP

2012

疯狂女人　Mad Madame

这是一款拥有经典西普香调的女性香水。前调为玫瑰、琥珀、黑醋栗、小苍兰；中调为牡丹、天竺薄荷、晚香玉、苔藓、茉莉；后调为白麝香、吐鲁香脂、香子兰以及海狸香。

参考价格：

￥900 / 100ml EDP

寻香名店

北京　崇光百货

香港　中环置地广场

广州　中信广场

2013

油腻小说　Oil Fiction

这款限量版东方调中性香水在瓶身设计和味道的研制上，较以往有些不同。简洁的水晶玻璃瓶身，透出暖色系香水颜色，奢华感油然而生。气味则完美融合了香柠檬、琥珀、依兰、广藿香、鸢尾花、晚香玉、劳丹脂、纸莎草、藏红花以及檀香木。

参考价格： ￥750 / 55ml EDP

藏·香·年·谱

推出时间	名　　称		类　别	推出时间	名　　称		类　别
2006	Miss Charming	迷人小姐	女　香	2012	Mad Madame	疯狂女人	女　香
2006	Lady Vengeance	复仇女士	女　香	2013	Anyway	随心所欲	中性香
2008	Citizen Queen	公民皇后	女　香	2013	Oil Fiction	油腻小说	中性香
2009	Midnight Oud	午夜乌木	女　香	2014	Moon Dance	月亮之舞	中性香
2009	Calamity J.	灾难	女　香	2015	Another Oud	又一乌木	中性香
2010	Not A Perfume	非香水	女　香	2015	Gentlewoman	美女绅士	女　香
2011	Romantina	罗曼尼娜	女　香	2015	White Spirit	白酒	女　香
2011	Vengeance Extreme	极致复仇	女　香				

Karl Lagerfeld

卡尔·拉格菲尔德

卡尔·拉格菲尔德是来源于法国巴黎的奢侈品品牌，品牌所有产品的创意设计均由世界上最具影响力及权威的设计师卡尔·拉格菲尔德本人管理及控制。卡尔·拉格菲尔德香水，可谓是他跨界的又一壮举。在未正式推出之前，时尚人士早已跃跃欲试许久，想要尽快领略新款香水的风采。对此卡尔·拉格菲尔德说道：生命不是一场华丽丽的选美大赛，在时间的流沙中，智慧永恒，而青春和美丽终将流逝。好像在提醒那些对新香水跃跃欲试的潮人们，静静地等待同样是十分重要的。

以卡尔·拉格菲尔德的名字命名香水的时间可追溯到1978年，经典男香的推出预示着卡尔·拉格菲尔德在香水界同样大有作为。而其推出的日月星女香也为其赢得无数赞誉。如今卡尔·拉格菲尔德香水主要是与汤米·希尔费格合作来生产的。

经典　Lagerfeld Classic

木质东方调男香，整体给人清新干净之感。前调为醛、绿叶、龙、鼠尾草、香柠檬；中调为檀香木、广藿香、鸢尾根、茉莉、雪松、烟草以及玫瑰；后调为琥珀、顿加豆、麝香、香草和橡木苔。

参考价格： ¥450 / 50ml EDT

日月星　Sun Moon Stars

这款东方花香调香水是为高调而又独立的女人们准备的赞歌。前调选用菠萝、小苍兰、桃子、睡莲、香柠檬、玫瑰；中调为康乃馨、香橙花、兰花、鸢尾根、茉莉、天芥菜、铃兰以及水仙花；后调为檀香、琥珀、麝香、香草和雪松。

参考价格： ¥630 / 100ml EDT

1990

相片　Photo

这款香水气息浓烈而辛辣，黑色瓶身洋溢着神秘感，香水名字反映了卡尔·拉格菲尔德对摄影的热爱，值得收藏。

参考价格： ¥300 / 30ml EDT

2008

东方花香　Kapsule Floriental

东方花香调中性香水，喷上后瞬间感受到清新绿色气息，很快香草味道便出来，之后是一些类似红茶感觉的熏感，把甜度稍稍收缩，之后味道渐渐淡下去，里面有轻度广藿香及木质感觉，同样包裹着香草，气息甜蜜而温暖。

价格请店洽 EDT

木质香　Kapsule Woody

木质东方调中性香，融合了雪松、橡木苔和李子的味道。适合夏季日常使用。

价格请店洽 EDT

光芒　Kapsule Light

辛辣馥奇调中性香，以柑橘系味道开始，偏多于果皮印象，微微的甜，软而蓬松。随之而出的是茉莉气息，淡雅飘渺，最后是融合着麝香的木质气息。

参考价格： ￥560 / 75ml EDT

2011

万花筒　Karleidoscope

这款东方花香调女香的瓶身包装上印满了卡尔·拉格菲尔德的签名，底部是多棱镜的设计，好似万花筒。这款香水的香味比较强烈，蕴含当归、紫罗兰、广藿香、安息香、零陵香薰草、麝香、天芥菜等。

价格请店洽 EDT

2014

卡尔·拉格菲尔德男士 Karl Lagerfeld For Him

瓶身选用纯黑色，瓶颈包围了一圈闪烁的玻璃装饰，使人联想到奢侈精致的腕表。这款馥奇调男香的前调选用薰衣草和橘子；中调为苹果和紫罗兰；后调为檀香木和琥珀。

参考价格： ￥620 / 100ml EDT

卡尔·拉格菲尔德女士 Karl Lagerfeld For Her

水晶版透明瓶身，从中可以看到粉色的液体。该香为花果香调，适合各年龄层女性流动使用。前调选用清新柠檬和桃子；中调为鸡蛋花、木兰和玫瑰；后调为琥珀、木质香和麝香。

参考价格： ￥620 / 100ml EDT

寻香名店

北京　卓展购物中心·王府井

上海　米格天地·静安嘉里中心

武汉　国际广场购物中心

成都　国际金融中心

长春　卓展时代广场百货

2015

天堂湾男士

Paradise Bay For Men

2015 推出的这款木质馥奇调男香，以清爽淡雅为主线，前调选用香柠、薄荷、苹果；中调为紫罗兰叶；后调为香根草和开司米木。

价格请店洽 EDT

天堂湾女士

Paradise Bay For Women

木质花香调女香，前调选用荔枝、菠萝、桃子；中调为茉莉、玫瑰、木兰；后调为檀香木、麝香和香草。

价格请店洽 EDT

藏·香·年·谱

推出时间	名	称	类别	推出时间	名	称	类别
1978	Lagerfeld Classic	经典	男　香	2008	Kapsule Woody	木质香	中性香
1982	Karl Lagerfeld	卡尔·拉格菲尔德	女　香	2011	Karleidoscope	万花筒	女　香
1986	KL Homme	卡尔·拉格菲尔德男士	男　香	2014	Karl Lagerfeld For Him	卡尔·拉格菲尔德男士	男　香
1990	Photo	相片	男　香	2014	Karl Lagerfeld For Her	卡尔·拉格菲尔德女士	女　香
1994	Sun Moon Stars	日月星	女　香	2015	Paradise Bay For Men	天堂湾男士	男　香
1997	Jako	喜欢	男　香	2015	Paradise Bay For Women	天堂湾女士	女　香
2000	Lagerfeld Femme	卡尔·拉格菲尔德女士	女　香	2015	Private Klub For Men	私人俱乐部男士	男　香
2003	Lagerfeld Men	卡尔·拉格菲尔德男士	男　香	2015	Private Klub For Women	私人俱乐部女士	女　香
2004	Liquid Karl	卡尔之水	中性香	2016	Ocean View For Men	海景男士	男　香
2008	Kapsule Floriental	东方花香	中性香	2016	Ocean View For Women	海景女士	女　香
2008	Kapsule Light	光芒	中性香				

Keiko Mecheri
凯科·麦彻瑞

KEIKoMECHERI
LES PARFUMS

凯科·麦彻瑞品牌是由两位日本人凯科和卡米尔·麦彻瑞于洛杉矶创立的沙龙香水品牌。它的香水充满了既熟悉又不寻常的气味，表现了日式风格纯粹的精致和设计师对大自然的关注。每一款香水的香调貌似简单，但却异乎寻常地层次丰富，在调香艺术上巧妙的回旋，淋漓尽致地体现出东方情调。

品牌早期推出的香水——劳克浩姆，是对土耳其软糖这种独特美食的礼赞，这款香水的诞生引领了潮流，让品牌拥有了大批的追随者。品牌高端香水定制系列在2012年推出后，受到了中外香水爱好者的热捧，该系列包含七款中性香，每款的上市规格都是50ml装，同时销售的还有七款每款为10ml喷雾的香水套装，非常值得收藏。

镇店名香

劳克浩姆系列 Loukhoum

该系列包含劳克浩姆三种不同版本香水，原版、淡雅版与夜色版。原版劳克浩姆是一款东方花香调香水，具有十足的女人味，它的灵感来自包含玫瑰、杏仁核蜂蜜的土耳其软糖。东方香草调的淡雅版则突出了美食香味，甜美，充满魅力。同样是东方香草调的夜色版，香味感性、复杂，主要成分有玫瑰、广霍香、白色杏仁、马达加斯加香草、薰草豆和安息香。

价格请店洽 EDP

高端定制系列　Bespoke Collection

该系列包含七款中性香氛：琥珀紫茉莉（Amber Mirabilis）、巴尔玫瑰（Bal De Roses）、峡谷之梦（Canyon Dreams）、黄褐色皮革（Cuir Fauve）、柔情（Soussanne）、小橘（Tangeri）、丝绒香根草（Vetiver Velours）。

琥珀紫茉莉香水，强势而引人注目，包涵着闪耀琥珀和特殊盐味漩涡的中调，整款香水散发着甜蜜且梦幻的气息。

巴尔玫瑰香水，玫瑰是一种温和而充满情趣的香料，它的顽皮和美好总让人难以掌控。这款香水注入了如皇室贵族般的高贵气质。

峡谷之梦香水，辛辣且如梦似幻，这样的形容让人不由想起了温暖皮肤上的熏香以及有着无限可能的慵懒时光。

黄褐色皮革香水则带有一股温暖而潇洒的香气，伴随着冷漠格调以及隐藏在烟雾和辛辣背后的深沉和令人满意的美妙。

柔情香水是一款梦幻美妙的白花香调香水。香水柔软而甜蜜的前调开启于汹涌的雪芙，当雪芙沉淀下去之后，白色花朵便在夜晚的空气中，缓慢地展开充满魅力的花瓣。

小橘香水专为着装无可挑剔的绅士或不论在任何时机或场合都能表现出极佳格调的男士设计，清凉而精致的气息在这款香水中均匀地分布着。

丝绒香根草香水是一款满含温柔可爱的香水，它的身上隐藏着质朴而饱满的芬芳。

参考价格：琥珀紫茉莉￥1 400 / 50ml EDP　**巴尔玫瑰**￥1 400 / 50ml EDP　**峡谷之梦**￥1 400 / 50ml EDP　**黄褐色皮革**￥1 400 / 50ml EDP
柔情￥1 400 / 50ml EDP　**小橘**￥1 400 / 50ml EDP　**丝绒香根草**￥1 400 / 50ml EDP

收藏优选

2000

白色花瓣　White Petals

花香调女香，包含水仙花、鸢尾根、铃兰、牡丹、山茶花、玫瑰以及木质香，是轻熟女春夏季节的清新选择。

价格请店洽 EDP

芒加多　Mogador

芒加多是一款花香调香水，香调使人联想起罗马古诗中的玫瑰花园。主要成分包括保加利亚玫瑰、五月玫瑰、达德斯玫瑰和茉莉。

参考价格：￥870 / 75ml EDP

大马士革　Keiko Mecheri Damascena

花果香调女香，前调为黑加仑、红浆果；中调为玫瑰；后调为麝香。

参考价格：￥870 / 75ml EDP

2004

熏香　Oliban

这款香水在一开始由烟草熏香主导，随着顿加豆的粉味出来，玫瑰味也淡淡晕开一抹红，雪松一贯安稳地托着底，安息香与乳香混合了木质与熏炙。

参考价格： ¥870 / 75ml EDP

2009

科尔多瓦皮革　Cuir Cordoba

这款香水的关键成分是皮革，其中融合了树脂和花香精华。主要成分还包括麂皮绒、黑色紫罗兰、广霍香、榄香脂、檀香和安息香。

参考价格： ¥870 / 75ml EDP

紫色鸢尾　Iris Pourpre

紫色鸢尾女性香水是一款西普花香调香水。儒雅的鸢尾花香散发的淡淡的柔和与温暖，为冬季增添了暖意。香水的香调囊括了鸢尾、依兰、鸢尾根和西普芳香。

参考价格： ¥870 / 75ml EDP

布兰奇曼陀罗　Datura Blanche

这款女香拥有轻灵的曼陀罗花香味。香水的其他成分包括印度晚香玉、天芥菜、苦杏仁、薰草豆、马达加斯加香草。

参考价格： ¥870 / 75ml EDP

2010

金苹果园系列 Hesperides Collection

该系列包含四款中性香水：柚香幽夜（Les Nuits D'Izu）、塔里法（Tarifa）、穆赫兰（Mulholland）、塔奥麦（Taormine）。柚香幽夜描述了伊豆半岛的美妙风光、日本的里维埃拉海岸，展现了夏季的蓝色天空；塔里法则为人开启了一次地中海之旅，似乎不会熄灭的热情和美好心情，它的香味是精粹、充满生气的；穆赫兰是一款梦幻之香，让人不由自主地沉浸在神话时代和梦境中；塔奥麦是一款适合夏季使用香水，讲述了西西里岛的美好风光，香味明亮干净。

参考价格：柚香幽夜 ¥870 / 75ml EDP　**塔里法** ¥870 / 75ml EDP

穆赫兰 ¥870 / 75ml EDP　**塔奥麦** ¥870 / 75ml EDP

遥远岛屿　Isles Lointaines

东方花香调女香，前调为杏仁与栀子花相搭配；中调为茉莉、提亚蕾花、晚香玉、玫瑰；后调为安息香脂、香草以及琥珀。

参考价格： ¥870 / 75ml EDP

2011

失乐园　Paradise Lost

东方花香调中性香水，前调为香柠檬和青柠的融合；中调为茉莉、晚香玉；后调为檀香木、麝香和香草。

价格请店洽 EDP

2012

菊花　Johana

花香西普调女香，前调为清新自然的菊花和白松香；中调为诱人的玫瑰、紫藤、鸢尾花、可可；后调为广藿香、焚香、檀香木、香草。适合成熟女性日常使用。

参考价格： ￥870 / 75ml EDP

2013

蓝色塞多纳　Sedona Blue

柑橘馥奇调中性香水，成分包含柑橘、辛香料、木质香、琥珀和绿叶。

参考价格： ￥870 / 75ml EDP

2014

木材绸缎　Bois Satin

木质花香调中性香水，融合了橘子、玫瑰、茉莉、藏红花、香草、绒面革、木质香以及琥珀。甜美中透着一丝硬朗的气息。

参考价格： ￥870 / 75ml EDP

寻香名店

纽约　117　Crosby　Street

藏·香·年·谱

推出时间	名称		类别	推出时间	名称		类别
1998	Loukhoum	劳克浩姆	女香	2010	Hesperides Collection	金苹果园系列	中性香
2000	Grenats	石榴	女香	2010	Tuberose	晚香玉	女香
2000	Genie Des Bois	木质工程	中性香	2010	Isles Lointaines	遥远岛屿	女香
2000	Mogador	芒加多	女香	2010	Attar De Roses	玫瑰油	女香
2000	Wild Berries	野生浆果	女香	2011	Osmanthus	桂花	女香
2000	Damascena	大马士革	女香	2011	Camellia	山茶花	女香
2000	Musc	麝香	中性香	2011	Paradise Lost	失乐园	中性香
2000	White Petals	白色花瓣	女香	2012	Bespoke Collection	高端定制系列	中性香
2002	Paname	泛美	中性香	2012	Johana	菊花	女香
2002	Scarlett	红字	女香	2012	Un Jour D´Été	夏日一天	中性香
2002	Fleur De Peau	鸢尾花	女香	2013	Sedona Blue	蓝色塞多纳	中性香
2003	Ume	梅花	女香	2013	Savile	萨维尔	中性香
2004	Oliban	熏香	中性香	2014	Bois Sstin	木材绸缎	中性香
2006	Mihime	米西米	女香	2014	Embruns	喷射	中性香
2008	Loukhoum Eau Poudree	劳克浩姆淡雅版	女香	2015	Lady Pointe	女士足尖	女香
2008	Loukhoum Parfum Du Soir	劳克浩姆夜色版	女香	2015	Boheme	波希米亚人	中性香
2009	Jasmine	茉莉	女香	2015	Grand Soiree	盛宴	中性香
2009	Iris Pourpre	紫色鸢尾	女香	2015	Lunea	星期一	中性香
2009	Crystal D´Ambre	水晶琥珀	女香	2015	Musk Nobilis	高贵麝香	中性香
2009	Cuir Cordoba	科尔多瓦皮革	女香	2015	Precious Forest	珍贵森林	中性香
2009	Datura Blanche	布兰奇曼陀罗	女香	2015	Velou Rosa	丝绒玫瑰	中性香
2009	Iris D´Argent	银色鸢尾	中性香				

Kenzo 高田贤三

高田贤三的香水融合了亚洲的诗情与禅意和西方的现代与活力，传递出一种温柔高雅、匠心独运的魅力。香水瓶身多造型独特，颜色亮丽。香调上大致也都走清新路线。

提到高田贤三香水就让人无法不联想到宛若置身大自然的自在状态，取撷于空气、水和天地间生命的喜悦，鲜艳浪漫却不花哨。它为传统的法国香水业吹来一股清新的异域之风，创造了一种不同的传统风格。在瓶身的设计理念上不用金色也不用黑色，而是以花朵、植物作为主题。在香水的素材上也舍弃一般和传统而敢于创新。

高田贤三香水最经典的就是一枝花，它的地位等同于 5 号香水在香奈儿的地位。而情侣对香风之恋、水之恋也是非常畅销的产品，高田贤三的男士香水也很有名，尤其是它的海洋调香水、毛竹等男士系列都很受男士欢迎。高田贤三香水多采用亚洲的素材，比如海洋调男士选合东方喜欢的竹子以及海洋的味道、爱慕系列采用东南亚元素等。

镇店名香

一枝花　Flower By Kenzo

香水发展史上第一支有不同容量、不同外型的香水。上市伊始就占据全球知名化妆品香水连锁店丝芙兰的畅销排行榜数十周，成为全欧洲非常著名的女性香水。截至 2007 年，它在全球的销量超过一亿瓶。玫瑰花香调，前调为紫罗兰、山楂、肉桂树、保加利亚玫瑰；中调为留尼旺岛香草、白麝香及树脂；后调为希蒂莺、彩戈素。

参考价格：￥780/ 50ml EDT

晨曦之露 1992 年版　Parfum D`Été

高田贤三推出的非常成功的一款女香，叶子造型当年风靡一时。花香调，香味释放过程完成了从花香到木质香的转换。前调为桃花心木、绿叶、桃子、风信子；中调为牡丹、报春花、小苍兰、茉莉、依兰、铃兰、玫瑰、水仙；后调为鸢尾、檀香木、琥珀、麝香、橡树苔、雪松。

参考价格：￥1 100/ 50ml EDT

高田贤三毛竹　Kenzo Pour Homme

高田贤三的第一款男士香水，推出的当年就得到多个香水大奖的肯定。瓶身的竹节设计及浮凸的竹形雕花绝对是独一无二的艺术品。海洋香调，前调为橡树苔、香茅草、丁子香、海洋香调；中调为薄荷、丁香、檀香、鼠尾草、天竺葵、茴香子、肉豆蔻、橡苔；后调为麝香、茉莉、檀香、柏木、岩兰草、岩蔷薇。

参考价格：￥600/ 100ml EDT

风之恋　L'eau Par Kenzo Pour Homme

风之恋是高田贤三禅意元素的极致之作，与水之恋组成男女对香。1999 年推出后即广受香水爱好者的喜爱，2003 年进行改版后更适合年轻男士使用。清新柑橘调，前调为日本柠檬、莲叶、绿胡椒、芳樟树叶；中调为水生薄荷、睡莲叶；后调为绿胡椒、白麝香。

参考价格：￥750/ 100ml EDT

水之恋　L'eau Par Kenzo Pour Femme

高田贤三最著名的一款香水，2003 年经过全新改版后，整体香调更适合亚洲湿热气候。水生花香调，前调为芦苇茎、水生薄荷、绿丁香；中调为小茉莉、石蒜、百合、白桃；后调为麝香花、蓝柏木、香子兰荚。

参考价格：￥610/ 50ml EDT

爱慕　Kenzo Amour

高田贤三东方主题香水力作。香水瓶有三种尺寸和颜色：30 毫升紫红色，50 毫升柔白色，100 毫升橙色。三种不同曲线的瓶身象征“爱意、温柔、鸟与飞翔”。瓶身简单的线条流露一种质朴的美感，而三种颜色也是西方人印象中的直接大胆的东方色彩。东方花香调，前调为日本樱花、米香、白茶；中调为小苍兰、素馨花；后调为 Thanaka 木、白麝香。

参考价格：￥650/ 50ml EDP

收藏优选

1993

无尽的爱　Kashaya

瓶身复古感十足，橘色瓶身神秘而高雅，适合成熟女性出席社交场合时使用。东方花香调，前调为菠萝、杏、橘子、桃、风信子、佛手柑和八角茴香；中调为康乃馨、晚香玉、橙子花、百合、兰花、茉莉、依兰、玫瑰和水仙；后调为檀木、琥珀、麝香、安息香、香草和雪松。

参考价格：￥500/ 75ml EDT

1996

高田贤三丛林大象　Kenzo Jungle L'Elephant

高田贤三丛林系列（Kenzo Jungle）香水是在巴黎的时装店里第一次发售的，随后这个系列分为了两大主题：自然与花卉。丛林大象女香就属于自然主题中的第一款香水，很有纪念意义。东方辛辣调，前调为橘子、丁香、小茴香；中调为香芹籽、芒果、天芥菜、依兰、甘草、栀子花、豆蔻；后调为琥珀、广藿香、香草。

参考价格：￥650/ 100ml EDP

1997

花神　Le Monde Est Beau

瓶身充满诗意的设计感，设计师选择以小女孩及花朵代表此系列，使人回忆起童年的岁月，也带来无限的喜悦及欢愉，在高田贤三的香水中此款女香以趣味和甜美出名。花果香调，前调为玉兰、黑醋栗、橘子、罗勒；中调为日本樱花、金银花、鸢尾和茉莉；后调是黑莓、檀木、香根草、雪松、零陵香豆。

参考价格：￥550 / 50ml EDT

1999

高田贤三和平年代男士

Time For Peace Kenzo For Men

高田贤三作为时尚界荣获“和平年代”奖的第一人推出的限量版香水，与同名女香构成男女对香。每瓶香水上面都有编号，用不同的语言写着：“让你的梦想开出美丽的花朵，明天更美好。”芳香森林调，前调为鼠尾草、橘子；中调为零陵香豆、栗子；后调为香根草，弗吉尼亚州雪松，琥珀、香草。

参考价格：￥920 / 100ml EDT

2003

高田贤三空气　Kenzo Air

这是一款特别适合亚洲男性的香水，意大利知名雕塑家罗拉•桑蒂拉纳设计香水瓶，精雕细琢盈满云彩感觉的玻璃瓶，蓝与白再混合磨砂材质，营造出清逸气息。清新东方调，前调为八角茴香、岩兰香；中调为佛手柑；后调为海地岩兰草、琥珀、麝香。

参考价格：￥550 / 90ml EDT

2005

一枝花东方

Flower By Kenzo Orijental

一枝花香水的 2005 年限量版，围绕日本“香道”主题重新调制，更具神秘的东方色彩，比原版一枝花更浓郁。香水由西班牙著名调香师艾伯特•莫瑞拉斯调制。东方木质调，前调为花香元素、焚香；中调为紫罗兰、保加利亚玫瑰；后调为胡椒、香草。

参考价格：￥750 / 50ml EDP

高田贤三晨曦新露　Summer By Kenzo

限量版女香，具有非常感性的香调，细腻得令人无法抗拒。调香师同样是艾伯特•莫瑞拉斯。叶子形状的外观与特殊平放所展露的优美曲线，都令人难忘。清新花香调，前调为柠檬、托斯卡尼柑橘、杏仁、常春藤叶；中调为含羞草、紫罗兰叶、杏仁乳；后调为龙涎香、安息香木、白麝香。

参考价格：￥550 / 50ml EDP

2007

东京　Tokyo By Kenzo

高田贤三以东京为主题的一款男香，是款时尚流行却又保有东方传统的男香。从传统日本武士刀所启发的灵感而来，在色彩上也呼应了东京街景的缤纷。木质调，前调为生姜、葡萄柚、柠檬；中调为粉色胡椒、绿茶、苦橙；后调为肉豆蔻、核仁、丁香、愈创木、雪松。

参考价格：￥580 / 100ml EDT

高田贤三年份版　Kenzo VIntage Edition

高田贤三庆祝投身香水业 20 周年推出的限量版香水，歌颂 20 世纪 70 年代“和平与爱”的精神，重新演绎 20 世纪 70 年代的香气。香水由斯坦•沃尔夫和其团队设计了 4 款不同的包装，很有波普艺术感，也相当嬉皮。东方木质调，前调为柑橘、甜橙；中调为雪松、橙花；后调为顿家豆、香草、麝香。

参考价格： ¥550 / 100ml EDT

2008

高田贤三原动力　Kenzo Power

这款香被赞誉为“男香明日之星”的代表作品，在香水中演绎出“刚柔并济”的男士优雅风格，由三大知名设计师操刀完成——日本中生代设计大师原研哉负责瓶身设计、天才调香师奥利维耶•波巨，以及高田贤三营销创意总监 Patrick Guedj 主导影像设计。木质香调，前调为豆蔻、佛手柑、香菜；中调为花香；后调为雪松、妥鲁香脂、劳丹脂。

参考价格： ¥450 / 60ml EDP

高田贤三合欢花露
Eau De Fleur De Soie .Silk

高田贤三花水系列的香水，也是针对亚洲地区女性推出的亚洲版香水。和一般的前、中、后调阶段式不同香调的组合方式不同，高田贤三合欢花露采用单一花香调，选用了花香元素、水果元素、合欢树花。

参考价格： ¥600 / 50ml EDT

一枝花冬之恋
Flower By Kenzo Winter Flowers

一枝花冬季版的限量版香水，珍珠白的外包装盒、银色的线条和金色的花瓣勾勒出一枝花的代表罂粟花的四种姿态。香水瓶上灰色和红色相混合，用冬之花的珍贵颜色重新展现经典罂粟花纹饰，非常有纪念价值。花香调，前调为柑橘、紫罗兰；中调为山茶花、玫瑰；后调为广藿香、琥珀、香草。

参考价格： ¥450 / 50ml EDP

2009

高田贤三爱慕之花　Kenzo Amour Florale

高田贤三公司为了迎接 2009 年春天的到来而特别推出的女香，香水大师达芙妮•比热一手打造。瓶身由天才设计师卡里姆•拉希德设计，香水的设计线条流畅充满美感。花香调，前调为橙花油、小豆蔻、西柚、黑加仑子、葡萄柚；中调为赤素馨花、玫瑰、栀子花；后调：白麝香、雪松

参考价格： ¥540 / 40ml EDT

2010

高田贤三禅风之竹

Kenzo Homme Eau De Toilette Boisee

此款男香不仅撷取了海洋蓝调的精髓，而且瓶身更具有神秘之美。瓶身设计时尚而流畅，刻画出立体竹叶，呈现了力量之美。木质芳香调，前调为罗勒、薄荷；中调为黑胡椒、迷迭香；后调为海地香根草、北非雪松。

参考价格：￥300 / 30ml EDT

2011

花之印　Flower Tag

高田贤三将涂鸦艺术引入香水世界推出的代表力作。洋溢都市风韵的罂粟花和 Flower 的文字饰满瓶身。闪亮的色彩传递出更为强烈的让人惊艳的魅力。花香调，前调为黑茶藨子、大黄、橘子；中调为牡丹、茉莉和铃兰；后调为绿茶、香草和麝香。

参考价格：￥400 / 50ml EDT

2012

高田贤三我爱你

Kenzo Amour I Love U

高田贤三推出的一款著名的“告白香”，直接将爱人的告白，附在瓶身，因其仅限于在机场零售店发售因此很难购买。花香木质麝香调，前调为葡萄柚；中调为玫瑰、紫罗兰、桃花；后调为麝香、弗吉尼亚州雪松。

参考价格：￥575 / 40ml EDT

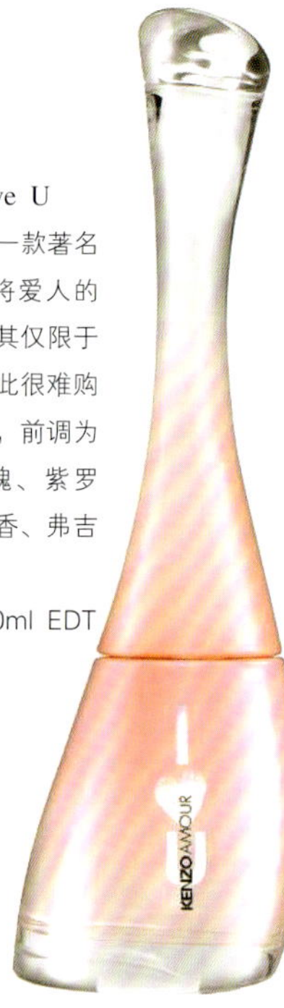

2013

高田贤三蝴蝶之吻

Madly Kenzo! Kiss'n Fly

高田贤三很受欢迎的限量版香水，香水瓶的设计者是全球最具影响力的设计师荣·阿兰德，他将对艺术的美感融入香水主题，打造出水晶质感的简单却独特的瓶身。花果香调，前调为梨、荔枝、葡萄柚；中调为茉莉、百合、小苍兰；后调为雪松、麝香。

参考价格：￥400 / 50ml EDT

2014

空中之花 EDT 版

Flower In The Air Eau De Toilette

与原版的一枝花相比，空中之花 EDT 版更为清新，轻盈，更适合日常使用，也是喜欢一枝花的香水爱好者必备款。清新花香调，前调为粉葡萄柚、梨；中调为玫瑰、小苍兰；后调为白麝香。

参考价格：￥1 280 / 50ml EDT

高田贤三紫色　Couleur Kenzo Violet

花果香调，前调为蓝莓、红醋栗；中调为紫罗兰、橘子酱；后调为黑醋栗。

参考价格：￥400 / 50ml EDT

寻香名店

北京　新光天地·东方广场·双安商场

上海　久光百货·巴黎春天淮海店·正大广场·东方商厦

沈阳　卓展购物中心

藏·香·年·谱

推出时间	名称		类别
1978	KIng Kong	金刚	女香
1988	Kenzo	高田贤三	女香
1989	Ca Sent Beau	花朵情迷	女香
1991	Kenzo Pour Homme	高田贤三毛竹	男香
1992	Parfum D´Été	晨曦之露 1992 年版	女香
1993	Kashaya	无尽的爱	女香
1996	L´Eau Par Kenzo Pour Femme	水之恋	女香
1996	Kenzo Jungle L´Elephant	高田贤三丛林大象	女香
1997	Kenzo Jungle Le Tigre	高田贤三丛林老虎	女香
1997	Le Monde Est Beau	花神	女香
1998	Kenzo Jungle Homme	高田贤三丛林	男香
1999	L´Eau Par Kenzo Pour Homme	风之恋	男香
1999	Time For Peace Kenzo For Men	高田贤三和平年代男士	男香
1999	Time For Peace Kenzo For Women	高田贤三和平年代女士	女香
2000	Flower By Kenzo	一枝花	女香
2002	Kenzo Pour Homme Fresh	高田贤三毛竹海洋清新版	男香
2002	Kenzo Parfum D´Été	高田贤三晨曦之露	女香
2003	Flower By Kenzo Le Parfum	一枝花火红香精	女香
2003	Kenzo Air	高田贤三空气	女香
2003	L´Eau Par Kenzo Pour Homme	风之恋	男香
2004	Flower By Kenzo Limited Edition 2004	一枝花 2004 年限量版	女香
2005	Flower By Kenzo Orijental	一枝花东方	女香
2005	Summer By Kenzo	高田贤三晨曦新露	女香
2005	Kenzo Air Intense	高田贤三极致	男香
2006	Flower Edition D´Artistes	一枝花艺术家版	女香
2006	Flower By Kenzo Summer Fragra 2006	一枝花 2006 夏日版	女香
2006	Kenzo Amour	高田贤三爱慕	女香
2006	Kenzo Homme Fresh	高田贤三毛竹绿色海洋	男香
2006	KenzoKi Bamboo Leaf	高田贤三竹叶	女香
2006	KenzoKi Ginger Flower	高田贤三姜花	女香
2006	KenzoKi Rice Steam	高田贤三稻香	女香
2006	KenzoKi White Lotus	高田贤三白莲	女香
2006	L´Eau Par Kenzo Love L´Eau Kenzo	水之恋 2006 限量版	女香
2006	L´Eau Par Kenzo Love L´Eau Pour Homme	风之恋 2006 限量版	男香
2007	Tokyo By Kenzo	东京	男香
2008	7:15 AM In Bali	巴厘岛早上七点十五分	中性香
2008	Flower By Kenzo Summer 2008	一枝花 2008 夏日版	女香
2008	Flower By Kenzo Winter Flowers	一枝花冬之恋	女香
2008	Kenzo Amour Indian Holi	高田贤三缤纷爱慕限量版	女香
2008	Kenzo Amour Le Parfum	高田贤三香精版	女香
2008	Kenzo Power	高田贤三原动力	男香
2008	Kenzo VIntage Edition	高田贤三年份版	中性香
2008	L´Eau Par Kenzo Ice Pour Femme	晶透水之恋女士	女香
2008	L´Eau Par Kenzo Ice Pour Homme	晶透水之恋男士	男香
2008	Eau De Fleur De Soie.Silk	高田贤三合欢花露	女香
2008	Eau De Fleur De Thé	高田贤三绿茶花露	女香
2008	Eau De Fleur De Magnolia	高田贤三木兰花露	女香
2009	L´Eau Par Kenzo Eau Indigo Pour Femme	靛蓝水之恋女士	女香
2009	L´Eau Par Kenzo Eau Indigo Pour Homme	靛蓝水之恋男士	男香
2009	5:40 PM In Madagascar	马达加斯加下午五点四十分	中性香
2009	Flower By Kenzo Essentielle	花香	女香
2009	Flower By Kenzo Spring Fragrance	一枝花春日芬芳	女香
2009	Kenzo Amour Florale	高田贤三爱慕之花	女香
2009	Kenzo Power Cologne	高田贤三原动力古龙版	男香
2009	Kenzo Unidentified Fragrance Object	高田贤三无名	中性香
2009	Eau De Fleur De Prunier	高田贤三杏花花露	女香
2010	Kenzo Pour Femme Once Upon A Time	高田贤三永恒爱恋女士	女香
2010	Kenzo Pour Homme Once Upon A Time	高田贤三永恒爱恋男士	男香
2010	Flower By Kenzo La Cologne	一枝花古龙版	女香
2010	Kenzo Homme Eau De Toilette Boisee	高田贤三禅风之竹	男香
2010	Eau De Fleur De Yuzu	高田贤三青柚花露	女香
2010	L´Eau Par Kenzo Pour Femme Limited Edition	水之恋 2010 限量版	女香
2010	L´Eau Par Kenzo Pour Homme Limited Edition	风之恋 2010 限量版	男香
2011	Eau De Fleur De Camelia	高田贤三红茶花	女香
2011	L´Eau Par Kenzo Wild	狂野风之恋	女香
2011	L´Eau Par Kenzo Wild Pour Homme	狂野风之恋男士	男香
2011	10:10 AM In Sicilia	西西里岛上午十点十分	中性香
2011	Flower Tag	花之印	女香
2011	Flower By Kenzo Summer 2011	一枝花 2011 夏日版	女香
2011	Madly Kenzo!	高田贤三绮幻	女香
2011	Madly Kenzo! Eau De Toilette	高田贤三绮幻 EDT 版	女香
2011	L´Eau De Kenzo amour	高田贤三爱情之水	女香
2012	L´Eau 2 Kenzo pour Femme	遇见风之恋女士	女香
2012	L´Eau 2 Kenzo pour Homme	遇见风之恋男士	男香
2012	Flower Tag Eau De Parfum	花之印 EDP 版	女香
2012	Kenzo Amour I Love U	高田贤三我爱你	女香
2012	Kenzo Homme Sport	高田贤三运动男士	男香
2012	Couleur Kenzo Jaune-Yellow	高田贤三玫瑰黄	女香
2013	Couleur Kenzo Rose-Pink	高田贤三玫瑰粉	女香
2013	Kenzo Homme Sport Extreme	高田贤三极致运动	男香
2013	Flower In The Air	空中之花	女香
2013	Kenzo Amour My Love	高田贤三我的爱	女香
2013	L´Eau Par Kenzo Colors Pour Femme	高田贤三无忧的快乐女士	女香
2013	L´Eau Par Kenzo Colors Pour Homme	高田贤三无忧的快乐男士	男香
2013	Madly Kenzo Oud Collection	疯狂乌木限量收藏版	女香
2013	Madly Kenzo! Kiss´n Fly	高田贤三蝴蝶之吻	女香
2014	Flower By Kenzo Summer 2014	一枝花 2014 夏日版	女香
2014	Flower In The Air Eau De Toilette	空中之花 EDT 版	女香
2014	Jeu D´Amour	爱情游戏	女香
2014	Kenzo Floralista	高天贤三狂爱繁花	女香
2014	Kenzo Homme Night	高田贤三夜晚男士	男香
2014	Couleur Kenzo Violet	高田贤三紫色	女香
2014	L´Eau Par Kenzo Mirror Edition Pour Femme	高田贤三纯净之水镜面版女士	女香
2014	L´Eau Par Kenzo Mirror Edition Pour Homme	高田贤三纯净之水镜面版男士	男香
2015	Kenzo Wild	狂野	女香
2015	Totem Blue	蓝色图腾	中性香
2016	Flower By Kenzo Eau Florale	一枝花花漾	女香
2016	Jeu D´Amour L´Elixir	爱情游戏极致版	女香

Lalique
莱俪

LALIQUE

莱俪品牌的创始人是20世纪的一位热爱生命的天才艺术家——赫奈·拉里科。他最原始的灵感源于大自然，在好奇心和求知欲驱动下，他把自己融入大千世界，努力发掘每一个细微之处，探索自然界中一切能用于装饰的元素，善于捕捉精美与微妙的细节，并探寻如何将平凡的材料塑造成灵性四溢的杰作。

赫奈·拉里科自1908年设计了第一款香水瓶之后，开创了精致香水瓶设计和精美香水包装的新局面，从此，多个香水品牌纷纷邀请他加盟，为旗下作品设计独具品牌魅力的香水瓶。其中，最能体现品牌优雅品味的，莫过于由赫奈·拉里科精心打造的莱俪品牌香水了。尤其是莱俪各款充满艺术美感的经典之作与限量版香水瓶，更成为全球收藏家的至爱珍品。

莱俪品牌现已合作过的调香师有让-克劳德·艾列纳、克里斯汀·纳格尔、博传德·达朝佛尔、多米尼克·如宾、莫里斯·鲁塞尔以及安娜·弗立博等。

镇店名香

水晶黑莓　Amethyst

水晶黑莓的味道带有小女人的感觉，清爽又不失性感。以晶莹剔透的紫水晶为素材，串串黑莓交结作为瓶头装饰，同样承袭莱俪经典呈现手法，雾面及亮面交错呈现，如盛产中的黑莓，仿佛可以闻到甜美果实香味。品牌更为此款香水设计了独家长颈细口瓶版本，瓶身更加玲珑可爱，优美的外盒以珠宝盒方式呈现，绒布为素材，再融合同色调的浮雕图案，让你爱不释手。每瓶瓶底皆有限量序号及签名，值得珍藏。

参考价格：￥660 / 100ml EDP

黑墨　Encre Noire

黑墨男性香水，以最简单纯净的方式展现香根草的风格。盖子是木头的，预示着这是一款主打木质调的男香，木质调弥漫开来，一种属于木质调特有的厚重在香根草的调性中伸张。奢华质感的黑色方块瓶身，覆盖着刻有品牌 Logo 的木质瓶盖，展现贵族的时尚气质。

参考价格： ¥640 / 100ml EDT

莱俪　Lalique Le Parfum

东方香调香水，它的调香师是多米尼克·如宾。如水晶般剔透的方形瓶身时尚大方，前调为西印度月桂、香柠檬、粉红胡椒；中调为茉莉、天芥菜、杏仁；后调为檀香木、顿加豆、广藿香以及香草。

参考价格： ¥720 / 100ml EDP

黑墨女士兵　Encre Noire Pour Elle

黑墨香水是一款融合了花香、木质香和麝香的香水。这是继男性黑墨香水后的又一款现代时尚芳香，灵感来自黑色的墨水以及现代的奋进人群。女版的黑墨香水依旧延续着黑色神秘风格。方块型的瓶身设计，镶嵌着水晶，金色华丽的线条勾勒出这款香水的奢华气质。女性版本的调香师是克里斯汀·纳格尔。

参考价格： ¥720 / 100ml EDP

收藏优选

1992

莱俪原版　Lalique

东方花香调女香。前调为鸢尾、玫瑰、茉莉和丁香；中调为黑莓、梨和黑醋栗叶；后调为白麝香、檀木和香草。

参考价格： ¥850 / 100ml EDP

2001

马头　Pour Homme Equus

辛辣东方调的男用香水。前调为佛手柑、柠檬和香橼；中调为肉豆蔻核仁、杜松、紫罗兰叶、豆蔻、肉豆蔻皮和巴西红木；后调为皮革、麝香、香根草、红杉、阿米香树花和安息香。瓶身马头图案的设计深受男士的喜爱。

参考价格： ¥560 / 75ml EDP

2006

珍珠美人　Perles De Lalique

在这款花香西普调的珍珠美人女香中，包括来自保加利亚的玫瑰、波旁的胡椒、鸢尾花以及印尼的广藿香。手工的水晶瓶的创作灵感来自于创始人在 1928 年设计的一款粉盒。

参考价格： ¥660 / 100ml EDP

2010

喷泉限量版　Cascade Limited Edition

东方花香调香水，淡雅中又透着妩媚般的诱惑。瓶身造型设计精美，如同艺术品一般，值得收藏。

价格请店洽 EDP

2011

花语呢喃精炼　Nilang Extrait

栩栩如生的瓶盖设计让女士为之倾心，花果香调更是优雅得体的明智之选。前调为莲花、橘子、桃子、香瓜；中调为茉莉、晚香玉、公丁香、小苍兰、玫瑰、蓝莓；后调为麝香、檀香木、广藿香、琥珀、香草和果仁糖。

价格请店洽 EDP

莱俪 2011 限量版　Lalique Edition Limitee

温暖甘甜的味道中带着丝丝辛辣，适合职场干练女士日常使用。前调为鸢尾花、玫瑰、茉莉、公丁香；中调为黑莓、醋栗叶、梨；后调为香草、檀香木、麝香。

价格请店洽 EDP

时空旅人　Hommage a L'Homme

莱俪品牌为都市男士精心打造。浑厚的木质东方调让男人更富儒雅魅力。瓶身设计简洁，线条流畅，是现代男士的必备之选。2014 年莱俪又推出了时空旅人迷航男香。

2012

莱俪 20 周年限量版

Lalique 20th Anniversary Limited Edition

莱俪品牌为庆祝创立 20 周年特别推出的一款香水。东方花香调适合女性在日常工作和生活中使用，让人难忘的同时又多了一份低调。

参考价格： ¥850 / 100ml EDP

2013

黑泽运动　Encre Noire Sport

这款水生木质调男香专为偏爱清爽感受的男士准备。前调选用葡萄柚、香柠檬、肉豆蔻为你带来清新感；中调选用柏树、薰衣草；最后以香根草、开司米木和麝香作为结束。

参考价格： ¥580 / 100ml EDP

缎之舞　Satine

加入了粉红胡椒、檀香、香根草、栀子花、广藿香成分，带来一丝丝温暖的香气，特别适合在夜间或寒冷季节使用。

参考价格： ¥1 300 / 100ml EDP

爱飞翔的翅膀　L'Amour

前调为柑橘调的香柠檬、典雅的玫瑰芽、苦橙花；中调为花香调的鼠尾草、晚香玉、栀子花、茉莉；后调为十分典雅干爽的雪松、香甜的檀香、麝香。整体味道甜美而又温暖，就如同爱情给人的感觉一样，让人感受到暖意。适合秋冬季节使用。

参考价格：￥850 / 50ml EDP

双飞孔雀限量版

Deux Paons Limited Edition

精致高雅的瓶身设计俘获了众多女士的心。东方花香调，前调为黑加仑、橘子、黑莓、栀子花；中调为牡丹、木兰、香橙花、依兰、玫瑰；后调为琥珀、香草、麝香、檀香木、雪松、橡木苔。适合优雅女士日常使用。

参考价格：￥8 800 / 100ml EDP

2014

安扎乐　Azalee

品牌2014年的主打女香。花香西普调，精选香柠檬、桃子、小苍兰打开嗅觉，随之而来的玫瑰、茉莉和栀子花让你仿若置身于花海之中，而沉稳的广藿香、檀香木、麝香则作为后调。

参考价格：￥780 / 100ml EDP

水晶之恋　Libellule Crystal Edition

限量版女香。东方花香调，前调为保加利亚玫瑰、茉莉、鸢尾和桂竹香；中调为黑莓、梨和黑醋栗叶；后调为檀木、琥珀、白麝香和波旁香草。蝴蝶元素的设计秉承了品牌从大自然汲取灵感的设计理念。

价格请店洽 EDP

寻香名店

上海　国际金融中心商场·玛莎百货

香港　时代广场·尖沙咀·皇后大道·太古广场

藏·香·年·谱

推出时间	名称		类别	推出时间	名称		类别
1931	Louxor De Lalique	帕菲儿	男　香	2011	Nilang 2011	花语呢喃2011版	女　香
1992	Lalique	莱俪原版	女　香	2011	Lalique Nilang	花语呢喃精炼	女　香
1995	Nilang	花语呢喃	女　香	2011	Hommage A L´Homme	时空旅人	男　香
1997	Lalique Pour Homme	莱俪原版男士	男　香	2011	Lalique Edition Limitee	莱俪限量版	女　香
1997	Claire De Nilang	妮朗	女　香	2012	Lalique 20th Anniversary Limited Edition	莱俪20周年限量版	女　香
1999	Le Baiser	深吻	女　香	2012	Lalique 20th Anniversary Chevrefeuille	忍冬20周年纪念版	女　香
2000	Pour Homme Le Faune	农牧神	男　香	2013	Libellule Crystal Edition	水晶之恋	女　香
2001	Pour Homme Equus	马头	男　香	2013	Deux Paons Limited Edition	双飞孔雀限量版	女　香
2002	Tendre Kiss	柔吻	女　香	2013	Encre Noire Sport	黑泽运动	男　香
2003	Eau De Lalique	玻璃之水	女　香	2013	L´Amour	爱飞翔的翅膀	女　香
2004	Deux Coeurs Parfum Flacon Collection	双心纪念版	女　香	2013	Satine	缎之舞	女　香
2005	Flora Bella	花神女郎	女　香	2014	Azalee	安扎乐	女　香
2005	Lalique Le Parfum	莱俪	女　香	2014	Hommage A L´Homme Voyageur	时空旅人迷航	男　香
2006	Encre Noire	黑墨	男　香	2014	Amethyst Éclat	水晶黑莓轻盈版	女　香
2006	Perles De Lalique	珍珠美人	女　香	2014	Elegance Animale	优雅动物香	中性香
2007	Amethyst	水晶黑莓	女　香	2014	Fleur Universelle	宇宙之花	中性香
2008	White	白光时尚	男　香	2014	Fruits Du Mouvement	动感果香	中性香
2009	Encre Noire Pour Elle	黑墨女士	女　香	2014	Rose Royale	皇家玫瑰	中性香
2009	Lalique Femme Limited Edition	莱俪女士2009限量版	女　香	2014	Sculpteur D´Epices	香料雕塑家	中性香
2009	Lalique Homme Limited Edition	莱俪男士2009限量版	男　香	2014	Terres Aromatiques	芬芳大地	中性香
2010	Cascade Limited Edition	喷泉限量版	女　香	2015	Encre Noire A L´Extreme	黑墨极致	男　香
2010	Scorpios Limited Edition	蝎子限量版	男　香	2015	Living Lalique	生活	女　香
2010	Fleur De Cristal	水晶铃兰	女　香	2015	Bronze	铜	中性香

Lancôme
兰蔻

兰蔻是由创始人阿曼达·珀蒂让于1935年在法国创建的。作为全球知名的高端化妆品品牌，兰蔻涉足护肤、彩妆、香水等多个产品领域，主要面向教育程度、收入水平较高，年龄在25～40岁的成熟女性。如今，兰蔻公司进入香水领域已有半个多世纪，凭借着对香水行业的敏锐嗅觉、执着不懈的冒险精神，不断推出多款举世闻名的香水。每一款香水产品都有着自己的故事，揭示着情感的真谛，蕴含着稀世的优雅。

1964年欧莱雅集团收购兰蔻品牌之后，众多经典香水陆续推出，例如收藏系列幻境，黑色梦幻和珍爱。如今兰蔻公司旗下拥有近百款香水，最早的一款是于1947年上市的，堪称香水界的重量级品牌。与兰蔻香水合作过的调香师包括阿尼克·梅纳多、艾伯特·莫瑞拉斯、多米尼克·如宾、奥利维耶·波巨以及克里斯汀·纳格尔等。

诗情爱意 Poême

花香调香水。香水瓶身呈现出强烈的对比感，透明的艺术作品映照出简朴又成熟的韵味，就像一道让人感到惊奇的神秘之光。诗情爱意香水犹如包裹在光芒万丈的玻璃体中，透明的玻璃赋予这款香水明亮的性格，展现出大而无畏的气度。

参考价格：￥570 / 100ml EDP

引力 Attraction

一瓶诠释法国人浪漫、性感的香水。一切源自于光线，运用光线与香味来诠释女人的性感、深度，强烈展现女性神秘美丽的性感特质。负责为引力调制香调的，是刚获得 2003 年法国菲菲奖的调香师丹尼拉•安德利。香水以鸢尾花融合了草香，带出性感且善于挑逗的气息。瓶身设计是由两个球体结合而成，透明玻璃与金色的瓶盖相互映衬，发出闪闪光芒。

参考价格：￥695 / 100ml EDP

幻境 Climat

兰蔻经典女香幻境为醛香花香调，前调为紫罗兰、桃子、茉莉、铃兰、香柠檬、玫瑰及水仙花；中调为醛、迷迭香、晚香玉；后调为檀香木、顿加豆、琥、麝香、麝猫香、竹子及香根草。幻境是一种清新、独特及柔和的香水，混合新鲜花卉及自然精华。持久力强，最适合日常使用。

价格请店洽 EDT

珍爱系列 Trésor Collection

说到兰蔻，珍爱系列香水是不可不提的经典系列之一，该系列最大的特点是将水果香用于后调之中。因为水果香的蒸发压较一般常用于后调的素材高得多，所以这种搭配十分可贵和特殊。香水的主题是：珍惜那段相处的时光。瓶身以倒立的金字塔为主题造型，华丽又充满了神秘色彩。珍爱是一系列生气蓬勃的香水，独特的香调组合，让它在香水世界中名垂青史。适合含蓄、冷静的温柔型女性。

参考价格：珍爱￥610 / 30ml EDP　　**其他款式价格请店洽**

1969

Ô 系列　Ô Collection

这一系列是兰蔻公司为了迎接夏天的到来，而特别推出的水果花香调夏日香水。扑面而来的甜美花果香沁人心脾，散透着清凉的气息。包含沁晨、沁逸、沁馨等女香，适合轻熟女性夏日实用。

价格请店洽 EDT

1978

黑色梦幻　Magie Noire

这款东方香水调极具异域情调，融合了保加利亚玫瑰、茉莉花和广藿香香调，捕获到了魅力的秘诀和让人一见钟情的魔力。

参考价格： ¥410 / 30ml EDT

奇迹系列　Miracle Collection

2000 年兰蔻奇迹香水上市，至今都还是兰蔻柜台的最畅销的香水，它清甜、温和、持久。奇迹香水用方中带圆、圆中带方的极简主义瓶身，来诠释新世纪真爱的永恒，也完美地表现出爱情无瑕的特质。有人说她是为熟女准备，有人说她其实更适合小女生，其实兰蔻奇迹香水表达的是一种感觉，知性、优雅、宠溺、触动……没有果香那么腻，没有花香那么女人。这就是奇迹，不会让自己太妩媚，却也不失性感。而后几年陆续推出的奇迹夏日版、奇迹梦幻之旅、极致奇迹、粉红奇迹、魔力奇迹、奇迹清新版以及奇迹永恒，均受到全球女性的追捧。

参考价格：奇迹 ¥530 / 30ml EDP

其他款式价格请店洽 EDP

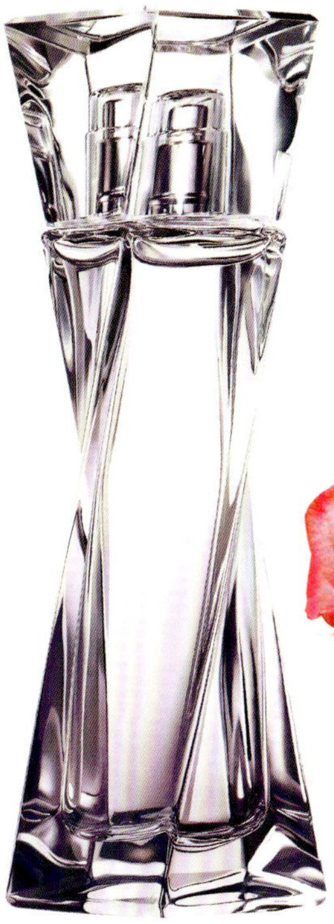

梦魅女香系列 Hypnôse Collection

2005 年推出的梦魅女香系列香水有着不可思议的女性化造型与惊人的性感指数，优雅的瓶身曲线，扭转的造型，巧妙的融合了光线折射，从每个角度看都闪着奢华精巧的光芒，让人忍不住想要收藏。适合时尚、成熟的女性。

参考价格：梦魅￥760 / 75ml EDP　　**梦魅** EDT **版**￥670 / 75ml EDT

其他款式价格请店洽 EDP

2003

彩虹 Calypso

限量版女香。瓶身由底部的橘黄色向上延伸到青翠的草绿色，带来雨后彩虹般的清新感受。水果花香调，前调为黑醋栗花、野黑莓；中调为玫瑰果、木槿和木兰花；后调为广藿香、奶油花和香草。

参考价格：￥280 / 30ml EDT

2007

梦魅男香系列 Hypnôse Homme Collection

梦魅男香系列是继梦魅女香大热之后成功推出的，是一系列馥奇调的男性香水。其中包括梦魅男士、梦魅男士清新版以及梦魅男士古龙香水。

参考价格：梦魅男士￥560 / 50ml EDT　　**梦魅男士清新版**￥430 / 30ml EDT

梦魅男士古龙水￥705 / 100ml EDC

2006

印度花园 Benghal

这是兰蔻全新推出的免税店专卖香水。灵感来自印度之旅，混合了柑橘、甜杏、茉莉花香和麝香的香味，是一款充满了诱惑迷人的韵味和异国情调的女人香。

价格请店洽 EDT

2008

基克拉泽群岛 Cyclades

这款香水的灵感来自希腊地中海的自然建筑。基克拉泽群岛位于希腊爱琴海南部，那里有一个四面环海、白墙围筑的海滨小镇，蓝色的天空透澈而明亮，镇上的空气怡人，带着咸咸的海风，清爽而舒适。基克拉泽群岛香水是继印度花园香水和游历香水后的第三款航海香水。

价格请店洽 EDT

2008

璀璨红情　Magnifique

花香木质麝香调女性香水，倾力展现女性特质中至情至性的动人一面。洋溢着现代气息，在比例完美的瓶身上，轮廓分明的垂直刻面倒映着梦幻迷离的魅惑光影，大胆新锐的风格与创意尽现淋漓。钻石法切割的水晶瓶塞以镜面银环为支撑，柔魅的光泽使瓶身的红色更显璀璨夺目。香水的调香师是雅克·卡瓦里埃。品牌随后在第二年推出同款 EDT 版本。

参考价格： ¥420 / 30ml EDP

2010

珍爱玫瑰系列　Trésor Collection Rose

珍爱玫瑰系列作为兰蔻品牌最畅销的系列之一，深受全球女性的喜爱。该系列包括爱恋与午夜玫瑰两款香水。其中爱恋香水散发出微妙、轻盈的味道，精巧表达出恋爱中女性的心情——时刻准备抓住爱情、自由去爱。以更具层次感的对比混合调香方式，展现出爱恋香水淡雅的一面，与肌肤精妙融为一体，让人打开自由悸动的法式心扉。午夜玫瑰的紫色瓶身宛若璀璨光耀的宝石，闪烁着无限光芒。木质花香调，给人俏皮灵动的嗅觉体验，闪现的是女性柔媚、魔力与感官魅力。

参考价格： **爱恋** ¥530 / 30ml EDP

午夜玫瑰 ¥530 / 30ml EDP

2011

芳香果汁　Aroma Juice

作为第一款采用了巴西黑莓萃取精华的香水，芳香果汁香水有着非凡的能量与活力。几个世纪以来，来自亚马逊河流域的巴西黑莓都被认为是能量与活力的代表。此外香水还综合了巴西特产的瓜拉那果的味道，这种果实富含维他命与矿物质。作为香水本身，它的气息刺激、闪耀而丰润多汁，包括清新的青柠、香柠檬、柠檬、玫瑰与粉胡椒。

价格请店洽 EDT

寻香名店

北京　百盛购物中心·赛特购物中心·燕莎购物中心·中友百货·翠微大厦

上海　芮欧百货·久光百货·东方商厦·仲盛世界商城·太平洋百货·汇金百货

天津　信达广场·百盛购物中心·海信广场·金元宝东方广场·米莱欧百货

沈阳　乐天百货·大悦城·中兴商业大厦

香港　圆方商场·中环置地广场·又一城·崇光百货·国际金融中心商场·太古广场

澳门　大运河购物中心·新八佰伴

美丽人生系列　La Vie Est Belle

2012 年美丽人生系列的第一款香水上市，精选最珍贵的天然香水原料，历经 5521 次配方试验，成就最极致香水。灵感来自创办人于品牌初创之际所思考却从未问世的设计：一款能捕捉女性优雅微笑的经典瓶身，让每位女性都感受拥有的喜悦。此后陆续面世的该系列香水均延续着第一款美丽人生的花果香调与精致优雅的瓶身，凝聚着精神与欢愉，在美学和力量、丰富与简约之间达到完美平衡，打造出这一系列令人难以抗拒的香水。

参考价格： **美丽人生** ¥680 / 30ml EDP　　**美丽人生** ¥520 / 50ml EDT

绝对美丽人生 ¥850 / 50ml EDT　　**美丽人生光辉** ¥550 / 40ml EDP

2012

乌木　L'Autre Oud

以东方之旅为灵感创作的这款香水走的是奢华路线。气息馥郁、珍稀、神秘的香水以兰蔻的视角阐述了流行的乌木元素。前调为辛辣的藏红花、印度莎草、劳丹脂、芳香的香紫苏；中调包括了土耳其玫瑰、保加利亚玫瑰精华；馥郁、充满能量、木质香的后调包括了愈疮木、绿植调、广藿香、香根草、阿米香木、苔香、古芸香胶、没药精华。

参考价格：￥1 200 / 50ml EDP

2015

珍爱夜色　La Nuit Trésor

这款东方美食调女香被称为催眠爱情的神药。由调香师克利斯朵夫·瑞那德和阿曼戴·马瑞调制。它描绘的是玫瑰黑暗的一面，混合黑玫瑰的芳香和大溪地香草兰纯香而来。同时，这款香水里还包括自然焚香、纸莎草、广藿香和荔枝味果仁糖的芳香。

价格请店洽 EDP

藏·香·年·谱

推出时间	名称		类别	推出时间	名称		类别
1947	Joyeux Été	快乐的夏天	女香	2007	Cuir De Lancome	收藏系列皮革	女香
1950	Magie	收藏系列魔幻	女香	2007	Hypnôse Homme	梦魅男士	男香
1957	Envol	飞行	女香	2007	Hypnôse Eau Legere	梦魅淡香水	女香
1960	Mille And Une Roses	收藏系列玫瑰	女香	2007	Aroma Delice	甜蜜芳香	女香
1967	Balafre	疤痕	男香	2008	Magnifique	璀璨红情	女香
1967	Climat	收藏系列幻境	女香	2008	Hypnôse Homme Eau Fraiche	梦魅男士清新版	男香
1969	Ô De Lancôme	沁晨	女香	2008	Trésor Eau Legere Sheer	珍爱清新版	女香
1971	Sikkim	收藏系列悠远	女香	2008	Cyclades	基克拉泽群岛	女香
1978	Magie Noire	黑色梦幻	女香	2008	Hypnôse Hypnotizing Elixir	梦魅情迷	女香
1986	Ô Intense	沁晨女士极致版	女香	2008	Miracle Eau Legere Sheer Fragrance	奇迹清新版	女香
1986	Sagamore	传奇	男香	2009	Magnifique Eau De Toilette	璀璨红情淡香水	女香
1987	Programme Homme Cologne	纲要男士古龙	男香	2009	Hypnôse Senses	感官催眠	女香
1990	Trésor	珍爱	女香	2009	Trésor Sheer Fragrance	珍爱精粹	女香
1995	Poeme	诗情爱意	女香	2009	Hypnôse Homme Cologne	梦魅男士古龙水	男香
1996	Ô Pour Homme	绿逸男士	男香	2009	Miracle Tendre Voyage	梦幻之旅	女香
1998	Rouge Now Or Never	此时此刻	女香	2010	Ô D´Azur	沁逸	女香
1999	Aroma Tonic	绿茶舒活	女香	2010	Trésor In Love	爱恋	女香
1999	2000 Et Une Rose	千禧玫瑰	女香	2010	Aroma Blue	蓝色香气	女香
1999	2000 Et Une Folies	2000 疯狂	女香	2010	Trésor Diamant Noir	珍爱钻石	女香
1999	O Oui!	是我	女香	2011	Ô De L´Orangerie	沁馨	女香
2000	Miracle	奇迹	女香	2011	Trésor Midnight Rose	午夜玫瑰	女香
2001	Miracle Homme	奇迹男士	男香	2011	Trésor Edition Limitee Fete Des Meres	珍爱母亲节限量版	女香
2001	Aroma Fit	红雨	女香	2011	Trésor L´Absolu Desir	珍爱欲望精纯	女香
2003	Miracle Homme L´Aquatonic	真爱奇迹	女香	2011	Aroma Juice	芳香果汁	女香
2003	Attraction	引力	女香	2012	La Vie Est Belle	美丽人生	女香
2003	Calypso	彩虹	女香	2012	Trésor In Love La Coquette Limited Edition	爱恋限量版	女香
2003	Miracle Intense	极致奇迹	女香	2012	Trésor Midnight Rose La Coquette Limited Edition	午夜玫瑰限量版	女香
2003	Connexion	连理	女香	2012	L´Autre Oud	乌木	中性香
2003	Miracle White Nights	纯净奇迹夜香水	女香	2013	Trésor L´Absolu	珍爱精纯	女香
2003	Miracle Summer	奇迹夏日版	女香	2013	La Vie Est Belle Glitter	美丽人生光辉	女香
2004	Miracle So Magic	魔力奇迹	女香	2013	L´Eau De Parfum Legere	彩虹女神	女香
2004	Miracle Ultra Pink	粉红奇迹	女香	2013	Trésor Eau De Parfum Lumineuse	珍爱光芒	女香
2005	Hypnôse	梦魅	女香	2014	La Vie Est Belle L´Eau De Toilette	美丽人生淡香水	女香
2005	Sagamore	传奇	女香	2014	La Vie Est Belle L´Absolu	绝对美丽人生	女香
2005	Lolli Pop	棒棒糖	女香	2014	Oud Bouquet	花漾沉香	中性香
2005	Attraction Summer	夏日引力	女香	2015	La Nuit Trésor	珍爱夜色	女香
2005	Aroma Sun	阳光芳香	女香	2015	La Vie Est Belle L´eau De Parfum Intense	美丽人生强烈版	女香
2006	Benghal	印度花园	女香	2015	Trésor Midnight Rose Elixir D´Orient	珍爱午夜玫瑰东方精粹	女香
2006	Tropiques	游历	女香	2015	Climat L´Edition Mythique	气候思维	女香
2006	Miracle Forever	奇迹永恒	女香	2016	La Vie Est Belle L´eau De Toilette Florale	美丽人生花香版	女香
2006	Trésor Sheer	珍爱春日淡雅之水	女香				

LANVIN
浪凡

LANVIN
PARIS

浪凡是世界上最早拥有自己的香水设计师的品牌之至，它的“浪漫屋”店是世界最具权威的香水屋之一。可以说，浪凡的香水是因爱而生的，香水品牌 Logo 为一母亲双手抚慰着仰望的小孩的图案，图案极为慈祥温馨。这个 Logo 当初设计的缘由就是为了纪念浪凡香水的发迹。浪凡横跨三个世纪，终于成为巴黎时尚最负盛名的品牌之一。

在浪凡的诸多香水中，光韵系列是其中最出名的，时尚界有这样一句话：当你不知道穿什么赴宴的时候，穿黑色是不会错的。香水界也有类似一句话：女孩，当你不知道该用什么香水时候，就用浪凡光韵。

镇店名香

浪凡珍妮同名 2008 版　Jeanne Lanvin

调香大师安娜·弗立博评价这款香水说：“珍妮是一种令人难忘的女人味。”这款香水的匠心之处在于瓶身中央系着宽丝带，透出品牌标识，显出一丝小女生特有的俏皮和活泼。

参考价格：￥458 / 30ml EDP

琶音　Arpège Lanvin For women

第一个以现代芬芳花香系列为主题的香水，是品牌创始人珍妮·浪凡女士为庆祝女儿玛格丽特 30 岁生日而出品的，菲菲奖 2005 年名人堂大奖。瓶身上珍妮·浪凡与女儿的形象图案，也成为浪凡的家徽。它是珍妮·浪凡女士心目中最完美女人的专属香水，也是香水史上最经典的香水之一。

参考价格：￥570 / 100ml EDP

光韵　Éclat D'Arpège

浪凡香水中亲和力极佳、接受程度非常高的一款，出自大师级调香师卡琳·迪布勒伊之手。很多男士喜欢拿此款香水送自己的女友。清新花果香调，含有西西里岛柠檬叶、绿色紫丁香、紫藤、绿茶、蜜桃花、红牡丹、中国桂花、黎巴嫩白西洋杉、甜麝香、琥珀。

参考价格：￥635 / 50ml EDP

谣言　Rumeur

这支谣言香水，是浪凡 1934 年推出的经典女香，阔别 70 多年后，浪凡推出了经过创意总监阿尔伯•艾尔巴茨与调香师弗朗西丝•库尔吉安联手重新设计调制的全新版本。香水用层层花香寓意永不止息的谣言，用当代精神重新诠释古典风采，整体瓶身呈现浪凡极致协调的美感，完美似水晶般的玻璃瓶身透露奢华与优雅。

价格请店洽 EDP

嫁给我吧！Marry Me!

这款香水堪称浪凡在女香市场投下的重磅炸弹，不论是香调还是瓶身设计、再到包装盒设计，浪凡都让这款香水洋溢着爱与关怀，同时，这款香水还代表着一种摩登的爱。它继承了新娘香水惯用的香调：清新花果香调。瓶身上其瓶身上题写着的 Marry Me！就是浪凡创意总监阿尔伯•艾尔巴茨所写，非常有纪念意义。

参考价格： ¥680 / 50ml EDP

收藏优选

1997

蓝悦　Lanvin L'Homme

这款香水之所以经典就在于它将清淡和浓烈完美地结合一身，同时绽放男人内敛和奔放的气质。香水的主旨是“自由，清新，简洁”，但是如果你以为这只是一款“以淡取胜”的男香，那只对了一半，香水中调以后散发出来的阳刚气息开始慢慢趋向情欲的浓烈。

参考价格： ¥470 / 100ml EDT

2006

谣言 2 玫瑰　Rumeur 2 Rose

浪漫的粉红色非常符合亚洲女性的审美，承袭谣言香水优雅浑圆的立方体瓶身造型，而香水的香气让人宛如置身于丰收的果园般，是一种甜美的、结合果香及芬芳花香的香气。仿佛看似最平常的女孩子，却每每能带给人惊喜。

参考价格： ¥600 / 50ml EDP

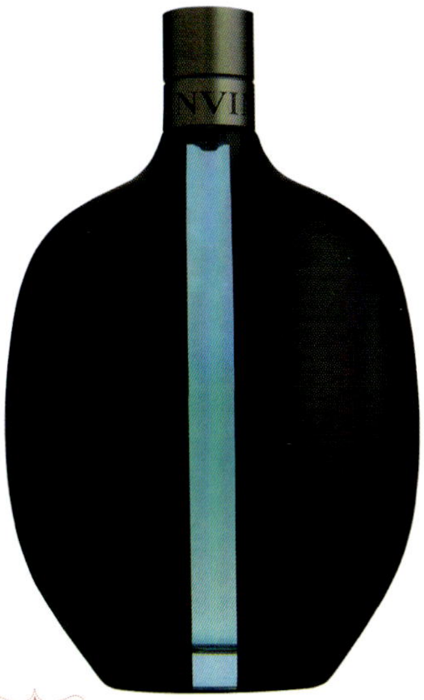

2011

前卫男士　Avant Garde

东方木质调。是一款独特、经典摩登的风尚型男香。由里而外透露新颖而富有艺术感的设计概念。瓶身先一层一层漆上蓝绿色、金属银光及雾黑色，最后以镭射切割技术分割出中间透明的线条，让清澈的香水反射出灰蓝色光泽。瓶口烫印着精致的浪凡品牌 Logo。

参考价格： ¥370 / 100ml EDT

2012

荣耀光韵甜心蜜糖

Éclat D'Arpège Gourmandise

光韵香水的 2012 年限量版，也是一款十分有趣的香水作品。犹如糖果的外表承载着无限欢乐，延续经典的浪漫紫罗兰色包围瓶身，点缀着美味的粉红马卡龙与糖果图案，香水散发着明亮的花果气息，适合年轻女性使用。

参考价格： ¥660 / 50ml EDP

2013

浪凡我　Lanvin Me

香水盒以颇具传奇色彩的浪凡蓝色装饰，周围围绕着细腻浮雕效果的金色蝴蝶结；香水瓶直白有力，柔媚而充满个性；瓶身饰以柔和的金链装饰以及蓝色调的宝石。香水前调为中国柑橘、蓝莓；中调为晚香玉和玫瑰精油；后调为温暖的甘草黑木韵调和檀香木气息，着重表现了此款香水令人垂涎的花香气息中活泼而充满灵性的一面。

参考价格： ¥640 / 80ml EDP

寻香名店

北京　三里屯太古里北区·西单大悦城·东方广场

上海　周浦万达广场

沈阳　皇城恒隆广场

藏·香·年·谱

推出时间	名称		类别	推出时间	名称		类别
1923	Irise	鸢尾花	女香	2001	Oxygene Homme	氧气男士	男香
1925	Cross Country	越野	女香	2002	Éclat D´Arpège	光韵	女香
1925	Niv Nal	和合性	女香	2003	Vetyver	沛绿新版	男香
1925	Apres Sport	以后运动版	女香	2005	Arpège Pour Homme	光韵男士	男香
1927	Arpège Lanvin For women	琶音	女香	2005	Éclat D´Arpège Bijou Collector	荣耀光韵珠宝珍藏	女香
1925	Jeanne Lanvin	浪凡珍妮原版	女香	2006	Rumeur	谣言	女香
1925	Geranium D´Espagne	西班牙天竺葵	女香	2006	Rumeur 2 Rose	谣言 2 玫瑰	女香
1925	La Dogaresse	贵妇	女香	2006	Éclat D´Arpège 2006	荣耀光韵 2006 限量版	女香
1925	Ou Fleurit L´Oranger	鲜花或橙	女香	2007	Éclat D´Arpège Summer 2007	荣耀光韵 2007 之夏	女香
1925	Le Chypre	西普	女香	2008	Rumeur 2 Rose Limited Edition	谣言 2 玫瑰限量版	女香
1925	Kara Djenoun	不详	女香	2008	Jeanne Lanvin	浪凡珍妮同名 2008 版	女香
1925	Lajea	不详	女香	2009	Éclat D´Arpège Limited Edition	荣耀光韵限量版	女香
1925	J´en Raffole	我喜欢	女香	2009	Lanvin L´Homme Sport	浪凡男士运动	男香
1925	Comme-Ci, Comme-Ca	像这样，像那样	女香	2010	Éclat D´Arpège 2010	荣耀光韵 2010 限量版	女香
1925	Le Sillon	皱纹	女香	2010	Jeanne La Rose	玫瑰珍妮	女香
1925	My Sin	我之罪	女香	2010	Marry Me!	嫁给我吧！	女香
1928	Arpège Eau De Licieuse	光韵美味之水	女香	2011	Avant Garde	前卫男士	男香
1928	L´Ame Perdue	失落的灵魂	女香	2011	Éclat D´Arpège Perles	荣耀光韵珍珠	女香
1928	Petales Froisses	花瓣皱褶	女香	2011	Jeanne La Plume	羽毛珍妮	女香
1931	Scandal	绯闻	女香	2012	Éclat D´Arpège Gourmandise	荣耀光韵甜心蜜糖	女香
1933	Eau De Lanvin	浪凡之水	女香	2012	Jeanne Lanvin Couture	浪凡珍妮时装	女香
1934	Eau De Cologne	浪凡古龙	男香	2012	Marry Me!　Love Edition	嫁给我！爱之版本	女香
1934	Pretext	借口	女香	2012	Éclat D´Arpège Pretty Face	荣耀光韵漂亮脸蛋	女香
1934	Rumeur	谣言原版	女香	2013	Lanvin Me	浪凡我	女香
1964	Monsieur Lanvin	浪凡先生	男香	2013	Marry Me!　A la Folie	嫁给我！疯狂版	女香
1965	Crescendo	渐强	女香	2014	Éclat D´Arpège Arty	荣耀光韵艺术	女香
1966	Vetyver	沛绿原版	男香	2014	Lanvin Me L´Eau	浪凡水漾我	女香
1966	Monsieur Lanvin Eau De Vetyver	浪凡先生沛绿版	男香	2014	Lanvin Me Limited Edition 2014	浪凡我 2014 限量版	女香
1971	Via Lanvin	通过	女香	2014	Jeanne Lanvin Couture Birdie	浪凡珍妮时装小鸟	女香
1979	Lanvin For Men	浪凡男款	男香	2014	Marry Me!　Love Balloons	嫁给我吧！爱的气球	女香
1979	Cardamome	豆蔻果实	女香	2015	Éclat D´Arpege Pour Homme	光韵男士	男香
1983	Clair De Jour	晴天	女香	2015	Marry Me!　Confettis	嫁给我婚礼限量版	女香
1993	Arpège Lanvin For women	琶音新版	女香	2015	Éclat De Fleurs	花之碎片	女香
1997	Lanvin L´Homme	蓝悦	男香	2015	Éclat D´Arpege Eyes On You	光韵目不转睛	女香
2000	Oxygene	氧气	女香	2016	Jeanne Lanvin Scandal	浪凡珍妮导闻	女香

L'Artisan Parfumeur

阿蒂仙之香

L'Artisan Parfumeur PARIS

镇店名香

创立于1976年的法国品牌阿蒂仙之香，强调以传统的手法、选择以草本原料来制造个人与居家所用的所有不同的香水，分别装在配有典雅精致的金色瓶盖和款式简单利落的香水瓶中，仅以瓶身上不同颜色的卷标来细分味道。其中的黑莓缪斯香水是法国巴黎最受欢迎的香味之一。这款香水带你仿佛步行在安静芬芳的花果树丛间，感受新鲜、优雅的黑莓香气，或是神秘含羞草的魅力。

阿蒂仙之香的每一款作品仿佛都在唤醒每一个嗅觉细胞的特殊片刻记忆，让个人的心绪与自然优雅的氛围结合。此外，阿蒂仙琥珀香氛球、香氛蜡烛以及小花香包都是叫人爱不释手的家居用品。

位于塞纳河右畔的品牌总店也推出香水研习营，传授香水迷辨识香料、调制香水的常识。在那里，香水迷还可以请调香师为你量身订制个人专属香水。

我爱琥珀　L'Eau D'Ambre

令人沉醉的东方调香水，能衬托出异国东方味、诱惑的花卉味以及馥郁的奶香味之间的差异。前调融入了一点辛辣的的豆蔻、胡椒、中调绽放夜来香、迈索尔檀香的柔美；后调融合着馥郁的香草味，带着些许的琥珀及神秘性感的麝香。香水展现深沉与内敛的柔美，和谐、迷人、成熟、吸引、完美且又不失个性。

参考价格：￥600 / 50ml EDP

黑莓缪斯　Mure Et Musc

一款具有革命性的香水，至今为止仍是法国巴黎最受欢迎的黑莓香水之一。黑莓的中调上，融合甜橙、柠檬、柑橘等新鲜芬芳的稳重清新柔和香气。它的气息相当优雅，高贵却不失平易近人。

参考价格：￥640 / 50ml EDT

收藏优选

1992

我的含羞草 Mimosa Pour Moi

这款女香含有含羞草、紫罗兰叶、黑醋栗芽等成分。起初由微甜的气息开始，充满活力，而后带来植物绿色腥味，非常的新鲜。犹如春天，各种植物小苗，扭动着身躯，慢慢破土而出的热情。伴随着绿色植物腥味，淡薄优雅的粉感越发明显，轻轻粉质的优柔气息贴着肌肤细腻的散发。整体变化平稳，开始清甜绿色，之后温柔委婉，是一款春天气息十足的香水。

参考价格：￥1 300 / 100ml EDT

黑莓缪斯极致版 Mure Et Musc Extreme

相对于原版的黑莓缪斯，极致版以黑莓香调为主轴，散发香甜柔和的果香，融合力柠檬、柑橘、罗勒、黑莓、苔藓、麝香等香味，带来清纯、温婉与青春的美好感觉，味道相当优雅。

参考价格：￥500 / 50ml EDT

1993

阿蒂仙之水 L'Eau De L'Artisan

男女均适用的经典成熟香水。带来慵懒夏日的清新感，呈现马鞭草与薄荷香气，混合罗勒与墨角兰香调，同时糅合草本与苔藓香气在其中。

参考价格：￥1 200 / 100ml EDT

1996

玫瑰圆舞曲 Drole De Rose

用味道捕捉住玫瑰华丽与脆弱的瞬间，五颗星强力推荐，是你绝对不能错过的一款玫瑰花香调香水。首先飘逸着柑橘、橙花、茴香与玫瑰花苞的清雅；中调则绽放玫瑰花瓣、紫罗兰、鸢尾花的柔美；后调则持续着杏仁、蜂蜜、玫瑰花粉、皮革的甜蜜与温暖，调合着优雅的玫瑰花瓣与紫罗兰的花香主体香味，是不繁复的花香调，让人全身散发魅力。

参考价格：￥600 / 50ml EDT

小偷玫瑰 Voleur De Roses

这款香水打破了一般认为玫瑰是专属于女性的味道的思维惯性，推出香水界首款大胆将玫瑰和广霍香作为主要调性的男香，重新诠释出温柔却又带有野性的经典气息。开头的木质香辛气息，在短暂的时间内飘散，随之而来的是柔和的苹果及李子的果香，在这股清新香甜的气氛中，保加利亚玫瑰的花香伴随着沉稳却带点绿意的广藿香翩然起舞，让人感受到有如雷雨过后大地的清新与玫瑰的热烈浓情。调香师为迈克尔·艾麦瑞克。

参考价格：￥640 / 50ml EDT

1999

寻找蝴蝶

La Chasse Aux Papillons

蝴蝶好似在柠檬树与橘子树丛间玩捉迷藏，混合佛手柑、粉红椒与柠檬的前调，随之而来散发着魅力的椴树花苞与茉莉的幽香，诱人的夜来香及依兰，让人过一个散发甜蜜热力的夏天。

参考价格：

￥1 500 / 100ml EDT

冥府之路 Passage D'Enfer

令人销魂的中性木质调香水，纯粹且赋有灵气，散发着令人销魂的气息。融合了白百合、乳香、芦荟木、安息香与白麝香的香调，赋予纯粹且有灵气的气息，让人感觉到宛若御风般的心旷神怡，不由自主的让人沉醉于其中无法自拔。

参考价格：￥800 / 50ml EDT

2000

碧珀凝香　Tea For Two

碧珀凝香是一款非常有韵味的香水，主调是 17 世纪时由中国福建外销，风靡欧洲贵族的正山小种茶，它有着松烟混合着香草与蜂蜜的浓郁气息，气味的变化与众不同。随着清新佛手柑与甜桔花香的渐渐褪去，带着浓郁烟香的飘渺气息，伴随着正山小种茶的香韵如蒸烟般袅袅而上醉人心胸，肉桂、新姜与八角的香气有如点缀明月的繁星般，低调却又不失本分地缓缓释放，持续衬托着那飘渺的茶香，橡木与愈创树混着蜂蜜清甜的别致余韵令人萦绕于心而无法忘怀。

参考价格： ¥800 / 50ml EDT

2005

夏夜清风　L'Ete En Douce

夏夜之梦有如夜晚降临般，天际被最后的一道阳光所照亮，迷人的凉风随着薄雾覆盖了景色，当黄昏的露水和乡村的气息随着阳光而混合，带出了专属于夏夜的香氛，这款夏夜清风唤醒了这非凡的时刻。完美融合香橙花、麝香、玫瑰、青草、椴树花、干草以及木质香。

参考价格： ¥450 / 50ml EDT

2004

无花果极致版　Premier Figuier Extreme

融合了无花果、青草香和木香。无花果树叶带清新草香，也带点香甜椰子，就像置身夏天希腊草林中。精致的无花果瓶身是由享誉国际的设计大师皮埃尔·丹尼德精心设计，值得香水迷们收藏。

参考价格： ¥780 / 50ml EDT

2006

狂恋苦艾　Fou D'Absinthe

木质调性感男香。独特的西洋杉针叶香带着芬多精的气息传来，酒香与果香渐渐地在味蕾中被释放，感受到兰姆酒香、生姜胡椒，以及令人上瘾的广藿香与神秘的东方豆蔻、丁香，层层叠叠的香气不断地增添而互动，形成独特而诱惑人心的性感香氛。曾入围 2007 年度香水大奖菲菲奖的最佳新品男香。

参考价格： ¥880 / 50ml EDP

专属你心　Timbuktu

一款重新诠释的新法式古老西非香水配方。这款中性香先是有浓烈果香的青芒果滋味、加上粉红椒、豆蔻所组成，持续演进到干净、纯洁的袅袅香烟，中调由没药、岩兰草引导出美妙又和谐的香氛。接着通过香根草、檀香这类珍贵木质香，淡雅的慢慢自然的合谐又挑逗人的心门。

参考价格： ¥580 / 50ml EDT

梵音藏心　Dzongkha

这款沉稳内敛的木质调中性香让你于感受间沉淀洗涤了心灵。这款香水诞生于调香师博传德·达朝佛尔在不丹旅行的灵感。前调为牡丹、小豆蔻、荔枝；中调为藏奶茶、藏香、西洋杉木、岩兰草；后调为皮革香调、印度香附以及鸢尾花。

参考价格： ¥800 / 50ml EDT

2008

紫香　Aedes De Venustas

这款中性香水用各色胡椒将暖意扩散，留下一抹宗教的虔诚。整体安宁静谧，没有辛香料一贯的躁动不羁或烟熏火燎的挑拨，木料与玫瑰在浮动的烟雾中沉沦。后调带来醇厚的咖啡香。

价格请店洽 EDP

2008

香杉雨藤　Fleur De Liane

灵感来自调香师在巴拿马热带雨林旅行的记忆，呈现神秘森林花朵与植物的香调，混合木兰花与白兰花的浓稠香调。清新绿意的水质味道开始，随后花香的甜度渐渐增加，绿色水质气息依旧缓缓流淌。最后花香淡雅柔和地铺开，水质气息也渐渐减弱，由苔藓续上绿意，木质感觉不多，依然是绿叶花香的优雅延续。

价格请店洽 EDP

2009

阿瓦德沉香　Al Oudh

以清新香辛、动物性香料和沉香为主的树脂木质调，基本上呈现三分天下的格局。开头的清新香辛表现得比较重头，接下来中间很快转到花香与动物性气息，后面沉香、木质以及熏香迅速承接。

参考价格： ¥1 030 / 100ml EDT

2010

晚香玉之夜　Nuit De Tubéreuse

这款香水散发着绝对的晚香玉香味，是一款为神秘的巴黎夏夜而准备的香水。巴黎夏夜浪漫到让人无法抗拒，明亮的灯火、狂野的巴黎夜生活让人不禁沉醉其中。张扬的优雅、神秘的性感，构成一个似乎躁动不安的梦幻感官世界。

参考价格： ¥1 100 / 100ml EDP

圣心香根草　Coeur De Vetiver Sacre

辛辣的木质女香，带有三个特点：热情、辛辣和烟熏。佛手柑、黑茶、干枣和干果带来热情香调；藏红花、生姜、胡椒和粉红莓果组成辛辣的香料香气；香草和麝香带来温暖的烟熏香调。适合夜间或是寒冷季节使用。

参考价格： ¥880 / 50ml EDT

赛维尔橙花　Seville A L'Aube

前调如橙花绽放，满室清香，丰富又柔和。那种略带酸楚苦涩的气息有着自己的态度，桀骜不羁，自由浪漫，散发着一种私密而又直白的情愫。中调的蜂蜡甜甜的，很柔软。最后出现的是甜润的乳香和安息香。

参考价格： ¥1 500 / 100ml EDP

2013

爱的夜曲　Amour Nocturne

木质花香调中性香，融合了雪松、牛奶、焦糖以及兰花，整体充满甜腻味道。适合轻熟女日常使用。

参考价格： ¥600 / 50ml EDT

肌肤之亲　Skin On Skin

独特的皮革香调中性香，融合了鸢尾花、绒面革、藏红花、威士忌、薰衣草、玫瑰以及麝香。适合成功人士日常使用。

参考价格： ¥1 300 / 100ml EDP

2014

偷天陷阱　Haute Voltige

花果香调中性香，前调为石榴和胡椒；中调为牡丹和杜松子；后调为木质香、橡木苔以及冷杉。

参考价格：￥1 500 / 100ml EDP

记你在心间　Rappelle–Toi

木质花香调中性香，前调将杜松子酒的香气与花椒融合，辛辣之余带着暖意；中调选取栀子花与焚香；后调则为檀香木、麝香和蜂蜜。

参考价格：￥1 450 / 100ml EDP

寻香名店

巴黎　Bourg Tibourg 街 32 号•Vignon 街 22 号

米兰　La Rinascente 百货

迪拜　迪拜购物中心

纽约　巴尼斯百货

藏·香·年·谱

推出时间	名称		类别
1978	Mure Et Musc	黑莓缪斯	女　香
1978	L´Eau D´Ambre	我爱琥珀	女　香
1978	Vanilia	香草	女　香
1978	Tubéreuse	晚香玉	女　香
1979	L´Eau Du Navigateur	航行家之水	中性香
1990	Riviera Palace	里维埃拉宫殿	中性香
1992	Mimosa Pour Moi	我的含羞草	女　香
1993	Voleur De Roses	小偷玫瑰	男　香
1993	Mure Et Musc Extreme	黑莓缪斯极致版	中性香
1993	L´Eau De L´Artisan	阿蒂仙之水	中性香
1994	Premier Figuier	无花果	女　香
1995	The Pour Un Ete	绿夏清茶	女　香
1996	Drole De Rose	玫瑰圆舞曲	女　香
1997	Mechant Loup	淘气野狼	男　香
1999	Dzing!	马戏团欲望	女　香
1999	Passage D´Enfer	冥府之路	中性香
1999	La Chasse Aux Papillons	寻找蝴蝶	女　香
1999	La Chasse Aux Papillons Extreme	寻找蝴蝶极致版	中性香
2000	Tea For Two	碧珀凝香	中性香
2000	Oeillet Sauvage	野生康乃馨	女　香
2001	Verte Violette	蝶舞紫罗	女　香
2001	Ambre Extreme	琥珀极致版	女　香
2001	Orchidee Blanche	白兰花	女　香
2002	Poivre Piquant	恒河约定	中性香
2002	Piment Brulant	烈火情人	中性香
2002	Safran Troublant	番红魅语	中性香
2002	Patchouli Patch	广藿香媚	女　香
2003	Bois Farine	白树森林	中性香
2003	Un Zeste D´Eté	激凉夏日	女　香
2003	Mure Et Musc Cologne	黑莓缪斯古龙版	中性香
2004	Premier Figuier Extreme	无花果极致版	女　香
2004	Timbuktu	专属你心	中性香
2004	Ananas Fizz	留尼旺假期	女　香
2004	Jour De Fete	盛宴之期	中性香
2005	L´Ete En Douce	夏夜清风	女　香
2005	Fleur De Narcisse	洛泽尔水仙	女　香
2005	Fleur D´Oranger	突尼斯橙花	女　香
2005	Extrait De Songe	梦想香精	女　香
2006	Dzongkha	梵音藏心	中性香
2006	Mandarine Tout Simplement	西西里桔园	女　香
2006	Fou D´Absinthe	狂恋苦艾	男　香
2007	Iris Pallida	香根鸢尾花	女　香
2007	Jatamansi	甘松	中性香
2007	Fleur D´Oranger	橙花	女　香
2008	Fleur De Liane	香杉雨藤	中性香
2008	Mure Et Musc Extrait De Parfum	黑莓缪斯淡香精	女　香
2008	Aedes De Venustas	紫香	中性香
2009	Al Oudh	阿瓦德沉香	中性香
2009	Vanille Absolument	绝对香草	中性香
2009	Cote D´Amour	爱琴之海	中性香
2010	Coeur De Vetiver Sacre	圣心香根草	中性香
2010	Nuit De Tubereuse	晚香玉之夜	女　香
2010	Traversee Du Bosphore	穿越博斯普鲁斯海峡	中性香
2011	Batucada	桑巴节奏	中性香
2011	Mon Numero 1	我的号码 1	女　香
2011	Mon Numero 3	我的号码 3	中性香
2011	Mon Numero 4	我的号码 4	男　香
2011	Mon Numero 6	我的号码 6	女　香
2011	Mon Numero 7	我的号码 7	女　香
2011	Mon Numero 8	我的号码 8	女　香
2011	Mon Numero 9	我的号码 9	中性香
2011	Mon Numero 10	我的号码 10	中性香
2012	Seville A L´aube	赛维尔橙花	中性香
2013	Caligna	格拉斯	中性香
2013	Skin On Skin	肌肤之亲	中性香
2013	Amour Nocturne	爱的夜曲	中性香
2013	Deliria	亢奋	中性香
2014	Onde Sensuelle	魅惑光波	中性香
2014	Haute Voltige	偷天陷阱	中性香
2014	Rappelle–Toi	记你在心间	中性香
2015	Mure Et Musc Extreme Edition Limitee Pour Le Printemps	黑莓缪斯极致版春季限量版	中性香
2015	Noir Exquis	精美黑色	中性香
2015	Rose Privée	私属玫瑰	中性香

La Prairie
莱珀妮

la prairie
SWITZERLAND

莱珀妮是来自瑞士的顶级护肤品牌。无上奢华的原料，悠久的历史传承，独步全球的尖端科技，不仅能满足高品位女性对完美肌肤的渴求，更将肌肤护理引领至全新的奢华境界。莱珀妮的产品在世界各大主要的百货公司基本上都有专柜销售，知名度在瑞士各大品牌中始终居于首位。

1990 年，莱珀妮推出品牌的第一款香水——完美玫瑰，走出了品牌在香水领域的第一步，而后推出的生命旅程系列，凭借简洁却略带奢华的包装以及实用迷人的香调，赢得了众多粉丝的热捧，而银色雨滴系列更是凭借独特的瓶身设计，让明星名媛们爱不释手。目前，调香师有纪·罗伯特和克劳德·迪尔。

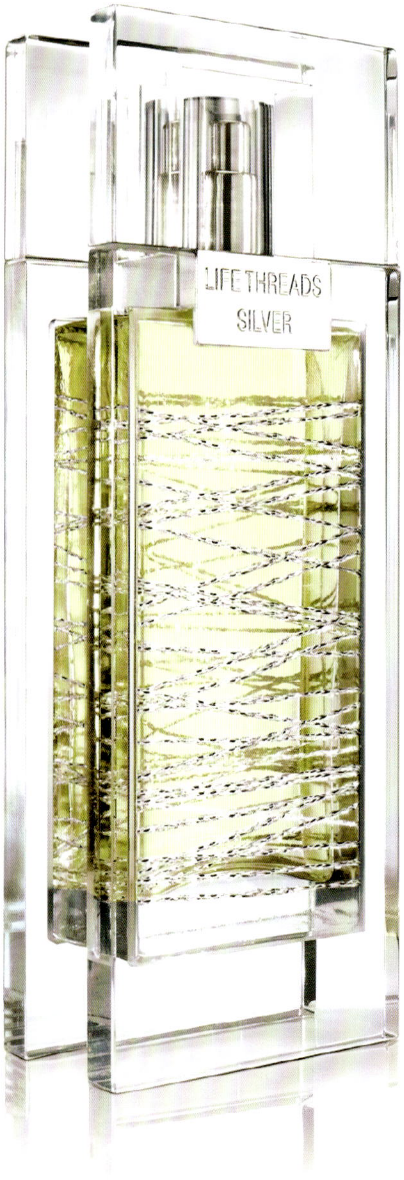

镇店名香

生命旅程系列　Life Threads Collection

作为莱珀妮的镇店名香，此款系列先期主打白金、黄金以及银光三款香水。白金款为西普花香调的女性香水，清新自然；辛辣东方调的黄金则更适合职场干练女性；木质花香调的银光在日常使用极为适合。该系列香水的灵感来自女性多姿多彩的生活，闪烁的丝线代表着尊贵高尚，彰显着与众不同的生活品质，打造无与伦比的奢华香氛之旅。之后，这一系列陆续推出新款。

参考价格：白金￥750 / 50ml EDP　**黄金**￥330 / 30ml EDP　**银光**￥340 / 30ml EDP

收藏优选

2004

银色雨滴　Silver Rain

简洁的银色包装下深藏着神秘的奢华香水。闪亮平滑的银质金属瓶体形如雨滴，依据从天而降的雨滴形状勾勒完成，极富当代时尚风貌。荟萃全球最神秘植物的根茎、香草和鲜花等贵重精油，其木质花香调呈现女人般清新羞涩的娇柔，堪称香水艺术的大师之作。银色雨滴的设计出自著名的法国银匠，精致稀有的银色雨滴香水极富诱惑力和煽动性，因此一面市即成为全球香水的经典作品之一。

参考价格： ￥1 400 / 50ml EDP

2006

午夜雨滴　Midnight Rain

娇柔花香调适合现代女士，以愉悦舒适的丰润感受呵护肌肤。前调为番石榴、柑橘；中调为白百合、香草、兰花、涎香花；后调为广藿香、香根草、木调和麝香。独特的银色闪亮的雨滴香水瓶身造型非常别致。

参考价格： ￥1 300 / 50ml EDP

银雨柔光　Silver Rain Shimmer Mist

这款闪烁着银光的女性香水是一款花果香调香水，香水的主要成分包括香菜、麝香、青苹果、香草、佛手柑。轻盈精纯，若隐或现的微光粒子更添妩媚而不失矜持。美好的雨滴形状，冰紫色和亮银色搭配，十分亮眼。

参考价格： ￥890 / 50ml EDP

2010

生命旅程宝石系列彩色宝石　Life Threads Gemstone Collection

这一东方花香调系列香水以红、绿、蓝三色宝石为主题，红宝石象征爱情、激情和力量，炽热、自由而深情地洋溢；绿宝石象征着大自然的复兴与春天的壮丽生机，在缤纷的花丛中欢腾愉悦；蓝宝石，在很久以前就被认为是地球形成之初的浩瀚苍穹，让人不禁想起在诗意田园的岛屿上享受闲暇。在那里，宁静蔚蓝的海面上荡漾着异域兰花和深海茉莉，温暖而静谧，令人顿入冥想。优雅芳香，给你最美妙的梦境带来惊喜。瓶身线条简洁，彩色宝石镶嵌其中熠熠生辉，可谓是低调奢华之选。

参考价格： 红宝石￥1 100 / 50ml EDP　绿宝石￥1 100 / 50ml EDP　蓝宝石￥1 100 / 50ml EDP

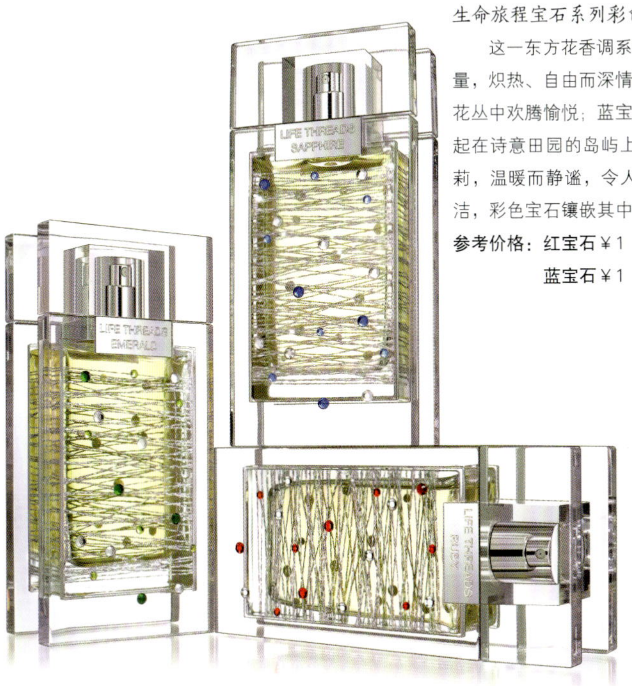

寻香名店

北京　双安商场·赛特百货·新光天地·金融街购物中心·大悦城
上海　久光百货·时代广场·国金中心
天津　友谊商厦
杭州　杭州大厦
香港　港威商场·太古广场·国际金融中心商场·崇光百货·海港城

藏·香·年·谱

推出时间	名称		类别	推出时间	名称		类别
1990	One Perfect Rose	完美玫瑰	女香	2009	Life Threads Gold	生命旅程系列黄金	女香
1993	La Prairie	莱珀妮	女香	2010	Life Threads Sapphire	生命旅程宝石系列蓝宝石	女香
2004	Silver Rain	银色雨滴	女香	2010	Life Threads Emerald	生命旅程宝石系列绿宝石	女香
2005	Midnight Rain	午夜雨滴	女香	2010	Life Threads Ruby	生命旅程宝石系列红宝石	女香
2006	Silver Rain Shimmer Mist	银雨柔光	女香	2011	Life Threads Ruby Sheer	生命旅程宝石系列纯红宝石	女香
2009	Life Threads Silver	生命旅程系列银光	女香	2011	Life Threads Gold Sheer	生命旅程系列纯金	女香
2009	Life Threads Platinum	生命旅程系列白金	女香				

Loewe
罗意威

LOEWE

1846年诞生于西班牙的罗意威是一个拥有160多年历史的国际著名皮具品牌。罗意威皮革用品以及时装饰物，注重手工细致精巧，具有浓厚浪漫古雅情调的地中海文化色彩。踏入20世纪之后，公司陆续扩大了业务范围，包括了成衣、首饰盒、皮带、香水等。

在该品牌的香水世界，爱女香是不折不扣的当家花旦，喷出的一刻，香气会让人瞬间变得内心柔软，发现找回淑女的情怀竟如此简单。花香在佛手柑和白桃的映衬下让浓郁的芬芳朦胧起来，多一份穿透闷热的灵性，像含一颗粉色透明的花果糖。这款女香在2009年一经上市便得到了众多女性的喜爱，非常值得气质优雅的女性收藏。

至今，罗意威公司旗下已拥有多款香水，最早的一款香水于1972年上市。与罗意威合作过的调香师有卡洛斯·本纳姆、艾伯特·莫瑞拉斯以及埃米利奥·瓦莱罗斯等。

镇店名香

罗意威之水　Agua De Loewe

这款香水的灵感来自于大海，在这款香水中会让人感觉到地中海的精髓。瓶身设计就像海水一样透明，犹如地中海的颜色。香水表达出享受生活，自由自在的感觉。

参考价格：￥550 / 50ml EDT

甜心飞吻 I Loewe You

清爽果香调香水，为活泼，纯真的年轻女孩而设。前调为雪松、香柠檬、柚子；中调为牡丹、茉莉、玫瑰；后调为木质、香草、麝香。

参考价格：

￥620 / 50ml EDT

水仙子对香 Agua De Loewe

香水瓶保持了半透明的特点和外形，圆润而富于个性，采用金属瓶盖，象征着一把钥匙或一只水龙头。它的灵感来自经典的水瓶以及漂亮的钻石粉磨砂玻璃。水仙子男士香水瓶呈淡蓝色，女士香水瓶呈淡紫色。

参考价格：男香￥610 / 50ml EDT　**女香**￥610 / 50ml EDT

爱 L

这款女香流露出淡淡华丽感，而又不失清新自然，散发晶透明亮的女性气息。清新花果香调适合充满活力、个性鲜明的甜美女孩日常使用。

参考价格：￥615 / 50ml EDT

收藏优选

1988

黑色圆舞曲　Esencia Pour Homme

这款香水的香调是很丰富的木质调，香调特别而持久。前调为艾草、薰衣草、龙蒿和佛手柑的花香夹杂着木质调；中调为鼠尾草、肉豆蔻、松树、雪松还有橙花油、玫瑰的木质香调；后调为雪松和檀香等木质香调气息。这款香水的香调不仅受到男性的喜爱还很受女性的欢迎，香调非常丰富又不失清新淡雅。

参考价格：￥450 / 50ml EDT

1996

花果气息　Gala De Dia

这款花果气息女香是轻熟女性春夏季节的尚佳选择。成分中包括牡丹、香菜、康乃馨、丁香、檀香木、黑刺槐、柑橘、桃、茉莉、雪松、西瓜和玫瑰。

价格请店洽　EDP

2002

红色圆舞曲　Esencia Femme

前调开篇的檀香味十分与众不同，辛辣的本性赋予它性格；中调呈现出浓郁的睡莲花香，有着新奇、透明和流动性，混合着自然的紫罗兰和铃兰芳香；后调是混合强烈、温暖、轻淡的粉香，再以性感的麝香和轻微的香草做结尾，展现出与众不同的诱人魅力。

参考价格：￥370 / 40ml EDT

艾蕾系列　Aire Collection

艾蕾系列女香，香如其名，散发着诱人、娇美而清新的气息，美丽而温柔如同翩翩的蝴蝶。这一系列香水是专门为那些充满自由精神和自然魅力的女性所设计的，最适合在春季使用。

价格请店洽　EDT

2004

唯一　Solo

这款男香的琥珀橙、泥土和水果般的色泽，都可让人不自觉的产生斗牛、弗拉明戈戏剧和抽象艺术的热情联想。在香料的调配上也特别选用了纯天然而高级的原料，并打破一般香水以金字塔型前中后调三段式的传统呈现的方式，改采用行星式的散发方式呈现，让人在不同的时间使用时都有不一样的惊奇。

参考价格：￥710 / 75ml　EDT

2007

也许　Quizas, Quizas, Quizas

在瓶身设计上，水晶般的玻璃与香水的颜色互相晖映，带出模糊的概念。前调为清新黑醋栗，配以地中海柠檬；中调为茉莉、玫瑰以及晚香玉；后调为广藿香、琥珀、麝香混合薰衣草蜜，带来令人振奋的感官舒适感。

参考价格：￥980 / 100ml　EDT

2008

唯一极致古龙水

Solo Loewe Eau De Cologne Intense

这是一款创新、充满男子气概、轻盈的香水，成分中含有西瓜、柠檬、橘子、麝香、番石榴、薰衣草、羊绒、广藿香、广木、西瓜、柠檬、橘子、胡椒、肉桂、小茴香。

参考价格：￥550 / 50ml　EDC

2009

艾蕾洛可　Aire Loco

这款香水巧妙地以一缕异国情调来诠释女人韵味。前调为意大利佛手柑的果香，在这之上再渗入刺激的粉红胡椒，呈现着女人时而清新、时而火辣的个性；中调呈现橙花幽香，清新得像女人的一个吻。紧接下去是带有木质的小香草气息，当中融入维吉尼亚雪松、小豆蔻和广藿香的味道，深深地牵引着你的感官，令心情像荡秋千般忐忑回荡。青柠色的香水瓶身展现着热情与野性。

参考价格：￥690 / 50ml EDT

今夜心意

I Loewe You Tonight

香水的包装为纯手工设计，犹如小镜子般耀眼，精致时尚，年轻优雅。以崭新的花果香调加入水梨果香，绽放新鲜的合谐氛围；中调跳出俏皮欢愉的木兰花与摩洛哥茉莉花香点缀着惊喜；最终用广藿香及铃兰画上明亮的木质调句点。

参考价格：

￥690 / 50ml EDT

2010

L EDT 版

L De Loewe Eau De Toilette

东方花香调女香，前调为香柠檬、白松香、橙花油和依兰；中调为西番莲、康乃馨；后调为檀香木、鸢尾花和安息香脂。

价格请店洽　EDT

流行独奏　Solo Loewe Pop

这款男性香水的主要香味构成有橘子、粉色辣椒、紫苏、马鞭草、迷迭香、薰衣草、香菜、百里香、香草、麝香、香根草、薰草豆和乳香。流行独奏是响应当代男士需求的香水，它的设计充分表现出了艺术的精髓及原创精神。

参考价格：￥630 / 50ml EDT

7号勇士　Loewe 7

这是颠覆传统的全新挑战，勇于尝试前所未有的方式，仅以7种香料元素调配香水：焚香的神秘感、胡椒的强韧、红苹果的诱人鲜度、白花的悠然高雅、雪松的阳性魅力、香根草的独特气息、麝香的感性。呈现纯净、勇敢、热情、纯粹的香水气息。瓶身以深邃的土耳其蓝包覆，呈现传统斗牛士服装的色彩，闪耀的金属瓶盖烙印着品牌的尊荣印记，画划上完美句号。

参考价格：￥830 / 100ml EDT

2011

奢华系列　La Coleccion

品牌在2011年推出四款的奢华香水系列，引人注目的香水瓶采用了风格一致的设计。每款产品都选用了品质卓越的原料组成。以梦幻般的花香气息打动人们的嗅觉，是香水爱好者们非常值得收藏的一套系列。

参考价格：￥1 800 / 50ml EDP

2011

精纯独奏　Solo Loewe Absoluto

这款东方调男香的创作灵感来自太阳王——路易十四。前调为薰衣草、橙花、佛手柑及蜜桔；中调为香豆、罗勒、兰花及艾蒿；后调为麝香、檀香、龙涎香、焚香及木调。

参考价格：￥760 / 75ml EDT

也许激情　Quizas, Quizas, Quizas Pasion

适合现代女士使用的花香调香水。利落、浓郁、温暖、性感、迷人。香水的创作灵感来自探戈和由强烈的花香引诱出皮肤上的舞蹈。味道上则呈现出新鲜多汁的柑橘、佛手柑和明亮的甜红浆果的清甜感。

参考价格：￥750 / 50ml EDT

2012

白金独奏　Solo Loewe Platinum

这款香水从矛盾中寻找平衡，特别是香调中采用的茶与皮革此前从未在一起使用过。香水的气息融合了芬香的茶、黑皮革以及薰衣草精华、龙涎香、暹罗安息香、阿特拉斯雪松、乳香、肉豆蔻、百里香，保持了与原版“唯一”香水之间的关联，阐释了一个全新的、充满矛盾又统一的、精致的芬芳。香水瓶的造型与原版一致，黑色的瓶盖与琥珀色的香水形成典雅特色。

参考价格：￥810 / 100ml EDT

7号天然　7 Natural

这款柑橘木质辛香调香水是此前上市且颇为成功的7号勇士香水的清新款。创作方法很特殊，它包含了7种香调。其中6种香调都为天然原料，只有一种合成香调（合成麝香）。这款香水的气息充满激情与诱人的魅力，适合那些充满现代特色的男性使用。

参考价格：

￥800 / 100ml EDT

恋随我心　I Loewe Me

这款女香在草莓和橘子的快乐香气中融合了胡椒和香草的芳香。瓶身增添了品牌的主要招牌元素之一：皮革。黑色皮革包裹着香水瓶并以充满傲慢气息的金属装饰点缀，尽显这款女香的傲慢与不羁与女性的神秘感。

参考价格：

￥595 / 30ml EDT

漫步马德里系列

Un Paseo Por Madrid Collection

罗意威在2012年推出的以马德里为灵感而创作的四款香水。这四款香水以悠久而辉煌的马德里文化为背景，引领人们在这座美丽的城市里漫步，幻想、放松。每一款香水都向人们传达了创作者埃米利·奥瓦莱罗所营造的嗅觉体验，表达了对西班牙文化遗产的顶礼膜拜。2012年之后又陆续推出了多款。

价格请店洽　EDP

2013

魔力光芒　Aura Magn ética

这是一款花香木质麝香调女用香水。前调为粉色胡椒、佛手柑和橘子；中调为玫瑰精油和沙巴茉莉；后调为皮革、澳大利亚檀木、广藿香、暹罗安息香、波旁香草和麝香。

价格请店洽　EDT

卡拉湾之水　Agua De Loewe Cala D'Or

这款卡拉湾之水是男女均可使用的木质柑橘调香水。调制灵感来自于卡拉湾那充满地中海的气息的海洋味道。柑橘和西班牙柠檬果香再配合辛辣的生姜，带来丝丝的清凉快感。然后再配合薄荷、保加利亚玫瑰，带出点点甜美香气，形成独特的香水格调，有如清澈纯净的海水般的味道，洋溢个夏天。

参考价格：￥490 / 50ml　EDT

2014

光之缪斯　Aura Loewe

这是一款会巧妙地挑逗你情绪的香水。前调为能带来兴奋的粉胡椒和红醋栗；中调带来的白茉莉和玫瑰则转向极为女性化的一面；后调的澳大利亚檀木和皮革气味则带来一丝刚强和坚强的气质。光之缪斯适合高冷又时尚的女性！

价格请店洽　EDP

寻香名店

北京　SKP 精品店

纽约　深圳万象城一期·克罗斯比街 117 号

藏·香·年·谱

推出时间	名称		类别	推出时间	名称		类别
1972	L De Loewe	罗意威女士	女　香	2011	La Coleccion 1	奢华系列 1	女　香
1974	Pour Homme	罗意威男士	男　香	2012	I Loewe Me	恋随我心	女　香
1988	Esencia Pour Homme	黑色圆舞曲	男　香	2012	Aire Sensual	性感艾蕾	女　香
1991	Gala	节日	女　香	2012	7 Natural	7 号天然	男　香
1994	Original	光芒	女　香	2012	Solo Loewe Platinum	白金独奏	男　香
1996	Gala De Dia	花果气息	女　香	2012	Atardecer En Los Jardines Del Buen Retiro	夕阳景色	中性香
2000	Agua De Loewe	罗意威之水	中性香	2012	Tras La tormenta En El Jardín Botánico	风暴过后	中性香
2002	Esencia Femme	红色圆舞曲	女　香	2012	Un balcón Sobre El Paseo Del Prado	普拉多	中性香
2004	Solo	唯一	男　香	2012	El Cielo Sobre La Plaza De Oriente	东方之水	中性香
2005	A Mi Aire	心情怡然	女　香	2013	Aura Loewe	光之缪斯	女　香
2007	I Loewe You	甜心飞吻	女　香	2013	Agua De Loewe Cala D´Or	卡拉湾之水	中性香
2007	Quizas, Quizas, Quizas	也许	女　香	2013	Aura Magnética	魔力光芒	女　香
2008	Aguazul De Loewe	活力之泉	中性香	2013	Aire Allegro	快乐艾蕾	女　香
2008	Solo Loewe Eau De Cologne Intense	唯一极致古龙水	男　香	2013	El 8 De Gran Vía	格兰大道	中性香
2009	Aire Loco	艾蕾洛可	女　香	2013	Amanece La Bella Cibeles	西比利斯	中性香
2009	Loewe L	爱	女　香	2013	Ópera En El Teatro Real	皇家歌剧院	中性香
2009	Agua De Loewe Ella	水仙子女士	女　香	2014	Aire Evasion	逃离	女　香
2009	Agua De Loewe Él	水仙子男士	男　香	2014	Solo Sport	唯一运动版	男　香
2009	I Loewe You Tonight	今夜心意	女　香	2014	7 Sport	7 号运动版	男　香
2010	L De Loewe Eau De Toilette	L EDT 版	女　香	2014	Pour Homme Sport	罗意威男士运动版	男　香
2010	Loewe 7	7 号男士	男　香	2014	Esencia Sport	艾森西亚运动版	男　香
2010	Solo Loewe Pop	流行独奏	男　香	2015	Agua De Loewe Mar De Coral	珊瑚海	中性香
2011	Quizas, Quizas, Quizas Pasion	也许激情	女　香	2015	Aire Atardecer	日落	女　香
2011	Solo Loewe Absoluto	精纯独奏	男　香	2015	Loewe L Cool	爱凉爽版	女　香
2011	Agua De Loewe MediterraneAire Sensualo	畅游地中海	女　香	2015	Solo Loewe Cedro	唯一雪松	男　香
2011	La Coleccion 4	奢华系列 4	女　香	2015	Descubriendo Colón	哥伦布的发现	中性香
2011	La Coleccion 3	奢华系列 3	女　香	2016	Aura Loewe Floral	光环之花	女　香
2011	La Coleccion 2	奢华系列 2	女　香				

Lolita Lempicka

洛俪塔

法国品牌洛俪塔创立于1984年，创始人是洛俪塔·琅碧卡女士与她的丈夫。1997年，洛俪塔与韩国最大的化妆品集团——爱茉莉太平洋公司合作，在以巴黎为代表的欧洲市场上推出了首款香水“初”，宣告了洛俪塔品牌向香水领域的迈进。独特的水晶苹果的华丽外型，淡紫色的神秘色彩，独特的品牌韵味，以及与最近流行的中性香型截然相反的极富女性气息的芳香，使洛俪塔在众多香水品牌中显得格外醒目，成为了时尚的宠儿。一经推出，初香水便被欧洲IFEC评为1998年度最佳包装。随后几年推出的花戒、丝之香、海洋之心等均受到了全球女性的喜爱。

作为跨入香水领域不足20年的品牌，洛俪塔创造了行业的奇迹。与洛俪塔香水合作过的调香师包括了莫里斯·鲁塞尔、安霓可·美伊娜多、克里斯汀·纳格尔。

镇店名香

初　Lolita Lempicka

初香水是洛俪塔的第一款香水，也是奠定洛俪塔在香水世界地位的经典代表作品之一。瓶身设计如禁果一般精巧可爱，珐琅质地的常春藤叶代表着永恒的爱，而淡紫的颜色则是神秘感的象征。清新的东方花草和甘草调的完美结合。前调为茴香、常春藤、紫罗兰、黑香豆；中调为意大利樱桃、香子兰、果仁糖；后调为鸢尾花香膏和麝香。

参考价格： ￥650 / 50ml EDP

丝之香　Si Lolita

东方花香调女香。从传统的男香香调中借得一缕香调，大胆地在这款女性香水中放入了辛辣的气息。瓶身像雕琢的艺术品，秘密在于细节：波尔卡圆点的丝巾围绕着瓶颈，香水的名称隐藏于环扣之中，如同镌刻于珍贵的珠宝。适合轻熟女在室外使用。

参考价格： ￥710 / 50ml EDP

海洋之心　L De Lolita Lempicka

东方美食调女香。为不受束缚、可爱、自由的女性而设的东方花香调香水。瓶身灵感来自于人鱼公主，犹如心脏一般的优雅瓶身造型，代表着人鱼公主对于爱情的执着和专一，鱼网般的金色材质坠链，透露着人鱼公主想网住真爱的渴望，水晶材质的瓶盖以及镶上水钻之“L”字型坠饰，让香水更具收藏价值。

参考价格： ￥470 / 30ml EDP

花戒　Fleur Defendue

清新花果香调，前调为草莓叶、含羞草、绿色元素和苦艾；中调为牡丹、紫罗兰、八角茴香和鸢尾；后调为樱桃和麝香。瓶身沿袭了初香水的风格，展现了对繁茂葳蕤的大自然的向往，是神秘花园中万物的颂歌。这款香水的颜色与它的香味完美融合，水晶般透明的苦艾酒绿色暗示着香水热情迷醉的本性。

参考价格： ￥690 / 50ml EDP

收藏优选

2004

魔幻清新版　Au Maculin Fraicheur

由调香师阿尼克·梅纳多亲自调制。东方香草调适合绝大部分男性日常使用。以年轮为主题的瓶盖代表爱侣天长地久的誓约，隐藏于瓶身的爱心暗喻男性羞于表达的情感。由苦艾、八角茴香、紫罗兰花等调和而成，属于木质调的甘草木香，感觉强烈、充满魅惑。

参考价格： ￥450 / 50ml EDT

2007

超越之罪　Transcendant Sin

花果美食调女香。这款香水是为了庆祝洛丽塔香水上市 10 周年而推出的限量款，香水的瓶身由纯水晶制造，以水晶制的紫罗兰花叶缠绕，让这款纯洁的芳香更为自然和谐。

价格请店洽　EDP

2008

珊瑚花　Coral Flower

东方花香调女性香水，调香师是莫里斯·鲁塞尔。前调为葡萄柚和佛手柑；中调为兰花和赤素馨花；后调为琥珀、麝香和浮木。瓶身设计为海水色的心形宝石，装饰着水晶和金线编织成的瓶盖，珍藏着大海最深处的记忆，就像被它的渔网所捕获的珠宝：一株珊瑚，一朵鲜花，一个镶嵌着宝石的 L。这款偏暖调的香水极适合春秋季节使用。

参考价格： ￥470 / 80ml EDP

2009

午夜激情

Eau De Minuit – Midnight Fragrance

限量版女香，东方花香调的气息，散透出午夜的神秘与暧昧，淡淡的花香传递着缠绵的爱意。这款香水最适合追求浪漫的人使用。香水的外观包装区别于之前的所有版本，蓝紫色的水晶玻璃瓶缠绕着红色的花藤，浓墨重彩的大胆和张扬，显示出午夜的激情与诱惑，点缀以充满东方韵味的红色流苏，带来别样风情。

参考价格： ¥910 / 80ml EDT

樱桃奇想　Amarena Whim

花果香调，前调为常春藤、茴香；中调为紫罗兰、意大利樱桃、鸢尾花；后调为麝香、黑香豆、果仁糖、香子兰。巴洛克风格的奢华的瓶身上雕刻着常春藤叶子，瓶颈上装饰着一束樱花；白色的樱花树枝，点缀着金色的花蕊，飘落在透明的外包装盒上，象征着一篇爱的史诗。这是一款真正值得珍藏的香水。

参考价格： ¥470 / 30ml EDP

淡萝纱　Eau De Desir

前调为柑橘和柠檬、马鞭草清新怡人的香味；中调由紫罗兰和阿拉伯茉莉混合而成，而后调则是带着些许华丽与性感的麝香，平添了神秘。香水瓶设计为细长的瓶身，周围装饰着葡萄蔓，华丽的造型诠释着一个全新且感性的设计理念，而淡紫的神秘色彩传递着独特的品牌韵味。

参考价格： ¥550 / 100ml EDT

2011

1号 EDT 版

Le Premier Parfum Eau De Toilette

由调香师安霓可·美伊娜多特别针对亚洲女性设计的浪漫花果香调淡香水。甘草花上点缀着各式果香、花香和木香。前调飘逸着柠檬皮、杏桃汁和黑樱桃的酸甜香气，略带杏仁和香草味；中调是女性优雅气息的芳香，由鸢尾花凝香和茉莉花交织而成；浓郁的乳香、紫罗兰木香和麝香交糅成神秘的后韵。金色的洛俪塔签名字样嵌入晶莹剔透的紫蓝色水晶苹果瓶身中，女性温柔的韵味尽显其中。

参考价格： ¥490 / 30ml EDT

黑色午夜之花

Midnight Couture Black Eau De Minuit

东方香草调，前调为甘草；中调为鸢尾、茉莉和没药；后调为安息香和香草。香甜味道中透着辛辣，适合成熟魅力女性在晚宴使用。

价格请店洽　EDP

2012

黑色幻象丝之香

Illusions Noires Si Lolita Eau De Minuit

这款黑色幻象丝之香是在原版的基础上创造的带有强烈东方花香琥珀香调特质的限量版香水，包括了香豌豆、广藿香、龙涎香和香草精华的气息。适合30岁以上的优雅女士使用。

参考价格： ¥480 / 50ml EDP

2013

朱莉玫瑰　L'Eau Jolie

花果香调，前调为黑醋栗和梨；中调为桃花和奈若利橙花；后调为麝香和雪松。整体味道恬淡怡人，适合年轻女孩日常使用。

参考价格： ¥830 / 50ml EDT

2014

我喜欢 L L'Aime

花香木质麝香调，前调为红醋栗花和柑橘香；中调为茉莉和野玫瑰；后调为檀木和白麝香。这款淡香水的瓶身设计为圆柱形，金色字母镶嵌熠熠生辉，与品牌一贯浪漫神秘的设计风格颇为不同。

参考价格：￥550 / 80ml EDT

星辰 Minuit Sonne

东方木质调女香。这款香水成分选用了甘草、茉莉、鸢尾、没药、香草和安息香。淡紫色瓶身配星光银色，浪漫神秘，木质调适合绝大部分女性使用。

参考价格：￥680 / 100ml EDP

寻香名店

上海 久光百货•环球世界大厦•徐家汇太平洋百货•淮海百盛
北京 中友百货•双安商场•百盛购物中心
杭州 银泰百货
南京 金鹰国际购物中心
重庆 大都会太平洋百货
成都 春熙太平洋百货
深圳 华强北茂业百货
广州 友谊百货
香港 海港城

甜蜜 Sweet

这款东方美食调女香的调香师是安娜•弗立博，带来樱桃与可可味的调和感。香味开始带来的是糖果樱桃味，渐渐地转入可可纯香构成的中心，并挑逗地引出当归的香甜，而一切都带有一层鸢尾香的高雅。最终，香味带来的是洛俪塔香水特有的强度和感性，那是麝香和喀什米尔木的气息。

参考价格：￥650 / 80ml EDP

藏·香·年·谱

推出时间	名称		类别	推出时间	名称		类别
1997	Lolita Lempicka	初	女香	2011	Le Premier Parfum Eau De Toilette	1 号 EDT 版	女香
2000	Au Masculin	魔幻	男香	2011	Si Lolita Eau De Toilette	丝之香 EDT 版	女香
2001	Eau Legere Pailletee	梦魅之水	女香	2011	Midnight Couture Black Eau De Minuit	黑色午夜之花	女香
2004	Au Maculin Fraicheur	魔幻清新版	男香	2011	Eau De Beaute	美色之水	女香
2004	L´Eau De Minuit	午夜	女香	2012	L´Eau En Blanc	纯白之水	女香
2005	Eau D´Eté Parfumée	夏香之水	女香	2012	Illusions Noires Si Lolita Eau De Minuit	黑色幻象丝之香	女香
2005	Star Dust Midnight Fragrance	午夜星辰	女香	2012	Le Tentation De Lolita	诱惑	女香
2006	L De Lolita Lempicka	海洋之心	女香	2012	Illusions Noires Le Premier Parfum Eau De Minuit	黑色幻象初号	女香
2006	Midnight	午夜	女香	2012	Illusions Noires Au Masculin Eau De Minuit	黑色幻象魔幻	男香
2006	Au Masculin	魔幻 2006 版	男香	2013	L´Eau De Minuit Edition	午夜 2013 限量版	女香
2007	L´Eau D´Minuit 2007 Fleur De Minuit	午夜花戒	女香	2013	L´Eau Jolie	朱莉玫瑰	女香
2007	The Heart-Catcher	海洋之心豪华版	女香	2013	Elle L´Aime	她爱	女香
2007	Transcendant Sin	超越之罪	女香	2014	Elle L´Aime A La Folie	她爱	女香
2008	Coral Flower	珊瑚花	女香	2014	L L´Aim	我喜欢	女香
2008	Fleur Defendue	花戒	女香	2014	Minuit Sonne	星辰	女香
2008	L´Eau De Minuit Edition	午夜 2008 限量版	女香	2014	Sweet	甜蜜	女香
2009	Amarena Whim	樱桃奇想	女香	2015	Au Masculin Eau De Parfum Intense	魔幻极致	男香
2009	Eau De Minuit – Midnight Fragrance	午夜激情	女香	2015	L´Eau En Blanc Edition Perles	纯白之水珍珠版	女香
2009	Si Lolita	丝之香	女香	2015	Minuit D´Or	午夜之水 2015 版	女香
2010	Eau De Desir	淡萝纱	女香	2015	Elle L´Aime Édition D´Eté	她爱夏日版	女香
2010	L`Eau Au Masculin	清朗	男香	2015	Elle L´Aime Édition D´Eté Huile Satinée	她爱夏日滑腻版	女香
2010	Le Premier Parfum	1 号香水	女香				

Marc Jacobs

莫杰

莫杰是由出生于美国的著名服装设计师马克·雅各布先生创立的知名品牌。2001 年，莫杰推出了第一款香水。与莫杰服装品牌具有的狂野不羁的设计风格不同，莫杰香水更为精致甜美，香水气味清新，还带有一丝丝的顽皮可爱。使人感觉既成熟大方，又不呆板拘束，平添明快、迷人的轻松体验。它的香水富有女性美，瓶身设计独具匠心，华美并充满趣味感，是别致享受的精髓体现，尤其受到年轻女性的喜欢。

在莫杰发行的香水作品中，充满奇趣设计感的的莫杰点点和雏菊香水最为著名，尤其是后者更不断堆出不同版本的雏菊限量版作品，同样获得了很好的美誉。

镇店名香

邦 Bang

这款男香曾荣获国际香水协会最高荣誉菲菲奖的年度最佳男香及最佳包装设计奖的肯定。瓶身的设计则延续大胆的不规则创意设计，由闪亮的铝箔材质制成，通过凹凸变化、几何变换来改变光线的折射和造成深陷的折射效果。前调为胡椒；中调为原木调；后调为榄香脂、充满芳疗感的安息香与香根草、白麝香以及广藿香。

参考价格： ¥340 / 50ml EDT

莫杰同名 Marc Jacobs Marc Jacobs

莫杰推出的第一款女香，在 2002 年获得香水界最高荣誉菲菲奖。主打茉莉与玫瑰香调，适合年轻的女性。瓶身设计很有美式风格，简约大气。

参考价格： ¥500 / 50ml EDP

倾心绯红 Blush

香调主要是茉莉香，三调中用了三种不同的茉莉。而且其中有非常稀有罕见的中国毛茉莉。茉莉在三调里有不同变化，衔接得非常顺畅和谐而轻灵。

参考价格： ¥620 / 100ml EDP

雏菊 Daisy

雏菊女香以盛开的雏菊为设计灵感，瓶身设计跳脱了人们对于香水瓶的习惯印象，香水瓶以高雅的水晶玻璃制成。香水气味清新，带有一丝顽皮可爱，属于花卉木质香调。

参考价格： ¥630 / 50ml EDT

点点 Dot

瓢虫状的香水瓶身极为抓人眼球，瓶身上的波尔卡圆点是设计师马克·雅可布本人最钟爱的标志性设计元素，用于此款香水瓶上非常有纪念意义。香水充满浓郁果香花香调的香水，前调为红莓、火龙果、金银花；中调为茉莉花、椰子水、橙花香；后调为香草、浮木、麝香。

参考价格： ¥690 / 50ml EDP

收藏优选

雏菊花环 Daisy Garland

香水的香调与瓶身设计都源自原版雏菊，与原版瓶身不同的是雏菊花环香水瓶上装饰的花瓣为蓝色，象征着天空与明亮。这款香水作为 2010 年的限量版出售。

价格请店洽 EDT

雏菊波普艺术版 Daisy Pop Art Edition

雏菊香水 2010 年的限量版。该限量版香水瓶身灵感来源于波普艺术，明快的红色漆瓶身与黑色花瓣雏菊形成强烈对比。香调中包罗了紫罗兰叶、野梅、紫罗兰花瓣、茉莉及麝香、香草的优雅气息。

参考价格： ¥600 / 100ml EDP

罗兰天鹅绒 Lola Velvet

罗兰香水 2010 年限量版。原本硬壳的花朵帽子，变成了柔软的天鹅绒材质，瓶身则由充满诱惑的紫色装饰。属于温暖芳香调，含有红牡丹、粉红胡椒、洋梨、红葡萄柚、玫瑰及天竺葵、香草、东加豆与奶油麝香的气息。

参考价格： ¥600 / 100ml EDP

2011

桃红雏菊 Daisy Hot Pink

2011 年雏菊香水的限量版。保留了雏菊香水的清新优雅，又增添了都市时尚元素，诠释出更奢华浓郁的小雏菊风情，含有野草莓、茉莉花、紫罗兰、栀子花、白桦、雪松的气息。

参考价格：￥490 / 50ml EDP

寻香名店

北京 新光天地·汉光百货
上海 久光百货·恒隆广场
天津 百盛购物中心·中原百货
苏州 泰华商城
澳门 新八佰伴百货

雏菊花语 Daisy Eau So Fresh

这款香真正捕捉了莫杰女性化又前卫的品牌精髓，延伸了原版小雏菊香水的核心并加以生发，选用明亮的花果香调，以新鲜覆盆莓为开端，缀以诱惑人心的野玫瑰，最后带出浓郁温暖的梅子香韵。成熟优雅但不过于严肃。

参考价格：￥730 / 75ml EDT

姜 Cocktail Splash Ginger

2011 年莫杰推出的夏季限量版香水系列中非常受欢迎的一款，是知名的调香大师杨·瓦斯尼尔的得意之作。设计灵感来自夏天的刨冰鸡尾酒。它是温暖和冰冷的结合体，前调为姜、香菜、白兰地；中调为西番莲、天竺葵、大黄；后调为檀香、麝香。

参考价格：￥920 / 300ml EDT

雏菊之梦 Daisy Dream

以马克·雅可布先生对天际的想象作为初始的设计概念，香水瓶身设计非常精细，宛若优雅的手工精品，周身都由镂空蕾丝状小雏菊包围，夸张，大胆。香味比原始小雏菊香水“更复杂，更空灵”。玻璃瓶身晶彻透明反射出辽阔的天蓝色调。前调为黑莓果、葡萄柚、水梨；中调为茉莉花、荔枝、紫藤花；后调为白木香、麝香、椰子汁。

参考价格：￥370 / 50ml EDT

2011

小罗兰 Oh Lola!

瓶身设计与罗兰女香相同，但是颜色更加明亮，符合年轻女子的审美眼光。色彩缤纷的花束状瓶盖、粉色瓶身衬托出香水迷人活泼的气息。属于花果香调香水，前调为野草莓、覆盆子和梨子；中调为牡丹花；后调为檀香、薰衣草和香草。

参考价格：￥910 / 100ml EDP

2013

哈尼 Honey

将大胆的条纹、妩媚的波点元素巧妙结合，瓶身充满趣味同时散发优雅，精致而充满欣喜感，是莫杰推出的香水作品中非常有趣味的一款。前调为洋梨、水果宾治、柑橘；中调为橙花、桃花蜜、金银花；后调为蜂蜜、黄金香草、顺滑木香

参考价格：￥490 / 30ml EDP

2014

雏菊花语彩虹 Daisy Eau So Fresh Delight

2014 年雏菊花语系列的限量版。设计风格俏皮不失优雅，采取冷暖色调混合法。鲜艳的雏菊花束从瓶盖中蹦出，形成一种明亮的桃红色、薄荷绿色和冰激凌粉红色混合的视觉感受。前调为血橙、红胡椒和白茶；中调为塔希提岛提亚蕾花、紫罗兰和覆盆子；后调为杏果皮、麝香和琥珀。

参考价格：￥690 / 75ml EDT

藏·香·年·谱

推出时间	名	称	类别	推出时间	名	称	类别
2001	Marc Jacobs	莫杰同名	女香	2010	Marc Jacobs Splash Pomegranate	石榴	中性香
2002	Marc Jacobs Men	莫杰同名男士	男香	2010	Daisy Garland	雏菊花环	女香
2003	Essence	精华	女香	2010	Daisy Pop Art Edition	雏菊波普艺术版	女香
2004	Blush	倾心绯红	女香	2011	Oh Lola!	小罗兰	女香
2004	Blush Intense	极致倾心	女香	2011	Bang Bang	邦邦	男香
2006	Marc Jacobs Splash Amber	琥珀	女香	2011	Daisy Hot Pink	桃红雏菊	女香
2006	Marc Jacobs Splash Ivy	常春藤	女香	2011	Daisy Eau So Fresh	雏菊花语	女香
2006	Marc Jacobs Splash Violet	紫	女香	2011	Cocktail Splash Cranberry	小红莓	中性香
2006	Marc Jacobs Splash Cotton	棉	女香	2011	Cocktail Splash Curacao	柑香酒	中性香
2006	Marc Jacobs Splash Grass	青草	女香	2011	Cocktail Splash Ginger	姜	中性香
2006	Marc Jacobs Splash Orange	甜橙	女香	2012	Dot	点点	女香
2006	Marc Jacobs Splash Rain	雨	男香	2012	Tropical Splash Hibiscus	热带木槿花	中性香
2007	Marc Jacobs Gardenia	栀子花	女香	2012	Tropical Splash Kumquat	热带金橘	中性香
2007	Marc Jacobs Splash Cucumber	小黄瓜	男香	2012	Daisy Sunshine	雏菊阳光	女香
2007	Daisy	雏菊	女香	2012	Daisy Eau So Fresh Sunshine	雏菊花语阳光限量版	女香
2007	I Love Marc	我爱马克	女香	2012	Oh Lola! Sunsheer	小罗兰阳光限量版	女香
2008	Marc Jacobs Splash Fig	无花果	女香	2013	Honey	哈尼	女香
2008	Marc Jacobs Splash Gardenia	清甜栀子花	女香	2014	Daisy Delight Duo	雏菊彩虹	女香
2008	Marc Jacobs Splash Basil	罗勒	中性香	2014	Daisy Dream	雏菊之梦	女香
2008	Marc Jacobs Splash Grapefruit	葡萄柚	中性香	2014	Daisy Eau So Fresh Delight	雏菊花语彩虹	女香
2008	Marc Jacobs Splash Pear	梨	中性香	2014	Pink Honey	粉哈尼	女香
2008	Daisy Delux	雏菊奢华	女香	2015	Daisy Dream Forever	雏菊之梦永恒	女香
2009	Daisy Bloom	雏菊花开	男香	2015	Daisy Eau So Fresh Sorbet	缤纷什果冰	女香
2009	Daisy Silver Edition	银版雏菊	女香	2015	Daisy Sorbet	雏菊冰沙版	女香
2009	Marc Jacobs Splash Lemon	柠檬	中性香	2015	Decadence	颓废派	女香
2009	Lola	罗兰	女香	2015	Mod Noir	黑色摩德	女香
2010	Lola Velvet	罗兰天鹅绒	女香	2015	Violet	紫罗兰	女香
2010	Splash Apple	苹果	中性香	2016	Daisy Blush	雏菊绯红	女香
2010	Bang	邦	男香	2016	Daisy Dream Blush	雏菊绯红之梦	女香
2010	Splash Biscotti	意大利饼干	中性香	2016	Daisy Eau So Fresh Blush	雏菊绯红花语	女香

Miller Harris

米勒·哈瑞斯

Miller Harris
PERFUMER · LONDON

这是2000年成立于英国的一家定制香水品牌，创始人林·哈瑞丝女士也是现今在香水领域极少的拥有自己品牌的女调香师。该品牌可为客人提供顶级的私人定制香水服务。

林·哈瑞丝曾在巴黎和格拉斯学习调香工艺，精工细琢而成的香水令米勒·哈瑞斯成了世界上最让人梦寐以求的香水店之一，而流连其中的，都是忠实着属于自己味道和品位的老顾客。

米勒·哈瑞斯的香水有着低调却令人愉悦和标志性的包装，除了顶级香水，在米勒·哈瑞斯的店中，还有奢华的沐浴和身体护理产品及芳香蜡烛。

镇店名香

烟雾系列　La Fumée Collection

该系列从2011年开始陆续推出，目前5款香水主要是中性香和男香，包括阿拉伯、奥斯曼、摩洛哥，以及经典、浓情，金色包装十分奢美华贵。

参考价格：￥1 600 / 100ml EDP

收藏优选

2000

香橼　Citron Citron

前调为青柠、橙子、柠檬；中调为薄荷、罗勒；后调为辛香料、雪松、橡木苔、小豆蔻。

参考价格：￥1 000 / 100ml EDP

东方之花　Fleur Oriental

这是一款东方香料调的女香，成分包括康乃馨、橙花、琥珀、麝香、茉莉、香草、玫瑰、天芥菜。

参考价格：￥1 000 / 100ml EDP

森林大地　Terre De Bois

成分包括琥珀、广藿香、棉花糖、杜松、白松香、快乐鼠尾草、柠檬、马鞭草、鼠尾草、香根草、辛香料、柑橘。

参考价格：￥1 000 / 100ml EDP

2003

晚香玉之心　Noix De Tubéreuse

前调为含羞草、紫罗兰；中调为晚香玉、三叶草；后调为顿加豆、鸢尾根、琥珀、树脂。

参考价格：￥1 000 / 100ml EDP

2004

绿橘　Tangerine Vert

前调为蜜橘、葡萄柚、柠檬；中调为老鹳草、橙花、马郁兰；后调为橡木苔、麝香、雪松。

参考价格：

￥1 000 / 100ml EDP

2006

黑玫瑰　Rose En Noir

前调为香菜、孜然、苦橙叶；中调为胡椒、紫罗兰叶、玫瑰；后调为黄葵、广藿香、烟草。

参考价格：￥1 000 / 100ml EDP

空穴来风 L'Air De Rien

前调为橙花油；中调为广藿香、橡木苔；后调为琥珀、麝香、香草。

参考价格：￥1 000 / 100ml EDP

2007

盐之花　Fleurs De Sel

前调为迷迭香、百里香、快乐鼠尾草、当归、盐；中调为鸢尾花、玫瑰、水仙花；后调为皮革、琥珀、橡木苔、香根草。

参考价格： ￥1 000 / 100ml EDP

2011

雨　La Pluie

前调为薰衣草、香柠檬、蜜橘、小麦；中调为茉莉、橙花、依兰、黑加仑、白色花系；后调为香根草、香草。

参考价格： ￥1 000 / 100ml EDP

2013

气味图书馆系列

Perfumer's Library Collection

该系列包括了 5 款中性香，分别为西普调的常春藤、木质调的香根草、花香调的茉莉花、花香调的晚香玉以及果香调的果园，各具特色。

参考价格： ￥1 600 / 100ml EDP

2015

2015 年新香

2015 年，米勒·哈瑞斯有三款新香问世，依然延续了标志性的方正透明瓶身，饰以素雅的花朵图案，大方简约。

价格请店洽 EDP

寻香名店

伦敦　塞尔弗里奇百货·哈罗德百货

巴黎　Le Bon Marché 百货

藏·香·年·谱

推出时间	名称		类别	推出时间	名称		类别
2000	Citron Citron	香橼	中性香	2009	Fleurs De Bois	森林之花	中性香
2000	Coeur De Fleur	花之心	女　香	2011	La Pluie	雨	女　香
2000	Feuilles De Tabac	烟草芳香	中性香	2011	La Fumée Classic	经典烟雾	男　香
2000	Fleur Oriental	东方之花	女　香	2012	Le Pamplemousse	柚子	中性香
2000	Terre De Bois	森林大地	中性香	2012	La Fumée Arabie	阿拉伯烟雾	中性香
2002	Jasmin Vert	绿色茉莉	女　香	2013	La Fumée Ottoman	奥斯曼烟雾	中性香
2002	Figue Amere	无花果树	中性香	2013	La Feuille	常春藤	中性香
2002	Piment Des Baies	加勒比海胡椒	女　香	2013	Le Jasmin	茉莉花	中性香
2003	Noix De Tubéreuse	晚香玉之心	女　香	2013	Tuberosa	晚香玉	中性香
2003	Fleur Du Matin	晨花	中性香	2013	Perfumer´s Library	气味图书馆系列	女　香
2004	Tangerine Vert	绿橘	中性香	2013	Verger	果园	中性香
2005	En Sens Du Bois	森林之旅	中性香	2013	Veti Vert	香根草	中性香
2005	Geranium Bourbon	波旁天竺葵	女　香	2014	La Fumée Maroc	摩洛哥烟雾	中性香
2005	Terre D´Iris	大地鸢尾	女　香	2014	La Fumée Intense	浓情烟雾	男　香
2005	Cuir D´Oranger	橘皮	中性香	2015	Cassis En Feuille	经典酥脆	女　香
2006	Coeur D´Ete	夏日之心	女　香	2015	Coeur De Jardin	花心	女　香
2006	L´Air De Rien	空穴来风	女　香	2015	Poirier D´un Soir	夜色下的梨树	中性香
2006	Rose En Noir	黑玫瑰	女　香	2015	L´Eau Magnetic	魅力之水	中性香
2006	Vetiver Bourbon	波旁香根草	男　香	2015	La Fumée Alexandrie	亚历山大烟	中性香
2007	Fleurs De Sel	盐之花	女　香	2015	Rose Silence	沉默玫瑰雾	中性香
2008	Le Petit Grain	苦橙叶	中性香	2015	Tea Tonique	茶汤	中性香
2008	Cologne 1888	古龙水 1888	中性香	2016	Vetiver Insolent	放肆香根草	中性香

Moschino
莫斯奇诺

MOSCHINO

莫斯奇诺是设计师弗兰科·莫斯奇诺的同名品牌。作为一家创立20余年的新近潮牌，莫斯奇诺一直以特别前卫的设计风格著称，特别是近年来，该品牌在时尚潮人一族中十分受青睐。

1987年，莫斯奇诺推出了同名香水，然后又在1990年推出了首款男香。目前，在莫斯奇诺香水家族中，最具辨识度的是自1995年开始推出的“Cheap And Chic”系列，它以经典动画《大力水手》中的卡通人物奥莉薇为灵感源泉，很有怀旧感。

镇店名香

奥莉薇黑娃　Cheap And Chic

前调为佛手柑，苦橙叶、柚子和巴西花梨木；中调为仙客来、玫瑰、睡莲、牡丹、紫罗兰和茉莉；后调为麝香、香草、零陵香豆、兰花、檀木、香根草、鸢尾和龙涎香。

价格请店洽 EDT

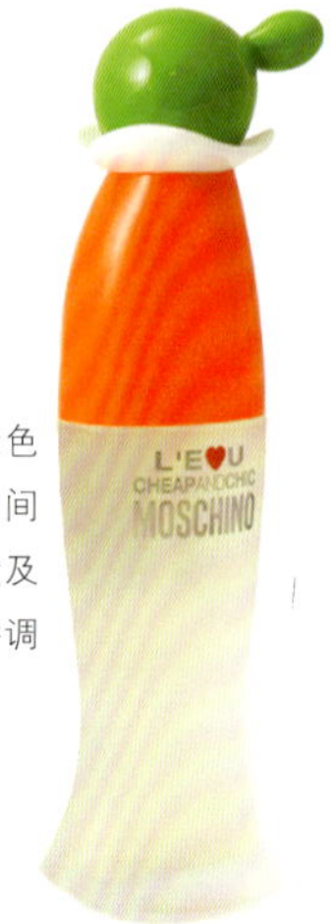

快乐奥莉薇

L'Eau Cheap And Chic

香水瓶用色鲜丽，绿色的瓶盖搭配橘色、透明相间的瓶身，看起来充满幽默及活力，香水用清新花果香调装点女人的快乐。

价格请店洽 EDT

爱恋爱

Cheap And Chic I Love Love

前调为橙、葡萄柚、红醋栗和柠檬；中调为茶玫瑰、芦苇、铃兰、甘蔗和肉桂；后调为麝香、雪松和木质元素。

价格请店洽 EDT

爱嬉戏

Cheap And Chic Hippy Fizz

前调为阿马尔菲柠檬、玉兰、覆盆子和绿叶；中调为荷花、玫瑰和紫罗兰；后调为麝香、桂花、橡木苔和弗吉尼亚雪松。

价格请店洽 EDT

云淡风清

Cheap And Chic Light Clouds

前调为仙客来、桃花和绿叶；中调为玫瑰、茉莉和荷花；后调为檀木、广藿香、琥珀、麝香、香草、麝香锦葵和雪松。

价格请店洽 EDT

奥莉薇花瓣

Cheap & Chic Chic Petals

主打花果香，前调为石榴、野莓、姜；中调为兰花、栀子花、水百合；后调为桧木、麝香、意大利鸢尾。

参考价格： ￥550 / 100ml EDT

收藏优选

1996

新爱情

OH! De Moschino

前调为佛手柑、橘子和巴西花梨木；中调为鸢尾、荷花、铃兰、千金子藤、牡丹、仙客来和睡莲；后调为檀木、天芥菜、鸢尾根、山楂和麝香。

价格请店洽 EDT

1998

问情　Uomo

前调为香菜、金橘、醛类和巴西花梨木；中调为仙客来、肉桂、快乐鼠尾草和劳丹脂；后调为麝香、雪松、龙涎香和苦艾。

参考价格： ￥600 / 125ml EDT

2007

欢乐派对　Funny

前调为粉色胡椒、红醋栗和苦橙；中调为牡丹、紫罗兰、绿茶和茉莉；后调为琥珀、橡木苔、雪松和麝香。

参考价格： ￥350 / 25ml EDT

2008

魅惑　Glamour

哥特式花饰窗格镂空图样十分优雅，前调为盐、蜜橘花和艾蒿；中调为朱槿、兰花和睡莲；后调为琥珀、雪松和麝香。

参考价格：￥500 / 50ml EDP

2010

紫爱·樱桃心　Toujours Glamour

前调添加了新鲜的红醋栗和绿色的紫罗兰叶子，并通过小豆蔻增添了淘气的趣味；中调是清雅的白色铃兰和醉人的茉莉花香，还有一点点微苦的杏仁气息；后调则融合了缬草、安息香和感性麝香的沉郁香味。一同推出的还有身体护理芳香产品。

参考价格：￥650 / 100ml EDP

2011

永恒　Forever

前调为佛手柑、金橘和八角茴香；中调为零陵香豆、胡椒和快乐鼠尾草；后调为香根草、麝香和檀木。

参考价格：￥400 / 30ml EDT

2012

粉红花束　Pink Bouquet

这是莫斯奇诺推出的第三款心型造型的香水，像一颗热恋中的心，娇艳柔美。前调为佛手柑、菠萝雪酪、树莓果浆；中调为茉莉、粉红铃兰、紫罗兰、牡丹花瓣；后调为桃子、苔藓、姜饼。

参考价格：￥500 / 50ml EDT

2013

永恒之航　Forever Sailing

外形与 2011 年的原版一致，颜色能让人联想到海水的淡蓝色。它捕捉了海洋和冒险的气息，前调为生机勃勃的冰薄荷、柠檬及西柚；中调为薰衣草融合杜松果的蓝天香调；后调为广藿香、琥珀木和麝香三种独特的幽香，不会过于浓烈。

参考价格：￥400 / 30ml EDT

2014

星星　Stars

混合花香调香水，以华丽的金色配五角星图案的瓶盖以及简单的扁形瓶身，香似跳跃的组合却十分和谐。前调为玫瑰和牡丹香；中调为茉莉、橙花；后调为琥珀、龙涎香等一些较为中性的植物味道。

参考价格：￥800 / 100ml EDP

泰迪熊　Toy

由杰瑞米·斯科特设计，萌萌的外表下其实是一瓶 50ml 的淡香水。木质花香调混合了佛手柑、紫罗兰、薰衣草、刺柏和树木香，男女皆宜。

参考价格：￥850 / 50ml EDT

寻香名店

北京　新光天地·东方广场

上海　恒隆广场·港汇广场·国金中心

南京　德基广场

藏·香·年·谱

推出时间	名称		类别	推出时间	名称		类别
1987	Moschino	同名	女香	2008	Cheap And Chic Hippy Fizz	爱嬉戏	女香
1990	Moschino Pour Homme	同名男士	男香	2009	Cheap And Chic Light Clouds	云淡风轻	女香
1995	Cheap And Chic	奥莉薇黑娃	女香	2010	Toujours Glamour	紫爱·樱桃心	女香
1998	Uomo	问情	男香	2011	Forever	永恒	男香
2001	L´Eau Cheap And Chic	快乐奥莉薇	女香	2012	Pink Bouquet	粉红花束	女香
2004	Cheap And Chic I Love Love	爱恋爱	女香	2013	Forever Sailing	永恒之航	男香
2004	Couture!	一见钟情!	女香	2013	Cheap And Chic Chic Petals	奥莉薇花瓣	女香
2005	Friends Men	麻吉	男香	2014	Stars	星星	女香
2007	Funny	欢乐派对	女香	2014	Toy	泰迪熊	中性香
2008	Glamour	魅惑	女香	2015	Fresh Couture	新款时装	女香

Nina Ricci
莲娜丽姿

NINA RICCI

莲娜丽姿品牌创立于1932年，以服饰起家，也以香水闻名于世，其女香的知名度在香水界要高于男香。1946年，莲娜丽姿开始向市场推出香水，两年后世纪名作“比翼双飞”香水问世，它是法国最著名的老香水之一，基本是香水爱好者必购的一款。

莲娜丽姿的每款香水都有近100种成分组合，瓶身也渗透知名设计师的心血结晶，因此莲娜丽姿一直是世界上最畅销的香水品牌之一。莲娜丽姿香水着重突显女性娇柔的一面，设计得极富想象力，充满迷人、神秘、非凡、优雅、浪漫的特质，尤其是在香水瓶设计上更趋独特，常将心形、苹果、花朵、鸽子、丝带的设计元素溶入醉人的巴黎风格，流露女性娇柔气质，演绎现代的浪漫。莲娜丽姿比较著名及为香水爱好者称道的，除“比翼双飞”系列外，还有“苹果甜心”系列、“都市丽人”系列等多款。

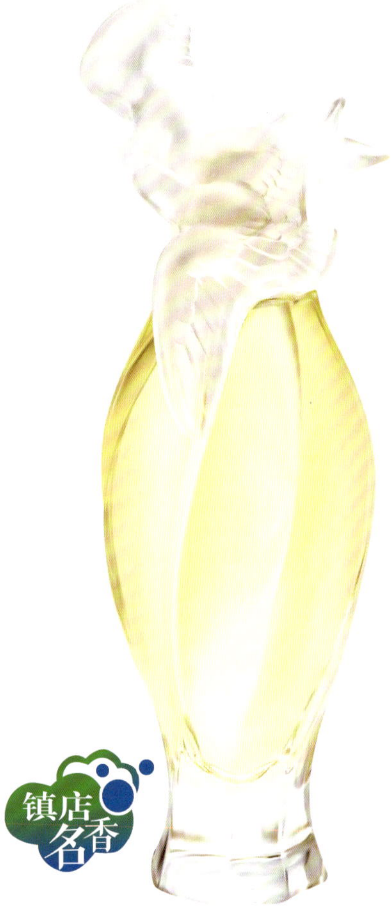

比翼双飞　L'Air Du Temps

莲娜丽姿最经典的女香，世界三大畅销香水之一。它以瓶身独特和寓意深远而著名。鸽子瓶身造型以赞美爱与和平为主题，象征着二次大战结束后人们对于和平的渴望，非常有纪念意义。芬芳花香调，前调为紫檀、佛手柑、桃子、橙花油、香料；中调为五月玫瑰、百合、兰花、丁香、鸢尾花；后调为白檀香、西洋杉、琥珀、麝香。

参考价格：￥850/100ml EDT

少女心　Farouche

少女心女香的调制融合了传统的技术，为莲娜丽姿成为世界级知名香水品牌奠定了基础，并荣获1975年香水奥斯卡大奖，极具纪念意义。醛香花香调，前调为佛手柑、柑橘、白松香、醛香、水蜜桃；中调为玫瑰、茉莉、金银花、香菜、梅子、天竺葵、山谷百合；后调为橡木苔、檀木、松脂、香根草、麝香。

参考价格：￥2 450/15ml Pure Parfum

爱在巴黎　Love In Paris

莲娜丽姿第三个主打香水系列。以爱情为主题，承袭了莲娜丽姿品牌浪漫优雅的一贯特征，甚至担负着推进莲娜丽姿品牌现代化进程的重任，具有纪念意义值得入手。花香调，前调为牡丹、桃、八角茴香、香蕉、梨、香柠檬、玫瑰；中调为杏、紫罗兰、茉莉、八角茴香；后调为麝香、木质元素。

参考价格：￥550/50ml EDP

莲娜苹果甜心　Nina

莲娜丽姿 2006 年特别针对亚洲市场推出的女香。此款女香受畅销女香禁果的启发，清透的瓶身搭配银质雕饰的苹果叶，具有现代复古般的美感。清新花果香调，适合年轻女性使用。前调为花茎甘蓝柠檬、卡皮林禾莱姆；中调为红太妃糖苹果、果仁糖、香草、月光花、牡丹花瓣；后调为麝香、苹果木。

参考价格： ￥450 / 30ml EDT

都市丽人性感恶魔　Ricci Ricci

莲娜丽姿现代香水的经典力作之一，以雕塑般的丝带设计作为瓶盖，配上优雅的玻璃瓶身，呈现出一种高贵及跨时代的设计风格。柔美花香调，前调为大黄根、佛手柑；中调为四时花、印度晚香玉、千叶玫瑰；后调为广藿香、檀香木。特别适合积极自信、活泼俏皮的女性日常使用。

参考价格： ￥550 / 50ml EDP

收藏优选

1994

幸福女人　Deci Dela

造型别致，荣获过香水外观造型大奖。优美的线条，靓丽青春的配色，以及瓶身上那充满艺术感的纹饰，都是它吸引人之处。西普花香调香水，前调为杏、覆盆子、桂花、桃、波罗尼花和红醋栗；中调为小苍兰、茉莉、香豌豆和玫瑰；后调为丝柏、檀木、广藿香、树脂和香草。

参考价格： ￥550 / 50ml EDT

1996

绿色精灵

Les Belles De Ricci Liberté　Acidulée

瓶身特别为年轻女性设计，犹如一尊别致可爱的小雕塑，充满幻想色彩。呈螺旋形上升的果绿角小瓶，与闪耀的金属粉红色瓶盖结合，以碧绿配桃红，既清新又娇艳。香水成分也突破了香水调配传统，以富有清新气息为出发点。绿叶花香调，前调为橘子、薄荷、蕃茄叶；中调为紫藤花、木兰花、紫鸢花、蕃茄花朵；后调为蕃茄、覆盆子、柳枝、西洋杉。

参考价格： ￥740 / 50ml EDT

2001

晨曦曙光　Premier Jour

莲娜丽姿为现代而优雅的女性设计的一款代表性香水。瓶身设计是将两个圆柱体上下重叠在一起，中心的连接部位将圆柱樽身变成重叠或开展的形态，以不对称的瓶身结构，来表现女人具有的刚柔并济的特点。花香调，前调为栀子花、柑橘；中调为甜豌豆、白糖果仁、香子兰；后调为圣路加木、麝香、檀香。

参考价格： ￥850 / 100ml EDP

2002

往日情怀　Mémoire D'homme

瓶身采用双面三色的设计，一面为象征精神层面的薰衣草蓝紫色，另一面为琥珀色的肉体和感性层面，交叠的古铜色展现力量的融合，在男性香水设计中非常新颖。温暖东方调，前调为西西里葡萄柚、孟加拉黄；中调为香木、霜冻豆蔻、甘草叶；后调为雪松、香根草汁液。

参考价格：￥500 / 60ml EDT

2004

樱花之恋

Les Belles De Ricci Cherry Fantasy

莲娜丽姿 Les Belles De Ricci 系列 2004 年日本限量版，当年一经售卖即在日本各大香水网站推出后随即登上销售排行榜前十名。清新花香调，前调为葡萄柚、佛手柑、黑醋莓；中调为五月玫瑰、樱花、睡莲；后调为樱桃、红果麝香、雪杉香草。

参考价格：￥300 / 30ml EDT

2007

爱在巴黎浪漫牡丹花

Love In Paris Fleur De Pivoine

爱在巴黎香水 2007 年的限量版，散发娇嫩浪漫的感性气息。生性浪漫的香水迷必收的一款。柔美花香调，前调为黑醋栗、粉红胡椒、柑橘、橙花；中调为牡丹、玫瑰、紫罗兰、树莓；后调为广藿香、麝香、缬草花。

参考价格：￥560 / 50ml EDP

2008

莲娜金苹果甜心限量版　Nina Gold Edition

这款香水以奢华的金色为主题，采用了雾面金色瓶身设计，华丽、闪亮的银色瓶盖，让整体更加地炫目夺人。花果香调，前调为酸橙、柠檬；中调为苹果、牡丹、香草、果仁糖、月光花；后调为苹果树、白雪松、麝香。

参考价格：￥500 / 50ml EDT

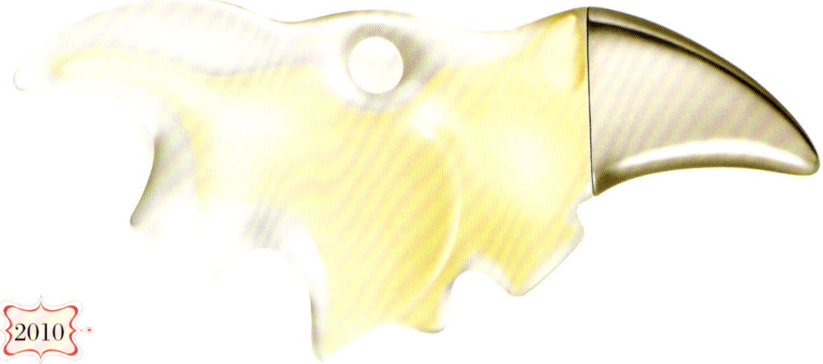

2010

比翼双飞斯塔克收藏版　L'Air Du Temps By Starck

比翼双飞系列 2010 年的限量版香水。法国著名产品设计师菲利浦•斯塔克重新设计了瓶身，颠覆了比翼双飞香水在人们眼中优雅的印象，呈现出一种赤裸裸的现代派未来感。但正因为这种大胆的突破也使这一年度的限量版格外珍贵。清爽果香调，含有柑橘、薰衣草、檀香、荷兰石竹、香柠檬、栀子、五月玫瑰、茉莉、鸢尾与香根草，适合任何场合。

参考价格：￥500 / 45ml EDT

2011

都市丽人爱恋

Ricci Ricci Dancing Ribbon

都市丽人系列的首个限量版香水，无论是瓶身或包装，都放弃了原版的紫红色，采用了耀眼的火红色，并以丝带的方式来呈现，赋予了香水无比的热情与活力。前调为覆盆子、大黄、生姜；中调为四时花、晚香玉、千叶玫瑰；后调为广藿香、檀香。

参考价格：￥685 / 50ml EDP

2012

公主日记　Nina Princesse D'Un Jour

圣诞限量版香水，以亮片点缀圆润苹果造型的瓶身，配以鲜红色调，搭配闪亮魔幻的银色叶片，创造出神秘的美感，在苹果甜心系列中此款香水很具收藏价值。东方香调，前调为柑橘、青柠檬；中调为苹果、果仁糖、芍药、香草；后调为苹果木、白雪松、麝香、昙花。

参考价格：￥950 / 80ml EDT

2013

比翼双飞奥莉维亚·普特曼收藏版

L'Air Du Temps By Olivia Putman

香水瓶由法国知名建筑造景设计师奥莉维亚·普特曼亲自设计。瓶身展现了细腻的普特曼式风格：加入蓝色装饰，蜿蜒至顶部与标志性的鸽子造型融合一处。保持了原版比翼双飞的浓漫花香调不变，由荷兰石竹、香柠檬、栀子、五月玫瑰、茉莉、鸢尾与香根草等组成。

参考价格： ￥665 / 100ml EDT

寻香名店

北京 崇光百货

上海 久光百货·百联世茂国际广场·美罗城

广州 中怡时尚广场

2014

红帽公主 La Tentation De Nina

莲娜丽姿和甜品品牌拉杜丽联手推出的限量版香水。极具标志性的苹果形香水瓶，加上桃红色及金色装饰，当之无愧地成为女性的最爱。花果美食调，前调为佛手柑；中调为蛋白杏仁饼、柠檬、杏仁、保加利亚玫瑰和覆盆子；后调为波旁香草、白麝香和檀木。

参考价格： ￥520 / 50ml EDT

藏·香·年·谱

推出时间	名	称	类别	推出时间	名	称	类别
1946	Coeur Joie	喜悦之心	女香	2008	L´Air Du Temps Noel	比翼双飞纪念版	女香
1948	L´Air Du Temps	比翼双飞	女香	2008	L´Air Du Temps Couture Edition	比翼双飞 2008 年限量版	女香
1956	Fille D´Eve	禁果	女香	2008	Nina Gold Edition	莲娜金苹果甜心限量版	女香
1960	Capricci	玫瑰之吻	女香	2008	Pretty Nina	俏丽甜心限量版	女香
1965	Signoricci	签名	男香	2009	Nina Precious Swarovski Edition	莲娜珍贵苹果甜心施华洛奇限量版	女香
1971	Bigarade	苦橙	女香	2009	L´Air Du Temps Cristal D´Or	比翼双飞水晶版	女香
1973	Farouche	少女心	女香	2009	L´Air Du Temps L´Air Du Printemps	比翼双飞 2009 年春之气息限量版	女香
1974	Eau De Fleurs	水之花	女香	2009	Love By Nina	莲娜之恋限量版	女香
1982	Fleur De Fleurs	花之花	女香	2009	Ricci Ricci	都市丽人性感恶魔	女香
1984	Phileas	菲利亚斯	男香	2010	Le Paradis De Nina	天堂粉苹果甜心	女香
1987	Nina (1987)	莲娜 1987 年版爱心	女香	2010	L´Air Du Temps By Starck	比翼双飞斯塔克收藏版	女香
1989	Ricci Club	丽姿俱乐部	男香	2010	Nina L´Elixir	极致苹果甜心	女香
1994	Deci Dela	幸福女人	女香	2011	Nina Snow Princess	白雪公主	女香
1996	Les Belles De Ricci Liberté Acidulée	绿色精灵	女香	2011	Ricci Ricci Reflets Mysterieux	神秘女伶圣诞限量版	女香
1999	Les Belles De Ricci Amour D´Amandier	淘气精灵	女香	2011	Ricci Ricci Dancing Ribbon	都市丽人爱恋	女香
1999	Les Belles De Ricci Delice D´Epices	黄色淘气精灵	女香	2011	L´Air	比翼的爱	女香
2000	Les Belles De Ricci Belle de Minuit	午夜精灵	女香	2012	Nina Princesse D´Un Jour	公主日记	女香
2001	Premier Jour	晨曦曙光	女香	2012	Nina Fantasy	梦幻苹果	女香
2002	Mémoire D´Homme	往日情怀	男香	2012	Mademoiselle Ricci	花漾小姐	女香
2004	Les Belles De Ricci Cherry Fantasy	樱花之恋	女香	2013	L´Air Du Temps By Olivia Putman	比翼双飞奥莉维亚·普特曼收藏版	女香
2004	Love Fills L´Air Du Temps	和平年代	女香	2013	Mademoiselle Ricci L´Eau	丽姿之水	女香
2004	Love In Paris	爱在巴黎	女香	2013	Nina L´Eau	莲娜公主	女香
2004	Premier Jour Soleil	曙光 2004 年夏季版	女香	2014	La Tentation De Nina	红帽公主	女香
2005	Premier Jour Lucky Day	幸运草曙光	女香	2015	Les Delices De Nina	粉红童话	女香
2006	Love In Paris Christmas 2006	爱在巴黎 2006 年圣诞版	女香	2015	L´Extase	狂喜	女香
2006	Nina	莲娜苹果甜心	女香	2015	L´Air Du Temps L´Écrin Des Colombes	比翼双飞金色鸽子	女香
2006	L´Air Du Temps Colombes Couleur	比翼双飞天堂鸟	女香	2015	Nina Edition D´Or	金苹果限量版	女香
2007	Love In Paris Fleur De Pivoine	爱在巴黎浪漫牡丹花	女香	2015	Nina Pop	莲娜波普	女香
2007	L´Eau Du Temps	2007 年比翼双飞限量版光之翼	女香	2016	L´Extase Caresse De Roses	狂喜玫瑰拥抱	女香

Oscar De La Renta

奥斯卡·德拉伦塔

奥斯卡·德拉伦塔被时尚界视为美国十大设计师品牌之一，其设计风格以大气高贵，充满浪漫主义气息而著称，该品牌的婚纱和礼服向来都是欧美名媛的首选。

奥斯卡·德拉伦塔的第一款香水诞生于 1977 年，名字就叫作奥斯卡。这款经典的东方花香调香水无疑是品牌最经典的一款香水，而在 2011 年，奥斯卡·德拉伦塔通过艰苦谈判从欧莱雅手中收回香水代理权后第一件事便是重塑这款经典香水，因而推出了“神韵”香水。

30 多年以来，女性的形象早已发生蜕变，而在当代摩登女性的启发下，奥斯卡·德拉伦塔的香水无论是瓶身设计还是香味，都在不断加入更多符合当下时代女性特质的元素。特别是在 21 世纪初的十年里，更创造出了一系列限量版香水，每年都会以一个全新的瓶身色彩设计与香型推出，瓶身采用经典的花朵瓶盖以及简洁的瓶身。

奥斯卡·德拉伦塔的男香可能不如女香著名，其中最经典的两款分别是“奥斯卡男士”以及“为他”。前者是 20 世纪 90 年代最常见的柑橘调清爽型男香，后者则是一款非常经典的雪松木质香。

镇店名香

杰作　Extraordinary

前调为柑橘香、奈若利橙花和樱花；中调为牡丹、玫瑰和玉兰；后调为木质元素、琥珀和香草兰。

参考价格：￥700 / 100ml EDT

限量系列

奥斯卡·德拉伦塔的限量版香水一直是香水迷争相收藏的对象。

价格请店洽

蓝色花嫁　Something Blue

借鉴于西方婚礼“有旧、有新、有借、有蓝”的传统习俗，瓶盖由蓝色拉利玛石制成，而瓶颈上是一枚真正的戒指，外盒图案设计灵感取自茶花蕾丝礼服。前调为明亮的菩提花和柑橘；中调为水仙、铃兰、荔枝、千金紫藤；最终以麝香和波旁香草柔美收尾。

价格请店洽 EDP

奢华系列　Essential Luxuries

2012 年推出的这一系列采用统一的瓶身设计，其中的 6 款香水包括：花香木质麝香调的卡罗琳娜、纯粹花香调格拉纳达、花果香调的坷拉松、东方香草调的东方蕾丝、木质香料调的圣多明戈，以及芳香海洋调的马尾藻。

价格请店洽

收藏优选

1977

奥斯卡　Oscar

这是奥斯卡·德拉伦塔的第一款香水，瓶身设计采用了该品牌最爱的花朵元素，浪漫梦幻。东方花香调，前调为香菜、橙花、桃、罗勒、香柠檬、丁香；中调为迷迭香、晚香玉、薰衣草；后调为檀木、琥珀、广藿香、没药、麝香。

价格请店洽 EDT

1992

享乐　Volupte

这款香水像是一枚华丽的珠宝，前调中弥漫着活泼的果香调，而主角是花香，后调的檀木、琥珀、广藿香、焚香、晚香玉和香草为这款香水增添了厚重与神秘气息。

参考价格： ¥500 / 100ml EDT

2004

罗莎曼　Rosamor

玫瑰是每一个香水品牌都绕不过去的元素，而罗莎曼就是一款经典的玫瑰香。前调为小苍兰、铃兰和意大利橘子；中调为栀子花、印度晚香玉、天芥菜、依兰和玫瑰；后调为檀木、零陵香豆、麝香和烟草。

参考价格： ¥500 / 100ml EDT

1997

邂逅　So De La Renta

这是一款花香调香水。前调为克里曼丁红橘、猕猴桃、栀子花、小苍兰、芒果、西瓜、小豆蔻；中调为牡丹、晚香玉、茉莉、莲花、水仙花；后调为李子、麝香、香草。展现出女人自信及独立的一面，充满了浪漫、性感及女人味。

参考价格： ¥500 / 100ml EDT

2011

神韵　Esprit D'Oscar

为了捕捉女性想用香水传达的情绪，奥斯卡找来他的女儿伊莱扎帮忙设计这款香水。它闻起来轻松愉悦，前调为西西里柠檬柑橘花束以及佛手柑和香橼；中调为花香，包括埃及茉莉、橙花和晚香玉；后调为麝香、天芥菜和香根草，实现了温暖持久的效果。

参考价格： ¥700 / 100ml EDT

2015

奥斯卡弗洛尔　Oscar Flor

前调为奈若利橙花、荔枝和常春藤；中调为粉色茉莉、芒果和牡丹；后调为麝香、零陵香豆和黑醋栗叶。瓶身落落大方，色调柔美，很适合作为情人节的礼物。

参考价格：

¥500 / 100ml EDP

恋爱中　Live In Love

这款香水是众多新娘最爱在婚礼上使用的香水之一，线条利落的八边形瓶身寓意女性生命中的不同方面。它的主角是兰花与茉莉，前调为风信子、白松香、佛手、百合、铃兰；中调为茉莉、非洲橙花和玫瑰；后调为檀香、弗吉尼亚香柏、木香、琥珀和麝香。

参考价格： ¥400 / 30ml EDT

寻香名店

纽　约　麦迪逊大道 772 号

伦　敦　蒙特街 130 号

洛杉矶　梅尔罗斯广场 8445 号

藏·香·年·谱

推出时间	名称		类别	推出时间	名称		类别
1977	Oscar	奥斯卡	女香	2007	Oscar Red Satin	红丝缎	女香
1980	Pour Lui	为他	男香	2007	Oscar Summer Dew	夏日朝露	女香
1983	Ruffles	波纹	女香	2007	Oscar Celebration	庆典	女香
1992	Volupte	享乐	女香	2007	Red Orchid	红兰花	女香
1997	So De La Renta	邂逅	女香	2008	Oscar Summer	奥斯卡夏日版	女香
1999	Oscar For Men	奥斯卡男士	男香	2008	Soft Amber	温柔琥珀	女香
2002	Intrusion	闯入	女香	2009	Oscar Sheer Freesia	纯小苍兰	女香
2002	Oscar Tropical	热带	女香	2011	Live In Love	恋爱中	女香
2003	Oscar Latin Light	拉丁情怀	女香	2011	Esprit D´Oscar	神韵	女香
2004	Rosamor	罗莎曼	女香	2012	Coralina	卡罗琳娜	女香
2005	Oscar Citrus	柑橘	女香	2012	Granada	格拉纳达	女香
2005	Oscar Violet	紫罗兰	女香	2012	Mi Corazon	珂拉松	女香
2005	Rosamor Eau D´Ete	罗莎曼	女香	2012	Oriental Lace	东方蕾丝	女香
2006	Oscar Gold	金色	女香	2012	Santo Domingo	圣多明戈	中性香
2006	Oscar Island Flowers	花岛	女香	2012	Sargasso	马尾藻	女香
2006	Rosamor Island Flowers	罗莎曼花岛	女香	2013	Something Blue	蓝色花嫁	女香
2006	Oscar Pink Lily	粉百合	女香	2015	Extraordinary	杰作	女香
2006	Oscar Tropical Flower	热带花卉	女香	2015	Oscar Flor	奥斯卡弗洛尔	女香
2006	Oscar Bamboo	青竹	女香	2016	Extraordinary Pétale	杰作花瓣	女香
2007	Oscar Limited Edition	奥斯卡限量版	女香				

Paco Rabanne
帕高

paco rabanne

镇店名香

帕高品牌在20世纪60年代初创建于法国巴黎，但创始人帕高·拉巴纳其实是西班牙人。帕高品牌以设计前卫材质的服装起步，在当时有前卫派、未来派的称号。1969年，帕高推出了第一款香水——卡兰德雷。

2005年，帕高“黑骑士”系列香水问世，由于运用了骷髅等一些重金属和摇滚范儿的装饰元素，该系列十分契合时尚潮人的个性品位。2008年，帕高推出著名的百万香水，获奖无数，“这是一款奇特而又能振动人心的香水”，这是帕高·拉巴纳对这个帕高香水家族中的奢侈成员的评价。

目前，帕高早期的著名香水有的已经停产，如1985年出品的黑夜香水，1988年推出的以非洲的大沙漠命名的泰内雷香水。现在，不论是帕高的百万系列还是黑骑士系列，它们经常以对香的形式推出新款，很适合收藏或者作为礼物。

百万1 Million

这款男香曾获法国菲菲奖最佳瓶身、香水、媒体奖。前调为葡萄柚、薄荷和血橘；中调为玫瑰、肉桂和香辛料系元素；后调为皮革、木质元素、琥珀和印度广藿香。

参考价格：￥650 / 100ml EDT

百万女士 Lady Million

金色调结合钻石造型很有华贵感，可安置在任一切面上。前调为橙花、葡萄柚、鲜橙；中调为橙花、牡丹、茉莉花；后调为香草、广藿香精油和蜂蜜。这款香水常会有套装面世。

参考价格：￥550 / 80ml EDT

百万绝对金装版对香

Million Absolutely Gold

女香前调为覆盆子；中调为橙花和茉莉；后调为奈若利橙花和开司米木麝香。男香前调为橘子；中调为花香；后调为皮革。

参考价格：女香￥900 / 80ml Parfum

男香价格请店洽

收藏优选

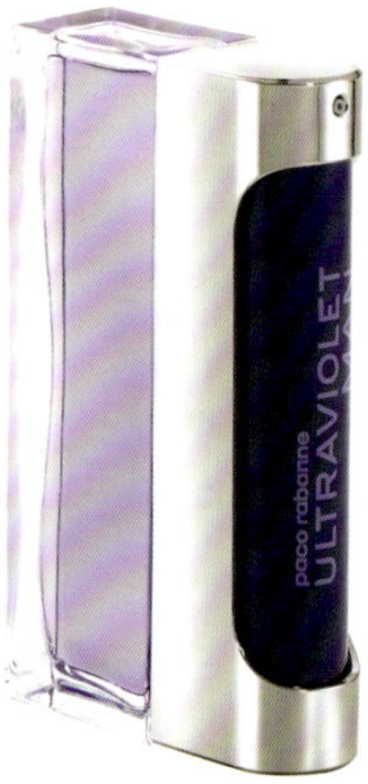

2001

紫外线男士

Ultraviolet Man

前调为琥珀、薄荷；中调为香根草、胡椒、辛香料；后调为橡木苔、香草。

价格请店洽 EDT

2005

黑骑士　Black XS

象征文艺复兴的古典黑玫瑰图腾，搭配充满时尚感的复古哥特式签印，视觉上十分抢眼。前调为柠檬、卡拉曼兹果、金盏草、快乐鼠尾草；中调为果仁糖、肉桂、吐鲁香膏、黑豆蔻；后调为巴西红木、黑琥珀、广藿香、乌木。

参考价格： ¥600 / 50ml EDT

2007

叛逆公主　Black XS For Her

前调为蔓越橘、甘椒；中调为紫罗兰、可可、玫瑰；后调为香草、广藿香。配合同系列其他日常护理产品有助于留香。

参考价格： ¥600 / 50ml EDT

2012

黑色诱惑对香　Black XS L'Exces

这款对香的男香瓶身是阳刚的黑色焗漆和银色，前调为清新的卡拉布里亚柠檬与薰衣草；中调为膜莎草与岩蔷薇的芬芳；后调的琥珀提升了暖度。女香瓶身颜色比原版多了彩虹渐变，前调为橙花精油与黑胡椒；中调为茉莉、玫瑰和昙花；后调为香草和喀什米尔木。

参考价格：男香 ¥500 / 100ml EDT　　**女香** ¥550 / 80ml EDP

2013

骷髅黑骑士对香　Black XS L'Aphrodisiaque

亚光黑与金色的组合很有现代摇滚元素，在原有经典瓶身基础上加入了金色的骷髅和风格前卫的铆钉，潮范儿十足。

考价格：女香 ¥600 / 80ml EDP

男香 ¥750 / 100ml EDT

勇者　Invictus

前调为桂叶、葡萄柚；中调为木质、琥珀；后调为愈创木、龙涎香、广藿香叶。后来推出了收藏版。

参考价格： ¥650 / 100ml EDT

2014

百万美元　1 Million $

形状如同金条，并用美元符号进行装饰，风格豪奢却又别致。前调为葡萄柚、血橙、薄荷；中调为玫瑰、肉桂、辛香料；后调为广藿香、木质香、皮革、琥珀。

参考价格： ¥650 / 100ml EDT

寻香名店

北京　国贸商城 Joyce

上海　世贸商城精品店

台湾　微风百货

香港　新世界大厦 Joyce 精品店·新世界大厦 On Pedder 店·海港城港威商场 Joyce 精品店

2014

黑色药剂对香　Black XS Potion

经典瓶身换上了黑漆装并带着红色蜡封。女香的开头是葡萄柚，然后进入由巴卡拉红玫瑰和粉黑尔波花组成的中调，后调是温暖的黑檀香和琥珀。男香的开头有杜松果香气，逐渐进入中调的苦艾、喀什米尔木，后调为劳丹脂，以及如同背景音乐般的几滴朗姆酒味。

参考价格：￥750 / 100ml EDT

百万淑女金装版

Lady Million Eau My Gold!

前调为佛手柑、芒果、奈若利橙花、橘子和葡萄柚；中调为紫罗兰和橙花；后调为琥珀、麝香、雪松和檀木。

参考价格：￥650 / 80ml EDT

藏·香·年·谱

推出时间	名称		类别
1969	Calandre	卡兰德雷	女　香
1969	Eau De Calandre	卡兰德雷清淡版	女　香
1973	Paco Rabanne	帕高同名男士	男　香
1979	Metal	金属	女　香
1985	La Nuit	黑夜	女　香
1986	Eau De Metal	金属之水	女　香
1986	Sport De Paco Rabanne	运动	男　香
1988	Tenere	泰内雷	男　香
1993	XS	XS 男士	男　香
1994	XS Pour Elle	XS 女士	女　香
1995	Paco	同名	中性香
1998	Paco Energy	能量	中性香
1999	Ultraviolet	紫外线	女　香
1999	Ultraviolet Man	紫外线男士	男　香
2000	XS Extreme	XS 超越男士	男　香
2001	Ultraviolet Metal Beach	紫外线金属海滩	女　香
2001	XS Extreme Girl	XS 超越女士	女　香
2002	Eau Paco Rabanne	出色	男　香
2002	Ultraviolet Aquatic Plastic	致命紫罗兰	女　香
2003	Pour Elle	同名女士	女　香
2003	Ultraviolet Liquid Crystal Man	紫外线液晶男士	男　香
2003	Ultraviolet Liquid Crystal Woman	紫外线液晶女士	女　香
2004	Ultraviolet Liquid Metal For Men	紫外线液体金属男士	男　香
2004	Ultraviolet Liquid Metal For Woman	紫外线液体金属女士	女　香
2004	Ultraviolet Man Aurore Borealis Edition	紫外线男士北极光版	男　香
2004	Ultraviolet Aurore Borealis Edition	紫外线北极光版	女　香
2004	Paco Rabanne Pour Elle Eau D´Ete	同名夏季版	女　香
2004	Paco Rabanne Pour Elle Metal Edition	金属版	女　香
2004	XS Pour Homme Sensual Summer	XS 男士迷情夏日	男　香
2005	Ultraviolet Fluoressence	荧光紫外线	女　香
2005	Ultraviolet Fluoressence For Men	荧光紫外线男士	男　香
2005	Black XS	黑骑士	男　香
2006	Ultraviolet Colours Of Summer	霓虹嘻夏	女　香
2006	Ultraviolet Man Colours Of Summer	霓虹嘻夏男士	男　香
2007	Ultraviolet Man Summer Pop	紫外线男士夏日版	男　香
2007	Ultraviolet Summer Pop	紫外线夏日版	女　香
2007	Black XS For Her	叛逆公主	女　香
2008	Ultrared	红外线	女　香
2008	Ultrared Men	红外线男士	男　香
2008	1 Million	百万	男　香
2010	Lady Million	百万女士	女　香
2012	Lady Million Absolutely Gold	百万女士绝对金装版	女　香
2012	1 Million Absolutely Gold	百万绝对金装版	男　香
2012	Lady Million EDT	百万女士 EDT 版	女　香
2012	Black XS L´Exces For Her	黑色诱惑女士	女　香
2012	Black XS L´Exces For Him	黑色诱惑男士	男　香
2013	1 Million Intense	百万热情	男　香
2013	Black XS L´Aphrodisiaque For Men	骷髅黑骑士	男　香
2013	Black XS L´Aphrodisiaque For Women	暗黑叛逆公主	女　香
2013	Invictus	勇者	男　香
2014	Black XS Be A Legend Debbie Harry	叛逆公主限量版	女　香
2014	Black XS Be A Legend Iggy Pop	黑骑士限量版	男　香
2014	Black XS Potion For Her	黑色药剂女士	女　香
2014	Black XS Potion For Him	黑色药剂男士	男　香
2014	Invictus Silver Cup Collector´s Edition	勇者银杯收藏版	男　香
2014	1 Million	百万美元	男　香
2014	Lady Million Eau My Gold!	百万淑女金装版	女　香
2015	1 Million Cologne	百万古龙	男　香
2015	Olympēa	女神	女　香
2015	Olympēa Extrait De Parfum	女神清淡版	女　香
2015	1 Million Merry Millions	快乐百万	男　香
2015	Lady Million Merry Millions	快乐百万女士	女　香
2016	Black XS L.A. For Her	暗黑洛杉矶	男　香
2016	Black XS L.A. For Him	叛逆公主洛杉矶	女　香
2016	Invictus Aqua	勇者之水	男　香
2016	Olympēa Aqua	女神之水	女　香

Penhaligon's

潘海利根

PENHALIGON'S
LONDON

潘海利根这个来自英国的殿堂级百年香水品牌起源于1870年，由威廉·潘海利根创立。它拥有两个传承已久的英国王室认证，分别由爱丁堡公爵于1956年及威尔士亲王于1988年颁赠。直到1975年以后，潘海利根才渐渐走出了王室和贵族的圈子，在伦敦科文特花园开了第一家旗舰店，从家族体制走向市场运营。

作为王室的御用香水和卫浴用品商，在潘海利根专卖店中，你还可以买到与各款香水相配套的同款乳液、香薰皂、蜡烛，以及男士的日常梳洗、剃须护理产品。近年来，潘海利根在每年的圣诞节都会推出精致的限量版套装，精致又极富创意，很值得收藏。

潘海利根品牌从不依靠明星和广告，甚至极少有迎合市场的折扣活动。它的香水瓶也是采用统一的透明玻璃瓶，没有任何花哨的造型或是炫目夸张的色彩，简单朴素，清澈透亮。就像英国小说中的名门贵族，潘海利根风格婉约、恬静、内敛，但绝不失品位。

镇店名香

精选集系列　Anthology Collection

该系列目前一共有10位成员，意在向潘海利根最经典的香水致敬，稍加改变后为其注入崭新生命。其中，最早的一款是在1927年推出的古龙水，1977年纪念伊丽莎白二世女王银婚纪念日的银禧花束香水也在其列。

参考价格：￥1 100 / 100ml

牡丹　Peoneve

这款描绘夏日精致英式花园的香水是香水大师利用 Nature Print 技术，在香源附近放置采香盒，吸收并保存植物自然释放出来的芳香成分，来捕捉牡丹最真实的香气。至于岩兰草及保加利亚玫瑰则以液化的二氧化碳，将天然成分的所有香气完整提取。

参考价格：¥1 250 / 100ml EDP

鸢尾欣廷　Iris Prima

又名鸢尾芭蕾，其调制灵感来自芭蕾舞，看似柔美，实际上却是饱经熬炼的强者。前调为佛手柑和粉色胡椒；中调为鸢尾和茉莉；后调为皮革、檀木、香根草、琥珀、香草和安息香，并有同款香薰蜡烛和沐浴系列。

参考价格：¥1 250 / 100ml EDP

2011 年圣诞系列

2011 Christmas Gift Collection

这款圣诞系列由伦敦知名的 JKR 设计公司设计，呈现出英国伦敦千奇百怪的建筑物模样，搭配 5ml × 5 支等多款迷你款香水组合。

价格请店洽

2012 年圣诞系列

2012 Christmas Gift Collection

创作灵感源于富丽堂皇的伦敦古典大剧院，三款礼盒的造型酷似维多利亚时代剧院的迷你模型，缀以奢华的金色流苏，插画描绘出了剧院观众欣赏马戏表演的有趣情景。

价格请店洽

2013 年圣诞系列　2013 Christmas Gift Collection

2013 年，潘海利根推出了多款圣诞套装，创作灵感源自维多利亚时期的传统音乐盒，精雕细琢的金属饰盒上细腻刻画出多种栩栩如生的机械音乐鸟儿插画。

价格请店洽

潘海利根艺术合作版　Penhaligon's Nina Frydlender Creazioni

2014 年，潘海利根与 Nina Frydlender Creazioni 创意室合作，将布伦海姆、阿提密西亚、裁缝、恩底弥翁、山谷百合、马拉巴赫这 6 款经典的王牌作品披上时尚新衣，限量发行。为确保图案不受紫外线侵害特别涂上保护漆，极富艺术感。

参考价格：¥6 200 / 50ml EDP

2014 年圣诞系列

2014 Christmas Gift Collection

肖像图案风格很有复古的装饰艺术美感，搭配了鸢尾欣廷、皇家橡树、爱伦尼西亚、马拉巴赫等多款迷你版香水套装。

价格请店洽

收藏优选

1902

布伦海姆 Blenheim Bouquet

诞生于 1902 年的这款香水深受丘吉尔的喜爱，它的热销也成了必然。当时的男香几乎都是华丽的花香或东方调，布伦海姆另辟蹊径采用柑橘调，清新、冷静、久远。前调为薰衣草、阿马尔菲柠檬和青柠；后调为麝香、松木和黑胡椒，没有中调，很酷。

参考价格： ¥850 / 100ml EDT

1910

英伦羊齿蕨叶

English Fern

前调为薰衣草和老鹳草；中调为丁香；后调为檀木、广藿香和橡树苔。

参考价格：

¥850 / 100ml EDT

1911

杜罗葡萄牙

Douro Eau De Portugal

前调为薰衣草、柑橘、柠檬和天竺葵；中调为橙花油和铃兰；后调为麝香、橡树苔和劳丹脂。适合日间使用。

参考价格：

¥850 / 100ml Cologne

1976

紫罗兰 Violetta

它是与山谷百合一同推出的经典单一花香主调香水，纯粹的紫罗兰香气时而浓郁深沉，时而温柔飘忽，喜欢花香调的人都可以接受。

参考价格： ¥850 / 100ml EDT

1978

蓝铃花 Bluebell

蓝铃花的甜味透过柔和的柑橘前调缓缓升起，交织着玫瑰、百合及茉莉香气，诱发出细致的中调，随之被辛辣的丁香、肉桂与松香苦中带甜的后调取代，味道十分独特。

参考价格： ¥1 100 / 100ml EDT

1976

山谷百合 Lily Of The Valley

20 世纪 70 年代的英国很流行单一香调，这款在 1976 年所推出的单一花香主调香水至今仍深受推崇喜爱。它以温暖的柑橘与细柔的佛手柑开启优美温柔的序曲，在明朗清透的蓝天下，玫瑰、铃兰、茉莉与百合随风摇曳，而树苔与檀香正如林中的精灵，想将这份柔美永恒停驻，呼唤幸福。

参考价格： ¥850 / 100ml EDT

1986

伊丽莎白玫瑰

Elisabethan Rose

麝香、琥珀的气味让单纯的花香变得醇厚而深刻，并且照应了前调的自然主义清爽气息。如同走在五月初夏雨后玫瑰花园中，就是这款香的意境。

参考价格：

¥850 / 100ml EDT

1991

康奴比亚 Cornubia

一款极具浪漫感性的香水，绽放着如同丝绸般的细腻光彩，抒发自夜幕星光下的缠绵情怀。前调为甜橘；中调为小苍兰、橙花、甜橙花、茉莉、香水花；后调为香草、麝香、木质调、琥珀。

参考价格：

¥850 / 100ml EDT

1996

皇家橡树 Quercus

传说英王查理二世在一次躲避敌军追击时因一棵橡树得以保命，此后橡树便有了某种特殊的尊崇。皇家橡树前调为阿马尔菲柠檬、青柠、橘子和佛手柑；中调为茉莉、铃兰和豆蔻；后调为橡树苔、檀木、波斯树脂、麝香和琥珀。适合日常使用。

参考价格： ¥850 / 100ml Cologne

1998

LP 9号系列 LP No.9 Collection

女香的前调为薰衣草、佛手柑、阿马尔菲柠檬、龙蒿和老鹤草；中调为康乃馨、茉莉和玫瑰；后调为麝香、广藿香、弗吉尼亚州雪松、琥珀、肉桂和香草。次年推出了男香款。

参考价格： ¥850 / 100ml EDT

2002

阿提密西亚 Artemisia

它得名于文艺复兴时期的女艺术家阿提密西亚。作为现代女香的经典之作，也是黛安娜王妃最为着迷的一款。前调为油桃与绿叶；中调为青苹果、铃兰、茉莉茶、紫罗兰与香草；后调为橡木苔、檀香、麝香、龙涎香和香草。

参考价格：

¥1 100 / 100ml EDP

2003

马拉巴赫 Malabah

灵感来自于印度王公的花园，前调为柠檬、伯爵茶、香菜叶；中调为姜、豆蔻、小豆蔻、玫瑰、鸢尾花；后调为琥珀、檀香、麝香。

参考价格：

¥1 100 / 100ml EDP

卡斯提亚橙花 Castile

橙花又称为公主之花，带有一种特别的皂香，其中蕴含了些许橘皮的甘苦以及焦糖与辛香的气息。为了完整保留住橙花的香味与活性，自古以来皆以蒸馏法来萃取，产量极低。

参考价格： ¥850 / 100ml EDT

2003

恩狄米翁 Endymion

恩狄米翁是传说中俊美绝伦的拉特莫斯牧羊少年，而月亮女神狄安娜为了能每晚亲吻他的俊美容颜而让他在月光之中长眠不醒，永葆青春。这款香水有着非常英伦的绅士味道，前调为佛手柑、橘子、肉豆蔻、黑胡椒、小豆蔻；中调为薰衣草、鼠尾草、香根草、琥珀；后调为麝香、皮革、没药。

参考价格： ¥850 / 100ml EDC

2004

爱仑尼西亚　Ellenisia

前调为橘子、紫罗兰叶；中调为栀子花、玫瑰、晚香玉、摩洛哥茉莉；后调为李子和香草。

参考价格：

￥1 100 / 100ml EDP

薰衣草　Lavandula

它有着非常纯正的薰衣草味道，少了古典派薰衣草的干冽，多了几分轻柔的感觉，仿佛一整片薰衣草田随风起伏，似有似无的香气，清澈而温柔，幽微却坚定。薰衣草味贯穿始终，不会淹没在人群中，却也没有半点侵略性，清新淡雅的气息让男女都无法抗拒。同款香薰皂以及沐浴系列也是大热款。

参考价格：￥1 100 / 100ml EDP

2005

1870 序曲　Opus 1870

前调芬芳的柑桔香在波本酒中犹如千百个气泡般绽放，随着胡椒与芫荽的辛香刺激以及肉桂香的穿梭牵引，丁香、玫瑰贵族般的气息与袅袅熏香缓缓缠绕融合，酝酿出后现代的独有氛围。随后，西洋杉的稳重清香、澳洲檀香的温暖甘甜以及麝香轻柔地与肌肤相触，交织出无法忘怀的感官记忆。

参考价格：￥900 / 50ml EDT

2006

番红白花

Lily And Spice

这是一款带着奶油般厚重的甜蜜气息的暗夜香水，前调为圣母百合、藏红花；中调为辣椒和小鳞茎；后调为白麝香、广藿香、安息香和香草。

价格请店洽 EDP

2008

青春之水　Elixir

这款中性香一开场就让人惊艳，清新的尤佳利如清凉的微风般轻柔游走，肉桂与豆蔻的香气吹拂而出。浓郁的土耳其玫瑰与茉莉好似带有黑暗的魔法般挑动着娇柔的橙花，浓郁而绵密。最后，在汤加豆与香草的香甜余韵之中缓释心灵。

参考价格：￥850 / 100ml EDT

2011

琴酒　Juniper Sling

前调为当归、肉桂、橙和杜松浆果；中调为豆蔻、鸢尾根、皮革和胡椒；后调为香根草、樱桃、糖和琥珀。

参考价格：

￥1 100 / 100ml EDT

2013

瓦拉　Vaara

据说这是一位印度王公为其小孙女特别定制的生日礼物。前调为榅桲、玫瑰水、胡萝卜种子、香菜和藏红花；中调为玫瑰、小苍兰、玉兰和牡丹；后调为蜂蜜、白麝香、雪松、檀木、安息香和零陵香豆。

参考价格：￥1 200 / 100ml EDP

2014

奇幻世界　Tralala

前调为醛类、藏红花、威士忌酒和紫罗兰；中调为皮革、晚香玉、焚香和康乃馨；后调为广藿香、香根草、麝香和香草。

参考价格：￥1 500 / 100ml EDP

2014

商旅系列　Trade Routes Collection

受到 19 世纪途经伦敦的奢侈品贸易路线的启发，潘海利根在 2014 年开始推出商旅系列，包括唤起殖民时期朗姆酒和香料气味的藏红沉香、为纪念珍珠和丝绸的广藿之匣，以及以运茶船为灵感的洛泰尔。2015 年新增了索维拉。

参考价格：￥1 200~1 500 / 100ml

寻香名店

香港　海港城港威商场·国际金融中心·太古广场百货

伦敦　哈维·尼克斯百货

新加坡　ION 乌节购物中心

优雅绅士　Bayolea

前调为橘子、蜜橘和柠檬草；中调为豆蔻、黑胡椒、奈若利橙花和薰衣草；后调为雪松、檀木、麝香、苔藓、广藿香和琥珀。

参考价格：￥850 / 100ml EDT

2015

奥斯塔　Ostara

灵感来源于绽放于初春的水仙花，前调为佛手柑、克莱门氏小橘、杜松、红浆果、薄荷、黑醋栗花、紫罗兰叶、绿叶和醛类；中调为水仙、风信子、依兰、仙客来、山楂、紫藤和蜂蜡；后调为苏合香、香草、安息香、麝香、琥珀和白木。

参考价格：￥1 100 / 100ml EDT

藏·香·年·谱

推出时间	名称		类别	推出时间	名称		类别
1872	Hammam Bouquet	土耳其浴花束	男香	2003	Endymion	恩狄米翁	女香
1902	Blenheim Bouquet	布伦海姆	男香	2003	Malabah	马拉巴赫	女香
1910	Cornubia	康奴比亚	女香	2004	Ellenisia	爱伦尼西亚	女香
1910	English Fern	英伦羊齿蕨叶	中性香	2004	Lavandula	薰衣草	中性香
1911	Douro Eau De Portugal	杜罗葡萄牙	男香	2005	Opus 1870	咏序曲 1870	男香
1927	Eau De Cologne	古龙水	中性香	2006	Lily And Spice	番红白花	女香
1930	Zizonia	浪迹天涯	女香	2008	Elixir	青春之水	中性香
1949	Eau De Verveine	马鞭草	中性香	2009	Amaranthine	不凋之花	女香
1963	Extract Of Limes	青柠精萃	中性香	2010	Sartorial	裁缝	男香
1976	Gardenia	栀子花	女香	2011	Esprit Du Roi	国王精神	男香
1976	Night Scented Stock	夜色	女香	2011	Eau Sans Pareil	无双之水	男香
1976	Orange Blossom	橙花	女香	2011	Juniper Sling	琴酒	中性香
1976	Violetta	紫罗兰	女香	2012	Peoneve	牡丹	女香
1976	Lily Of The Valley	山谷百合	女香	2013	Iris Prima	鸢尾欣廷	中性香
1977	Jubilee Bouquet	银禧花束	女香	2013	Vaara	瓦拉	中性香
1978	Bluebell	蓝铃花	女香	2014	Tralala	奇幻世界	中性香
1979	Victorian Posy	维多利亚的约定	女香	2014	Levantium	藏红沉香	中性香
1984	Elisabethan Rose	伊丽莎白玫瑰	女香	2014	Empressa	广藿之匣	女香
1989	Racquets Formula	竞技方程式	男香	2014	Lothair	洛泰尔	中性香
1991	Cornubia	康奴比亚	女香	2014	Bayolea	优雅绅士	男香
1995	Ninevah	尼尼微	女香	2015	As Sawira	索维拉	中性香
1995	Samarkand	撒马尔罕	女香	2015	Ostara	奥斯塔	女香
1996	Quercus	皇家橡树	中性香	2015	Blasted Bloom	繁花绽放	中性香
1998	LP No.9 for Ladies	LP9 号	女香	2015	Blasted Heath	石楠盛放	中性香
1998	Castile	卡斯提亚橙花	中性香	2015	Halfeti	黑玫瑰	女香
1999	LP No.9 For Men	LP9 号	男香	2015	No.33 Eau De Cologne	33 号古龙水	男香
2002	Artemisia	阿提密西亚	女香	2016	Equinox Bloom	彼岸花	中性香

Pierre Balmain
皮埃尔·巴尔曼

BALMAIN
PARIS

皮埃尔·巴尔曼是由法国时装设计师皮埃尔·巴尔曼先生创建的同名品牌，它与迪奥、巴黎世家并列成为20世纪50年代后的定制时装三巨头，同时，它也是个老字号的香水生产商，第一款香水作品清风诞生于1947年，其后，皮埃尔·巴尔曼的朱莉夫人、象牙夫人和亚马逊之水等经典之作陆续面市。

皮埃尔·巴尔曼的香水作品善于从具有异国情调的都市中获取灵感，无论是人声鼎沸充斥着笑声的迈阿密街道，还是隐匿于巷弄中的南美洲小镇，沁入空气的气味都记录着每段旅程的章节，皮埃尔·巴尔曼用香水勾画出气味的记忆画面，带给人洗涤心灵的感动，带人探索寻觅自我。

镇店名香

黑金浓香　Extatic Intense Gold

将经典的茉莉花香保留其中，再以天芥菜、香草花、劳丹脂、琥珀、佛手柑、桂花等衬托，交织出令人陶醉的芳香。

参考价格：¥900/90ml EDP

象牙之水　Ivoire

这款香水的最早版本诞生于1979年，2012年新版象牙香水传承了最初的原始味道和乡愁概念。香水改良后，前调开启于柑橘、紫罗兰叶子和白松香，随之出现的花香中调由玫瑰、茉莉花、鸢尾花以及依兰共同组成，后调包含了天竺薄荷、温和的香柏、珍贵的岩兰草和香子兰。

价格请店洽 EDP

收藏优选

1947

清风　Vent Vert

首创于 1947 年，前调为青柠、香橙花、绿香调、阿魏草根、桃子、紫苏、柠檬、佛手柑、橙花油；中调为紫罗兰、小苍兰、茉莉、依兰、幽谷百合、玫瑰、白松香、万寿菊、辛香调；后调为鸢尾花、白檀木、琥珀、麝香、橡苔、鼠尾草、岩兰草、苏合香、香柏。

参考价格： ¥550 / 75ml EDT

2010

巴尔曼之碳　Carbone De Balmain

这是一款木质香料调的男用香水，香调中选用了榄香、麝香、安息香、波旁胡椒、常春藤、紫罗兰叶、香根草、焚香和黑无花果，层次十分丰富。

参考价格： ¥600 / 100ml EDT

1990

巴尔曼先生　Monsieur Balmain

前调为薄荷、佛手柑、柠檬和苦橙；中调为迷迭香、生姜、胡椒、香芹籽、玫瑰、肉豆蔻核仁、百里香、苔藓和檀木；后调为麝香、琥珀、快乐鼠尾草、香根草和檀木。

参考价格： ¥500 / 100ml EDT

2013

粉红月之恋　Eau D'Ivoire

由清新的佛手柑开启旅行启程的愉悦心情，搭配红醋栗的甜美果香味，在温暖的沙滩阳光下展现满满活力；中调以清新的白玉兰交织幽淡的桂花香；后调的广藿香带出异国情调，而诱惑力十足的麝香则展现出女人的特有魅力。

参考价格： ¥700 / 100ml EDT

华丽摇滚 EDP 版　Extatic

淡金色的外观给人的第一印象是明亮炫目。以香梨搭配桂花淡雅清香瞬间涌出，接着是富饶艳丽的花香调兰花、茉莉和鸢尾花，外刚内柔的组合，悄悄留下女人的傲慢与自信，后调以西印度檀香、羊绒、皮革作为完美尾声。

参考价格： ¥800 / 90ml EDP

2008

黑暗天使　Ambre Gris

前调为粉色胡椒、安息香、肉桂、没药；中调为晚香玉和蜡菊；后调为琥珀、安息香、愈创木和白麝香。

参考价格： ¥600 / 75ml EDP

2014

华丽摇滚　Extatic

这款 EDT 版本是对华丽摇滚香水更为果味化的诠释，外观是柔软的淡粉红色。开头是新鲜的果味调，带来青橘、荔枝和黑醋栗的香气；中调则包括土耳其玫瑰精华、玉兰以及空灵的茉莉香气；最后以降龙涎香醚、雪松和麝香收场。

参考价格：

¥800 / 90ml EDT

寻香名店

香港　海港城连卡佛·国际金融中心连卡佛

藏·香·年·谱

推出时间	名称		类别	推出时间	名称		类别
1947	Vent Vert	清风	女香	2006	Eau D`Été De Balmain Summer	夏日之水	女香
1953	Jolie Madame	朱莉夫人	女香	2007	La Mome	玫瑰人生	女香
1967	Miss Balmain	巴尔曼小姐	女香	2008	Ambre Gris	黑暗天使	女香
1979	Ivoire	象牙之水	男香	2010	Carbone De Balmain	巴尔曼之碳	男香
1982	Ebene	乌木	男香	2012	Ivoire	象牙之水 2012 年版	女香
1990	Monsieur Balmain	巴尔曼先生	女香	2013	Eau D´Ivoire	粉红月之恋	女香
1998	Balmain De Balmain	经典同名	女香	2014	Extatic	华丽摇滚	女香
2000	Eau D´Ivoire	象牙之水 2000 年版	女香	2014	Extatic	华丽摇滚 EDP 版	女香
2002	Balmya De Balmain	巴玛亚	男香	2014	Extatic Intense Gold	黑金浓香	女香
2004	BalMan	新同名	女香	2015	Balmain H&M	巴尔曼 H&M 联合版	女香
2005	Eau D´Amazonie De Balmain	亚马逊之水	女香	2015	Balmain Homme	巴尔曼男士	男香

Prada
普拉达

PRADA

时尚品牌普拉达于2003年进军香水业，就像普拉达对于其他产品的优雅、自信、追求卓越风格的坚持，普拉达的香水也始终尊重传统、用料考究、以品质取胜。其同名男女对香就是其中的代表。其外包装不但特别选用了普拉达服饰中同样的纺织布料，简单大方的方形玻璃瓶与直立的金属瓶盖形成鲜明的对比，突显出典型的品牌风格，以及对品牌传统的敬意。

2007年，普拉达推出了女香鸢尾花，一时之间风评极佳，随后普拉达再接再厉推出了一系列限量版香水产品，其中就包括大名鼎鼎的柑橘花、晚香玉、香根草。它们因为采用纯手工艺制作，香调精纯，配方珍贵，成为普拉达香水收藏中不可错过的佳品而得到众多香水爱好者的青睐。

镇店名香

普拉达同名　Prada

普拉达的推出的第一款女香，为其赢得了2005年菲菲奖（英国）最佳女士香水奖。造型代表了传统香水设计的优雅之美。优雅花香调，前调为意大利佛手柑精油、柑橘花、西西里甜柑橘油、印度含羞草；中调为玫瑰、虎尾草精油、秘鲁凤仙花、覆盆子花；后调为法国岩蔷薇树脂、顿加豆、香草、印度檀香木、暹罗安息香。

参考价格：￥750 / 50ml EDP

普拉达同名男士

Prada Pour Homme

普拉达首款男香，与同名女香组成男女对香，荣获2007年菲菲奖（英国）最佳男士香水包装奖。整体香调适合年轻男士使用，以琥珀为主调，完全把男士感性的一面发掘出来。东方馥奇调，前调为柑橘、橙花、佛手柚、豆蔻；中调为橙花、麝香、香根草、天竺葵、没药；后调为岩蔷薇、皮革、檀香木、香豆素、广藿香、香草、藏红花，木香、皮革。

参考价格：￥995/ 100ml EDP

晚香玉　Infusion De Tubéreuse

配方中不计成本地选用了来自印度的晚香玉、来自意大利的酸橙和红橙叶这种豪华的配料，使这款香水的风格更趋传统，是喜欢以晚香玉为主题的香水爱好者不可错过的一款。

参考价格：￥995 / 100ml EDP

收藏优选

2007

鸢尾花　Infusion D'Iris

此款香获得了2008年菲菲奖（法国、英国、瑞典、美国、西班牙、荷兰）最佳女士香水奖。它把古典的概念重新演绎成创新的风格，适用的年龄层次非常广泛。花香木质调，前调为非洲橙花、橙、橘子、奈若利橙花；中调为鸢尾、玛蹄脂、波斯树脂；后调为香根草、弗吉尼亚州雪松、焚香、安息香。

参考价格：￥790 / 50ml EDP

2009

柑橘花　Infusion De Fleur D'Oranger

普拉达 Infusion 系列发表的第一款限量女性香水，它具有普拉达香水的独特香味。清新花果香调，前调为柑橘花；中调为夜来香、茉莉、香橙花；后味为麝香。

参考价格：￥550 / 50ml EDP

2011

糖果　Prada Candy

糖果在普拉达推出的香水产品中具有颠覆意义，它完全推翻普拉达以往以融合古典和现代意境，完美展现平衡与和谐而闻名的形象，香调充满了绵绵情意和极度的刺激，而外包装同样现代。东方香草调，前调为麝香；中调为老挝安息香；后调为太妃糖的味道。

参考价格：￥790 / 50ml EDP

2012

14 号红唇

N°14 Rossetto

普拉达收藏系列中非常受欢迎的一款，特别适合气质甜美的女性使用。用粉色的浪漫引领香水主题，打造处于恋爱中的美好感受。花果香调，含有玫瑰、紫罗兰、覆盆子、天芥菜、香草、麝香。

价格请店洽 Parfum

2013

红月 34 届美洲杯帆船赛限量版

Luna Rossa 34th America's Cup Limited Edition

为纪念 34 届美洲杯帆船赛特别发行的限量版，喜欢红月香水的香水爱好者不可错过此款，虽然香调与原版一致，未做大的改变，但白色的瓶身更具现代感，值得入手收藏。

参考价格： ¥950 / 100ml EDT

2014

糖果花香 Prada Candy Florale

普拉达糖果系列的第三款。香水玻璃瓶身闪耀着粉红色花朵的色泽，弯曲的瓶底设计使瓶中的玫瑰色香水更加耀眼。这款香水整体的风格特点就是浪漫而不乏清新，适合年轻女性使用。花果美食调，前调为柠檬酒、果汁冰糕；中调为牡丹；后调：安息香、麝香、焦糖、蜂蜜。

参考价格： ¥450 / 50ml EDT

红月 Luna Rossa

红月并非一款典型的运动香水，配方非常出色，瓶身以透明竖纹为主，红色装饰条突出了运动感。光滑表面以及简约的线条极具动感之美。柑橘芳香调，前调为苦橙、薰衣草；中调为鼠尾草、薄荷；后调为黄葵、降龙涎香醚。

参考价格： ¥790 / 50ml EDP

寻香名店

北京 国贸商城·新光天地·王府井 IN88 店

上海 恒隆广场·半岛酒店·国金中心·环贸广场·尚嘉中心

长春 卓展时代广场

三亚 丽思卡尔顿

香港 太古广场

台北 101 购物中心·微风广场·新光三越百货

藏·香·年·谱

推出时间	名称		类别	推出时间	名称		类别
2003	N°1 Iris	1 号鸢尾	女 香	2011	Prada Amber Pour Homme Intense	极致琥珀男士	男 香
2003	N°2 Oeillet	2 号万寿菊	中性香	2011	Prada Candy	糖果	女 香
2003	N°3 Cuir Amber	3 号琥珀	中性香	2012	Luna Rossa	红月	男 香
2004	Prada	普拉达同名	女 香	2012	N°14 Rossetto	14 号红唇	女 香
2004	Prada Pour Homme	普拉达同名男士	男 香	2012	Infusion D´Iris Eau De Parfum Absolue	鸢尾花精纯	女 香
2005	N°4 Fleurs D´Oranger	4 号橙花	中性香	2013	Infusion D´Iris L´Eau D´Iris	鸢尾花绿茵版	女 香
2005	Prada Intense	普拉达琥珀馥郁版	女 香	2013	Prada Candy L´Eau	糖果清新版	女 香
2006	Prada Tendre	普拉达温柔版	女 香	2013	Luna Rossa 34th America´s Cup Limited Edition	红月34 届美洲杯帆船赛限量版	男 香
2007	Infusion D´Iris	鸢尾花	女 香	2013	Luna Rossa Extreme	红月极致版	男 香
2007	N°5 Narciso	5 号水仙	中性香	2014	Prada Candy Florale	糖果花香	女 香
2007	N°6 Tubéreuse	6 号晚香玉	中性香	2015	Infusion D´Amande	杏仁	中性香
2007	N°7 Violette	7 号紫罗兰	中性香	2015	Infusion D´Iris Cédre	鸢尾花雪松	中性香
2008	N°8 Opopanax	8 号防风根	中性香	2015	Luna Rossa Sport	红月运动	男 香
2008	N°9 Benjoin	9 号安息香	中性香	2015	Infusion D´Iris	鸢尾花 2015 版	女 香
2008	N°10 Myrrhe	10 号没药	中性香	2015	Infusion D´Oeillet	康乃馨	中性香
2008	Infusion D´Homme	鸢尾花男士	男 香	2015	Infusion De Fleur D´Oranger	柑橘花 2015 版	女 香
2009	L´Eau Ambree	琥珀之水	女 香	2015	Infusion De Vétiver	香根草 2015 版	中性香
2009	Infusion De Fleur D´Oranger	柑橘花	女 香	2015	Heat Wave	热浪	中性香
2010	Infusion De Tubéreuse	晚香玉	女 香	2015	Pink Flamingos	粉红色的火烈鸟	中性香
2010	Infusion De Vétiver	香根草	男 香	2015	Tainted Love	堕落的爱	中性香
2010	Infusion D´iris Eau De Toilette	鸢尾花 EDT 版	女 香	2015	Prada Candy Florale Kiss	花漾糖果之吻	女 香
2011	Infusion De Rose	玫瑰森林	女 香	2015	Prada Candy Kiss	糖果之吻	女 香
2011	N°11 Cuir Styrax	11 号皮革苏合香	中性香	2015	Prada Candy L´Eau Kiss	糖果之吻清新版	女 香

Ralph Lauren
拉夫·劳伦

RALPH LAUREN

拉夫·劳伦一直被视为时装界的“美式经典”品牌，从一定意义上讲，拉夫·劳伦就等同于美国式的时尚格调的一大标注。1978 年，拉夫·劳伦开始进军香水领域，并同时推出了两款香水：马球男士香水及劳伦女士香水。

继而，拉夫·劳伦推出了多款知名香水，而“马球”系列也成为了广为全球男性所青睐的经典男香。1998 年，“浪漫”系列香水的问世为拉夫·劳伦的香水作品中融入了无限浪漫的意味，为都市男女打造生动不凡的时尚气息。近年来，拉夫·劳伦常常会推出集合其经典作品的礼盒套装版，很适合当作礼物。

镇店名香

恋　Love

心形水晶瓶身精致浪漫，前调为木兰、含羞草、果香；中调为玫瑰、依兰；后调为琥珀、鸢尾根、广藿香、香根草、香草、麝香、檀香木。

参考价格：￥4 000 / 15ml Parfum

浪漫　Romance

木质花香调，前调交融着薰衣草、柑橘的气息；中调混合透明木质香、水果香、玫瑰的优雅；后调为麝香、虎尾草的木质香调。该系列将浪漫主义和优雅、简约的格调很好地融合起来，此后陆续推出了多款女香以及男香。

参考价格：￥800 / 100ml EDP

收藏优选

1978

劳伦　Ralph

前调为菠萝、快乐鼠尾草、绿叶、巴西红木；中调为仙客来、紫罗兰、紫丁香、茉莉、铃兰、玫瑰；后调为康乃馨、檀香木、橡木苔、香根草、雪松。

参考价格：￥500 / 59ml EDT

马球　Polo

前调为艾蒿、葛缕子、香菜、杜松子、罗勒、香柠檬；中调为康乃馨、皮革、洋甘菊、胡椒、茉莉、玫瑰、松树、老鹳草；后调为琥珀、广藿香、麝香、橡木苔、香根草、雪松、烟草。

参考价格：￥500 / 60ml EDT

1990

游猎　Safari

这款女香前调为橙子、黑加仑、金盏花、橘子、水仙花、白松香、风信子、醋栗叶；中调为迷迭香、橙花、鸢尾根、茉莉、玫瑰、水仙花；后调为檀香木、琥珀、广藿香、香根草、雪松。1992 年推出了男香版（EDT）。

参考价格：￥500 / 75ml EDP

2000

花漾年华系列　Ralph Collection

拉夫·劳伦 2000 年推出了花漾年华女香，前调为苹果叶、柑橘；中调为粉红木兰花、诱人的紫色小苍兰；后调为麝香。之后依据此款又陆续推出了若干姊妹版香水，整个系列作品风格活泼，适合于都市年轻白领。

价格请店洽　EDT

2001

金色风华　Glamourous

前调为清新的马醉木花朵、小柑橘、马蹄兰；中调为卡萨布兰卡百合、姜花、野生晚香玉；后调为温暖的柏木、喀什米尔麝香、香根草。

价格请店洽　EDT

2002

蓝色马球　Polo Blue

前调为香瓜、橘子、黄瓜；中调为罗勒、鼠尾草、老鹳草；后调为麝香、木质香、绒面革。

价格请店洽　EDT

2003

紫标　Purple Label

前调为橘子、香菜、黑莓；中调为烟草、鼠尾草、百里香；后调为麝香、橡木苔、桃花心木。

参考价格：¥950 / 125ml EDT

2005

绿松石　Pure Turquoise

前调为紫罗兰、醋栗叶、仙人掌、铃兰；中调为橙花、百合、玫瑰；后调为桦木、琥珀、广藿香、香草、朗姆酒。

价格请店洽 Parfum

蓝色女士　Blue

清新的水蓝色瓶身线条饱满流畅又大方素净，非常精美。由于采用了大量白色系花朵成分，所以这款香水整体的香气自然清新，没有一丝张扬的意味。

参考价格：¥500 / 75ml EDT

黑色马球　Polo Black

性感、时尚又超酷的黑色，把场景从大自然搬到繁华大都会，诠释出都市男子的自信和魅力。清新木质调包括檀木、顿加豆、广藿香、芒果、鼠尾草、蜜橘、柠檬、苦艾等。

参考价格：¥600 / 125ml EDT

2006

双黑马球　Polo Double Black

前调为胡椒、芒果；中调为肉豆蔻、咖啡；后调为杜松子、木质香、小豆蔻。

价格请店洽 EDT

2008

浪漫相随　Romance Always Yours

前调为小苍兰和玫瑰；中调为莲花、百合及白色紫罗兰；后调为麝香、广藿香和橡树苔。三调既有兰花吐馨的温柔，又有似有若无的轻淡，深邃悠远，萦绕心头。

价格请店洽 EDP

2008

美人计　Notorious

前调为黑加仑子、粉红胡椒及意大利佛手柑；中调混和了大波斯菊、白牡丹及康乃馨；后调为香草、鸢尾花及广藿香麝香。瓶身的设计灵感源自装饰艺术风格，鳄鱼纹漆皮的外部包装则受到了手袋启发。

价格请店洽 EDT

2009

马球红白蓝　Polo Red White & Blue

前调为黄瓜、红苹果；中调为薰衣草、鼠尾草；后调为木质香、麝香。

价格请店洽 EDP

2010

浪漫夏季 Summer Romance

粉红色调默默地渲染着温柔浪漫的氛围，成分含有百香果、木槿、提亚蕾花、麝香、杏。

价格请店洽 EDP

马球男香系列 Big Pony Men Collection

该系列以正式马球队人数 4 人为基准，个性十足。1 号是一款充满活力的运动型香水，成分包括葡萄柚和苦橙；2 号彰显性感，成分包括黑巧克力和麝香；3 号代表冒险，关键成分是生姜和薄荷；4 号则拥有时尚风格的柑橘香。它们特别适合休闲雅痞风和喜爱运动的都市型男。

参考价格： ￥450 / 75ml EDT

2012

马球蓝色运动版 Polo Blue Sport

这是拥有浓郁馥香调的一款男香，前调为苹果、薄荷、橘子、雪松；中调为鼠尾草、生姜、绿叶；后调为蕨类植物、琥珀、麝香、檀香木、广藿香、橡木苔。

价格请店洽 EDT

浪漫夏花

Romance Summer Blossom Collection

前调为橘子、番石榴；中调为茉莉；后调为香草、椰子。

价格请店洽 EDT

2012

马球女香系列

Big Pony Women Collection

马球图腾压印、大数字、简约瓶身，让人立刻想到马场上身姿帅气、修长的女骑手。它们均以花香为基础，再搭配柑橘、果味、绿调或东方香气，与众不同的双重香气结构清晰呈现出现代女性活力、性感、自在以及时尚这四种独特的迷人特质。主要成分 1 号为蓝莲花、葡萄柚；2 号为顿加豆、蔓越莓；3 号为含羞草、梨；4 号为樱桃、琥珀。

参考价格： ￥450 / 50ml EDT

2013

红色马球　Polo Red

瓶身灵感来自拉夫·劳伦的汽车藏品。香调刚劲热烈，前调为葡萄柚、柠檬、蔓越莓；中调为藏红花、鼠尾草；后调为木质香、琥珀、咖啡。

参考价格：￥550 / 125ml EDT

2014

午夜浪漫　Midnight Romance

前调带来蔓越莓、意大利佛手柑及荔枝的清新香甜，中调引出牡丹、双瓣茉莉及小苍兰的优雅花香，而后调则是充满时尚特质的黑云呢拿、鸢尾花精油和龙涎香的独特韵味。

参考价格：￥800 / 100ml EDP

寻香名店

香港　中环太子大厦·铜锣湾崇光百货·铜锣湾利园二期

纽约　麦迪逊大道 867 号·麦迪逊大道 888 号

巴黎　圣日耳曼大道 173 号

伦敦　新邦德街 1 号

米兰　蒙提拿破仑 4 号

2015

马球至尊沉香木　Polo Supreme Oud

这款香水带有别致的金色文字和标志，前调是肉桂、粉红胡椒，中调是沉香木，后调是香根草、愈疮木。

参考价格：￥800 / 125ml EDP

藏·香·年·谱

推出时间	名称		类别	推出时间	名称		类别
1978	Lauren	劳伦	女香	2007	Polo Explorer	探索	男香
1978	Polo	马球	男香	2007	Chaps	卓别林 2007 年版	男香
1979	Chaps	卓别林	男香	2007	Chaps Woman	卓别林女士	女香
1979	Tuxedo	燕尾服	女香	2008	Love	恋	女香
1985	Chaps Musk	卓别林麝香版	男香	2008	Notorious	美人计	女香
1985	Monogram	会标	男香	2008	Polo Modern Reserve	马球现代限量版	男香
1990	Safari	游猎	女香	2008	Romance Always Yours	浪漫相随	女香
1991	Polo Crest	马球峰	男香	2008	Romance Be Mine	浪漫如我	女香
1992	Safari For Men	游猎男士	男香	2008	Romance Eau Fraiche	浪漫清新之水	女香
1994	Polo Sport	马球运动	男香	2009	Polo Red White & Blue	马球红白蓝	男香
1997	Polo Sport Woman	马球运动女士	女香	2010	Summer Romance	浪漫夏季	女香
1998	Romance	浪漫	女香	2010	Big Pony Men 1	1 号马球	男香
1998	Extreme Polo Sport	极速快感	男香	2010	Big Pony Men 2	2 号马球	男香
2000	Ralph	花漾年华	女香	2010	Big Pony Men 3	3 号马球	男香
2001	Glamourous	金色风华	女香	2010	Big Pony Men 4	4 号马球	男香
2002	Polo Blue	蓝色马球	男香	2012	Big Pony Women 1	1 号马球女士	女香
2003	Romance Tender Notes	浪漫粉柔	女香	2012	Big Pony Women 2	2 号马球女士	女香
2003	Purple Label	紫标	男香	2012	Big Pony Women 3	3 号马球女士	女香
2003	Glamourous Daylight	日间风华	女香	2012	Big Pony Women 4	4 号马球女士	女香
2004	Lauren Style	风格	女香	2012	Romance Summer Blossom	浪漫夏花	女香
2004	Ralph Cool	花漾年华清新版	女香	2012	Polo Blue Sport	马球蓝色运动版	男香
2005	Pure Turquoise	绿松石	女香	2013	Polo Red	红色马球	男香
2005	Romance Silver	银色浪漫	男香	2014	Midnight Romance	午夜浪漫	男香
2005	Blue	蓝色女士	女香	2015	Ralph Fresh	花漾年华 2015 年版	女香
2005	Polo Black	黑色马球	男香	2015	Polo Red Intense	马球浓郁版	男香
2006	Ralph Rocks	花漾年华橘子摇滚	女香	2015	Polo Supreme Oud	马球至尊沉香木	男香
2006	Ralph Hot	热潮	女香	2015	Polo Supreme Leather	马球最高质皮革	男香
2006	Polo Double Black	双黑马球	男香	2016	Ralph Love	花漾年华之爱	女香

Roberto Cavalli
罗伯特·卡沃利

罗伯特·卡沃利推出香水起步稍晚一些，它于2002年发布了首款女香，次年开始推出男香。这个品牌的香水尤其钟爱推出对香，主要是适合于那些不惧怕成为焦点的人，他们性格积极，充满乐趣，欢快而自信，骨子里充满魅力，渴望自己掌握自己命运。对他们来说，独立的个性就是最性感的东西。

罗伯特·卡沃利的服饰系列十分喜欢使用豹纹等一些鲜明、大胆、野性的潮流元素，这些元素也在香水瓶身及包装上也多有体现。罗伯特·卡沃利的设计理念认为，借助美丽的动物纹饰，能够充分唤醒和呼应人内心深处隐藏的原始性感以及野性风格，可以让人流露最吸引人的一面。

罗伯特·卡沃利及其副线品牌卡沃利都有特别重要的作品，特别是近年来，该品牌推出的男女对香尤为出名。

镇店名香

周年版　Anniversary Roberto Cavalli

这款香水是为纪念罗伯特·卡沃利品牌诞生 40 周年推出的。它沿用了蛇纹石香水的瓶型并披上了一件闪耀着珍珠母贝光彩的外衣。前调为覆盆子、青苹果、粉色胡椒；中调为茉莉、天芥菜、橙花；后调为雪松、广藿香、香草。

价格请店洽 EDP

沉香木奢华版　Oud Edition

这是在罗伯特·卡沃利经典款的基础上推出的金装奢华版，瓶身曲线玲珑。前调为藏红花和橘子；中调为皮革和橙花；后调为薰香、香草、琥珀和沉香木。

参考价格： ￥1 600 / 75ml EDP

老虎沉香木 Tiger Oud

这是一款东方花香调的中性香，沉香木和玫瑰的组合十分特别。

参考价格： ￥1 200 / 75ml EDP

收藏优选

2002

迷情之吻　Roberto Cavalli Women

瓶身上缠绕着被埃及人视为圣洁灵物的法老守护神——蛇，散发着一种安定、高贵的守护力量。前调为玉兰、橘子、佛手柑和红苹果；中调为迷迭香、金银花、野兰花和小苍兰；后调为琥珀、广藿香、麝香、檀木和雪松。

价格请店洽 EDP

2003

王者之风　Roberto Cavalli Man

方正的瓶身大方简约，并以蛇形装饰。前调为佛手柑、生姜和柠檬，既平易近人又有活力；中调是一层皮革和香木丹垫底的苦艾和薰衣草的味道，勾勒出一个成熟男性的品位；后调则由庄重的檀香木和异域的没药，加上性感的麝香。特别适合约会时使用。

价格请店洽 EDP

2004

眉飞色舞男士

Just Cavalli For Him

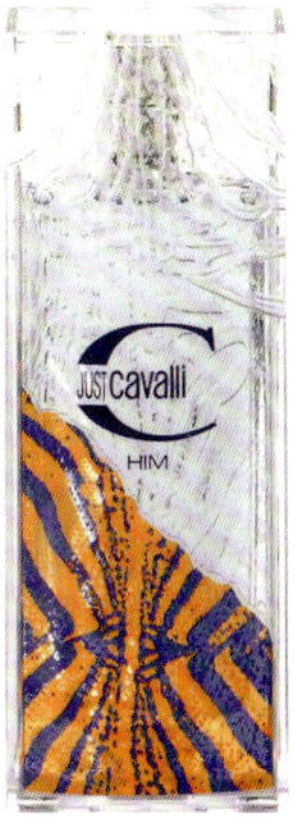

佛手柑、迷迭香、姜和小豆蔻搭配的清新又不失甜美的前调，加上鼠尾草、天竺葵、香菜和豆蔻搭配出的奇异的中调，鸢尾、广藿香、香柏木、零陵香木和麝香搭配出的性感后调令人惊艳。

参考价格：

￥350 / 60ml EDT

眉飞色舞女士

Just Cavalli For Her

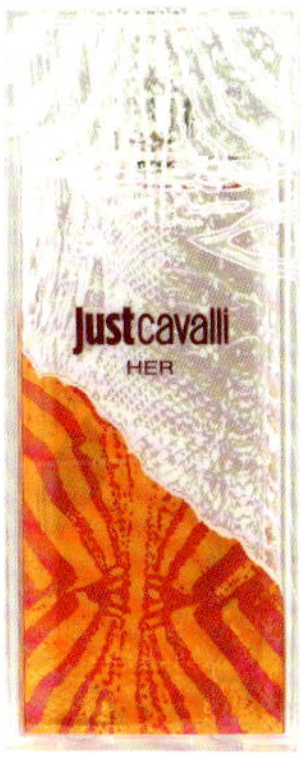

前调为竹叶、肉桂、决明子、西西里岛佛手柑、苹果和榄香树脂；中调为仙客来、咖啡、茉莉和荷花；后调为琥珀、麝香、雪松、马达加斯加香草和烟草。

参考价格：

￥350 / 60ml EDT

2005

蛇纹石　Serpentine

这款香水采用了芒果花为主要香料，据巴西传奇所述，芒果花是蛇的主要食物。芒果花配以清新的柑橘和清凉的艾属植物构成前调，中调是感性又充满魅力的栀子花，后调是神秘和使人陶醉的琥珀、妥鲁香脂及檀香木，赋予香水性感和力量，使人难以抗拒。

参考价格：￥850 / 100ml EDP

2006

活力对香 Just Cavalli

瓶身仍然采用 2004 年款的最初设计，而激光效果图像技术使得斑纹的线条更加突出。

参考价格：男香￥325 / 60ml EDT

女香￥360 / 60ml EDT

闪黑　Black

蛇是罗伯特·卡沃利的经典标志，它代表着美丽、性感与危险。这款男香的前调包含了香菜、艾蒿和竹子，中调由薰衣草、天竺葵和白胡椒组成，后调则源自雪松以及麝香。

参考价格：￥500 / 50ml EDT

2012

罗伯特·卡沃利　Roberto Cavalli

这是一款色彩与香味都渗透着强烈柔媚气息的琥珀花香调香水。前调充满阳光气息，闪烁着粉色胡椒的味道，个性纯正而强烈，中调非洲香橙花的高贵令人倾情，而后调为安息香、零陵香豆和香草，充满感性欢畅的气息。

参考价格：￥750 / 75ml EDP

2010

我爱他

Just Cavalli I Love Him

这款女香前调为果香、香柠檬、橘子、蜜橘；中调为檀香木、雪松、鸡蛋花、天芥菜；后调为麝香、顿加豆、香草。

价格请店洽　EDT

我爱她

Just Cavalli I Love Her

这款男香的前调为生姜、蜜橘、菠萝叶；中调为藏红花、肉豆蔻核仁、黑胡椒和绿茶；后调为法国劳丹脂、檀木、广藿香和零陵香豆。

价格请店洽　EDT

2013

水漾　Acqua

土耳其蓝色瓶身略显强势，仿佛被地中海的蔚蓝海水洗刷过，伴随着渐变的金色以及大胆的虎纹，显得格外别致。前调为茉莉、水因子和柠檬；中调为铃兰；后调为麝香。

参考价格：￥750 / 75ml EDT

尼禄独裁者　Nero Assoluto

它得名于欧洲历史上有名的暴君尼禄，黑色的长颈细口瓶十分优雅，前调为兰花和柑橘香；中调为香草；后调这黑檀和木质元素，很适合晚上使用。2014 年推出了尊享版。

参考价格：￥800 / 75ml EDP

2013

眉飞色舞女士2013版

Just Cavalli For Her 2013

粉色以及金色色调的瓶身体现了女性的柔媚与性感，瓶塞的粉红色蟒蛇皮有着神秘的妖娆感。前调为令人难忘的苦橙花；中调为珍贵诱人的大溪地蒂亚蕾花，这种迷人的花香与奶油般的红木韵调融合在一起，为这款香水增添一丝活力与高贵。

价格请店洽 EDP

眉飞色舞男士2013版

Just Cavalli For Him 2013

前调一阵令人兴奋的野生西班牙甘椒气息，浓烈的男性气息令人印象深刻；中调香根草的木香韵调稍显烟熏感；后调为柔和皮革韵调，感性气息十足。另外，蓝色的蟒蛇纹元素，枪色金属套中的厚重蓝色玻璃，都赋予这款香水以极大的胆量、野性与自信。

价格请店洽 EDP

2014

卡沃利黄金版女香

Just Cavalli Gold For Her

前调为充满诱惑的榛子和橘子味；中调带着茉莉、棉花糖以及带有木质气息的鸢尾根；后调为皮革和黑黄花梨木的结合，留下一路精致甜美的芳踪。

价格请店洽 EDP

卡沃利黄金版男香

Just Cavalli Gold For Him

前调为充满活力的黑胡椒、肉豆蔻核仁以及豆蔻，然后是瑞丝崔朵咖啡的芳香，后调是香根草和皮革的组合，这为整个香味带来高雅和阳刚之气。

价格请店洽 EDP

瑰丽之花　Exotica

它的异国果香气息花香韵调十分饱满，前调为甜美的芒果韵调，让人想起遥远的海岛、蓝色的天空以及热带丛林，与中调甜蜜的赤素馨花韵调融合在一起，清新而微妙，后调的檀香木韵调包裹着这款香水，赋予其深厚、温暖和感性。

参考价格： ¥750 / 75ml EDP

2015

天堂　Paradiso

柑橘元素的前调芳香中包括佛手柑和橘子；中调是茉莉，而后调则是温暖的木质调，包括丝柏、松树以及粉色月桂。

参考价格： ¥850 / 75ml EDP

藏·香·年·谱

推出时间	名称		类别	推出时间	名称		类别
2002	Roberto Cavalli Women	迷情之吻	女　香	2013	Oud Edition	沉香木	男　香
2003	Roberto Cavalli Man	王者之风	男　香	2013	Tiger Oud	老虎沉香木	男　香
2004	Just Cavalli For Him	眉飞色舞男士	男　香	2013	Nero Assoluto	尼禄独裁者	男　香
2004	Just Cavalli For Her	眉飞色舞女士	女　香	2013	Just Cavalli For Him 2013	眉飞色舞男士2013版	男　香
2005	Serpentine	蛇纹石	女　香	2013	Just Cavalli For Her 2013	眉飞色舞女士2013版	女　香
2006	Black	闪黑	男　香	2014	Exotica	瑰丽之花	男　香
2006	Just Blue	活力海蓝	男　香	2014	Roberto Cavalli Nero Assoluto Exclusive Edition	绝对尼禄独裁者尊享版	男　香
2006	Just Pink	活力迷红	男　香	2014	Gold　Edition	金装版	男　香
2010	Anniversary Roberto Lavalli	周年纪念版	女　香	2014	Just Cavalli Gold For Her	卡沃利黄金版女香	女　香
2010	Just Cavalli I Love Her	我爱她	女　香	2014	Just Cavalli Gold For Him	卡沃利黄金版男香	男　香
2010	Just Cavalli I Love Him	我爱他	男　香	2014	Exotica	瑰丽之花	男　香
2012	Roberto Cavalli	罗伯特·卡沃利	男　香	2015	Paradiso	天堂	男　香
2013	Acqua	水漾	男　香	2016	Paradiso Azzurro	蓝色天堂	男　香

Robert Piguet
罗伯特·贝格

罗伯特·贝格，他曾经是20世纪四五十年代法国高级定制领域响当当的人物，然而，更加鲜为人知的是，迪奥、纪梵希、马克·博昂、皮埃尔·巴尔曼……这些在时尚界盛名赫赫的大师级人物，当初都曾投在罗伯特·贝格的门下，在其设计室中接受培训和工作。当罗伯贝格先生于1957年去世以后，该品牌逐渐转向并专注于香水领域。

罗伯特·贝格品牌的香水主要分为“中篇小说”系列、“太平洋”系列，其余的香水则整体归属于“经典”系列。所有香水也都采用了神秘、简约的黑色瓶身，不追求花俏、张扬，将全部魅力都倾注于香水本身。罗伯特·贝格也推出了日常的身体护理及保养系列，可以配合香水使用。

施华洛世奇水晶奢华版　Swarovski Crystal Edition

罗伯特·贝格的一些经典名作会推出闪亮的施华洛世奇水晶版可供收藏，十分奢美华贵。

参考价格：￥7 000~100 000 Parfum

匪盗　Bandit

前调为醛、橙子、艾蒿、栀子花、白松香、橙花油、依兰、香柠檬；中调为康乃馨、紫罗兰、茉莉、玫瑰、晚香玉；后调为皮革、琥珀、广藿香、麝香、椰子、麝猫香、橡木苔、香根草、没药。

参考价格：￥1 200 / 100ml EDP

卡吕普索　Calypso

前调为老鹳草、橘子；中调为鸢尾根、玫瑰；后调为广藿香、琥珀、绒面革。

参考价格：￥1 200 / 100ml EDP

￥2 000 / 30ml Parfum

巴珐瑞　Baghari

前调为醛、香柠檬、橙花油；中调为玫瑰、茉莉、鸢尾花、紫罗兰；后调为琥珀、香草、麝香、香根草。

参考价格：￥1 200 / 100ml EDP

￥2 000 / 30ml Parfum

晚香玉　Fraces

这是在 1948 年诞生的一款“元老级”香水，也是至今罗伯特·贝格品牌最经典、最长销的香水作品。它以晚香玉和麝香石竹为主调，强势而且浓郁。

参考价格：￥1 200 / 100ml EDP

￥2 000 / 30ml Parfum

￥2 700 / 50ml Parfum

2009

未来　Futur

这是一款绿色花香调女性香水，前调为橙花油、佛手柑、清新绿草；中调为茉莉、依兰、紫罗兰；后调为香根草、广藿香、弗吉尼亚雪松。香水风格坦率、浪漫、清新，仿佛漫步于雨后花园。

参考价格： ￥1 200 / 100ml EDP

￥2 000 / 30ml Parfum

2011

道格拉斯·汉娜特　Douglas Hannant

前调为橙花、栀子花、梨；中调为晚香玉；后调为麝香、茉莉、檀香木。

参考价格： ￥1 200 / 100ml EDP

￥2 000 / 30ml Parfum

2012

小打小闹　Petit Fracas

前调为香柠檬、橘子、梨；中调为茉莉、晚香玉、栀子花；后调为麝香、檀香木、可可果。

参考价格： ￥1 200 / 100ml EDP

2012

太平洋系列　Pacific Collection

这是一个整体感觉十分甜美、青春的香水系列，包括茶（柑橘芳香调）、青春（花果香调）、绽放（花果香调）。

参考价格： ￥1 350 / 100ml EDP

中篇小说系列　Nouvelle Collection

这是一个十分适合收藏的系列，香调各异，包括玛莲娜（木质花香调）、乌木（木质东方调）、黑木（木质馥奇香调）、笔记（花香西普调）以及卡斯巴（辛辣东方调）。

参考价格： ￥1 350 / 100ml EDP

2013

骑士桥　Knightsbridge

前调为肉豆蔻、玫瑰；中调为檀香木、鸢尾根；后调为皮革、顿加豆。

参考价格：￥1 500 / 100ml EDP

￥2 850 / 50ml Parfum

完美玫瑰　Rose Perfection

香水风格温柔，在温暖的麝香相互衬托下，肌肤上仿佛轻轻拂过浪漫迷人的玫瑰花瓣，芬芳的香气完美绽放。

参考价格：￥1 350 / 100ml EDP

蓝木　Bois Bleu

前调为柑橘、香柠檬；中调为肉豆蔻、紫罗兰；后调为香根草、檀香木、雪松。

参考价格：￥1 350 / 100ml EDP

2014

V.浓情　V.Intense

香水成分中包含了藏红花、玫瑰、李子、檀香木、顿加豆。

参考价格：

￥1 400 / 100ml EDP

栀子花　Gardenia

前调为依兰、百合、栀子花；中调为香草；后调为皮革、克什米尔木、木质香。

参考价格：

￥1 200 / 100ml EDP

寻香名店

香港　连卡佛百货

巴黎　巴黎春天百货·乐莲马歇百货

纽约　巴尼斯百货·波道夫·古德曼百货·萨克斯第五大道精品百货

伦敦　哈维·尼克斯百货·哈罗德百货·塞尔福里奇百货

藏·香·年·谱

推出时间	名称		类别	推出时间	名称		类别
1944	Bandit	匪盗	女香	2012	Jeunesse	青春	女香
1945	Visa	维萨	女香	2012	Casbah	卡斯巴	中性香
1948	Fracas	晚香玉	女香	2012	Mademoiselle Piguet	玛莲娜	女香
1950	Baghari	巴珐瑞	女香	2012	Bois Noir	黑木	中性香
1959	Calypso	卡吕普索	女香	2012	Notes	笔记	中性香
1963	Cravache	马鞭	男香	2012	Oud	乌木	中性香
2006	Baghari 2006	巴珐瑞 2006 年版	女香	2013	Bois Bleu	蓝木	中性香
2007	Cravache 2007	马鞭 2007	男香	2013	Alameda	阿拉米达	中性香
2007	Visa 2007	维萨 2007	女香	2013	Knightsbridge	骑士桥	中性香
2009	Futur	未来	女香	2013	Rose Perfection	完美玫瑰	女香
2010	Calypso 2010	卡吕普索 2010	女香	2014	V.Intense	V.浓情	女香
2011	Douglas Hannant	道格拉斯·汉娜特	女香	2014	Gardenia	栀子花	女香
2012	Petit Fracas	小打小闹	女香	2014	Visa by Robert Piguet Gold Limitied Edition	维萨黄金限量版	女香
2012	Blossom	绽放	女香	2015	Oud Delice	疯狂乌木	中性香
2012	Chai	茶	女香	2015	Oud Divin	神圣乌木	中性香

Roja Dove
罗嘉·德芬

ROJA DOVE HAUTE PARFUMERIE

罗嘉·德芬出生于 1957 年，在英国东南部的苏塞克斯长大。作为一位香水学家、香水历史学家，他也是世界最有名的调香师之一，他于 1981 年进入娇兰公司，开始从事调香业，20 年后他离开了娇兰自立门户，创立了自己的香水公司。

罗嘉·德芬香水采用的是统一样式的方形瓶身，简练大方，瓶盖上则以各种不同颜色的宝石感水晶进行装饰。罗嘉·德芬香水家族中的主打系列是沉香、香精、帝王、独家、夜等等。其中，沉香系列比较接近于入门款，而独家系列主要是为特定的知名百货或国家打造的专属款，供其独家发售。

除了自身独有的系列外，罗嘉·德芬常常以合作的形式推出香水。2011 年威廉王子和凯特王妃大婚之际，罗嘉·德芬和克莱夫·克里斯蒂安合作，专门打造了“皇家尊严 1 号”的特别版，香水瓶身上分别刻着新人名字的首字母缩写。同年，罗嘉德芬与麦卡伦威士忌合作，定制了以纯麦威士忌为基底的 12 种香水，被誉为跨界经典。

镇店名香

夜系列 Parfum De La Nuit Collection

罗嘉德芬希望通过“夜”这个主题，来揭示隐藏在人们内心的真正想法和欲望。系列中的三款香水的前调中都带有佛手柑的成分，而中调和后调则区别较大：1 号干脆省略了中调，2 号的中调是朗姆酒、可可，3 号的中调则是浪漫的玫瑰。

参考价格：￥9 500 / 100ml Parfum

同名 Roja

它荟萃了罗嘉德芬最为钟爱的香水成分，前调为佛手柑；中调为茉莉、紫罗兰、依兰花；后调为龙涎香、安息香、雪松、肉桂、丁香、生姜、扁枝衣、鸢尾草、广藿香、安息香、香草。

参考价格：￥25 000 / 100ml Parfum

帝王系列 Imperial Scents Collection

这一系列的灵感来自于伟大人物身上至高的创造力，首款作品戴亚吉列夫致敬的是俄罗斯芭蕾舞宗师戴亚吉列夫。第二款香水则是女娲，女娲花了 7 天补天，但罗嘉德芬却用了 27 个月才完成这款西普调香水的调制，气味清新简约又有着巧妙的平衡，瓶塞以手工镶嵌 14 颗特别定制的红宝石色施华洛世奇水晶，完美捕捉到了中国风当中的喜庆、好运。

参考价格：￥7 500 / 100ml Parfum

收藏优选

2007

丑闻 Scandal

前调为佛手柑；中调为小苍兰、栀子花、茉莉花、铃兰、橙花、玫瑰、晚香玉；后调为麝香、鸢尾草、檀香木。2011 年推出了男香。

参考价格：￥2 300 / 50ml EDP

￥3 500 / 50ml Parfum

2011

危险 Danger

前调为佛手柑、葡萄柚、柠檬、柑橘；中调为栀子花、茉莉花、桃子、玫瑰、紫依兰；后调为丁香、麝香、鸢尾草、广藿香、檀香、薰草豆、香草。另有男香版。

参考价格：￥2 300 / 100ml EDP

￥3 500 / 50ml Parfum

2012

崇拜 Fetish

前调为佛手柑；中调为玫瑰、依兰花、茉莉、晚香玉；后调为白松香、肉桂、丁香、雪松、橡木苔、广藿香、香根草、海狸香、麝香。男香版的香调层次会相对更复杂一些。

参考价格：￥2 300 / 100ml EDP

￥3 500 / 50ml Parfum

2012

琥珀沉香木　Amber Aoud

前调为佛手柑、柠檬、酸橙；中调为无花果、茉莉、玫瑰、依兰花；后调为龙涎香、沉香木、桦木、肉桂、麝猫、麝香、扁枝衣、鸢尾草、广藿香、藏红花、檀香。继而又推出了绝对珍贵版和水晶版以及芳香蜡烛。

参考价格：￥5 000 / 100ml Parfum　　**水晶版：**￥5 000 / 100ml Parfum

绝对珍贵版：￥7 500 / 30ml Parfum

顽皮　Mischief

这一款香水为木质花香调，前调为香柠檬、葡萄柚、柠檬；中调为茉莉、橙花、桃子、玫瑰、紫罗兰；后调为雪松、公丁香、白松香、橡木苔、广藿香、紫罗兰叶、龙涎香、麝香、香草。

参考价格：￥4 000 / 50ml Parfum

影射　Innuendo

木质花香调女香，前调为香柠檬、柠檬、橙子、柠檬、马鞭草；中调为茉莉、玫瑰、紫罗兰、依兰；后调为广藿香、檀香木、芳丹脂、麝香、鸢尾根、顿加豆。

参考价格：￥4 000 / 50ml Parfum

香精系列　Extraits

该系列自 2012 年开始推出，其中包括了栀子花、丁香、百合三款花香调香水，佛手柑、橙花、香根草三款西普香调香水，以及一款东方调的沉香木香水。

参考价格：￥2 750 / 50ml Parfum

2013

英格玛 Enigma

前调为佛手柑；中调为天竺葵、天芥菜、茉莉花、橙花油、桃子、玫瑰、依兰花；后调为龙涎香、麝香、鸢尾草、广藿香、檀香、香草。这款香水也有男香版和灿金版。

参考价格：¥2 300 / 50ml EDP　¥3 500 / 50ml Parfum　**灿金版：**¥6 000 / 100ml Parfum

2014

波道夫专属

Exclusive To Bergdorf Goodman's

罗嘉·德芬为美国纽约著名的时尚百货公司波道夫·古德曼设计的专属香水，作为独家发售。

参考价格：¥4 000 / 50ml Parfum

哈罗德专属系列 H The Exclusive Parfum

该系列的标签上带有伦敦哈罗德百货的“H”字样，2014 年至今总共推出了三款，瓶盖上镶嵌有翡翠绿色的施华洛世奇水晶。在哈罗德百货香水沙龙里独家有售。

参考价格：¥4 000 / 50ml Parfum

阿联酋 The United Arab Emirates

前调为佛手柑；中调为黑醋栗花蕾、丁香花蕾、天竺葵、茉莉、玫瑰、塔伊夫玫瑰、依兰花；后调为沉香木、安息香、岩蔷薇、麝猫香、莳萝、愈创木、梵香、劳丹脂、麝香、扁枝衣、广藿香、粉红胡椒。这款香水只在阿联酋地区有售。

参考价格：¥4 000 / 50ml Parfum

福特纳姆与梅森塔伊夫沉香

Fortnum & Mason Taif Aoud

罗嘉·德芬为英国知名的福特纳姆与梅森百货设计的专属款。前调为醛类、佛手柑；中调为黑醋栗、丁香花蕾、天竺葵、茉莉、玫瑰、依兰花；后调为沉香木、安息香、乳香、劳丹脂、麝香、广藿香、香草。

参考价格：¥4 000 / 50ml Parfum

2015

一吻晚安 A Goodnight Kiss

前调为佛手柑；中调为天竺葵、天芥菜、茉莉花、橙花油、桃子、玫瑰、依兰花；后调为龙涎香、麝香、鸢尾草、广藿香、檀香、香草。

参考价格：¥12 500 / 100ml Parfum

2015

甜心沉香木　Sweetie Aoud

前调为艾蒿、佛手柑；中调为玫瑰；后调为乌木、小豆蔻、雪松、岩蔷薇、乳香、杜松木、广藿香。

参考价格：￥4 000 / 50ml Parfum

糖果沉香木　Candy Aoud

前调为葡萄柚、佛手柑；中调为苹果、香蕉、梨、玫瑰、黑醋栗；后调为沉香木、克什米尔木、阿米香树、乌木、桦树、雪松、麝香、劳丹脂、冷杉、古芸香、乳香、小豆蔻、檀香木、皮革、橡木苔、广藿香。

参考价格：￥4 000 / 50ml Parfum

水果沉香木　Fruity Aoud

前调为艾蒿、葡萄柚、佛手柑；中调为黑醋栗、橙花、覆盆子、紫罗兰、玫瑰、草莓；后调为桦木、乳香、小豆蔻、劳丹脂、广藿香、藏红花、檀香、香草、麝香、雪松、橡木苔、古芸香、扁枝衣。

参考价格：￥4 000 / 50ml Parfum

寻香名店

伦敦　哈罗德百货·福特纳姆与梅森百货·塞尔福里奇百货

纽约　波道夫·古德曼百货·美妆店

迪拜　迪拜购物中心

阿布扎比　阿布扎比购物中心

藏·香·年·谱

推出时间	名	称	类别	推出时间	名	称	类别
2007	Enslaved	奴役	女　香	2013	Enigma Pour Homme	英格玛男士	男　香
2007	Scandal	丑闻	女　香	2014	Amber Extrait	琥珀	中性香
2007	Unspoken	欲说还休	女　香	2014	Lily Extrait	百合	女　香
2010	Aoud	沉香木	中性香	2014	H The Exclusive Aoud	哈罗德沉香木	中性香
2010	Diaghilev	戴亚吉列夫	中性香	2014	Nüwa	女娲	中性香
2011	Danger	危险	女　香	2014	Reckless Pour Homme	冲动男士	男　香
2011	Danger Pour Homme	危险男士	男　香	2014	Exclusive To Bergdorf Goodman´s	波道夫·古德曼专属	女　香
2011	Reckless	冲动	女　香	2014	Fortnum & Mason Taif Aoud	福特纳姆与梅森塔伊夫沉香	中性香
2011	Scandal Pour Homme	丑闻男士	男　香	2014	United Arab Emirates Spirit Of The Union	阿联酋	中性香
2012	Amber Aoud	琥珀沉香木	中性香	2015	Parfum De La Nuit No 1	夜系列 1 号	中性香
2012	Fetish	崇拜	女　香	2015	Parfum De La Nuit No 2	夜系列 2 号	中性香
2012	Fetish Pour Homme	崇拜	男　香	2015	Parfum De La Nuit No 3	夜系列 3 号	中性香
2012	Mischief	顽皮	女　香	2015	A Goodnight Kiss	一吻晚安	女　香
2012	Innuendo	影射	女　香	2015	H The Exclusive Parfum	哈罗德	女　香
2012	Risque	冒险	女　香	2015	H The Exclusive Parfum Pour Homme	哈罗德男士	男　香
2012	Gardenia Extrait	栀子花	中性香	2015	Fruity Aoud	水果沉香木	中性香
2012	Neroli Extrait	橙花	中性香	2015	Sweetie Aoud	甜心沉香木	中性香
2012	Vetiver Extrait	香根草	中性香	2015	Candy Aoud	糖果沉香木	中性香
2013	Bergamot Extrait	佛手柑	中性香	2015	Beguild	受骗	女　香
2013	Roja	同名	中性香	2015	Great Britain	大不列颠	中性香
2013	Musk Aoud	麝香沉香木	中性香	2015	Amore Mio	亲爱的	中性香
2013	Lilac Extrait	丁香	中性香	2015	Ti Amo	我爱你	中性香
2013	Enigma	英格玛	女　香	2015	Un Amore Eterno	永恒的爱	中性香

Salvador Dali
萨尔瓦多·达利

在资深香水藏家的收藏品中，绝对少不了萨尔瓦多·达利的香水作品。西班牙画家萨尔瓦多·达利被誉为是20世纪超现实主义画派的巨匠，而作为香水品牌的萨尔瓦多·达利（又译“莎娃蒂妮”）由法国香槟省法兰克斯国际香水公司（Cofinluxe）于1983年创立于法国。

画家达利涉足香水领域并非完全巧合，他曾说：“在所有的感官中，无疑的嗅觉最能赋予我们永恒不朽的灵感。”所以，当他的艺术才华倾注在香水设计上时，其作品就如同艺术品般，具有独一无二的美感。如妙舞女郎香水，香水瓶的外轮廓是一个曼妙的女性躯体，富有动感，姿态婀娜。萨尔瓦多·达利最具代表性的香水作品应当是Aphrodit系列，Aphrodit在罗马神话中称为维纳斯，而萨尔瓦多·达利Aphrodit系列香水的瓶身造型充分借鉴了达利经典画作中维纳斯的面部鼻子及嘴唇的轮廓，极富新意。

镇店名香

珍藏系列　Fabulous Collection

2011年，一袭闪亮华贵的金色外衣重新演绎了萨尔瓦多·达利的4款经典香水作品，并编为1号到4号。金色代表了独特、稀有、杰出和超乎寻常的品位。

参考价格：¥1 700 / 100ml EDP

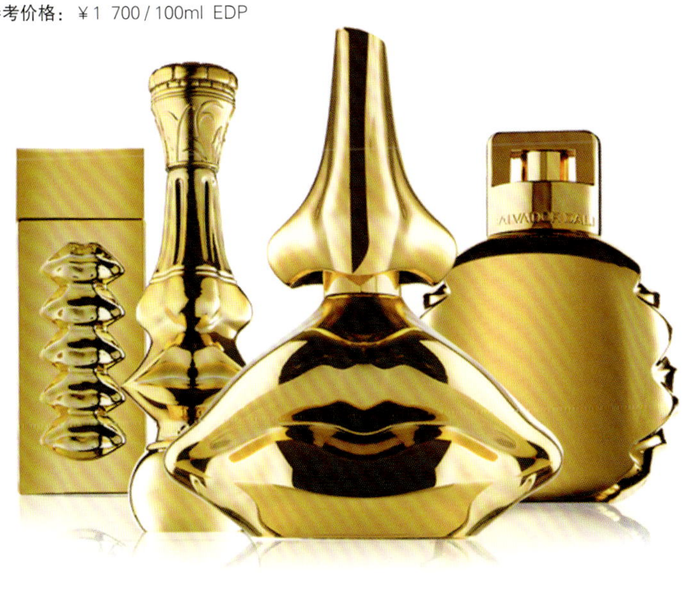

虚拟巨人系列　Factice Géant Collection

该系列选择了十分经典的黑与白的色彩组合，并通过采用漂亮的磨砂材质，实现了十分与众不同的美好触感。

参考价格：¥1 400~¥1 800

艺术水晶版　Editions Cristal Collection

该系列堪称是萨尔瓦多•达利香水家族中最奢华的作品，华丽的水晶材质瓶身极具艺术美感，也极具收藏价值。

参考价格： **同名** Dali ￥20 000 / 310ml Parfum

妙舞女郎 Daliflor ￥4 500 / 90ml Parfum

太阳王 Le Roy Soleil ￥10 000 / 15ml Parfum

红唇 Rubylips ￥6 000 / 30ml Parfum

达利顶级香精 Dali Extrait De Parfum

将玫瑰、茉莉实现了极为和谐的融合，佛手柑、丁香、含羞草、檀香、广藿香、橡木苔、麝香所营造的层次感也极为丰富。

参考价格： ￥600 / 7.5ml Parfum

收藏优选

1985

同名　Salvador Dali

采用了 Aphrodit 系列标志性的唇形瓶身、鼻形瓶盖。前调为醛、果香、绿叶、橘子、罗勒、香柠檬、焚香、公丁香；中调为晚香玉、橙花、百合、鸢尾根、茉莉、铃兰、玫瑰、水仙花、含羞草；后调为檀香木、琥珀、麝香、安息香脂、香草、雪松、没药、广藿香、橡木苔。

参考价格： ￥430 / 30ml PDT

1985

同名男士　Salvador Dali Pour Homme

唇形顶盖别具一格，前调为薰衣草、快乐鼠尾草、罗勒、茴芹、香柠檬、龙蒿、蜜橘、柠檬；中调为茉莉、铃兰、老鹳草、天芥菜；后调为檀香木、琥珀、广藿香、橡木苔、香草、雪松、香根草。

参考价格： ￥600 / 100ml EDT

1991

绿唇　Laguna

前调为柠檬、菠萝、李子、白松香、橘子、桃子、葡萄柚、树莓；中调为鸢尾花、茉莉、玫瑰、铃兰、巴西红木；后调为顿加豆、琥珀、广藿香、椰子、麝香、香草、雪松、檀香木。

参考价格： ￥350 / 30ml EDT

1994

魅幻之吻　Dalissime

前调为杏、桃子、菠萝、李子；中调为茉莉、铃兰、玫瑰、金盏花、水仙花；后调为檀香木、麝香、香草、顿加豆、荔枝、琥珀。它是圣诞系列的首款作品，造型灵感来自于达利大师在 1946 年创作的油画——《圣诞》中人物的鼻子和嘴的造型，后来的迷情之吻、达利之夜也属于该系列。

参考价格： ￥350 / 100ml EDT

1996

真情流露　Dalimix

这是一款中性香，前调为香瓜、橘子、桃子；中调为仙客来、木犀草、玫瑰；后调为檀香木、橡木苔、树莓、雪松。1997 年推出了真情流露金装版女香，2000 年又推出了真情流露黑色版女香。

价格请店洽 EDT

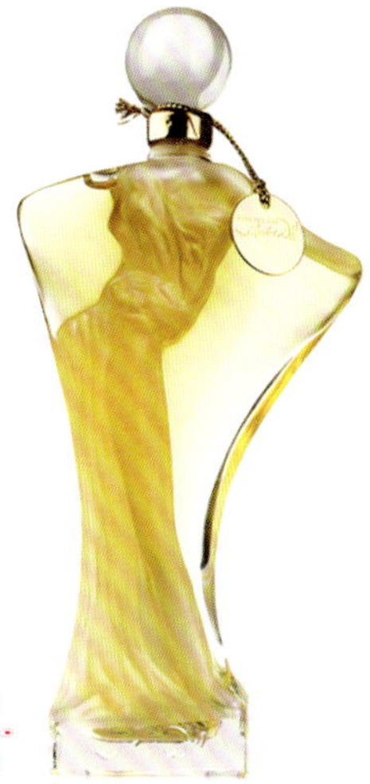

2000

妙舞女郎　Daliflor

这款东方花香调女香的前调为橘子、紫罗兰、葡萄柚、柠檬马鞭草；中调为茉莉、铃兰、玫瑰了；后调为檀香木、麝香、香草。

价格请店洽　EDP

2001

小湖男士　Laguna Homme

前调为青柠、橘子、香柠檬、柠檬、马鞭草；中调为檀香木、茉莉、雪松、仙客来；后调为顿加豆、香草、鼠尾草、劳丹脂、香豆素、麝香。

参考价格： ¥300 / 30ml EDT

2004

红唇　Rubylips

为纪念义画家萨尔瓦多·达利诞辰 100 周年而推出，以达利的创作标志——烈艳红唇作为香水瓶图案。前调为柚子、苹果、红醋栗；中调为兰花、睡莲、玫瑰；后调为檀香木、广藿香、柠檬树、蜂蜜。

参考价格： ¥300 / 30ml EDT

2005

水之吻　Eau De Rubylips

前调为葡萄柚、棉花、铃兰；中调为菠萝、木兰、忍冬；后调为琥珀、麝香、雪松。

参考价格： ¥350 / 30ml EDT

2006

阳光与海　Sea & Sun In Cadaques

前调为杏、黑加仑、金橘；中调为小苍兰、睡莲、莲花；后调为琥珀、麝香、雪松。

参考价格： ¥300 / 30ml EDT

2007

紫色欢乐　Purplelight

前调为竹子、樱花；中调为紫丁香、茉莉、提亚蕾花；后调为麝香、香根草、杏树。这个香味是完美的，最适合在日常使用，不仅诱人，也有难得的细致。

参考价格： ¥350 / 30ml EDT

2007

黑色太阳　Black Sun

前调为劳丹脂、罗勒和雪松；中调为鼠尾草、冷杉树脂和天竺葵；后调为零陵香豆，香草和香根草。瓶身通体黑色，大气优雅，太阳图案增添了男性的力量感。

价格请店洽 EDT

2008

亲吻系列　Kiss Collection

带着城市涂鸦和街头艺术的时尚感，从 2008 年的“轻吻”到 2012 年的“疯狂之吻”，萨尔瓦多·达利在连续五年里每年推出 1 款淡香水，即“亲吻”系列。

参考价格： ¥300 / 30ml EDT

2008

爱情诱惑　It Is Love

前调为葡萄柚、粉红胡椒、石榴；中调为鸢尾花、不凋花、水仙花、玫瑰；后调为麝香、檀香木、琥珀、香草。

参考价格： ¥400 / 30ml EDP

2009

极致爱情诱惑　It Is Love Intense

前调为葡萄柚、粉红胡椒、石榴；中调为鸢尾花、不凋花、水仙花、玫瑰；后调为麝香、檀香木、琥珀、香草。

参考价格： ¥300 / 30ml EDT

2010

新同名　Salvador

黑色瓶身的两侧带有性感的唇形装饰，前调为梨、肉桂、胡椒；中调为雪松、檀香木、焚香；后调为琥珀、香草、麝香。

参考价格： ¥450 / 50ml EDT

奇迹之湖　Laguna Maravilla

前调为香柠檬、柠檬、蜜橘、柠檬马鞭草；中调为茉莉、玫瑰、仙客来、铃兰；后调为麝香、檀香木、琥珀、香草。

参考价格： ¥550 / 50ml EDP
¥350 / 30ml EDT

2011

达利　Dali

前调为橙花、香柠檬、蜜橘；中调为茉莉、玫瑰、木兰；后调为木质香、香草、麝香。

参考价格： ¥300 / 30ml EDT

2012

梦境　It Is Dream

前调为葡萄柚、黑加仑、红苹果；中调为风信子、玫瑰、木兰；后调为麝香、雪松、琥珀。

参考价格： ¥300 / 30ml EDT

极致太阳王　Le Roy Soleil Extreme For Men

前调为香柠檬、柠檬、菠萝；中调为小豆蔻、薰衣草、苹果；后调为香根草、琥珀、橡木苔、麝香。

参考价格： ¥450 / 50ml EDT

2013

野性　Dali Wild

前调为日本柚子、绿叶、晚香玉、栀子花；中调为茉莉、木兰、麝香；后调为桃花心木、木质香。

参考价格： ¥350 / 30ml EDT

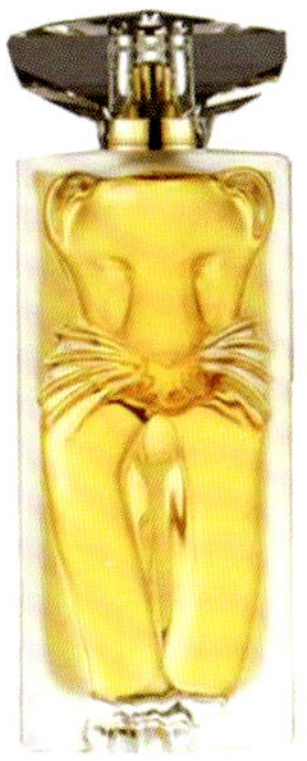

美丽豹猫

La Belle Wt l'Ocelot

前调为橘子、艾蒿；中调是桂花、茉莉、玫瑰、顿加豆；后调为广藿香、焚香、安息香脂。

价格请店洽 EDP

2013

阳光与玫瑰　Sun & Roses

前调为葡萄柚、香柠檬、苹果；中调为玫瑰、紫罗兰、铃兰；后调为麝香、檀香木、雪松、香草。

参考价格： ¥300 / 30ml EDT

2014

达利 A　DaliA

前调为金橘、石榴、树莓、英国金盏花、白松香；中调为丁香花、橙花、牡丹、鸢尾花、茶叶；后调为雪松、黑檀红木、木质香、麝香。

参考价格： ¥340 / 30ml EDT

寻香名店

北京　崇光百货•中友百货•大悦城

藏·香·年·谱

推出时间	名称		类别	推出时间	名称		类别
1983	Salvador Dali Parfum	同名香精	女香	2008	Little Kiss	轻吻	女香
1985	Salvador Dali Pour Homme	同名	男香	2008	It Is Love	爱情诱惑	女香
1985	Salvador Dali	同名	女香	2009	It Is Love Intense	极致爱情诱惑	女香
1991	Laguna	绿唇	女香	2009	Black Sun Sport	黑色太阳运动版	男香
1992	Salvador	新同名	男香	2009	Little Kiss Cherry	樱花之吻	女香
1994	Dalissime	魅惑之吻	女香	2010	Salvador	新同名	男香
1995	Eau De Dali	达利之水	女香	2010	Laguna Maravilla	奇迹之湖	女香
1996	Dalimix	真情流露	中性香	2010	Little Kiss Me	轻吻我	女香
1997	Dalimix Gold	真情流露金装版	女香	2011	Lovely Kiss	可爱之吻	女香
1997	Le Roy Soleil	太阳王	女香	2011	Dali	达利	女香
1998	Le Roy Soleil Homme	太阳王男士	男香	2011	Dalilight	达利之夜	女香
1999	Dalimania	迷情之吻	女香	2011	Fabulous 1–Dali	珍藏系列 1 号	女香
2000	Dalimix Black	真情流露黑色版	女香	2011	Fabulous 2–Dalissime	珍藏系列 2 号	女香
2000	Daliflor	妙舞女郎	女香	2011	Fabulous 3–Eau De Rubylips	珍藏系列 3 号	女香
2001	Laguna Homme	小湖男士	男香	2011	Fabulous 4–Salvador For Men	珍藏系列 4 号	女香
2002	Dalistyle	时尚	女香	2012	Crazy Kiss	疯狂之吻	男香
2004	Angelic Pink	粉红天使	女香	2012	It Is Dream	梦境	女香
2004	Luxury Green	奢绿	男香	2012	Le Roy Soleil Extreme For Men	极致太阳王	男香
2004	Daring Gold	金色	女香	2013	Silver Sun	银色太阳	男香
2004	Rubylips	红唇	女香	2013	Dali Wild	野性	女香
2004	Iced Blue	冰蓝	女香	2013	Sun & Roses	阳光与玫瑰	女香
2005	Eau De RubyLips	水之吻	男香	2014	Dali A	达利 A	女香
2005	Agua Verde	水绿	男香	2014	La Belle Et l´Ocelot	美丽豹猫	女香
2006	Sea & Sun In Cadaques	阳光与海	女香	2015	Calice De La Seduction Eternelle	不详	中性香
2006	Purplelips	紫唇	女香	2015	Fluidite Du Temps Imaginaire	时间流逝	女香
2007	Purplelight	紫色欢乐	女香	2015	Melodie Du Cygne De La Main	不详	女香
2007	Purplelips Sensual	紫唇性感	女香	2015	Regard Scintillant De Mille Beautes	闪烁的女	中性香
2007	Black Sun	黑色太阳	男香	2015	Voyage Onirique Du Papillon De Vie	人之眸	中性香

Salvatore Ferragamo 菲拉格慕

菲拉格慕本是意大利著名的女鞋品牌，甚至有“明星御用皮鞋匠”的称号。后来，菲拉格慕的产品线延伸到香水制造领域，1997年又与宝格丽成立合营企业，发展香熏与化妆品，成为时尚香水的世界知名制造商。

菲拉格慕出品有多款香水，其中最早的一款香水是在1998年推出的。与菲拉格慕合作的调香师不乏弗朗西丝·库尔吉安、奥利维耶·波巨、阿特丽斯·皮奎特、雅克·卡瓦里埃等大牌。菲拉格慕香水就整体风格来看多走甜美、梦幻路线，推出的香水也多以果香、花香调为主，更适合都市少女和轻熟女使用，其中口碑比较好的主要是早期推出的红色经典、蓝色经典男女对香以及美梦成真香水及其后续衍生推出的“梦幻”系列。

镇店名香

伊人女士 Signorina

香水在设计上受到菲拉格慕鞋履上标志性的蝴蝶结启发，采用粉色双层缎带蝴蝶结设计，具有奢华的时装感。采用粉色主调，以蜜粉色、深粉色和粉金色加以烘托更显别致。东方花果香调，前调为红醋栗与粉椒；中调为茉莉、牡丹与玫瑰；后调为广藿香、意式牛奶布丁与麝香。

参考价格：￥1 160/100ml EDP

寻梦海洋 Incanto Bliss

寻梦海洋是“梦幻”香水系列的巅峰之作。香水瓶的装饰与设计由享有盛誉的设计师西尔维·德·弗兰斯操刀，香水由著名调香大师比阿特丽斯·皮奎特调制。花果香调，前调为金橘、苹果、柚子；中调为小苍兰、莲花、野玫瑰；后调为雪松、檀木、麝香。

参考价格：￥675/100ml EDP

红色经典　Subtil

此款香水为2002年推出的限量版，由调香大师雅克·卡瓦里埃调制。从香水瓶身设计上就可看出它是一款极有女人味的香水，瓶身采用仿佛女性胴体般的曲线设计，简洁中不乏浪漫。含有樱桃、郁金香、百合、橙花、茉莉、麝香的气息。

参考价格：

¥675/100ml EDP

蓝色经典　Subtil Pour Homme

红色经典香水成功后，菲拉格慕推出的男款限量版香水。人们对瓶身设计及香料的搭配评价极高。香水风格趋于古典及大都会的优雅风格，香水瓶的瓶身仿佛男性胴体般的完美曲线，颇具气质。清新花香调，前调为柑橘、莲叶、小豆蔻、姜；中调为香菜、玫瑰、紫罗兰；后调为广藿香、干琥珀、麝香。

参考价格：¥320/50ml EDT

闪粉爱恋　F For Fascinating

瓶身设计上相当出众独特，瓶身采用犹如白色的F轻便凉鞋配上细带和白色的楔形设计，是风趣，优雅，时髦的集中体现。芳香集中在成分中的名贵而迷人的大花茉莉上，这款经典原料因其奢华而感性的芳香而著名。花香木质调，前调主要为柑橘；中调主要为大花茉莉；后调主要为广藿香。

参考价格：¥700/90ml EDT

收藏优选

2003

美梦成真　Incanto

“梦幻”香水系列的第一款，也是经典款，为此系列的热销树立了良好的口碑，具有纪念价值。木质花香调，前调为水蜜桃、李子、亚买加胡椒；中调为百合、茉莉、玫瑰、黑茶子；后调为琥珀、檀木、麝香。

参考价格：¥900/100ml EDP

2005

梦游仙境　Incanto Dream

香水瓶是由著名雕塑设计师Serge Mansue所设计，瑰丽造型为其特色。香气甜美而清新，清新甜美花果香调，此款香水适合年轻开朗的女性。前调为菠萝、黑醋栗、芒果、粉红苹果；中调为牡丹、鸢尾花；后调为白麝香、檀香。

参考价格：¥900/100ml EDP

2006

非我莫属　F By Ferragamo

调香大师弗朗西丝·库尔吉安创作的香水，呈现出极致的女人味。拱形的瓶底曲线透出高雅的气质，修饰着红色金属线条，瓶盖令人联想到菲拉格慕最负盛名的“楔型鞋跟”设计。馥郁花香调，前调为茉莉花、果香；中调为玫瑰花；后调为橙花、皮革。

参考价格：¥320/30ml EDP

2007

梦中彩虹　Incanto Shine

香水瓶身闪耀如彩虹般绚丽，配色十分大胆，甜蜜而清丽的调香风格让此款香水深受年轻女性的推崇。清新花果香调，前调为菠萝、西番莲、柠檬；中调为小苍兰、牡丹花、蜜桃；后调为雪松木、琥珀、麝香。

参考价格：¥700/50ml EDT

2007

非我莫属男士

F By Ferragamo Pour Homme

一款充满无限热情活力的男香，香水瓶具有典型的菲拉格慕风格。香水瓶呈现别致的弓形，透明的瓶盖饰以优雅的皮革装饰。馥郁的琥珀木质调，独特而成熟。含有薰衣草、苹果、马达加斯加黑胡椒、岩茨脂、琥珀基调和皮革气味，适合型男使用。

参考价格： ¥430 / 30ml EDT

2010

蝶忆绽放 Incanto Bloom

著名设计师西尔维·德·弗兰斯亲自设计的香水瓶，乳白色的瓶身上黑色和粉红色的蒲公英花图案形成了鲜明对比，极具诱惑力。IFF国际香料公司的著名调香师苏菲·拉韦亲自调制，提升了此款香水的收藏价值。花果香调，前调为葡萄柚花、小苍兰；中调为茶玫瑰、玉兰花；后调为麝香、喀什米尔木。适合轻熟女使用。

参考价格： ¥680 / 50ml EDT

2011

花样倾城 Attimo L'Eau Florale

菲拉格慕女香中被公认为最适合恋爱中的女性使用的一款香水。在承袭了菲拉格慕品牌经典优雅的同时，以柔美优雅的粉色瓶身和清新淡雅的味道，蕴含丝丝诱惑和性感，让女性完美留存爱情气味。花香调，前调为莲花、苹果梨、金桔；中调为牡丹、茉莉花瓣、保加利亚玫瑰；后调为赤素馨花、花果香、广麝香。

参考价格： ¥850 / 100ml EDT

珍爱时刻男士

Attimo Pour Homme

菲拉格慕男香中非常显露男性阳刚气质的香水。软质灰色玻璃呈现雅致的都市感，突出了此款香水构造的暖调和热烈，香水由香水界三大调香师之一的艾伯特·莫瑞拉斯调制。东方木质调，前调为马郁兰、柑橘、甘椒、黑胡椒；中调为鼠尾草、乳香、藏红花、甘椒；后调为白麝香、岩蔷薇、广藿香、香根草。适合细腻、热爱生活的成熟男性使用。

参考价格： ¥810 / 100ml EDT

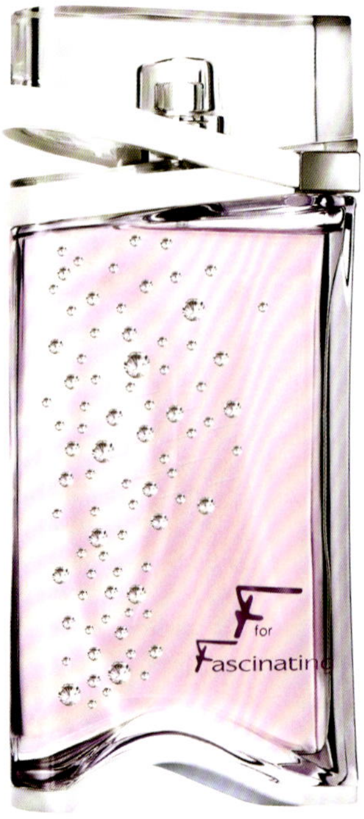

闪粉爱恋水晶版

F For Fascinating Crystal Edition

此款香水为闪粉爱恋香水的限量版，在中国首发。采用了原版闪粉爱恋香水瓶的外形，表面装饰切割透明、闪闪发亮的施华洛世奇水晶。前调为橙子果汁露；中调为茉莉；后调为核心的广藿香。值得每个喜欢菲拉格慕品牌的香水爱好者收藏。

参考价格： ¥1 350 / 90ml EDT

2012

蝶忆芯语 Incanto Lovely Flower

独特的 Vara bow 蝴蝶结瓶盖，瓶身图案充满梦幻感，风格可爱精致，瓶身上玩味十足的花束，充满少女流行的甜美风。此款香水备有两种颜色的可爱花朵主题可供选择：一个是活力奔放的创意版，另一个是浪漫粉彩甜美版。香水色调分别为透明及淡粉红。清新花果调，前调为野生草莓、红醋栗、佛手柑精油；中调为玫瑰精油、牡丹、茉莉花瓣；后调为白木、安息香。

参考价格： ¥550 / 50ml EDT

2014

托斯卡纳精萃红土
Tuscan Soul Terra Rossa

菲拉格慕香水最高端的托斯卡纳精萃系列中很出彩的一款，该系列只能在菲拉格慕指定精品店中才能购得。东方花香调，前调为柑橘香；中调为花香元素；后调为广藿香、没药、琥珀。

参考价格：

￥2800 / 75ml EDT

寻香名店

北京 新光天地·金融街购物中心·国贸商城

上海 上海商城·国金中心商场·尚嘉中心·时代广场

杭州 杭州大厦购物中心·万象城

成都 美美力诚

广州 太古汇·丽柏广场

2013

蔚蓝之水 Acqua Essenziale

香水出自著名调香师艾伯特·莫瑞拉斯之手，采用了顶级的柑橘与融合薄荷、柠檬叶为原料调配的翠绿香调。前调为葡萄柚、薄荷、柑橘、柠檬叶；中调为天竺葵、海洋香调、迷迭香、薰衣草；后调为广藿香、麝香、岩蔷薇、香根草。适合热情开朗的男性日常使用。

参考价格：￥630 / 50ml EDT

典雅伊人 Signorina Eleganza

此款香水将女性的妩媚和端庄演绎得淋漓尽致。西普东方花香调，前调为葡萄柚、梨；中调为桂花、杏仁；后调为广藿香、皮革。适合感性、优雅的成功女人。

参考价格：￥800 / 100ml EDP

藏·香·年·谱

推出时间	名称		类别	推出时间	名称		类别
1998	Salvatore Ferragamo Pour Femme	菲拉格慕经典女士	女 香	2011	F By Ferragamo Free Time	非凡之旅	男 香
1999	Salvatore Ferragamo Pour Homme	菲拉格慕经典男士	男 香	2011	Signorina	伊人女士	女 香
2002	Subtil	红色经典	女 香	2012	Signorina Eau De Toilette	伊人女士 2012 版	女 香
2003	Incanto	美梦成真	女 香	2012	Incanto Lovely Flower	蝶忆芯语	女 香
2003	Incanto Pour Homme	美梦成真男士	男 香	2013	Signorina Limited Edition	伊人女士	女 香
2003	Subtil Pour Homme	蓝色经典	女 香	2013	Acqua Essenziale	蔚蓝之水	男 香
2005	Incanto Dream	梦游仙境	女 香	2013	Tuscan Soul Bianco Di Carrara	托斯卡纳精萃白净卡拉拉	中性香
2006	Incanto Charms	甜心魔力	女 香	2013	Tuscan Soul Convivio	托斯卡纳精萃飨宴	中性香
2006	Incanto Essential Pour Homme	魅力本质	男 香	2013	Tuscan Soul Vendemmia	托斯卡纳精萃丰收	中性香
2006	F By Ferragamo	非我莫属	女 香	2013	Tuscan Soul Viola Essenziale	托斯卡纳精萃紫色精萃	中性香
2007	Incanto Heaven	梦幻天堂	女 香	2014	Acqua Essenziale Blu	湛蓝之水	男 香
2007	Incanto Shine	梦中彩虹	女 香	2014	Signorina Eleganza	典雅伊人	女 香
2007	F By Ferragamo Pour Homme	非我莫属男士	男 香	2014	Incanto Amity	仲夏之梦	女 香
2007	F For Fascinating	闪粉爱恋	女 香	2014	Incanto Bloom 2014	蝶忆绽放 2014 限量版	女 香
2008	Tuscan Soul	托斯卡纳之灵	中性香	2014	Tuscan Scent Golden Acacia	托斯卡纳芳香金色洋槐	中性香
2009	F By Ferragamo Black	非我莫属夜色	男 香	2014	Tuscan Scent Incense Suede	托斯卡纳芳香焚香绒面革	中性香
2009	F For Fascinating Night	迷人之夜	女 香	2014	Tuscan Scent White Mimosa	托斯卡纳芳香白色含羞草	中性香
2009	Incanto Bliss	寻梦海洋	女 香	2014	Tuscan Soul Punta Ala	托斯卡纳精萃蓬塔拉	中性香
2010	Attimo	珍爱时刻	女 香	2014	Tuscan Soul Terra Rossa	托斯卡纳精萃红土	中性香
2010	Incanto Bloom	蝶忆绽放	女 香	2015	Emozione	艾莫佐妮	女 香
2011	Attimo L´Eau Florale	花样倾城	女 香	2015	Acqua Essenziale	湛蓝古龙水	男 香
2011	Attimo Pour Homme	珍爱时刻男士	男 香	2016	Signorina Misteriosa	神秘小姐	女 香
2011	F For Fascinating Crystal Edition	闪粉爱恋水晶版	女 香				

Serge Lutens
芦丹氏

SERGE LUTENS

芦丹氏是法国沙龙香水品牌。创始人赛尔日·芦丹氏对中东文化非常着迷，旗下香水名字也多具有中东风格，神秘、异域、充满风情是它给世人留下的一大印象。芦丹氏分方瓶款、吊钟款、吊钟刻花款，价位逐级递增，而外包装又有白标签、黑标签等区别，通常来说白标签的芦丹氏香水更轻口，更符合大众习惯，而黑标签的更重口，味道偏甜极具个性，十分尖锐。

此品牌分为两条线，一种出口可以在各大专柜买到，另一种只在巴黎专卖店出售。不过每年品牌都会从这些独售的香水中挑出一款作为限量版，向外销售。

镇店名香

柏林少女

La Fille De Berlin

芦丹氏出品的第三款玫瑰香水，柏林少女瓶内血红色的调色是芦丹氏香水作品中最为大胆的，引起赞誉无数。虽以玫瑰为主，却突出了隐藏在心里那根刺。血红色的液体给人以温柔的感觉，但其中的胡椒辛辣的味道却像一把刀划破了玫瑰的温厚。

参考价格：

￥800 / 50ml EDP

林之妩媚

Féminité Du Bois

这款香水在芦丹氏香水作品中具有特别意义。初始隶属于资生堂旗下，后回归了卢丹氏的阵营，为其赢得无数荣誉，是女士木香风潮的领衔之香，具有激情和诱惑力。融入玫瑰、橙花和依兰花香气，含有麝香、香草和雪松香气，适合浪漫场合使用。

参考价格：

￥800 / 50ml EDP

柏林少女 2013 圣诞限量版 La Fille De Berlin

柏林少女的雕刻瓶版本，全球限量 30 瓶。

价格请店洽 EDP

罪恶晚香玉 Tubéreuse Criminelle

芦丹氏调香大师克里斯多夫·谢爵克的得意之作，以晚香玉为主题的必收之香。香水异常清丽明艳，以晚香玉为主调，以丁香和肉豆蔻打前战的金字塔结构，开场不俗。风信子承上启下，香调由清新香辛自如地转入白花，吲哚也控制在相当低的水平，前有丁香的尖酸，后有麝香的压制，并没有欲望感过强的印象。适合出席晚宴或大型活动时使用。

参考价格：￥1 900 / 75ml EDP

玫瑰陛下

Sa Majesté La Rose

这是一支华丽的玫瑰，玫瑰气息突出，体现了芦丹氏家一贯浓墨重彩的风格，留香绝佳。含有摩洛哥玫瑰、蓝甘菊、荔枝及愈创木。荔枝加玫瑰的组合，另以蜂蜜注入了甜味，适合任何场合使用。

参考价格：

￥800 / 50ml EDP

大写檀香

Santal Majuscule

与传统的檀香香水不同，这款香水偏美食调，很有层次感，主要成分是檀香、蜂蜜、玫瑰、可可、零陵香豆。因为蜂蜜的加入，给人温暖而甜蜜的感觉。适合秋冬使用。

参考价格：

￥920 / 50ml EDP

大写檀香 2012 限量版 Santal Majuscule

瓶身的一个大写的 S 是指香水的名字的缩写，具有中世纪刻字的风格，这一灵感也源于赛尔日·芦丹氏孩子喜欢使用大写字母而设计，非常具有纪念意义。

参考价格：￥3 400 / 50ml EDP

收藏优选

1994

银雾鸢尾 Iris Silver Mist

鸢尾粉们当仁不让的第一收藏选择。柔和轻盈，没有粉感。鸢尾一直是主角，而后调的木香、麝香一点也不铺张。适合秋冬时使用。而限量手绘版更是最精致的香水佳作。

参考价格：￥1 900 / 75ml EDP

银雾鸢尾手绘限量版

Iris Silver Mist

瓶身抽象的图案，极具现代风格。

价格请店洽 EDP

2000

夜间 A La Nuit

十分纯粹粗粝的茉莉，丰满大气，是一款典型的茉莉香水。带有东方植物花香，传递着一种清新、性感且明亮的感受。适合现代女性

参考价格：

￥800 / 50ml EDP

2001

黑色曼陀罗

Datura Noir 香水

将芦丹氏华丽、诱惑风格展现得淋漓尽致的一款香水，丰盈的花香，带来优雅诱人的女性气息，适合女王范儿的人入手。

参考价格：

￥800 / 50ml EDP

2003

橙花 Fleurs D'Oranger

淡而轻薄的甜，是以橙花衬托的晚香玉，而后进入薄薄的香辛感，具有芦丹氏甜而不腻、略带惊艳的特点，适合喜欢清新风格又想领略芦丹氏异域风情特色的人收藏。

参考价格：

￥1 800 / 75ml EDP

2004

黄金鹿 Daim Blond

从吊钟系列优选出进入方瓶线出售的佳作。温柔、细致的气息，成分中含有皮革、托斯卡纳鸢尾草、杏树仁、麝香和山楂。适合工作场合使用。

参考价格：

￥800 / 50ml EDP

2005

北非东风　Chergui

天才设计师赛尔日·芦丹氏从内心及回忆中带来的如诗歌般华丽的沙龙香气。巴黎本店限定吊钟瓶身系列之一。中性香水，含有蜂蜜、麝香、乳香、烟草叶，加入龙涎香、鸢尾、玫瑰、檀香，甘润树脂香气，平稳醇厚，仿佛在北非的沙漠中感受一股“摩洛哥热风”，既不炽热也不干燥，就像沙漠里的一股甘泉，渗人心田，留香强大，适合所有场合，尤其适合秋冬季。

参考价格： ¥1 800 / 50ml EDP

2006

浅灰薰衣草　Gris Clair

木质调中性香水。薰衣草占绝对主调，略带尖锐且冷冽的薰衣草味，前调里的鸢尾存在感不强，中后调可感受到琥珀和顿加豆的刺激。适合具有文艺气质的人士收藏。

参考价格：

¥800 / 50ml EDP

中国柑橘　Mandarine Mandarin

酷似茉莉花茶加蜂蜜的味道，甜蜜中透出一点青苦。前调为肉豆蔻和中国橙；中调为柑橘、茶叶和桔子皮；后调为劳丹脂、琥珀，零陵香豆和玫瑰果。特别适合办公室使用。

价格请店洽 EDP

红苔　Chypre Rouge

温暖而苦涩的木质调。于柔和中透着一丝甘醇的芳香。前调为百里香、松树针叶精粹、枫叶；中调为水果树脂、埃及茉莉、蜂蜜、烟熏红茶；后调为广藿香、苔藓、琥珀、麝香、香根草。适合秋天休闲场合使用。

参考价格： ¥1 900 / 75ml

中国柑橘限量版　Mandarine Mandarin

瓶身为手绘图案，繁复的瓶身图案展现了古老东方国度的艺术风格，卷云图案古朴、大气，全球限量 30 个。

价格请店洽 EDP

婆罗洲 1834
Bornéo 1834

以药感的草本木质调为主，干燥清苦的广藿香搭配可可，非常直接，没有任何花俏的装饰，属于芦丹氏香水中的另类款。

参考价格：

¥1 800 / 50ml EDP

2007

紫茉莉　Sarrasins

这款茉莉香香水并不小家碧玉，她圆润温和却又刚强，大气柔软性感，却又不是那种赤裸裸的诱惑，同时也不咄咄逼人，气场强大出于自然而然，是当之无愧的夜之女王。

参考价格： ¥1 900 / 75ml EDP

母狼　Louve

香调变化颇具戏剧性的一款香水，让人怀疑调香师是否想点出母狼“动如脱兔，静如处子”的意境。前调为杏仁；中调为麝香、茉莉、玫瑰；后调为琥珀、香草、树脂。

参考价格： ¥1 900 / 75ml EDP

2008

五时姜香

Five O'Clock Au Gingembre

芦丹氏香水系列中特别的清新之作。东方辛香调中性香水，整体感觉就是加了蜂蜜和姜汁的红茶。前调为茶香与佛手柑；中调为生姜、肉桂与木调。后调为可可、蜂蜜、龙涎香、广藿香、胡椒。

参考价格： ￥800 / 50ml EDP

2009

八月夜桂花

Nuit De Cellophane

具有中国古典风格，是表现古典意境颇具神韵的一款。为成熟优雅女性调制的花果香调香水。纯真清爽，带有性感气息。成分中含有茉莉、百合、桂花、康乃馨、杏仁、檀香、麝香和蜂蜜。

参考价格： ￥800 / 50ml EDP

怒放康乃馨限量版

Vitriol D'Oeillet

限量版的瓶身同原版一样大气，不同的是比原版多了几分暗黑的风格。

价格请店洽 EDP

2011

皮肤游戏 Jeux De Peau

美食调香水，是芦丹氏香水中会让人感到饥饿的一款，仿佛让人闻到烤面包的香味，值得收藏。前调主要为奶香味；中调含有椰子与甘草；后调发展为桂花与杏子香。

参考价格： ￥800 / 50ml EDP

怒放康乃馨 Vitriol D'Oeillet

东方辛香调的中性香水。含有豆蔻、丁香、粉椒、胡椒、辣椒、康乃馨、百合、依兰花与桂竹香。适合秋冬使用。

参考价格： ￥800 / 50ml EDP

寻香名店

香港 又一城·金钟太古广场西武店·哈维·尼克斯百货

台北 远东百货公司·崇光百货

高雄 统一阪急百货·汉神百货

藏·香·年·谱

推出时间	名称		类别	推出时间	名称		类别
1992	Bois De Violette	紫罗兰森林	中性香	2006	Gris Clair	浅灰薰衣草	中性香
1992	Bois Et Fruits	森林果实	中性香	2006	Mandarine Mandarin	中国柑橘	女 香
1992	Bois Et Musc	麝香森林	女 香	2007	Louve	母狼	女 香
1992	Bois Oriental	东方森林	中性香	2007	Rousse	罗斯	中性香
1993	Rose De Nuit	暗夜玫瑰	中性香	2007	Un Lys	百合	女 香
1994	Iris Silver Mist	银雾鸢尾	女 香	2007	Sarrasins	紫茉莉	女 香
1994	Un Bois Sepia	棕色森林	中性香	2008	Serge Noire	黑色赛吉	中性香
1995	La Myrrhe	没药	中性香	2008	El Attarine	阳光	中性香
1996	Cuir Mauresque	摩尔人皮革	中性香	2008	Five O´Clock Au Gingembre	五时姜香	中性香
1996	Encens Et Lavande	熏香薰衣草	中性香	2009	L´Eau Serge Lutens	芦丹氏之水	中性香
1997	Santal De Mysore	迈索尔檀香	中性香	2009	Nuit De Cellophane	八月夜桂花	女 香
1998	Muscs Koublaï Khän	忽必烈麝香	中性香	2009	Féminité Du Bois	林之妩媚	中性香
1998	Rahat Loukoum	土耳其软糖	女 香	2009	Fourreau Noir	夜衣剑锋	中性香
1999	Tubéreuse Criminelle	罪恶晚香玉	女 香	2009	Fille En Aiguilles	松林少女	中性香
2000	A La Nuit	夜间	女 香	2010	Bas De Soie	长筒丝袜	女 香
2000	Ambre Sultan	橙色苏丹	女 香	2010	Boxeuses	女拳手	中性香
2000	Arabie	阿拉伯	中性香	2011	De Profundis	自深深处	中性香
2000	Sa Majesté La Rose	玫瑰陛下	女 香	2011	Jeux De Peau	皮肤游戏	中性香
2001	Santal Blanc	白檀	中性香	2011	Vitriol D´Oillet	怒放康乃馨	中性香
2001	Datura Noir	黑色曼陀罗	女 香	2011	L´Eau Froide	冰水	中性香
2002	Douce Amère	纯粹柔雅	女 香	2012	Une Voix Noire	栀子花	中性香
2003	Fleurs D´Oranger	橙花	女 香	2012	Santal Majuscule	大写檀香	中性香
2003	Un Bois Vanille	香草之木	女 香	2013	La Fille De Berlin	柏林少女	中性香
2003	Fumerie Turque	土耳其鸦片烟	中性香	2013	La Vierge De Fer	铁百合	女 香
2003	Clair De Musc	清色麝香	女 香	2014	Laine De Verre	玻璃羊毛	中性香
2004	Chêne	橡木	中性香	2014	L´Incendiaire	纵火犯	中性香
2004	Daim Blond	黄金鹿	中性香	2015	La Religieuse	修女	中性香
2004	Vétiver Oriental	东洋香根草	中性香	2015	De Profundis Limited Edition	自深深处限量版	中性香
2004	Fleurs De Citronnier	柠檬树花	中性香	2015	Cannibale	食人族	中性香
2005	Cèdre	史达	中性香	2015	Cracheuse De Flammes	吐息烈焰	中性香
2005	Miel De Bois	树之蜜	中性香	2015	L´Haleine Des Dieux	众神的气息	中性香
2005	Bornéo 1834	婆罗洲 1834	中性香	2015	Renard Constrictor	狐狸与蛇	中性香
2005	Chergui	北非东风	中性香	2015	Sidi Bel-Abbès	摩洛哥圣地	中性香
2006	Chypre Rouge	红苔	中性香	2015			

Shiseido 资生堂

资生堂最早起源于日本民间的一家药房，它从药品到化妆品经营的转变，堪称时尚界里的一大神话。整体来说资生堂主要的业务还是护肤和彩妆产品，香水并不太多，但却很有特色。

追求唯美的资生堂在点滴之处透露着其对美的独特诠释，尤其是对东方美的深刻理解。在资生堂早期的香水作品中，也把日本女性的柔美风姿和迷离情调表现得淋漓尽致，使得产品和品牌的形象独具韵味。1957 年，资生堂开始开发国外市场，主打产品是在 1964 年推出的禅香水，它也是资生堂旗下最著名的一款香水作品，随后不断有新包装以及衍生系列问世。此外，后来配方经过调整转归到芦丹氏旗下的林之妩媚女香也是其中影响深远的一款。作为芳香学的先锋，资生堂非常重视对香料的属性、效果和安定、提神等作用的研究，绿色解放香水就是这种研究的集大成者。

镇店名香

原版禅　Zen Original

资生堂为了打开西方香水市场的经典之作，设计灵感来源于 16 世纪的京都神庙，黑色的香水瓶和包装盒上印有精致细腻的金色花叶，整体风格充满东方的悠远意境。花香木质麝香调，前调为橙花、波斯树脂、风信子、佛手柑；中调为含羞草、康乃馨、紫罗兰、鸢尾根、茉莉、玫瑰、水仙；后调为檀木、琥珀、麝香、橡苔、雪松。

参考价格：￥450 / 80ml EDC

林之妩媚　Féminité Du Bois

由著名的调香师皮埃尔·伯顿和克里斯多夫·谢爵克调制，引领了木质调女香的狂潮。后来，香水的配方稍作调整后，林之妩媚被划归到芦丹氏旗下。东方木质调，前调为蜂蜜、康乃馨、生姜、肉桂、雪松、玫瑰；中调为橙花、李子、紫罗兰、桃、蜂蜡、丁香、豆蔻；后调为檀木、肉桂、 麝香安息香、香草、雪松。

参考价格：￥1 850 / 50ml EDP

收藏优选

1993

勃赛洛　Basala

资生堂的现代香水艺术创作的代表作品，也是男香中将柑橘香调用得鲜活而不单薄的一款。西普调，前调为迷迭香、艾蒿、薰衣草、绿色元素、水果元素、快乐鼠尾草、罗勒、奈若利橙花、佛手柑；中调为康乃馨、冷杉、肉桂、茉莉、香芹籽、玫瑰；后调为劳丹脂、皮革、琥珀、广藿香、麝香、椰子、橡苔、雪松。

参考价格：￥2 000 / 100ml EDT

2006

玫瑰皇朝　Rose Royale

资生堂限量版香水。花香调，此款香选用了玫瑰成分，是玫瑰香水控的必收款。

价格请店洽 Parfum

1997

绿色解放　Relaxing Fragrance

这是一款充满东方特色的香水，不含有酒精。由多种东方鲜花、香草、香料提炼而成。花香绿色调，前调为艾蒿、茶玫瑰、决明子、覆盆子、黄瓜、竹子；中调为牡丹、栀子花、豆蔻；后调为檀香。

参考价格：￥500 / 100ml EDP

1999

活力　Energizing Fragrance

香水使用了有香料中极品之称的茴芹，创造了一种若隐若现的气味，并具有振奋精神的功效，与绿色解放香水的舒缓作用形成对比。

参考价格：￥650 / 50ml EDP

2008

金禅　Zen Gold

资生堂禅系列 2008 年圣诞限量版，正方体的水晶玻璃瓶身散透金色的光芒，显示出高雅气质，同时这款香水的配方还有缓压作用，适合白领女性使用。花香调，前调为橙；中调为花香；后调为琥珀、木质元素。

价格请店洽 EDP

2009

禅精纯　Zen Concentrated

禅系列推出的限量版香水，味道比原版香水更加集中、强烈，明亮。香水瓶瓶盖换成了金色，突显奢华和珍贵气息。东方花香调，前调为佛手柑、葡萄柚、玫瑰、桃、玉兰、菠萝；中调为茉莉、栀子花、风信子、荷花、小苍兰、紫罗兰；后调为广藿香、弗吉尼亚州雪松、海水、焚香、香草、琥珀、皮革、麝香。

参考价格：￥400 / 50ml EDP

2010

禅 EDP 版　Zen Eau De Parfum

此款香水糅合了 20 种以上的天然植物精华，具有芳香治疗的效用。花果香调，前调为青柠、柑橘香、小苍兰、铃兰；中调为茉莉、晚香玉、荷花、玫瑰、杏仁花、含羞草；后调为麝香、弗吉尼亚州雪松、琥珀。

参考价格：￥350 / 50ml EDP

2013

丹之金禅　Zen Gold Elixir

香水完美地演绎出极致细腻的女性魅力和纯净感性。香水瓶身由笔墨画大师薄希英设计，金色的主色调更为此款女香增添了奢华感，值得入手收藏。东方花香调，选用了茉莉、玉兰、琥珀、香草、广藿香。

参考价格：￥1 000 / 50ml EDP

2012

神秘之禅　Zen Secret Bloom

纪念资生堂成立 140 周年而推出的限量版，由世界知名调香大师迈克尔·艾麦瑞克糅合了将近 20 种天然植物精华调制，产品包装则是工艺大师 Marehide Susuki 以日本传统漆器的莳绘图腾为灵感创作而成。瓶身纹样选用了 1964 年原版禅瓶身的盒身图案，重新刻绘于富有立体感和科技感的新瓶身上。西普花香调，香水成分选用了茉莉、小苍兰、焚香、广藿香、黑香草荚。

参考价格：￥550 / 50ml EDP

寻香名店

北京　赛特购物中心·燕莎商城·新世界百货·双安商场

上海　久光百货·永安百货·第一八佰伴

南京　金鹰国际购物中心·东方商城·中央商城

深圳　芮欧百货·茂业百货·君尚百货

藏·香·年·谱

推出时间	名	称	类别	推出时间	名	称	类别
1954	White Rose Natural	自然白玫瑰	女香	2000	Zen	禅	女香
1964	Zen Original	原版禅	女香	2006	Rose Royale	玫瑰皇朝	女香
1967	Koto	琴	女香	2007	Zen	禅 2007 版	女香
1976	Inoui	因诺	女香	2008	Zen Gold	金禅	女香
1978	Tactics	策略	男香	2009	Zen Concentrated	禅精纯	女香
1980	Murasaki	紫	女香	2009	Zen For Men	禅男士	男香
1982	Memoire	记忆	女香	2009	Zen Summer	禅夏日版	女香
20 世纪 80 年代	Myth Of Saso	佑宗神话	女香	2010	Zen Eau De Parfum	禅 EDP 版	女香
20 世纪 80 年代	Rosarium	玫瑰园	女香	2011	Zen White Heat Edition	禅之炽热	女香
1987	Saso	沙枣花	女香	2011	Zen White Heat Edition For Men	禅之炽热男士	男香
1991	Angelique	天使	女香	2012	Zen Secret Bloom	神秘之禅	女香
1992	Féminité Du Bois	林之妩媚	女香	2013	Zen Gold Elixir	丹之金禅	女香
1993	Basala	勃赛洛	男香	2013	Zen Sun	禅之光	女香
1993	Chant Du Coeur	心念	女香	2013	Zen Sun For Men	禅之光男士	男香
1994	We're	我们是	女香	2014	Zen Moon Essence	禅月之华	女香
1996	We're For Men	我们是男士版	男香	2014	Zen Sun 2014	禅之光女士 2014 版	女香
1997	Vocalise	宣言	女香	2014	Zen Sun For Men 2014	禅之光男士 2014 版	男香
1997	Relaxing Fragrance	绿色解放	女香	2015	Ever Bloom	永恒绽放	女香
1998	Dignita	尊严	女香	2015	Maquillage Dramatic Mood Potion	心机迷幻魔药	女香
1999	Energizing Fragrance	活力	女香	2016	Ever Bloom Extrait Absolu	永恒绽放绝对精粹	女香

Sisley
希思黎

法国顶级化妆品牌希思黎有“奢华植物护肤专家”之称，它于1976年由修伯特·多纳诺伯爵创立，而多纳诺家族曾先后于1935年与1951年参与创立了两大闻名国际的化妆品牌——兰蔻和幽兰。

希思黎的香水以女香为绝对的主导，夜幽情怀、缘月以及沁香水系列已经成了香水收藏家们的挚爱之物。特别是在1990年，希思黎推出了著名的夜幽情怀香水，极富艺术感的瓶身由波兰籍知名雕刻名家布兰尼斯罗·克里斯托弗亲自设计，瓶身上微笑着的女性头像极为经典，十分出众。自2001年起，这款香水几乎每年都有限量版的新作问世。没有浮夸的广告，从不追踪所谓新潮的外形，但是从明星到贵族，希思黎香水却有着最忠实的顾客。

sisley
PARIS

镇店名香

缘月　Soir De Lune

前调为清爽的柑橘香调，配合柠檬、胡妾、肉豆蔻和辣椒油气息；中调为西普花香调，纯粹的五月玫瑰融合着含羞草、茉莉、铃兰花、鸢尾、桃子的甜蜜芬芳；后调为木香调，弥漫着青苔与麝香、蜂蜜、檀木与印尼广藿香，舒缓而流畅，散发个性和性感。

参考价格：￥1 850 / 100ml EDP

夜幽情怀　Eau Du Soir

又名“暮之露”，芬芳层次丰富，柑橘香调的清新、花香调与西普香调的感性、琥珀与麝香的浓郁之间实现完美的对比与平衡。瓶身顶部 18K 金的头像雕刻造型，由波兰籍雕刻名匠布兰尼斯罗·克里斯托弗设计，独特出众。常搭配同系列沐浴啫喱、润体乳等其他产品推出礼盒。

参考价格：￥1 300 / 50ml EDP

夜幽情怀年度限量版　Eau Du Soir

自 2001 年至今，希思黎在每年圣诞期间都会选取不同主题，推出一款年度限量版夜幽情怀香水，以飨香水迷、收藏家，发行量通常不超过 10 000 瓶。其中，2008 年款采用了琥珀融合黑色水晶瓶身，而 2009 年款采用了珊瑚融合绿松石瓶身，2010 年限量版是黑白色彩组合对香，2011 年至今则以斑纹为主，流露着巴洛克的格调。

参考价格：￥1 850 / 100ml EDP

收藏优选

1974

绿野芳踪　Eau De Campagne

这是一款男女皆宜的中性香水，前调为佛手柑、柠檬、罗勒、野生香草、白松香；中调为绿番茄叶、茉莉、铃兰、天竺葵、李子、百合；后调为虎尾草、香根草、麝香、橡苔、广藿香。

参考价格：￥900 / 100ml EDT

2009

沁香水 1 号　Eau De Sisley 1

前调绿橙、葡萄柚的怡人果香配合粉色浆果的挑逗意味，在略带辛辣中愈加突出；中调的花香流畅自如，将纯净精致的水茉莉与绿茶精粹融为一体，而杜松子在清新气息又略带苦味；后调展现了优雅的西普香调，并因麝香而愈加柔和。

参考价格：￥1 100 / 100ml EDT

沁香水 2 号　Eau De Sisley 2

这款香水的前调异常清新，融合小豆蔻与佛手柑的微妙辛香与精致感性，同时又流露了罗勒的天真烂漫；中调由精心挑选的睡莲组成，融合埃及茉莉、仙客来与玫瑰；后调呈现了广藿香和香根草的感性，以及雪松和檀香的优雅。

参考价格：￥1 100 / 100ml EDT

2009

沁香水 3 号　Eau De Sisley 3

由令人振奋的柑橘芬芳揭开序幕；中调被紫姜的愉悦魔力所捕捉，桂花的独特芬芳柔和华丽，又隐约流露蜜桃与杏子的气息；后调来源于广藿香与香根草，并且有着延令草和香草的细腻精致，麝香的柔和温馨。

参考价格： ¥1 100 / 100ml EDT

2011

王者之跃　Eau D'Ikar

希思黎首款男士专属香水，选用来自科西嘉岛的地中海灌木乳香作为贯穿整体的基础。前调为清新柑橘调；中调为优雅的花香调，鸢尾花与茉莉之间细致调和；后调为清新原香木质调，以最新的真空分子蒸馏萃取技术屏除所有杂质。

参考价格： ¥1 100 / 100ml EDT

2014

热带奇幻　Eau Tropicale

前调为清新的佛手柑、异国花卉和姜；中调为花香，包裹着富有充足阳光、轻快盛开的夜来香、浓郁的紫罗兰叶以及土耳其玫瑰；后调是感性的木香，雪松、广藿香、黄葵籽，柔和地唤起迷人的浪漫气息。

参考价格： ¥1 300 / 50ml EDT

寻香名店

北京　赛特购物中心·新光天地·翠微广场·崇光百货

上海　芮欧百货·第一八佰伴·梅陇镇广场·高岛屋百货

香港　圆方商场·崇光百货·太古广场·连卡佛

伦敦　哈罗德百货

2015

夜幽情怀东方版　Soir D'Orient

成分中包含了意大利柠檬、伊朗白松香、藏红花、马达加斯加黑胡椒、土耳其玫瑰、埃及天竺葵，檀香以及印尼广藿香等，为其增加了温暖的质感。

参考价格： ¥1 700 / 100ml EDP

藏·香·年·谱

推出时间	名	称	类别	推出时间	名	称	类别
1974	Eau De Campagne	绿野芳踪	中性香	2009	Eau De Sisley 1	沁香水 1 号	女　香
1990	Eau Du Soir	夜幽情怀	女　香	2009	Eau De Sisley 2	沁香水 2 号	女　香
2001	Eau Du Soir 2001	夜幽情怀 2001 年版	女　香	2009	Eau De Sisley 3	沁香水 3 号	女　香
2002	Eau Du Soir 2002	夜幽情怀 2002 年版	女　香	2010	Eau Du Soir 2010	夜幽情怀 2010 年版	女　香
2003	Eau Du Soir 2003	夜幽情怀 2003 年版	女　香	2011	Eau D´Ikar	王者之跃	男　香
2004	Eau Du Soir 2004	夜幽情怀 2004 年版	女　香	2011	Eau Du Soir 2011	夜幽情怀 2011 年版	女　香
2005	Eau Du Soir 2005	夜幽情怀 2005 年版	女　香	2012	Eau Du Soir 2012	夜幽情怀 2012 年版	女　香
2006	Eau Du Soir 2006	夜幽情怀 2006 年版	女　香	2013	Eau Du Soir 2013	夜幽情怀 2013 年版	女　香
2006	Soir De Lune	缘月	女　香	2014	Eau Tropicale	热带奇幻	女　香
2007	Eau Du Soir 2007	夜幽情怀 2007 年版	女　香	2015	Soir D´Orient	夜幽情怀东方版	女　香
2008	Eau Du Soir 2008	夜幽情怀 2008 年版	女　香	2015	Soir De Lune 2015	缘月 2015 版	女　香

Teo Cabanel
提尔·肯伯纳

TEO CABANEL
PARIS

提尔·肯伯纳香水品牌创立于1893年，它致力于调配制作极致的古龙水，其第一个作品就是举世闻名的经典古龙水——Extraits de Mouchoirs。这款古龙水使得提尔·肯伯纳于20世纪在巴黎急速崛起，成为贵族夫人最喜爱的调香品牌，并以纯正调香工艺传承至今。

除了在香水工业的摇篮与世界香水之都格拉斯进行创作和调香外，提尔·肯伯纳坚持以纯粹、极致的法国传统工艺来完成自己的香水。实际上，要制造纯正的法国传统香水需要多年的经验与专业经验累积，其中，仅仅是浸泡的功夫就需耗时至少三个月以上，但这也是唯一能确保香水达到最佳质量的方式。

为了提供最高质量、最严谨也最恒久的香水，所有挑选、调配与生产制程，也都全部经过专属调香师让-弗朗索瓦·拉蒂亲自的严格审核。除了香水，提尔·肯伯纳还推出了固体香膏和香薰蜡烛产品。

镇店名香

蕾丝花园　Lace Garden

前调为依兰和柠檬；中调为晚香玉、茉莉、橙花和玉兰；后调为粉香元素、安息香、木质元素和香草。

参考价格： ￥850 / 50ml EDP

￥1 100 / 100ml EDP

收藏优选

2005

夜玫瑰　Oha

前调为清新佛手柑结合细致茶香；中调则带有大量保加利亚和摩洛哥的玫瑰香氛，而埃及茉莉加上危地马拉肉豆蔻则创造出些许香料气息；最后出其不意地用白麝香，提升了香草、鸢尾花、薰草豆和异国木质香的粉香调。

参考价格： ￥850 / 50ml EDP

￥1 100 / 100ml EDP

2005

朱丽娅　Julia

这是一款适用于各种场合的香水，带有果香的综合花香调，具有性感却又难以捉摸的特性。前调来自西西里柑桔的清新晨露，混合了大黄和黑醋栗的微酸；中调则呈现了茉莉、风信子和紫罗兰的植物芬芳；以檀香、熏香和一点点覆盆子作为基底，再以麝香柔化余韵。

参考价格：￥650 / 50ml EDT

￥850 / 100ml EDT

2007

亚罗罕　Alahine

前调呈现出卡布里亚佛手柑和依兰的香气；而茉莉和保加利亚玫瑰的花香则与橙树和甜椒以完美的比例搭配，摩洛哥玫瑰带出了诱人而难忘的东方风情；鸢尾花、柑橘、广藿香、安息香、香草、檀香和麝香提升了整体的甜美与柔和温暖。

参考价格：￥850 / 50ml EDP

￥1 100 / 100ml EDP

2008

夏日蝉鸣　Meloe

前调为香柠檬、橘子、柠檬、薰衣草、罗勒；中调为茉莉、橙花油、橙花、肉豆蔻；后调为麝香、琥珀、木质香。自然清新的果香气息让人在整个夏天都优雅而自如。

参考价格：￥650 / 50ml EDT

￥850 / 100ml EDT

2012

贝略索　Hegoa

前调为柠檬、橘子、香柠檬；中调为玫瑰、茶叶；后调为琥珀、麝香、木质香。备有便携式走珠款。

参考价格：￥650 / 50ml EDT

￥850 / 100ml EDT

2010

晨曦玫瑰　Early Roses

前调为茉莉、露水、玫瑰；中调为粉红胡椒、茉莉、保加利亚玫瑰；后调为麝香、琥珀、木质香。香水让人感觉犹如清晨漫步在开满玫瑰与繁花的花园。

参考价格：￥850 / 50ml EDP

￥1 100 / 100ml EDP

2013

新月沙丘　Barkhane

前调为香柠檬；中调为孜然、老鹳草、咖喱树；后调为广藿香、香根草、沉香(乌木)、劳丹脂、没药、顿加豆、香草、麝香。

参考价格：￥850 / 50ml EDP

￥1 100 / 100ml EDP

寻香名店

香港　新城广场·太古广场

台北　宝丽广场 Cyrano 香水沙龙·丽晶精品 Cyrano 香水沙龙

伦敦　Scent City 店·Liberty 百货·福特纳姆梅森百货

巴黎　Sens Unique 香水店·Beauty Lounge 店

藏·香·年·谱

推出时间	名称		类别	推出时间	名称		类别
2005	Julia	朱丽娅	女香	2010	Early Roses	晨曦玫瑰	女香
2005	Oha	夜玫瑰	女香	2012	Hegoa	贝略索	中性香
2007	Alahine	亚罗罕	女香	2013	Barkhane	新月沙丘	中性香
2008	Meloe	夏日蝉鸣	女香	2015	Lace Garden	蕾丝花园	女香

Thierry Mugler
蒂埃里·穆勒

法国设计师蒂埃里·穆勒曾经做过舞蹈演员，所以当他转行为戏剧服装设计师后，他的设计仍然充满了舞台上才有的天马行空的想象，甚至被称为是后现代主义的设计师。然而，对于很多人来说，认识蒂埃里·穆勒可能都是源自于该品牌的香水。

1992年的天使是蒂埃里·穆勒的第一款女用香水，从它开始，该品牌陆陆续续推出了几十款香水，从天使到A男士、异形、女人味、纯真，同样都是个性鲜明，让人过目不忘的设计。

每年，蒂埃里·穆勒都会在这几款香水的基础上推陈出新，通过更换造型和包装、升级味道，来获得完全不同的全新感受，非常吸引人。

镇店名香

天使淡花香精　Angle Extrait De Parfum

如果只能收藏一款蒂埃里·穆勒的香水作品，答案应该出自于天使系列。五角星是蒂埃里·穆勒香水的一大标志性元素，蓝色的格调极为精致，造型风格十分引人注目。

参考价格：￥1 400 / 10ml Parfum

天使冬季之星限量版

Angel Winter Star Extrait Limited Edition

这是一款东方香草调的女用香水，香水成分中包括了柑橘、香瓜、桃子、李子、香草、檀香木、广藿香。2014 年在此基础上推出了新版——天使秘密之星。

参考价格：¥2 100 / 35ml Parfum

迷你版组合　Deluxe Coffret Of Miniatures

蒂埃里•穆勒常会限量推出一些迷你版套装，这套包括了热门的天使 EDP（5ml 装）、天使 EDT（3ml 装）、女人味 EDP（5ml 装）、异形 EDP（6ml 装）。

价格请店洽

特别系列　Les Exceptions Collection

这是蒂埃里•穆勒在 2014 年开始陆续推出的中性香系列，2014 年即推出 5 款作品，香调分别是花香调、东方香调、藓苔调、麝香和西普调，几何线条的瓶身十分简约方正。

参考价格：¥1 500 / 100ml Parfum

秀系列天使明星

Show Collection Deluxe Superstar

秀系列是蒂埃里•穆勒香水家族中的炫彩之作，这款天使明星限量版在瓶身镶有施华洛奇水晶，极为华丽抢眼。香水成分包括佛手柑、热带水果、香草、焦糖和广藿香。

参考价格：¥18 600 / 425ml EDP

镜面系列　Mirror Collection

从 2008 年开始，蒂埃里•穆勒陆续推出镜面系列。该系列主打女香款，同时也涉及了男香和中性香，最新款作品是 2012 年的镜面女王和 2013 年的镜面宝石，瓶身上装饰以浓郁艺术风格的花纹图案。

参考价格：¥1 000 / 50ml EDP

收藏优选

1992

天使　Angel

这款香水是蒂埃里·穆勒的经典制作。东方美食调，前调为香瓜、椰子、橘子、醋栗叶、茉莉、香柠檬棉花糖；中调为蜂蜜、杏、黑莓、李子、兰花、桃子、茉莉、铃兰、红浆果、玫瑰；后调为顿加豆、琥珀、广藿香、麝香、香草、黑巧克力、焦糖

参考价格：￥800 / 50ml EDP

1998

纯真　Innocent

东方美食调，前调为橘子、香柠檬；中调为黑加仑、杏仁、红浆果；后调为琥珀、麝香、果仁糖。

参考价格：￥800 / 300ml EDT

2001

青净古龙水　Mugler Cologne

前调为橙花油、香柠檬、苦橙叶；中调为橙花；后调为麝香。

参考价格：￥800 / 300ml EDT

2005

异型　Alien

又译为“琥珀”，是蒂埃里·穆勒香水家族中的一大著名香水。前调为茉莉；中调为木质香；后调为琥珀。其限量版的作品很适合收藏。

价格请店洽 EDP

星辉花园系列

Angel Garden Of Stars Collection

2005 年推出的星辉花园女香系列包括百合天使、牡丹天使、紫罗兰天使。2006 年又推出了玫瑰天使。

价格请店洽 EDP

2008

A* 男士纯木　A*Men Pure Wood

从 2008 年的纯粹咖啡开始，蒂埃里•穆勒几乎每年都会推出一款 A* 男士纯粹男香，包括 2009 年的纯粹麦芽、2011 年的纯粹哈瓦那、2012 年的纯粹射击、2013 年的纯粹能量以及 2014 年的纯木。

参考价格：￥500 / 100ml EDT

2009

异形 EDT 版

Alien Eau De Toilette

前调为橘子、柑橘；中调为白色花系、茉莉；后调为克什米尔木、琥珀。其限量版的作品很适合收藏。

参考价格：￥400 / 30ml EDT

2010

女人味　Womanity

粉红色的瓶身充满女性意味，上面镶嵌着金属锁链以及女性面部雕塑，很有哥特感。它通过新的分子提取工艺，从无花果等水果中提取出甜蜜分子，而美味可口的香味成分则来自于鱼子酱，还有从无花果树提取出来的木质成分。

参考价格：￥750 / 80ml EDP

2010

天使之星定制版

Angel Mugler Couture Star Collection

瓶身以施华洛世奇水晶和皮革装饰，非常别致。前调为香瓜、果香、椰子、橘子、醋栗、茉莉、香柠檬、草莓；中调为蜂蜜、杏、黑莓、李子、兰花、桃子、茉莉、铃兰、红浆果、玫瑰；后调为檀香木、顿加豆、香豆素、琥珀、广藿香、麝香、香草、黑巧克力、焦糖。

参考价格：￥500 / 25ml EDP

秀系列异形定制版

Show Collection Alien Couture Stone

这款香水在香味构成上与原版并无差别，能让人联想起微妙的印度小茉莉、木质香和琥珀香味，但香水瓶上镶嵌着金色手镯般的装饰物，与紫水晶色瓶子紧密贴合。

参考价格：￥750 / 60ml EDP

2011

纯粹哈瓦娜　A*Men Pure Havane

东方香草调男香，前调为烟草、白蜂蜜；中调为广藿香、香草、可可；后调为法国劳丹脂、琥珀、苏合香。

价格请店洽 EDT

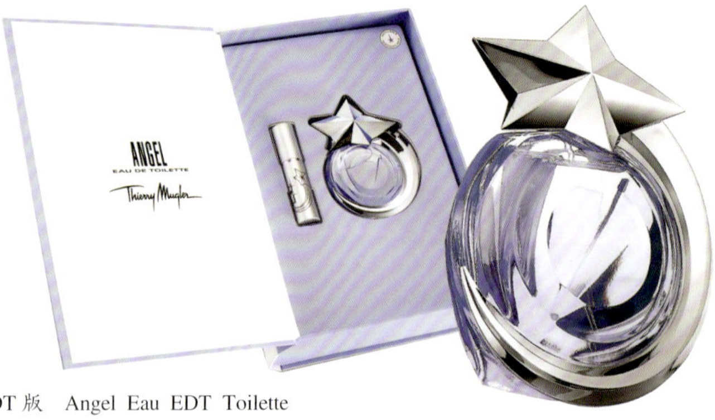

天使 EDT 版　Angel Eau EDT Toilette

前调为佛手柑和粉色胡椒；中调为红浆果和果仁糖；后调为麝香、广藿香、弗吉尼亚州雪松和香草。

参考价格：￥700 / 80ml EDT

品香系列　The Taste Of Fragrance Collection

该系列汇集了天使、异形、A 男士以及女人味这蒂埃里·穆勒的四大经典名香，很适合收藏。

价格请店洽

2012

天使时尚之水　Angel Aqua Chic

前调为柠檬；中调为粉红胡椒、矢车菊；后调为广藿香、香草。2013 年又推出了新版。

参考价格：￥600 / 50ml EDT

A* 男士金色版　A*Men Gold Edition

前调为薄荷和薰衣草；中调为广藿香和阿特拉斯雪松；后调为咖啡、零陵香豆和苏合香。可与银色金属版一同收藏。

参考价格：￥700 / 100ml EDT

异形时尚之水系列
Alien Aqua Chic Collection

异形时尚之水一直是极受现今时尚女性期待的香水作品，在光线的折射作用下，多棱瓶身十分华丽。后续又推出一些新版本。

参考价格：￥700 / 100ml EDT

2012

20 周年特别系列
Les Parfums De Cui Collection

该系列是为了纪念品牌成立 20 周年推出的特别款，让经典的天使、异形、女人味香水以全新形象面世。

参考价格：￥600 / 30ml EDP

2013

启明星对香　Angel Brilliant Star

这款香水分为银色和黑色两款女香，瓶身点缀多颗施华洛世奇水晶元素，十分奢美。

参考价格：￥600 / 25ml EDP

2012

异形精纯　Alien Essence Absolue

前调为茉莉；中调为喀什米尔木和鸢尾根；后调为香草荚、白琥珀、没药和梵香。

参考价格：￥650 / 30ml EDP

2013

天使甜美浓香 2013 年版
Angel Liqueur De Parfum 2013

成分中包含了香柠檬、热带水果、香草、焦糖、广藿香以及干邑白兰地。

参考价格：￥550 / 30ml EDP

2014

异形非凡之水　Alien Eau Extraordinaire

前调为佛手柑、茶和突尼斯奈若利橙花；中调为佳雷花和天芥菜；后调为白琥珀和开司米木麝香。

参考价格： ¥500 / 60ml EDT

天使魅惑版　Angel Glamorama

前调为甜瓜、椰子、橘子、黑醋栗叶、茉莉、佛手柑和棉花糖；中调为蜂蜜、杏、桃、红浆果、李子、黑莓、茉莉、兰花、玫瑰和铃兰；后调为广藿香、零陵香豆、琥珀、香草、麝香、巧克力和焦糖。

参考价格： ¥800 / 50ml EDP

A* 男士浓情版　A*Men Ultra Zest

瓶身十分醒目耀眼，前调为血橙、蜜橘、生姜和薄荷；中调为肉桂、咖啡和黑胡椒；后调为零陵香豆、广藿香和香草。

参考价格： ¥500 / 100ml EDT

2015

天使可填充版 2015 限量版

Angel Eau De Parfum Rechargeable Edition 2015

这款香水保持了原版天使香水的东方美食香调，前调突出了佛手柑的芳香，接着上场的是红浆果，柔软和感性的香草和广藿香则宣布了这款香味主要成分的到来。

参考价格： ¥1 100 / 75ml EDP

天使之水 2015 年版

Angel Eau Sucree 2015

前调为红浆果和沙冰（Sorbet）冰淇淋；中调为蛋白酥和焦糖；后调为广藿香香草。

参考价格： ¥1 200 / 100ml EDT

异形非凡之水金色闪粉版

Alien Eau Extraordinaire Gold Shimmer

前调为突尼斯奈若利橙花和佛手柑茶，然后是以佳雷花的为主的中调，后调的开司米木麝香和白琥珀的芳香则温暖到让人想去拥抱。

参考价格： ¥600 / 60ml EDT

寻香名店

香港　崇光百货轩尼诗道店·连卡佛广东道店·连卡佛时代广场店·连卡佛海港城店

澳门　新八佰伴百货

伦敦　哈罗德百货

藏·香·年·谱

推出时间	名称		类别	推出时间	名称		类别
1992	Angel	天使	女香	2011	Alien Sunessence Edition Limitee 2011 Or D´Ambre	异形阳光 2011 年限量版	女香
1992	Angel Winter Star Extrait Limited Edition	天使之星冬季限量版	女香	2011	Alien Pierre Initiatique Edition	异形皮埃尔启蒙版	女香
1996	A★Men	A★男士	男香	2011	Angel Eau De Toilette	天使 EDT 版	女香
1998	Innocent	纯真	女香	2011	Angel Sunessence Ocean D´Argent	天使阳光银色海洋版	女香
2001	Mugler Cologne	青净古龙水	中性香	2011	Angel Etoile Seduisante	魅力天使之星	女香
2003	Angel Etoile Mystique	神秘天使之星	女香	2011	The Taste Of Fragrance Alien	品香系列–异形	女香
2004	B★Men	B★男士	男香	2011	The Taste Of Fragrance Womanity	品香系列–女人味	女香
2005	Alien	异形	女香	2011	The Taste Of Fragrance Angel	品香系列–天使	女香
2005	Angel Garden Of Stars–Le Lys	星辉花园–百合天使	女香	2011	The Taste Of Fragrance A★Men	品香系列–A★男士	男香
2005	Angel Garden Of Stars–Pivoine Angel	星辉花园–牡丹天使	女香	2012	A★Men Gold Edition	A★男士金色版	男香
2005	Angel Garden Of Stars–Violette Angel	星辉花园–紫罗兰天使	女香	2012	A★Men Pure Shot	A★男士纯粹射击	男香
2005	Innocent Summer Dew	纯真夏露	女香	2012	A★Men Les Parfums De Cuir	A★男士皮革	男香
2006	A★Men Summer Flash	A★男士闪耀夏日	男香	2012	Miroir Des Majestes	镜面女王	女香
2006	Cologne Summer Flash	夏日古龙	中性香	2012	Angel Precious Star 20th Birthday Edition	珍贵天使之星 20 周年纪念版	女香
2006	Le Parfum	蒂埃里·穆勒之香	女香	2012	Angel Aqua Chic	天使时尚之水	女香
2006	Innocent Summer Flash	纯真夏日幻光	女香	2012	Alien Les Parfums De Cuir	异型	女香
2006	Innocent Secret	纯真秘密	女香	2012	Alien Aqua Chic Edition Limitée	异形时尚之水限量版	女香
2006	Angel Garden Of Stars–La Rose Angel	星辉花园–玫瑰天使	女香	2012	Alien Essence Absolue	异形精纯	女香
2006	Angel Extrait De Parfum	天使淡花香精	女香	2012	Womanity Eau Pour Elles	女人味时尚之水	女香
2007	Ice★Men	冰男士	男香	2012	Womanity Les Parfums De Cuir	女人味皮革	女香
2007	Eau De Star	水星	女香	2013	A★Men Pure Energy	A★男士纯粹能量	男香
2007	Innocent Illusion	纯真幻觉	女香	2013	A★Men Pure Malt Creation	A★男士纯粹麦芽创意版	男香
2007	Angel La Part Des Anges	天使碎片	女香	2013	Mugler Show	穆勒秀	女香
2007	Angel Forever	永恒天使	女香	2013	Alien Aqua Chic 2013	异形时尚之水 2013 版	女香
2007	Angel Caprice De Star	随想天使	女香	2013	Alien Pierre Magique	异形魔法	女香
2008	A★Men Pure Coffee	A★纯粹咖啡	男香	2013	Angel Silver Brilliant Star	天使银色启明星	女香
2008	A Travers Le Miroir	镜面原作	女香	2013	Angel Black Brilliant Star	天使黑色启明星	女香
2008	Dis Moi、Miroir	镜面美人	女香	2013	Angel Liqueur De Parfum	天使甜美浓香 2013 年版	女香
2008	Miroir Des Envies	镜面嫉妒	女香	2013	Alien Liqueur De Parfum	异形甜美浓香	女香
2008	Mirror Of Desires	镜面欲望	女香	2013	Angel Aqua Chic 2013	天使时尚之水 2013 年版	女香
2008	Miroir Des Secrets	镜面秘密	女香	2013	Womanity Liqueurs De Parfum	女人味浓香版	女香
2008	Miroir Des Vanites	镜面丝绒	男香	2013	Miroir Des Joyaux	镜面宝石	女香
2008	Innocent Rock	纯真摇滚	女香	2014	A★Men Pure Wood	A★男士纯木	男香
2008	Alien Eau Luminescente	异形闪耀之水	女香	2014	Mugler Les Exceptions–Over The Musk	麝香之上	中性香
2009	Alien Eau De Toilette	异形 EDT 版	女香	2014	Mugler Les Exceptions–Supra Floral	卓越之花	中性香
2009	Alien Liqueur De Parfum	异形甜美浓香版	女香	2014	Mugler Les Exceptions–Oriental Express	东方快车	中性香
2009	Alien Sunessence EDT Legere	异形阳光 EDT 版	女香	2014	Mugler Les Exceptions–Fougère Furieuse	狂怒馥奇香	中性香
2009	A★Men Pure Malt	A★男士纯粹麦芽	男香	2014	Mugler Les Exceptions–Chyprissime	西普之魅	中性香
2009	Angel Intimate Star	亲密天使之星	女香	2014	Alien Eau Extraordinaire	异形非凡之水	女香
2009	Angel Liqueur De Parfum	天使甜美浓香版	女香	2014	Angel Glamorama	天使魅惑版	女香
2009	Angel Sunessence EDT Legere	天使阳光	女香	2014	Angel Secret Star	天使秘密之星	女香
2010	Show Collection A★Men Bracelet De Force	秀系列 A★男士手链	男香	2014	Angel Eau Sucree	天使之水	女香
2010	Show Collection Angel Extrait De Parfum	秀系列天使香精	女香	2015	A★Men Ultra Zest	A★男士浓情版	男香
2010	Show Collection Alien Couture Stone	秀系列异形定制版	女香	2015	Angel Eau de Parfum Rechargeable Edition 2015	天使可填充版 2015 限量版	女香
2010	Alien Sunessence Edition Saphir Soleil	异形阳光落日版	女香	2015	Angel Eau Sucree 2015	天使之水 2015 版	女香
2010	Miroir Des Voluptes	镜面乐趣	女香	2015	Alien Eau Extraordinaire Gold Shimmer	异形非凡之水金色闪粉版	女香
2010	Angel Sunessence Edition Bleu Lagon	天使阳光蓝色珊瑚版	女香	2015	Alien Édition Talisman	异形护身符	女香
2010	Angel Mugler Couture Star Collection	天使之星定制版	女香	2015	Alien Oud Majestueux	异形乌木	女香
2010	Womanity	女人味	女香	2015	Angel Passion Star	天使激情之星	女香
2010	Show Collection Deluxe Superstar	秀系列大使明星	女香	2015	Cuir Impertinent	狂野皮革	中性香
2010	A★Men Sunessence Edition Orage D´Ete	A★男士阳光暴风雨	男香	2016	A★Men Pure Tonka	A★男士纯香	男香
2011	A★Men Pure Havane	A★男士纯粹哈瓦那	男香	2016	Alien Divine Ornamentations	异形神圣纹饰	女香
2011	Mugler Cologne	穆勒古龙水	中性香				

Tom Ford
汤姆·福特

TOM FORD

汤姆·福特是由设计师汤姆·福特先生于2004年在美国创立的同名品牌，这个男人有着从不犯错的完美品位，甚至有人称赞他“如果时尚世界没有汤姆·福特，那么它就一定有必要去创造一个出来”。汤姆·福特香水是求精而不重量，虽然第一款香水在2006年才问世，但是几乎每一瓶新香水的推出都惊世骇俗。

汤姆·福特不但自己亲历亲为担任品牌的调香师，而且携手吉沃丹、芬美意等著名香料公司的调香师们严格掌控香水的品质，因此汤姆·福特香水在业界的口碑颇佳，推出的午夜兰花、沉香木、同名男士、橙花油等香水更是好评无数。

汤姆·福特香水主要分签名系列（Signature）和私藏系列（Private Blend），私藏系列走的路线更为高端，往往由汤姆·福特亲自主持精挑细选，采用自然纯精油调制，收藏价值不容小觑。

镇店名香

午夜兰花　Black Orchid

汤姆·福特推出的第一款香水，以华丽与典雅著称，一上市就就受到了无数热评。经典而现代的黑色瓶身，细致的雕刻凹槽，加上瓶身装饰着缀上23K金的金色Logo，将奢华品质表现得淋漓尽致。东方花香调，前调为茉莉、栀子花、依兰、佛手柑、阿马尔菲柠檬、橘子、黑醋栗、薯块根；中调为香辛料、水果元素、荷花、兰花；后调为香根草、檀木、广藿香、琥珀、焚香、香草、墨西哥巧克力。

参考价格：￥950 / 50ml EDP

同名男士　Tom Ford For Men

汤姆·福特的首款男香，上市后好评无数，适合成熟男士使用。木质花香麝香调，前调为生姜、橘子、柠檬叶油、罗勒、佛手柑、紫罗兰叶；中调为突尼斯橙花、胡椒、烟叶；后调为琥珀、弗吉尼亚州广藿香、橡苔、香根草、雪松。

参考价格：￥650 / 50ml EDT

灰色香根草　Grey Vetiver

该香水荣获2010年香水奥斯卡菲菲奖年度奢华男性香水大奖。此款香水整体香调年轻而富有活力。木质调，前调为葡萄柚、橙花、鼠尾草；中调为肉豆蔻核仁、鸢尾根、甘椒；后调为香根草、木质元素、琥珀、橡苔。

参考价格：￥850 / 50ml EDP

2007

沉香木　Oud Wood

沉香木是汤姆·福特私藏系列香水里最热卖的一支偏男性中性香水，也是沉香木香水大潮中的佼佼者。东方木质调，成分选用了沉香木、巴西花梨木、豆蔻、四川花椒、檀木、香根草、零陵香豆、香草、琥珀。

参考价格：¥3 200 / 250ml EDP

黑兰花纱　Black Orchid Voile De Fleur

完美传达了汤姆·福特品牌特有的高雅与奢华感，也是汤姆·福特香水中非常具有神秘感的一款女香，适合日常使用。东方花香调，前调为黑醋栗、依兰；中调为金银花、百合、栀子花、李子、胡椒、兰花；后调为檀木、水果元素、广藿香、肉桂、香草、牛奶、树脂。

参考价格：¥850 / 100ml EDT

同名男士极致版

Tom Ford For Men Extreme

汤姆·福特备受好评的一款限量版香水。木质调，成分选用了柠檬、无花果、薯块根、广藿香、雪松。

参考价格：¥1 200 / 50ml EDT

2008

白色广藿香　White Patchouli

非常具有波希米亚风格的香水，雪白色细棱香水瓶设计极为简约，尤其瓶身缀以 23K 金的金色 Logo，更显优雅别致。西普花香调，前调为佛手柑、牡丹、香菜、白色花朵；中调为玫瑰、茉莉、麝香锦葵；后调为广藿香、焚香、木质元素。

参考价格：¥950 / 50ml EDP

2009

白麝香系列白色小山羊皮

White Musk Collection White Suede

汤姆·福特白麝香系列中的大热款，以汤姆·福特本人最爱的麝香为基调。此款女香是汤姆·福特与知名香料公司芬美意的调香师合力调配。花香木质麝香调，香水成分包括玫瑰、藏红花、百里香、茶、乳香、铃兰、檀木、绒面革、琥珀、麝香。

参考价格：¥1 150 / 50ml EDP

2011

橙花油　Neroli Portofino

汤姆·福特私藏系列中最受全球香水爱好者欢迎的一款。区别于汤姆·福特常见的黑色包装，孔雀蓝色更显清凉宜人。柑橘芳香调，前调为佛手柑、橘子；中调为非洲橙花；后调为琥珀。

参考价格：¥1 500 / 50ml EDP

2011

嫣红檀香　Santal Blush

汤姆·福特香水中非常具有东方风情的女香，完美融合了檀木、东方香料，非常值得收藏。东方木质调，前调为肉桂、香芹籽、香辛料、胡萝卜种子、葫芦巴；中调为茉莉、依兰、玫瑰；后调为麝香、檀木、弗吉尼亚州雪松、安息香、沉香木。

参考价格：￥1 500 / 50ml EDP

金色紫罗兰　Violet Blonde

该款香入围了 2012 年菲菲香水奖年度女士香水的候选名单，调香师将紫罗兰和鸢尾根这两种香材调和得恰到好处，创造了这款非常著名的性感女香。此款香水非常适合出席正式场合使用。花香木质麝香调，前调为橘子、粉色胡椒、紫罗兰叶；中调为鸢尾、茉莉、鸢尾根；后调为香根草、麝香、弗吉尼亚州雪松、安息香、绒面革。

参考价格：￥850 / 50ml EDP

胭脂茉莉　Jasmin Rouge

这不是一款入门级的香水，调香师大手笔地采用了顶级原料蒸馏的茉莉精油为原料，用微弱的混搭带出茉莉花的另种质感，既不失小众的一面，也能让大众普遍接受。东方花香调，前调为生姜、豆蔻、肉桂、佛手柑、橘子、胡椒；中调为茉莉、奈若利橙花、依兰、金雀花、快乐鼠尾草；后调为法国劳丹脂、琥珀、香草、皮革、木质元素。

参考价格：￥1 850 / 50ml EDP

2012

黑色　Noir

汤姆·福特旗下颇受好评的性感男香。瓶身采用全新设计，锋利锐气的直线条，标志性的竖条压纹，神秘的暗黑色调以及华丽的品牌 Logo，十分奢华性感，值得入手收藏。芳香香料调，前调为佛手柑、马鞭草、香芹籽、粉色胡椒和紫罗兰；中调为黑胡椒、肉豆蔻核仁、托斯卡纳鸢尾、老鹳草、保加利亚玫瑰、快乐鼠尾草；后调为愈伤草、琥珀、印度尼西亚广藿香、香根草、果子狸、香草、苏合香、皮革、安息香。

参考价格：￥750 / 50ml EDP

咖啡玫瑰　Café Rose

汤姆·福特夜晚花园系列中玫瑰香水的代表作，完美营造了夜晚香水的性感魅惑吸引力，特别适合约会或聚会场合使用。西普花香调，前调为藏红花、黑胡椒、五月玫瑰；中调为土耳其玫瑰、保加利亚玫瑰、咖啡；后调为焚香、琥珀、檀木、广藿香。

参考价格：￥1 500 / 50ml EDP

左岸琥珀　Atelier D'Orient Rive D'Ambre

汤姆·福特私藏系列分支东方工作坊系列中的代表香水，瓶身及包装沿袭了私藏系列的外观，采用了深琥珀色的玻璃瓶，以及金色的标签。香水将柑橘气息演绎得恰到好处，同时将人引入到温暖的琥珀调之中。该香水荣获 2014 年度香水奥斯卡菲菲奢华男士香水大奖。

参考价格：￥1 500 / 50ml EDP

2013

伦敦　London

汤姆•福特为纪念自己第一个伦敦独立店而推出的香水，属于私藏系列，在上市的前六个月仅限汤姆•福特伦敦店销售。适合高雅、彬彬有礼的男士使用，具有雅痞风格。木质辛辣调，前调为马达加斯加黑胡椒油、藏红花、豆蔻纯香、香菜籽、小茴香油、咖啡油；中调为埃及老鹳草、茉莉纯香、焚香、西班牙柑橘油；后调为沉香木、桦木焦油、阿特拉斯雪松、多米尼加阿米香树、越南 Tonkin 麝香。

参考价格：￥1 500 / 50ml EDP

撒哈拉黑　Sahara Noir

金色瓶身突出此款女香的华贵气质。东方花香调，前调为苦橙、菖蒲、丝柏、劳丹脂；中调为埃及茉莉、摩洛哥玫瑰、焚香、纸莎草、蜂蜡、肉桂；后调为劳丹脂、安息香、香草、雪松、琥珀、沉香木、埃及树脂。

参考价格：￥1 150 / 50ml EDP

寻香名店

北京　王府半岛酒店•新光天地
香港　DFS 香港国际机场店
纽约　萨克斯第五大道精品百货
伦敦　骑士桥斯隆大街店

2014

天鹅绒兰花　Velvet Orchid

与午夜兰花香水一脉相承，并延续了大胆和丰富花香香料的特点，同时标志性的、有凹槽的午夜兰花香水玻璃瓶被重新铸造，具有光泽的暗紫色质感。此款香水只在汤姆•福特全球旅游零售点销售。东方花香调，前调为佛手柑、橘子、朗姆酒、蜂蜜；中调为茉莉、玫瑰精油、墨兰、兰花、橙花、玉兰、风信子、水仙、天芥菜；后调为秘鲁香脂、劳丹脂、檀木、没药、绒面革、香草。

参考价格：￥750 / 50ml EDP

藏·香·年·谱

推出时间	名	称	类 别	推出时间	名	称	类 别
2006	Black Orchid	午夜兰花	女 香	2011	Lavender Palm	薰衣草棕榈	中性香
2007	Black Orchid Voile De Fleur	黑兰花纱	女 香	2011	Neroli Portofino	橙花油	中性香
2007	Tom Ford For Men	同名男士	男 香	2012	Café Rose	咖啡玫瑰	中性香
2007	Tom Ford For Men Extreme	同名男士极致版	男 香	2012	Jonquille De Nuit	水仙之夜	中性香
2007	Amber Absolute	绝对琥珀	中性香	2012	Lys Fume	雾中百合	中性香
2007	Black Violet	午夜紫罗兰	中性香	2012	Ombre De Hyacinth	暗影下的风信子	中性香
2007	Bois Rouge	红木	中性香	2012	Noir	黑色	男 香
2007	Japon Noir	日本黑色	中性香	2013	Noir Eau De Toilette	黑色 EDT 版	男 香
2007	Moss Breches	苔藓	中性香	2013	London	伦敦	女 香
2007	Oud Wood	沉香木	中性香	2013	Sahara Noir	撒哈拉黑	女 香
2007	Noir De Noir	黑之黑	中性香	2013	Atelier D´Orient Shanghai Lily	上海百合	女 香
2007	Purple Patchouli	紫色广藿香	中性香	2013	Atelier D´Orient Fleur De Chine	中国之花	中性香
2007	Tobacco Vanille	烟叶香草	中性香	2013	Atelier D´Orient Plum Japonais	日本梅	女 香
2007	Tuscan Leather	托斯卡纳皮革	中性香	2013	Atelier D´Orient Rive D´Ambre	左岸琥珀	中性香
2007	Velvet Gardenia	丝绒栀子	中性香	2013	Oud Fleur	沉香之花	中性香
2008	White Patchouli	白色广藿香	女 香	2013	Tobacco Oud	烟草沉香	中性香
2008	Italian Cypress	意大利丝柏	中性香	2014	Grey Vetiver Eau De Toilette	灰色香根草 EDT 版	男 香
2009	Grey Vetiver	灰色香根草	男 香	2014	Velvet Orchid	天鹅绒兰花	女 香
2009	White Musk Collection Jasmine Musk	白麝香系列茉莉麝香	女 香	2014	Costa Azzurra	蔚蓝海岸	中性香
2009	White Musk Collection Musk Pure	白麝香系列纯粹麝香	女 香	2014	Mandarino Di Amalfi	阿马尔菲柑橘	中性香
2009	White Musk Collection Urban Musk	白麝香系列城市麝香	女 香	2014	Patchouli Absolu	广藿香新译	中性香
2009	White Musk Collection White Suede	白麝香系列白色小山羊皮	女 香	2015	Noir Extreme	黑色极致版	男 香
2009	Arabian Wood	阿拉伯木	中性香	2015	Noir Pour Femme	黑色女士	女 香
2009	Bois Marocain	摩洛哥木	中性香	2015	Fleur De Portofino	波托菲诺之花	中性香
2009	Champaca Absolute	绝对黄兰花	中性香	2015	Black Orchid Eau De Toilette	午夜兰花 EDT 版	女 香
2010	Azure Lime	蔚蓝酸橙	中性香	2015	Venetian Bergamot	威尼斯佛手柑	中性香
2011	Violet Blonde	金色紫罗兰	女 香	2015	Neroli Portofino Acqua	橙花油之水	中性香
2011	Jasmin Rouge	胭脂茉莉	女 香	2016	Neroli Portofino Forte	浓烈橙花油	中性香
2011	Santal Blush	嫣红檀香	女 香	2016	Soleil Blanc	白色棱纹	中性香

Tous 桃丝熊

看多了北美品牌的奢华大气和亚洲品牌的精致婉约，来自西班牙的王室品牌桃丝熊更加显得与众不同。创建于 1985 年，以珠宝制造起家的桃丝熊历经 20 多年的岁月洗礼，其衍生皮具和香水系列深受顾客欢迎。

桃丝熊的香水造型讨喜而又独特。2002 年，品牌推出了第一款同名女香，用芳香的方式再次向人们叙述着桃丝熊的可爱与优雅，最新款香水已于 2015 年推出。其中自然之水香水，独具匠心地将瓶身设计成一滴水的造型，象征着生命和承诺，清爽的水质香气让人时刻充满活力和自信。

桃丝熊的设计理念是让每一个人都感受到快乐、阳光与自信。目前与之合作过的调香师包括苏菲·拉韦、克里斯汀·内格尔、尼伯格、达芙妮·比热以及薇罗尼卡·尼伯格等。

镇店名香

亲亲　Touch

2006 年推出的一款花果美食调的女用香水，调香师是苏菲•拉韦。前调为小苍兰、铃兰和荷花；中调为桂花、茉莉和佳雷花；后调为杏仁、蓝莓、覆盆子和香草。瓶身有着不对称的野性形式。模仿纯手工制作效果的金色盖子表面看似粗糙，却如珠宝饰品一样被精心打造。充满质感又富有凹凸细节的圆润瓶身，一条皮绳轻轻围绕其上，配以金色的小熊吊饰。仿古皮革的小袋子包裹着香水瓶，如同珍藏着惊艳的宝物。

参考价格：￥520 / 50ml EDT

淘气小熊　Baby

这是一款花果调的中性香水，于 2007 年推出。淘气小熊的调香师是米歇尔•吉拉尔。前调为橘子、奈若利橙花和佛手柑；中调为橙子花、苹果、梨和玫瑰；后调为麝香、苦橙叶和雪松。香调清新、甜美而且柔和，以可爱的桃丝熊为造型，干净清新得像刚从浴盆中出来的婴儿。瓶身碧绿剔透，沿承了品牌珠宝的高贵品质，并且带着可爱的睡帽，让人联想起儿时的美好时光。

参考价格：￥560 / 50ml EDT

自然之水　H_2O

自然之水是一款花香海洋调的女用香水。前调为阿马尔菲柠檬和薰衣草；中调为玫瑰和茉莉；后调为弗吉尼亚州雪松、檀木和琥珀。自然之水淡香水，是自然和技术的完美融合。从有机农场提炼的天然材料，可生物降解的瓶子以及包装无一不遵循着环保发展的方向。瓶身设计灵感来自代表水滴灵性的豪华珠宝，晶莹剔透，如水一般明净。高深而精湛的椭圆形钻石切割工艺，造就了完美的自然之水香水。

参考价格：￥550 / 50ml EDT

天使对香　In Heaven

这款天使对香在 2008 年推出后即刻受到情侣们热捧。天使男士是一款芳香森林调的男用香水。由调香师是艾林克•马斯奈调制。前调为辣椒、菠萝和橘子；中调为豆蔻、紫罗兰叶和杨桃；后调为广藿香和苔藓。天使女士是一款精致的女性适用的果味花香调香水。调香师是文森特•夏勒。前调为菠萝、红浆果、苹果、佛手柑和柠檬；中调为牡丹、小苍兰、紫丁香和佳雷花；后调为檀木、麝香、香草和雪松。

参考价格：男香￥410 / 50ml EDT

女香￥410 / 50ml EDT

性感触觉　Sensual Touch

现代女士适用的东方花香质调香水，清爽、甜美、性感、迷人。前调为紫罗兰叶、粉色葡萄柚、红色浆果；中调为茉莉、佳雷花、兰花；后调为广藿香、安息香及香草。调香师为薇罗尼卡•尼伯格。粉金色是这款性感香水的主打色，瓶盖粉金色搭配水晶般柔美的粉色瓶身，瓶身的线条柔滑却不规则。瓶颈处用丝绳悬挂着可爱的小熊吊坠，展现出诱惑和优雅。

参考价格：￥650 / 50ml EDT

金色　Gold

金色是一款花香调的女用香水。前调为红醋栗叶和巴西花梨木；中调为玫瑰、牡丹、栀子花和橙花；后调为白麝香、摩洛哥雪松和鸢尾。金色桃丝小熊作为全球统一的品牌标识，如同纪念品和潮流象征，更是一个幸运的护身符。香气清新，适合细腻的女士，增添感性高贵的气质。

参考价格：

￥615 / 50ml EDP

2002

桃丝熊同名女士 Tous

这款桃丝熊品牌的第一款香水，是由调香师奥利维尔·查尔调制。这款花卉女香，散发清新感性的气息。前调是香菜、决明子、佛手柑和紫罗兰叶；中调是牡丹、茉莉、栀子花和玫瑰；后调是鸢尾、摩洛哥雪松和白麝香。

参考价格： ¥455 / 50ml EDT

2004

桃丝熊同名男士 Tous Man

品牌推出的首款男香。优雅东方调，前调为巴西橙、生姜、葡萄柚和四川花椒；中调为菠萝、红苹果和金巴利酒；后调为檀木、零陵香豆、琥珀、雪松和白麝香。

参考价格： ¥340 / 50ml EDT

2005

桃丝熊同名女士 2005 版 Tous

这款花香绿色调女香，味道优雅中带着诱惑，适合性感女士日常使用。成分选用了香菜、麝香、紫罗兰、雪松、佛手柑和玫瑰。瓶身设计不但承袭着品牌一贯的晶澈透明、可爱、典雅的设计风格，更增添了性感、尊贵的色调。

价格请店洽 EDT

2010

运动男士 Man Sport

运动男士香水是一款木质芳香调男性运动香水。这是该品牌推出的第一款运动芳香。前调为阿马尔菲柠檬和醛类；中调为生姜和红苹果；后调为喀什米尔木、橡树苔、弗吉尼亚州雪松、麝香。

参考价格： ¥450 / 100ml EDT

淘气小熊限量版 Baby

碧绿透明戴着风趣诙谐的睡帽的小熊形象温柔可爱，晶莹剔透，圆润适手，将精致与可爱完美地融合在一起。帽子上的三个吊角里，都有一颗小铃铛，晃动瓶盖，就会发出微小的响声，仿若童年的玩具，可爱至极。清新甜美柔和的香调让人想起童年的美妙回忆。香水盒中，附赠一本卡通折页书，充满童趣，属于限量版香水。适合任何有着童真梦想的人，以及想拥有爱的都市女士。

参考价格： ¥450 / 100ml EDT

2012

亲吻对香 Kids

桃丝熊为孩子推出的香水，包括一款男孩香水和一款女孩香水。女香为花果香调，有着精美、温柔而丰润可口的气息。有人形容它的味道"好玩得像是吃了一块柠檬糖，精美得如同品尝纸杯蛋糕，那味道就像是香草冰激凌上的覆盆子"。而男香则精选橙花油、柑橘、四叶草、草本植物、甜苹果以及栗子木等香料，气味上带有一点冒险的感觉。

参考价格： 女香 ¥350 / 100ml EDT

男香 价格请店洽 EDT

寻香名店

上海 大悦城·龙之梦购物中心·悦达广场·中环广场·巴黎春天·汇金百货

北京 东方新天地

香港 海港城·中环国际金融中心·崇光百货

2013

粉红玫瑰 Rosa

花香调女用香水，是由调香师是克里斯汀·纳格尔调制。前调为佛手柑和大黄；中调为五月玫瑰、紫罗兰和覆盆子；后调为麝香、开司米木麝香和香草。适合轻熟女日常或晚宴使用。

参考价格： ¥450 / 50ml EDP

2013

三色小熊系列　Tous L'Eau Collection

三色小熊系列包括了三款香水，包括粉色的、蓝色的以及黄色瓶身，均为花香木质麝香调的女香。

蓝色小熊由达芙妮·比热调制。前调为香柠檬、粉色葡萄柚；中调为橙花、地中海薰衣草、雪松；后调为广藿香、香根草和麝香。粉色小熊的前调为柑橘、柠檬和花朵的味道；中调为小苍兰、茉莉、白牡丹和黑醋栗；后调由麝香、广藿香和龙涎香构成。黄色小熊前调为阿马尔菲柠檬、橘子和绿色元素；中调是茉莉、橙、黑醋栗和牡丹；后调是麝香、广藿香和琥珀。

参考价格：粉色小熊 ￥400 / 90ml EDP　**蓝色小熊** ￥450 / 90ml EDT

黄色小熊 ￥400 / 90ml EDT

2014

蔷薇清淡　Rosa Eau Legere

这款香水的调制灵感来自于光芒、喜悦和浪漫瞬间。这是一款闪耀、光辉的花香麝香味香水，旨在展现出在晨露中苏醒过来的玫瑰的细腻微妙的一面。前调为橙、桃和桑椹调协；中调为野玫瑰、玫瑰超级精油以及玉兰的芳香；后调里散发出的则是麝香，绒面革和琥珀木的香味。

价格请店洽　EDP

爱的时刻　Love Moments

爱的时刻是一款花果香调的女用香水，调香师是苏菲·拉韦。前调为粉红西柚和粉红胡椒；中调为紫罗兰和铃兰；后调为鸢尾、檀香，雪松和麝香。时尚甜美的味道，令空气中充满欢愉的气氛，年龄跨度极大，适合绝大部分女性日常使用。

参考价格：￥390 / 50ml EDT

亲亲雕花版　Touch Flower Edition

这款花果美食调女用香水是桃丝熊品牌于2014推出的女香。调香师是苏菲·拉韦。前调为荷花、小苍兰和铃兰；中调为茉莉、桂花和佳雷花；后调为香草、覆盆子、杏仁和蜂蜜。香味迷人甜美，适合户外使用。

价格请店洽　EDP

藏·香·年·谱

推出时间	名称		类别	推出时间	名称		类别
2002	Tous	桃丝熊同名女士	女　香	2010	Baby	淘气小熊限量版	女　香
2004	Tous Man	桃丝熊同名男士	男　香	2011	Tous L´Eau Collection	三色小熊系列	女　香
2005	Tous	桃丝熊同名女士 2005 版	女　香	2012	Sensual Touch	性感触觉	女　香
2006	Touch	亲亲	女　香	2012	Kids Boy	亲吻男孩	男　香
2006	Summer	夏日	女　香	2012	Kids Girl	亲吻女孩	女　香
2007	Baby	淘气小熊	中性香	2013	Rosa	粉红玫瑰	女　香
2007	Green Purpurine	绿野仙踪	女　香	2013	Tous Man Intense	桃丝熊极致版	男　香
2008	Metalli	金属	女　香	2014	Rosa Eau Legere	蔷薇清淡	女　香
2008	In Heaven Her	天使女士	女　香	2014	Love Moments	爱的时刻	女　香
2008	In Heaven Him	天使男士	男　香	2014	Touch Flower Edition	亲亲雕花版	女　香
2009	H_2O	自然之水	女　香	2015	Happy Moments	快乐时刻	女　香
2009	Gold	金色	女　香	2015	Neoncandy	霓虹糖	女　香
2010	Man Sport	运动男士	男　香	2015	Floral Touch	繁花亲亲	女　香

Valentino
瓦伦蒂诺

VALENTINO
GARAVANI

作为高级定制时装领域的顶级奢侈品品牌，瓦伦蒂诺代表的是一种古罗马宫廷式的奢华和艺术感，高调之中隐藏着深邃的冷静，从 20 世纪 60 年代以来一直是意大利的“国宝级”品牌。

瓦伦蒂诺香水线以女香为绝对主导，作品不多，但却充分延续了品牌固有的贵族式的艺术气息，很受年轻女性的追捧，特别是近年来，它的香水瓶设计风格十分精致唯美，简洁而又古典的圆弧形瓶身装饰着瓦伦蒂诺时装招牌式的立体感花朵，极富质感，瓶盖多配以一颗华丽的珍珠型装饰，高贵出众，令人心动不已。另外，瓦伦蒂诺的一些特别款式的香水只在特定地点，如伦敦哈罗德百货出售，无疑提高了收藏难度。

镇店名香

摇滚玫瑰　Rock'n Rose

从名字就能看出，"摇滚"系列女士香水的诉求就是强调一种矛盾，抑或一种平衡：既温柔又不失个性。花果香调比较明显，尤其是黑醋栗的味道扑鼻而来，但是这种花果调不是少女型的娇憨，反而香味混合了多汁的黑醋栗、玫瑰、栀子和麝香，有一点点顽皮的感觉。

参考价格：￥1 100 / 100ml EDP

摇滚玫瑰时装版　Rock'n Rose Couture

它是为纪念品牌 45 周年而推出的。前调为黑醋栗、铃兰和佛手柑；中调为橙花、栀子花和玫瑰；后调为檀木、麝香、香草、鸢尾根和天芥菜。其后还有更加优雅的红色版面世。

参考价格：￥1 600 / 90ml EDP

收藏优选

2011

性感与感性　Valentina By Valentino

前调在卡拉布里佛手柑中加入了率性不羁的阿尔巴白松露；中调则有散发迷人魅力的茉莉、阿马尔菲小橙花、晚香玉，以及具有叛逆之感的野草莓；最后，以高贵的雪松木加诱人的琥珀为后调。

参考价格：￥550 / 30ml EDP

2012

绝色佳人　Valentina Assoluto

前调由新鲜繁盛的佛手柑和白色阿尔巴松露合成优雅的桃味；随后，茉莉花、小橙花及晚香玉配合细腻的香草融合成中调；最后以雪松作引子，橡木苔和广藿香作为后调收尾。既有草木之清新、花果之甜美，亦有苔藓之浓郁，香水最动人之处正在于这一点点的难以驾驭感。

参考价格：￥950 / 80ml EDT

花漾佳人　Acqua Floreale

闪亮而清新的佛手柑融合了更加微妙、柔媚的橙花精油味道。随之而来的是一阵和谐的含羞草、茉莉、橙花和晚香玉结合在一起的韵调。琥珀和广藿香那温暖而充满感性的后调令它的层次变得更完美。

参考价格：￥750 / 80ml EDT

2014

玫瑰精纯　Rosa Assoluto

这是一款东方花香调的女香，以珍贵的东方玫瑰为主调，调制灵感源自于中东高品级香料。紫色瓶身一改以往的透明式设计，紫色花朵配合金色喷头，优雅高贵。

参考价格：￥1 000 / 80ml EDT

同名男士　Valentina Uomo

古典瓶身令人联想起酒瓶，由清新优雅的香柠檬和淡淡的香料包围着，麝香似的白色皮革混合雪松木，一种柔和的烟熏带木香的香气，带来极致优雅的平衡。继而推出了纯黑版。

参考价格：￥500 / 50ml EDT

2013

沉香木精纯　Oud Assoluto

黑色瓶身保留了三维效果花朵装饰却告别了少女的温婉姿态，反而多了一份高贵冷艳。前调为橙花和豆蔻；中调为沉香木、保加利亚玫瑰和皮革；后调为藏红花、香草和木质元素。

参考价格：￥950 / 80ml EDP

2015

粉红佳人　Valentina Pink

以轻盈清新的牡丹气息、甜美草莓的闪烁花果香调以及带有黑莓香味的麝香香调相互交织，再加以玫瑰花香环绕，最后以温暖的木香和香甜的果仁糖画上完美的句号。

参考价格：￥700 / 50ml EDP

寻香名店

北京　新光天地

香港　海港城·崇光百货·利园二期

伦敦　哈罗德百货

藏·香·年·谱

推出时间	名	称	类 别	推出时间	名	称	类 别
1978	Valentino	同名	女 香	2009	Rock´n Dreams	摇滚幻梦	女 香
1991	Vendetta Donna	复仇	女 香	2009	Valentino	同名(EDP)	女 香
1991	Vendetta Uomo	复仇	男 香	2011	Valentina By Valentino	性感与感性	女 香
1998	Very Valentino	极致	女 香	2012	Valentina Assoluto	绝色佳人	女 香
1999	Very Valentino For Men	极致	男 香	2013	Valentina Acqua Floreale	花漾佳人	女 香
2002	Valentino Gold	金色	女 香	2013	Oud Assoluto	沉香木精纯	女 香
2005	V	V 女士	女 香	2014	Valentino Uomo	同名男士	男 香
2005	V Absolu	V 红色	女 香	2014	Rosa Assoluto	玫瑰精纯	女 香
2006	V Ete	V 夏日	女 香	2015	Valentina Pink	粉红佳人	女 香
2006	V Pour Homme	V 男士	男 香	2015	Valentino Uomo 2015	同名男士 2015 版	男 香
2006	Rock´n Rose	摇滚玫瑰	女 香	2015	Valentino Donna	同名女士	女 香
2007	Rock´n´Rose Couture	摇滚玫瑰时装版	女 香	2016	Valentina Poudre	尘埃	女 香
2008	Rock´n Rose Pret-A-Porter	摇滚玫瑰成衣版	女 香				

Van Cleef & Arpels 梵克雅宝

梵克雅宝的第一款香水是于 1976 年推出的一款女香，取名为“初遇”，该香水所属系列也是梵克雅宝香水家族中的经典系列，近年来一直新作不断。

作为珠宝界的超级明星品牌，梵克雅宝香水作品的创作灵感自然会深受其奢美珠宝系列作品的影响。所以，在梵克雅宝香水作品的身上，人们可以特别直观地感受到高级珠宝所追求的视觉上的极致美感与灵动。例如，“初遇”系列的瓶身造型就是借鉴了梵克雅宝唯美的雪花耳坠。除此之外，2008 年的“梦幻精灵”系列，以及 2010 年的“午夜巴黎”系列男香，也都被梵克雅宝拥趸们以及香水收藏家们视为名作。

镇店名香

顶级香精系列　Collection Extraordinaire

该系列的主题是荟萃自然之美，包括珍稀乌德木、雪白铃兰、香草兰花、炫黑古龙、嫣红百合、栀子花瓣、鸢尾香木。古典感十足的方正玻璃瓶，佐以简约黑色珐琅漆瓶盖，值得珍藏。

参考价格： ¥1 300 / 75ml EDP

午夜巴黎　Midnight In Paris

这是一款现代的香水，浓烈而馥郁的皮革香调中加入轻柔的铃兰香调，进一步突出调香师所钟爱的标志性材质——琥珀、熏香和零陵香豆，优雅与阳刚相济。梵克雅宝的午夜巴黎主题还设计袖扣、腕表等相互作品，十分奢美。

参考价格： ¥600 / 40ml EDT

梦幻精灵　Féerie

瓶身多角面的切割犹如钻石般璀璨而华丽，以一个立体效果的梦幻精灵点缀，营造了一个小仙子的梦幻国度，深蓝色调配合诗意的紫罗兰香气，充满着梦幻般的色彩，而紫罗兰亦是魅力与诗意的代名词。2009 年的 EDT 版本瓶身采用了淡蓝色色调，2009 年还推出了金色版。

参考价格： ¥900 / 100ml EDP

¥850 / 100ml EDT

收藏优选

1976

初遇系列　First Collection

初遇是梵克雅宝推出的第一款香水，瓶身的设计灵感源自梵克雅宝雪花耳坠。它的前调透过风信子强化乙醛馥郁香气，中调则以茉莉和玫瑰组成浓郁的香气灵魂，后调为琥珀和檀香，整体香味明亮璀璨、自然亮丽。该系列陆续有多款新作问世。

参考价格： ¥650 / 60ml EDP

1978

同名男士　Pour Homme

这是梵克雅宝的首款男香，缟玛瑙般的黑色瓶身刻缀金色字母，阳刚与感性气质并重。前调为杜松浆果、薰衣草、绿色元素、罗勒、香芹籽、香柠檬、马郁兰、鼠尾草、柑橘香；中调为艾蒿、康乃馨、广藿香、鸢尾根、茉莉、丁香、香根草、雪松、玫瑰、香辛元素；后调为劳丹脂、皮革、琥珀、麝香、椰子、橡苔、檀木。

参考价格： ¥500 / 100ml EDT

1989

沙皇　Tsar

祖母绿色的瓶身精致纯粹，配合温暖馥郁的木香，前调优雅花香，包括香菜、橙花醇、薰衣草；中调为清新果香，包括百合、佛手柑、青柠；后调为温暖木质香，包括肉桂、香柏木、青苔。

参考价格： ¥500 / 100ml EDT

1993

梵克　Van Cleef

前调为覆盆子、波斯树脂、奈若利橙花、金盏草和佛手柑；中调为橙花、茉莉、玫瑰和老鹤草；后调为檀木、零陵香豆、麝香、香草和雪松。

价格请店洽 EDP

1994

雅宝小姐　Miss Arpels

前调为香瓜、绿叶、桃子、罗勒、柠檬；中调为牡丹、木兰、百合、小苍兰、茉莉；后调为檀香木、麝香、香草、橡木苔。

价格请店洽 EDP

2010

东逸　Oriens

这是一款奢华撩人的花果香调香水，盛开的茉莉花香缀以红果（树莓、黑加仑）的新鲜果香，丝柏、广藿香加上香草和琥珀为其增添一份东方的温暖和柔美。瓶身如同惊艳的碧玺，以不可思议的光泽颠覆了传统的着色风格。

参考价格： ¥450 / 30ml EDP

2011

冬日玫瑰　Féerie Rose Des Neiges

瓶身纯净雪白，就像生于雪境的玫瑰，被依附在一旁的小天使默默守护着。这款香水以玫瑰、木兰和牡丹等花香为主调，加入柔和而感性的雪松、黑香豆、麝香和檀香木，更添了一丝温暖。

参考价格：￥800 / 50ml EDP

唯一之约　Un Air De First

旨在纪念初遇香水问世 35 周年，香水突出了原版所蕴含的标志性成分：乙醛、茉莉、保加利亚玫瑰和香根草，同时使之更加现代、时尚。

价格请店洽 EDP

2012

水漾旭日　Auqa Oriens

灵感来自蓝色珊瑚、天堂地域、幻想、自由以及幸福概念，清新明亮的蓝绿色泽散发出一股温和的、如梦似幻的动人气质。前调为青柠、梨；中调为桂花、橙花、忍冬；后调为麝香、琥珀。

参考价格：￥600 / 50ml EDT

初遇极致　First Intense

前调为葡萄柚、橘子、香柠檬；中调为茉莉、鸢尾花、赤素馨花、含羞草；后调为香草、果仁糖。

价格请店洽 EDP

2013

白色初遇　First Edition Blanche

这款香水属于醛香花香调，前调为香柠檬、橘子、醋栗叶、醛；中调为茉莉、玫瑰；后调为麝香、香草

参考价格：￥750 / 50ml EDP

绮幻花语 Rêve

香水瓶线条柔和婀娜，就像美丽雅致的护身符，胭脂粉红色调十分娇美。香调中融合了百合与桂花的高贵芳香、清幽的梨香，并以珍贵琥珀的芳香极大地提升了层次感。所属系列随后推出了 2014 年的梦境灵药以及 2015 年的魔幻梦境。

参考价格：￥750 / 50ml EDP

2013

春花仙子　Féerie Spring Blossom

它的灵感来自于春天的水果和樱花等鲜花，混合了红胡椒、荔枝、木兰花、牡丹、覆盆子等鲜花和水果的香气，再由麝香和零陵香豆串起整个香调。

参考价格： ￥650 / 50ml EDP

2014

金色版初遇　First Edition Or

金色的外衣十分绚丽，前调为香柠檬、树莓、桃子；中调为玫瑰、茉莉、铃兰；后调为麝香、木质香、香草。

参考价格： ￥650 / 60ml EDP

加州遐想　Collection Extraordinaire California Reverie

属于顶级香精系列，灵感来自加州天堂般的旖旎风光。前调为橘子、奈若利橙花；中调为沙巴茉莉、赤素馨花，后调为蜂蜡、香草。

参考价格：

￥1 300 / 75ml EDP

寻香名店

香港　哈维·尼克斯百货·国际金融中心连卡佛·尖沙咀 The One 百货

2015

梦幻精灵红宝石版　Féerie Rubis

前调为覆盆子、红醋栗、粉色胡椒和荔枝；中调为玉兰、小苍兰、牡丹和鸢尾；后调为麝香、零陵香豆、雪松和檀木。

价格请店洽 EDP

藏·香·年·谱

推出时间	名称		类别	推出时间	名称		类别
1976	First	初遇	女　香	2009	Collection Extraordinaire Bois D´Iris	鸢尾香木	女　香
1978	Pour Homme	同名男士	男　香	2009	Collection Extraordinaire Cologne Noire	炫黑古龙	中性香
1987	Gem	宝石	女　香	2009	Collection Extraordinaire Gardenia Petale	栀子花瓣	女　香
1989	Tsar	沙皇	男　香	2009	Collection Extraordinaire Lys Carmin	嫣红百合	女　香
1993	Van Cleef	梵克	女　香	2009	Collection Extraordinaire Muguet Blanc	雪白铃兰	女　香
1994	Miss Arpels	雅宝小姐	女　香	2009	Collection Extraordinaire Orchidee Vanille	香草兰花	女　香
1998	Eau Du Tsar	沙皇之水	男　香	2010	Oriens	东逸	女　香
1999	Birmane	缅甸	女　香	2010	Midnight In Paris	午夜巴黎	男　香
2001	Zanzibar	桑给巴尔	男　香	2011	Collection Extraordinaire Precious Oud	珍稀乌德木	女　香
2001	First Pour I´Ete	初夏	女　香	2011	Un Air De First	唯一之约	女　香
2002	Murmure	细语	女　香	2011	Féerie Rose Des Neiges	冬日玫瑰	女　香
2004	Murmure Ylang Ylang De Madagascar	马达加斯加依兰细语	女　香	2012	Aqua Oriens	水漾旭日	女　香
2004	Les Saisons Printemps	四季之春	女　香	2012	First Intense	初遇极致	女　香
2004	Les Saisons Été	四季之夏	女　香	2013	First Edition Blanche	白色初遇	女　香
2004	Les Saisons Automne	四季之秋	女　香	2013	Rêve	绮幻花语	女　香
2004	Les Saisons Hiver	四季之冬	女　香	2013	Féerie Spring Blossom	春花仙子	女　香
2004	First Summer Pour I´Ete	初夏纯净限量版	女　香	2013	Collection Extraordinaire Rose Velours	丝绒玫瑰	女　香
2004	First Jasmin De Chine	初遇中国茉莉	女　香	2014	Collection Extraordinaire California Reverie	加州遐想	女　香
2006	First Eau D´Ete 2006	初遇花香 2006 限量版	女　香	2014	Rêve Elixir	梦境灵药	女　香
2006	First Love	初恋	女　香	2014	First Edition Or	金色版初遇	女　香
2007	First Premier Bouquet	幸运草	女　香	2015	Féerie Rubis	梦幻精灵红宝石版	女　香
2007	First Eau D´Ete 2007	初遇花香 2007 限量版	女　香	2015	Rêve Enchante	魔幻梦境	女　香
2008	Féerie	梦幻精灵	女　香	2015	Collection Extraordinaire Ambre Imperial	琥珀帝国	中性香
2009	Féerie EDT	梦幻精灵 EDT 版	女　香	2015	First Rosée D´Or	初遇玫瑰	女　香
2009	Féerie Gold	金色版梦幻精灵	女　香				

Vera Wang
王薇薇

VERA WANG

有“婚纱女王”之称的著名华裔设计师王薇薇于 1990 年在美国纽约创立了同名品牌，其作品一向以简约时尚为主，但由她推出的“公主”香水系列，却以丰富的色彩见长。

王薇薇的第一款香水，也就是品牌的同名女香推出于 2002 年，它也是菲菲奖年度最佳女香的获得者。2004 年推出了同名男香。王薇薇整个香水家族当中的标志性系列，是在 2006 年开始推出的“公主”，此后，该系列几乎每一年都会有新的作品面世，瓶身的彩色图案每每都会让人眼前一亮。

从整体上来看，王薇薇香水风格浪漫、性感和开朗，还有一点点的异想天开，极致浪漫当中充满古灵精怪的活力，活泼伶俐却又带点贵妇般的优雅性感，独立而又充满想象力，具有强烈的个人主义风格。

镇店名香

宝石　Be Jeweled

淡紫色透明的水晶瓶身镶嵌着几颗明亮耀眼的宝石，香水前调为红醋栗、石榴、香槟，中调为西番莲果、粉红金银花、牡丹，粉色水晶糖、麝香、澳洲檀香作为后调清楚直白地显示着它面向年轻女孩的特别个性。2014 年推出了胭脂粉版。

价格请店洽 EDP

永恒　Forever Vera

前调为桃子、栀子花、椰子；中调为鸢尾花、紫丁香、朗姆酒；后调为檀香木、顿加豆、麝香。

价格请店洽 EDP

收藏优选

2002

同名　Vera Wang

香调包含鸢尾花、檀香木、百合、栀子花、橘子、茉莉、铃兰、香柠檬、莲花、玫瑰。

参考价格：￥850 / 100ml EDP

2004

同名男士　Vera Wang For Men

前调为苦橙叶、日本柚子；中调为肉豆蔻、皮革、茴芹；后调为檀香木、烟草。可搭配男士日用护理系列。

参考价格：￥650 / 50ml EDT

2006

红粉真情　Truly Pink

前调为小苍兰、荔枝、醋栗叶；中调为牡丹、铃兰、玫瑰；后调为鸢尾花、木质香。

参考价格：￥650 / 100ml EDP

公主　Princess

前调为杏、橘子、苹果、睡莲；中调为晚香玉、番石榴、黑巧克力、提亚蕾花；后调为琥珀、香草、木质香。

参考价格：￥450 / 30ml EDP

2008

神色　Look

前调为橘子、绿叶、荔枝、苹果；中调为百合、小苍兰、茉莉；后调为香草、麝香、橡木苔、广藿香。

参考价格：

￥500 / 100ml EDP

2009

摇滚公主　Rock Princess

前调为桃子、树莓、香柠檬；中调为天芥菜、玫瑰、茉莉、百合；后调为开司米木、麝香、鸢尾花、椰子。

参考价格：￥850 / 100ml EDT

魅力公主　Glam Princess

前调为红醋栗、番石榴、梨；中调为橙花、兰花、蜂蜜；后调为黄葵、棉花糖、开司米木、雪松。

参考价格：￥550 / 100ml EDT

2010

纪念日　Anniversary

前调为橘子、香柠檬、苹果、水；中调为橙花、栀子花、玫瑰；后调为琥珀、麝香、鸢尾根、雪松。

参考价格：￥850 / 100ml EDP

花边校园公主　Preppy Princess

前调为蜜橘、红苹果、红浆果；中调为茉莉、忍冬；后调为木质香、椰子。

参考价格：￥750 / 50ml EDT

2011

狂恋　Lovestruck

充满异国情调的性感果香调和浪漫美好的瓶身设计，诠释了品牌对于爱情的大胆定义。前调为当归、橘子、番石榴；中调为晚香玉、莲花、当归；后调为木质香、麝香。

参考价格： ¥750 / 100ml EDP

2012

午夜公主　Princess Night

前调为西瓜、树莓、红浆果；中调为茉莉、橙花、玫瑰、提亚蕾花；后调为木质香、麝香、香草、糖。

参考价格： ¥650 / 50ml EDT

狂恋花语迷情　Lovestruck Floral Rush

前调为香槟、杏树花、粉红胡椒；中调为小苍兰、西番莲、英国金盏花；后调为龙涎香、开司米木、麝香。

参考价格： ¥650 / 50ml EDP

2014

力量公主　Princess Power

前调为梨、树莓；中调为茉莉、提亚蕾花、玫瑰；后调为麝香、木质香、香草。

参考价格： ¥450 / 30ml EDT

2013

粉色公主　Pink Princess

前调为葡萄柚、树莓；中调为木槿、忍冬；后调为棉花糖、琥珀。

参考价格： ¥550 / 30ml EDT

2015

嬉皮公主　Hippie Princess

这款香水的前调带来的是红芒果、苹果花和白色小苍兰的结合，中调是荷花、茉莉和杏子花蜜，而后调带来的则是树林、香草和粉麝香的芳香。

参考价格： ¥450 / 30ml EDT

寻香名店

北京　三里屯太古里店
上海　马当路 245 号
香港　中环士丹顿街 39 号·铜锣湾崇光百货
台北　Bellavita 百货
伦敦　布鲁克街 59 号
纽约　麦迪逊大街 991 号·美世街 158 号

藏·香·年·谱

推出时间	名称		类别	推出时间	名称		类别
2002	Vera Wang	同名	女香	2011	Lovestruck	狂恋	女香
2004	Vera Wang For Men	同名男士	男香	2012	Lovestruck Floral Rush	狂恋花语迷情	女香
2005	Sheer Veil	淡紫轻纱	女香	2012	Princess Night	午夜公主	女香
2006	Truly Pink	红粉真情	女香	2013	Be Jeweled	宝石	女香
2006	Flower Princes	花漾公主	女香	2013	Pink Princess	粉色公主	女香
2006	Princess	公主	女香	2014	Princess Power	力量公主	女香
2008	Bouquet	翠意花嫁	女香	2014	Be Jeweled Rouge	宝石胭脂粉版	女香
2008	Look	神色	女香	2014	Forever Vera	永恒	女香
2009	Rock Princess	摇滚公主	女香	2015	Green Tea And Pear Blossom	绿茶和梨花	女香
2009	Glam Princess	魅力公主	女香	2015	Periwinkle And Iris	长春花和鸢尾花	女香
2010	Anniversary	纪念日	女香	2015	Embrace Rose Buds And Vanilla	拥抱玫瑰花蕾和香草	女香
2010	Preppy Princess	花边校园公主	女香	2015	Hippie Princess	嬉皮公主	女香

Versace
范思哲

范思哲这一品牌是由来自意大利的创始人詹尼·范思哲于1978年创立的，而范思哲的第一款香水就叫“詹尼·范思哲”，1981年问世，这是一款花香调香水，香水瓶被设计成引人注目的钻石形，棱形的底座，有56个切面的瓶身。

由于范思哲本人超乎寻常的灵感和创作的激情，牛仔式的浪漫、惊险和传奇性的生活被演绎成了范思哲牛仔系列香水，从1994年开始推出，并以每年一至两款的速度推出，粉蓝、粉红牛仔香水等陆续面世。外表很像是软饮料的包装瓶，外包装是一个金属罐，而这一系列香水也成为了范思哲香水的经典之作。

范思哲希望自己的作品是舒适、自由的化身，他将希腊女妖美杜莎的头像和希腊回纹图案运用在自己的设计中，而这些标志性元素也出现在了范思哲香水的设计中。

镇店名香

黑色乌木　Oud Noir

这是一款带有中东风格的男性专用香水，有着强烈的个人特质。苦橙的清新芳香混合着橙花油新鲜晶莹的香味，带有充满活力的淡淡黑胡椒香气。香豆蔻、藏红花和丰富的乳香树脂香调，唤醒炙热非凡的心灵。质朴的广藿香和沼泽革木纹理的优雅组合，显示出醉心迷人的蛊惑力量。

参考价格： ￥1 100 / 120ml EDP

东方乌木　Oud Oriental

与黑色乌木男香特别推出的配对女香。木质东方调，前调为玫瑰、藏红花、小苍兰；中调为广藿香、紫罗兰、天芥菜；后调为沉香（乌木）皮革、檀香木、香草。

参考价格： ￥1 300 / 120ml EDP

詹尼·范思哲专属系列 Gianni Versace Couture Collection

该系列选择了手工制作的质感超级柔软的纳帕皮套，饰以铆钉元素、金属标牌以及范思哲经典的希腊图纹，宛如一件量身定制的完美礼服。所含的三款女香分别是紫罗兰（Violet）、晚香玉（Tuberose）和茉莉（Jasmin）。

参考价格： ￥3 000 / 100ml EDP

收藏优选

1994

牛仔系列 Jeans

该系列在 1994 年开始推出，以红牛仔和蓝牛仔香水开始发端，后续推出了一系列牛仔香水，该系列在品牌发展史上占有重要地位。特别适合都市男女使用。

价格请店洽 EDT

2004

星夜水晶 Crystal Noir

这是一款拥有极致女人味的东方花香调香水，超凡脱俗又性感妖娆，纤细娇贵又勇敢坚定，风格极简、香气优雅。瓶身宛如宝石，设计灵感来自于钻石切面，特大号的瓶盖令人惊艳。

参考价格： ￥500 / 50ml EDT

2006

香恋水晶 Bright Crystal

花香中带着石榴粒的淡雅香气和充满活力的柚子清香。接着，木兰花、牡丹花和莲花热情洋溢的混合芳香流淌出来，欢愉中带着微微的性感气息，最后是植物琥珀、桃花木和麝香的迷人芬芳。

参考价格： ￥500 / 30ml EDT

云淡风清 Eau Fraîche

前调的杨桃香味展现出蓬勃的生命力，紧接着是与之对比鲜明的白柠檬和花梨木高贵气息，雪松叶与众不同的特质随后渐渐显现，龙蒿的强烈香味和鼠尾草的阳刚之气也扑面而来，后调为醇厚的梧桐木、琥珀和麝香，给人留下难忘的印记。

参考价格： ￥450 / 50ml EDT

2007

同名女士　Versace Pour Femme

这款花香调香水以独特、清新、活力为诉求。飘逸的清香犹如清新的朝露，融入了番石榴的浓浓甘甜，黑醋栗的丝丝冰凉与缕缕紫藤香味完美融合。奢华的花香中调是这款香水的真正特色，兰花和莲花加上清新的茉莉和杜鹃，浓淡相宜。后调沉醉在丝滑柔软的麝香中，在克什米尔木和摩洛哥雪松的温馨和精致的笼罩下更显性感。

参考价格： ￥400 / 30ml EDT

2008

同名男士　Versace Pour Homme

这款男香源自地中海元素，带着若有似无的鼠尾草和蓝风信子矿物花香，雪松木和沉香的香调直接而充满诱惑力，令人印象深刻。琥珀和麝香带来神秘性感的后调，传递纯粹的阳刚之气。可配合同系列护理产品使用。

参考价格： ￥500 / 30ml EDT

2009

心动　Versense

它的灵感来自大自然的元素，完美诠释了清新和感性的融合。它的名字透露出它带来的奇妙感官享受，颜色给人以大自然的清新感觉，唤起对旷野自由的向往，赋予新生的力量并带来了感官的平衡。

参考价格： ￥450 / 30ml EDT

2011

浮华传奇　Vanitas

香调中性感的蒂亚蕾花在酸橙和小苍兰的衬托下更显纯净，并被充满感性韵调的雪松木和黑香豆深深包裹着。瓶身造型令人联想起女性半露的香肩。2012 年推出了 EDT 版本。

参考价格： ￥500 / 30ml EDP

2011

幻影金钻　Yellow Diamond

前调为来自迪亚曼特的香橼、梨子冰糕、橙花精油、佛手柑；中调为睡莲、小苍兰、橙花、含羞草；后调为琥珀、巴拉圭玉檀、麝香。该系列还推出了身体护理产品，并且常有节日套装。

参考价格： ￥450 / 30ml EDT

寻香名店

北京　卓展购物中心·王府半岛酒店·赛特购物中心·新光天地·三里屯太古里

上海　国金中心·半岛酒店半岛精品购物廊·高岛屋百货·环贸广场

成都　美美力诚百货·华润万象城

南京　德基广场

2012

爱罗斯　Eros

爱罗斯是希腊神话中的爱神。前调融合了薄荷叶、意大利柠檬和青苹果，明亮而充满活力；中调散发着黑香豆、龙涎醚、天竺葵花和香草的东方气息；后调为北非雪松、弗吉尼亚雪松、香根草和橡树苔藓。香水瓶是强烈而充满男性气概的青绿色，象征着地中海及其生活方式。

参考价格： ￥500 / 30ml EDT

2014

爱罗斯女士　Eros Pour Femme

它选择与众不同的圆形瓶身，前调为西西里柠檬、卡拉布里亚佛手柑以及石榴；中调为柠檬、沙巴茉莉纯香、茉莉以及牡丹；后调为檀木、龙涎醚、麝香以及不同的木质元素。

参考价格：￥900 / 50ml EDP

2013

香恋水晶浓郁版　Bright Crystal Absolu

全新浓郁版本，充满活力的柚子清香立即呈现出多彩与圆润，石榴籽香气散发出不可思议的清新和纯粹，醇和覆盆子、优雅迷人的牡丹芳香渐次登场，伴随着木兰花和莲花的细致微微花香。最后，珍贵的植物琥珀、浓郁的桃花木、明亮和充满活力的麝香味，唤醒诱人的性感。

参考价格：￥650 / 50ml EDP

幻影金钻浓郁版

Yellow Diamond Intense

前调为奈若利橙花、香橼、梨、佛手柑；中调为橙花、茉莉、桂花、小苍兰；后调为琥珀、安息香、麝香、愈疮木。

参考价格：￥550 / 30ml EDP

藏·香·年·谱

推出时间	名称		类别	推出时间	名称		类别
1981	Gianni Versace	詹尼·范思哲	女香	2003	Versus Time For Action	行动时间	女香
1986	Versace L'Homme	型男	男香	2003	Versus Time For Pleasure	欢愉时间	女香
1989	VE		女香	2003	Jeans Couture Glam	迷人之星	女香
1991	Versus Uomo		男香	2003	Versace Man		男香
1992	Versus Donna		女香	2004	Jeans Woman		女香
1994	Blue Jeans	蓝牛仔	男香	2004	Crystal Noir	星夜水晶	女香
1994	Red Jeans	红牛仔	女香	2006	Bright Crystal	香恋水晶	女香
1995	Baby Blue Jeans	浅蓝牛仔	男香	2006	Eau Fraîche	云淡风轻	男香
1995	Blonde	金发女郎	女香	2007	Versace Pour Femme	同名女士	女香
1955	Baby Rose Jeans	粉红牛仔	女香	2008	Versace Pour Homme	同名男士	男香
1996	Green Jeans	绿牛仔	男香	2008	Gianni Versace Couture		女香
1996	Dreamer	追梦人	男香	2008	Versace Pour Homme	同名男士	男香
1996	Yellow Jeans	黄牛仔	女香	2009	Versense	心动	女香
1997	White Jeans	白牛仔	女香	2010	Versus	范瑟丝	女香
1997	Black Jeans	黑牛仔	男香	2011	Vanitas	浮华传奇	女香
1998	V/S Versus	动静	女香	2011	Yellow Diamond	幻影金钻	女香
2000	V/S Homme	动静男香	男香	2012	Eros	爱罗斯	男香
2000	Versace Essence Etheral	空灵	女香	2012	Vanitas	浮华传奇 EDT	女香
2000	Versace Essence Exciting	兴奋	女香	2013	Bright Crystal Absolu	香恋水晶浓郁版	女香
2000	Versace 2 Thousand	2000	女香	2013	Oud Noir	黑色乌木	男香
2000	Versace Essence Emotional	多情	女香	2014	Eros Pour Femme	爱罗斯女士	女香
2000	Versace Woman	紫钻丽人	女香	2014	Oud Oriental	东方乌木	女香
2001	Metal Jeans Women	金属牛仔女香	女香	2014	Yellow Diamond Intense	幻影金钻浓郁版	女香
2001	Metal Jeans Men	金属牛仔男香	男香	2014	Gianni Versace Couture Jasmine	茉莉	女香
2002	Jeans Couture Man	时尚牛仔男士	男香	2014	Gianni Versace Couture Tuberose	晚香玉	女香
2002	Jeans Couture Woman	时尚牛仔女士	女香	2014	Gianni Versace Couture Violet	紫罗兰	女香
2002	Versace Woman Summer	淑女夏日版	女香				

Viktor & Rolf
维果罗夫

维果罗夫品牌创立于1992年，其设计师维克托·霍斯廷（Viktor Horsting）和罗尔夫·斯诺伦（Rolf Snoeren）来自荷兰。狂放、大胆但不失理智，这是维果罗夫的品牌风格。

2005年，维果罗夫推出了第一款女性香水，并取了一个十分特别的名字——鲜花炸弹，其瓶身被设计成手榴弹的模样，并带有标志性的蜡封压印元素标牌。有趣的是，由于当时全球各大国际机场都因为恐怖分子的问题提高安检等级，这款香水甚至一度遭到在机场免税店禁售的命运，从而创造了极高的人气话题。2006年，维果罗夫推出了其首款男香——解药。许多人或许记不住香奈尔5号的香气，但却能轻易就把它从众多香水中分辨出来。

维果罗夫的“鲜花炸弹”系列被香水界视为十分值得收藏的香水之一，它以多面切割的香水瓶著称，并且曾经多次拿下香水奥斯卡菲菲奖平面广告类大奖。现在，“鲜花炸弹”系列每年都会在圣诞节和新年推出节日版香水，每年夏天还会推出鲜花炸弹之玫瑰人生夏日特别版香水。

镇店名香

糖果　BonBon

浪漫柔美的粉红色蝴蝶结设计灵感来源于高级定制礼服，前调为橘子、橙和桃；中调为焦糖、橙花和茉莉；后调为愈疮木、檀木、琥珀和雪松。

参考价格：¥1 200 / 100ml EDP

鲜花炸弹施华洛世奇奢华版

Flowerbomb Swarovski Deluxe

前调为佛手柑、茶和桂花；中调为茉莉、橙花、小苍兰、玫瑰和兰花；后调为广藿香和麝香。香水瓶带有 2 900 颗手工装饰的黑色水晶。

参考价格：¥13 500 / 100ml EDP

鲜花炸弹施华洛世奇版

Flowerbomb Swarovski Edition

香水瓶外观饰有施华洛世奇水晶，十分华美。前调为佛手柑、茶叶和桂花；中调为茉莉、橙花、小苍兰、玫瑰和兰花；后调为麝香和广藿香。

参考价格：¥7 400 / 100ml EDP

收藏优选

2005

鲜花炸弹　Flowerbomb

前调为特殊的茶香、沁心的佛手柑以及甜美的桂花味道；中调绽放着沙巴茉莉、橙花、洋兰、Centifolia 玫瑰以及小苍兰的香气；后调广藿香和麝香气息更添深邃。常推出套装礼盒。

参考价格：¥1 150 / 100ml EDP

2006

解药　Antidote

维果罗夫的首款男香，放弃了鲜花炸弹的瓶身造型，以简约时尚的设计显示了男士的优雅。

价格请店洽　EDT

2008

鲜花炸弹之极致闪耀

Flowerbomb Extreme Sparkle

瓶身带有梦幻般的闪亮效果，是十分适合当作礼物的一款香水。香调成分选用了茉莉、桂花和香草。

价格请店洽　EDT

2009

花卉青香　Eau Mega

这是一款花香绿色调的女用香水，前调为紫罗兰叶、罗勒、梨、柠檬和水困子；中调为牡丹和沙巴茉莉；后调为檀木和白麝香。

价格请店洽 EDP

2011

鲜花炸弹之玫瑰人生 2011 夏日特别版　Flowerbomb La Vie En Rose 2011

瓶身延续了以往的标志性造型，透明清澈的粉色瓶身由上至下，从浅粉色到深粉色过渡，黑色标牌就像手雷的引线，让丰富的花香在你的身边瞬间绽放。从 2011 年起，每年夏天都会推出一款鲜花炸弹之玫瑰人生夏日特别版。

参考价格： ¥800 / 50ml EDT

鲜花炸弹精粹香精

Flowerbomb Extrait De Parfum

前调为佛手柑和茶；中调为茉莉、非洲橙花、小苍兰、玫瑰和兰花；后调为麝香和广藿香。

价格请店洽 Parfum

2012

鲜花炸弹之紧紧爱我

Flowerbomb Love Me Tight

将印有花儿标志的缎带紧紧包裹着香水的瓶子和盒子，象征紧密包围着的爱。

价格请店洽 EDP

鲜花炸弹 2012 圣诞版

Flowerbomb Christmas Edition 2012

这是是一款东方花香调的女用香水，成分选用了玫瑰、桂花、茉莉、小苍兰、广藿香、兰花、佛手柑和茶叶。

价格请店洽 EDP

辛香炸弹系列　Spicebomb Collection

它被称为"极具爆炸性的新一代香水"，前调为佛手柑、柚子、粉红胡椒与榄香；中调为藏红花、肉桂与红辣椒；后调为皮草、烟草与香根草。后来又推出了辛香炸弹清新版（2014 年）以及辛香炸弹极致版（2015）版本。

价格请店洽

2013

鲜花炸弹极致 2013 版

Flowerbomb Extreme 2013

前调为佛手柑和茶；中调为桂花、沙巴茉莉、小苍兰、兰花、玫瑰和橙花；后调为琥珀、麝香、广藿香、安息香和香草。

价格请店洽 EDP

2013

鲜花炸弹水晶版 2013 版

Flowerbomb Crystal Edition 2013

前调为佛手柑、茶和桂花；中调为玫瑰、茉莉、橙花、兰花和小苍兰；后调为麝香和广藿香。

参考价格： ¥700 / 50ml EDP

鲜花炸弹之玫瑰爆炸

Flowerbomb Rose Explosion

金色的华贵感、隆重感十分强烈，前调为佛手柑、橘子、藏红花和粉色胡椒；中调为土耳其玫瑰、摩洛哥玫瑰、茉莉和橄榄；后调为广藿香、琥珀、沉香木和香草。

价格请店洽 EDP

鲜花炸弹施华洛世奇绸带版

Flowerbomb Swarovski Ribbon Edition

瓶身带着施华洛世奇水晶绸带装饰，前调为佛手柑、茶和 桂花；中调为茉莉、小苍兰、玫瑰、兰花和橙花；后调为广藿香和麝香。

参考价格： ¥1 200 / 100ml EDP

鲜花炸弹 2014 圣诞版

Flowerbomb Christmas Edition 2014

东方花香调，香水瓶带有雪花样装饰。前调为茶、佛手柑和桂花；中调为茉莉、玫瑰、橙花、小苍兰和兰花；后调为广藿香和麝香。

参考价格： ¥650 / 50ml EDP

2014

香辛炸弹圣诞版

Spicebomb Christmas Edition

保持着品牌香水传统的手榴弹的香水瓶外观，但被古铜色包围。前调为佛手柑、葡萄柚、粉色胡椒和橄榄香；中调为藏红花、肉桂和辣椒；后调为香根草、烟草和皮革。

参考价格： ¥800 / 90ml EDT

寻香名店

巴黎 丝芙兰·诺丝贝美妆店·Marionnaud 美妆店

伦敦 塞尔福里奇百货·哈罗德百货·Debenhams 百货·弗雷泽百货·约翰·路易斯百货·哈维·尼克斯百货

藏·香·年·谱

推出时间	名称		类别	推出时间	名称		类别
2005	Flowerbomb	鲜花炸弹	女香	2013	Flowerbomb La Vie En Rose 2013	鲜花炸弹之玫瑰人生 2013 夏日特别版	女香
2006	Antidote	解药	男香	2013	Flowerbomb Rose Explosion	鲜花炸弹之玫瑰爆炸	女香
2006	Flowerbomb Extreme	鲜花炸弹极致版	女香	2013	Flowerbomb Swarovski Edition	鲜花炸弹施华洛世奇版	女香
2007	Flowerbomb	鲜花炸弹 EDT 版	女香	2013	Flowerbomb Swarovski Ribbon Edition	鲜花炸弹施华洛世奇绸带版	女香
2007	Flowerbomb Extreme 2007	鲜花炸弹极致 2007 版	女香	2013	Flowerbomb Crystal Edition 2013	鲜花炸弹 2013 水晶版	女香
2008	Flowerbomb Extreme Sparkle	鲜花炸弹之极致闪耀	女香	2014	Flowerbomb Christmas Edition	鲜花炸弹 2014 圣诞版	女香
2009	Eau Mega	花卉青香	女香	2014	BonBon	糖果	女香
2009	Flowerbomb La Vie En Rose	鲜花炸弹之玫瑰人生	女香	2014	Spicebomb Christmas Edition 2014	香辛炸弹圣诞版	男香
2009	Flowerbomb Pink Sparkle	鲜花炸弹之粉色火花	女香	2014	Spicebomb Eau Fraiche	辛香炸弹清新版	男香
2010	Flowerbomb Christmas 2010 Edition	鲜花炸弹 2010 圣诞版	女香	2014	Flowerbomb Swarovski Deluxe	鲜花炸弹施华洛世奇奢华版	女香
2011	Flowerbomb De Paris	鲜花炸弹之巴黎	女香	2014	Flowerbomb La Vie En Rose 2014	鲜花炸弹之玫瑰人生 2014 夏日特别版	女香
2011	Flowerbomb Extrait De Parfum	鲜花炸弹精粹香精	女香	2015	Flowerbomb La Vie En Rose 2015	鲜花炸弹之玫瑰人生 2015 夏日特别版	女香
2011	Flowerbomb La Vie En Rose 2011	鲜花炸弹之玫瑰人生 2011 夏日版	女香	2015	Spicebomb Extreme	辛香炸弹极致版	男香
2012	Flowerbomb Christmas Edition 2012	鲜花炸弹 2012 圣诞版	女香	2015	Flowerbomb Limited Edition	鲜花炸弹 2015 限量版	女香
2012	Spicebomb	辛香炸弹	男香	2015	Flowerbomb Fireworks	鲜花炸弹烟花	女香
2012	Flowerbomb La Vie En Rose 2012	鲜花炸弹之玫瑰人生 2012 夏日特别版	女香	2015	Bonbon Limited Edition	糖果限量版	女香
2012	Flowerbomb Love Me Tight	鲜花炸弹之紧紧爱我	女香	2015	Bonbon Swarovski Edition	糖果施华洛世奇版	女香
2013	Flowerbomb Extreme 2013	鲜花炸弹极致 2013 版	女香	2015	Spicebomb Digital Art	辛香炸弹数码艺术	男香
2013	Flowerbomb Fairy Tale	鲜花炸弹之仙女童话	女香	2016	Neiman Marcus Exclusive Swarovski ® Flower Bomb	尼曼·马库斯独家鲜花炸弹施华洛世奇版	女香

Vivienne Westwood
维维安·韦斯特伍德

维维安·韦斯特伍德为时尚界誉为“打着英格兰印记的前卫偶像和朋克教母”，Logo 是王冠球标志——用黄金和珠宝镶嵌的马耳他十字和一个星球形状的环。这个标志又被称为“乌托邦星球”，融合了英国古典与现代戏谑的双重元素。

1998 年，维维安·韦斯特伍德推出了自己的首款女香——闺房（又称“密室”）。维维安·韦斯特伍德的香水系列撷取了最具代表性的元素作为设计概念，著名的“乌托邦星球”便被运用在了维维安·韦斯特伍德多款香水瓶的顶端。

镇店名香

真我闺房　Mon Boudoir

这款全新圣诞版花香调淡香水是 1998 年推出的闺房香水的延续。它融合了原版的花香韵调并添加了更清新的味道，犹如百合花香从山谷中幽幽传来。香水前调为柑橘、中国梨和罗勒香味；中调为百合、茉莉和玫瑰花香；后调则辅之以檀香和白色麝香，感觉很微妙。

参考价格： ¥800 / 50ml EDT

收藏优选

1998

闺房　Boudoir

闺房寓意性感、撩人和自主。它是一款东方花香调香水，前调来源于白色芙莲与橘子和香柠檬香味的融合，提升质感。如天鹅绒般柔软的中调展示了首创的烟草花和辛辣胡荽的完美融合。檀香木与浓郁琥珀的后调展示了诱人与颓废的和谐。

参考价格： ¥600 / 50ml EDP

2005

迷醉英伦　Anglomania

独特的东方花香调，加入了玫瑰花香、小豆蔻及香莱混合明亮绿茶。中调的玫瑰、紫罗兰及肉豆蔻，散发出性感而个性的氛围。后调香草及琥珀带来温暖感觉，最适合独立外向、气质骄傲的时尚女性。

参考价格：￥400 / 30ml EDP

2009

闺房之趣 10 周年限量版　Boudoir Jouy

品牌为了庆祝原版闺房之趣面世 10 周年而特别推出的限量版。前调为橘子、竹和覆盆子；中调为牡丹、茉莉和鸢尾根；后调为喀什米尔木、琥珀和白麝香。

价格请店洽 EDP

2013

挑逗爱丽丝　Flirty Alice

这是一款清新剔透的花香香水，最适合春夏季节。它以佛手柑、绿茶味合成的香味开始，中调转向含苞欲放的玫瑰香味，而白木和香草为主的后调则将整个香水的气息推入一种无忧无虑的氛围，直至消失。

价格请店洽 EDT

2007

秘密花园　Boudoir Sin Garden

这款与众不同的麝香花香调香水营造出一种抽象的新鲜感：前调为闪亮的乙醇、粉色胡椒和雅致的小苍兰；中调中性感的向日葵，莽撞的紫罗兰和魅力超凡的鸢尾草花朵渐渐盛开；后调突出了木材和琥珀的深度，来到了不同于清纯花香的另一面。

参考价格：￥500 / 50ml EDP

2010

淘气爱丽丝 Naughty Alice

这款香水花香调平衡了辛辣粉胡椒的热情和黄葵的香味，同时配有紫罗兰、依兰花和黑玫瑰的高雅花香，令顽皮与温柔完美结合。香水瓶的曲线非常女性化，瓶颈装饰一条搪瓷镀金手链。

参考价格：￥800 / 100ml EDP

寻香名店

北京　新光天地

上海　K11 购物艺术中心•港汇广场

香港　时代广场•百德新街•海港城
海运大厦•崇光百货铜锣湾店•朗豪坊•又一城

伦敦　康迪街 11 号

摇滚　Let It Rock

瓶身有着口红涂写的字母图案，带着天竺薄荷、佛手柑、茉莉花的香调，特别献给自信、性感、随性的现代女性。

参考价格：￥300 / 30ml EDP

2011

俏丽爱丽丝　Cheeky Alice

花果香调既清新又撩人，在百合花的引领下进入牡丹、玫瑰气息之中，而清新的花香前调与多汁的李子形成强烈的反差，后调是木质元素和麝香。

参考价格：￥900 / 100ml EDT

2014

阳光爱丽丝　Sunny Alice

前调带来的是阳光般的橘子和粉色胡椒的香味，外加一丝海风般的清新。精致的花香的中调包括赤素馨花和沙巴茉莉。而后调里飘溢的则包括琥珀、檀木以及香草的芳香。

参考价格：￥500 / 75ml EDT

藏·香·年·谱

推出时间	名称		类别	推出时间	名称		类别
1998	Boudoir	闺房	女香	2009	Boudoir Jouy	闺房之趣 10 周年限量版	女香
1999	Boudoir Jouy	闺房之趣	女香	2010	Naughty Alice	淘气爱丽丝	女香
2000	Libertine	奔放	女香	2011	Cheeky Alice	俏丽爱丽丝	女香
2005	Anglomania	迷醉英伦	女香	2013	Mon Boudoir	真我闺房	女香
2007	Boudoir Sin Garden	秘密花园	女香	2013	Flirty Alice	挑逗爱丽丝	女香
2007	Let It Rock	摇滚	女香	2014	Sunny Alice	阳光爱丽丝	女香

Ys-Uzac
伊苏之眉

YS·UZAC

这家香水品牌是香水领域的一颗“新星”，成立于2011年，源自瑞士。创始人是知名调香师文森特·米诺蒂，据说此人还是一位音乐家。

伊苏之眉主打纯植物萃取的概念，而且一直走小众、限量的路线，品牌明确表示，自己的香水并不属于所有人。

目前，伊苏之眉主要在瑞士、伦敦、戛纳等一些欧洲城市的知名百货和高级沙龙，如伦敦的Harrods、Liberty等出售，在美国的洛杉矶等城市可以买到，而在伦敦等地还可以买到限量版。

镇店名香

龙纹身 Dragon Tattoo

这款香水瓶设计采用了极富个性的朋克感铆钉元素，成分选用了皮革、墨、焦糖、水果元素和麝香。

价格请店洽 Parfum

春之祭 Sacre Du Printemps

这是一款芳香绿色调的中性香水，精致的黑色珐琅手工瓶身装饰24K金，成分选用了波斯树脂、黑醋栗、香根草、愈疮木和当归。

价格请店洽 Parfum

乌木 Oud Ankaa

这是一款东方木质调的中性香，成分选用了沉香木、花香元素、木质元素和藏红花。

价格请店洽 Parfum

收藏优选

2011

时间色彩系列
Chronochromie Collection

2011 年，伊苏之眉调香师文森特·米诺蒂调制出了 4 款香水，包括蜡梅（木质花香调）、变奏（辛辣馥奇香调）、浅唱（花果香美食调）、神话（馥奇香调），这是伊苏之眉的首个作品系列。

参考价格：￥1 100 / 50ml EDP

2013

真情系列　Beloved Collection

目前包括不朽真情和锦缎娃娃两款香水。不朽真情中性香的前调为李子、百香果、薰衣草、朗姆酒；中调为琥珀、艾蒿、胡椒、玫瑰；后调为不凋花、劳丹脂、红没药。锦缎娃娃女香的前调为榄香脂、粉红胡椒、胡椒；中调为鸢尾花、晚香玉、茉莉、玫瑰；后调为没药、梵香、广藿香、红没药、橡木苔。

参考价格：￥1 500 / 100ml EDP

2014

珍妮　Le Parfum De Jeanne

这是一款花香木质麝香调的中性香，前调为橘子、柠檬和佛手柑；中调为茉莉和黑醋栗；后调为零陵香豆、木质元素和香草。

价格请店洽 EDP

BOM 梵香　BOM Incense

出自 BOM 系列，BOM 即“Blend Of Marvels”的缩写。这是一款东方调中性香，成分选用了梵香、开心果和乳香。

参考价格：￥1 750 / 50ml EDP

2015

BOM 茉莉花　BOM Jasmine

完美呈现了华丽的、悠长的、放纵的、温柔的茉莉花香，令人念念不忘。

参考价格：￥2 350 / 50ml EDP

寻香名店

苏黎世　Jelmdi 百货
伦　敦　利伯提百货·哈罗德百货
洛杉矶　Luckyscent 店
布拉格　Haute Parfumerie 店
阿姆斯特丹　Skins Cosmetics 店
夏　纳　TAIZO 店

藏·香·年·谱

推出时间	名	称	类别	推出时间	名	称	类别
2011	Lale	腊梅	女香	2014	Le Parfum De Jeanne	珍妮	中性香
2011	Metaboles	变奏	男香	2014	Sacre Du Printemps	春之祭	中性香
2011	Monodie	浅唱	女香	2015	BOM Incense	BOM 梵香	中性香
2011	Pohadka	神话	中性香	2015	BOM Jasmine	BOM 茉莉花	中性香
2013	Immortal Beloved	不朽真情	女香和男香	2015	Oud Ankaa	乌木	中性香
2013	Satin Doll	锦缎娃娃	女香	2015	Dragon Tattoo	龙纹身	中性香

Yves Saint Laurent 圣罗兰

1964 年，圣罗兰推出以其名字中第一个英文字母“Y”命名的女性香水，圣罗兰品牌从此与香水结缘。圣罗兰独创的香水哲学，明显地区分开消费者独特的个性与生活方式，是个性化香水的典型。脍炙人口的圣罗兰“鸦片”（又译“奥飘茗”）是 1977 年圣罗兰先生到中国旅行后推出的香水，他深受中国文化感染，从鼻烟壶的造型得到灵感，酝酿了暗香浮动、富有浓厚的东方神秘色彩的鸦片香水，这也是首次突破传统命名方式的香水，颇为轰动。

在圣罗兰香水家族中，科诺斯香水颇具男性阳刚、健康的气息；1988 年问世的爵士男性香水则如爵士乐般流曳于国际都会，显示出自由与乐观的风情。

1999 年，汤姆·福特接手圣罗兰的设计总监一职，他的才情与创意让圣罗兰走在时代的前端。2000 年以后，汤姆·福特相继推出的女士香水赤裸和男士香水 M7 因各自独特的香型、性感大胆的广告宣传策略掀起热潮。

镇店名香

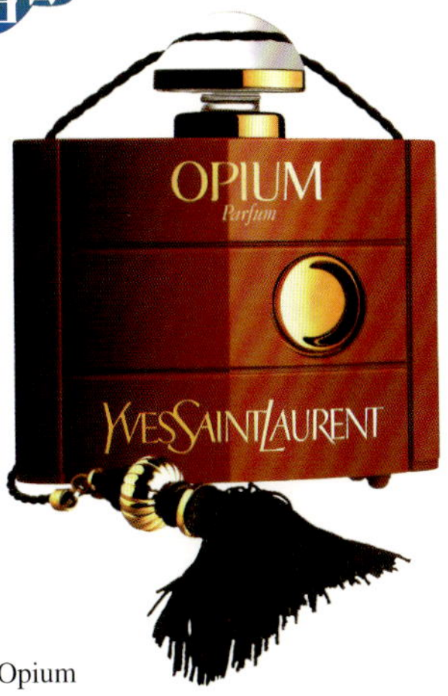

鸦片　Opium

Opium 英文意为“鸦片”，瓶身灵感来自于具有东方风情的鼻烟壶。鸦片香精是原版鸦片女香的浓缩版，融合了铃兰和中国柑橘的香气，再平衡以茉莉、琥珀和广霍香。坠饰流苏，十分古典。

参考价格：￥1 300 / 15ml Parfum

鸦片（红鸦）2009 版 Opium

这是一款具有强烈香辛气的东方香水。以芬芳的果香让柑橘、佛手柑作为旅程的开端；中调为野百合、茉莉、康乃馨的性感花香；后调为浓郁东方且辛辣的香草、广藿香、琥珀，让这趟华丽旅程值得一再回味。常有奢华礼盒套装面世。

参考价格：￥1 150 / 90ml EDP

东方系列 The Oriental Collection

该系列首先在 2013 年推出了三款，分别为高贵皮革、高级花束、玫瑰陛下，2014 年又推出了第四款锦绣之木。

参考价格：￥2 000 / 80ml EDP

收藏优选

1971

左岸　Rive Gauche

前调为醛、忍冬、绿叶、桃子、香柠檬、柠檬；中调为木兰、鸢尾花、栀子花、茉莉、依兰、铃兰、玫瑰、老鹳草；后调为檀香木、顿加豆、琥珀、香根草、麝香、橡木苔。该系列近年来新作不断。

参考价格：￥650 / 100ml EDT

1983

巴黎　Paris

这款香水献给那些天性对玫瑰花有着感性触觉的女性，也献给世界上最浪漫最美丽的城市——巴黎。前调为佛手柑、紫罗兰、橙花、旱金莲；中调为法国格拉斯独有的五月玫瑰、含羞草、山楂；后调为檀香木、香根草、橡苔、麝香。

参考价格：￥850 / 50ml EDT

1993

醉爱　Yvresse

这是一款果香西普调女香。前调为葛缕子、杏、油桃、桃子、薄荷；中调为康乃馨、荔枝、鸢尾花、肉桂、紫罗兰、玫瑰、茉莉、玫瑰、铃兰；后调为琥珀、广藿香、麝香、安息香脂、椰子、香草、橡木苔、香根草、雪松、安息香。

价格请店洽 EDT

1995

鸦片男士　Opium Pour Homme

这一款辛辣东方调男香。前调为黑加仑、八角；中调为南姜、花椒；后调为妥鲁香脂、雪松、香草。

价格请店洽 EDP

1998

生活爵士　Live Jazz

这是全球首款以音乐为主题的香水，树立了圣罗兰在时尚世界中新的典范。香调是清新木质调，前调为冰薄荷、苦柠檬、葡萄柚果；中调为天竺葵、茉莉；后调为灰琥珀、杉木和檀香。

价格请店洽 EDP

2000

情窦　Baby Doll

它被视为圣罗兰巴黎香水的青春版，主要针对女孩或是较年轻小女人。前调为葡萄柚、大黄、黑莓、青苹果；中调为鸢尾、野玫瑰、豆蔻、姜；后调为石榴、桃子、香柏。粉红的陀螺般钻石切割面瓶身设计更显童趣、俏皮。

参考价格： ¥800 / 100ml EDT

2004

剧院魅影　Cinema

这款香水创意的初衷是为世间的普通女性展现出明星般的魅力。前味为柠檬、迷迭香、凤梨、苦橙叶；中调为香菜、鸢尾草、茉莉、仙客来；后调为西洋杉、顿加豆、麝香、苔藓。

参考价格： ¥850 / 90ml EDP

2006

天之骄子　L'Homme

这款香水带给人夏日炙热阳光下众所企盼的清凉感受。从清新的香柠檬到些许辛辣紫罗兰叶和白胡椒都让人惊喜，而麝香、香根草以及雪松则强调了香水的中心香调，张扬着性感和宽广，非常适合都市型男。

价格请店洽

2007

甜心佳人系列　Young Sexy Lovely Collection

这是圣罗兰旗下的香水中面向年轻人的一系列香水，香调和瓶身设计都偏重年轻活泼，主打色彩是粉红色。

价格请店洽 EDT

2007

炫动　Elle

几何线条的瓶身带着建筑的美感，紫与金的色彩组合便是时尚。前调为广霍香、波旁香根草；中调为香橼、荔枝；后调为牡丹。

参考价格：

¥1 100 / 90ml EDP

2011

撒哈拉　Saharienne

前调为佛手柑、阿马尔菲柠檬和橘子；中调为白色花朵、黑醋栗叶、非洲橙花、波斯树脂和苦橙叶；后调为生姜和粉色胡椒。

参考价格：

¥700 / 75ml EDT

2010

美丽鸦片　Belle D'Opium

Belle 在法语里面是美丽的意思，它突破了原版鸦片香水的那种东方辛香的主调，而改走素心兰花香调，但有仍会让人找到原版鸦片的影子。

价格请店洽 EDT

2011

巴黎淑女浓情　Parisienne L'Essentiel

皮革质感的标签，灵感源于高级时装。前调为粉红胡椒立现全新神秘感，令人激情澎湃。中调为大马士革玫瑰和茉莉的芳香精致诱人，令人意乱神迷。鸢尾和缬草根营造出内在的高雅香味。后调融合黑香豆和麝香，白皮革赋予了真正巴黎恋人独特的标志性香水韵味。

参考价格：¥1 050 / 50ml EDP

巴黎第一玫瑰 2011 版

Paris Premieres Roses

前调为玫瑰、铃兰；中调为橙花、紫罗兰、牡丹；后调为麝香、檀香木。

价格请店洽 EDT

天之骄子自由　L'Homme Libre

透明六角形瓶盖，渐变烟蓝色瓶身，仿佛夜幕中的电流。紫罗兰和罗勒叶的新鲜，也浓缩成纯粹的力量和自然光环的精髓，散发着丛林、阳刚、性感的气息。

参考价格：¥950 / 100ml EDT

圣罗兰珍藏版系列　La Collection

该系列推出于 2011 年，共含 8 款，其中包括男士珍藏版、左岸男士珍藏版、爵士珍藏版、绝对乌木珍藏版四款男香，以及恋恋情深珍藏版、赤裸珍藏版、Y 珍藏版、醉爱珍藏版四款女香。

价格请店洽 |

2012

暗夜男士沁凉

La Nuit De L'Homme Frozen Cologne

木质香料调男香，前调为香柠檬、阿马尔菲柠檬、橘子；中调为老鹤草、黑胡椒；后调为香根草、弗吉尼亚州雪松、喀什米尔木、零陵香豆。

参考价格： ¥650 / 100ml EDC

轻柔鸦片　Opium Vapeurs De Parfum

全新柔嫩粉色香水瓶身一改经典颜色，表现女性柔美与性感。前调由甜橙精油、粉红胡椒精粹、樱桃籽开启，中调是珍贵的茉莉纯香精油、橙花精粹，以及独特的东方梵香与豆蔻香气，交织出一种更现代、细致的东方风情。后调是琥珀、木香与香草。

参考价格： ¥1 250 / 125ml EDT

巴黎淑女粉红轻盈　Parisienne L'Eau

灵感源自“宛如巴黎破晓时刻的天空”，前调为茶藨子芽、小红梅，交织出带有自然绿意的清澈果香；中调为大量玫瑰、紫罗兰叶、铃兰，组成宛如新鲜花束的闪耀动人花香；后调结合麝香、广藿香、白香松的气息，制造出不同于一般香水后味的明亮沉稳香调。

参考价格： ¥950 / 90ml EDT

2013

绝世巴黎淑女
Parisienne Édition Singulière

花果香调女香，前调为乙烯、蓝莓、蔓越莓；中调为大马士革玫瑰、紫罗兰；后调为香根草、檀木。

价格请店洽 EDP

宣言精粹　Manifesto L'Elixir

瓶身灵感来自于圣罗兰的一款礼服设计。奢华的金色雕花瓶盖配合梦幻水晶腰封，表现出女性般的玲珑身姿。前调为佛手柑精油、柑橘精油、清新绿香；中调为白色茉莉、龙胆草香调、晚香玉；后调为雪松、喀什米尔香调、龙涎香、波旁香草。

参考价格： ¥950 / 50ml EDT

巴黎第一玫瑰 2013 版
Paris Premieres Roses

品牌为了庆祝圣罗兰巴黎香水创制 30 周年而推出的特别版。成分含有石榴、玫瑰、牡丹、铃兰、风铃草、紫罗兰、橙花。

参考价格： ¥500 / 125ml EDT

2014

宣言之光　Manifesto L'Eclat

香水更加绿色、新鲜，富有女性魅力。前调为绿茶、佛手柑、奈若利、橙花、黑醋栗芽；中调为茉莉、小苍兰、经玫瑰、橙花；后调为香草、零陵香豆、檀香、喀什米尔木。

参考价格： ¥650 / 90ml EDT

巴黎叛逆收藏家　Paris Rebel Collector

这款限量版后继香是对原版圣罗兰巴黎香水经典花香的一种现代的诠释。前调为番茄叶、粉红胡椒、柑橘；中调为玫瑰；后调为木质香、麝香、琥珀。

价格请店洽 EDP

黑鸦片　Black Opium

这是对经典香水的一种摇滚风格的诠释，突出了深邃神秘的一面，其成分中有大量的，占有整个香味主导地位的咖啡，外加粉胡椒、橙花、茉莉、香草、麝香和雪松的芳香。

参考价格： ¥900 / 90ml EDP

2014

鸦片 2014 年收藏版

Opium Collector's Edition 2014

这款香水的开头带来的是橘子和佛手柑调和，并将香水引入花香香辛的由茉莉和康乃馨构成的中心，后调是由香草纯香、琥珀和香根草组成。

参考价格： ¥900 / 50ml EDP

天之骄子运动版　L'Homme Sport

这是一款木质芳香调的男用香水，前调为柑橘香；中调为木质元素；后调为琥珀。

价格请店洽 EDT

银色科诺斯　Kouros Silver

经典科诺斯香水的更为现代诠释的男香，特别适合夏季，味道更为新鲜、清爽。前调为苹果；中调为鼠尾草；后调为木质元素、琥珀。

价格请店洽 EDP

2015

宣言 2015 版　Manifesto Le Parfum

前调为佛手柑；中调为鸢尾花、茉莉；后调为檀木、零陵香豆、安息香。

参考价格： ¥1 100 / 50ml Parfum

寻香名店

北京　老佛爷百货·新光天地

上海　瑞欧百货·环贸商场

香港　历山大厦·圆方商场·海港城·新海怡广场

藏·香·年·谱

推出时间	名称		类别	推出时间	名称		类别
1964	Y	Y	女香	2000	Baby Doll	情窦	女香
1971	Rive Gauche	左岸	女香	2000	Body Kouros	猛男	男香
1971	Yves Saint Laurent Pour Homme	同名男士	男香	2001	Nu	赤裸	女香
1977	Opium	鸦片	女香	2002	M7	M7	男香
1977	Opium Parfum	鸦片香精	女香	2002	Paris Eau De Printemps	巴黎春之水	女香
1981	Kouro	科诺斯	男香	2002	Opium Eau D'Été Summer Fragrance	鸦片夏日之水 2002 版	女香
1983	Paris	巴黎	女香	2002	Kouros Eau D'Été	科诺斯夏日之水	男香
1986	Kouros Eau De Sport	科诺斯运动之水	男香	2003	Rive Gauche Pour Homme	左岸男士	男香
1988	Jazz	爵士	男香	2003	Rive Gauche Pour Homme Intense	左岸男士极致	男香
1993	Yvresse	醉爱	女香	2003	Rive Gauche Intense	左岸极致	女香
1993	Kouros Fraicheur	科诺斯清凉	男香	2003	Nu EDT	赤裸 EDT 版	女香
1993	Jazz Prestige	爵士威望	男香	2003	Opium Secret De Parfum	鸦片秘密	女香
1995	Opium Pour Homme	鸦片男士	男香	2003	Opium Eau D'Été Summer Fragrance	鸦片夏日之水 2003 版	女香
1995	Opium Pour Homme Eau De Parfum	鸦片男士 EDP	男香	2003	Kouros Cologne Sport	科诺斯运动	男香
1997	Yvresse Légère	醉爱清淡版	女香	2003	Paris Premieres Roses	巴黎第一玫瑰 2003	女香
1998	Opium Fraicheur D'Orient	东方鸦片清凉	女香	2004	M7 Fresh	M7 清新版	男香
1998	In Love Again	恋恋深情	女香	2004	Cinema	剧院魅影	女香
1998	Live Jazz	生活爵士	男香	2004	Rive Gauche Pour Homme Light	左岸男士轻盈	男香
1999	Vice Versa	唯爱(反之亦然)	女香	2004	Rive Gauche Light	左岸轻盈	女香

藏 · 香 · 年 · 谱

推出时间	名称		类别
2004	Kouros Cologne Sport Eau D´Été Summer Fragrance	科诺斯运动夏日	男香
2004	Opium Eau D´Été Summer Fragrance	鸦片夏日之水 2004 版	女香
2005	Paris Roses Enchantees	巴黎魅力玫瑰	女香
2005	In Love Again Edition Fleur De La Passion	爱情再现恋恋情深	女香
2005	In Love Again Jasmin Etoile	恋恋情深闪耀茉莉	女香
2005	Cinema Gold	影院金装版	女香
2005	Opium Fleur De Shanghai	鸦片上海花	女香
2005	Baby Doll Candy Pink	糖果情窦	女香
2006	Baby Doll Lucky Game	情窦占卜	女香
2006	Opium Fleur Imperiale	鸦片帝国之花	女香
2006	Opium Oriental Limited Edition	鸦片东方限量版	女香
2006	Opium Pour Homme Eau D´Orient	东方鸦片男士	男香
2006	L´Homme	天之骄子	男香
2006	Paris Roses Des Verges	巴黎玫瑰果园	女香
2006	Kouros Eau D´Été	科诺斯夏日之水 2006 版	男香
2007	Opium Pour Homme Eau D´Orient	东方鸦片男士	男香
2007	Paris Jardins Romantiques	巴黎浪漫花语春日	女香
2007	Opium Orchidée De Chine	鸦片中国兰花	女香
2007	Baby Doll Music Box Collector	情窦音乐盒限量版	女香
2007	Baby Doll Magic	情窦魔幻	女香
2007	Young Sexy Lovely	甜心佳人	女香
2007	Young Sexy Lovely Collector Intense	甜心佳人极致收藏版	女香
2007	Opium Légendes De Chine Eau De Parfum	中国鸦片传奇 EDP 版	女香
2007	Baiser De Cinema	影院之吻	女香
2007	Elle	炫动	女香
2007	L´Homme Eau D´Été	夏日之水男士	男香
2007	Paris Nuit De Fete	巴黎之夜	女香
2008	Opium Collector Edition	收藏版鸦片	女香
2008	Cinema Scenario D´Été	电影情节	女香
2008	Opium Poesie De Chine Pour Homme	鸦片之君子好逑	男香
2008	Opium Poesie De Chine Pour Femme	鸦片之窈窕淑女	女香
2008	Baby Doll Magic	情窦魔幻	女香
2008	Elle Intense EDP	炫动极致 EDP 版	女香
2008	Elle Summer Fragrance	炫动夏日女士	女香
2008	Kouros Summer Edition	科诺斯夏日	男香
2008	Paris Pont Des Amours	巴黎爱之桥	女香
2008	Young Sexy Lovely Collector Edition Radiant	甜心佳人闪耀版	女香
2008	Young Sexy Lovely Spring/Summer Collection	甜心佳人初夏收藏版	女香
2008	Homme Yves Saint Laurent Design By Jean Nouvel	男士之水让·努维尔限量版	男香
2008	L´Homme Eau D´Été	夏日之水男士 2008 版	男香
2008	Opium Elixir Voluptueux	鸦片恒久版	女香
2009	Paris Eau De Printemps	巴黎春之水	女香
2009	Young Sexy Lovely Couture Collection	甜心佳人收藏版	女香
2009	Parisienne	巴黎淑女	女香
2009	La Nuit De L´Homme	暗夜男士	男香
2009	Elle Shocking	炫动激情	女香
2009	Opium	鸦片(红鸦)2009 版	女香
2010	La Nuit De L´Homme Le Parfum	男士之夜香精版	男香
2010	Belle D´Opium	美丽鸦片	女香
2010	Elle Edition Collector	炫动收藏版	女香
2010	Kouros Energizing	科诺斯能量	男香
2010	Paris Premieres Roses	巴黎第一玫瑰	女香
2010	Parisienne A L´Extreme	巴黎淑女极致	女香
2010	Parisienne Eau De Toilette	巴黎淑女 EDT 版	女香
2011	Paris Premieres Roses	巴黎第一玫瑰 2011 版	女香
2011	Parisienne L´Essentiel	巴黎淑女浓情	女香
2011	L´Homme Libre	天之骄子自由	男香
2011	Kouros Eau De Toilette Tonique	科诺斯轻盈 EDT 版	男香
2011	La Collection Y	Y 珍藏版	女香
2011	La Collection M7 Oud Absolu M7	M7 绝对乌木珍藏版	男香
2011	La Collection Jazz	爵士珍藏版	男香
2011	La Collecton Nu	赤裸珍藏版	女香
2011	La Collection Rive Gauche Pour Homme	左岸男士珍藏版	男香
2011	La Collection Pour Homme	男士珍藏版	男香
2011	La Collection Yvresse	醉爱珍藏版	女香
2011	La Collection In Love Again	恋恋情深珍藏版	女香
2011	Saharienne	撒哈拉	女香
2011	L´Homme Cologne Gingembre	生姜	男香
2011	Elle Limited Edition	炫动 2011 限量版	女香
2012	Elle Limited Edition	炫动 2012 限量版	女香
2012	La Nuit De L´Homme Frozen Cologne	暗夜男士沁凉古龙水	男香
2012	Belle D´Opium Eau De Parfum Éclat	美丽鸦片 EDP 版	女香
2012	Paris Premieres Roses	巴黎第一玫瑰 2012 版	女香
2012	Opium Vapeurs De Parfum	轻柔鸦片	女香
2012	Parisienne L´Eau	巴黎淑女粉红轻盈	女香
2012	Manifesto	宣言(宠爱宣言)	女香
2013	Manifesto L´Elixir	宣言精粹	女香
2013	Paris Premieres Roses	巴黎第一玫瑰 2013 版	女香
2013	L´Homme Libre Cologne Tonic	天之骄子古龙水	男香
2013	Opium Collector´s Edition	鸦片收藏版	女香
2013	Parisienne Édition Singulière	绝世巴黎淑女	女香
2013	Noble Leather	高贵皮革	中性香
2013	Supreme Bouquet	高级花束	女香
2013	Majestic Rose	玫瑰陛下	女香
2014	L´Homme Parfum Intense	天之骄子极致	男香
2014	Manifesto L´Eclat	宣言之光	女香
2014	Black Opium	黑鸦片	女香
2014	Kouros EDT Tonique	科诺斯 EDT 版	男香
2014	Opium Collector´s Edition 2014	鸦片 2014 年收藏版	女香
2014	Paris Rebel Collector	巴黎叛逆收藏家	女香
2014	Paris Premieres Roses	巴黎第一玫瑰 2014 版	女香
2014	Paris L´Edition Venini	巴黎维妮妮特别版	女香
2014	Splendid Wood	锦绣之木	中性香
2014	L´Homme Sport	天之骄子运动版	男香
2015	Manifesto Le Parfum	宣言 2015 版	女香
2015	Kouros Silver	银色科诺斯	男香
2015	La Nuit De L´Homme L´Intense	暗夜男士极致	男香
2015	Opium Rouge Fatal	致命红鸦片	女香
2016	L´Homme Ultime	终极男士	男香
2016	Black Opium Nuit Blanche	黑鸦片不眠之夜	男香

CINÉMA
YVES SAINT LAURENT

专题一）

香水世界的十大著名调香师

NO.1

弗朗索瓦丝·科蒂

Francois Coty

和艾梅·娇兰一样，弗朗索瓦丝·科蒂也被看作是现代香水业的奠基人之一。他调制的牛至香水开花香东方调香水的先河，而西普也是第一款西普香水，后来香水中的西普家族干脆以这款香水的名字来命名。他开创了现代香水行业的新纪元，他创造的科蒂公司，已经成为了世界最大的香水公司之一。

代表作品

★科蒂牛至 / L'Origan
★科蒂西普 / Chypre De Coty
★科蒂玫瑰与红蔷薇 / La Rose Jacqueminot
★科蒂祖母绿 / Emeraude
★科蒂祖母绿 3 / Coty Emeraude 3

NO.2

埃德蒙德·罗德尼斯卡

Edmond Roudnitska

埃德蒙德是近代香水界的传奇，极简主义的先锋，是调香师中的丰碑人物。职业生涯虽然只调配出了十几款香水，可每一款都是经典。

迪奥推出的第一款香水是迪奥小姐，但是迪奥本人最喜欢的却是迪奥之韵，这款香水是以铃兰为主题的，铃兰在法国的花语是“好运”。和山茶花之于香奈儿女士一样，迪奥先生的幸运花则是铃兰。迪奥之韵被业内人士推崇为是最完美的单一花香主题香水之一。

代表作品

★迪奥之韵 / Diorissimo
★迪奥清新之水 / Eau Sauvage
★爱马仕之水 / Eau D'Hermes
★罗莎小姐 / Rochas Femme

NO.3

让－克劳德·艾列纳

Jean–Claude Ellena

在调香界被称为“极简主义者”，香水风格自然清新而又极具个性，他调制的香水佳作不胜枚举，同时还自创了沙龙香水品牌别样公司。他为梵克雅宝、宝格丽调制的初遇、绿茶分别开创了两大品牌的香水产品线。他在担任爱马仕独家调香师后，2008 年令爱马仕的香水销量翻了 3 倍。

代表作品

★梵克雅宝初遇 / First
★宝格丽绿茶 / Eau Parfumee Au The Vert
★宝格丽女士 / Bvlgari Pour Femme
★卡地亚宣言 / Declaration
★希思黎绿野仙踪 / Eau De Campagne
★圣罗兰恋恋情深 / In Love Again
★爱马仕地中海花园 / Un Jardin En Mediterranée
★爱马仕尼罗河花园 / Jardin Sur Le Nil
★爱马仕珍藏系列 / Hermes Hermessence
★爱马仕大地 / Terre D'Hermes

NO.4

雅克·卡瓦里埃

Jacques Cavailler

出生在调香师世家，荣获了国际香水大奖弗朗索瓦丝·科蒂奖冠军。他未成名之前就调制出了一款在当时的香水界极具颠覆性的作品一生之水。雅克·卡瓦里埃属于高产调香师了，而且几乎款款畅销。其香水作品风格差异很大，从将东西方文化巧妙融合的一生之水到妖冶动人的高缇耶裸女经典，从兰蔻的熟女香诗情画意到少女玫瑰香斯特拉同名，居然都是他的手笔。

代表作品

★三宅一生一生之水女士香水 / Issey Miyake L'Eau D'Issey
★斯特拉同名 / Stella McCartney Stella
★兰蔻璀璨红情 / Lancôme Magnifique
★兰蔻诗情爱意 / Lancôme Poeme
★宝格丽大吉岭茶 / Bvlgari Pour Homme
★宝格丽碧蓝 / Aqua Pour Homme
★圣罗兰剧院魅影 / Cinema

NO.5

索菲亚·葛萝丝曼

Sophia Grosjman

香水界的改革者，用独特的香水视角调制出的新型香水打破了传统的风格。1996 年，她被美国调香师学会授予当代传奇奖。

作为女性调香师，索菲亚对代表着女性、美丽和爱情的玫瑰情有独钟，所调制的香水大部分都是以玫瑰为主调的，难得的是各有各自的风韵。她被一些圈内人士看作是调香师中的毕加索——这是指她立体主义的调香手法，在香水界也是颇具创新性的。

代表作品

★圣罗兰巴黎 / Yves Saint Laurent Paris
★圣罗兰巴黎淑女 EDT 版 / Yves Saint Laurent Parisienne Eau De Toilette
★兰蔻璀璨 / Lancôme Tresor
★宝格丽黄茶 / Bvlgari Pour Femme
★卡尔·拉格菲尔德日月星 / Karl Lagerfeld Sun Moon Stars
★雅诗兰黛情迷 / Estée Lauder Spellbound
★雅诗兰黛白色亚麻布 / Estée Lauder White Linen
★伊丽莎白·雅顿真爱 / Elizabeth Arden True Love

NO.6

艾伯特·莫瑞拉斯

Alberto Morrilas

香水界中最知名的调香师之一，在调香界有“贵族”之称。2003 年荣获弗朗索瓦丝·科蒂大奖。他不仅高产，而且划时代的香水巨作也不少——中性香潮流的先锋卡莱优、红得发紫的花果香代表兰蔻奇迹，男女通杀的海洋香代表阿玛尼寄情水，都是他的作品。只凭这些，艾伯特·莫瑞拉斯已无愧调香大师的称号，何况他还有非常多的香水佳作。

代表作品

★莫杰小雏菊 / Marc Jacobs Daisy
★阿玛尼寄情水
/ Giorgio Armani Acqua Di Gio
★高田贤三一枝花
/ Kenzo Flower By Kenzo
★卡地亚龙之吻
/ Cartier Le Baiser Du Dragon
★兰蔻奇迹 / Lancôme Miracle
★卡文克莱卡莱优
/ Calvin Klein CK One
★D 二次方 温润海洋木
/ DSQUARED2 He Wood Ocean Wet Wood

NO.7

让－路易斯·西萨克

Jean–Louis Sieuzac

他的风格多变，能在不同的风格之间游刃有余。1977 年，他调制的圣罗兰鸦片面世。这款在欧美人眼中充满了东方风情的香水引发了销售狂潮，鸦片在香水史上引领的是整整一个性感妖冶肉欲的 20 世纪 80 年代。

1991 年，迪奥推出了沙丘，已经逐渐对十数年来浓烈喧嚣的东方调香水开始厌倦的人们，对沙丘所营造出的自然恬静的性感完全没有抵抗力。理所当然，沙丘又开创了另外一种风潮。

而创作出这两款截然不同但却都引领香水潮流的，就是让－路易斯·西萨克。

代表作品

★迪奥沙丘 / Dior Dune
★迪奥华氏温度 / Dior Fahrenheit
★圣罗兰鸦片 / Opium

NO.8

迈克尔·艾麦瑞克

Michel Almairac

身为调香师却喜欢机械，甚至喜欢亲自修复古老的汽车和摩托车，作为一个在香水之都格拉斯长大并学习的调香师，这样的出身在调香师圈子里也是根正苗红。圈中人都知道，格拉斯的香水氛围是如此浓厚，以至于在格拉斯长大的年轻人被开玩笑说只有两种职业可以做，偷车的，或者是调香师，而迈克尔·艾麦瑞克选择了后者，并获得了巨大的成功。

代表作品

★蔻依水漾玫瑰
/ Chloe L'Eau De Chloe
★安娜苏许愿精灵
/ Anna Sui Secret Wish
★博柏利裸纱 / Burberry Body
★阿蒂仙小偷玫瑰
/ L'Artisan Parfumeur Voleur De Roses
★古驰狂爱 / Gucci Rush
★古驰狂爱 2 / Gucci Rush 2
★宝缇嘉同名 / Bottega Veneta

NO.9

雅克·波巨

Jacques Polge

香奈儿优秀的专属调香师，也是香奈儿香水世界的创意灵魂。他把香水调制当成了一种直觉。对喜欢香水、把香水当作一种精神来崇拜的人来说，雅克·波巨并不是一个单纯的香水制造者，他其实更像一个作曲家，在他的脑海里面有一首“嗅觉交响乐”。

在对香奈儿文化有了深刻体会以后，雅克·波巨把自己的灵感融合到了作品当中，使这些作品不仅维持了香奈儿的品牌精神，还为香奈儿制造了一个又一个的品牌奇迹。

代表作品

★香奈儿可可 / Coco
★香奈儿可可小姐
/ Coco Mademoiselle
★香奈儿魅力 / Allure
★香奈儿魅力男性 / Allure Homme
★香奈儿自我男性 / Egoiste
★香奈儿邂逅 / Chance
★香奈儿水晶恋 / Cristalle

NO.10

蒂埃里·瓦瑟

Thierry Wasser

香水世家娇兰的著名调香师，2009 年担任娇兰的专属“鼻子”，赋予百年香水品牌更多元崭新的面貌。蒂埃里·瓦瑟能通过纯熟的香味表达各种复杂的心情，以飘扬的芬芳诉说更多无形的信息，完整诠释独一无二的个人特质。

代表作品

★娇兰爱朵 / Guerlain Idylle
★娇兰夏木之梦
/ Guerlain Songe D'un Bois D'Ete
★娇兰小黑裙
/ Guerlain La Petite Robe Noire
★娇兰花草水语－热带青柠
/ Guerlain Aqua Allegoria Limon Verde
★迪奥魅惑精灵
/ Dior Addict Eau Fraiche

专题二）集色瓶控必入的经典香水推荐

NO.1

蛊媚奇葩（红毒）

Hypnotic Poison

所属品牌：迪奥

香调：东方香草调

推荐理由：

火红色的瓶身颜色极具诱惑力，香草、杏仁、椰子和檀香为主调的味道丰盈、馥郁而迷幻，甜美诱人，给人神秘、奢华、野性而女性化的感觉。

参考价格：￥800 /100ml EDT

NO.2

花之印

Flower Tag

所属品牌：高田贤三

香调：花香调

推荐理由：

高田贤三将涂鸦艺术引入香水世界推出的代表力作。洋溢都市风韵的罂粟花和 Flower 的文字饰满瓶身。闪亮的色彩传递出更为强烈的让人惊艳的魅力。

参考价格：￥400 /50ml EDT

NO.3

成熟女人

L'Acquarossa

所属品牌：芬迪

香调：东方花香调

推荐理由：

以品牌诞生地罗马为灵感，艳红色给人高调张扬、性感妩媚的特别感觉，展现了女人成熟的一面。

参考价格：￥850 /50ml EDP

魅惑红

传统上认为红象征“阳”，或者动力。通常把红与动感、外向的情绪联想起来。最富刺激的色彩非红色莫属，它美艳、热烈。红色系香水充满诱惑力和张力。

NO.4

柏林少女

La Fille De Berlin

所属品牌：芦丹氏

香调：东方花香调

推荐理由：

香水液体浓烈而明丽，简洁的方瓶非常有质感，同时也是芦丹氏非常著名的以玫瑰为主香调的香水。

参考价格：￥800 /50ml EDP

NO.5

喧嚣悸动

Tumulte

所属品牌：克里斯汀·拉克鲁瓦

香调：东方花香调

推荐理由：

瓶身设计风格华丽优雅，大红色古典加上华丽的金色图腾精美地印制于整个香水瓶身，散发出浓浓的复古奢华风。

参考价格：￥950 /100ml EDP

NO.6

红门

Red Door

所属品牌：伊丽莎白·雅顿

香调：东方花香调

推荐理由：

雅顿最具代表意义的香水，瓶体如一扇红色的神秘之门，标志着雅顿作为国际品牌的辉煌。适合独立大胆的现代女性。

参考价格：￥800 / 100ml EDT

NO.7

圣莎拉

Samsara

所属品牌：娇兰

香调：木质东方调

推荐理由：

香水瓶以东方的浮屠宝塔为设计灵感。以塑造女性玲珑有致的曲线，温暖且蕴含无限活力造型，有着浓重的东方色彩。香水全部采用天然香精配制而成。

参考价格：￥520 / 50ml EDT

NO.8

极度新鲜

Hugo Red

所属品牌：胡戈·波士

香调：东方香料调

推荐理由：

胡戈·波士的经典之作，香水瓶身涂有先进的热感油墨，能对温度做出反应而变色，设计非常巧妙，瓶身的红色与瓶盖的黑色大胆对比而完美融合，拥有无与伦比的吸引力。

参考价格：￥650 / 75ml EDT

NO.9

谷物愉悦

Grain De Plaisir

所属品牌：MPG

香调：木质馥奇调

推荐理由：

红色的香水瓶身，异国气息十分浓厚。典型的木质馥奇调男士淡香水，香气给人净透的畅快感，持久度也不错。适合日间与休闲场合时使用。

参考价格：￥700 / 100ml EDT

NO.10

勇者无畏钢铁侠

Only The Brave Iron Man

所属品牌：迪赛

香调：木质东方调

推荐理由：

限量版男香，香水瓶依照动漫卡通设计，做出红色线条来显现英雄人物的勇敢无惧的精神。香水气味呼应香水主题，强调男性刚强的性格魅力。

参考价格：￥1 900 / 100ml EDT

NO.11

红玉银柳

Armand Basi In Red

所属品牌：阿曼贝斯

香调：木质花香调

推荐理由：

原始清姜味调，加入了富生命力、综合着中国柑橘与佛手柑的柑橘调，令人惊艳无比。而后调融合了性感与浓郁的木质味、白麝香与绿苔呈现出贵族般的质感。

参考价格：￥800 / 100ml EDP

迷幻紫

紫色清冷、高贵，有种很清逸的气质，也最具王者之气。西方认为紫色与自省、出世思想、神秘主义和信仰有着不可分割的关系。紫色系香水给人以神秘、优雅的印象。

NO.1

同名男士

Sung Homme

所属品牌：沈云门

香调：木质馥奇调

推荐理由：

香气充满男子气概，充满豪迈的活力，同时紫色给人以优雅、清爽的感觉，特别适合男士在夏日使用。

参考价格：￥750 / 100ml EDT

NO.2

紫标

Purple Label

所属品牌：拉夫·劳伦

香调：木质东方调

推荐理由：

香味并非一般的柑橘，而是略带粉质的木料辛香，带有清新柑橘味道，气息却不无聊。瓶身神秘的紫色和香气相得益彰，很有男人味，适合正式场合。

参考价格：￥950 / 125ml EDT

NO.3

闪耀

Glitter

所属品牌：川久保玲

香调：东方调

推荐理由：

限量版香水，从外包装盒到瓶身都有闪耀亮眼的特殊紫色风格存在，磨砂的瓶身质感宛如闪烁的紫色晶石粘附其上，非常具有收藏价值。

价格请店洽 EDT

NO.4

品香系列天使

The Taste Of Fragrance Angel

所属品牌：蒂埃里·穆勒

香调：东方香草调

推荐理由：

与原版天使香水一脉相承，香水加入了纯可可粉后气味更加浓郁，浓郁的巧克力带来了新的深度，把香水与美食两个世界紧密连接在一起。

参考价格：￥700 / 35ml EDP

NO.5

DNA 女士

DNA Women

所属品牌：陛尚

香调：花香调

推荐理由：

瓶子设计相当有原创性。两重螺旋设计的柱形瓶身，状如在染色体中发现的 DNA 分子的形状，而紫色更增添了无穷的韵味。

参考价格：￥500 / 100ml EDP

NO.6

紫色精粹

Essence In Color

所属品牌：纳茜素

香调：花香调

推荐理由：

限量版女香。加入了栀子花，糅合龙涎香调，将白麝香的明亮气息升华至充满女性美的香气。深紫色的瓶身，加强了香水的热情和愉悦气息。

参考价格：¥ 650 / 100ml EDP

NO.7

自深深处

De Profundis

所属品牌：芦丹氏

香调：花香调

推荐理由：

少有的含有菊花香调的香水，搭配紫罗兰的色彩，营造出肃穆的氛围。

参考价格：¥ 1 500 / 75ml EDP

NO.8

永恒紫罗兰

Eternity Purple Orchid

所属品牌：卡文克莱

香调：木质花香调

推荐理由：

限量版女香，晶透紫色淡彩玻璃瓶身十分典雅，香调融合了小苍兰、柑橘、玫瑰、白百合、紫罗兰、檀香木，洋溢着花香的淡雅与幸福。

参考价格：¥ 1 000 / 100ml EDP

NO.9

激情

Passion

所属品牌：伊丽莎白·泰勒

香调：东方调

推荐理由：

伊丽莎白·泰勒很著名的一款女香，走奢华古典路线的瓶子因一抹紫色增添了神秘而高贵的气韵，尤其适合夜晚使用。

参考价格：¥ 680 / 100ml EDT

NO.10

迷夜翎雀

Night Of Fancy

所属品牌：安娜苏

香调：花果香调

推荐理由：

紫色孔雀开屏造型香水瓶盖是整个香水瓶设计上的点睛之笔，香气清新，特别适合年轻女性使用。

参考价格：¥ 650 / 50ml EDT

NO.11

黑色感性

Sensuous Noir

所属品牌：雅诗兰黛

香调：东方木质调

推荐理由：

与原版感性香水相比，黑色感性的香味更趋向温暖感性，整体风格更趋华丽。

参考价格：¥ 700 / 50ml EDP

活力绿

绿色象征新生、清爽，代表大自然中万物茁壮生长和新生命的诞生。大多数人把绿色与生命相连，绿香系香水给人以爽快、时髦的感觉，能让心情逐渐放松，恢复简单与平静。

NO.1

橘绿之泉复刻版

Eau D'Orange Verte

所属品牌：爱马仕

香调：柑橘调

推荐理由：

经典的中性香水，瓶身设计延续了爱马仕一贯的经典风格，绿色瓶身带来鲜艳活泼的质感，中央镌刻着品牌独有的圆形标识，配合黑色瓶盖，简约中透出低调的奢华感。复刻版因比原版少花香而更为清淡宜人。

参考价格：￥ 850 / 100ml　EDC

NO.2

橙花油

Neroli Portofino

所属品牌：汤姆·福特

香调：柑橘芳香调

推荐理由：

汤姆·福特私藏系列中最受全球香水爱好者欢迎的一款。区别于汤姆·福特常见的黑色包装，瓶身颜色清凉宜人。

参考价格：￥1 500 /50ml　EDP

NO.3

史诗女士

Epic Woman

所属品牌：爱慕

香调：东方花香调

推荐理由：

绿色香水瓶的设计蕴含了东方神秘魔力与古朴气息。镀金瓶盖上则镶有名贵的施华洛世奇水晶，展现了阿拉伯的贵族情调。

参考价格：￥2 700 / 100ml　EDP

NO.4

1872 女士

1872 For Women

所属品牌：克莱夫·克里斯蒂安

香调：花果香调

推荐理由：

以品质出众闻名于世，香味沉郁，华美异常，而绿色与金色的对比更显大气和富贵感。

参考价格：￥2 000 / 100ml　EDP

NO.5

纽约麝香

New York Musk

所属品牌：邦 9 号

香调：花香木质麝香调

推荐理由：

香气甜蜜而悠长，韵味十足，香水瓶的绿色元素为香水增添了无穷的活力。

参考价格：￥3 000 / 100ml　EDP

NO.6

林中松树

Pino Silvestre Original

所属品牌：卑奴苏佛士打

香调：馥奇调

推荐理由：

传统的经典男香，以其清新干净的香调和独特的瓶身设计而经久不衰。绿色瓶身风格简洁、清冷、干净。

参考价格：￥350 /125ml EDT

NO.7

歌宝婷

Cabotine De Grès

所属品牌：格蕾丝

香调：花香西普调

推荐理由：

瓶身如同果实般圆润，上面覆以叶子造型，既像果实又像花朵，嫩绿的瓶身充满生机，整体风格一如其名般清雅。

参考价格：￥600 /50ml EDP

NO.8

绿光动感

Boss In Motion Green

所属品牌：胡戈·波士

香调：木质辛辣调

推荐理由：

限量版口碑男香，瓶身鲜绿的金属质感十分惊艳，此款香水适合活力四射的年轻男士。

参考价格：￥1 100 /90ml EDT

NO.9

马球（绿色马球）

Polo

所属品牌：拉夫·劳伦

香调：木质西普调

推荐理由：

以西普调为主题香味的马球香水，深受欧美男性消费者喜爱，味道非常的有个性，很适合气质独特的个性男士。

参考价格：￥500 /60ml EDT

NO.10

金莲花

Eau De Fleurs Capucine

所属品牌：蔻依

香调：花香绿色调

推荐理由：

广受好评的一款女香，无论是香水本身，还是外形，都体现出简约不失细腻、奢华与高雅并存的品牌特点。

参考价格：￥1 200 /100ml EDT

NO.11

星体冒险

Adventure Quasar

所属品牌：波索

香调：芳香森林调

推荐理由：

非常具有设计感的香水，瓶身的绿色突出了香水前卫、大胆的风格，香气非常清新。

参考价格：￥600 /125ml EDT

璀璨金

金色华丽、馥郁，多数金色系的香水走的是华丽路线，味道也比较浓烈，以展现性感与成熟的风貌。金色系香水往往会让人心情瞬间就变得开朗，气场也不自觉地变强起来。

NO.1

橘彩星光升级版

Elixir Des Merveilles

所属品牌：爱马仕

香调：东方森林调

推荐理由：

酸甜的柑橘香气，透出一丝美食调和木质清香，加上瓶身通体的金橘色具有强烈的吸引力。

参考价格：¥1 450 /100ml EDP

NO.2

梵克女士

Van Cleef

所属品牌：梵克雅宝

香调：东方花香调

推荐理由：

三调的变化非常清晰，香水瓶玲珑剔透仿佛艺术品，极具现代感。

价格请店洽 EDP

NO.3

醉爱

Yvresse

所属品牌：圣罗兰

香调：果香西普调

推荐理由：

香水瓶的造型非常优雅，仿如香槟酒窖，让人爱不释手。香调上一改以往圣罗兰香水浓郁甜腻的粉香，开启了清新的时代。

参考价格：¥1 500 /125ml EDT

NO.4

蒂花

Diva

所属品牌：伊曼纽尔·温加罗

香调：花香西普调

推荐理由：

香味繁复却清新，温馨而诱人，香水瓶风格古典华丽，适合全天使用。

参考价格：¥550 /50ml EDP

NO.5

撒哈拉黑

Sahara Noir

所属品牌：汤姆·福特

香调：东方花香调

推荐理由：

汤姆·福特东方主题香水中口碑颇佳的女香，调香师从中东的神秘与奢华中获取了灵感，以金色瓶身突出此款女香的华贵气质，留香时间长。

参考价格：¥1 150 /50ml EDP

NO.6

龙之吻

Le Baiser Du Dragon

所属品牌：卡地亚

香调：东方木质调

推荐理由：

为庆祝品牌成立 150 周年而推出的女香。瓶子的外观设计除了延续现代感与质感并重的卡地亚传统精品路线外，更充分体现出浓厚的中国文化特征。

参考价格：￥1 300 / 100ml EDP

NO.7

游猎

Safari

所属品牌：拉夫·劳伦

香调：花香绿色调

推荐理由：

广受好评的女香，香水瓶别致典雅，味道紧致、浓烈，是古典香水的绝佳代表。

参考价格：￥500 / 75ml EDP

NO.8

圆周率

π

所属品牌：纪梵希

香调：木质东方调

推荐理由：

纪梵希的香水力作，如金字塔般的外形线条清晰、简单而又完美的瓶身设计利用了几何学的原理非常醒目，瓶盖为环形青铜色金属环。

参考价格：￥645 / 50ml EDT

NO.9

精纯独奏

Solo Loewe Absoluto

所属品牌：罗意威

香调：东方调

推荐理由：

经典男香，设计灵感由太阳王路易十四启发而来。味道轻盈，甜美，淡雅，迷人，适合各种场合。金黄色调充满了大气和华贵的美感。

参考价格：￥700 / 75ml EDT

NO.10

希腊天神

Minotaure

所属品牌：毕加索

香调：东方调

推荐理由：

毕加索品牌迄今推出的唯一一款男香，标准的白领男香，与香味相对应的是香水瓶的风格也极其厚重典雅。

参考价格：￥700 / 75ml EDT

NO.11

德碧

Derby

所属品牌：娇兰

香调：西普调

推荐理由：

很经典而有深度的男香，至始至终都有西普调，与薄荷完美地融合，是西普调香水爱好者不可错过的一款。

参考价格：￥1 800 / 50ml EDT

炫彩蓝

蓝色充满了内在的力量，也代表安静、谦和。蓝色系香水也往往让人联想起澄净的外部世界以及恬静安适的生活，蓝色系香水的香味多清新和感性。

NO.1

蔚蓝地中海

Mediterranean

所属品牌：伊丽莎白·雅顿

香调：木质花香麝香调

推荐理由：

瓶身简单而不失高雅，极为女性化线条的椭圆形天蓝色玻璃瓶身，增加了重量感。时尚、多面锤银的瓶盖与玻璃瓶身成了细致的对比。

参考价格：￥ 550 /50ml EDP

NO.2

中国蓝

Morandiere Bleu De Chine

所属品牌：马克德拉

香调：花香西普调

推荐理由：

味道和蓝色香水瓶都非常复古，醉人的晚香玉配以干燥的苔藓，以十分温和的方式将各种香气逐层释放出来，香气优雅，没有过分甜腻之感。

参考价格：￥ 700 /50ml EDT

NO.3

蓝色女士

Blue

所属品牌：拉夫·劳伦

香调：花香调

推荐理由：

清新的水蓝色瓶身线条饱满流畅又大方素净，非常精美。采用了大量白色系花朵，香气自然清新。

参考价格：￥500 /75ml EDT

NO.4

梦幻精灵

Feerie

所属品牌：梵克雅宝

香调：花果香调

推荐理由：

瓶身多角面的切割犹如钻石般璀璨而华丽，以一个立体效果的梦幻精灵装饰点缀，营造了一个小仙子的梦幻国度，深蓝色调配合紫罗兰香气，充满着梦幻般的色彩。

参考价格：￥900 /100ml EDP

NO.5

日月星

Sun Moon Stars

所属品牌：卡尔·拉格菲尔德

香调：东方花香调

推荐理由：

时尚圈重量级人物卡尔·拉格菲尔德的得意之作，蓝色香水瓶非常具有设计感，适合个性高调而又独立的女人。

参考价格：￥630 /100ml EDT

NO.6

高定系列女士蓝

Armani Privé La Femme Bleue

所属品牌：阿玛尼

香调：东方花香调

推荐理由：

限量版女香，瓶身上均刻有编号，只限于法国、英国、意大利、瑞士、迪拜、美国、香港发售，非常珍贵。

价格请店洽 EDP

NO.7

间奏曲女士

Interlude Woman

所属品牌：爱慕

香调：西普花香调

推荐理由：

爱慕口碑颇佳的女香，整体风格沉稳而不失优雅，适合气场强大的女性使用。蓝色瓶身与金色瓶盖搭配相得益彰，而施华洛世奇的蓝水晶装饰更提升了华贵感。

参考价格：￥2 800 / 100ml EDP

NO.8

依瑞丝

Hiris

所属品牌：爱马仕

香调：花香绿色调

推荐理由：

香水的包装设计与瓶身，秉承了爱马仕一贯的低调华丽，外盒包装的艳丽橙色与蓝色组合，瓶身的磨砂蓝紫色质地为香水的味道更添神秘色彩。

参考价格：￥2 300 / 100ml EDT

NO.9

爱罗斯

Eros

所属品牌：范思哲

香调：芳香森林调

推荐理由：

香水瓶的颜色充满了强烈的男性气概，其风格象征着地中海及其生活方式，这款男香比较受异性欢迎。

参考价格：￥500 / 30ml EDT

NO.10

和平的香味男士

The Scent Of Peace For Him

所属品牌：邦 9 号

香调：木质馥奇调

推荐理由：

香水瓶延续了超级明星香水瓶的流畅线条和尖角，瓶子的全身使用的是深沉、丰富、能引起共鸣的皇家蓝，只在瓶子颈部点缀充满自信的黑色皮革蝴蝶结，散发出现代男性魅力。

参考价格：￥900 / 50ml EDP

NO.11

夜航

Nightflight

所属品牌：乔普

香调：东方调

推荐理由：

20 世纪 90 年代的经典男香，充分体现出男士的热情与感性，层次丰富，散发出温暖辛香的男人味。

参考价格：￥650 / 125ml EDT

专题三

不同场合香水使用推荐

职场女香

大多数时候香水为女性增加的是妩媚的女人味，但在办公室这个性别模糊的地方，清新淡雅、活力硬朗的香水明显更受欢迎。以下推荐的女香就特别适合在商务场合使用。

NO.1

邂逅清新

Chance Eau Fraiche

所属品牌：香奈儿

香调：西普花香调

推荐理由：

香水清淡不浓烈、不甜腻，淡淡的清爽绿色令人嗅觉与视觉都感到舒服，以香橼、柚木等调性为主轴，整体风格活跃且充沛，可以提升工作时的活力感，是很多白领女性的共同选择。

参考价格：￥750/50ml EDT

NO.2

可可小姐

Coco Mademoiselle

所属品牌：香奈儿

香调：西普花香调

推荐理由：

高品质深入人心，清新中融入成熟的气息，勾勒出时尚、自信的职场女性风格。

参考价格：￥1400/100ml EDP

NO.3

迷恋

Fan Di Fendi Blossom

所属品牌：芬迪

香调：花果香调

推荐理由：

以甜美明快的樱花香调为主，清新明快的樱花香最能调动起人们对工作的无限热情，从而源源不断地产生工作灵感，在艰巨的工作任务前也能得心应手。

参考价格：￥735/50ml EDT

NO.4

莲娜苹果甜心

Nina

所属品牌：莲娜丽姿

香调：花果香调

推荐理由：

瓶身设计符合女性尤其是年轻女性的口味，花果香调的芳香能让人在办公室中散发出自然清新的气息，这种香味在密闭的空间里特别受人们欢迎。

参考价格：￥450/30ml EDT

NO.5

清新洗衣间

Fresh Laundry

所属品牌：洁净

香调：花果香调

推荐理由：

主打清新衣裳的迷人香味，香水成分中的白麝香营造出了干净的T恤、体香和暖暖的棉花味，这些看似轻描淡写的香味能够让人很好地融入办公环境中。

参考价格：￥500/60ml EDP

NO.6

伦敦女士

London

所属品牌：博柏利

香调：花香调

推荐理由：

清爽、自然与和谐的典雅气质，流露出女性俏丽的一面，在办公室使用，香水的英式风格更能从容展现，也能体现出主人不落俗套、自然的迷人丰采。

参考价格：￥720/50ml EDP

NO.7

冰火奇葩

Pure Poison

所属品牌：迪奥

香调：花香调

推荐理由：

风格冷艳，却不乏温暖，散发着独特的魅力，这种魅力的本质是温柔妩媚的，俏皮而真诚的，适合商务场合使用。

参考价格：￥1 200/100ml EDP

NO.8

光韵

Éclat D'Arpège

所属品牌：浪凡

香调：花果香调

推荐理由：

职场女士差不多人手一瓶的女香，此款香水亲和度极佳，属于接受程度非常高的一款香水，在办公室中特别受欢迎。

参考价格：￥635/50ml EDP

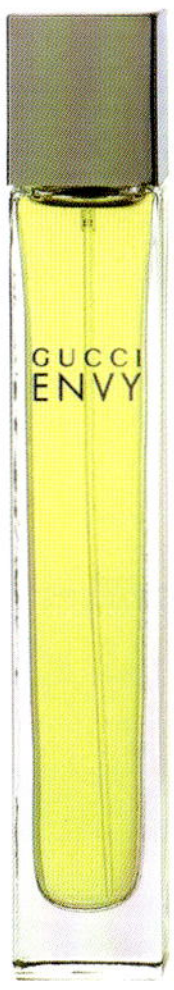

NO.9

逸蓝

Light Blue

所属品牌：杜嘉班纳

香调：花果香调

推荐理由：

经典香水，设计风格简洁、自然，在欧美及日韩更受推崇，经常性的成为销售排行榜的上榜常客。触感轻柔，可以提升女性的魅力值，增进办公室人缘。

参考价格：￥650/50ml EDT

NO.10

妒忌

Envy

所属品牌：古驰

香调：花香绿色调

推荐理由：

瓶身设计具有浓郁的大都会风格，清新而有活力的味道非常适合年轻女性，如果你想减龄可以选它。持久的香气能让你在办公室一整天保持美好的身心状态。

参考价格：￥590/30ml EDT

职场男香

工作时穿的西装往往会让鲜活的人显得呆板，而一点点独特的味道恰好可以展现你的个性。职场男士使用香水，应选择淡雅的男香，以不干扰他人工作为宜。男士用香不要喷洒在脖子、胸口等太过“招摇”的位置，那些位置容易使香味变得明显。可以喷洒于腰部及以下，让清淡的香水味慢慢散发。

NO.1

寄情水男士

Acqua Di Giò Giorgio Armani For Men

所属品牌：阿玛尼

香调：水生馥奇调

推荐理由：

全球销量第一的男香，让香水与肌肤融合，清新贴近有如体香般散发出来，大胆使用各种新香味，彰显出男性气概。

参考价格：￥820/100ml EDT

NO.2

绝度

Attitude

所属品牌：阿玛尼

香调：东方木质调

推荐理由：

著名的打火机造型，属于被人们询问度最高的香水之一。除给人深沉阳刚的感觉外，也带有阿玛尼香水独有的性感，是无论轻熟男还是职场高层都能驾驭的一款。

参考价格：￥840/75ml EDT

NO.3

自信

Boss Bottled

所属品牌：胡戈·波士

香调：辛辣木质调

推荐理由：

全球男性香水市场最伟大的成就之一，自 1998 年至今，拥有 60 万销量并多年位列十大香水之列。它温和的香草后调独树一帜，可以提升男士的职场自信。

价格：￥450/30ml EDT

NO.4

波士精选

Boss Selection

所属品牌：胡戈·波士

香调：清新绿叶调

推荐理由：

入围了 2007 香水奥斯卡菲菲奖最佳男性香水奖。在传统的香味中添加了雪松叶和广藿香，以表现出截然不同的男子气概，体现出坚定而生动的力量感。

参考价格：￥760/90ml EDT

NO.5

永恒男士

Eternity For Men

所属品牌：卡文克莱

香调：芳香森林调

推荐理由：

推出后即荣获年度最成功男士香水奖，在卡文克莱香水中享有极高人气。给人以愉悦之感，随性中散发职场男士优雅的气息，展现难以抗拒的男性魅力。

参考价格：￥490/50ml EDT

NO.6

瞬间男士

L'Instant De Guerlain Pour Homme

所属品牌：娇兰

香调：木质香料调

推荐理由：

香水让人感觉舒适，感性而阳刚，混合着柑橘的清新，反映出男人的多面特质，能瞬时扫除工作时的负面情绪。

价格请店洽 EDT

NO.7

王者之风

Champion

所属品牌：大卫杜夫

香调：木质芳香调

推荐理由：

香水的哑铃设计外观，具有鲜明的力量感和运动性。瓶身的斜纹处理增添了粗旷阳刚的性感气息，适合有企图心的商务人士。

参考价格：￥670/90ml EDT

NO.8

唯我男士

The One For Men

所属品牌：杜嘉班纳

香调：木质芳香调

推荐理由：

集时尚华丽及阳刚之气于一身，特别适合具有雅致风度、沉稳气节、注重自我，让人无法忽视的时尚男士使用。

参考价格：￥500/50ml EDT

NO.9

经典同名男士二代

Gucci Pour Homme II

所属品牌：古驰

香调：辛辣木质调

推荐理由：

性感、精致，但却一点不娘，尤其在面对职场上强势的完美主义的女权派们，这款男香可能最易攻破她们的心防。

参考价格：￥700/100ml EDT

NO.10

大地

Terre D'Hermès

所属品牌：爱马仕

香调：木质香料调

推荐理由：

荣获香水奥斯卡菲菲奖 2007 年度奢华男香大奖。原材料全部采用天然材质。香水风格动静皆宜的氛围，具有独特的“爱马仕风格”。特别适合处于职业成熟发展期的男士使用。

参考价格：￥680/50ml EDT

派对女香

派对女香建议以花香调、东方调为主，以突出女人味。玫瑰、百合、牡丹等馥郁的花卉香味感性张扬，具有强大的存在感，是打造派对女王范儿的不二选择。若想走萝莉路线，可选择桃花、樱花等甜美的花香成分香水。

NO.1

一千零一夜

Shalimar

所属品牌：娇兰

香调：东方香料调

推荐理由：

整体风格弥漫着欧美贵族的华丽与奢侈。香味时而甜美，时而神秘，时而清新，几种香味混合在一起，让人捉摸不透，在派对上使用会给人留下深刻印象。

参考价格：￥850/50ml EDP

NO.2

小黑裙

La Petite Robe Noire

所属品牌：娇兰

香调：东方香草调

推荐理由：

香气仿佛像玫瑰杏仁马卡龙饼干一样，令人回味。前调散发出魔幻与神秘的独特气质，中调冷艳无比，后调性感诱人，在派对上使用显得灵性十足。

参考价格：￥1 300/100ml EDP

NO.3

夜幽情怀

Eau Du Soir

所属品牌：希思黎

香调：西普花香调

推荐理由：

它是一款令嗅觉充盈、香味呈现多种切割面，既清新又感性的香水。体现出极其独特、优雅、精致、性感的女人味，体现了高贵的派对女王气质。

参考价格：￥900/30ml EDP

NO.4

紫晶纯香

Omnia Amethyste

所属品牌：宝格丽

香调：花香木质麝香调

推荐理由：

使用了罕见的鸢尾花作为香材，通过含蓄清新的香气来表达使用者优雅的个性气质，在香水的表现上清新有活力，适合年轻女性在派对上使用。

参考价格：￥830/65ml EDT

NO.5

罪爱女士

Guilty

所属品牌：古驰

香调：东方花香调

推荐理由：

古驰针对喜欢社交生活的年轻女性推出的畅销女香。它的香味是微妙、性感、充满女人味的，给人意味深长的回味和感怀。喷上罪爱时除格外吸引他人目光之外，更会散发出极致的诱惑力，令人无法抗拒。

参考价格：￥660/30ml EDT

NO.6

谜恋

Untold

所属品牌：伊丽莎白·雅顿

香调：花果香调

推荐理由：

以香气传达了现代女性迷人而不可预测的性格多面性，各种香材的香气释放得极具层次感，在派对上使用能充分展现出都市女性的优雅和自信。

参考价格：￥650/50ml EDP

NO.7

诱惑

Euphoria

所属品牌：卡文克莱

香调：东方花香调

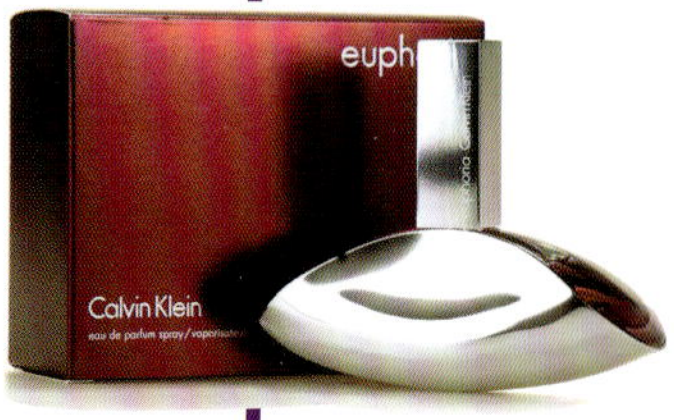

推荐理由：

荣获香水奥斯卡菲菲奖 2006 年度女香之星大奖，是一款充满矛盾感的香水，既有少女的甜美，又充满神秘气质，加之其超强的扩散性，形成了超强的诱惑力。

参考价格：￥600/50ml EDP

NO.8

香恋水晶

Bright Crystal

所属品牌：范思哲

香调：花果香调

推荐理由：

以粉红水晶为主要色调，带给人一种粉红恋爱的性感感受，不断散发出爱与美的能量和气息，香调清新、诱人，彰显了女性独立、坚强、自主的气质。

参考价格：￥500/30ml EDT

NO.9

今夜或不再

Ce Soir Ou Jamais

所属品牌：安霓可·古特尔

香调：花香调

推荐理由：

整体香调尤其是前调散发着浸渍着玫瑰精华的浓浓酒香，给女性一份神秘闪耀的香气，令人沉醉，适合轻熟女在派对上使用。

参考价格：￥600/50ml EDP

NO.10

青苹果

Be Delicious

所属品牌：唐娜·卡兰

香调：花果香调

推荐理由：

以清新感闻名香水界，香水综合了清新的果香以及多种异国花香，让人就像咬了一口青苹果，在派对上使用给人耳目一新的难忘感受，尤其适合充满活力的年轻女性。

参考价格：￥750/100ml EDP

派对男香

男士派对香水应以高调、大气、沉郁为主，在人群相对密集的晚宴场合，男士用香水不可太过浓烈。性感的东方调、西普调香水可以烘托出男人味，带来优雅神秘的感觉，柑橘调香水可增添男人的活力感。

NO.1

蔚蓝

Bleu De Chanel

所属品牌：香奈儿

香调：木质芳香调

推荐理由：

香奈儿辨识度极高的标志性男香，木质芳香体现了男性的阳刚气质，在派对上使用能充分让人展现洒脱自信、神秘莫测、又让人无法抗拒的男性魅力。

参考价格：￥750/50ml EDT

NO.2

克罗尼亚黑调古龙水

Essenza Di Colonia

所属品牌：帕尔马之水

香调：柑橘芳香调

推荐理由：

香调构成走感性路线，体现出使用者坚定、自信和优雅的性格，同时又不失独特和新意。特别适合男士在出席正式场合搭配晚礼服使用。

参考价格：￥950/50ml EDC

NO.3

宣言之夜

Déclaration D'Un Soir

所属品牌：卡地亚

香调：木质花香麝香调

推荐理由：

用胡椒香料来激发感官功能，再以檀香木及玫瑰花香让人身上散发迷人味道。清爽、微辛的木调令人惊艳，适合常常出席晚宴的男士。

参考价格：￥750/50ml EDT

NO.4

金色派对男士

212 VIP Men

所属品牌：卡罗琳娜·海莱拉

香调：东方木质调

推荐理由：

以柠檬鱼子酱夹杂酸涩的果香来营造调皮大男孩的感觉，用薄荷伏特加，以及温暖的木质调来提升男人的成熟感，适合私人派对场合使用。

参考价格：￥ 450/50ml EDT

NO.5

2011年版迪奥桀骜

Dior Homme

所属品牌：迪奥

香调：木质花香麝香调

推荐理由：

使用了男士香水中少见的鸢尾花香材，香气更具现代感，展现了男性的内敛与阳刚，其中的皮革味道，将男性的桀骜不羁展现得淋漓尽致。

参考价格：￥660/50ml EDT

NO.6

唯一绅士馥郁版

Gentlemen Only Intense

所属品牌：纪梵希

香调：东方木质调

推荐理由：

蕴藏了性感自然的男人味的气息，是一款女性回头率最高，让人即使匆匆擦身而过，也会忍不住循着性感香气回头凝望的极致诱惑男香。

参考价格：￥800/100ml EDT

NO.7

性感展露男士

Reveal Men

所属品牌：卡文克莱

香调：馥奇调

推荐理由：

此款男香辨识度、持久度、接受度俱佳，首度运用海盐原矿成分，各种成分调配得颇具层次感，让男性的性感自然展现出来，使人不由得深深沦陷。

参考价格：￥550/50ml EDT

NO.8

可可洛克

Kokorico

所属品牌：高缇耶

香调：木质调

推荐理由：

此款香水强烈袭人的热情气息被木质香调抚平，进入和谐状态，如贵族般高贵，呈现出绝对优雅的性感，并充满男人味。

参考价格：￥850/100ml EDT

NO.9

霓彩伊甸男士

Beyond Paradise For Men

所属品牌：雅诗兰黛

香调：木质芳香调

推荐理由：

香气融合贾布提卡巴果的果香味，营造出欢愉的温馨气氛，成分中温暖沉稳的木质清香，属于刚健又具深度的男人。风格阳刚、性感、活力，在派对上使用让人印象深刻。

参考价格：￥550/50ml EDT

NO.10

银影

Silver Shadow

所属品牌：大卫杜夫

香调：东方木质调

推荐理由：

将极简风格发挥到极致，是大卫杜夫男香中最能体现成熟男性魅力的经典香水，专门为品味独特的成熟男性设计，彰显出男性的沉稳神秘及贵族气质。

参考价格：￥850/100ml EDT

运动女香

女士运动香水应选择能够体现女性活力、女性特质，以及性感的香水，柑橘调、绿香调、透着清新的木质调，或甜度较为收敛的复合花香调香水都是不错的选择。

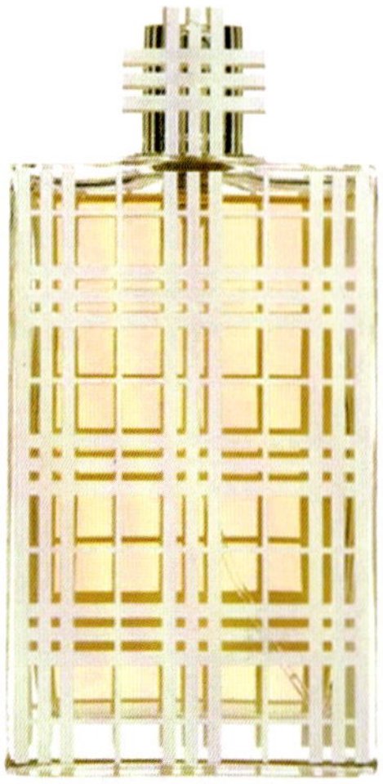

NO.1

英伦迷情女士

Brit

所属品牌：博柏利

香调：花果香调

推荐理由：

香水风格细腻清新而活力四射，浓郁的英伦风让女性在运动时也会不经意流露出优雅与性感的魅力。

参考价格：￥620/50ml EDT

NO.2

晶澈木缘

She Wood Crystal Creek Wood

所属品牌：D二次方

香调：花香海洋调

推荐理由：

走自然休闲路线，带给人充分放松的感觉，成分中含有的山楂、紫罗兰叶、茉莉、香根草、雪松等营造出壮观、引人入胜的大自然背景，尤其适合做瑜伽时使用。

参考价格：￥600/50ml EDP

NO.3

马球运动女士

Polo Sport Woman

所属品牌：拉夫·劳伦

香调：花香海洋调

推荐理由：

著名的女士运动香水，对女士运动香水的影响深远，尤其是香调成分中所含的醛类使得此款女香有着惊人的醒神效果，特别适合运动时使用。

参考价格：￥1 000/100ml EDT

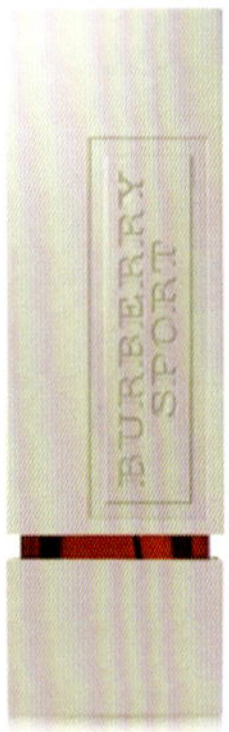

NO.4

型动女士

Sport For Women

所属品牌：博柏利

香调：花香木质麝香调

推荐理由：

无论是调制风格还是包装都具有浓重的英伦户外运动元素，而清新热情的花香也为运动增添了愉悦感。

参考价格：￥600/50ml EDT

NO.5

沁蓝

BLV Eau De Parfum II

所属品牌：宝格丽

香调：东方花香调

推荐理由：

口碑款女香，在运动时使用的效果同样不负众望。清新的柑橘加入优雅的紫罗兰香调，混合茴香和甘草的气息，率先给人明媚自然之感。

参考价格：￥835/50ml EDP

NO.6

花之舞

Flora By Gucci

所属品牌：古驰

香调：花香调

推荐理由：

古驰创意总监弗里达·贾娜妮亲自设计，品质非凡，风格在轻松、明快中不失女性的优雅妩媚，适合知性女子运动时使用。

参考价格：￥840/50ml EDT

NO.7

红粉丽人

Cool Water Sea Rose

所属品牌：大卫杜夫

香调：花香调

推荐理由：

非常富于浪漫气质的女香，气质清新而纯真，带给人深刻且畅快的感官体验，适合年轻女性运动时使用。

参考价格：￥510/50ml EDT

NO.8

喜欢你女士

CK In2U Heat For Her

所属品牌：卡文克莱

香调：东方花香调

推荐理由：

承袭卡文克莱唯一香水的简洁与实用设计，时尚的瓶身设计融合数字时代的简约概念，香调构成简洁利落，与随性、乐活的运动精神高度契合。

参考价格：￥350/150ml EDT

NO.9

花草水语青柠

Limon Verde

所属品牌：娇兰

香调：柑橘调

推荐理由：

调香师通过巧妙调配，使得青柠清新醒神与蔗糖甜美清润之间形成反差对比，带给人舒爽的清新气息，在运动时使用会无比舒适和愉悦。

参考价格：￥600/75ml EDT

NO.10

梅花

Plum Blossom Cologne

所属品牌：祖·玛珑

香调：花香木质麝香调

推荐理由：

口碑款女香，采用完美的香气糅合技巧，香水柔软、清新的风格，在运动时使用毫无负担。

参考价格：￥720/30ml EDC

运动男香

男士运动香水建议选择阳光或中性风格的香水，可以选择清淡温馨的木质调、海洋调，或者带点酸涩的西普果香调，避免选择香调过于沉郁，以及水果、花香特别馥郁的香调的香水。

NO.1

动感

Boss In Motion

所属品牌：胡戈·波士

香调：花香调

推荐理由：

经典的运动香水，香水推出后获得巨大成功。尤其适合注重肌肉线条、喜好运动的熟男。

参考价格：￥530/40ml EDT

NO.2

型动冰沁男士

Sport Ice For Men

所属品牌：博柏利

香调：芳香海洋调

推荐理由：

三调中充满活力的柑橘香调与冰爽的水晶气息、海风气息、冰冻生姜、琥珀、麝香、木香经过完美融合，带给人活力十足的清凉感觉。

参考价格：￥815/75ml EDT

NO.3

魅力男士运动

Allure Homme Sport

所属品牌：香奈儿

香调：木质香料调

推荐理由：

经典男士运动香水，含有柑橘香、琥珀香、木香，以及黑胡椒的辛辣香，香调设计层次感丰富，表现出自然出色的性感魅力。

参考价格：￥850/100ml EDT

NO.4

超越能量

Higher Energy

所属品牌：迪奥

香调：木质香料调

推荐理由：

极富现代感，明亮而灵动的果香调与充满活力的香料气息相互交融，味道相当讲究，塑造的是都市雅痞男运动的优雅范儿。

参考价格：￥800/100ml EDT

NO.5

蓝色马球

Polo Blue

所属品牌：拉夫·劳伦

香调：芳香森林调

推荐理由：

香调中融进了鼠尾草和老鹤草、苔藓、绒面革之类充满生机的气息，闻起来非常自然顺畅，运动时使用此香有种气定神闲的散淡感觉，非常利于身心放松。

参考价格：￥450/75ml EDT

NO.6

邦邦

Bang Bang

所属品牌：莫杰

香调：木质芳香调

推荐理由：

香气清新、活力十足，为肌肤带来轻透酷爽的触感。采用大胆的金属蓝色瓶身，体现了阳刚味十足的男人气概。

参考价格：￥790/100ml EDT

NO.7

高田贤三运动男士

Kenzo Homme Sport

所属品牌：高田贤三

香调：木质香料调

推荐理由：

香水的调制成分紧扣运动概念的主题，风格清新，传递出“健康、好玩和有趣”的新兴运动概念，特别适合年轻男士运动时使用。

参考价格：￥800/100ml EDT

NO.8

劲速联盟

Scuderia Scuderia Club

所属品牌：法拉利

香调：西普调

推荐理由：

香气清新锐利，瓶身外观红色和银色形成强烈对比，特别适合从事激烈运动时使用，使人在不经意间动力十足。

参考价格：￥620/125ml EDT

NO.9

桀骜运动

Dior Homme Sport

所属品牌：迪奥

香调：木质芳香调

推荐理由：

此款香水的风格兼具了清新活力又不失阳刚的特点，适合都市雅痞男士运动时使用。

参考价格：￥550/50ml EDT

NO.10

新同名男士运动版

Gucci By Gucci Sport

所属品牌：古驰

香调：木质芳香调

推荐理由：

此款香水在不同男士运动香水中受到了普遍赞誉，它既具有现代男香特色，又增添了休闲性感风格，是一款让人感到舒适放松的香水。

参考价格：￥755/90ml EDT

专题四

不同香调经典香水推荐

花香调 Floral

花香调是最适合女性，也是女性最常用的一种香水香调。它含有多种花香，相互辉映，气味复杂：一些只拥有一种突出的花香，其他的气味则是为了陪衬；还有一些只单纯地拥有一种花香，没有其他的香料混合，这种单一花香味道的香水也被称作“线性花香”。

NO.1

香奈儿 5 号

Chanel N° 5

所属品牌：香奈儿

香调：花香醛味调

推荐理由：

在花香调中加入了人造的醛，是花香醛味调香水的鼻祖，是史上第一瓶以设计师命名的香水，影响力早已超出了香水的范畴，化身为现代精神的象征。

参考价格：￥1 400/100ml EDP

NO.2

一枝花

Flower By Kenzo

所属品牌：高田贤三

香调：玫瑰花香调

推荐理由：

香水发展史上第一款不同容量有不同外型的香水。上市伊始就占据全球知名美妆连锁店丝芙兰的畅销排行榜数十周，成为全欧洲 NO.1 的女性香水。

参考价格：￥780/50ml EDT

NO.3

大吉岭

Bvlgari Pour Homme

所属品牌：宝格丽

香调：木质花香调

推荐理由：

宝格丽推出的首款男用淡香水，获得 1997 香水奥斯卡菲菲奖年度男香之星的殊荣，是香水市场的常青树。

参考价格：￥460/30ml EDT

NO.4

爱朵

Idylle

所属品牌：娇兰

香调：花香调

推荐理由：

核心是玫瑰混合香调，融合了清新的新鲜花露和娇兰香水的标志性成分感性的西普香调这两种和谐香调，令玫瑰的香气臻于完美。

参考价格：￥1 020/50ml EDP

NO.5

玫瑰

Rose

所属品牌：保罗·史密斯

香调：花香调

推荐理由：

具有良好口碑的玫瑰香水，香气具有令人惊艳的清新、现代、轻盈、性感的特点。其香气是用一种名为 Scent Trek 的现代先进技术，从还在生长的新鲜花朵上所取得的，非常珍贵。

参考价格：￥500/100ml EDT

果香调 Fruity

果香调香水包括以各类柑橘属水果为主导的香水，以及众多热带水果混合而成的香水。通常果香调香水也会加入一些花香来做点缀，让香水变得更加美味诱人。

NO.1

屋顶花园

Un Jardin Sur Le Toit

所属品牌：爱马仕

香调：芳香果香调

推荐理由：

具有纪念意义，香水的创作灵感来自品牌位于巴黎的公司总部的屋顶花园。糅合水果、植物及鲜花的香气，散发出清新、愉悦的芬芳。

参考价格：￥1 000/100ml EDT

NO.4

红粉恋歌

Brit Sheer

所属品牌：博柏利

香调：花果香调

推荐理由：

博柏利在亚洲市场推出的著名香水，香水瓶身仿照英伦迷情香水瓶设计，具有代表性的格子设计更能展示此款香水的柔美。充满俏皮玩趣及无限活力的粉红风格，完美呈现了博柏利风格系列所蕴含的青春无敌精神。

参考价格：￥650 / 50ml EDT

NO.2

柚子男士

Yuzu Man

所属品牌：卡朗

香调：芳香柑橘调

推荐理由：

专门为热爱自然的男人设计，主要成分都是经过精心挑选的，具有至高无上的新鲜香味，特别适合男士在夏季使用。

参考价格：￥700/125ml EDT

NO.3

拿破仑之水

Aventus

所属品牌：克雷德

香调：西普果香调

推荐理由：

香气清新，展现了男性的阳刚、力量、智慧与能力，属于克雷德香水中的口碑款。

参考价格：￥2 000/125ml EDP

NO.5

英国梨与小苍兰

English Pear And Freesia

所属品牌：祖·玛珑

香调：西普果香调

推荐理由：

沙龙香祖·玛珑的口碑款。香气主要在英国梨与小苍兰两个重点香味间穿插，彼此融合却又保持自己的个性。在英国梨中加了小苍兰的柔和，在小苍兰里透出英国梨的清冽。

参考价格：￥1 100/100ml EDC

水生调
Water

水生调的香水通常闻起来像海风、湿润的空气，或含有水生植物味道，给人十分清新怡人的感觉。有种叫作卡隆的化合物具有清新、湿润的海风气味，是调制水生调香水的主要原料。

NO.1

逃避
Escape

所属品牌：卡文克莱

香调：花香海洋调

推荐理由：

卡文克莱最为著名的香水，与激情香水、永恒香水齐名。在一股清新舒爽的气氛之下，它既有清爽凉感，也有成熟女性的热情性感。

参考价格：￥700/100ml EDP

NO.2

碧蓝
Aqva Pour Homme

所属品牌：宝格丽

香调：海洋清新调

推荐理由：

全球畅销的经典男香，创下了10年的成功销售纪录。清新的柑橘搭配水生植物，表现出男人的清爽自在。

参考价格：￥625/50ml EDT

NO.3

云淡风轻
Eau Fraîche

所属品牌：范思哲

香调：水生木质调

推荐理由：

香味不只衬托出时尚风雅的好品味，更透露出云淡风轻的心情写照。在一派从容、自信、含蓄、温雅中流露出贵气，适合新一代雅痞男士。

参考价格：￥450/50ml EDT

NO.4

水之恋
L'Eau Par Kenzo Pour Femme

所属品牌：高田贤三

香调：水生花香调

推荐理由：

高田贤三最著名的一款香水，2003年经过全新改版后，整体香调更适合亚洲的湿热气候。

参考价格：￥610/50ml EDT

NO.5

地中海花园
Un Jardin En Méditerranée

所属品牌：爱马仕

香调：花香海洋调

推荐理由：

融合了木香、青草香及果香、无花果树、乳香脂树及西洋柏的清香，是地中海风情的最完美批注。

参考价格：￥1 000/100ml EDT

木质调 Woody

经典的木质调香水通常使用雪松、广藿香、松木、檀香木以及香根草等香料，芳香类植物（鼠尾草、迷迭香、莳萝等）和柑橘类香料也通常会加在木质调香水中。气味温暖、干燥是木质调香水的特征。

NO.1

珍藏系列梧桐影木

Les Exclusifs De Chanel Sycomore

所属品牌：香奈儿

香调：花香木质麝香调

推荐理由：

以香根草为主调的顶级香水。是调香师贾克·波巨与克里斯多夫·谢爵克对香奈儿女士批量制作一款木质调香水的心愿的跨时空实现，具有纪念意义。

参考价格：￥2 400/200ml EDT

NO.4

谭道

Tam Dao

所属品牌：蒂普提克

香调：花香木质麝香调

推荐理由：

蒂普提克最出名的一款香水，少见的采用了檀香为主调，整体风格非常简练。

参考价格：￥1 250/75ml EDP

NO.2

自我

Égoïste

所属品牌：香奈儿

香调：木质调

推荐理由：

很受女性好评的男香，香奈儿抓住了女性奥妙的心态，用逆向思考的方式设计了自我男香，轻易掳获女性的心，适合都市雅痞男士使用。

参考价格：￥750/100ml EDT

NO.3

我愿意木缘

He Wood

所属品牌：D二次方

香调：木质调

推荐理由：

与常见的木质调香水不同，我愿意木缘男香香气更加空灵、写意、性感，是男士在夏日用香的佳选。

参考价格：￥700/50ml EDT

NO.5

鸢尾花男士

Infusion D'Homme

所属品牌：普拉达

香调：木质芳香调

推荐理由：

玻璃瓶身呼应了古典香水的瓶身设计，于低调之中显露雅致的现代感，与同款女香相比非但没有失去原有的经典鸢尾花特质，更多了属于男人的性感香气。

参考价格：￥550/50ml EDT

东方调 Oriental

东方香调是以香材类别来划分的使用东方树木或辛香料、树脂、麝香等香料调制的香水。香草、檀香木，以及顿加豆是东方调香水中经常用到的香料。东方调香水通常具有温暖、辛辣、性感、穿透力强、层次感丰富、香气持久等特点，因此白天应尽量减量使用此类香水。

NO.1

鸦片(红鸦)

Opium

所属品牌：圣罗兰

香调：辛辣东方调

推荐理由：

经典鸦片的现代版本演绎，接受度更为广泛。各种辛辣香料调制出浓郁的东方神秘气息，新版的鼻烟壶造型香水瓶极富东方特色，造型大气而端庄。

参考价格：￥1 150/90ml EDP

NO.2

冥府之路

Passage D'Enfer

所属品牌：阿蒂仙之香

香调：东方木质调

推荐理由：

著名的中性香水，香调纯粹且具有灵气，香水融合了白百合、乳香、芦荟木、安息香与白麝香的香调，令人销魂而沉浸其中。

参考价格：￥800/50ml EDT

NO.3

天使

Angel

所属品牌：蒂埃里·穆勒

香调：东方美食调

推荐理由：

蒂埃里·穆勒的经典之作，运用特殊的原料唤起人们的童年记忆。多面切割的香水瓶身，具有纯净而现代的风格。

参考价格：￥800/50ml EDP

NO.4

沙丘

Dune

所属品牌：迪奥

香调：东方花香调

推荐理由：

荣获 1993 香水奥斯卡菲菲奖大奖。在东方花香调之余添加了海洋香调，同时创造性地以沙为主题，营造出自然狂野的香水氛围。

参考价格：￥750/100ml EDT

NO.5

黑茶

Black

所属品牌：宝格丽

香调：东方木质调

推荐理由：

此款中性香水不同以往香水的三调式香味结构，它的香味是以块状散发，为红茶香调，香气感性而热烈，在宝格丽香水中非常特别。

参考价格：￥680/75ml EDT

西普调 Chypre

西普调是以寄生在欧洲中部橡树上的橡树苔味为后调的香调。其混合的佛手柑、柑橘、玫瑰、茉莉加上树木的香气与麝香使它成为一种香甜度较低，却非常富有女性特质的味道。西普调香水气味具有湿润感浓重、层次丰富的特点。

NO.1

蝴蝶夫人

Mitsouko

所属品牌：娇兰

香调：果香西普调

推荐理由：

香水历史上第一款使用合成香精的香水，由东方藓苔、水果及花香，混合在一种名贵的琥珀里，表现了东方女性的爱与美，迷人的温柔和神秘，影响极其深远。

参考价格：￥670/50ml EDP

NO.4

香奈儿 19号

Chanel N° 19

所属品牌：香奈儿

香调：花香西普调

推荐理由：

该香水以独特的成分在香水界造成轰动，是香奈儿女士最后一款亲自推荐的香水，也是她最常用的香水。味道清新自然，适合年轻、自主、思想前卫的都市女子。

参考价格：￥1 050/100ml EDT

NO.2

法布街 24 号

24 Faubourg

所属品牌：爱马仕

香调：花香西普调

推荐理由：

将香水品质发挥到极致，彰显了品牌的浪漫情怀和不凡品味，完美诠释了女性耀眼、神秘、性感的味道。

参考价格：￥1 500/100ml EDP

NO.3

玲珑

Body For Women

所属品牌：博柏利

香调：果香西普调

推荐理由：

博柏利香水产品里最让人惊喜、也是最具女性魅力的香水。精致的香水瓶身如珠宝一样高贵，具有强烈的英式风格。

参考价格：￥630/35ml EDP

NO.5

新同名男士

Gucci By Gucci Pour Homme

所属品牌：古驰

香调：木质西普调

推荐理由：

古驰创意总监弗里达·贾娜妮亲自设计的第一款男士香水，将古驰男士的性感、力量与魅力发挥到极致。光滑透明的外表镶嵌有古驰独特的马衔链标志，更显别致。

参考价格：￥600/50ml EDT

皮革调
Leather

皮革调香水以皮革味为主导，常常配有烟草、蜂蜜，以及各种木质香。皮革调香水以男香居多，并且具有很多不同种风格。从天鹅绒般柔软的花香皮革，到浓烈的烟熏皮革，每一种都有其独特的微妙之处。

NO.1

托斯卡纳皮革

Tuscan Leather

所属品牌：汤姆·福特

香调：皮革调

推荐理由：

难得的烟熏感十足，却不显厚重的经典中性皮革香水，无论是香水构成还是香水瓶的造型都艺术感十足。

参考价格：￥1 950/50ml EDP

NO.2

穿越博斯普鲁斯海峡

Traversee Du Bosphore

所属品牌：阿蒂仙之香

香调：皮革调

推荐理由：

极具异域感的皮革调中性香水，层次非常丰富，适合香水使用的高阶人士使用。

参考价格：￥1 100/50ml EDP

NO.3

回忆录男士

Memoir Man

所属品牌：爱慕

香调：皮革调

推荐理由：

非常著名的暗黑系香水代表，整体呈现深厚、独特、强烈、神秘、长久的风格，这种另类风格极为上品。

参考价格：￥2 400/100ml EDP

NO.4

女拳手

Boxeuses

所属品牌：芦丹氏

香调：木质皮革调

推荐理由：

这款中性香水有它锐利的一面，但又不会过头，让人难于搭配。其独特的木质皮革调不会像其他皮革调香水一样，给人一种扑面而来的刺鼻感，因此应用范围更广。

参考价格：￥1 800/75ml EDP

NO.5

同名男香

Valentino Uomo

所属品牌：瓦伦迪诺

香调：皮革调

推荐理由：

口碑颇佳的皮革调男香。不仅香水瓶的设计极具奢华感，而且皮革巧妙搭配雪松木，使得柔和的烟熏混合了木香的香气，带来极致优雅的平衡感。

参考价格：￥500/50ml EDT

NO.1

渴望

Desire Me

所属品牌：爱斯卡达

香调：花果美食调

推荐理由：

爱斯卡达大热的一款女香，糖果元素、黑巧克力、咖啡、乳蛋糕在后调充分体现出来，令人印象深刻。

参考价格：￥550/50ml EDP

美食调 Gourmand

美食调香水近年有逐渐流行的趋势，成为了香水收藏中必不可少的类别之一，各大香水厂商也开始竞相创作更多的“美食”来取悦人们的“味蕾”。爆米花、棉花糖、焦糖蛋糕、杏仁饼、果酱面包……只要是你吃过的，都有可能变为香水的味道。

NO.4

糖果

Prada Candy

所属品牌：普拉达

香调：东方美食调

推荐理由：

完全推翻普拉达以往以融合古典和现代意境，完美展现平衡与和谐而闻名的形象，香调充满了绵绵情意和极度的刺激，散发甜甜的糖果味道。

参考价格：￥790/50ml EDP

NO.2

康尼岛

Coney Island

所属品牌：邦9号

香调：东方美食调

推荐理由：

香水风格充满现代奇幻风格，传递出海洋的愉悦和海滩的趣味。带有甜美清新的果味和木调香味，含有玛格丽塔酒、甜瓜、番石榴、巧克力味道，持久度和扩散度都可圈可点。

参考价格：￥1 600/50ml EDP

NO.3

甜美万岁

Viva La Juicy

所属品牌：橘滋

香调：花果美食调

推荐理由：

位列全美十大畅销高级香水之列，体现了橘滋清新可人而又不乏甜美的整体品牌风格。

参考价格：￥710/50ml EDP

NO.5

浅唱

Monodie

所属品牌：伊苏之眉

香调：花果美食调

推荐理由：

典型的美食调香水。清新、自然，给人完全的放松感觉，其中含有的甜蜜水果和李子白兰地这两个要素比较突出，再加上焦糖的辅助，很容易让人产生食欲，风格趣味十足。

参考价格：￥1 100/50ml EDP

专题五

“菲菲奖”香水名人堂奖获奖香水

（2000—2016 年）

由香水基金会（The Frangrance Foundation）主办的一年一度的“菲菲奖”（FiFi Awards）被誉为香水行业的奥斯卡，而每年评出的“香水名人堂”奖项，都会颁给香水制造史上影响最广泛的经典香水，是其中分量极重的奖项。

2016

逸蓝

Light Blue

所属品牌：杜嘉班纳

香调：花果香调

点评：在欧洲这款香水非常畅销。它打破了传统香水倡导的魅惑感，在性感中不失俏皮、率真，香气清新而独特。

参考价格：￥950/100ml EDT

2015

真我

J'Adore

所属品牌：迪奥

香调：花果香调

点评：虽然用的人很多，但掩盖不了其典雅的本质。并非甜腻的花果香，接受度高，不愧为经典畅销款。

参考价格：￥1 090/50ml　EDP

2014

快乐

Clinique Happy

所属品牌：倩碧

香调：花果香调

点评：曾荣获菲菲奖 1998 年度的最佳女士香水大奖的倩碧快乐女香，属于别致、现代的复合花香调香水，加入了香水界从未用过的原料，充满时代感。

参考价格：￥500/50ml　EDP

2013

红门

Red Door

所属品牌：伊丽莎白·雅顿

香调：东方花香调

点评：香水世界的经典佳作，完全是由花朵精萃汇集而成，不含任何果香或绿色植物香，却能维持香味巧妙的平衡，将花香与女性的优雅风华发挥到极致。

参考价格：￥550/50ml　EDT

2012

寄情水男士

Acqua Di Giò　Giorgio Armani For Men

所属品牌：阿玛尼

香调：水生馥奇调

点评：全球男士香水销量第一的男香，也是水生调香水中的传奇，香气与肌肤融为一体，如自然体香般散发出来。它大胆结合各种新香味，展现了男士不同的风貌。

参考价格：￥820/100ml EDT

法步街 24 号

24 Faubourg

所属品牌：爱马仕

香调：花香西普调

点评：将香水品质发挥到极致，相对于爱马仕一贯的切割线条，这款香水的瓶身更具匠心，它像是巴黎女子常用的方形丝巾。这款香水重新诠释女性耀眼、神秘、性感的味道。

参考价格：￥1 500/100ml EDP

2011

一生之水女士

L'Eau D'Issey

所属品牌：三宅一生

香调：清新花香调

点评：一生之水以其独特的瓶身设计而闻名，简单、洁净的风格，整合了泉水中的睡莲及东方花香，并注入春天森林里的清新，造就了一生之水的清净与空灵的禅意。

参考价格：￥790/50ml EDT

裸男

Le Mâle

所属品牌：高缇耶

香调：东方森林调

点评：以裸男的经典瓶身为设计元素推出的男香，生动地将裸男与海上的水手搭配，创造出令人耳目一新的感觉，看似不协调的设计元素，却展现了男性勇敢与开创的特质。

参考价格：￥650/75ml EDT

2010

卡莱优

CK One

所属品牌：卡文克莱

香调：柑橘芳香调

点评：全球最为知名和畅销的中性香水，以打破香水使用上的性别樊篱、颠覆传统香水的华丽形象而热卖。

参考价格：￥710/200ml EDT

2009

白钻

White Diamonds

所属品牌：伊丽莎白·泰勒

香调：花香醛味调

点评：以白色钻石为创作的中心概念，优雅高贵，调和着性感温暖氛围，是一瓶会让女性全身散发自信及迷人风采的香水。

参考价格：￥550/50ml EDT

冷水

Cool Water

所属品牌：大卫杜夫

香调：芳香海洋调

点评：欧美市场主流畅销男香，特别适合性格自信的时髦雅痞使用。

参考价格：￥600/75ml EDT

2008

哈德良之水

Eau D'Hadrien

所属品牌：安霓可·古特尔

香调：柑橘芳香调

点评：为纪念古罗马帝国国王哈德良而推出。这款香水回归古龙水的传统，清爽自然的桔香和地中海沿岸的植物配合，高雅而又穿越时空，在品牌的历史上地位非凡。

参考价格：￥1 250/100ml EDT

2007

天使

Angel

所属品牌：蒂埃里·穆勒

香调：东方美食调

点评：非常著名的女香，星星形状的瓶身设计具有创新性，作为一款东方美食调香水，其层次感非常突出。

参考价格：￥800/50ml EDP

2006

喧哗

Fracas De Robert Piguet

所属品牌：罗伯特·贝格

香调：花香调

点评：世界上第一款晚香玉主题香水，也是一款强势香水，被赞誉为香水中最华丽的晚香玉。

参考价格：￥1 100/100ml EDP

2005

琵音

Arpège

所属品牌：浪凡

香调：花香醛香调

点评：第一款以现代芬芳花香系列为主题的香水，也是史上最经典的香水之一。

参考价格：￥570/100ml EDP

2004

马球（绿色马球）

Polo

所属品牌：拉夫·劳伦

香调：木质西普调

点评：西普调男士香水的绝佳代表，三调融合得匠心独具，层次感绝佳，完美呈现了男性气息。

参考价格：￥500/60ml EDT

2003

永恒

Eternity

所属品牌：卡文克莱

香调：花香调

点评：多重花香，繁复而兼具回味，包装风格硬朗中性，特别受事业型女性推崇。参考价格：￥700/100ml EDP

2002

白色亚麻布

White Linen

所属品牌：雅诗兰黛

香调：花香醛味调

点评：表现出了白色亚麻般的古典与洁净，是一款可以超越季节的现代香水的经典之作。

参考价格：￥300/30ml EDP

2001

美丽

Beautiful

所属品牌：雅诗兰黛

香调：木质花香调

点评：据说，此款香水的创作灵感源自兰黛夫人此生最美好的回忆以及令人感动的誓言，具有特别收藏价值，更因此成为婚礼和新婚蜜月期的新娘子的最佳选择。

参考价格：￥765/75ml EDP

2000

毒药（紫毒）

Poison

所属品牌：迪奥

香调：花香调

点评：香水命名和香调都别出心裁，瓶身设计的紫罗兰颜色更增添了神秘感，香水充满着诱惑与迷人的气息，一种让人不由不被吸引的浓浓芬芳。

参考价格：￥1 000/100ml EDT

图书在版编目（CIP）数据

香水藏家收藏赏鉴选购图典 / 世界品牌研究课题组主编.
— 北京：现代出版社，2017.1
ISBN 978-7-5143-4442-4

Ⅰ. ①香… Ⅱ. ①世… Ⅲ. ①香水—鉴赏—世界—图集
Ⅳ. ①TQ658.1-64

中国版本图书馆CIP数据核字(2016)第313620号

香水藏家收藏赏鉴选购图典

编　　者	世界品牌研究课题组
责任编辑	赵海燕
出版发行	现代出版社
通讯地址	北京市安定门外安华里 504 号
邮政编码	100011
电　　话	010-64267325　64245264（传真）
网　　址	www.1980xd.com
电子邮箱	xiandai@vip.sina.com
印　　刷	吉林省吉广国际广告股份有限公司
开　　本	889 × 1194　1/16
印　　张	27
版　　次	2017 年 9 月第 1 版　2017 年 9 月第 1 次印刷
书　　号	ISBN 978-7-5143-4442-4
定　　价	298.00 元
